CCLR PFCCL

LAW & BUSINESS 法商图书

建设工程
质量纠纷裁判指引

常设中国建设工程法律论坛第十六工作组 著

法律出版社 | LAW PRESS

北京

图书在版编目(CIP)数据

建设工程质量纠纷裁判指引 / 常设中国建设工程法律论坛第十六工作组著. -- 北京 : 法律出版社, 2023

ISBN 978-7-5197-7579-7

Ⅰ. ①建… Ⅱ. ①常… Ⅲ. ①建筑工程-经济纠纷-案例-中国 Ⅳ. ①D922.297.5

中国国家版本馆 CIP 数据核字(2023)第 026169 号

建设工程质量纠纷裁判指引
JIANSHE GONGCHENG ZHILIANG JIUFEN CAIPAN ZHIYIN

常设中国建设工程法律论坛第十六工作组 著

责任编辑 慕雪丹 章 雯
装帧设计 汪奇峰

出版发行 法律出版社
编辑统筹 法商出版分社
责任校对 赵明霞
责任印制 胡晓雅
经　　销 新华书店

开本 710 毫米×1000 毫米 1/16
印张 36.5 **字数** 612 千
版本 2023 年 3 月第 1 版
印次 2023 年 3 月第 1 次印刷
印刷 三河市龙大印装有限公司

地址:北京市丰台区莲花池西里 7 号(100073)
网址:www.lawpress.com.cn
投稿邮箱:info@lawpress.com.cn
举报盗版邮箱:jbwq@lawpress.com.cn

销售电话:010-83938349
客服电话:010-83938350
咨询电话:010-63939796

书号:ISBN 978-7-5197-7579-7　　**定价**:149.00 元

凡购买本社图书,如有印装错误,我社负责退换。电话:010-83938349

常设论坛第十六工作组成员

姓　名	工作单位	职　务
召集人		
周利明	北京天同(上海)律师事务所	高级顾问
谢　佑	浙江省舟山市中级人民法院	立案庭庭长
成　员(以姓氏拼音为序)		
陈鸣飞	中国移动通信集团设计院有限公司	信息建筑业务部专家
程　浩	山西省晋城市中级人民法院	民二庭庭长
郭秀桂	广东洋三律师事务所	律师
黄百隆	浙江省温州市中级人民法院	审管办副主任
黄　伟	北京市天同(重庆)律师事务所	合伙人
黎　明	重庆市第五中级人民法院	民四庭员额法官
李子昂	石家庄仲裁委员会	业务一部副部长
林　丰	厦门仲裁委员会	二级主办
林　竹	广东省湛江市中级人民法院	民一庭副庭长
刘　瑾	北京市第一中级人民法院	民一庭法官助理
刘育民	中电投工程研究检测评定中心有限公司	司法鉴定所所长
鲁　宏	北京植德(上海)律师事务所	合伙人
吕莉莉	山东省青岛市黄岛区人民法院	民一庭庭长
马德云	中国建筑标准设计研究院有限公司	司法鉴定中心主任
曲笑飞	浙江金道律师事务所	高级合伙人
任劲松	贵州省仁怀市人民法院	审判委员会专职委员
尚学伟	江苏拓嘉工程设计研究院有限公司	总工程师
孙　傲	腾讯科技(深圳)有限公司	高级法律顾问
王　画	浙江省金华市金东区人民法院	民一庭员额法官
王　剑	江苏良筑律师事务所	合伙人
吴永定	常州仲裁委员会	仲裁事务一处处长
项昭亮	广东广和律师事务所	合伙人
解学锋	北京市第三中级人民法院	民一庭员额法官
谢瑜昱	国家建筑工程质量检验检测中心	检测院副院长
杨劭禹	贵州省高级人民法院	民一庭法官助理
杨唐全	上海汉盛律师事务所	高级合伙人
袁海兵	上海建纬(南宁)律师事务所	主任
张　凯	安徽省固镇县人民法院	院长
者丽琼	香港置地中国区法律服务中心	法务经理
秘　书		
项　平	上海仲裁委员会上海建设工程仲裁院	法律顾问
曹菁菁	北京天同(上海)律师事务所	律师助理

常设论坛第五届主席会议成员

（按轮值顺序排序）

姓　名	主席会议任职	工作单位	职　务
安　欣	轮值主席	深圳国际仲裁院	副院长
于　涛	轮值主席	石家庄仲裁委员会	副秘书长
王天喜	轮值主席	广州仲裁委员会	副主任
陆春玮	副主席	上海仲裁委员会	副主任、秘书长
王唯骏	副主席	上海国际经济贸易仲裁委员会/上海国际仲裁中心	秘书长
张光宏	副主席	宁波仲裁委员会	副主任、秘书长
谷　岩	副主席	中国国际经济贸易仲裁委员会	仲裁院副院长
陈福勇	副主席	北京仲裁委员会 / 北京国际仲裁中心	副秘书长
施展辉	轮值副主席	南京仲裁委员会	副秘书长
张文广	轮值副主席	大连国际仲裁院	副院长

常设论坛专家咨询委员会委员

（除特别注明外按姓名首字母排序）

姓 名	工作单位	职 务
Mohamed S. Abdel Wahab（联席主席）	ICC Governing Body for Dispute Resolution Services	Vice-Chair
	埃及Zulficar & Partners 律师事务所	创始合伙人
辛正郁（联席主席）	北京市天同律师事务所	合伙人
Alexis Mourre	Mourre Gutierrez Chessa Arbitration律师事务所	创始合伙人、独立仲裁员
Anthony Houghton SC	香港德辅大律师事务所	资深大律师
Michael David Kuper SC	南非仲裁基金会	主席
Michael E. Schneider	瑞士仲裁协会	荣誉主席
	瑞士 LALIVE 律师事务所	创始合伙人
Jakob Ragnwaldh	斯德哥尔摩商会仲裁院	副主席
	瑞典MannheimerSwartling律师事务所	合伙人
Jeremy Nicholson QC	英国 4 Pump Court 出庭律师事务所	御用大律师
John Bishop	仲裁事务所（Arbitration Chambers）	独立仲裁员
Nikolaus Pitkowitz	维也纳国际仲裁中心	主席
	Nikolaus & Partners 律师事务所	创始合伙人
Sarah Grimmer	Twenty Essex大律师事务所	独立仲裁员
Sir Vivian Ramsey	新加坡国际商事法庭	法官
Stavros Brekoulakis	英国伦敦玛丽女王大学	教授
Tony Dymond	美国德普律师事务所	合伙人
VK Rajah SC	新加坡Duxton Hill Chambers	资深大律师

常设论坛秘书长会议成员

姓　名	秘书长会议任职	工作单位	职　务
孙　巍	秘书长	北京市中伦律师事务所	合伙人
贾　珅	秘书长	中国贸促会新疆维吾尔自治区委员会	法律部部长
张皓亮	副秘书长	北京仲裁委员会/北京国际仲裁中心	业务拓展（国际案件）处处长
黄郭勇	副秘书长	深圳国际仲裁院	国际合作与发展处处长
游奕清	副秘书长	石家庄仲裁委员会	业务一部副部长
江　岚	副秘书长	广州仲裁委员会	国际仲裁部部长
欧阳金颖	副秘书长	上海仲裁委员会	建设工程仲裁院秘书长
徐之和	副秘书长	上海国际经济贸易仲裁委员会/上海国际仲裁中心	研究部部长
黄震宇	副秘书长	宁波仲裁委员会	秘书处副主任
董黎明	轮值副秘书长	南京仲裁委员会	综合部部长
张　枢	轮值副秘书长	大连国际仲裁院	受理部部长

序言

《建设工程质量纠纷裁判指引》(以下简称《指引》)是常设中国建设工程法律论坛第十六工作组(以下简称第十六工作组)历时近一年的工作成果。《指引》坚持立足国情,强化问题导向,系统梳理了建设工程质量纠纷领域的难点热点问题,全面吸收了建设工程领域立法、司法、仲裁最新进展,归纳提炼了司法和仲裁实务中的裁判观点,旨在将理论与实践相结合,提出更加行之有效、行之有据的裁判思路和操作建议,为法官、仲裁员、鉴定人、律师以及其他法律从业者提供有益参考。

建设工程质量纠纷案件一直是司法实务中的难点与痛点。一方面,工程质量纠纷往往涉及工程技术问题,具有较高的专业门槛,裁判者在查明案件事实方面存在诸多障碍。另一方面,在查明质量问题时,质量问题技术成因、修复方案以及修复费用的确定,可能分别涉及质量鉴定、设计鉴定及工程造价鉴定。这使得纠纷解决更趋复杂,对裁判者在庭前准备、庭审驾驭、归纳争议焦点、案件决断、裁判文书制作、调解等各方面的能力提出更高要求。因此,总结一套适用于工程质量纠纷,特别是适用于新时期工程质量纠纷的裁判规则迫在眉睫。《指引》力图作出新的尝试,以期实现法律与技术的相融,为更准确、更高效地解决建设工程质量纠纷提供有效思路参考。《指引》的出版也在一定程度上填补了我国建设工程质量纠纷领域的空白。

《指引》全书近70万字,分为上、下两篇。上篇系统梳理了建设工程质量纠纷所涉及的普遍性问题与一般处理方法,共分为八章,包括:工程质量概述、工程质量标准及质量评价、工程质量纠纷常见诉请及请求权基础、工程质量的举证和查明、工程质量纠纷鉴定、工程质量问题的技术成因与责任认定、案件决断、工程质量纠纷疑难复杂问题。下篇针对不同类型工程的特点进行具体演绎分析,共分为十一章,包括:桩基工程、基坑工程、地下室上浮、钢结构工程、钢筋混凝土、混凝土预制构件、装饰装修工程、建筑防水工程、建筑幕墙工程、外墙饰面砖工程、道路桥梁工程。此外,《指引》还包含与建设工程质量有关的常见工程术语、常见建设工程质量标准汇总表、建设工程质量纠纷数据统计与分析三个附录,将为读者全面、精准把握工程技术及质量纠纷法律问题提供便利。

第十六工作组自2021年9月成立以来,克服新冠肺炎疫情影响先后在上海、宁波、南宁召开三次线下工作会,并组织三十余次线上工作会,持续深入调研,不断完善文稿。2022年5月,常设论坛课题委员会对调研成果组织了中间验收并提出了大量宝贵意见。2022年8月,调研工作顺利完成。全体工作组成员为《指引》成稿、出版投入了巨大的热情和精力。囿于专业能力以及建设工程质量纠纷的特殊性、复杂性,《指引》还存在进一步完善的空间。欢迎广大读者提出宝贵建议,我们将根据后续反馈的情况再行完善修订。

第十六工作组汇集了一批专业造诣深厚的法官、前法官、律师、司法鉴定人、仲裁员、仲裁机构代表和公司法务。在此,我们隆重介绍第十六工作组全体成员,他们是:

召集人

周利明　北京天同(上海)律师事务所高级顾问

谢　佑　浙江省舟山市中级人民法院立案庭庭长

成　员(以姓氏拼音为序)

陈鸣飞　中国移动通信集团设计院有限公司信息建筑业务部专家

程　浩　山西省晋城市中级人民法院民二庭庭长

郭秀桂　广东洋三律师事务所律师

黄百隆　浙江省温州市中级人民法院审管办副主任

黄　伟　北京市天同(重庆)律师事务所合伙人

黎　明　重庆市第五中级人民法院民四庭员额法官

李子昂　石家庄仲裁委员会业务一部副部长

林　丰　厦门仲裁委员会二级主办

林　竹　广东省湛江市中级人民法院民一庭副庭长

刘　瑾　北京市第一中级人民法院民一庭法官助理

刘育民　中电投工程研究检测评定中心有限公司司法鉴定所所长

鲁　宏　北京植德(上海)律师事务所合伙人

吕莉莉　山东省青岛市黄岛区人民法院民一庭庭长

马德云　中国建筑标准设计研究院有限公司司法鉴定中心主任

曲笑飞　浙江金道律师事务所高级合伙人

任劲松　贵州省仁怀市人民法院审判委员会专职委员
尚学伟　江苏拓嘉工程设计研究院有限公司总工程师
孙　傲　腾讯科技(深圳)有限公司高级法律顾问
王　画　浙江省金华市金东区人民法院民一庭员额法官
王　剑　江苏良筑律师事务所合伙人
吴永定　常州仲裁委员会仲裁事务一处处长
项昭亮　广东广和律师事务所合伙人
解学锋　北京市第三中级人民法院民一庭员额法官
谢瑜昱　国家建筑工程质量检验检测中心检测院副院长
杨劭禹　贵州省高级人民法院民一庭法官助理
杨唐全　上海汉盛律师事务所高级合伙人
袁海兵　上海建纬(南宁)律师事务所主任
张　凯　安徽省固镇县人民法院院长
者丽琼　香港置地中国区法律服务中心法务经理

秘　书

项　平　上海仲裁委员会上海建设工程仲裁院法律顾问
曹菁菁　北京天同(上海)律师事务所律师助理

第十六工作组全体成员慷慨无私地付出了大量精力和时间,在此对他们的努力致以崇高敬意和衷心感谢!

常设论坛副秘书长、广州仲裁委员会国际仲裁部部长江岚女士受常设论坛主席会议、秘书长会议之托,担任第十六工作组督导,为第十六工作组的调研提供了大力支持和帮助。

需要特别提出的是,第十六工作组两位召集人周利明先生和谢佑先生牵头负责调研议题的深化、进度计划的编制、工作例会的召开、任务分解安排、调研成果的汇总与审核以及与秘书长会议的衔接协调等工作。

此外,还要感谢常设论坛的成员、观察员和建设工程法律界的众多同仁对第十六工作组给予的热情帮助和真诚鼓励!感谢曹文衔博士、张晓霞博士、周柯生高级工程师、刘莉教授对调研工作的参与和支持!感谢庞琳琳、豆鹏亮、乃露莹等提供的有力协助!感谢上海仲裁委员会、宁波仲裁委员会、上海建纬(南宁)律师事务所、南宁市建设工程质量安全协会及李寿坤会长为第十六工作组的工作例会提供的有力保障！感谢法律出版社法商分社社长薛晗女士和责任编辑慕雪丹女士、章雯女士在如此短的时间内就完成了《指引》的审校和出版，感激之情无以言表！感谢中国工程建设标准知识服务网为工作组提供的技术支持！

法律之路漫漫，我们将始终心怀感激，踔厉奋发，勇毅前行！

孙　巍

常设中国建设工程法律论坛秘书长

《中国建设工程法律评论》主编

2022 年 11 月 11 日

全称、简称对照表

一、机构名称全称与简称对照

全　称	简　称
××仲裁委员会	××仲裁委
最高人民检察院	最高检
住房和城乡建设部/厅/局	住建部/厅/局
住房和城乡建设委员会	住建委
建设行政主管部门	建设主管部门
国家发展和改革委员会	国家发改委
国家工商行政管理总局	原工商总局

二、规范性文件简称

1. 法律、法规

本书所涉我国的法律及法规名称中带有“中华人民共和国”字样的，均统一省去，简写为《×××法》《×××条例》。例如，《中华人民共和国民法典》简称为《民法典》，《中华人民共和国招标投标法实施条例》简称为《招标投标法实施条例》。

2. 司法解释及司法解释性质文件

全　称	简　称
《最高人民法院关于审理建设工程施工合同纠纷案件适用法律问题的解释(一)》	《施工合同司法解释(一)》
《最高人民法院关于审理建设工程施工合同纠纷案件适用法律问题的解释》(已失效)	原《施工合同司法解释》
《最高人民法院关于审理建设工程施工合同纠纷案件适用法律问题的解释(二)》(已失效)	原《施工合同司法解释(二)》

续表

全 称	简 称
《最高人民法院关于适用〈中华人民共和国民事诉讼法〉的解释》	《民诉法解释》
《最高人民法院关于民事诉讼证据的若干规定》	《证据规定》
《最高人民法院关于适用〈中华人民共和国合同法〉若干问题的解释(一)》	原《合同法司法解释(一)》
《最高人民法院关于适用〈中华人民共和国合同法〉若干问题的解释(二)》	原《合同法司法解释(二)》
《第八次全国法院民事商事审判工作会议(民事部分)纪要》	《八民会纪要》
《全国法院民商事审判工作会议纪要》	《九民会纪要》
《最高人民法院关于审理商品房买卖合同纠纷案件适用法律若干问题的解释》	《商品房买卖合同司法解释》

3. 部门规章和其他部门规范性文件

全 称	简 称
《建设工程质量保证金管理办法》	《质保金管理办法》
《建筑工程施工发包与承包违法行为认定查处管理办法》(建市规〔2019〕1 号)	《违法发承包认定查处办法》
《房屋建筑和市政基础设施项目工程总承包管理办法》(建市规〔2019〕12 号)	《房建市政工程总承包管理办法》
《房屋建筑和市政基础设施工程竣工验收规定》	《房建市政工程竣工验收规定》

三、标准规范简称

全 称	简 称
《建设工程监理规范》(GB/T 50319 - 2013)	《2013 版建设工程监理规范》
《建筑工程施工质量验收统一标准》(GB 50300 - 2013)	《2013 版质量验收统一标准》

四、示范文本简称

全　称	简　称
《建设工程勘察合同（示范文本）》（GF－2016－0203）	《2016 版建设工程勘察合同》
《建设工程设计合同示范文本（房屋建筑工程）》（GF－2015－0209）	《2015 版房建工程设计合同示范文本》
《建设工程设计合同示范文本（专业建设工程）》（GF－2015－0210）	《2015 版专业工程设计合同示范文本》
《建设工程施工合同（示范文本）》（GF－2017－0201）	《2017 版建设工程施工合同示范文本》
《建设工程监理合同（示范文本）》（GF－2012－0202）	《2012 版建设工程监理合同示范文本》
《中华人民共和国标准施工招标文件》（2007年版）	《2007 版标准施工招标文件》
《建设项目工程总承包合同（示范文本）》（GF－2020－0216）	《2020 版工程总承包合同示范文本》

简目 Contents

上 篇

下 篇

详目 Contents

上 篇

下篇

上篇

第一章

建设工程质量概述

本章旨在从建设工程质量的概念、建设工程质量问题常见分类出发，对建设工程质量问题的内涵、外延进行介绍，同时围绕五个维度，对建设工程质量问题的分类、责任主体、责任承担方式等进行总体介绍。

一、建设工程质量的概念与维度

建设工程质量，是指工程实体和环境质量满足法定质量标准和约定质量要求的程度。建设工程质量问题为泛称，即工程质量不符合国家强制性规范标准，或不符合当事人合同约定的标准。其往往与“质量不合格”“质量缺陷”“质量通病”“质量事故”等概念交织，但各自的侧重点有所不同。

工程质量不合格，是指施工人完成的建设工程产品不符合工程勘察设计文件的要求，或者不符合国家建筑工程质量验收标准及相关专业验收规范的规定，不能通过工程质量验收。根据《质量管理体系基础和术语》(GB/T 19000 - 2016)的规定，“质量”即客体的一组固有特性满足要求的程度，“不合格”即不符合、未满足要求。

工程质量缺陷，是指工程质量在结构安全性、功能适用性、耐久性等方面不符合法定及约定标准。质量缺陷与质量不合格的判定标准是一致的，两者的主要区别在于质量不合格通常指工程未能通过竣工验收，是对工程竣工验收结果的综合判定。质量缺陷则可以用来指施工过程、验收阶段、保修期内或者保修期外的所有工程质量问题，更多情况下则指向某一具体验收项或验收点。质量缺陷若在交付时就已经存在，发包人既有权要求承包人承担保修责任，也有权要求其承担质量瑕疵担保责任，若在使用过程中出现质量缺陷，承包人应承担保修责任。①

工程质量通病，是指建设工程中易发生的、常见的、难以完全避免、影响使用功能和外观质量的缺陷，犹如“多发病”一样，故称质量通病。例如，基础不均匀下沉、结构表面不平整、墙面渗水漏水、地面空鼓、管线不顺直等。

工程质量事故，是指由于建设、勘察、设计、施工、监理等单位违反工程质量有关法律法规和工程建设标准，使工程产生结构安全、重要使用功能等方面的质量缺陷，造成人身伤亡或者重大经济损失的事故。② 根据工程质量事故造成的人员伤亡或者直接经济损失，质量事故分为四个不同等级：特别重大事故、重大事故、较大事故、一般事故。

《建筑法》第 3 条规定：“建筑活动应当确保建筑工程质量和安全，符合国家的建筑工程安全标准。”为更好地理解建设工程质量，可从结构安全性、功能适用性、耐久性、环境健康安全性、观感质量五个维度进行分析。

（一）结构安全性

结构安全性是建设工程质量首要也是最重要的衡量维度。任何建筑结构，都会承受自然环境和社会活动引起的荷载，为使结构能在设计使用年限内承受各种可能的荷载，需要由专业人员运用结构工程理论，结合建设工程功能用途、地质岩土、环境因素、材料制品等进行科学计算，考虑到结构可能面临的直接作用、间接作用和环境影响。建设工程在正常施工、使用的情况下，结构应能承受可能出现的各种荷载作用和变形而不发生破坏；在偶然事件发生后，结构仍能够保持必要的整体稳定性。③ 若结构因工程质量低下而不能满足安全性能，轻则造成资源浪费，重则会使得结构构件和构筑物发生破坏，引起建筑物的倒塌，危及生命安全，导致重大财产损失。

（二）功能适用性

功能适用性是指建设工程满足人们使用目的的各种性能。建设工程可以按

---

① 参见高印立：《建设工程施工合同法律实务与解析》（第 2 版），中国建筑工业出版社 2018 年版，第 204 页。

② 参见《关于做好房屋建筑和市政基础设施工程质量事故报告和调查处理工作的通知》（建质〔2010〕111 号）第 1 条。

③ 参见周利明：《解构与重塑：建设工程合同纠纷审判思维与方法》（第 2 版），法律出版社 2021 年版，第 601 页。

照性质、投资、用途、功能等不同方法进行分类。按照使用性质可划分为民用建筑、工业建筑和构筑物工程以及其他工程等；按照用途可划分为环保工程、节能工程、消防工程和抗震工程等；按照使用功能可划分为房屋建筑工程、铁路工程、公路工程、水利工程、市政工程、海洋工程、民航工程、电子与通信工程和广播电影电视工程等数十种工程。

建设工程的功能适用性以科学、规范设计为前提。其中，民用建筑设计参照标准规范有《民用建筑设计统一标准》（GB 50352－2019）、《建筑采光设计标准》（GB 50033－2013）、《建筑照明设计标准》（GB 50034－2013）、《民用建筑隔声设计规范》（GB 50118－2010）、《民用建筑节水设计标准》（GB 50555－2010）等。工业建筑设计参照标准规范有《工业建筑节能设计统一标准》（GB 51245－2017）、《工业建筑供暖通风与空气调节设计规范》（GB 50019－2015）、《建筑给水排水设计规范》（GB 50015－2003）等。

以住宅建筑为例，为满足人们居住使用需求，则根据建筑物层高设计电梯和楼梯、管道井、烟道和通风道等必需结构，配备给水排水、通电、燃气设备，冬季寒冷地区配备取暖设施；为提升居住体验感，对项目层数和室内净高进行不同的设计；为增强美感，对建筑物外墙采用玻璃幕墙、外墙干挂大理石施工工艺；为增强居住体验和舒适度，还体现在通风、采光、湿热环境、声环境等因素的设计考量。

与住宅建筑相比，工业建筑对功能适用性有着更为严格的限制，在冷热源控制、给水排水设计、空气调节、供暖供冷、通风除尘等功能方面均有严苛的规范和标准要求。例如根据《工业建筑节能设计统一标准》（GB 51245－2017）第4.2.11条规定，建筑设计应充分利用天然采光。大跨度或大进深的厂房采光设计时，宜采用顶部天窗采光或导光管采光系统等采光装置。供暖通风空调方式应根据工艺需求、生产班制、建筑功能及规模、所在地区气象条件、能源状况、能源政策、环保、经济等要求，比选不同方案设计后确定。例如严寒及寒冷地区的工业厂房不宜单独采用热风系统进行冬季供暖，宜采用散热器供暖、辐射供暖等系统形式。

（三）耐久性

耐久性，是指在正常使用维护的条件下，建设工程应能在合理使用年限内满足各项功能要求，及抵抗自身和自然环境双重因素长期破坏作用的能力。建设工程在使用过程中，由于遭受不同程度的环境影响，其实际使用寿命也会发生差别，建设工程耐久性与上述过程息息相关、密不可分。

因建筑物结构不同,影响耐久性问题的原因也不尽相同:

例如对于钢结构,影响耐久性问题的原因多见于钢结构构件锈蚀,有效断面缩小而导致其承载力下降;结构在反复荷载作用下的疲劳破坏;因裂缝扩展、损伤积累而引起构件断裂;在腐蚀性介质中,钢材被腐蚀而破坏;连接(铆钉、螺栓、焊缝)发生疲劳断裂等。再如对于木结构,其主材是有机材料,被破坏的主要原因是木材逐渐腐朽;此外,虫蛀、蚁患、鼠咬、菌腐等生物破坏也是引起耐久性事故的主要原因。又如对于钢筋混凝土结构,其耐久性事故一方面是由于钢筋锈蚀,另一方面包括混凝土碳化、有害介质的侵蚀、混凝土冻融破坏、碱骨料反应等。①

耐久性是既有结构可靠性评定的要素之一,对于已经出现耐久性极限状态的结构,可以通过现场检测发现耐久性极限状态标志的构件和连接,对构件材料性能劣化程度进行测定,从而测定有害物质的含量或者侵入深度,确定环境侵蚀性的变动情况。对于尚未出现耐久性极限状态的结构,可通过经验判断法、验证或校准已有劣化模型法、快速检验法对耐久性进行推定。

(四)环境健康安全性

建设工程环境质量是指“建设主体利用更有效的技术,经济合理地满足一种最佳的生态系统以及支持生态的持续完整性和人类愿望的实现,使人类生产、生活环境得以改善的特性”②。

建设工程环境质量存在多种影响因素:一定时期社会和经济发展水平、建设工程的规划设计、人的环境意识、建筑材料的绿色化水平等。

空气质量问题是常见的建设工程环境质量问题。北方冬季较为寒冷,为了使混凝土的凝固速度加快以及冬季施工防冻,建筑工人会在混凝土当中加入高碱性的膨胀剂和以尿素、氨水为主要原料的混凝土防冻剂。受温度、湿度等环境因素影响,建筑物投入使用后会有含氨类物质的外加剂还原成氨气从墙体中释放出来。氨的释放周期通常长达数年,高温会加速氨的释放,使得室内空气中氨的浓度增加,造成空气污染。同时,室内装修过程中使用的各类溶剂型涂料、木器漆、胶黏剂等也会产生苯系物及总挥发性有机化合物(TVOC)等污染物,影响室内的

---

① 参见王元清、江见鲸等编著:《建筑工程事故分析与处理》(第4版),中国建筑工业出版社2018年版,第256页。

② 郭汉丁、刘应宗:《建设工程环境质量及其问题特征分析》,载《重庆建筑大学学报》2004年第1期。

空气质量。送风口、回风口位置设计不合理会导致通风死角等工程质量问题，影响室内通风，导致污染物浓度提升。

大型建设工程的质量问题往往会产生严重的环境危害，如垃圾填埋场防渗漏工程。部分启用时间较早的垃圾填埋场底部和周边没有采取防渗措施或者防渗漏工程不合格，不符合现行的城市生活垃圾卫生填埋技术规范。垃圾填埋场掩埋的城市垃圾会产生大量的渗滤液，不及时处理可能出现扩散或渗透，污染周边水环境，影响居民的健康与生活，带来安全隐患。垃圾填埋场的填埋气体导排工程不合格会导致填埋气体（主要是甲烷气体）的积聚，浓度达到爆炸极限，遇到明火或自燃物将引发气体爆炸，产生严重环境质量问题。为避免垃圾渗滤液的外渗和填埋气体的危害，在垃圾填埋场设计施工过程中应重视填埋场防渗漏层工程及填埋气体导排工程。

（五）观感质量

所谓工程观感质量，是指单位工程竣工后，人的感觉器官可观察或识别到的对建筑物或构筑物在结构安全、使用功能和外表美观等方面质量的综合评价。[①]对于一个建设工程项目，不但要保证其具备结构安全性、功能适用性、耐久性、环境健康安全性等这些内在质量，也要保证其观感质量。

观感质量是评价建设工程质量（特别是已竣工工程质量）的一个重要方面，可在很大程度上综合反映出工程整体质量的实际状况。根据《2013 版质量验收统一标准》第 5.0.3 条和第 5.0.4 条的规定，观感质量符合要求是分项工程、单位工程质量验收合格的前提之一；根据第 5.0.5 条的规定，观感质量检查记录是单位工程质量竣工验收记录的组成部分。

观感质量涵盖布局、表面色泽、局部做法、细部处理等多个方面。观感质量的检验主要是依靠检查人员的观察检查，辅之以直尺、小锤、反光镜等简单工具，所以观感质量评定的准确性很大程度上受到检查人员的经验，以及其对建设工程技术规范标准的理解和掌握程度的影响。

造成单位工程观感质量问题的因素主要有：施工方对观感质量缺乏足够认识、缺乏科学有效的组织管理、工程材料质量不能满足实际需要、施工技术存在问

① 参见苏西振、黄雅芝：《用模糊数学综合评判建筑观感质量等级》，载《西南农业大学学报》2000年第6期。

题、环境因素影响等。

二、建设工程质量问题的类型

(一)按工程实施阶段分类

建设项目从最初的项目概念提出到项目竣工验收合格进而投入使用,一般要经过五个阶段:项目的策划阶段、项目的勘察阶段、项目的设计阶段、项目的建设施工阶段、项目的投入使用(使用评估)阶段。① 建设工程一般应当按照先勘察、后设计、再施工的顺序进行。工程质量问题的成因往往错综复杂,在勘察、设计、施工及使用等不同阶段中均可能产生不同程度的质量问题。

1. 勘察阶段

勘察工作是确保工程质量合格的基础。实践中,通常会引起工程质量问题的勘察缺陷有:(1)勘察文件不符合法律法规强制性规定;(2)勘察文件不符合工程建设强制性标准规定;(3)勘察文件不符合合同约定的技术标准或要求;(4)勘察文件的编制深度不符合国家或地方主管部门规定;(5)勘察外业的原始数据记录不真实、不准确;(6)勘察文件的分析论证方法与岩土工程勘察行业通用的技术方法明显不符,或论证结论建议出现明显错误。②

勘察质量问题对工程质量的影响往往是在后期施工过程中表现出来的,如后期施工中地基基础分部施工中的验槽,既是建筑物施工第一阶段基槽开挖后的重要验收工序,也是对前期施工图设计阶段岩土勘察工作质量的实地验证。在之后基础主体施工过程中,也可能产生因勘察不到位造成的工程质量问题,此时需要通过工程质量鉴定对造成问题的原因进行分析查明,确定责任主体和原因力大小。

2. 设计阶段

建设工程设计按照工程进展分阶段实施,一般包括方案设计、初步设计和施工图设计三个阶段。设计环节是建设工程项目实施过程中非常重要的环节,包含了对项目资金、技术工艺、功能使用、环保健康、使用期限等诸多因素的考虑管控。在项目开始施工前,设计人应当向发包人、施工人、监理人进行设计交底,并对设

---

① 参见常设中国建设工程法律论坛第八工作组:《中国建设工程施工合同法律全书:词条释义与实务指引》,法律出版社 2019 年版,第 668 页。

② 参见常设中国建设工程法律论坛第十二工作组:《建设工程勘察设计合同纠纷裁判指引》,法律出版社 2021 年版,第 211 页。

计说明进行明确，发包人、施工人、监理人不得擅自变更设计。可能引起工程质量问题的设计缺陷有：(1)设计文件不符合法律法规的强制性规定；(2)设计文件不符合工程建设强制性标准的要求；(3)设计文件不符合合同约定的技术标准或发包人要求；(4)设计文件不符合相关行业设计文件编制深度的规定；(5)设计文件存在影响工程安全性、使用性或其他功能的缺陷。①

实践中，因设计质量缺陷产生的工程质量纠纷不在少数，设计阶段质量问题具有隐蔽性、滞后性、专业性等特点，又因设计工作受制于投资效益、社会效益等因素，设计缺陷造成的施工质量往往涉及多方主体责任，给工程质量纠纷解决带来较大难度。

3. 施工阶段

施工过程是将人、材、机物化后形成建设工程实体质量的阶段。建设工程施工具有周期长、环节多、耗资大、资质准入限制等特点，高度依赖施工企业管理水平、施工工艺标准规范性、施工人员专业技术性、施工环境气候等因素。相较于勘察、设计环节，施工过程中出现的质量问题具有多发性、多样性、普遍性、危害性大、多因性等特点。

因施工原因导致的工程质量问题，有些在施工过程中即显现出来，发包人或监理人可要求承包人修理、返工或者改建，或者承包人自检过程中发现后立即修理；有些质量问题在组织竣工验收时发现，发包人可要求承包人维修、返工、改建，并另行组织竣工验收；另有部分质量问题是在工程竣工验收后交付前，工程经承包人修理、返工、改建后仍然存在质量问题。②

导致施工质量问题既有施工人单一责任的情形，也有勘察、设计、监理等主体"多因一果"混合责任的情形。勘察、设计质量问题常常在施工过程中表现出来，另可能由监理不到位、第三人侵权等导致。《建筑法》确立了发包人对工程质量承担首要责任，勘察、设计、施工人对工程质量承担主体责任的原则③，规定了承包人在质量保修期内对工程质量承担保修义务。

---

① 参见常设中国建设工程法律论坛第十二工作组：《建设工程勘察设计合同纠纷裁判指引》，法律出版社2021年版，第224页。

② 参见曹文衔、宿辉、曲笑飞：《民法典建设工程合同章条文释解与司法适用》，法律出版社2021年版，第368页。

③ 《建筑法》第58条规定："建筑施工企业对工程的施工质量负责。建筑施工企业必须按照工程设计图纸和施工技术标准施工，不得偷工减料。工程设计的修改由原设计单位负责，建筑施工企业不得擅自修改工程设计。"

4. 使用阶段

建设工程竣工验收合格，表明承包人的主要合同义务已经完成。建设工程在竣工验收合格并移交发包人后，即进入使用阶段。在使用阶段，存在缺陷责任期、质量保修期、合理使用期等关乎质量问题的不同期间。在不同的期间，发包人和承包人的权利和义务关系亦不同。

（1）缺陷责任期

缺陷责任期这一概念来源于《FIDIC 施工合同条件》（1999 年第 1 版），其法规依据为住建部与财政部颁布的《质保金管理办法》第 2 条。从上述规定分析，缺陷责任期的本质特征是质量保证金返还期限。

根据《质保金管理办法》的规定，发包人在缺陷责任期内，有权扣留不超过结算总额 3% 的质量保证金；而所谓质量保证金，就是指“发包人与承包人在建设工程承包合同中约定，从应付的工程款中预留，用以保证承包人在缺陷责任期内对建设工程出现的缺陷进行维修的资金”；“缺陷责任期一般为 1 年，最长不超过 2 年，由发、承包双方在合同中约定”。

（2）质量保修期

根据《建筑法》第 62 条和《建设工程质量管理条例》第 39 条的规定，建筑工程实行质量保修制度。建设工程质量保修制度，是指建设工程在办理竣工验收手续后，在质量保修期内，因勘察、设计、施工、材料等原因造成的质量缺陷，应当由施工承包单位负责维修、返工或更换，由责任单位负责赔偿损失。①

关于质量保修期，可以在施工合同或保修书中约定，但不得低于法定保修期限，如《建设工程质量管理条例》第 40 条规定的最低保修期限。如果双方的约定低于规定的保修期限，则相关约定无效，承包人仍应按照法定最低保修年限承担保修责任。

（3）合理使用期

《民法典》第 802 条规定：“因承包人的原因致使建设工程在合理使用期限内造成人身损害和财产损失的，承包人应当承担赔偿责任。”该规定提到了重要的概念，即建设工程的“合理使用期限”，又称“合理使用年限”。

合理使用期限，是指从工程竣工验收合格之日起，工程的地基基础、主体结构

---

① 参见郜凤涛、赵晨主编，国务院法制办等编著：《建设工程质量管理条例释义》，中国城市出版社 2000 年版，第 98－99 页。

能保证在正常情况下安全使用的年限。无论是否超过保修期，只要是在合理使用期限内，因承包人原因的工程质量问题造成人身损害或财产损失的，承包人均应承担赔偿责任。而建设工程在超过合理使用期限后仍需要继续使用的，根据《建设工程质量管理条例》第42条的规定，产权所有人应当委托具有相应资质等级的勘察、设计单位进行鉴定，并根据鉴定结果采取加固、维修等措施，重新界定使用期。

（二）按表现形态分类

1. 显性问题

许多建设工程质量问题是显性的，较为直观，多为外观缺陷，不需要借助技术检测等手段，通过眼看、耳听、手摸，使用尺量、敲打等检查手段即可发现。例如，墙面开裂、屋面漏水、装饰色差等。显性质量问题多属于质量通病，部分显性质量问题仅影响观感，对工程的安全性和使用功能并无根本性影响或影响不大，如饰面砖裂缝及其他装饰装修外观瑕疵等。在司法实践中，显性质量问题的举证通过提交现场照片、影像资料，或进行现场勘验等方式即可完成。

2. 隐性问题

有的建设工程质量问题是非直观的、隐性的，需要通过技术检测等手段才能发现和证明，如混凝土构件强度不足、钢结构所用钢材强度指标不合格、钢结构构件连接强度未满足要求、室内环境空气中甲醛含量超标等。有的质量问题需要经过一段时间的观测才能发现，如地基不均匀沉降。有些影响功能性的质量问题则需要在使用过程中才能暴露出来，如通风系统的抽湿效果达不到设计要求、供暖温度不足等。有些质量问题需要在技术检测、检验的基础上，对相关数据进行验算，如建筑安全等级评定。相比于显性质量问题，隐性质量问题多表现为影响建设工程的结构安全性、功能适用性、耐久性、环境健康性的质量缺陷。在司法实践中，隐性的质量问题往往需要通过专业的第三方检测机构出具的检测鉴定意见等方式予以证明。

三、建设工程质量责任主体

建设工程质量责任主体，主要包括发包人、勘察人、设计人、施工人、工程总承包人、监理人、检测人和材料设备供应人。以下将针对前述各个主体，从民事、行政、刑事方面对其质量责任进行简要介绍。

(一)发包人

结合《民法典》第 788 条中“建设工程合同是承包人进行工程建设,发包人支付价款的合同”的规定,发包人是指与承包人签订建设工程合同,享有取得承包人工作成果的权利、履行价款支付义务的当事人,以及取得该当事人资格的合法承继人。

建设工程的发包人,一般也是建设工程的“建设单位”,即对于建设工程所占土地享有合法土地使用权或所有权,且已取得建设用地规划许可文件和建设工程规划许可文件的建设主体,实践中也称作“业主”。

根据相关法律法规,发包人可能承担的质量责任如下:

1. 民事责任

在工程质量方面,发包人在建设工程相关合同中主要承担的是组织、配合和协作等义务。因为发包人原因导致工程出现质量问题的,发包人应当承担相应的违约责任或者侵权责任。以建设工程施工合同为例,如根据《施工合同司法解释(一)》第 13 条的规定,发包人对其过错(包括发包人提供的设计有缺陷,提供或者指定购买的建筑材料、建筑构配件、设备不符合强制性标准,直接指定分包人分包专业工程等)造成的质量问题应承担过错责任,但是承包人有过错的,也应承担相应的过错责任。

关于与工程质量相关的侵权责任,主要是依据《民法典》第 1252 条和第 1253 条的规定,就建筑物、构筑物或者其他设施等对第三人造成的损害承担责任。

2. 行政责任

关于单位责任,区分不同违法行为,发包人应承担的行政责任详见表 1-1:

表 1-1 发包人应承担的行政责任

序号	违法行为	处罚结果	处罚依据
1	建设单位将建设工程发包给不具有相应资质等级的勘察、设计、施工单位或者委托给不具有相应资质等级的工程监理单位的	责令改正,处 50 万元以上 100 万元以下的罚款	《建设工程质量管理条例》第 54 条
2	建设单位将建设工程肢解发包的	责令改正,处工程合同价款0.5%以上 1% 以下的罚款;对全部或者部分使用国有资金的项目,并可以暂停项目执行或者暂停资金拨付	《建设工程质量管理条例》第 55 条

续表

序号	违法行为	处罚结果	处罚依据
3	迫使承包方以低于成本的价格竞标的	责令改正,处20万元以上50万元以下的罚款	《建设工程质量管理条例》第56条
4	任意压缩合理工期的		
5	明示或者暗示设计单位或者施工单位违反工程建设强制性标准,降低工程质量的		
6	施工图设计文件未经审查或者审查不合格,擅自施工的		
7	建设项目必须实行工程监理而未实行工程监理的		
8	未按照国家规定办理工程质量监督手续的		
9	明示或者暗示施工单位使用不合格的建筑材料、建筑构配件和设备的		
10	未按照国家规定将竣工验收报告、有关认可文件或者准许使用文件报送备案的		
11	建设单位未取得施工许可证或者开工报告未经批准,擅自施工的	责令停止施工,限期改正,处工程合同价款1%以上2%以下的罚款	《建设工程质量管理条例》第57条
12	未组织竣工验收,擅自交付使用的;验收不合格,擅自交付使用的;对不合格的建设工程按照合格工程验收的	责令改正,处工程合同价款2%以上4%以下的罚款;造成损失的,依法承担赔偿责任	《建设工程质量管理条例》第58条
13	建设工程竣工验收后,建设单位未向建设行政主管部门或者其他有关部门移交建设项目档案的	责令改正,处1万元以上10万元以下的罚款	《建设工程质量管理条例》第59条
14	涉及建筑主体或者承重结构变动的装修工程,没有设计方案擅自施工的	责令改正,处50万元以上100万元以下的罚款	《建设工程质量管理条例》第69条

关于人员责任,根据《建设工程质量管理条例》第 73 条的规定:依据该条例给予单位罚款处罚的,对单位直接负责的主管人员和其他直接责任人员处单位罚款数额 5% 以上 10% 以下的罚款。

3. 刑事责任

发包人因工程质量可能承担的刑事责任,主要是工程重大安全事故罪。关于"重大安全事故"的认定,根据《最高人民法院、最高人民检察院关于办理危害生产安全刑事案件适用法律若干问题的解释》(法释〔2015〕22 号)第 6 条的规定,包括下述情形:"(一)造成死亡一人以上,或者重伤三人以上的;(二)造成直接经济损失一百万元以上的;(三)其他造成严重后果或者重大安全事故的情形。"

《刑法》第 137 条规定:"建设单位、设计单位、施工单位、工程监理单位违反国家规定,降低工程质量标准,造成重大安全事故的,对直接责任人员,处五年以下有期徒刑或者拘役,并处罚金;后果特别严重的,处五年以上十年以下有期徒刑,并处罚金。"

(二)勘察人、设计人

勘察人又称"勘察单位",是指与发包人订立建设工程勘察合同并具备相应工程勘察资质的法人或其他组织及取得该当事人资格的合法承继人。设计人又称"设计单位",是指与发包人订立建设工程设计合同并具备相应工程设计资质的法人或其他组织及取得该当事人资格的合法承继人。

勘察人、设计人作为勘察、设计合同的当事人,必须对其勘察、设计的成果文件质量负责,其提供的勘察、设计文件应当符合有关法律、行政法规的规定和建筑工程质量、安全标准、建筑工程勘察设计技术规范以及合同的约定,否则需承担相应的责任。

根据相关法律法规,勘察人、设计人可能承担的质量责任如下:

1. 民事责任

关于勘察人、设计人违反勘察、设计合同质量要求的违约责任,根据《民法典》第 800 条、第 802 条的规定,勘察、设计的质量不符合要求或者未按照期限提交勘察、设计文件拖延工期,造成发包人损失的,勘察人、设计人应当继续完善勘察、设计,减收或者免收勘察、设计费并赔偿损失。因勘察人、设计人的原因致使建设工程在合理使用期限内造成人身损害和财产损失的,勘察人、设计人应当承担赔偿责任。

关于与工程质量相关的侵权责任,主要是依据《民法典》第 1252 条和第 1253

条的规定，因建筑物、构筑物或者其他设施等对第三人造成损害的应承担侵权责任。

2. 行政责任

关于单位责任，区分不同违法行为，勘察人、设计人应承担的行政责任详见表1－2：

表1－2 勘察人、设计人应承担的行政责任

序号	违法行为	处罚结果	处罚依据
1	勘察人、设计人超越本单位资质等级承揽工程的	责令停止违法行为，处合同约定的勘察费、设计费1倍以上2倍以下的罚款	《建设工程质量管理条例》第60条
2	勘察人、设计人未取得资质证书承揽工程的	予以取缔，处合同约定的勘察费、设计费1倍以上2倍以下的罚款；有违法所得的，予以没收	《建设工程质量管理条例》第60条
3	勘察人、设计人以欺骗手段取得资质证书承揽工程的	吊销资质证书，处合同约定的勘察费、设计费1倍以上2倍以下的罚款；有违法所得的，予以没收	《建设工程质量管理条例》第60条
4	勘察人、设计人允许其他单位或者个人以本单位名义承揽工程的	责令改正，没收违法所得，处合同约定的勘察费、设计费1倍以上2倍以下的罚款；可以责令停业整顿，降低资质等级；情节严重的，吊销资质证书	《建设工程质量管理条例》第61条
5	勘察人、设计人将承包的工程转包或者违法分包的	责令改正，没收违法所得，对勘察、设计单位处合同约定的勘察费、设计费25%以上50%以下的罚款；可以责令停业整顿，降低资质等级；情节严重的，吊销资质证书	《建设工程质量管理条例》第62条
6	勘察人未按照工程建设强制性标准进行勘察的	责令改正；处10万元以上30万元以下的罚款；造成工程质量事故的，责令停业整顿，降低资质等级；情节严重的，吊销资质证书；造成损失的，依法承担赔偿责任	《建设工程质量管理条例》第63条
7	设计人未根据勘察成果文件进行工程设计的		
8	设计人指定建筑材料、建筑构配件的生产厂、供应商的		
9	设计人未按照工程建设强制性标准进行设计的		

续表

序号	违法行为	处罚结果	处罚依据
10	勘察人、设计人未依据项目批准文件,城乡规划及专业规划,国家规定的建设工程勘察、设计深度要求编制建设工程勘察、设计文件的	责令限期改正;逾期不改正的,处10万元以上30万元以下的罚款;造成工程质量事故或者环境污染和生态破坏的,责令停业整顿,降低资质等级;情节严重的,吊销资质证书;造成损失的,依法承担赔偿责任	《建设工程勘察设计管理条例》第40条

关于人员责任,《建设工程质量管理条例》第73条规定:"依照本条例规定,给予单位罚款处罚的,对单位直接负责的主管人员和其他直接责任人员处单位罚款数额5%以上10%以下的罚款。"

3. 刑事责任

涉及勘察人、设计人质量责任的罪名,主要是《刑法》第137条规定的工程重大安全事故罪,具体参见前述发包人质量责任内容。

(三)施工人

施工人,一般指与发包人签订建设工程施工合同,具有相应工程承包资质的当事人及取得该当事人资格的合法承继人。

根据相关法律法规,施工人可能承担的质量责任如下:

1. 民事责任

关于违反施工合同质量要求的违约责任,根据《民法典》第801条、第802条和《施工合同司法解释(一)》第12条的规定,因施工人原因致使建设工程质量不符合约定的,发包人有权请求施工人在合理期限内无偿修理或者返工、改建;施工人拒绝修理、返工或者改建的,发包人有权减少支付工程价款或委托第三人实施;因施工人原因致使建设工程在合理使用期限内造成人身损害和财产损失的,施工人应当承担赔偿责任。

关于与工程质量相关的侵权责任,主要是依据《民法典》第1252条和第1253条的规定,因建筑物、构筑物或者其他设施等对第三人造成的损害应当承担侵权责任。因为施工人原因导致他人损害的,则所有人、管理人或者使用人赔偿后,也有权向施工人追偿。

2. 行政责任

区分不同的违法违规行为,施工人应承担的行政责任详见表1-3:

表 1－3　施工人应承担的行政责任

序号	违法行为	处罚结果	处罚依据
1	超越本单位资质等级承揽工程的	责令停止违法行为,处工程合同价款 2% 以上 4% 以下的罚款,可以责令停业整顿,降低资质等级;情节严重的,吊销资质证书;有违法所得的,予以没收	《建设工程质量管理条例》第 60 条
2	未取得资质证书承揽工程的	予以取缔,处工程合同价款 2% 以上 4% 以下的罚款;有违法所得的,予以没收	
3	以欺骗手段取得资质证书承揽工程的	吊销资质证书,处工程合同价款 2% 以上 4% 以下的罚款;有违法所得的,予以没收	
4	允许其他单位或者个人以本单位名义承揽工程的	责令改正,没收违法所得;处工程合同价款 2% 以上 4% 以下的罚款;可以责令停业整顿,降低资质等级;情节严重的,吊销资质证书	《建设工程质量管理条例》第 61 条
5	将承包的工程转包或者违法分包的	责令改正,没收违法所得;处工程合同价款 0.5% 以上 1% 以下的罚款;可以责令停业整顿,降低资质等级;情节严重的,吊销资质证书	《建设工程质量管理条例》第 62 条
6	在施工中偷工减料的,使用不合格的建筑材料、建筑构配件和设备的,或者有不按照工程设计图纸或者施工技术标准施工的其他行为的	责令改正,处工程合同价款 2% 以上 4% 以下的罚款;造成建设工程质量不符合规定的质量标准的,负责返工、修理,并赔偿因此造成的损失;情节严重的,责令停业整顿,降低资质等级或者吊销资质证书	《建设工程质量管理条例》第 64 条
7	未对建筑材料、建筑构配件、设备和商品混凝土进行检验,或者未对涉及结构安全的试块、试件以及有关材料取样检测的	责令改正,处 10 万元以上 20 万元以下的罚款;情节严重的,责令停业整顿,降低资质等级或者吊销资质证书;造成损失的,依法承担赔偿责任	《建设工程质量管理条例》第 65 条
8	不履行保修义务或者拖延履行保修义务的	责令改正,处 10 万元以上 20 万元以下的罚款,并对在保修期内因质量缺陷造成的损失承担赔偿责任	《建设工程质量管理条例》第 66 条

此外,根据《建设工程质量管理条例》第 73 条的规定,给予单位罚款处罚的,对单位主管人员和其他责任人员应处单位罚款数额 5% 以上 10% 以下的罚款。

3. 刑事责任

涉及施工人质量责任的罪名,也主要是构成《刑法》第 137 条规定的工程重大安全事故罪,同样可见前述发包人责任部分。

(四)工程总承包人

工程总承包,根据《房建市政工程总承包管理办法》第 3 条的规定,是指"承包单位按照与建设单位签订的合同,对工程设计、采购、施工或者设计、施工等阶段实行总承包,并对工程的质量、安全、工期和造价等全面负责的工程建设组织实施方式"。工程总承包人,也称"工程总承包单位",是指承接工程总承包项目,并与发包人签订工程总承包合同的承包人,及取得该当事人资格的合法承继人。

1. 民事责任

相比施工总承包项目中的设计人仅负责设计、施工人仅负责施工,工程总承包人的承包范围既包括设计,也包括施工,因此其同时应承担设计人和施工人的民事责任,详见上文分析。但工程承包人的民事责任并非设计人和施工人民事责任的简单相加,其具有下述特殊性:

其一,就民事责任性质而言,施工总承包合同中,设计人和施工人通常承担的是过错责任,但在工程总承包合同中,工程总承包人承担的是无过错责任。例如,在 FIDIC 合同中,工程总承包人承担"符合预期目的"(fit for the purpose)的责任。2017 版《设计采购施工(EPC)/交钥匙工程合同条件》第 4.1 款第 1 段规定:"承包商应按照合同实施工程。竣工时,工程(或分项工程或生产设备的主要部件,如果有)应达到雇主要求中规定和阐明的预期目的,或在未规定和阐明的情况下,则应达到一般目的。"①《生产设备和设计——施工合同条件》第 4.1 款也有同样规定。② "符合预期目的"义务在性质上为无过错责任,即只要承包人承包的工程没有符合预期目的,无论承包人是否存在过错,其均应承担责任。

其二,在工程总承包人为联合体情形下,联合体各方还应当就总承包合同范

---

① 国际咨询工程师联合会编:《设计采购施工(EPC)/交钥匙工程合同条件(原书 2017 年版)》,唐萍、张瑞杰等译,机械工业出版社 2021 年版,第 51 页。

② 国际咨询工程师联合会编:《生产设备和设计——施工合同条件(原书 2017 年版)》,唐萍、张瑞杰等译,机械工业出版社 2021 年版,第 59 页。

围内全部建设工程的质量向发包人承担连带责任。《房建市政工程总承包管理办法》第 10 条第 2 款规定："设计单位和施工单位组成联合体的，应当根据项目的特点和复杂程度，合理确定牵头单位，并在联合体协议中明确联合体成员单位的责任和权利。联合体各方应当共同与建设单位签订工程总承包合同，就工程总承包项目承担连带责任。"施工总承包人亦存在两家及以上施工单位组成联合体的情形，但该联合体承担的连带责任范围仅限于施工质量责任，不包括设计责任，设计责任由设计人自行向发包人负责。

2. 行政责任与刑事责任

《房建市政工程总承包管理办法》第 22 条第 3 款规定："工程总承包单位、工程总承包项目经理依法承担质量终身责任。"第 27 条规定："工程总承包单位和工程总承包项目经理在设计、施工活动中有转包违法分包等违法违规行为或者造成工程质量安全事故的，按照法律法规对设计、施工单位及其项目负责人相同违法违规行为的规定追究责任。"

据此，工程总承包人的行政责任、刑事责任，与施工总承包项目中设计人、施工人的相关责任一致，具体内容可参阅前文。

（五）监理人

监理人，也称"监理单位"，是指与发包人签订监理合同，并按监理合同约定向发包人提供工程监理及相关服务活动的主体及取得该当事人资格的合法承继人。

根据相关法律法规，监理人可能承担的质量责任如下：

1. 民事责任

根据《民法典》第 788 条和第 796 条的规定，监理合同本质上属于委托合同，而不属于建设工程合同。而在《民事案件案由规定》中，建设工程监理合同纠纷系三级案由建设工程合同纠纷项下的四级案由之一。关于监理合同项下的违约责任，根据《民法典》第 929 条的规定，因为监理合同属于有偿的委托合同，则当因监理人的过错造成发包人损失的，发包人可以请求赔偿损失。监理人超出权限造成发包人损失的，监理人也应当赔偿损失。

除违约责任外，当监理人违反法定义务时，也应承担侵权责任。如《建设工程质量管理条例》第 67 条规定："工程监理单位有下列行为之一的……造成损失的，承担连带赔偿责任：（一）与建设单位或者施工单位串通，弄虚作假、降低工程质量的；（二）将不合格的建设工程、建筑材料、建筑构配件和设备按照合格签字的。"因此，如果存在上述情形，监理人应当与发包人或施工人共同就违规行为造成的损失，向相关方承担连带赔偿责任。

2. 行政责任

区分不同的违法违规行为，监理人应承担的行政责任详见表1－4：

表1－4 监理人应承担的行政责任

序号	违法行为	处罚结果	处罚依据
1	超越本单位资质等级承揽工程的	责令停止违法行为，对工程监理单位处合同约定的监理酬金1倍以上2倍以下的罚款；可以责令停业整顿，降低资质等级；情节严重的，吊销资质证书；有违法所得的，予以没收	《建设工程质量管理条例》第60条
2	未取得资质证书承揽工程的	予以取缔，按前述规定处以罚款；有违法所得的，予以没收	
3	以欺骗手段取得资质证书承揽工程的	吊销资质证书，按前述规定处以罚款；有违法所得的，予以没收	
4	允许其他单位或者个人以本单位名义承揽工程的	责令改正，没收违法所得，处合同约定的监理酬金1倍以上2倍以下的罚款；可以责令停业整顿，降低资质等级；情节严重的，吊销资质证书	《建设工程质量管理条例》第61条
5	工程监理单位转让工程监理业务的	责令改正，没收违法所得，处合同约定的监理酬金25%以上50%以下的罚款；可以责令停业整顿，降低资质等级；情节严重的，吊销资质证书	《建设工程质量管理条例》第62条第2款
6	(1)与建设单位或者施工单位串通，弄虚作假、降低工程质量的；(2)将不合格的建设工程、建筑材料、建筑构配件和设备按照合格签字的	责令改正，处50万元以上100万元以下的罚款，降低资质等级或者吊销资质证书；有违法所得的，予以没收；造成损失的，承担连带赔偿责任	《建设工程质量管理条例》第67条

续表

序号	违法行为	处罚结果	处罚依据
7	工程监理单位与被监理工程的施工承包单位以及建筑材料、建筑构配件和设备供应单位有隶属关系或者其他利害关系承担该项建设工程的监理业务的	责令改正,处5万元以上10万元以下的罚款,降低资质等级或者吊销资质证书;有违法所得的,予以没收	《建设工程质量管理条例》第68条
8	发生重大工程质量事故隐瞒不报、谎报或者拖延报告期限的	对直接负责的主管人员和其他责任人员依法给予行政处分	《建设工程质量管理条例》第70条

此外,根据《建设工程质量管理条例》第73条的规定,给予单位罚款处罚的,对单位主管人员和其他责任人员应处单位罚款数额5%以上10%以下的罚款。

3. 刑事责任

《建设工程质量管理条例》第74条规定:"……工程监理单位违反国家规定,降低工程质量标准,造成重大安全事故,构成犯罪的,对直接责任人员依法追究刑事责任。"此处的追究刑事责任,主要为《刑法》第137条规定的工程重大安全事故罪,见前述发包人部分。

(六)检测人

检测人,也称"检测机构",本书中特指建设工程项目中的工程质量检测机构及取得该当事人资格的合法承继人。

根据相关法律法规,检测人可能承担的质量责任如下:

1. 民事责任

检测合同也属于委托合同,而不属于建设工程合同。关于检测合同项下的违约责任,根据《民法典》第929条的规定,因为检测合同属于有偿的委托合同,则当因检测人的过错造成发包人损失的,发包人可以请求赔偿损失。检测人超出权限造成发包人损失的,检测人也应当赔偿损失。

除违约责任外,当检测人违反法定义务时,也应承担侵权责任。如根据《产品质量法》第57条第2款的规定,如由于检测人出具的检验结果或者证明不实,造成损失的,应当承担相应的赔偿责任。《建设工程质量检测管理办法》第30条也规定:"检测机构伪造检测数据,出具虚假检测报告或者鉴定结论的……给他人造成损失的,依法承担赔偿责任……"

2. 行政责任

区分不同的违法违规行为，检测人应承担的行政责任详见表1－5：

表1－5　检测人应承担的行政责任

序号	违法行为	处罚结果	处罚依据
1	产品质量检验机构伪造检验结果或者出具虚假证明的	责令改正，对单位处5万元以上10万元以下的罚款，对直接负责的主管人员和其他直接责任人员处1万元以上5万元以下的罚款；有违法所得的，并处没收违法所得；情节严重的，取消其检验资格；造成重大损失的，撤销其检验资格	《产品质量法》57条
2	检测人伪造检测数据，出具虚假检测报告或者鉴定结论的	给予警告，并处3万元罚款。对检测机构给予罚款处理的，对其法定代表人和其他直接责任人员处罚款数额5%以上10%以下的罚款	《建设工程质量检测管理办法》第30条、第32条

3. 刑事责任

工程实践中，检测人的咨询服务成果出现重大质量问题时，通常伴随着资料弄虚作假、出具文件严重失实等行为，根据《产品质量法》第57条、《建设工程质量检测管理办法》第30条和《刑法》第229条的规定，检测人可能构成“提供虚假证明文件罪”和“出具证明文件重大失实罪”。

根据《刑法》第229条的规定，提供虚假证明文件罪，指的是承担资产评估、验资、验证、会计、审计、法律服务等职责的中介组织的人员故意提供虚假证明文件，情节严重的，处5年以下有期徒刑或者拘役，并处罚金。前款规定的人员，索取他人财物或者非法收受他人财物，犯前款罪的，处5年以上10年以下有期徒刑，并处罚金。出具证明文件重大失实罪，指的是承担资产评估、验资、验证、会计、审计、法律服务等职责的中介组织的人员，严重不负责任，出具的证明文件有重大失实，造成严重后果的，处3年以下有期徒刑或者拘役，并处或者单处罚金。

（七）供应人

供应人，也称“供货商”“供应商”“出卖人”。这里特指建筑材料、建筑构配件和设备的供应方及取得该当事人资格的合法承继人。

1. 民事责任

供应人作为建筑材料和设备的供货主体，其与买受人之间是买卖合同法律关系。供应人承担的民事法律责任主要包括《民法典》规定的出卖人责任以及《产品质量法》等规定的生产者、销售者民事责任。

供应人的违约责任，通常由买卖合同双方在合同中具体约定。根据《民法典》第617条、第582条至第584条的规定，如供应人交付的材料设备不符合质量要求的，买受人可以请求供应人承担违约责任，具体包括：按照双方当事人的约定承担违约责任；对违约责任没有约定或者约定不明确的，买受人有权根据建筑材料和设备的性质及损失的大小，要求供应人承担修理、重作、更换、退货、减少价款或者报酬等违约责任；如造成其他损失的，供应人还应当赔偿损失。

除违约责任外，当供应人违反法定义务时，也可能承担侵权责任。如根据《产品质量法》第40条至第46条的规定，供应人就建筑材料和设备质量问题承担赔偿责任的情形主要包括：(1)售出的产品不具备产品应当具备的使用性能而事先未作说明，不符合在产品或者其包装上注明采用的产品标准，不符合以产品说明、实物样品等方式表明的质量状况；(2)因售出的产品存在缺陷①，造成他人财产损害；(3)因供应人的过错使售出的产品存在缺陷，造成他人财产损害。如造成他人财产损失的，供应人应当恢复原状或者予以赔偿；如造成他人人身伤害的，应当按照《民法典》《最高人民法院关于审理人身损害赔偿案件适用法律若干问题的解释》等规定承担赔偿责任。

2. 行政责任

区分不同的违法违规行为，供应人应承担的行政责任详见表1-6：

表1-6　供应人应承担的行政责任

序号	违法行为	处罚结果	处罚依据
1	生产、销售不符合保障人体健康和人身、财产安全的国家标准、行业标准的产品	责令停止生产、销售，没收违法生产、销售的产品，并处违法生产、销售产品（包括已售出和未售出的产品，下同）货值金额等值以上3倍以下的罚款；有违法所得的，并处没收违法所得；情节严重的，吊销营业执照；构成犯罪的，依法追究刑事责任	《产品质量法》第49条

① 《产品质量法(2018修正)》第46条规定："本法所称缺陷，是指产品存在危及人身、他人财产安全的不合理的危险；产品有保障人体健康和人身、财产安全的国家标准、行业标准的，是指不符合该标准。"

续表

序号	违法行为	处罚结果	处罚依据
2	在产品中掺杂、掺假，以假充真，以次充好，或者以不合格产品冒充合格产品的	责令停止生产、销售，没收违法生产、销售的产品，并处违法生产、销售产品货值金额50%以上3倍以下的罚款；有违法所得的，并处没收违法所得；情节严重的，吊销营业执照；构成犯罪的，依法追究刑事责任	《产品质量法》第50条
3	生产国家明令淘汰的产品的，销售国家明令淘汰并停止销售的产品的	责令停止生产、销售，没收违法生产、销售的产品，并处违法生产、销售产品货值金额等值以下的罚款；有违法所得的，并处没收违法所得；情节严重的，吊销营业执照	《产品质量法》第51条
4	销售失效、变质的产品的	责令停止销售，没收违法销售的产品，并处违法销售产品货值金额2倍以下的罚款；有违法所得的，并处没收违法所得；情节严重的，吊销营业执照；构成犯罪的，依法追究刑事责任	《产品质量法》第52条
5	伪造产品产地的，伪造或者冒用他人厂名、厂址的，伪造或者冒用认证标志等质量标志的	责令改正，没收违法生产、销售的产品，并处违法生产、销售产品货值金额等值以下的罚款；有违法所得的，并处没收违法所得；情节严重的，吊销营业执照	《产品质量法》第53条

3. 刑事责任

如表1-6所示，根据《产品质量法》的有关规定，供应人的三类违法行为可能涉及质量相关的刑事责任：一是生产、销售不符合保障人体健康和人身、财产安全的国家标准、行业标准的产品；二是在产品中掺杂、掺假，以假充真，以次充好，或者以不合格产品冒充合格产品；三是销售失效、变质的产品。该等违法行为可能构成《刑法》第140条规定的生产、销售伪劣产品罪以及第146条规定的生产、销售不符合安全标准的产品罪。

第二章

建设工程质量标准及质量评价

本章从我国建设工程质量评价体系的演变入手，详细阐述了建设工程标准体系，在此基础上重点分析了新建建设工程、既有建设工程质量的验收程序，最大限度地对建设工程质量问题进行把关。同时，针对实践中出现较多的违法建设工程的质量评价、价值取向等问题进行探讨。

一、中国建设工程质量评价体系简介

（一）建设工程质量管理制度的历史演进

新中国成立以后至20世纪50年代末，我国实行计划经济体制，建设资金由政府行政部门按条块层层划拨，工程质量由施工企业自行管理和负责。

从20世纪50年代末60年代初起，我国形成了建设单位与施工企业联合控制工程质量的模式，工程质量管理制度随之过渡到发包人质量检查制。改革开放时期，国家开始实行工程质量监督制度，由事业单位性质的工程质量监督机构代表政府对工程进行直接检查和质量监督，形成了工程质量的第三方（政府）质量监督制。

1998年3月1日全国人大常委会通过并施行《建筑法》，2000年1月30日国务院通过并颁布实施《建设工程质量管理条例》，我国工程质量监督完成由质量等级核验制向竣工验收备案制的转变。工程质量监督机构不再负责工程质量等级的检验与核定，而是转由建设单位（业主）按有关规定组织勘察、设计、施工、工程监理等有关单位进行竣工验收，将竣工验收报告和有关部门的认可文件报送工程质量监督机构，经其审查验收程序合法后，向备案机关提出备案报告，并进行备案登记。

至此，我国的工程质量管理体制逐步实行“政府监督、社会监理、企业自检”三级控制,并建立了以工程建设参与各方的质量责任制为基础和核心的工程质量保证体系,以及“规划审批、施工图设计文件审查、施工许可、过程监督巡查和竣工验收备案”的工程事务监督体系。我国的建设工程质量管理体制初步成型。

(二)建设工程质量法律制度的立法沿革

我国的建设工程质量法律制度,包括行政法领域、民事法领域和刑事法领域的法律法规、司法解释、规章及其他规范性文件。

在行政法领域,1998 年 3 月 1 日施行的《建筑法》是我国工程建设领域的基本法。《建筑法》从建筑施工企业的资质管理、发承包模式、工程监理制度和建筑工程质量责任等方面着手,对建筑工程的质量进行了严格的规定。《建筑法》为现行建设工程质量监督管理制度的建立提供了法律基础,也为工程质量监督管理方面的各项法规、规章等提供了立法依据。

2000 年 1 月 30 日,国务院发布了《建设工程质量管理条例》,在行政法规层面对工程质量作了集中规定。《建筑法》和《建设工程质量管理条例》的颁布实施,标志着我国工程质量监督管理走上了有法可依、良性发展的轨道,促进了建筑业的快速发展,对规范市场行为、提高工程质量水平发挥了重要的作用。

在民事法领域,1999 年 10 月 1 日施行的原《合同法》第 16 章“建设工程合同”,从第 279 条至第 283 条,对各参建主体对建设工程质量所应承担的民事法律责任进行了规定。2005 年 1 月 1 日施行的原《施工合同司法解释》、2019 年 2 月 1 日施行的原《施工合同司法解释(二)》以及 2021 年 1 月 1 日施行的《施工合同司法解释(一)》,均规定了工程发生质量问题后各参建主体的相关责任。2021 年 1 月 1 日施行的《民法典》合同编第 18 章“建设工程合同”,继受并微调了原《合同法》第 16 章规定的“建设工程合同”条文,与《施工合同司法解释(一)》共同构成建设工程质量的主要民事法律制度。

在刑事法领域,1979 年 7 月 1 日通过的《刑法》首次规定了“重大责任事故罪”,1997 年 3 月 14 日修订的《刑法》新增了“重大劳动安全事故罪”和“工程重大安全事故罪”,对影响建设工程安全生产的犯罪行为构成要件及其刑事责任作了进一步的规定。针对工程安全生产方面的刑事责任,2006 年 6 月 29 日通过的《刑法修正案(六)》又进行了如下修订:扩大了“重大责任事故罪”及“重大劳动安全事故罪”的犯罪主体范围,并加重了“重大责任事故罪”的刑罚。

二、工程建设标准体系

2016 年 8 月 9 日，住建部正式发布《关于深化工程建设标准化工作改革的意见》，该意见明确指出，“我国工程建设标准经过 60 余年发展，国家、行业和地方标准已达 7000 余项，形成了覆盖经济社会各领域、工程建设各环节的标准体系，在保障工程质量安全、促进产业转型升级、强化生态环境保护、推动经济提质增效、提升国际竞争力等方面发挥了重要作用”。

（一）工程建设标准基本知识

1. 工程建设标准的定义

工程建设标准，是针对各类建设工程的规划、勘察、设计、施工、验收、运行、管理、维护、加固、拆除等活动和结果需要协调统一的事项所制定的共同的、可重复使用的技术依据和准则。工程建设标准的制定、实施和监督管理，由《标准化法》作出统一规定和要求，其中第 4 条规定：“制定标准应当在科学技术研究成果和社会实践经验的基础上，深入调查论证，广泛征求意见，保证标准的科学性、规范性、时效性，提高标准质量。”通常，工程建设标准以保证工程建设的安全、质量、环境和公众利益为核心，以促进最佳的社会效益、经济效益、环境效益和最佳效率为目的。

2. 工程建设标准的分类

工程建设标准包括国家标准、行业标准、地方标准、团体标准和企业标准五类。在全国范围使用的标准为国家标准。国家标准由国务院标准化行政主管部门编制计划，组织草拟，统一审批、编号、发布。

对没有国家标准而又需要在全国某个行业范围内统一的技术要求，可以制定行业标准（含标准样品的制作）。制定行业标准的项目由国务院有关行政主管部门确定。

对没有国家标准和行业标准而又需要在省、自治区、直辖市范围内统一的工业产品的安全、卫生要求，可以制定地方标准。地方标准常规的理解为某一省市的地方标准，现在随着区域经济融合发展，涌现了很多区域标准，如“京津冀”地方标准，“大湾区”地方标准等。制定地方标准的项目，由省、自治区、直辖市人民政府标准化行政主管部门确定。

企业生产的产品没有国家标准、行业标准和地方标准的，应当制定相应的企业标准,作为组织生产的依据。企业标准由企业组织制定(农业企业标准制定办法另定),按省、自治区、直辖市人民政府的规定备案。对已有国家标准、行业标准或者地方标准的,鼓励企业制定严于国家标准、行业标准或者地方标准要求的企业标准,在企业内部适用。

团体标准是国家目前鼓励推广的标准形式,国家鼓励学会、协会、商会、联合会、产业技术联盟等社会团体协调相关市场主体共同制定满足市场和创新需要的团体标准,由本团体成员约定采用或者按照本团体的规定供社会自愿采用。团体标准作为标准体系的重要组成部分,数量上将在我国建设工程标准体系中占据绝大多数的优势,也将对建设工程质量评判产生更多影响。

就前述标准的关系,一般而言,国家标准是整个标准体系中最基本的标准,行业标准、地方标准、团体标准一般高于或者等于国家标准。

3. 规范、标准、规程的区别

规范、标准、规程都是标准的表现形式,习惯上统称为标准,只有针对具体对象才加以区别。根据《标准化工作指南　第 1 部分:标准化和相关活动的通用术语》(GB/T 20000.1 - 2014)第 5.5 条、第 5.6 条,规范是规定产品、过程或服务应满足的技术要求的文件;规程是为产品、过程或服务全生命周期的有关阶段推荐良好惯例或程序的文件。

而对于检测方法、鉴定方法等,一般采用"标准",如《建筑结构检测技术标准》(GB/T 50344 - 2019)、《民用建筑可靠性鉴定标准》(GB 50292 - 2015)、《混凝土结构现场检测技术标准》(GB/T 50784 - 2013)等。对工程勘察、设计、施工、验收等通用性要求,一般采用"规范",如《混凝土结构设计规范(2015 年版)》(GB 50010 - 2010)、《建筑设计防火规范(2018 年版)》(GB 50016 - 2014)、《住宅设计规范》(GB 50096 - 2011)等。

4. 工程建设标准的特点

工程建设的复杂性、固定性、受自然环境影响大等特性,决定了工程建设标准具有综合性强、政策性强、技术性强、地域性强等特点。

(二)强制性标准与推荐性标准

根据《标准化法》第 2 条的规定,国家标准划分为强制性标准和推荐性标准;强制性标准必须执行,国家鼓励采用推荐性标准。《实施工程建设强制性标准监督规定》(建设部令第 81 号)第 2 条规定:"在中华人民共和国境内从事新建、扩建、改建等工程建设活动，必须执行工程建设强制性标准。”国家标准分为强制性标准、推荐性标准；行业标准、地方标准是推荐性标准。

1. 强制性标准

(1)强制性国家标准

根据《实施工程建设强制性标准监督规定》第 3 条第 1 款的规定，工程建设强制性标准是指直接涉及工程质量、安全、卫生及环境保护等方面的工程建设标准强制性条文。

目前住建部陆续出台的 40 本全文强制性标准以及后续的全文强制性标准，将取代现行标准中分散的强制性条文，逐步形成由法律、行政法规、部门规章的技术性规定与全文强制性工程建设规范构成的“技术法规”体系。对于被废止的条文，其技术性尚在，只是不再作为强制性条款执行。建设工程标准体系改革的目的是将极少数国家强制性标准列为底线标准，将绝大部分标准归入推荐性标准，凸显工程技术创新性，鼓励新技术、新材料、新工艺的使用，充分释放市场活力。

(2)行业和地方强制性标准

按照现在《标准化法》第 2 条的规定，行业标准和地方标准不再属于强制性标准。但在标准过渡期仍存在一批此类强制性标准，且各地方为了强化管理，仍然保留了部分地方强制性标准。

2. 推荐性标准

强制性标准以外的标准均为推荐性标准，但建设工程标准化体系庞杂，实践中不能一概而论。

推荐性标准主要包括：推荐性国家标准、行业标准(部分强制性标准除外)、地方标准(部分强制性标准除外)、团体标准、企业标准。随着国际标准在国内的融合，以及中国逐渐参与甚至主导国际标准的制定，中国企业承担的境外工程数量增加，国际标准(如 ISO 标准)的使用也越来越多。

推荐性标准不得与强制性标准相抵触。从标准数量和完整程度上讲，推荐性标准对支撑工程质量体系发挥更大的作用。这是全文强制性标准出台的重要原则，即只明确要求工程质量最基础的要求，其他放权给推荐性标准。这也是为了鼓励工程界脱离标准束缚，发挥创造性，提升科技创新能力。但从另一个方面来说，也增加了工程防控的风险，增加了工程质量鉴定的难度，使得工程质量鉴定不能简单照搬标准条款判定工程质量问题，而更多取决于鉴定人的综合专业能力。这也倒逼工程建设各方自行根据工程的性质、特点，选择采用相应的推荐性标准并在合同中明确约定,不再使用"符合国家、地方相关标准"等笼统约定。

(三)工程建设标准化工作改革

与技术更新变化和经济社会发展需求相比,我国工程建设标准仍存在着标准供给不足、缺失滞后,部分标准老化陈旧、水平不高等问题,需要加大标准供给侧结构性改革,完善标准体制机制,建立新型标准体系。为此,住建部在 2016 年发布《关于深化工程建设标准化工作改革的意见》,要求改革强制性标准、构建强制性标准体系、优化完善推荐性标准、培育发展团体标准、全面提升标准水平、强化标准质量管理和信息公开,以及推进标准国际化。工程建设标准化工作改革的总体目标是:到 2025 年,以强制性标准为核心、推荐性标准和团体标准相配套的标准体系初步建立,标准有效性、先进性、适用性进一步增强,标准国际影响力和贡献力进一步提升。

(四)约定标准

1. 实务中常见的约定标准

(1)合同范本中的约定标准

①施工合同范本

2017 版《建设工程施工合同(示范文本)》分为合同协议书、通用条款、专用条款三个部分,都涉及质量条款。合同协议书第三条为质量标准,内容留空,由当事人自行约定。

通用条款第 5.1.1 条约定:"工程质量标准必须符合现行国家有关工程施工质量验收规范和标准的要求。"强调工程质量必须符合国家强制性标准;同时,该条约定:"有关工程质量的特殊标准或要求由合同当事人在专用合同条款中约定。"提示合同当事人就工程质量的特别约定应在专用合同条款予以明确。与之对应的专用条款第 5.1.1 条"特殊质量标准和要求",内容留空,由当事人自行约定。

此外,通用条款第 13.1.1 条约定:"分部分项工程质量应符合国家有关工程施工验收规范、标准及合同约定,承包人应按照施工组织设计的要求完成分部分项工程施工。"

②工程总承包合同范本

2020 版《建设项目工程总承包合同(示范文本)》也分为合同协议书、通用合同条件、专用合同条件三个部分,也都涉及质量条款。合同协议书第 3 条为质量标准，内容留空，由当事人自行约定。通用条款第6.4.1条“工程质量要求”与前述2017版《建设工程施工合同(示范文本)》一致。专用合同条件部分包括附件1发包人要求，其中第5条第4项为“质量标准”，但没有载明推荐内容。

(2)裁判中常见的约定标准

①奖项标准

实践中，对于工程质量，发包人常在竣工验收合格标准之外提出更高的要求，如取得工程领域的奖项。工程领域奖项分为国家奖项与地方奖项，其中国家奖项可分为国优工程和国优专业工程，地方奖项可分为省优工程、市优工程及市级优质结构工程。常见的工程奖项如表2-1所示：

表2-1　常见工程奖项

全国优质工程奖项			
序号	奖项名称	奖项说明	评选办法
1	鲁班奖	中国建筑行业工程质量的最高荣誉奖，于1987年设立。中国建筑业协会负责受理申报、组织初审和工程复查；鲁班奖评审委员会负责具体的评审工作	《中国建设工程鲁班奖(国家优质工程)评选办法》
2	国家优质工程奖	经中共中央、国务院确认的我国工程建设领域设立最早、规格最高，跨行业、跨专业的国家级质量奖，对获奖项目中特别优秀的授予国家优质工程金质奖荣誉。主管单位是国家发展和改革委员会，主办单位是中国施工企业管理协会。与鲁班奖相比，国家优质工程奖更注重工程质量的全面、系统管理，主要包括工程项目的勘察、设计质量、施工质量以及监理质量	《国家优质工程奖评选办法》
3	詹天佑奖	中国土木工程的最高荣誉奖，由中国土木工程学会、北京詹天佑土木工程科学技术发展基金会联合设立	《中国土木工程詹天佑奖评选办法》
4	中国建筑装饰工程金奖	建设部批准设立的中国建筑装饰行业的最高荣誉奖，评选机构为中国建筑装饰协会	《中国建筑装饰工程金奖评选办法(试行)》
5	全国绿色建筑创新奖	住建部组建和批准成立绿色建筑奖评审专家委员会进行评审	《全国绿色建筑创新奖管理办法》

续表

全国优质工程奖项			
序号	奖项名称	奖项说明	评选办法
6	优秀工程总承包项目金钥匙奖、银钥匙奖、铜钥匙奖	中国勘察设计协会在行业开展的评选活动；中国勘察设计协会负责全国评选工作；中国勘察设计协会建设项目管理和工程总承包分会负责具体组织工作	《全国工程勘察设计行业优秀工程项目管理和优秀工程总承包项目评选办法》
7	中国建筑工程钢结构金奖	中国建筑钢结构行业工程质量的最高荣誉奖。中国建筑金属结构协会设立“中国钢结构金奖”评审委员会	《“中国钢结构金奖”评选与管理办法》
省、市级奖项(部分)			
1	长城杯	北京市建设工程质量最高荣誉奖	
2	白玉兰杯	上海市建设工程质量最高荣誉奖	
3	海河杯	天津市建设工程质量最高的荣誉奖	
4	巴渝杯	重庆市建设工程质量最高荣誉奖	
5	金匠奖	广东省建设工程质量最高荣誉奖	
6	真武阁杯	广西壮族自治区建设工程质量最高荣誉奖	
7	扬子杯	江苏省建设工程质量最高荣誉奖	
8	泰山杯	山东省建设工程质量最高荣誉奖	
9	中州杯	河南省建设工程质量最高荣誉奖	
10	天府杯	四川省建设工程质量最高荣誉奖	
11	钱江杯	浙江省建设工程质量最高荣誉奖	
12	安济杯	河北省建设工程质量最高荣誉奖	
13	黄山杯	安徽省建设工程质量最高荣誉奖	
14	黄果树杯	贵州省建设工程质量最高荣誉奖	

经梳理实践中常见的合同条款，将工程奖项明确约定为质量标准，有以下三种模式：

第一，奖励式，约定工程获得相应奖项，承包人即可获得相应奖励对价，既可能是固定金额的奖励，也可能是工程总造价金额上浮一定比例计算。

第二，惩罚式，约定工程未获得相应奖项，发包人有权扣除工程款，扣款可能是固定金额,也可能是总工程款下浮一定比例计算。

第三,推荐式,约定工程争取或必须获得奖项,但没有约定奖项的明确后果。

工程奖项标准并非《标准化法》规定的标准,不能替代法定工程验收标准。工程获评奖项,不能推定工程质量验收合格或无缺陷。合同将奖项作为工程质量标准予以约定时,工程质量符合约定须经过两次评价:首先,判断是否符合法定验收标准,从而符合投入使用的强制性条件;其次,判断是否符合约定的工程奖项。两次评价分别产生相应不同的法律效果。

实践中,在执行奖励式或惩罚式的合同条款时,双方可能会发生争议。从法律属性的角度看,该等约定为附生效条件的约定,条件成就时即发生相应的法律后果。因此,实践中的常见争议即包括:未获得相应奖项,是发包人还是承包人的原因所致。双方将围绕有无申报、谁来申报、为何申报失败等提出主张和予以证明,而法律适用上将主要涉及条件是否视为成就等规定。

②规范标准

正如上述2017版《建设工程施工合同(示范文本)》所载明的,验收规范是对工程质量的全面的规制、检查要求,也是评价工程质量是否合格的基本依据,所以常见的工程质量标准约定援引的规范正是验收规范。

实践中,合同常约定工程质量须符合规范要求,或约定质量标准的评定以国家或行业的质量检验评定标准为依据①或仅约定合格②,而未对具体须符合何种规范、标准进行限定。此类不明确约定可能导致质量标准争议。此时,何种规范可作为质量评价标准,往往依据鉴定机构的专业意见确定。工程质量鉴定机构应当根据案涉工程的规模、功能、产能、性质、面积、结构、所处地区等,甄选最符合当事人真实意思的规范、标准。

③施工图纸及说明

《民法典》第799条规定:“建设工程竣工后,发包人应当根据施工图纸及说明书、国家颁发的施工验收规范和质量检验标准及时进行验收……”施工图纸及说明书既是建设工程施工的基本依据,也是常见的合同约定的质量标准。无论是在合同范本,还是在具体项目的施工合同中,施工图纸通常都被约定为合同的组成部分,并成为质量评价的约定依据。

---

① 具体参见最高人民法院民事判决书,(2021)最高法民终304号。

② 具体参见江苏省淮安经济技术开发区人民法院民事判决书,(2020)苏0891民初1495号。

2. 约定标准的效力

(1)影响约定标准效力的一般因素

一般而言,合同因违反法律、行政法规效力性禁止性规定等原因而无效,其中的约定,如违约金条款,也属无效。而合同中关于质量标准的约定,并非法律规定的独立有效的清理结算条款,也应当同时认定无效。但在合同无效后,关于质量标准的约定能否参照适用,下文将另行讨论。

(2)强制性标准对约定标准效力的影响

《八民会纪要》第 30 条规定:"……当事人违反工程建设强制性标准,任意压缩合理工期、降低工程质量标准的约定,应认定无效……"《标准化法》第 2 条规定:"……标准包括国家标准、行业标准、地方标准和团体标准、企业标准。国家标准分为强制性标准、推荐性标准,行业标准、地方标准是推荐性标准。强制性标准必须执行。国家鼓励采用推荐性标准。"第 25 条规定:"不符合强制性标准的产品、服务,不得生产、销售、进口或者提供。"根据上述规定,合同约定的工程质量标准低于强制性标准的,应当认定无效。

但也有观点认为,强制性标准对合同约定的效力影响应区分强制性标准的内容而作不同处理。具体而言,强制性标准根据其规定内容,可分为技术标准、管理标准和工作标准三大类。技术标准,即对标准化领域中需要协调统一的技术事项所制定的标准,包括基础标准、产品标准、工艺标准、检测试验方法标准,以及安全、卫生、环保标准等。管理标准,即对标准化领域中需要协调统一的管理事项所制定的标准。工作标准,即对工作的责任、权利、范围、质量要求、程序、效果、检查方法、考核办法所制定的标准。严格而言,只有违反技术强制性标准,才会直接影响工程质量,而违反管理标准、工作标准并不会直接影响工程质量。因此,判断约定质量标准是否因违反强制性标准而无效,要考察强制性标准规定的内容,是否对工程质量产生直接的影响,进而作出最终效力判断。①

(3)非强制性标准对约定标准法律效力的影响

非强制性标准是推荐适用的标准,不具有强制适用效力。从本身规范属性而言,非强制性标准均是规范性文件,不是影响合同效力的法律、行政法规,《标准化法》也无强制适用的规定及目的。因此,对非强制性标准的违反不影响合同约定

① 曹文衔:《违反国家强制性标准的施工合同条款的效力认定——从违规价格条款出发》,载微信公众号"天同诉讼圈"2019 年 8 月 22 日,https://mp.weixin.qq.com/s/dr8qlUCu2GGaG9sxeNnTpg。

标准的效力。换言之，合同约定的质量标准低于非强制性标准的，不应当认定无效。

3. 约定质量标准无效的后果

（1）不能直接适用作为裁判依据

约定标准无效，为自始、确定无效，不具有法律约束力。当事人无权要求适用该约定标准继续履行；裁判者也不能直接适用该约定标准，作出强制履行或其他裁判。

（2）参照适用作为裁判依据

①参照作为折价补偿依据

若无效合同明确将约定的工程质量标准与工程价款计算挂钩，该约定就是关于计价方式的约定，可在结算过程中参照适用，并在适用过程实质发生约束力。

但若无上述明确约定，发包人能否要求参照适用约定质量标准，作为工程价款结算依据？根据《民法典》第 793 条的规定，建设工程施工合同无效，但是建设工程经验收合格的，可以参照合同关于工程价款的约定折价补偿承包人。有观点认为，此处规定准许参照的约定不包括工程质量的约定。[①] 但是此观点仍有商榷空间。首先，验收合格既要求符合验收规范的要求，也要求符合合同约定的质量标准。其次，工程价款的约定与工程质量的约定是密切关联的，不同的质量标准当然会导致工程价款标准的不同，不参照适用工程质量约定而独立参照适用工程价款约定，割裂了两者的关系，导致承包人无须受合同约定质量标准的约束，因合同无效而获得相较于合同有效更高的利益，裁判的价值取向并不妥当。最后，根据《民法典》第 793 条的规定，合同无效后，发包人只就工程折价补偿承包人，即对承包人实际投入的、物化的成果给予补偿。该补偿应与工程质量相匹配，否则将导致投入与补偿不相符，违背等价补偿、不当得利返还的原则。因此，合同无效的情况下，若建设工程未达到约定的较高质量标准，发包人有权主张以实际工程质量标准为基础核减工程价款。

②参照作为损害赔偿依据

《施工合同司法解释（一）》第 6 条第 2 款规定：“损失大小无法确定，一方当事人请求参照合同约定的质量标准、建设工期、工程价款支付时间等内容确定损

---

① 参见刘力、禄劲松、杨劭禹：《论无效建设工程施工合同的折价补偿——〈民法典〉第 793 条第 1 款评释》，载《法律适用》2022 年第 2 期。

失大小的，人民法院可以结合双方过错程度、过错与损失之间的因果关系等因素作出裁判。”据此，合同约定的质量标准可以参照适用作为损害赔偿的裁判依据。

值得一提的是，如约定标准低于强制验收标准，即此时建设工程无法验收合格。在此情况下，依据《民法典》第793条的规定，承包人不能获得折价补偿，只能依据《施工合同司法解释（一）》第6条第2款的规定，参照适用质量约定，就实际投入主张损害赔偿。

4. 无约定标准时的工程质量评价

实践中，有的工程在施工时并未签订合同，或合同过于简略而未约定明确工程质量标准，也无证据证明双方关于工程质量标准达成其他合意。在此情况下，工程质量应依据合同目的、工程性质、功能、产能、规模等因素综合确定，以相应施工期的验收规范作为评价标准。

（五）建设工程质量标准约定不明的处理

根据《民法典》第511条第1项的规定，当事人对合同的质量要求约定不明确的，按照强制性国家标准履行；没有强制性国家标准的，按照推荐性国家标准履行；没有推荐性国家标准的，按照行业标准履行；没有国家标准、行业标准的，按照通常标准或者符合合同目的的特定标准履行。

例如，《北京市司法鉴定管理条例》（2021年1月1日施行）第21条第1款规定，司法鉴定人进行司法鉴定，有国家强制标准的，应当采用国家强制标准；没有国家强制标准的，采用国家推荐标准、行业标准和技术规范；没有国家标准、行业标准和技术规范的，采用团体标准或者该专业领域通行的技术方法。

因此，实践中关于工程质量标准约定不明时，可将《民法典》及相关法律对于标准选用的规定作为处理依据。

三、新建工程质量验收程序

工程质量验收是评价工程质量是否符合技术标准及设计要求的最重要的步骤。验收是在施工单位自行检查（自检）合格的基础上，由工程质量验收责任方组织，工程建设相关单位参加，对检验批、分项工程、（子）分部工程、单位工程的质量进行抽样检验，对技术文件资料进行审核，并根据设计文件和相关标准以书面形式对工程质量是否达到合格作出确认的过程。

（一）工程质量验收流程

工程质量验收包括检验批、分项工程、(子)分部工程、单位工程的验收。其中检验批和分项工程是质量验收的基本单元,分部工程是在所含全部分项工程验收合格的基础上进行验收,在施工过程中随完工随验收,并留下完整的质量验收记录资料。

1. 检验批质量验收

根据《2013 版质量验收统一标准》第 2.0.6 条及相关条款的规定,检验批是按相同的生产条件或按规定的方式汇总,由一定数量样本组成,以供检验的检验体。施工过程中条件相同且有一定数量的材料、构配件或安装项目,由于其质量基本均匀一致,因此可以作为检验的基础单位,按批验收。检验批可根据施工、质量控制及专业验收需要,按工程量、楼层、施工段、变形缝等进行划分。检验批是工程验收的最小单位,是分项工程、分部工程、单位工程质量验收的基础。

检验批验收前,施工单位应完成自检,对存在的问题自行整改,然后申请专业监理工程师组织验收。专业监理工程师组织施工单位项目专业质量检查员、专业工长等进行验收。检验批验收包括资料检查、主控项目和一般项目的质量检验。主控项目是指建设工程中的对安全、卫生、环境保护和主要使用功能起决定性作用的检验项目,主控项目的验收必须从严要求。除主控项目以外的检验项目称为一般项目。

检验批的质量验收合格应符合下列规定:主控项目的质量经抽样检验均应合格,一般项目的质量经抽样检验合格的,具有完整的施工操作依据、质量检查记录。

2. 隐蔽工程质量验收

根据《2013 版质量验收统一标准》第 3.0.6 条及相关条款的规定,隐蔽工程是指在下道工序施工后将被覆盖或掩盖,难以进行质量检查的工程。隐蔽工程验收通常是指在施工单位自行检查合格的基础上,由工程质量验收责任方组织,工程建设相关单位参加,对将被下一道工序所遮盖或者封闭而无法或者很难再进行检查的隐蔽工程质量进行抽样检验,对技术文件进行审核,并根据设计文件和相关标准以书面形式对工程质量是否达到合格作出确认的过程。

相关法规对各责任主体在隐蔽工程验收中的义务进行了详细的规定。《建设工程质量管理条例》第 30 条规定:“施工单位必须建立、健全施工质量的检验制度,严格工序管理,做好隐蔽工程的质量检查和记录。隐蔽工程在隐蔽前,施工单位应当通知建设单位和建设工程质量监督机构。”2013 版《建设工程监理规范》第 5.2.14 条规定:“项目监理机构应对施工单位报验的隐蔽工程……进行验收,对验收合格的应给予签认;对验收不合格的应拒绝签认,同时应要求施工单位在指定的时间内整改并重新报验。对已同意覆盖的工程隐蔽部位质量有疑问的,或发现施工单位私自覆盖工程隐蔽部位的,项目监理机构应要求施工单位对该隐蔽部位进行钻孔探测、剥离或其他方法进行重新检验。”此外,2017 版《建设工程施工合同(示范文本)》对隐蔽工程的检查程序也从承包人自检、检查程序、重新检查、承包人私自覆盖等方面进行了详细的约定。

3. 分项工程质量验收

根据《2013 版质量验收统一标准》第 4.0.4 条的规定,分项工程可按主要工种、材料、施工工艺、设备类别进行划分。例如混凝土结构工程,可划分为模板、钢筋、混凝土、装配式结构等分项工程。分项工程的质量验收在检验批验收的基础上进行。分项工程可由一个或若干检验批组成。一般情况下,两者具有相同或相近的性质,只是批量的大小不同而已。

根据《2013 版质量验收统一标准》第 6.0.2 条的规定,分项工程应由专业监理工程师组织施工单位的项目专业技术负责人进行验收。分项工程质量验收合格应符合下列规定:所含检验批的质量均应验收合格,所含检验批的质量验收记录应完整。

分项工程施工过程中,应对关键部位随时进行抽查,抽查不合格的应通知施工单位整改,并要做好复查和记录。所有分项工程施工,施工单位应在自检合格后,填写分项工程报验申请表,并附上分项工程评定表。属隐蔽工程的,还应将隐检单报监理单位,监理工程师必须严格按每道工序进行检查。经检验合格的,签发分项工程认可书。不合格的,下达监理通知,给施工单位指明整改项目。凡整改的项目,整改结果应反馈回监理单位。①

4. 分部工程质量验收

根据《2013 版质量验收统一标准》第 4.0.3 条、第 5.0.2 条的规定,分部工程的划分可按专业性质、工程部位确定,如地基基础分部工程、主体结构分部工程

---

① 参见郜风涛、赵晨主编,国务院法制办等编著:《建设工程质量管理条例释义》,中国城市出版社 2000 年版,第 94 页。

等。当分部工程较大或较复杂时，可按材料种类、施工特点、施工程序、专业系统及类别将分部工程划分为若干子分部工程，如地基基础分部工程可划分为土方工程、基坑支护、桩基础等子分部工程。分部工程的验收在其所含各分项工程验收的基础上进行。

分部工程应由总监理工程师组织施工单位的项目负责人和技术、质量负责人等进行验收。根据《2013 版质量验收统一标准》第 5.0.3 条的规定，分部工程质量验收合格应符合下列规定：所含分项工程的质量均应验收合格；质量控制资料应完整；有关安全、节能、环境保护和主要使用功能的抽样检验结果应符合相应规定；观感质量验收应符合要求。由于地基和基础分部工程情况复杂，专业性强，关系到整个工程的质量，根据《2013 版质量验收统一标准》第 6.0.3 条的规定，勘察、设计单位项目负责人和施工单位技术、质量部门的负责人均应参加地基与基础分部工程的验收。

必须注意的是，由于分部工程所含的各分项工程性质不同，因此它并不是在所含分项验收基础上的简单相加。换言之，所含分项验收合格且质量控制资料完整，只是分部工程质量验收的基本条件，还必须在此基础上对涉及安全和使用功能的地基基础、主体结构、有关安全及重要使用功能的安装分部工程进行见证取样试验或抽样检测。以观察、触摸或者简单量测的方式进行观感质量验收，并结合验收人的主观判断，综合给出“好”“一般”“差”的质量评价结果，而不给出“合格”或“不合格”的结论，对于评价为“差”的检查点应通过整改、返修等方式进行补救。

5. 特定工程的中间交工/交接验收

参照《公路工程竣（交）工验收办法》第 4 条的规定，中间交工、交接验收是指检查施工合同的执行情况，评价工程质量是否符合技术标准及设计要求，是否可以移交下一阶段施工或是否满足通车要求，对各参建单位工作进行初步评价的过程。交工验收一般是公路工程、港口工程、航道工程、化工工程等领域的特别程序，属于工程验收的一个阶段。

在上述工程领域中，交工验收和竣工验收属于验收的两个阶段。二者的明显区别是：从时间来说，中间交工验收在前，竣工验收在后；从验收主体来说，交工验收由项目法人组织，而竣工验收应由政府相关建设主管部门、管理机构、质量监督机构、造价管理机构等单位代表组成的竣工验收委员会组织进行；从性质来说，中间交工验收是项目管理机构的行为，而竣工验收是一种政府管理机构的行为。

交工验收应当具备相应的法定条件，除《建筑法》《建设工程质量管理条例》外，还应遵守相应部门规章中的规定。例如，《公路工程竣（交）工验收办法》第8条规定："公路工程（合同段）进行交工验收应具备以下条件：（一）合同约定的各项内容已完成；（二）施工单位按交通部制定的《公路工程质量检验评定标准》及相关规定的要求对工程质量自检合格；（三）监理工程师对工程质量的评定合格；（四）质量监督机构按交通部规定的公路工程质量鉴定办法对工程质量进行检测（必要时可委托有相应资质的检测机构承担检测任务），并出具检测意见；（五）竣工文件已按交通部规定的内容编制完成；（六）施工单位、监理单位已完成本合同段的工作总结。"

6. 竣工验收和备案

（1）竣工验收的主体

对工程进行竣工验收，是发包人法定的权利和义务。在建设工程完工后，承包人应当向发包人提供完整的竣工资料和竣工验收（申请）报告，提请发包人组织竣工验收。发包人收到竣工验收（申请）报告后，应及时组织由勘察、设计、施工、监理等有关主体参加的竣工验收，检查整个工程项目是否已按照设计要求和合同约定全部建设完成，并符合竣工验收条件。

（2）竣工验收的条件

《建设工程质量管理条例》第16条第2款规定："建设工程竣工验收应当具备下列条件：（一）完成建设工程设计和合同约定的各项内容；（二）有完整的技术档案和施工管理资料；（三）有工程使用的主要建筑材料、建筑构配件和设备的进场试验报告；（四）有勘察、设计、施工、工程监理等单位分别签署的质量合格文件；（五）有施工单位签署的工程保修书。"

（3）竣工验收的程序

工程竣工验收应按约定或法定程序进行，如《2017版建设工程施工合同示范文本》第13.2.2条规定："除专用合同条款另有约定外，承包人申请竣工验收的，应当按照以下程序进行：……"其主要程序可概括为图2-1。

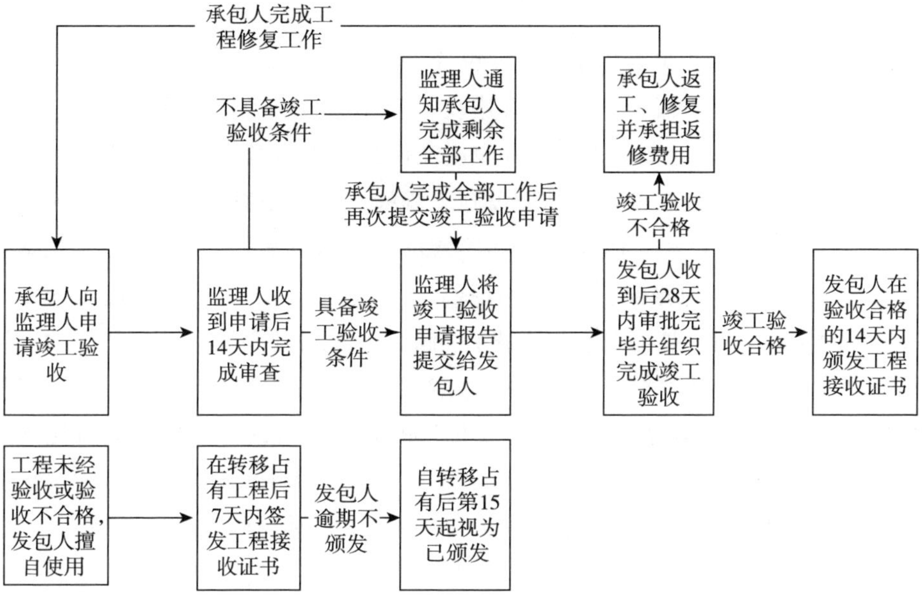

图2－1　《2017版建设工程施工合同示范文本》竣工验收程序

(4)竣工验收合格条件

根据《建设工程分类标准》(GB/T 50841－2013)第2.0.6条的规定，具备独立施工条件并能形成独立使用功能的建筑物或构筑物为一个单位工程。对于规模较大的单位工程，可将其能形成独立使用功能的部分划分为一个子单位工程。单位工程或子单位工程的划分，施工前可以由发包人、监理人、承包人商议确定，并据此收集整理施工技术资料，进行质量验收。单位工程质量竣工验收是建设工程投入使用前最重要的一次验收，根据《2013版质量验收统一标准》第5.0.4条的规定，单位工程质量竣工验收合格应当符合下列规定：①所含分部工程的质量均应验收合格；②质量控制资料应完整；③所含分部工程中有关安全、节能、环境保护和主要使用功能的检验资料应完整；④主要使用功能的抽查结果应符合相关专业验收规范的规定；⑤观感质量验收应符合要求。

单位工程质量竣工验收合格，是工程竣工验收合格的重要条件，但不是全部条件。例如，根据《北京市房屋建筑和市政基础设施工程竣工验收管理办法》第4条、第5条、第6条的规定，建设单位应当先组织单位工程质量竣工验收，再组织工程竣工验收；关于工程竣工验收的条件，除了单位工程质量竣工验收合格外，还包括施工单位签署的工程质量保修书、住宅工程质量分户验收合格等诸多条件。

(5)竣工验收备案

根据《建设工程质量管理条例》第 49 条第 1 款的规定,建设单位应当自建设工程竣工验收合格之日起 15 日内,将建设工程竣工验收报告和规划、公安消防、环保等部门出具的认可文件或者准许使用文件报建设行政主管部门或者其他有关部门备案。《房屋建筑和市政基础设施工程竣工验收备案管理办法》第 5 条规定:"建设单位办理工程竣工验收备案应当提交下列文件:(一)工程竣工验收备案表;(二)工程竣工验收报告。竣工验收报告应当包括工程报建日期,施工许可证号,施工图设计文件审查意见,勘察、设计、施工、工程监理等单位分别签署的质量合格文件及验收人员签署的竣工验收原始文件,市政基础设施的有关质量检测和功能性试验资料以及备案机关认为需要提供的有关资料;(三)法律、行政法规规定应当由规划、环保等部门出具的认可文件或者准许使用文件;(四)法律规定应当由公安消防部门出具的对大型的人员密集场所和其他特殊建设工程验收合格的证明文件;(五)施工单位签署的工程质量保修书;(六)法规、规章规定必须提供的其他文件。住宅工程还应当提交《住宅质量保证书》和《住宅使用说明书》。"

7. 工程试车、试产、试运营

试车是指对已完工的设备、电气、管线等工程进行试运行、试生产,以检验工程是否运转正常,是否满足设计及规范要求的过程。根据试车的范围不同,试车可以分为单机试车和联动试车。单机试车是针对安装工程中某一相对独立的设备等单独进行试车。联动试车是针对安装工程中的全部或某一系列的设备等进行联合运转的试车。联动试车主要是调整和考核各设备之间的配合情况。

《2017 版建设工程施工合同示范文本》通用条款第 13.3.1 条对试车分类、试车程序、试车责任等进行了具体的规定。第 13.3.2 条列举了因为设计原因、承包人原因以及工程设备制造原因导致试车不合格这三种情形下的责任分担、费用承担和工期处理:(1)因设计原因导致试车达不到验收要求,发包人应要求设计人修改设计,承包人按修改后的设计重新安装。发包人承担修改设计、拆除及重新安装的全部费用,工期相应顺延。(2)因承包人原因导致试车达不到验收要求,承包人按监理人要求重新安装和试车,并承担重新安装和试车的费用,工期不予顺延。(3)因工程设备制造原因导致试车达不到验收要求的,由采购该工程设备的合同当事人负责重新购置或修理,承包人负责拆除和重新安装,由此增加的修理、重新购置、拆除及重新安装的费用及延误的工期由采购该工程设备的合同当事人承担。

(二)工程质量验收合格的法律效果

1. 竣工验收合格的法律效果

施工合同无论是否有效,竣工验收合格都是工程价款支付的前提条件。《民法典》第788条第1款规定:“建设工程合同是承包人进行工程建设,发包人支付价款的合同。”在施工合同有效的前提下,保障建设工程质量合格是承包人的主要合同义务。《民法典》第793条第1款规定:“建设工程施工合同无效,但是建设工程经验收合格的,可以参照合同关于工程价款的约定折价补偿承包人。”由该规定可知,即使施工合同无效,工程验收合格也是取得折价补偿款的前提。最高人民法院民事审判第一庭强调:“《民法典》第七百九十三条第一款虽然使用了‘可以参照’的表述,但如果工程建设未发生大规模设计改变,或者合同中有关工程价款约定不存在严重违背当事人真实意思表示等情况,人民法院在具体裁判中,不宜任意将‘可以参照’理解为可以参照、也可以不参照。”①

竣工验收合格也是确定竣工日期的标准。《施工合同司法解释(一)》第9条规定:“当事人对建设工程实际竣工日期有争议的,人民法院应当分别按照以下情形予以认定:(一)建设工程经竣工验收合格的,以竣工验收合格之日为竣工日期……”

竣工验收合格之日,也是质量保修期和缺陷责任期的起算日。《建设工程质量管理条例》第40条第3款规定:“建设工程的保修期,自竣工验收合格之日起计算。”《建设工程质量保证金管理办法》第8条第1句中规定:“缺陷责任期从工程通过竣工验收之日起计。”

2. 验收合格与质量合格的关系

《建筑法》第61条第2款规定:“建筑工程竣工经验收合格后,方可交付使用;未经验收或者验收不合格的,不得交付使用。”因此,竣工验收合格是交付使用的前提。但竣工验收合格后取得的竣工验收报告,仅仅是证明工程质量合格的书证。通常情况下能够证明工程质量合格的,但不能以此否定客观实际存在的质量问题。现行法律、法规均没有规定工程一经验收合格,承包人对之后出现的质量问题即可免责。建设工程在投入使用后,是否存在质量问题是一个可以查明的客

---

① 最高人民法院民事审判第一庭:《建设工程施工合同无效但工程竣工并交付使用的,应当依法参照合同关于工程价款的约定计算折价补偿款》,载微信公众号“最高人民法院民一庭”2022年7月13日,https://mp.weixin.qq.com/s/JOQZUesCS9QLvkqt_lkpZA。

观事实(在此不考虑哪个主体的原因导致),竣工验收报告及其他任何书面证明均不应也不能对该客观事实形成有效对抗。实践中,在建设工程竣工验收合格后续使用过程中发现建设工程存在偷工减料、未按设计文件施工等质量问题相对较多。承包人不能仅以案涉工程已经竣工验收为由作为免于承担工程质量问题的合法有效抗辩。

当然,如果竣工验收合格后发现的质量问题不足以否定竣工验收合格结论的,承包人仅应承担质量保修责任。

四、既有建设工程的可靠性评价与质量评价

(一)既有建设工程的可靠性评价

1. 建设工程的可靠性定义

根据《建筑结构可靠性设计统一标准》(GB 50068－2018)第 2.1.23 条和第 2.1.24 条的规定,可靠性是指结构在规定的时间内,在规定的条件下,完成预定功能的能力;可靠度是指结构在规定的时间内,在规定的条件下,完成预定功能的概率。可靠性评价是以现行标准为基准,对结构能力的状况或发展趋势予以评价的活动。建设工程按专业一般划分为建筑、结构、给水排水、空调采暖通风、电气工程相关专业,建筑可靠性评价一般仅对结构专业。实施可靠性评价时应注意以下几点。

(1)广义的可靠性鉴定主要包括安全性鉴定及抗震鉴定。对结构安全性鉴定时分两种情况:一种为不考虑地震作用的鉴定,传统称为安全性鉴定;另一种为考虑地震作用的鉴定,称为抗震鉴定。

(2)狭义的可靠性鉴定仅指安全性鉴定。根据《民用建筑可靠性鉴定标准》(GB 50292－2015)第 2.1.6 条、《工业建筑可靠性鉴定标准》(GB 50144－2019)的相关规定,可靠性鉴定分为安全性鉴定和使用性鉴定。由于涉及结构安全的可靠性鉴定一般仅进行安全性鉴定,少有进行使用性鉴定的,因此狭义的可靠性鉴定仅包含安全性鉴定。

(3)根据 2022 年 4 月 1 日正式实施的全文强制性规范《既有建筑鉴定与加固通用规范》(GB 55021－2021)第 2.0.4 条的规定,既有建筑的鉴定应同时进行安全性鉴定(不考虑地震作用)和抗震鉴定(考虑地震作用)。由于我国既有建筑形式复杂、年代跨度大,具体如何实施,目前尚需时间验证。

(4)一般情况下,设计标准及验收标准中对工程质量的要求,高于实施可靠性

鉴定时对工程质量的要求。在实施危险房屋鉴定时，主要基于工程使用验证有效原则，即认为工程存在不符合设计及验收标准的质量问题，但是经过使用验证可以安全使用，因此相关指标要求可以放宽。在实施工程可靠性鉴定时，只要满足规范要求（规范要求是底线要求）即可，如承载力抗力效应比大于等于1.0即可评为a_u（可靠性鉴定的最高等级），但设计图纸中的承载力抗力效应比可能更高。由于可靠性鉴定降低了对质量的要求，对建设单位可能不利。

（5）危房鉴定是另一种常见的安全性鉴定形式。主要依据标准包括《危险房屋鉴定标准》（JGJ 125－2016）、《农村住房危险性鉴定标准》（JGJ/T 363－2014）。危房鉴定时不考虑地震作用，针对已经出现或者可能出现的危险判定其危险程度，其可靠性指标和安全性要求会低于《民用建筑可靠性鉴定标准》（GB 50292－2015）、《工业建筑可靠性鉴定标准》（GB 50144－2019）及设计建造时的要求。实践中，很多法院和仲裁机构未注意到上述鉴定的区别而大量委托危房鉴定，其原因是危房二字更易引起非专业人士的重视。不加识别地委托危房鉴定可能会损害当事人的合法权益。

2. 安全性鉴定

安全性鉴定是对建筑静力作用下的安全性评估，其注重构件的承载力，鉴定结论也会明确到具体构件层次，属于可靠性鉴定的范围。安全性鉴定适用于建筑物大修前的全面检查、重要建筑物的定期检查、建筑物改变用途或使用条件、建筑物超过设计基准期继续使用、为制定建筑群维修改造规划而进行的普查、危房及各种应急鉴定等。

安全性鉴定主要依据《民用建筑可靠性鉴定标准》（GB 50292－2015）和《工业建筑可靠性鉴定标准》（GB 50144－2019）对构件按现行规范的可靠度水平进行分析。安全性鉴定采用层次鉴定的思想，将结构分为构件、子单元（地基基础、上部承重结构、围护系统）、鉴定单元（整幢建筑）三个层次，每一个层次分为四个安全性等级，按照规定的层次，从第一层次开始分层鉴定评级。除构件层次按照构件承载力、现状质量情况等进行评定外，子单元和鉴定单元两个层次的评定分别建立在前一层次评级的基础上，按照被评定等级的比例进行评定。此种评定方法虽然便于工程使用，但其理论依据不足，更偏重于人为经验评判。因此，在实际应用中对于复杂结构或重要工程应建立更为精确的计算分析模型进行可靠性评价。

3. 抗震鉴定

根据《建筑抗震鉴定标准》（GB 50023－2009）第2.1.4条的规定，抗震鉴定是指通过检查现有建筑的设计、施工质量和现状，按规定的抗震设防要求，对其在地震作用下的安全性进行评估。现有建筑是指除古建筑、新建建筑、危险建筑以外，迄今仍在使用的既有建筑，即能正常使用、可以满足静力作用，且在抗震设防区域内的建筑，其适用范围要小于安全性鉴定。抗震鉴定主要适用于抗震设防区下列情况的现有建筑：接近或超过设计使用年限需要继续使用的建筑、原设计未考虑抗震设防或抗震设防要求提高的建筑、需要改变结构的用途和使用环境的建筑、其他有必要进行抗震鉴定的建筑等。

抗震鉴定是对地震作用下的抗震能力的评估，不对每个构件按照规范逐个检查分析，也不要求每个构件都必须满足抗震能力，而是强调结构整体的综合抗震能力，包括结构抗震承载力、整体性和构件延性等。

相对于可靠性鉴定（安全性鉴定），抗震鉴定最大的特点是划分了既有建筑后续使用（工作）年限，按照后续使用年限 30 年、40 年、50 年分为 A、B、C 三类进行鉴定，相应鉴定要求也是从低到高。这一特点主要考虑的出发点，正是基于我国抗震设计水准的不断提升变化，此思路也被纳入了全文强制性标准《既有建筑鉴定与加固通用规范》（GB 55021－2021）中，但是其分类方法不同，在技术操作层面有很大区别。因此，在司法鉴定中关于抗震鉴定后续使用年限的确定，需要特别留意。

（二）既有建设工程的质量评价

1. 既有建设工程可靠性评价与质量评价

既有建设工程，指的是已建成可以验收的和已投入使用的建设工程，同时包括已建成但不具备验收条件，以及未建成的“半拉子”工程。质量评价是为了判定施工质量是否满足施工验收规范及设计要求，可靠性鉴定是为查明结构的功能状态，是为了后续结构能够安全使用服务。实务中，对于工程质量纠纷一般先进行施工质量鉴定评价。为判定施工质量问题对建设工程结构安全性和功能适用性的影响时，再进行可靠性鉴定评价。二者既有联系也有区别。

确定存在施工质量缺陷时，为判定施工质量缺陷对工程功能状态的影响，包括安全性和使用性（包括适用性和耐久性）等，此时可以启动既有建筑可靠性鉴定，其中主要是安全性和抗震性能鉴定，部分包括使用性鉴定。可靠性的鉴定结果是给出评判等级，抗震鉴定的评判结果给出是否符合抗震要求的判断。

对于除了外观质量问题等可以直接针对构件层级的问题出具修复方案的情

况外，对于其他一些涉及整体结构安全性和抗震性能的问题，也需要首先进行整体结构安全性和抗震性能鉴定，评估该质量问题对整体结构的影响程度，以整体结构为对象出具加固修复方案，而非“头疼医头脚疼医脚”。据此确定的修复工程造价也将更符合工程实际需求。

2. 既有建设工程质量评价应考虑的因素

首先需要关注的因素是选择适用的标准。建设工程领域的标准大致可以分为三类：第一类是勘察、设计类规范，可以用来衡量勘察、设计质量；第二类是施工质量验收规范，可以用来衡量施工质量；第三类是既有工程的鉴定标准，如在建筑工程中有《民用建筑可靠性鉴定标准》（GB 50292－2015）、《工业建筑可靠性鉴定标准》（GB 50144－2019）、《建筑抗震鉴定标准》（GB 50023－2009）、《危险房屋鉴定标准》（JGJ 125－2016）等，可以用来评价工程的现状安全性或使用性。

工程质量评定（鉴定）一般选用的评价标准应为施工时所适用的标准版本，而检测方法一般采用现行标准。目前我国尚无建设工程质量司法鉴定行业技术标准，司法鉴定时参照或者依据有关建设工程行业技术标准。

（1）施工质量鉴定的适用标准。工程建设时期适用的、相应的各专业工程施工质量验收规范以及工程设计资料。

（2）规划、勘察、设计质量鉴定的适用标准。工程建设时期适用的、相应的各类设计规范和勘察规范。

（3）环境变化对临近工程损害鉴定的适用标准。这类鉴定既涉及设计、施工规范，也涉及既有工程的鉴定标准。既要评价工程的现状，也要分析造成这类问题的原因。需要分别对施工前后被影响工程的现状作出评定，确定造成损害的程度。这类鉴定属于因果关系分析，涉及规范较多。

（4）工程质量事故鉴定的适用标准。除了分别对照勘察设计规范、施工验收规范以外，还要参考其他有关管理技术规定。

（5）既有工程质量性能鉴定的适用标准。此时应考虑两种情况：一种是不考虑既有工程建造时间，仅为评判既有工程现状的安全性或抗震性能，此时可以直接使用现行的鉴定标准；另一种为了评判既有建设工程质量是否符合工程建造时的安全性能，此时的鉴定标准则应选用当时的设计规范以及相应的鉴定标准。目前后者处理具有很大的技术风险，原因在于规范化的操作指引缺失，不同鉴定机构对标准的不同理解，可能会引起结论的偏颇。

（6）随着科学技术水平的提高和社会的进步，国家的规范、标准定期会进行修订,规范版本的不同有时也会导致结论的差异。一般来说,新规范比旧规范标准更高、要求更严。这意味着按旧规范满足要求建造的工程,按新规范可能评定为不满足要求。但也存在极少数相反的情况,如《混凝土结构工程施工质量验收规范》(GB 50204－2015)中柱、梁、板、墙等截面尺寸偏差允许值由2002版标准的"+8,－5"放宽到"+10,－5"。

当被鉴定项目刚好处于新、旧规范过渡时期,而双方的合同文件对依据的规范版本未作明确规定时,严格来说应该根据标准实施日期采用新标准,此类标准主要是施工质量验收类标准。设计质量鉴定时,一般以完成施工图出具的时间为界限。但是上述新旧标准选择尚无明确的选择原则,司法鉴定实践要结合工程实际以及标准发布日期、实施日期、合同约定和标准性质等综合判定。在当事人无法达成一致时,可以由鉴定机构给出适用的标准建议及理由,再由人民法院或仲裁机构确定。

另外,对既有建设工程施工质量判定时,此时仅仅作施工质量评价,不涉及功能性判定,也需要注意各规范之间检测方法和抽样数量的区别。如《混凝土结构工程施工质量验收规范》(GB 50204－2015)中规定的混凝土强度检测方法,与《建筑结构检测技术标准》(GB/T 50344－2019)中的规定不同。此种不同可能会产生有利或不利结果,具体需要结合工程施工质量控制等因素进行分析,尤其是对于检测结果临近判定值附近的,更应该关注。

既有建设工程质量评价应考虑的一个重要因素,是工程建造、使用时间长短问题,也即投入使用的时间长短以及使用本身等因素对工程质量的影响。目前的鉴定通常是以现状为准去评判工程质量,而部分工程的质量是随着时间而变化的,也就是说现状不合格不一定能够直接推定施工时不合格。出现此种问题时应具体情况具体对待。如:

①鉴定的项目不受时间变化或者使用的影响,此时可以不用考虑时间或使用因素,根据检测结果直接判定是否存在施工质量问题。

②鉴定的项目虽然受时间或使用因素的影响,但是在合理使用期正常使用情况下不足以产生超过判定项的缺陷,也可直接判定是否存在施工质量问题。

③鉴定的项目虽然受时间或使用因素的影响,但检测分析数据不符合时间劣化等科学规律的,需要鉴定机构有足够的能力和经验去分析研判,综合判定是否存在原有施工质量问题。

④工程质量在保修期内出现了工程质量问题,可以按照工程质量施工验收标

准进行判定，而不用考虑时间因素对工程质量的影响。

⑤鉴定的项目受时间或使用因素的影响，且超过了保修期，但通过检验发现是因为施工质量造成的，可以直接判定原有施工质量。如某屋面防水工程其使用是受年限影响的，防水层出现渗漏时已经超过防水工程5年保修期限，但现场勘验发现是因为原施工节点做法不当造成的，也可以直接判定原有施工质量，而不必局限于使用年限等问题。

⑥鉴定的项目性能劣化与时间和使用有直接关系的，则很难通过技术司法鉴定的方式解决。

五、违法建设工程质量的评价

（一）违法建设工程质量评价的必要性

违法建设工程指的是违反法律、法规的规定而建设的工程。依据《城乡规划法》《土地管理法》等法律规定，通常意义上的违法建设工程主要包括：(1)未取得建设用地许可的，或虽取得建设用地许可但是未按使用范围、内容施工的；(2)未取得建设工程规划许可，或虽取得建设工程规划许可但是未按批准范围、内容施工的；(3)未经批准进行临时建设，或未按批准内容进行临时建设，或逾期未拆除临时建设的；(4)违反法律、法规的其他建筑物或者构筑物，如拆除原合法建设工程后重建，但未申请补办相关手续。根据《八民会纪要》第21条的规定，违法建筑包括未取得建设工程规划许可证或未按照建设工程规划许可证规定内容建设的建筑。《行政强制法》第44条第1句规定：对违法的建筑物、构筑物、设施等需要强制拆除的，应当由行政机关予以公告，限期当事人自行拆除。不难看出，违法建设工程包括违法的建筑物、构筑物及设施。实践中，与违法建设工程（又称违法建筑）相对应的还有违章建设工程（也称违章建筑），后者比前者的内涵和外延更广，主要区别在于违章建设工程通常还包括违反规章而建设的工程。

对于违法建设工程，是否有必要进行质量评价，实务中存在两种观点。

一种观点认为，由于违法建设工程多数是因为缺少用地规划许可等建设手续导致，故无须进行质量评价。此种观点的价值取向是为了维护我国社会主义市场经济秩序以及我国宪法、法律的权威。违法建设行为系运用非正当手段进行工程建设，扰乱了房地产市场秩序，导致国家土地财政收入流失，并对宏观调控造成较大的障碍。此外，违法建设工程通常伴随着偷工减料，容易造成“楼倒倒”“楼歪歪”，容易导致安全事故的发生，导致人民群众生命财产受损。《民法典》《行政处罚法》《城乡规划法》《土地管理法》《建筑法》《刑法》《建设工程质量管理条例》《施工合同司法解释(一)》等法律、法规、司法解释,从民事、行政、刑事等角度,均对违法建设行为予以否定。违法建设工程不具有物权属性,其本身无法正常进行市场交易。因此,工程建设需要在合法框架下进行。

另一种观点认为,对于可以进行“合法性”补正的违法建筑,存在质量评价的必要,不能对违法建筑一概而论,否则不符合社会经验逻辑,也不符合市场利益需求。国务院办公厅《关于认真做好城镇房屋拆迁工作维护社会稳定的紧急通知》(国办发明电〔2003〕42 号)第 4 条指出:“……对拆迁范围内由于历史原因造成的手续不全房屋,应依据现行有关法律法规补办手续……”由此可见,违法建设工程在某些特定情形下存在效力补正的可能,也即违法建设工程在质量合格的前提下有可能被肯定。

从实践角度来看,以下三种情形的违法建设工程质量有必要进行评价:

1. 行政领域中的违法建设工程质量评价

房地产开发过程中超规划许可范围的建设工程往往与合法建设工程相附合,无法分割。由于欠缺某项规划审批手续,即使违法建设工程符合国家质量标准,其质量也面临“无须评价”的现实尴尬。此类工程虽然违法情节较轻,但经论证认为补正规划批准后有利于维护社会稳定和购房人合法利益,又经规划部门审核后认为不需要拆除,且经质监部门验收通过并对合法建设工程未产生安全影响的,规划部门可以采用罚款等行政处罚方式对违法行为进行规制后予以效力补正,将违法建设工程补正为合法建设工程。江苏某仲裁机构于 2019 年 6 月在处理江苏某地一楼盘群体性案件中就涉及违法建设工程质量已通过四方验收,案件主要争议焦点即加建工程是否影响整体项目验收。就该加建工程行为,仲裁机构与行政机关形成良性互动,将违法事宜转交住建部门,住建部门随之联合发改、规划、园林等部门进行了为期两个多月的联合执法,最终使加建工程得以合法化,从而成功化解了这起群体性案件。

2. 破产实践中的违法建设工程质量评价

违法建设工程不属于法律范围内的不动产,也不属于破产财产,但仍具有一定的使用价值。依据“法秩序一致性”原则,既然公法领域对违法建设工程质量不作评价,那么私法领域也应对此不作评价,否则会造成公法与私法评价不一致的混乱状态。近年来,为了破产程序的正常进行以及保护债权人的债权,实践中出现了较多“认可”违法建设工程的规定和案例。《江苏省高级人民法院执行异议及执行异议之诉案件审理指南(二)》(现已失效)规定了法院可对违法建筑予以现状处置。最高人民法院(2016)最高法执监161号执行裁定书认为,基于相关主体对违法建设工程长期占有的状态,违法建设工程被拆除之前仍具有一定的使用价值,可以视为可供执行的财产。上述处理方式的原理在于占有人是基于对违法建设工程的占有而非所有权的排他性支配,从这个角度来讲,法院有权调整违法建设工程的占有状态,从而发挥违法建设工程的占有、收益、使用功能,而且违法建设工程还存在"程序违建"和"实质违建"两种情形。"程序违建"指的是手续违建,主要指的是规划手续不合法,"程序违建"的工程本身质量符合国家质量标准,不存在安全隐患,具有补正的可能性和可操作性。因此,可以采取上述柔性处理方式,使得破产程序更加灵活,符合现实利益原则。"实质违建"不仅可能存在规划手续不合法的问题,而且工程本身质量不符合国家质量标准,从而使得现状处置无法实现。通过分析违法建设工程处置方法发现,破产案件管理人一般会消除违法行为从而补正为合法建设工程,或者采取风险披露即瑕疵外显形式进行拍卖折价或由政府进行收购收储的方式进行处理等。经查淘宝网"司法拍卖"多个拍品信息,如果属于违法建设工程,法院通常会公告拍品瑕疵甚至是预警提示,提醒竞买人正视违法建设工程的法律后果。

3. 民事案件中的违法建设工程质量评价

即便违法建设工程质量经发包人、勘察人、设计人和施工人等多方主体验收通过,但因为未经工程质量监督部门监督并送主管部门备案,违法建设工程仍无法办理权证,并实现市场流通价值。司法实践中,特别是行政领域对违法建设行为进行了较为一致的否定评价,但是否定评价并不妨碍符合国家质量标准的违法建设工程使用、收益的意义。从民事审判角度来讲,《最高人民法院关于审理城镇房屋租赁合同纠纷案件具体应用法律若干问题的解释》第2条规定:"出租人就未取得建设工程规划许可证或者未按照建设工程规划许可证的规定建设的房屋,与承租人订立的租赁合同无效。但在一审法庭辩论终结前取得建设工程规划许可证或者经主管部门批准建设的,人民法院应当认定有效。"第3条第1款规定:"出租人就未经批准或者未按照批准内容建设的临时建筑,与承租人订立的租赁合同无效。但在一审法庭辩论终结前经主管部门批准建设的,人民法院应当认定有效。"第4条第1款规定:"房屋租赁合同无效,当事人请求参照合同约定的租金标准支付房屋占有使用费的,人民法院一般应予支持。"从民事执行角度来讲,违法建设工程常在执行案件中得以处置,即可以成为强制执行的客体。实践中,执行案件中涉及违法建设工程主要集中在"无证建筑",即未取得用地许可、质量和产权存有瑕疵的情形。法院亦会对这类"无证建筑"予以特别披露,以提示竞买参与主体注意"无证建筑"可能存在的流转障碍。

(二)建设工程违法原因及对工程质量评价的影响

建设工程违法原因主要包括未取得用地许可、规划许可,或者临时建设违法。工程质量评价集中于结构安全性、功能适用性、耐久性、环境健康安全性、观感质量五个维度的评价。基于上述特定领域的违法建设工程质量评价现状,以下将剖析建设工程违法原因,探究其对工程质量评价的影响。

1. 未取得用地许可对工程质量评价的影响

在我国,土地行政主管部门依法承担土地使用审批职责,基于不同的土地性质,分别向被许可人颁发建设用地批准书、宅基地批准书以及临时用地批准书。能否取得用地许可,与土地利用总体规划、城乡建设总体规划、控制性详细规划紧密相连。此外,用地许可还涉及我国耕地保护制度,涉及农用地批转、宅基地使用等方面。

实践中,选择在地质灾害或洪水淹没等危险地段从事建设工程活动的,会影响建筑的结构安全性、耐久性,甚至会损害财产安全和生命健康;选用一些不具备获得日照、天然采光、自然通风等条件的地段从事建设工程活动的,也会影响功能适用性、环境健康影响性。法律亦禁止在某些特定地域、区域范围内从事建设行为。《公路法》第 56 条第 1 款规定:"除公路防护、养护需要的以外,禁止在公路两侧的建筑控制区内修建建筑物和地面构筑物;需要在建筑控制区内埋设管线、电缆等设施的,应当事先经县级以上地方人民政府交通主管部门批准。"《铁路法》第 46 条第 3 款中也规定,"在铁路弯道内侧、平交道口和人行过道附近,不得修建妨碍行车瞭望的建筑物"。《民用航空法》第 58 条第 1 款第 7 项中亦有禁止在依法划定的民用机场范围内和按照国家规定划定的机场净空保护区域内,修建影响机场电磁环境的建筑物或者设施的规定。上述法律规定的禁止性行为均涉及用地许可问题,在上述地域范围内从事违法建设,将影响工程质量评价。

除了上述情形之外,未取得用地许可,建设单位违法选址从事建设活动,有可能导致违法建设工程整体造型、外观处理与周围环境无法协调,影响功能适用性、整体美观性。比如在城市住宅区违法从事墓地建设,一方面违反了《城乡规划法》总体规划和控制性详细规划的规定,另一方面违反了法律规定的公序良俗原则,将面临被拆除的风险。依据《殡葬管理条例》第 8 条、第 9 条的规定，任何单位和个人，不得擅自兴建殡葬设施；需兴建的，应依法经相关人民政府审批。

2. 未取得规划许可对工程质量问题评价的影响

在《城乡规划法》实施之前，《城市规划法》（现已失效）曾规定城市建设需要取得规划许可，与之配套的《关于统一实行建设用地规划许可证和建设工程规划许可证的通知》规定了取得用地规划许可、工程规划许可的程序事宜。《城乡规划法》的实施，统一了城乡规划管理。依据《城乡规划法》第 35 条、第 38 条第 3 款的规定，城乡规划确定的铁路、公路、港口、机场、道路、绿地等用地，禁止擅自改变用途；城市、县人民政府城乡规划主管部门不得在建设用地规划许可证中，擅自改变作为国有土地使用权出让合同组成部分的规划条件。未取得规划许可，或未按规划许可范围和内容建设的，同样影响结构安全性、功能适用性。此外，规划许可与用地许可紧密相关，其中一类许可未取得或未按许可范围和内容建设的，则必将影响工程质量评价。

3. 临时建设违法对工程质量问题评价的影响

临时建设一般指的是在城市、镇规划区内经批准建造，并在规定期限内使用，期满必须拆除的建筑物、构筑物和设施。根据《城乡规划法》第 44 条的规定，在城市、镇规划区内进行临时建设的，应当经城市、县人民政府城乡规划主管部门批准。临时建设影响近期建设规划或者控制性详细规划的实施以及交通、市容、安全等的，不得批准。临时建设应当在批准的使用期限内自行拆除。关于临时建设和临时用地规划管理的具体办法，由省、自治区、直辖市人民政府制定。此外，《施工现场临时建筑物技术规范》（JGJ/T 188 – 2009）还规定了临时建设的设计标准、施工安装标准以及质量验收标准。按照我国有关临时建设的法律规定，临时建设也需要办理用地许可、规划许可、施工许可。如果临时建设未办理上述许可手续，将面临建设违法和质量评价的问题。

临时建设还面临选址、设计使用年限等问题。就选址而言，临时建设不应建造在易发生滑坡、坍塌、泥石流、山洪等危险地段和低洼积水区域，应避开水源保护区、水库泄洪区、濒险水库下游地段、强风口和危房影响范围，且应避免有害气体、强噪声等对临时建筑使用人员的影响。一旦选址不当，可能影响临时建设的结构安全和使用年限。就设计使用年限而言，超期未拆除的临时建设和超批准范围的临时建设可能会影响使用耐久性。依据《建筑结构可靠性设计统一标准》（GB 50068 – 2018）第 3.3 条的规定，建筑结构的设计基准期为 50 年，同时规定了建筑结构的设计使用年限,如临时性建筑结构设计使用年限为 5 年,标志性建筑和特别重要的建筑结构设计使用年限为 100 年。就用材而言,考虑到临时建设使用年限较短、经济价值有限,且临时建设无法办理权证的因素,建设单位和施工单位往往存在偷工减料、以次充好的用材行为,再加上临时建设验收程序流于形式、质量监管真空,因此临时建设的质量事故频发。在施工管理方面,《施工现场临时建筑物技术规范》(JGJ/T 188－2009)规定应经过建筑构配件质量检验、建筑设备质量检验和质量验收流程,还受《建筑地基基础设计规范》(GB 50007－2011)、《建筑结构荷载规范》(GB 50009－2012)、《混凝土结构设计规范(2015 年版)》(GB 50010－2010)、《砌体结构设计规范》(GB 50003－2011)、《建筑抗震设计规范(2016 年版)》(GB 50011－2010)等国家强制性标准的约束。不可忽视的是,我国目前仍存在大量违法临时建设工程,如搭建的临时仓储中心、养殖场、活动板房。临时建设坍塌是建设工程领域的典型质量事故,不仅暴露了工程质量违法违规,而且损害了人民群众生命财产利益。

(三)违法建设工程质量评价应考虑的因素

对于合法建设工程,自 2000 年以来已经形成了以“政府监督、社会监理、企业自检”为核心的质量管理体系以及配套法律制度。新中国成立以来,违法建设工程持续存在,如今违法建设工程呈现出愈演愈烈的现象。评价违法建设工程质量应考虑以下几方面因素。

1. 违法建设工程补正的可能性

依据《民法典》《城乡规划法》《土地管理法》《建筑法》等法律的规定,合法建设工程质量评价仍是主流,对违法建设工程质量进行评价则是现实情况的应然之举。是否需要评价违法建设工程质量以及能否补正,必须弄清违法建设工程是否严重违反用地指标、是否与城乡规划存在根本冲突,是否存在质量的根本缺陷。对于是否违反用地指标,就要考虑是否占用农用地,是否违反土地利用总体规划,有无条件实现违法用地转为合法用地,是否能够补足土地出让金等。对于是否与城乡规划存在根本冲突,就要考虑是否可依法定程序调整现有规划,是否可以依违法建设现状设定规划条件。对于临时建设,如果存在影响近期建设规划或者控制性详细规划的实施以及交通、市容、安全等,也不得考虑赋予规划条件。对于违法建设工程,如果现状不符合规划条件,依据《城乡规划法》第 45 条第 1 款的规定,建设单位不得组织竣工验收。对于是否存在质量的根本缺陷,就要考虑违法建设经鉴定复核是否符合安全要求,且是否会对周围已有建设产生不利影响。比如政府主导的新农村整治、棚户区改造等背景下建造的房屋,这些建设工程由于产生于特定时期,暂时未取得用地手续、规划手续,因此需要考虑在客观评定其质量基础上作补正处理。

2. 违法建设工程与社会公共利益

第一,基于立法的滞后性以及所处的计划经济向市场经济转变的时期,某些涉及民生的违法建设工程存在多年且未产生质量缺陷、安全隐患,反而给利益方带来一定的利益,此种情形如不考虑社会公共利益进而对违法建设工程质量不作评价有失偏颇。原城乡建设环境保护部《关于房屋所有权登记工作中对违章建筑处理的原则意见》指出,对于历史遗留的违法建设工程,在经过一定的申报审批程序,并对相关责任主体批评教育或者适当罚款之后,相关部门可以补办手续,确认其所有权并发放产权证件。

第二,对于具有重大意义的生态屏障,则应适用社会公共利益原则严格处理违法建设。我国秦岭违建别墅曾一度登上了热搜,引起了社会广泛关注。秦岭素有"国家中央公园"之称,是我国南北气候的分界线,具有涵养水源、气候调节的重要作用,在维护全社会生态安全、实现天然屏障方面具有重要作用。违建别墅与社会公共利益严重不符,该类别墅也就失去了质量评价的必要性和可能性,最终均被拆除。

3. 违法建设工程能否准用合法建设工程质量验收的条件

第一,对于未批先建等合法建设手续暂时欠缺的工程,往往存在政府部门一路"开绿灯"的现象。此类违法建设工程往往能够通过竣工验收,甚至验收过程中均有质量监督单位参与。在落实用地指标、规划指标后,此类违法建设工程能够顺利转为合法建设工程。

第二,对于违法建设,通常要解决已建工程质量评价和使用后续质量评价。对于已建工程质量评价,除需要提交符合一般新建工程质量评价的文件外,建设单位还应提交:各参建主体作出的质量保证意见;质量监督机构核实工程质量并实施监督的书面意见;委托具有资质的检测机构对地基基础和主体结构是否符合质量标准出具鉴定意见,必要时应对鉴定意见委托第三方机构进行复核并出具复核意见。对于使用后续质量评价,应综合使用方意见,由施工单位对缺陷责任期、质量保修期范围内出现的各类质量问题进行处理,并委托有资质的检测机构对地基基础和主体结构作重点检测。对于质量评价过程中出现的不同检测机构鉴定意见不一、参建单位矛盾激化意见相左等问题,还可通过专家评审的方式解决。

4. 违法建设工程的现实价值

同前所述,破产实践和执行实践中违法建设工程处置极具现实意义。本着质量优先的原则,破产、审判实践中不得不面临违法建设工程质量问题。为解决此问题,消除违法行为,政府收储系最优方式,但实践中以风险披露现状处置的情况居多。需要说明的是,上述方式均无法避免违法建设工程质量评价的问题。依据《施工合同司法解释(一)》第3条、第24条的规定,未取得建设工程规划许可证等规划审批手续的,违法建设工程所涉施工合同无效,但发包人在建设工程质量合格的情形下应支付折价补偿款给承包人。法院或者仲裁机构在处理未取得建设工程规划许可证等规划审批手续的工程纠纷时,可以先听取主管部门的意见,了解工程建设的合法性缘由,在分析纠纷背景的情况下再判断合同是否有效、工程质量是否合格。发、承包人就建设工程质量评价达成一致意见的,则可采取折价补偿的方式处理;发、承包人无法就建设工程质量评价达成一致意见的,再通过司法鉴定、行政主管部门协调等方式解决。

第三章

建设工程质量纠纷常见诉请及请求权基础

本章简要介绍请求权基础理论体系，并运用请求权基础思维方法，分析各类工程质量纠纷案件的常见诉请及其请求权基础，以及可能的抗辩路径。同时，就建设工程质量纠纷所涉的案由与法律关系的问题厘清相关概念，阐明工程质量纠纷中案由适用应遵循的原则。本部分的核心是借助请求权基础理论及思维方法，以"谁得向谁，依据何种法律规范，有所主张"[①]的核心逻辑，分析在建设工程勘察设计合同、施工合同、监理合同等不同法律关系下的演绎，旨在帮助厘清请求权构造，凝练要件事实、寻找合适规范、提出合理诉求及进行有效抗辩。

一、请求权基础概述

在建设工程质量纠纷视角下，请求权基础理论体系的功能包含两个层面：第一层面是对于主张权利一方当事人而言，面对一方或多方主体造成的客观损害或可能产生的危险，寻找何种法律规范，进而可以提出何种诉讼请求；第二层面是对于裁判者而言，应当依据何种法律规范来检视案件事实，认定当事人的主张能否满足法律规范的构成要件，从而得出结论。

请求权基础理论源于德国，经由王泽鉴先生《法律思维与民法实例：请求权基础理论体系》[②]引入我国民法。此后，请求权基础理论已经逐渐成为我国学术研究、法学教育及司法实务的热点话题。邹碧华法官《要件审判九步法》的出版后，更掀起了司法实务界将请求权基础思维方法运用于民商事案件审判的热潮。最高人民法院在《九民会纪要》中也明确提出要"注意树立请求权基础思维"，越来

---

① 王泽鉴：《民法思维：请求权基础理论体系》，北京大学出版社 2022 年版，第 61 页。

② 参见王泽鉴：《法律思维与民法实例：请求权基础理论体系》，中国政法大学出版社 2001 年版。

越多的审判活动和裁判文书制作运用请求权基础理论进行分析和对抗。

长久以来,民事诉讼以法律关系思维作为主线,即以案由为切入点确定法律关系,通过双方举证质证,由法院认证并据以认定案件事实,发现并找准可适用的法律规范,在此基础上,分析双方当事人的诉辩争点,对争点作出判断,最终推导出当事人的主张是否成立、诉讼请求能否支持。而请求权基础思维方法,遵循更为优化的路径,即在保持以案由确定为开端的前提下,通过找寻、分析法律规范,审视案件事实能否满足法律规范的构成要件,再转向判断当事人的诉讼请求是否成立。相较于法律关系思维的方法,请求权基础思维方法更能聚焦法律适用和关键事实认定,让当事人和裁判者能迅速从庞杂的案件事实中抽取到关联性最强的要件事实。在我国统一法律适用、加强类案检索的司法改革背景之下,更能有效地提炼裁判规则,为相关的司法活动提供示范性案例。

在此也需指出,民事诉讼又分为给付之诉、确认之诉、形成之诉,其中给付之诉是最核心的诉讼类型,而确认之诉、形成之诉通常被给付之诉所裹挟、包含,为给付之诉服务。给付之诉的特点是原告请求被告为或者不为一定的行为,"谁得向谁,依据何种法律规范,有所主张"所强调的正是给付之诉的典型结构特点。请求权基础理论,也是以给付之诉为基本样式所做的研究。"请求权"的概念并不等同于"诉讼请求",但是,鉴于请求权基础思维已经得到司法实践的高度接纳和广泛运用,即使是单纯的确认之诉、形成之诉,亦可参考其理论体系,以规范要件分析的方法裁判。从《最高人民法院民事案件案由适用要点与请求权规范指引》等著作中均能有所窥见。

有鉴于此,本章采用请求权基础分析方法作为分析建设工程质量纠纷的理论工具,旨在帮助选定合适的法律规范,针对特定事实提出合理的诉讼请求。本章内容主要借助吴香香教授的研究成果,以工程质量纠纷中的请求权切入,阐释请求权基础理论和思维方法。①

(一)规范类别

民事法律规范可分为完全法条、不完全法条,强制性规定、非强制性规定等。请求权基础理论按照与诉讼请求的关联性强弱和诉讼请求成立与否,分为主要规范、辅助规范和防御规范。

---

① 参见吴香香:《请求权基础:方法、体系与实例》,北京大学出版社 2021 年版。

1. 主要规范。“谁得向谁,依据何种法律规范,有所主张”中的法律规范指的就是主要规范,即与当事人诉讼请求关联性最强的规范。甚至在多数案件中,仅需判断事实是否满足主要规范的构成要件,即能够大致确定案件的裁判思路。主要规范一般为完全规范,包括主体、行为、责任后果等要素。例如,《民法典》第800条规定:“勘察、设计的质量不符合要求或者未按照期限提交勘察、设计文件拖延工期,造成发包人损失的,勘察人、设计人应当继续完善勘察、设计,减收或者免收勘察、设计费并赔偿损失。”对勘察、设计质量不符合要求的责任主体、责任承担均有明确规定,即可成为发包人请求勘查人、设计人赔偿因质量不合格导致损失的主要规范。

2. 辅助规范,是指对主要规范的构成要件或法律效果作出进一步说明的规范。以合同请求权为例,发包人向承包人主张违约责任的前提,至少包括合同成立并生效、合同有效、相对人违约,分别对应了《民法典》第134条(民事法律行为的成立)、第143条(民事法律行为有效的条件)、第577条(违约责任)、第581条(第三人替代履行)、第582条(瑕疵履行违约责任)等条款。相较于《民法典》编排体例从一般到特殊的方式,请求权基础则是从特殊到一般,特殊指向主要规范,一般指向辅助规范。例如,《民法典》第800条是主要规范,但合同成立并生效、合同有效是勘察人、设计人承担违约责任的基本前提,须回归于《民法典》属于辅助规范其他条文。

3. 防御规范,是指可以排除和限制另一规范法律效果的规范,其防御对象包括主要规范、辅助规范和防御规范。同时,防御规范也可能有其辅助规范,甚至是多级规范。

需要指出的是,建设工程质量纠纷领域对于请求权法律规范的分类借鉴,并非为了分类而分类,法律适用也并不以规范准确分类界定为前提,此种规范分类实质对应请求权基础的内在结构,意在指明请求权基础的检索、成立并非单一、孤立的,而是多层立体的,可能涉及多个法律规范,而此种规范的分类、转引、套用,更多强调的是严谨的法律逻辑思维过程,而非分类本身。

(二)结构层次

1. 请求权思维的内部结构

请求权思维在内部结构上,体现为以主要规范作为检视起点,指引对请求权基础各层级辅助规范与防御规范的全面检索,这一检索过程可分为请求权已成立、未消灭、可行使三个层次。其中,请求权已成立可再拆解为两个步骤:满足请求权成立的积极要件;不存在阻碍请求权成立的消极抗辩。因此,请求权基础思维内在结构可区分为三层四步,每一步都需列举各项构成要件,并分别作出定义,再对案件事实予以对应,得出能否适用的具体判断。

2. 请求权思维的外部结构

请求权思维在外部结构上,体现为对可能成立的多个不同类型请求权基础按一定顺序进行检索,一般的排序顺位为:(1)基于合同的请求权,包括基于合同约定主义务的原合同请求权和基于合同约定违约责任等的派生合同请求权;(2)类似合同的请求权,包括缔约过失请求权、违反后合同义务所产生的请求权、因无权代理所产生的请求权等;(3)无因管理的请求权;(4)基于物权的请求权;(5)不当得利与侵权请求权。具体的检视结构及检视步骤,可详见表3-1。

表3-1 请求权基础方法检索①

<table>
<tr><th>检视结构</th><th>检视步骤(三层)</th><th>检视内容(四步)</th><th>检视规范</th></tr>
<tr><td rowspan="4">内在结构:
单个请求权基础的检视框架</td><td rowspan="2">1. 请求权已成立</td><td>1. 成立要件</td><td>主要规范
辅助规范</td></tr>
<tr><td>2. 成立抗辩</td><td>防御规范</td></tr>
<tr><td>2. 请求权未消灭</td><td>3. 消灭抗辩</td><td>防御规范</td></tr>
<tr><td>3. 请求权可行使</td><td>4. 行使抗辩</td><td>防御规范</td></tr>
<tr><td rowspan="5">外在结构:
多个请求权基础的检视次序</td><td colspan="3">1. 基于合同的请求权</td></tr>
<tr><td colspan="3">2. 类似合同的请求权</td></tr>
<tr><td colspan="3">3. 无因管理的请求权</td></tr>
<tr><td colspan="3">4. 基于物权的请求权</td></tr>
<tr><td colspan="3">5. 不当得利与侵权请求权</td></tr>
</table>

二、建设工程质量纠纷请求权基础与案由适用

在裁判文书的"案件来源"部分,需要阐明案件的当事人和案由,如"原告某某公司与被告某某公司因建设工程施工合同纠纷一案",该处的"建设工程施工合同纠纷",即为案由。最高人民法院于2000年发布《民事案件案由规定(试行)》,后

① 参见吴香香:《请求权基础:方法、体系与实例》,北京大学出版社2021年版,第13页。

经过数次修改,特别是在《民法典》等法律法规颁布、修订后,根据相应的变化对案由进行了相应的修改、增补,现行有效的自2021年1月1日开始实施的《民事案件案由规定》,基本涵盖了现阶段民事诉讼、执行常见案由类型。

(一)请求权基础与案由的关系

1. 案由的来源及确定依据

《最高人民法院关于印发修改后的〈民事案件案由规定〉的通知》(法〔2011〕42号)中指出,“民事案件案由是民事案件名称的重要组成部分,反映案件所涉及的民事法律关系的性质,是将诉讼争议所包含的法律关系进行的概括,是人民法院进行民事案件管理的重要手段”,通知中对案由的来源、案由的确定依据及案由的目的作出了说明。案由的来源和确定案由的依据,是案件所涉及的法律关系的性质。根据案件涉及的法律关系性质来确定案件的案由,先确定案件的法律关系性质,然后才能确定案件的案由。例如,发包人与承包人签订建设工程施工合同,将工程的施工任务发包给承包人。在施工过程中双方因发包人迟延支付工程进度款而产生纠纷,承包人将发包人起诉至法院,请求发包人支付工程进度款。承包人的主要诉讼请求——要求支付工程进度款是基于双方建设工程施工合同的法律关系,该案件的案由应确定为建设工程施工合同纠纷。

案由设置的目的是方便法院对案件的管理,通过案由将案件进行分类管理、统计,有助于全面掌握辖区纠纷的类型与特点,及时掌握纠纷发展的趋势,进行有针对性的应对,即案由是对讼争法律关系的概括。案由的分类以法律关系性质为基础,虽然设置案由的初衷是方便法院对案件的管理,并非明确案件的法律适用,根据案由来适用法律是本末倒置的做法,但是经过诉讼实践的融合,案由确定和法律适用已难以割裂。

2. 请求权基础与法律关系

王泽鉴先生认为:“可供支持一方当事人得向他方当事人有所主张的法律规范,即为请求权基础规范,简称请求权基础。”①请求权基础是指法律规范,也可以理解为原告提出诉讼请求所依据的具体法律规定。请求权基础在诉讼中的具体表现形式为,原告依据哪个具体的法律规定要求被告为或不为一定的行为,该具体的法律规定就是支撑原告的诉讼请求的法律依据。如发包人依据《民法典》第

① 王泽鉴:《民法思维:请求权基础理论体系》,北京大学出版社2009年版,第41页。

801 条之规定“因施工人的原因致使建设工程质量不符合约定的，发包人有权请求施工人在合理期限内无偿修理或者返工、改建”，要求施工人修复质量问题，该条规定即为发包人的请求权基础。请求权基础可以具体到相应的法律条文。

“法律关系是指由法所规范，以权利与义务为内容的关系，乃私法关系的基本构造”①，法律规定的权利和义务是组成法律关系的基本内容，一个法律关系至少涉及一项权利或义务。如建设工程施工合同中，发承包双方的法律关系为建设工程施工合同关系，施工人负有按照约定及法定标准进行工程建设、向发包人交付合格的建设工程等多项义务，发包人有按照约定向施工人支付工程价款、接收经竣工验收合格的建设工程的义务等。有关发包人与施工人之间权利与义务的法律规定有《民法典》第 790 条、第 791 条、第 793 条、第 798 条、第 799 条等，从建设工程施工的招投标、施工、竣工、验收等多方面规定了建设工程施工合同法律关系中发承包双方的权利和义务。所以，一个法律关系下可能包含多个规定双方权利义务的法律规范。

3. 请求权基础与案由的关系

请求权基础与案由在概念内涵上不能等同，但从民法方法论的功能而言，二者应处于同一位阶。案由的确定揭示讼争法律关系的特征，有助于裁判者准确识别诉讼标的，迅速找寻请求权基础规范，有效节省法律检索的时间，为案件的审理梳理脉络和搭建框架。

根据原告诉讼请求所依据的请求权基础，可以确定该请求权基础所属的法律关系，然后再根据法律关系性质来确定案件的案由。如发包人根据《民法典》第 800 条为请求权基础请求判令设计人减收设计费。从该条规定的内容来看，是确定建设工程勘察、设计关系的权利与义务的规定，依据该条规定要求减收设计费，属于建设工程设计关系下的权利与义务的确定，应将双方的法律关系确定为建设工程设计合同关系，从而确定该案件的案由为建设工程设计合同纠纷。

（二）建设工程质量纠纷案由的适用

1. 建设工程相关案由之间的法律逻辑关系

《民事案件案由规定》将普通建设工程类案件划分为一个三级案由和九个四

① 王泽鉴:《民法总则》，北京大学出版社 2009 年版，第 90 页。

级案由①。在四级案由中,建设工程勘察合同纠纷、建设工程设计合同纠纷、建设工程施工合同纠纷三个案由,分别针对建设工程勘察、设计、施工三个阶段,属于三个并列的法律关系;而建设工程价款优先受偿权是承包人在工程价款的取得方面,就工程折价或拍卖所得价款优先受偿的权利,价款取得的权利应当包含在诸如建设工程施工合同的法律关系中,即建设工程价款优先受偿权纠纷与其他案由并不是并列的法律关系。同理,其他几个四级案由之间也非并列的法律关系,在适用中应注意区分。

由于《民事案件案由规定》并未规定专门的建设工程质量纠纷案由,故在发生质量纠纷时需按前述具体合同类别确定相应案由,该情况通常导致质量问题争议焦点仅通过查阅案件基本信息无法凸显。但从另一个角度而言,恰恰又能提醒当事人和裁判者着眼关注特别规范。在此还需指出,工程质量纠纷在涉及分部、分项、专项工程质量问题时,可能存在独立的分包合同,若因此发生对合同性质认识的偏差,将出现因案由确定不同从而影响案件处理结果的情况,如认定为建设工程分包合同纠纷和认定为承揽合同纠纷,程序上可能存在管辖的争议,实体上可能涉及任意解除权的问题。裁判者对此应予以重视。

2. 案由适用的逻辑顺序

《民事案件案由规定》的说明中要求,案由的确定首先应适用四级案由,即适用案由应确定到最具体的案由。首先适用是指优先适用合适的四级案由,而不是先从四级案由开始检索。选择案由前,应先判断法律关系,根据法律关系,才能确定案由,即案由适用的检索顺序是先从一级案由开始,最终适用到四级案由。

3. 诉讼过程中对案由的调整、确定

一个具体民事案件,一般要进行两次案由的选择适用。一是在立案阶段,即立案案由,由负责立案的法官根据原告的诉讼请求、主张的事实与理由中涉及法律关系的性质,选择适用相应的案由,达到能够将案件归类分配到相应的审判业务庭的目的,就此完成了立案案由的适用。二是在案件审理时,由法官根据当事人诉争的法律关系性质判断案由,并在作出判决或裁定时,确定适用的案由,即结案案由。结案时适用的案由与立案时不一致时,可以进行调整,以结案时适用的

① 《民事案件案由规定》第115条规定:建设工程合同纠纷;(1)建设工程勘察合同纠纷;(2)建设工程设计合同纠纷;(3)建设工程施工合同纠纷;(4)建设工程价款优先受偿权纠纷;(5)建设工程分包合同纠纷;(6)建设工程监理合同纠纷;(7)装饰装修合同纠纷;(8)铁路修建合同纠纷;(9)农村建房施工合同纠纷。

案由为最终案由。另外,二审法院认定一审法院适用的案由不当的,在结案时也可以直接调整案由。应当注意的是,在诉讼过程中当事人主张的法律关系性质或者民事行为效力可能与人民法院根据案件事实作出的认定不一致,只有通过诉讼进程逐渐明确诉讼请求、固定基本事实、确定法律关系,才能根据法律关系性质确定恰当的案由。对该种情形,《证据规定》第 53 条第 1 款中明确了人民法院应当将法律关系性质或者民事行为效力作为焦点问题进行审理,因此,裁判者不宜以立案案由与最终审查确定的结案案由不符为由直接驳回当事人的诉讼请求。

三、建设工程施工合同

本部分侧重于对发包人与承包人、分包人、实际施工人之间关于建设工程质量纠纷的常见诉讼请求、相应请求权基础及可能抗辩路径的分析。涉及建设工程施工合同纠纷、建设工程分包合同纠纷、装饰装修合同纠纷、铁路修建合同纠纷等包含施工类合同内容的多类纠纷。鉴于在工程总承包合同中,总包人的设计、采购及施工等多种义务交织,导致质量纠纷的原因较复杂,本节对此不作探讨。

鉴于建设工程质量纠纷所涉合同主要是建设工程施工合同,故本章其他类型合同纠纷的相关分析论述,与本节内容存在相同和类似的情况,均以本节内容为参照,不另行展开赘述。

(一)采取补救措施(修复)

1. 常见诉讼请求

发包人因建设工程质量不符合约定,提出施工人应在限定期限内修理、返工、改建的诉讼请求。

2. 主要规范

(1)《民法典》第 801 条:因施工人的原因致使建设工程质量不符合约定的,发包人有权请求施工人在合理期限内无偿修理或者返工、改建。

(2)《建设工程质量管理条例》第 41 条:建设工程在保修范围和保修期限内发生质量问题的,施工单位应当履行保修义务,并对造成的损失承担赔偿责任。

(3)《民法典》第 577 条:当事人一方不履行合同义务或者履行合同义务不符合约定的,应当承担继续履行、采取补救措施或者赔偿损失等违约责任。

(4)《民法典》第 582 条:履行不符合约定的,应当按照当事人的约定承担违约责任。对违约责任没有约定或者约定不明确,依据本法第五百一十条的规定仍不能确定的，受损害方根据标的的性质以及损失的大小，可以合理选择请求对方承担修理、重作、更换、退货、减少价款或者报酬等违约责任。

3. 要件分析

（1）适用范围

《民法典》第577条、第582条系关于合同履行不符合约定的补救措施的一般规范，《民法典》第801条则是针对建设工程的质量不符合约定，施工人应承担补救措施的特别规范。针对建设工程质量问题的修复责任，可优先适用《民法典》第801条。

《建设工程质量管理条例》第41条系施工人工程质量保修责任的特别规范。如针对已竣工验收合格、正在保修期的工程质量修复发生争议，也可以选择适用《建设工程质量管理条例》第41条。

（2）责任主体

《民法典》第801条规定的责任承担主体，系施工人；而《建设工程质量管理条例》第41条规定的责任承担主体，系施工单位。两者在文字表述上虽稍有不同，但其实质相同，均指向出现质量问题的建设工程的施工方。该规定所指“施工人”，是较为狭义的概念，是指与发包人签订建设工程施工合同的承包人，实际施工人中，违法分承包人、转承包人与发包人之间均非建设工程施工合同关系，鉴于合同无效，违法分承包人、转承包人不宜向发包人承担违约责任。[①] 而该规定所指“发包人”，则不仅仅特指工程的建设单位，只要双方就特定工程建立发承包合同关系，该合同关系中的发包人均可依据上述规范提出修复请求。建设单位可向总承包人提出请求，总承包人亦可作为分包合同的发包人，向分包人提出请求。例如在上海市第一中级人民法院（2020）沪01民终9769号案件中，就已经完成的幕墙工程的工程质量进行鉴定，鉴定范围限定为可检查部位（主要是房屋各阳台、露台等部位）全部检查，主要对石材厚度、岩棉厚度、石材接缝宽度、幕墙平整度、埋板及转接件等的安装连接质量、挡水铝板的安装质量、石材正面的外观缺陷等进行检测鉴定。鉴定意见为：①经现场检测、分析，由于施工原因，案涉幕墙工程存在埋板、石材背栓系统、石材接缝、石材表观缺陷、幕墙平整度等方面部分施工安装与设计不符或施工质量不符合规范要求。②建议对存在的质量问题进行对症

---

① 参见最高人民法院民法典贯彻实施工作领导小组主编：《中华人民共和国民法典合同编理解与适用（三）》，人民法院出版社2020年版，第1997页。

整改。其后法院又经过了补充鉴定,鉴定意见没有变化。有关责任承担,分包合同约定了分包人对质量问题有无条件返工并承担返工费用的义务。所以,总承包人可以就案涉工程石材幕墙的质量问题,要求石材幕墙分包人承担责任。

(3)存在工程质量问题

对于建设工程是否存在质量问题,一般应从工程质量是否符合强制性规范、标准,以及是否符合双方的特别约定这两方面进行判断。

(4)因果关系

工程存在质量问题,可能因不同主体的行为所导致。设计人未按发包人要求或设计规范进行设计、施工人未按图施工、工程使用材料不符合强制性标准等均有可能导致工程出现质量问题。依据《民法典》第801条之规定,"因施工人的原因致使建设工程质量不符合约定的",发包人可向施工人提出修复请求,该责任是指违约责任,属于合同次给付义务,或是指瑕疵担保责任。但鉴于按图施工、按质交工是承包人在施工合同项下的主要义务,为合同原给付义务,依据通说观点采用严格责任的归责原则。故在司法实践中,一般要求施工人初步举证证明其已履行合同约定的主要义务,再根据证据和事实进一步分析举证责任的归属。

有所不同的是,根据《建设工程质量管理条例》第41条的规定,发包人依据该条款请求施工人履行保修义务,无须先行考虑建设工程质量问题成因及责任方,只要在保修范围和保修期限内发生工程质量问题,发包人均可请求施工人承担保修义务。即使施工人认为工程质量问题并非施工人原因导致的,仍应先行履行保修义务,施工人可在维修完毕后,通过证明工程质量问题系完全或部分由其他主体责任导致,向其他责任主体追偿维修费用。

(5)合理期限

发包人请求施工人承担修复责任必然需要限定相应期限,否则施工人可能无限拖延修复工作,导致发包人无法实现正常使用建设工程的目的,使得该项请求失去意义。同时,修复工作在客观上也必然需要一定的时间,无法违背客观规律任意满足发包人的期限要求。发包人要求施工人的限定期限,应为能正常实施修复工作的合理期限。所谓合理期限,应指针对特定的工程质量问题和特定的修复方案,在正常施工条件下,采取科学合理的施工工艺和管理方法,通常所需的工期期限。如双方无法就合理期限达成一致,一般情况下可参照工期定额并进行一定比例下浮,确定合理期限。需要注意的是,修复的合理期限与修复方案密切相关,确定合理期限必须先行确定修复方案,否则无从评判相关期限是否合理。

(6)修理、返工、改建的区别

《民法典》第801条所规定的修理、返工、改建,系三种不同的补救措施,需根据工程质量问题的严重程度选择适用。无偿修理是指针对工程中存在的质量问题进行返修,使其恢复正常使用功能和状态;返工是指工程质量问题无法通过一般性的修复得以解决,需拆除该部位后重新施工;改建是指工程质量问题已导致该建筑物、构造物无法满足原使用需求,必须改变外形、特点、性质或功能,以使得该建筑物、构造物仍可发挥一定作用。发包人在确定具体诉讼请求时,应根据工程质量问题的严重程度和解决方案,在修理、返工、改建中合理地择一主张。一般情况下,本着经济利用的原则,当事人应当先诉请修理,而不能直接主张返工、改建。凡诉讼请求中并列主张修理、返工、改建的,均属于请求不明确、不具体,裁判者可释明并要求发包人进一步明确。

4. 抗辩路径

(1)工程质量符合法定要求并满足约定的使用功能

建设工程作为一个复杂体系的产物,在现有技术条件下不可能做到完美。按照《建筑工程施工质量验收统一标准》(GB 50300－2013)第5.0.6条的规定,"当建筑工程施工质量不符合要求时,应按下列规定进行处理:……3　经有资质的检测机构检测鉴定达不到设计要求、但经原设计单位核算认可能够满足安全和使用功能的检验批,可予以验收",其条文说明对此表示:这主要是因为在一般情况下,标准、规范的规定是满足安全和功能的最低要求,而设计往往在此基础上留有一些余量。在一定范围内,会出现不满足设计要求而符合相应规范要求的情况,两者并不矛盾。只要相应的误差和瑕疵在法定范围、比例内,符合标准、规范要求,通常仍满足合同约定的使用功能。

上述情况下,该建设工程仍可判定为合格工程,发包人所主张的工程质量缺陷,可能是质量瑕疵、通病,并不必然会被认定为必须予以修复的质量问题。由于建设工程质量是否符合约定、是否必须予以修复,均可能涉及专门性技术问题,故在司法实践中,裁判者往往结合双方举证情况,通过工程质量鉴定的方式,由鉴定机构就工程质量是否符合约定出具鉴定意见,在此基础上根据其对工程质量缺陷是否需要修复的意见后再予以认定。

(2)工程质量问题并非施工人原因导致

在发包人依据《民法典》第801条提出修复请求时,施工人可举证证明工程质量问题并非施工人原因导致,进而主张施工人无须承担修复责任。但如果发包人系依据《建设工程质量管理条例》第 41 条要求施工单位履行保修义务，施工单位则不能以此为由抗辩。实践中，有部分施工人依据《房屋建筑工程质量保修办法》第 17 条的规定，主张因使用不当、第三方原因及不可抗力造成的质量问题，不属于保修范围，施工单位无须承担保修义务。

(3)发包人对工程质量问题存在过错

根据《施工合同司法解释(一)》第 13 条的规定，如存在发包人提供的设计文件有缺陷、发包人提供或指定使用的建筑材料不符合强制性标准、发包人指定分包等情形，且该等情形系造成工程质量问题的成因之一，则发包人需自行承担相应的过错责任。但需注意，发包人指定分包、指定供应或直接供应材料等行为，并不必然导致工程产生质量缺陷，承包人就此提出抗辩时，应初步举证发包人该等行为与工程质量问题之间存在因果关系，而不能仅以发包人存在该等行为为由，径行要求免除承包人责任。另外，即使发包人对工程质量问题存在过错，亦不代表承包人即可全部免责，如果承包人对该质量问题的产生同时也存在过错，发包人可以主张过失相抵、按比例负担。例如，承包人明知指定分包商不具有相应施工资质，但未予反对即签署分包合同并允许其进场施工；或按规范应对指定供应材料予以进场检测，但未予检测即用于施工；作为有经验的承包商，知道或应当知道设计文件存在重大缺陷未向发包人、监理人提出而径行施工造成工程质量缺陷等。以上均属于发包人有过错的前提下承包人亦有过错，承包人需就自身的过错承担相应责任。

(4)不可强制履行

发包人请求施工人对工程质量问题予以修复，属于非金钱债务。《民法典》第 580 条规定，非金钱债务存在三种例外情形的，不可请求强制履行。在工程质量纠纷中这三种例外情形均有可能存在。

第一，法律上或者事实上不能履行。我国对建设工程施工实行资质管理，按照《建筑法》第 13 条的规定，从事建筑活动的施工企业均需取得相应等级的资质证书，方可在资质等级许可的范围内从事建筑活动。如施工人无施工资质，或对涉案工程进行施工超越其资质等级，则施工人依法不得进行施工。在此情形下，要求施工人进行修复施工属于法律上不能履行，不得要求强制履行。

第二，债务的标的不适于强制履行或者履行费用过高。部分工程质量虽然不符合双方约定，但其结构安全性、耐久性、功能适用性等均符合强制性规范、标准，也不影响发包人的正常使用，而要求修复可能产生巨额修复费用，在此情况下，发包人请求修复的权利即受到限制。比如,有司法案例中完工后的楼层净高低于设计要求,但不影响建筑物的安全性和使用功能,则不必坚持遵循原设计、高成本地恢复层高,而替代为酌情减少价款。

第三,债权人在合理期限内未请求履行。如发包人在施工过程中已明知工程存在不符合约定的质量问题,但工程质量仍符合相应的强制性规范、标准,且该等质量问题并不影响建筑物、构造物的安全性和正常使用,而发包人并未在相应工序验收中提出,仍予通过验收程序,可认为发包人能够接受该等不符合约定的问题存在。例如,双方约定工程采用"A 品牌"电缆,但施工人因市场采购不便的原因,换用了"B 品牌"电缆,且在施工、验收过程中均未隐瞒该等事实,如实向发包人、监理人提交了"B 品牌"电缆的相关质检质保材料。在该等情形下,虽然施工人并未取得发包人同意换用电缆品牌的书面确认,但发包人未在验收过程中提出异议,应属于未在合理期限内提出修复请求,不宜再允许发包人就此问题主张修复权利。当然,如果两个品牌的材料之间存在价差,发包人可另行提出减价主张。

(5)超越保修范围或保修期限

如果发包人依据《建设工程质量管理条例》第 41 条请求施工单位履行保修义务,则主张的质量问题应在保修范围内且未超过保修期限。对于保修范围和保修期限,应遵循有约定从约定,无约定从法定的原则。但《建设工程质量管理条例》第 40 条规定的相应保修范围及对应的保修期限,属于法定最低标准,如果约定低于该标准,则应按法定的保修范围、保修期限执行。

(6)修理、返工、改建方案不合理

如上所述,发包人应根据工程质量问题的性质、部位、严重程度,在修理、返工、改建三种方式中择一提出请求,如果发包人的请求与工程质量问题的严重程度不匹配,施工人可就此提出抗辩。例如,防水材料仅在几个点位出现渗漏,可以通过对渗漏部位进行局部修复施工予以解决,如发包人要求对整个墙面防水工程予以返工,则不应得到支持。再如,因工程部分混凝土强度不足,导致主体结构不能达到原设计强度,从技术角度可以采取粘贴碳纤维复合材料加固法或锚钉粘贴钢板加固法等方式进行加固,如发包人主张全部拆除重建,则施工人可抗辩该方案不具有经济性和合理性,要求调整为能达到原设计要求的低成本维修方案。在山东省德州市中级人民法院(2020)鲁 14 民初 227 案件中,经司法鉴定,案涉工程底层地坪实测标高低于设计标高 0.096 米,鉴定机构提出三种处理方案:一是对房屋进行整体顶升处理,顶升高度为 0.096 米;二是仅对现有地坪的高度进行处理,但会牺牲一部分底层的净高;三是不做处理,按现状使用。发包人坚持要求按房屋整体顶升方案处理,承包人则主张,标高问题并未违反国家强制性规定,不影响主体结构安全和使用,如采用"顶升"修复方案对涉案工程进行结构切割后再接筋加固,反而对建筑物结构进行破坏,造成重大安全隐患;而且顶升方案造价巨大,接近或超过工程本身造价,相对于其他方案履行费用显然过高,且实际上扩大了损失。一审法院最终考虑修复方案的经济性及可行性,采取第二种修复方案能够满足案涉工程正常使用,以第二种修复方案作为判决依据。山东省高级人民法院(2021)鲁民终 1864 号二审判决维持原判。

在浙江省舟山市中级人民法院(2021)浙 09 民终 277 号建设工程分包合同纠纷一案中,发包人与实际施工人围绕案涉桩基质量问题成讼,发包人要求实际施工人退还已付工程款并赔偿处理桩基质量的费用损失。鉴定机构出具鉴定报告,认为可以通过补桩方式进行加固修复,但是否可通过竣工验收,待施工完毕后方可明确。此时,发包人坚持要求将所有存在问题的桩基拔除后进行重新打桩,鉴于该方案耗费巨大,不符合经济原则,法院未予支持,但向发包人释明可以通过主张赔偿损失的方式解决问题。

需要指出的是,如果工程质量问题是在工程竣工验收之前发现的,则修理、返工、改建方案应满足竣工验收的需求。

(二)赔偿修复费用或减少价款

1. 常见诉讼请求

发包人因建设工程质量不符合约定,提出施工人应赔偿修理、返工、改建费用或减少价款的诉讼请求。

2. 主要规范

(1)《民法典》第 577 条:当事人一方不履行合同义务或者履行合同义务不符合约定的,应当承担继续履行、采取补救措施或者赔偿损失等违约责任。

(2)《民法典》第 581 条:当事人一方不履行债务或者履行债务不符合约定,根据债务的性质不得强制履行的,对方可以请求其负担由第三人替代履行的费用。

(3)《施工合同司法解释(一)》第 12 条:因承包人的原因造成建设工程质量不符合约定,承包人拒绝修理、返工或者改建,发包人请求减少支付工程价款的,人民法院应予支持。

3. 要件分析

关于赔偿修复费用请求项下的责任主体、是否存在工程质量问题、因果关系等要件分析，与上文关于要求修复的诉请分析一致，本节不再赘述。相关规范要件的关键点在于：

(1)施工人未履行修复义务

施工人未履行修复义务是发包人主张赔偿修复费用或减少价款的前提。实践中，施工人未履行修复义务可能存在以下几种情形：第一，施工人向发包人明示拒绝履行修复义务；第二，施工人对发包人的修复请求虽未明示拒绝，但未在发包人指定期限内开展修复施工；第三，施工人虽已开展修复施工，但未在合理期限内修复完毕，或者多次修复但仍不合格；第四，施工人无资质，无法履行修复；第五，双方已不存在信任，继续履行修复不具备条件的；第六，发包人基于紧迫性等合理事由已先行予以修复。考虑到修复义务一般难以通过人民法院执行程序强制执行，故当上述情形出现时，发包人可要求施工人赔偿相应的修复费用。

(2)修复费用计取原则

施工人拒绝履行修复义务，属于违约行为，发包人向施工人主张赔偿或减价，属于请求施工人按《民法典》第577条规定承担赔偿损失的违约责任。按照《民法典》第584条的规定，赔偿金额应当相当于因违约所造成的损失。就工程质量问题的修复而言，发包人实际支出的修复费用必然属于因承包人拒绝履行修复费用而造成的损失。原则上，发包人实际支出的合理修复费用，均可作为损失数额要求施工人予以赔偿。但如果发包人尚未委托第三方开展修复施工，也可由原设计人或司法鉴定机构在确定修复方案后，通过对修复方案进行造价鉴定的方式，确定修复费用金额。修复方案的造价鉴定应根据确定的修复方案，参照工程所在地现行定额及市场价格作出。修复费用金额应全面覆盖修复工程的人、材、机等各项直接成本及管理费、合理利润、税费等间接成本；既包括直接物化于工程的分部分项工程费，也包括为完成修复工程施工，所发生的技术、生活、安全、环境保护等方面的措施项目费，如安全文明施工费、脚手架工程费、大型机械设备进出场费等。

(3)减少价款

减少价款的本质是按质论价，如果施工活动不能达到合同约定的质量，则工程价款作为施工活动的对价理应相应减少，此处的减价并非指工程实体本身的价值因质量问题发生减损，应与下文“赔偿其他损失”中的“建设工程减值损失”予以区分。关于发包人因承包人原因的工程质量问题提出减少价款的主张,能否单独起诉,或是应以抗辩还是反诉的方式提出,对此,本书在第八章有详细的分析和论述。

4. 抗辩路径

针对发包人赔偿修复费用、减少价款的请求,施工人仍可提出工程质量符合约定、有证据证明质量问题非施工人原因导致、发包人对造成工程质量问题存在过错、超越保修范围和保修期限、修复方案不合理等抗辩,与关于要求修复的诉请抗辩分析一致,此处不再赘述。除此之外,施工人针对该项请求,还可提出以下抗辩:

(1)修复费用金额、减价幅度不合理

如上所述,施工人赔偿的修复费用金额应相当于发包人实际发生或必然将要发生的合理修复费用,减少价款的幅度可以参考修复费用确定。如果发包人主张的费用金额中包含不合理部分,如相关价格超越合理的市场价、包含另行聘请工程管理公司等不必然发生的费用等,则施工人可就该些费用金额提出抗辩,请求不予支持。施工人提出该项抗辩,应就修复费用金额、减少价款的幅度不合理承担举证责任,证明发包人主张金额中包含的应核减的金额。

(2)施工人未拒绝履行修复义务

无论是按照《民法典》第 581 条的规定,还是按照《施工合同司法解释(一)》第 12 条的规定,均以施工人拒绝履行修复义务,或者存在法律上、事实上施工人无法履行修复义务的情形,作为发包人请求赔偿修复费用的前提。因此,如果施工人有证据证明,其在具备相应施工资质、施工能力的前提下,积极要求履行修复义务,但发包人拒绝提供相应的配合,如无正当理由不予确认修复方案、无正当理由拒绝施工人进入现场,甚至发包人在不存在合理事由、未通知施工人的情况下即自行委托第三方开展维修工作,施工人均可主张发包人的请求损害了施工人的"先修"权利,不应得到支持。

但在实践中,在发包人坚决拒绝施工人履行修复义务、仅提出要求其赔偿修复费用的主张的情形下,裁判者为妥善解决化解矛盾、便于执行,也往往予以支持。例如,在"江苏南通二建集团有限公司与吴江恒森房地产开发有限公司建设工程施工合同纠纷案"中,江苏省苏州市中级人民法院即认为:"鉴于诉讼双方目前已失去良好的合作关系,由承包人进场施工重做防水层缺乏可行性,故发包人可委托第三方参照全面设计方案对屋面缺陷予以整改,并由承包人承担整改费用。”对此，江苏省高级人民法院亦认为，“双方当事人已失去信任的合作基础，为彻底解决双方矛盾，原审法院按照司法鉴定意见认定按全面设计方案修复，并判决由发包人自行委托第三方参照全面设计方案对屋面渗漏予以整改，承包人承担与改建相关的责任有事实和法律依据，亦属必要”。该案例纳入《最高人民法院公报》2014 年第 8 期公报案例，上述裁判观点在司法实践中被大量引用，具有较强的指导性。

（三）赔偿其他损失

1. 常见诉讼请求

发包人因工程质量不符合约定提出施工人赔偿除修复费用外其他损失的诉讼请求。

2. 主要规范

（1）《民法典》第 583 条：当事人一方不履行合同义务或者履行合同义务不符合约定的，在履行义务或者采取补救措施后，对方还有其他损失的，应当赔偿损失。

（2）《民法典》第 801 条：因施工人的原因致使建设工程质量不符合约定的，发包人有权请求施工人在合理期限内无偿修理或者返工、改建。经过修理或者返工、改建后，造成逾期交付的，施工人应当承担违约责任。

（3）《民法典》第 802 条：因承包人的原因致使建设工程在合理使用期限内造成人身损害和财产损失的，承包人应当承担赔偿责任。

3. 要件分析

关于赔偿其他损失请求项下的责任主体、是否存在工程质量问题、因果关系等要件分析，与上文关于要求修复的诉请中分析一致，本节不再赘述。相关规范要件的关键点在于：

（1）损失范围的确定

发包人可请求施工人赔偿的范围，除修复费用的损失以外，主要包括以下几种：

第一，因工程质量问题而导致的工程逾期交付损失。以房建工程为例，该等损失可以包括发包人因工程不能正常使用的停工停产损失、发包人另行租赁房屋的租金损失、发包人另行租赁房屋导致的搬迁费用损失、发包人因工程逾期交付而向第三方（如购房人、承租人等）支付的违约金、赔偿金等。

第二，因工程质量问题导致的人身损害和财产损失。该等损失既包括发包人自身直接损失，也包括因工程质量问题使得发包人向其他第三方承担赔偿责任而导致的发包人损失。包括因质量事故造成人身损害而导致的死亡赔偿金、丧葬费、残疾赔偿金、残疾辅助器具费、医疗费、误工费、护理费、交通费、住院伙食补助费、营养费、精神损害抚慰金等，也包括因质量事故使得除建筑物、构筑物本身以外的其他财产（如室内的装饰装修、家电家具等）毁损而导致的重置费用、修复费用等。

第三，建设工程减值损失。如存在上文关于要求修复的诉请中分析的修复费用过高、发包人在合理期限内未要求修复等情形，导致发包人不能请求施工人承担修复义务，但工程实体因质量不符合约定，与合格工程相比价值有所减损，发包人可就工程的减值损失请求施工人赔偿。或施工人虽已履行修复义务，但客观上工程经修复后市场价值降低，包括修复方案直接对原使用功能进行部分限制，建筑物布局调整等，损害发包人利益，发包人亦可要求施工人就前述差值、功能受限部分予以赔偿。

例如，在浙江省舟山市中级人民法院（2021）浙 09 民终 277 号建设工程分包合同纠纷一案中，发包人与实际施工人围绕案涉桩基质量问题成讼，发包人要求实际施工人退还已付工程款并赔偿处理桩基质量的费用损失。法院认为，考虑到按照鉴定机构的补桩修复方案，对案涉桩基实施修复后无法满足原设计要求，势必会造成发包人对于案涉工程的原建造期望（如可能会变更功能设计、降低标准等），应当将该使用功能受限部分纳入损失范围。

第四，可得利益损失。建设工程因工程质量问题导致无法使用，必然影响发包人正常生产经营，进而影响发包人的收益。例如，发包人已就在建房屋与第三人签订租赁合同，约定从预期竣工日交付房屋收取租金，如因工程质量问题导致房屋无法交付，则发包人本应获得的租金无法收取，该部分可得利益损失可要求施工人赔偿。

（2）损失金额的计算

对于发包人已实际支出或发生的损失费用，如另行租赁房屋的租赁费、搬迁费等，发包人均可通过举证相应的合同、付款凭证等证据，要求据实计算损失金额。对于已经发生但无法直接证明金额的损失，如建筑物减值损失、功能受限、财物毁损重置费用等，可通过评估、鉴定的方式计算损失金额。此时，裁判者应当根据诚信原则，结合过错程度、原因力大小，统筹兼顾各方利益，防止对损失金额支持不足的困境，助长工程质量问题频发。

4. 抗辩路径

针对发包人赔偿其他损失的诉请，施工人可提出工程质量符合约定、无证据证明质量问题系施工人原因导致、发包人对造成工程质量问题存在过错、超越保修范围和保修期限等抗辩，与关于要求修复的诉请抗辩分析一致，此处不再赘述。

施工人针对该项请求，还可提出以下抗辩：

(1)损失超过可预见或应预见范围

《民法典》第 584 条不但规定了违约方的损失赔偿范围，同时规定了违约方的防御规范："不得超过违约一方订立合同时预见到或者应当预见到的因违约可能造成的损失。"如发包人主张的损失超过了施工人在订立合同时可以预见或应当预见的损失类型，则针对该部分损失金额的赔偿请求不应得到支持。

对于该防御规范的使用，应注意以下方面：第一，可以或应当预见的主体应为施工人，而不是发包人；第二，预见的标准应为客观的理性人标准，即一个正常、勤勉的施工人可以预见的，因工程质量不符合约定而将造成的损失；第三，预见的时点应是订立合同之时，不能以订立合同后或违约发生时的情形、事实作为可以或应当预见的考量因素；第四，预见的范围应为可能造成的损失类型，而无须预见到具体损失金额。

(2)发包人未尽减损义务

《民法典》第 591 条确立了守约方的减损义务。如果发包人没有采取适当措施防止损失扩大，则就扩大的损失无权要求施工人赔偿。例如，因施工人施工工艺不当，导致水管在保修期限内爆裂，由此导致的建筑物内装饰装修及相应物品被水浸泡、冲毁的损失理应由施工人赔偿。但是，如果发包人没有在合理期限内立即关闭进水阀，长时间漏水导致被水浸泡、冲毁的面积和物品增多，则对于扩大的损失部分无权请求施工人赔偿。

损失导致社会财富减少，每个社会主体都应防止不合理的社会财富减少。减损规则属于守约方的法定义务，守约方也应诚实信用、实事求是处理合同履行过程中出现的问题，特别是对损失负有采取措施防止其扩大的义务。守约方没有采取适当措施，造成损失扩大的，就扩大部分，不能要求违约方赔偿。

(四)支付违约金

1. 常见诉讼请求

发包人因建设工程质量不符合约定提出承包人应支付违约金的诉讼请求。

2. 主要规范

《民法典》第 582 条:履行不符合约定的,应当按照当事人的约定承担违约责任。

3. 辅助规范

(1)《民法典》第 179 条:承担民事责任的方式主要有:……(九)支付违约金……法律规定惩罚性赔偿的,依照其规定。本条规定的承担民事责任的方式,可以单独适用,也可以合并适用。

(2)《民法典》第 585 条第 1 款:当事人可以约定一方违约时应当根据违约情况向对方支付一定数额的违约金,也可以约定因违约产生的损失赔偿额的计算方法。

4. 要件分析

支付违约金诉请项下关于是否存在工程质量问题的要件分析,与上文关于要求修复的诉请的分析一致,本节不再赘述。本诉请的关键点在于:

(1)责任主体

违约金仅在合同有效且合同中对违约金有明确约定的情况下适用,因此,发包人关于违约金的诉请,仅能向与其有合同关系的承包人提出。发包人仅与总承包人建立合同关系的,不能向分包人、实际施工人提出违约金诉请。

(2)合同约定

发包人主张违约金应以合同对违约金的支付条件成就、违约金金额明确或可计算为前提,如合同中就工程质量不符合约定的违约金支付条件尚未成就、违约金金额不明确且无法计算,则发包人无权提出违约金诉请。

5. 抗辩路径

针对发包人违约金的诉请,承包人可提出工程质量符合约定、发包人对造成工程质量问题存在过错、超越保修范围和保修期限等抗辩,与关于要求修复的诉请抗辩分析一致,此处不再赘述。除此之外,承包人针对该项请求,还可提出以下抗辩:

(1)合同无效

如果双方签署的施工合同因存在应招标未招标、中标无效、承包人无相应施工资质、系转包挂靠、案涉工程属于应办理建设工程规划许可证而未办理等法定无效情形,导致施工合同无效,则其中所包含违反质量约定需承担的违约金条款,均归于无效。承担违约金以违反“约定”为前提,合同被判定无效后其中所有约定自始无效，包括关于违约责任的“约定”，故此时因缺少“约定”而不能判定“违约”。当然，合同无效后承包人可抗辩无须按“约定”承担违约金，并不代表合同无效后承包人无须就工程质量承担责任。合同无效后，发包人仍可举证就质量问题产生的损失参照合同约定的质量标准确定损失大小，并要求承包人赔偿损失。

（2）违约金过高

根据《民法典》第 585 条第 2 款的规定，如果约定的违约金过分高于造成的损失，当事人可以请求人民法院或仲裁机构予以适当减少。承包人依据该条进行抗辩，应注意以下问题：第一，承包人应就工程质量不符合约定所造成的损失金额承担举证责任，该处损失的类型、内容，应根据《民法典》第 584 条确定。第二，约定的违约金超过实际损失的 30%，司法实践中一般即认定为“过分高于造成的损失”。但调减的金额和比例，需根据案件的具体情形，以违约所造成的损失为基准，综合衡量当事人过错、预期利益、缔约地位强弱等多项因素，根据公平原则和诚实信用原则予以综合权衡，不应简单采用固定比例等“一刀切”的做法。

（五）解除合同

1. 常见诉讼请求

发包人因建设工程质量不符合约定主张解除合同，提出确认施工合同已解除或请求法院/仲裁机构解除施工合同的诉讼请求，并诉请施工人返还已支付款项、赔偿损失等。

2. 相关规范

（1）《民法典》第 562 条第 2 款：当事人可以约定一方解除合同的事由。解除合同的事由发生时，解除权人可以解除合同。

（2）《民法典》第 563 条：有下列情形之一的，当事人可以解除合同：……（四）当事人一方迟延履行债务或者有其他违约行为致使不能实现合同目的……

（3）《民法典》第 565 条第 1 款：当事人一方依法主张解除合同的，应当通知对方。合同自通知到达对方时解除……

第 2 款：当事人一方未通知对方，直接以提起诉讼或者申请仲裁的方式依法主张解除合同，人民法院或者仲裁机构确认该主张的，合同自起诉状副本或者仲裁申请书副本送达对方时解除。

（4）《民法典》第 566 条第 1 款：合同解除后，尚未履行的，终止履行；已经履行的，根据履行情况和合同性质，当事人可以请求恢复原状或者采取其他补救措施，并有权请求赔偿损失。

第 2 款：合同因违约解除的，解除权人可以请求违约方承担违约责任，但是当事人另有约定的除外。

3. 要件分析

解除合同诉请项下的责任主体，与上文"违约金"的分析一致，关于是否存在工程质量问题、因果关系等分析，与上文关于要求修复的诉请的分析一致，本节不再赘述。本诉请的关键点在于：

(1)工程质量问题的严重程度

如果发包人按照《民法典》第 563 条之规定行使法定解除权，则需要证明工程质量问题的性质、严重程度，已使得发包人不能实现合同目的，例如工程主体结构出现质量问题，使得结构安全性、耐久性、功能适用性等不符合强制性规范、标准和合同约定等。但仅系质量瑕疵，如建筑表面裂缝、渗漏等常见质量通病，尚不足产生合同目的不能实现的后果，发包人则不能依据《民法典》第 563 条之规定行使法定解除权。当然，如果发包人系根据合同约定行使约定解除权，则需视是否发生了合同约定的工程质量问题，不可一概而论。

(2)合同解除权行使时点

发包人之所以行使合同解除权，系因已经发生的工程质量问题，可以合理判断承包人没有能力建造并交付质量合格的建设工程，继续履行合同将导致损失扩大。因此，发包人行使合同解除权必须以工程尚未竣工验收，尚有剩余施工内容为前提。如果工程已全部完工甚至已通过竣工验收，或虽然存在质量问题但已整改完毕，不再存在尚未修复的严重质量问题，则发包人行使合同解除权已无必要，在该等情形下应谨慎判断发包人是否享有合同解除权，或对发包人行使合同解除权需予以限制。

4. 抗辩路径

针对发包人解除施工合同的诉请，承包人可提出工程质量符合约定、因果关系、发包人对造成工程质量问题存在过错等抗辩，与关于要求修复的诉请抗辩分析一致；承包人还可提出合同无效抗辩，与违约金抗辩分析一致，此处均不再赘述。除此之外，承包人针对该项请求，还可提出以下抗辩：

(1)工程质量问题未致使合同目的不能实现

详见以上"工程质量问题的严重程度"的要件分析，此处不再赘述。

(2)承包人主要义务已履行完毕

合同义务全部履行完毕与合同解除的法律效果均是导致合同终止,其他理由具体论述详见以上“合同解除权行使时点”的要件分析,此处不再赘述。

(3)解除权除斥期间届满

《民法典》第564条对解除权的行使期限作出明确规定,且按照《民法典》第199条的规定,解除权的权利存续时间为除斥期间,不适用有关诉讼时效中止、中断和延长的规定,存续期间届满权利即消灭。因此,发包人在知道或者应当知道工程存在严重质量问题后,未在合同约定期限内行使解除权;或合同未约定解除权行使期限,在法律规定的一年期间内或经承包人催告后在合理期限内未行使解除权的,则除斥期间届满,解除权消灭,发包人不得再请求解除合同。

四、建设工程勘察、设计合同

本节主要运用请求权基础分析方法,对建设工程勘察、设计合同关系中与工程质量纠纷相关的常见诉讼请求、请求权基础及构成要件、抗辩路径等进行分析,以阐明建设工程勘察、设计合同法律关系中,出现与工程质量相关纠纷时,可以提出哪些诉讼请求;并且通过对诉讼请求所依据的请求权基础进行分析,来判断该请求是否能够得到支持。本节主要针对勘察、设计合同关系中与质量相关的请求权基础予以分析,合同普遍性的请求权基础问题,本节不作探讨。

(一)继续履行合同

1. 常见诉讼请求

发包人因勘察人、设计人未在约定期限内完成勘察、设计文件或勘察、设计文件不符合合同约定,请求勘察人、设计人在限定期限内提交符合质量要求的勘察、设计文件。

2. 主要规范

《民法典》第800条:勘察、设计的质量不符合要求或者未按照期限提交勘察、设计文件拖延工期,造成发包人损失的,勘察人、设计人应当继续完善勘察、设计,减收或者免收勘察、设计费并赔偿损失。

本条规定是对勘察人、设计人在履行勘察、设计合同过程中,因勘察人、设计人的原因,造成勘察、设计文件的质量不符合约定或法定标准时,勘察人、设计人应当继续进行勘察、设计工作,直至勘察人、设计人向发包人提交的勘察、设计文件符合双方合同约定标准或法定标准。勘察人、设计人按照约定或法定标准完成勘察、设计工作并按照约定期限向发包人提交合格的勘察、设计文件,是勘察人、设计人的法定义务。对于因勘察人、设计人完成工作内容质量不合格或提供文件期限不符合约定时,造成发包人损失的,勘察人、设计人除继续完善勘察、设计文件外,还应当承担赔偿损失的责任。

3. 要件分析

(1)合同成立并生效

《民法典》第 490 条第 1 款为合同成立的规定,《民法典》第 465 条是关于合同成立后法律效果的规定,均属于合同成立的辅助性规范。勘察、设计合同需要符合相应法条的规定,合同才能成立并生效。

《建设工程勘察设计管理条例》第 8 条对勘察人、设计人的资质及资质等级作出规定,并明确要求勘察人、设计人在其资质等级范围内承揽勘察、设计工作。禁止勘察人、设计人承揽超越其资质等级的勘察、设计业务,也禁止勘察人、设计人借用其他具备相应资质等级单位的名义承揽勘察、设计业务。对于勘察人、设计人的资质要求,法规明确规定,若勘察人、设计人违反该资质要求的规定,勘察人、设计人与发包人签订的合同,属于违反法律法规强制性规定的合同,应属于无效合同。在勘察、设计合同成立及生效的要件中,对于勘察人、设计人资质等级的要求,应特别注意,涉及合同效力;若因勘察人、设计人没有资质或超越资质等级承接勘察、设计工作而导致勘察、设计合同无效,则请求权不具备成立的要件,继续履行合同的请求也将不能成立。

(2)合同约定了质量标准或按照法定质量标准

合同对质量标准有明确约定。《民法典》第 509 条第 1 款规定了全面、严格按照合同约定履行的原则。勘察人、设计人在履行勘察、设计合同时,应当遵守合同约定,按照合同约定全面履行勘察、设计工作任务。对于质量有明确约定的,应按照约定严格履行,如在《2016 版建设工程勘察合同》中,合同协议书第四条、通用条款第 5.1 条、附件 A 勘察任务书及技术要求等都属于合同对勘察质量的约定;在《2015 版房建工程设计合同示范文本》中,合同协议书第二条、通用条款第 5.3 条、专用条款 1.4 条、附件 1 工程设计范围、阶段与服务内容等都属于合同对设计质量的约定。

合同对质量标准没有明确约定。根据《民法典》第 511 条的规定,在合同没有明确约定质量标准的情况下,对于质量标准的确定,依次是强制性国家标准、推荐性国家标准、行业标准、通常标准或符合合同目的的特定标准。勘察、设计工作的目的是为建设工程提供勘察、设计文件，其质量涉及建设工程的质量安全和公共安全，质量必须达到一定的标准。在适用标准时，有强制性国家标准时，必须适用强制性国家标准，在适用其他标准时，该标准对于质量的要求不得低于强制性国家标准。若合同约定的标准高于强制性国家标准，则适用合同约定标准；若合同约定标准低于国家强制性标准，应适用强制性国家标准；若合同没有约定，就应当按照《民法典》第 511 条的规定确定质量标准，也即法定标准。

(3)勘察人、设计人实际完成的工作任务与合同约定不符

《民法典》第 509 条规定，按照合同的约定全面履行义务是合同履行的基本原则之一，只有在义务人全面履行约定或法定义务的情况下，才能实现全部合同目的。

《建设工程勘察设计管理条例》第 26 条规定，编制建设工程勘察文件，应当真实、准确，满足建设工程规划、选址、设计、岩土治理和施工的需要。编制方案设计文件，应当满足编制初步设计文件和控制概算的需要。编制初步设计文件，应当满足编制施工招标文件、主要设备材料订货和编制施工图设计文件的需要。编制施工图设计文件，应当满足设备材料采购、非标准设备制作和施工的需要，并注明建设工程合理使用年限。

在勘察合同的履行中，勘察人应按照合同约定的技术要求和相应标准，对建设工程场地的地质、水文情况等进行勘察，并进行查明、分析、评价，为建设工程的设计、施工提供依据。若勘察人未进行全面勘察或勘察数据不符合约定或法定标准，属于勘察人没有按照约定或法定全面履行合同义务。勘察人实际完成的工作任务与约定工作任务相比，勘察人实际完成的工作任务标准低于约定标准或法定标准，即可以认定勘察人没有全面履行合同义务，即勘察人的履行行为不符合合同约定。比如，当采用基岩作为桩基的持力层时，应查明基岩的性质，需要钻孔深度达到 40 米，才能探明岩石层的情况，而实际钻孔只有 30 米，明显未达到勘察的标准。

《建设工程勘察设计管理条例》第 27 条规定，设计文件中选用的材料、构配件、设备，应当注明其规格、型号、性能等技术指标，其质量要求必须符合国家规定的标准。除有特殊要求的建筑材料、专用设备和工艺生产线等外，设计单位不得指定生产厂、供应商。

在设计合同的履行中，设计人应当按照约定标准或法定标准进行设计，设计

选用的材料、构配件、设备等，必须明确具体的技术指标、规格、型号等，使承包人或施工人能够根据设计文件采购符合相应标准的材料、构配件、设备等；若设计文件未明确相应材料、构配件、设备等具体的指标，需要由设计人补充设计文件予以明确。比如，选用预制构件时，若预制构件属于标准图库的构件，应标明图库的编号、型号等，若选用异型构件时，必须标明技术性能指标、构件设计图等，否则属于设计文件不深入，应补充完善。

（4）事实或法律上能够继续履行

《民法典》第580条明确了继续履行是承担违约责任的一种方式，选择要求违约方以继续履行的方式承担违约责任，就要考虑事实上能不能继续履行的问题；若事实或法律方面不能继续履行，守约方可以要求违约方以赔偿损失等方式承担违约责任。建设工程勘察、设计合同存在以下几方面的特殊性，可能影响继续履行合同诉求的实现。

第一，建设工程勘察、设计合同标的物的特殊性。勘察、设计合同的成果本质上属于智力成果，具有一定的劳务性质。[①] 若勘察人、设计人不同意继续履行，则不能强制勘察人到现场勘察，也不能强制设计人继续设计，在法律上不适用强制执行性，因此，继续履行的请求将不能得到支持或者无法申请强制执行。此时，当事人需要变更诉讼请求，如请求赔偿损失，赔偿损失的费用中可包含另行委托他人完成剩余工作的费用，或者重新委托勘察、设计的费用。

第二，建设工程勘察合同事实上不能继续履行的情形。勘察作业需要一定的工作环境和场地条件，特别是地基基础已经施工完成的建筑物，再进行勘察作业已经不具备客观条件，属于事实上不能继续履行，当事人可以变更为其他诉讼请求，如赔偿损失。

（5）继续履行义务的完成标准

《民事诉讼法》第122条第1款第3项规定：起诉必须有具体的诉讼请求和事实、理由。诉讼请求是请求对方为或不为一定的行为，只有具体明确的请求，才能确定对方为或不为的具体行为，即诉讼请求需要明确、具体，特别是可能需要强制执行时，要具备可执行性；不具备可强制执行性的请求，在对方不主动履行的情况下，若不能强制执行（除确认合同效力、确认物权、确认身份关系等），则该请求不

① 参见常设中国建设工程法律论坛第十二工作组：《建设工程勘察设计合同纠纷裁判指引》，法律出版社2021年版，第328－329页。

具有继续履行性，裁判难以支持或即使支持也可能因不能强制执行而难以实现，在提出诉请时就应当予以考虑。勘察、设计合同常见的具体继续履行内容有以下三种情形：

第一，勘察人、设计人负有完成勘察设计成果的法定义务。《民法典》第800条中规定“勘察人、设计人应当继续完善勘察、设计”。勘察人、设计人没有完成勘察、设计任务，需要继续履行以完成勘察、设计任务，向发包人交付勘察、设计成果。

第二，勘察人、设计人负有修改勘察、设计文件的义务。《建设工程勘察设计管理条例》第28条第1款对勘察设计文件的修改予以规定，明确了发包人、施工人、监理人不得修改勘察、设计文件，在确需修改勘察、设计文件时，应当由原勘察、设计单位修改，即勘察、设计文件的修改权利属于原勘察人、设计人，其他人不得擅自修改。勘察人、设计人虽然完成了勘察、设计任务，但提交的勘察、设计文件存在质量问题，需要勘察人、设计人对勘察、设计文件进行修改，使勘察、设计文件符合合同约定的质量标准或法定质量标准。另外，其他人对勘察、设计文件的修改，必须经原勘察人、设计人同意，并且修改单位也应具备相应的勘察、设计资质，对修改的勘察、设计文件承担相应责任。因此，继续履行勘察、设计合同，须由原勘察人、设计人继续履行。

第三，勘察人、设计人的说明义务。《建设工程勘察设计管理条例》第30条规定了勘察人、设计人有说明勘察、设计意图和解释勘察、设计文件的义务，并且负有在施工过程中及时解决出现的勘察、设计问题的义务。即使勘察人、设计人已经提交了符合约定的勘察、设计文件，其也负有在工程施工前和施工过程中向承包人和监理人说明勘察、设计意图和解释、澄清勘察、设计文件的义务。

4. 抗辩路径

(1)发包人不能提供项目基础资料

第一，发包人不能提供项目的相关审批手续，造成合同不能继续履行。

《建设工程勘察设计管理条例》第25条：编制建设工程勘察、设计文件，应当以下列规定为依据：①项目批准文件；②城乡规划；③工程建设强制性标准；④国家规定的建设工程勘察、设计深度要求。铁路、交通、水利等专业建设工程，还应当以专业规划的要求为依据。

发包人向勘察人、设计人提供项目批准文件、规划审批手续等，是勘察人、设计人进行勘察、设计工作的依据，也是发包人的法定义务，若发包人没有提供项目批准文件、规划审批文件等,可能因项目不具备合法性而导致勘察、设计合同无效,勘察人、设计人可以行使不履行抗辩权。

第二,发包人没有提供或提供原始材料不真实、不完整、不齐全,或提供的场地无法开展工作,造成合同不能继续履行。

《建设工程质量管理条例》第9条规定:建设单位必须向有关的勘察、设计、施工、工程监理等单位提供与建设工程有关的原始资料。原始资料必须真实、准确、齐全。

《2016版建设工程勘察合同》第一部分第7条载明:"1.发包人承诺按照法律规定履行项目审批手续,按照合同约定提供工程勘察条件和相关资料,并按照合同约定的期限和方式支付合同价款。"发包人有向勘察人、设计人提供建设工程相关基础资料的约定或法定义务,在发包人未提供建设工程相关基础资料的情况下,不具备勘察、设计工作开展的前提条件,勘察人、设计人可以行使不履行抗辩权。

(2)发包人未按照约定支付工程价款,勘察人、设计人可以行使先履行抗辩权

《民法典》第526条:当事人互负债务,有先后履行顺序,应当先履行债务一方未履行的,后履行一方有权拒绝其履行请求。先履行一方履行债务不符合约定的,后履行一方有权拒绝其相应的履行请求。

《2016版建设工程勘察合同》第二部分第7.3.4条:"发包人不按合同约定支付进度款,双方又未达成延期付款协议,勘察人可停止工程勘察作业和后期服务,由发包人承担违约责任。"发包人未按照合同约定支付进度款,勘察人、设计人应向发包人提出在限定期限内支付进度款的请求,若发包人仍未支付进度款,勘察人、设计人可以行使先履行抗辩权,不同意继续履行合同。发包人未按照约定支付进度款的行为,属于违约行为,在发包人违约在先的情况下,勘察人、设计人不履行合同,不属于违约。行使先履行抗辩权需要注意:

第一,先履行抗辩需要在履行过程中提出,若没有在履行过程中提出,视为勘察人、设计人在履行合同的过程没有行使先履行抗辩权,仅在诉讼或仲裁中提出,将得不到支持。

第二,发包人在勘察人、设计人催告后支付了进度款,属于发包人纠正了违约行为,勘察人、设计人的先履行抗辩权消灭,不能再行使先履行抗辩权,但可以追究发包人迟延履行的违约责任;若因发包人迟延支付进度款造成合同无法继续履行,勘察人、设计人应行使合同解除权,以解除合同,而非先履行抗辩权。

第三，先履行抗辩，可以对抗合同期限，产生顺延工期的结果。勘察人、设计人行使先履行抗辩权后，导致合同停止履行，即使发包人支付了进度款，也造成合同工期的延误，勘察人、设计人可以要求合理顺延工期，勘察人、设计人未在合同约定的期限内提交勘察、设计文件，而在顺延期限内提交勘察、设计文件的，不属于勘察人、设计人违约。

(3)他人提供的勘察、设计工作部分，勘察人、设计人不能继续履行

《建设工程勘察设计条例》第28条：建设单位、施工单位、监理单位不得修改建设工程勘察、设计文件；确需修改建设工程勘察、设计文件的，应当由原建设工程勘察、设计单位修改。经原建设工程勘察、设计单位书面同意，建设单位也可以委托其他具有相应资质的建设工程勘察、设计单位修改。修改单位对修改的勘察、设计文件承担相应责任。

勘察、设计文件的修改必须经勘察人、设计人同意，若未经勘察人、设计人书面同意，发包人委托他人对勘察、设计文件进行修改，就他人修改部分的内容，勘察人、设计人可以拒绝修改、完善，该部分应由他人承担责任，勘察人、设计人不承担他人修改部分的继续履行责任，就他人修改部分可以行使不履行抗辩权。

(二)支付违约金或赔偿损失

1. 常见诉讼请求

发包人请求勘察人、设计人因勘察、设计质量不符合约定，支付违约金或赔偿损失。

2. 主要规范

(1)《民法典》第800条：勘察、设计的质量不符合要求或者未按照期限提交勘察、设计文件拖延工期，造成发包人损失的，勘察人、设计人应当继续完善勘察、设计，减收或者免收勘察、设计费并赔偿损失。

(2)一般法规范均与上文“与建设工程施工合同相关的工程质量纠纷”一节中关于给付违约金、赔偿损失的相关规范列举一致，本节不再赘述。

3. 要件分析

本请求权基础的构成要件中，在合同成立、迟延提交文件或提交文件存在质量问题等要件分析方面，与上文“继续履行合同”中的要件分析基本一致，此处不再赘述。本诉请的要件分析主要在于给发包人造成损失、损失数额的确定。

(1)给发包人造成损失的确定

因勘察、设计文件质量问题,给发包人造成的损失常见的有以下几种:

第一,因勘察、设计文件质量问题或迟延提交文件而导致的工程工期延误的损失。完成工程的勘察、设计后,工程才能进行施工,因勘察、设计质量问题而造成发包人不能按照计划进度推进项目建设,致使发包人迟延使用建筑物产生的损失。在施工过程中发现勘察、设计质量问题,可能造成施工人产生停工、窝工等损失,发包人需要承担该损失。

第二,因勘察、设计文件质量问题造成第三方人身或财产损失。因勘察、设计文件质量问题,导致建筑物倒塌、构件脱落等建筑物本体财产损失,属于因勘察、设计文件质量问题给发包人造成的损失。也可能造成建筑本体以外的第三方的人身、财产损失,发包人需向第三方承担赔偿责任,发包人给第三方的赔偿,也属于因勘察、设计文件质量问题而给发包人造成的损失。

第三,发包人因修改勘察、设计文件或维修建筑物的损失。因勘察、设计文件的质量问题,发包人另行委托其他具备相应资质的勘察人、设计人对勘察设计文件的进行修改或另行勘察、设计而支出的费用,属于因勘察、设计质量问题而给发包人造成的损失。因勘察、设计文件质量问题导致建筑物出现质量问题,发包人因对该建筑物进行修复而支出的费用,属于因勘察、设计文件质量问题给发包人造成的损失。

第四,建筑物使用寿命减少的预期利益损失。因勘察、设计质量问题导致建筑物的实际使用期限低于设计使用期限的,使用期限缩短的部分,属于因勘察、设计文件的质量问题造成发包人预期利益的损失。比如,建筑物设计使用寿命为50年,在使用30多年时因地基沉降造成建筑物出现安全问题而不能使用,经查地基的沉降问题是因勘察人在勘察过程中未遵守勘察规范,提供的地质数据有误造成;建筑物使用寿命未达到设计使用寿命的损失,属于因勘察质量问题而给发包人造成的预期利益损失。

(2)损失数额的确定

对于因勘察、设计文件质量问题造成发包人已经实际支出或发生的损失数额,通过发包人举证来确定损失数额。对于建筑物使用期限缩短、需要修复等费用的数额,在勘察人、设计人与发包人不能协商达成一致时,可申请鉴定或评估,通过鉴定或评估来确定具体的损失数额。

4. 抗辩路径

针对发包人赔偿损失的诉请，勘察人、设计人除行使履行合同的抗辩权之外（参照履行合同的抗辩），勘察人、设计人还可提出以下抗辩：

（1）勘察、设计的质量问题非勘察人、设计人造成。

《建设工程勘察设计管理条例》第 28 条：建设单位、施工单位、监理单位不得修改建设工程勘察、设计文件；确需修改建设工程勘察、设计文件的，应当由原建设工程勘察、设计单位修改。经原建设工程勘察、设计单位书面同意，建设单位也可以委托其他具有相应资质的建设工程勘察、设计单位修改。修改单位对修改的勘察、设计文件承担相应责任。

勘察、设计文件经勘察、设计人以外的第三方修改后，修改单位对因修改而产生的损失承担责任。若存在勘察人、设计人单位以外的第三方对勘察、设计文件进行修改的情况，勘察人、设计人可以提出勘察、设计的质量问题非勘察人、设计人造成，据以不承担责任的抗辩。

（2）发包人主张的损失数额超出勘察人、设计人签订合同时的可预见范围。

法律依据是《民法典》第 584 条的规定，其要件分析见上文“与建设工程施工合同相关的工程质量纠纷”一节中相关内容，此处不再赘述。对于勘察、设计合同在签订时的可预见损失范围的确定，应注意以下几方面：

第一，勘察人、设计人为专业单位，其预见标准应以一般勘察、设计专业人员的预见能力和范围为标准。如设计符合相关标准，出现质量问题是因科学技术条件所限而没有预见，则不属于勘察人、设计人能够预见的范围。

第二，出现质量问题是因勘察、设计、施工、使用等综合性原因导致，勘察人、设计人在签订合同时未能预见施工、使用中出现的问题，此种情形应属于多主体责任，应按照勘察人、设计人能够预见的程度来确定损失范围和承担责任的比例。

第三，勘察、设计人预见的应为出现质量问题的类型，不是预见损失的具体数额。对于损失的具体数额，可通过鉴定等予以确定。例如，吊车车间的设计，设计人在选用构件时，对于构件的承载能力设计不当，使用中产生构件曲度过大而导致吊车不能使用，更换、修复构件及吊车的重新安装等费用，都属于因设计质量问题而造成的损失，在签订合同时设计人就应当预见构件承载力不合格而造成的后果。

（3）发包人未及时采取减损措施，勘察人、设计人可以减轻责任。

《民法典》第 591 条的要件分析见上文“与建设工程施工合同相关的工程质量

纠纷”一节中相关内容，此处不再赘述。

《建设工程勘察设计管理条例》第28条第2款：施工单位、监理单位发现建设工程勘察、设计文件不符合工程建设强制性标准、合同约定的质量要求的，应当报告建设单位，建设单位有权要求建设工程勘察、设计单位对建设工程勘察、设计文件进行补充、修改。

在勘察、设计合同履行过程中，监理、施工人发现勘察、设计存在质量问题，有向发包人报告的义务，发包人应向勘察、设计单位提出补充、修改的意见，不得擅自决定或继续施工，若继续施工，造成的损失属于扩大的损失，勘察人、设计人可以该损失属于发包人扩大的损失为由，进行抗辩。

在浙江省衢州市中级人民法院（2019）浙08民终1252号案件中，争议焦点之一是发包人房屋漏水的原因及各被告是否存在过错及责任承担问题。法院认为设计人提供的设计文件中“屋面板纵向搭接处未明确对缝及外露钉帽应采取的密封处理措施”不符合规范要求，存在设计质量问题；施工人在施工过程中发现屋面板纵向搭接处未设计密封措施，认为设计方案存在问题，但未向发包人或设计人报告，擅自采用密封胶处理搭接处；法院以施工人未按照设计方案施工，发现设计问题也未向发包人或设计人报告，擅自采用密封胶施工，认为施工人违反《建设工程勘察设计管理条例》第28条之规定，判决施工人承担1/3的漏水损失赔偿责任。

（三）解除合同

1. 常见诉讼请求

发包人因勘察、设计文件质量不符合合同约定或国家强制性标准，提出关于解除勘查、设计合同的诉讼请求。

2. 相关规范

一般法规范均与上文“建设工程施工合同”中关于解除合同诉求的相关规范列举一致，本节不再赘述。

3. 要件分析

本诉请项下的合同成立及生效要件与前述“继续履行合同”分析一致，双方是否达成解除合同的合意要件、约定解除及通知要件与一般合同的合意解除、约定解除要件相同，本节不再赘述。

勘察、设计合同的解除特殊性体现为以下几点：

（1）勘察、设计文件存在的质量问题是否达到导致合同目的不能实现的程度。勘察、设计文件存在质量问题，若属于一般性的质量瑕疵，经过补充勘察或修改设计能够达到约定或法定的质量标准，则不影响建筑物的质量安全，勘察、设计文件的质量问题不足以导致合同目的不能实现，不足以导致合同解除，可要求勘察人、设计人承担违约责任；若勘察、设计文件存在严重质量问题，不能通过补充勘察或修改设计的方式达到约定或法定标准，而需要重新调整勘察、设计方案，即现有勘察、设计文件不能实现合同目的，则可以解除合同。

（2）勘察人、设计人迟延提交勘察、设计文件，严重延误工期，发包人另找第三方勘察人、设计人完成勘察、设计工作的，可以解除合同。

4. 抗辩路径

针对发包人解除勘察、设计合同的诉请，勘察人、设计人可从质量符合约定或法定标准、因果关系、发包人责任等方面提出抗辩，抗辩路径与"继续履行合同"的抗辩路径类似，此处不再赘述。勘察人、设计人针对该项请求，还可提出以下抗辩：

（1）勘察、设计文件已经向发包人提交。

因勘察、设计合同的特殊性，勘察、设计文件提交发包人，勘察、设计的主要工作任务即完成，在勘察、设计文件提交后，除勘察、设计文件存在严重的质量问题且通过补充勘察、修改设计不能解决的问题外，勘察、设计合同不宜解除，可通过补充勘察、修改设计的方式解除相关问题，也可以由勘察人、设计人承担赔偿损失的违约责任。

（2）发包人未按照约定或法定要求行使合同解除权。

《民法典》第564条的要件分析见上文"建设工程施工合同"中的相关内容，此处不再赘述。

法律对于解除权的行使限定了一定的条件，以促使纠纷的及时解决，让法律关系、经济秩序尽量处于稳定状态。法律对于解除权行使的限制，主要体现在以下几方面：

一是法律规定或合同约定了解除权的行使期限，应在法律规定或约定期限内行使。法律规定或合同约定了解除权行使期限的，在约定期限内行使解除权，产生解除合同的效力；若超过期限行使，将不产生解除合同的效力。比如，合同约定勘察人提交勘察文件后，发包人认为勘察文件存在质量问题时，发包人要求解除合同的，应在收到勘察文件的15日内提出；实际履行中，勘察人交付勘察文件后，发包人接收了勘察文件且在 15 日内未表示解除合同,后勘察人要求发包人给付勘察费用,发包人以勘察人勘察文件存在质量问题为由,要求解除合同的,因发包人行使解除权的期限超过约定期限,将不产生解除合同的效力。

二是合同没有约定解除权行使期限,应在除斥期间内行使。对于合同解除权行使的除斥期间,法律规定为 1 年,即从解除权人知道或应当知道解除事由发生之日起计算 1 年,超过 1 年的,解除权消灭,即解除合同的意思到达对方,也不能产生解除合同的效力,但双方可以协商解除合同。

(3)发包人指示过错等原因导致勘察、设计质量问题。

勘察、设计出现的质量问题是由发包人指示错误等原因导致(至少发包人具有一定的指示过错责任),合同目的不能实现并非勘察、设计人自身的原因导致;在发包人具有一定的指示过错的情况下,即使发生合同解除的后果,但并非由勘察、设计人承担全部责任。在四川省高级人民法院(2018)川民终 791 号案件中,发包人为治理厂区滑坡,委托勘察人对滑坡治理进行勘察、设计。勘察人完成勘察、设计后,在施工过程中,发包人指示施工人不按设计将原滑坡土体挖出,取消原设计换土施工方案,且发包人指示勘察人变更原设计方案,在原滑坡土体打抗滑桩。施工完成后,案涉工程在雨季出现滑坡。对于滑坡的责任认定,法院认为发包人擅自取消设计方案中的挖出原滑坡土体方案,指令不挖出原滑坡土体,勘察人按照发包人指示变更设计方案,工程质量问题主要责任在发包人指示错误,勘察人在发包人指示下变更设计方案,发包人承担主要责任,勘察人承担次要责任。

五、建设工程监理合同

本节主要介绍发包人与监理人之间就建设工程质量发生纠纷常见诉讼请求、相应请求权基础及可能的抗辩路径。根据《民法典》第 796 条之规定,建设工程监理合同在性质上属于委托合同。工程监理活动一方面要遵循《民法典》关于委托合同的普遍规定,另一方面也要符合《建筑法》《建设工程质量管理条例》《建设工程安全生产管理条例》等法律、行政法规对工程监理的特别规定。对于与建设工程监理合同相关的工程质量纠纷的处理,也需同时从民法、行政法两个角度进行考虑。

(一)赔偿损失

1. 常见诉讼请求

发包人提出监理人因工程发生质量问题赔偿损失的诉讼请求。

2. 主要规范

（1）《民法典》第 929 条：有偿的委托合同，因受托人的过错造成委托人损失的，委托人可以请求赔偿损失。

（2）《建筑法》第 35 条第 1 款：工程监理单位不按照委托监理合同的约定履行监理义务，对应当监督检查的项目不检查或者不按照规定检查，给建设单位造成损失的，应当承担相应的赔偿责任。

3. 辅助规范

（1）《建筑法》第 32 条：建筑工程监理应当依照法律、行政法规及有关的技术标准、设计文件和建筑工程承包合同，对承包单位在施工质量、建设工期和建设资金使用等方面，代表建设单位实施监督。工程监理人员认为工程施工不符合工程设计要求、施工技术标准和合同约定的，有权要求建筑施工企业改正。工程监理人员发现工程设计不符合建筑工程质量标准或者合同约定的质量要求的，应当报告建设单位要求设计单位改正。

（2）《建筑法》第 34 条：工程监理单位应当在其资质等级许可的监理范围内，承担工程监理业务。工程监理单位应当根据建设单位的委托，客观、公正地执行监理任务。工程监理单位与被监理工程的承包单位以及建筑材料、建筑构配件和设备供应单位不得有隶属关系或者其他利害关系。工程监理单位不得转让工程监理业务。

4. 要件分析

（1）监理人违约行为

建设工程监理合同是指由具有法定资质的工程监理人，与发包人约定由监理人依照法律、行政法规及建设工程技术标准、设计文件和施工合同，对承包人在工程质量、工期、安全等方面实施监督的合同。与设计人、承包人不同，监理人不直接进行工程设计及施工，对发包人不负有交付质量合格建设工程的合同义务，而是聚焦于按照规定或约定的监督流程，如审查施工文件、巡视施工现场、检验材料及工程质量、旁站关键部位和关键工序施工等，以协助发包人达到控制工程质量、进度、安全的目的。

按照我国工程监理制度的规定，监理人除了按照监理合同的约定提供监理服务外，还应遵循《建筑法》《建设工程质量管理条例》《建设工程安全生产管理条例》等法律法规及相应的工程技术和管理标准。监理人具有一定的独立性。包括发包人在内的任何主体，都无权豁免、减轻法律法规及规范要求监理人履行的义务。如果监理合同存在此类减少监理人法定职责的约定,均因违法悖俗而无效。监理人未按法律法规及相应规范履行监理职责,都应视为违反监理合同的约定,属于违约行为。当然,监理合同可以在法律法规及相应规范之外,增加约定监理人应履行的职责和义务,监理人违反该等约定义务,亦属于违约行为。

与工程质量相关的监理人违约行为一般包括:未审查施工方案或未能发现其应当发现的缺陷;未检查、复核施工控制测量成果或未能发现其错误;未审查工程材料、设备的质量证明文件或未按规定进行见证取样、平行检验;未审查关键部位、关键工序施工或未发现不当施工工艺;未组织、参与隐蔽工程、检验批、分项工程、分部工程验收和竣工预验收;未参加竣工验收;未在各类验收中及时发现质量缺陷;未对已发现的质量缺陷及时要求施工单位整改或停工;施工单位拒绝整改或停工的,未及时向发包人和有关主管部门报告。

(2)发包人因工程质量问题导致损失

该项诉请所称的损失以工程发生质量问题为前提。鉴于监理人不直接进行工程设计及施工,即使存在监理人违约行为,也并不必然导致工程产生质量问题。在此情况下,并无工程质量问题损失可言,发包人自无向监理人主张该项损失的可能。当然,此时发包人仍可按照合同约定的违约责任条款,要求监理人承担相应违约责任。

工程质量问题产生后,发包人可能发生的损失包括修复费用损失、工程质量问题导致的工程逾期交付损失、因工程质量问题导致的人身损害和财产损失、瑕疵工程减值损失、可得利益损失等,具体损失类型、损失范围等与本章“与建设工程施工合同相关的工程质量纠纷”相关阐述相同,此处不再赘述。上述损失金额一般可通过举证相应的付款凭证、合同等证据,据实计算。对于尚未发生但必然发生,或已发生但无法直接证明金额的损失,如建筑物减值损失、财物毁损重置费用等,亦可通过鉴定或评估的方式予以确定。

(3)因果关系

无论是《民法典》还是《建筑法》,都规定监理人因其过错导致发包人损失的,需承担赔偿责任。故监理人的违约行为(过错)应与工程发生质量问题、导致发包人损失之间存在因果关系。需要注意的是,鉴于监理人的职责包括隐蔽工程、检验批及分项、分部工程验收,如发包人举证证明经监理人验收并确认合格的工程发生质量问题,在没有相反证据的情况下,可以推定监理人未严格履行监理职责,存在相应的违约行为,且该等违约行为与工程发生质量问题之间存在因果关系。

发包人无须就因果关系承担特别的举证责任。

5. 抗辩路径

针对发包人提出的损失赔偿请求,监理人可考虑案件是否存在以下抗辩路径,选择使用。

(1)监理人行为与工程质量问题无因果关系

工程质量问题的产生原因极为复杂,在监理人已履行了相应职责和义务的情况下,并不能完全保证工程不出现质量问题。例如,监理人的法定职责中并不包括对勘察、设计文件是否符合国家强制性规范进行审查,且勘察、设计文件是监理人实施工程监理的主要依据之一,如果工程质量问题是由于勘察、设计文件不当而导致,则即使监理人勤勉、尽责的实施了全部工程监理工作,也仍无法避免工程质量问题的产生。再如,监理人已在施工过程中及时发现工程质量问题,并按规范向施工人发出了整改通知,在施工人拒绝整改后也已及时报告发包人的,则监理人已履行了相应职责,工程质量不符合约定不能归咎于监理人。监理人可证明其已按监理合同约定及监理规范严格履行了监理职责,工程质量问题及发包人损失并非因监理人违约而导致,监理人无须承担赔偿责任。

(2)其他主体对工程质量问题存在过错

由于监理工作辅助性、监督性的特征,即使监理人存在违约,一般不会成为工程质量问题的唯一成因。绝大多数情况下,工程质量问题的成因中,均存在设计人、施工人的过错,甚至有可能出现发包人为了达到减少成本、缩短工期的目的,直接指令变更设计文件或正常施工工艺,并要求监理人同意,导致产生工程质量问题的情况。因此,绝大部分建设工程质量纠纷中,都存在着监理人以外的直接责任主体,其亦应承担相应的责任。监理人可据此抗辩,主张减轻赔偿责任。但即使存在其他责任主体,如果监理人确实存在违反监理规范的违约行为,也属于工程质量问题的责任方之一,监理人仅可要求减少损失赔偿比例,不能据此主张免除全部赔偿责任。

(3)损失金额不合理

如果发包人主张的损失金额中包括并未实际发生的损失,或并不属于因工程质量问题必然发生的损失,监理人则可举证证明并抗辩核减相应的损失金额。在建设工程监理合同纠纷中应特别注意的是,由于发包人可能先行向工程质量问题的其他责任主体索赔,需特别查明其他责任主体的赔偿情况。例如,在施工人、监理人对产生工程质量问题均有责任的情况下,如果施工人已足额赔偿发包人,则根据“损失填平原则”，发包人无权另行请求监理人赔偿；如果发包人已从施工人处获得部分赔偿，则仅能就剩余损失金额请求监理人赔偿。

(4)存在赔偿限额条款

监理合同中，往往存在限制监理人赔偿金额的约定。例如，《2012版建设工程委托监理合同示范文本》专用条件第4.1条，即约定监理人赔偿金额为直接经济损失×正常工作酬金÷工程概算投资额（或建筑安装工程费），即监理人对全部损失的赔偿责任比例，以监理酬金占工程投资额的比例为限。实务中，亦有大量监理合同约定监理人的赔偿责任最高不超过合同约定的监理酬金。原则上，该等约定属于双方真实意思表示，合法有效，监理人可据此抗辩超过约定限额的损失赔偿请求。但是，《民法典》第506条规定：“合同中的下列免责条款无效：（一）造成对方人身损害的；（二）因故意或者重大过失造成对方财产损失的。”由于上述赔偿限额约定亦属于免责条款，发包人举证证明工程质量问题系监理人故意或重大过失导致，或造成发包人人身损害的，则赔偿金额不受合同约定的限额限制。

（二）支付违约金

1. 常见诉请、规范列举均与上文“建设工程施工合同”中的相关内容相同，此处不再赘述。

2. 要件分析

支付违约金诉请项下的关于监理人违约行为、因果关系的要件分析，与上文“赔偿损失”的分析一致，此处不再赘述。监理合同相关要件特点在于：

(1)合同约定

发包人主张违约金应以合同对违约金的支付条件、支付金额有约定为前提，如果双方合同中并未约定有相应的违约金条款的，则发包人无权提出违约金诉请。例如，工程监理合同中仅就监理人员未到岗、工期延误等情形约定监理人应支付违约金，并未就工程出现质量问题单独约定违约金条款的，则发包人不能仅因工程发生质量问题向监理人主张违约金。

(2)不以工程已实际发生质量问题为前提

如果监理合同针对监理人应履行的质量监督义务及违约金作出特别约定，则一旦监理人发生违约行为，发包人均可主张违约金，不以实际已发生工程质量问题为前提。例如，监理合同约定监理人应对进场每一批钢筋采样并平行检验，否则应承担1万元/批次的违约金，如监理人未按约采样检验，则即使进场钢筋全部为合格产品，发包人仍可针对监理人的违约行为主张违约金。

3. 抗辩路径

针对发包人违约金的诉请，监理人可提出无因果关系、其他主体存在过错等抗辩，与上文“赔偿损失”抗辩分析一致，此处不再赘述。除此之外，监理人针对该项请求，还可提出以下抗辩：

(1)合同无效

双方签署的监理合同如存在法定必须招标而未招标、中标无效、监理人无相应资质、转包挂靠等法定无效情形，导致监理合同无效的，则其中所包含的相关违约责任条款亦自始无效，发包人不能据此主张违约金。当然，合同无效并不代表监理人无须就工程质量问题承担责任。发包人仍可根据监理人的过错，追究其损害赔偿责任。在北京市西城区人民法院(2014)西民初字第18258号建设工程监理合同纠纷案中，双方就新建WCDMA网室内覆盖工程签署监理委托合同，但监理人仅具有房屋建筑工程、市政公用工程、机电安装工程监理资质，不具有通信建设工程监理资质，故法院确认监理合同因违反资质管理规定而无效，并进而驳回发包人要求监理人支付罚款的反诉请求。

(2)违约金过高

根据《民法典》第585条第2款的规定，约定的违约金过分高于造成的损失的，人民法院或者仲裁机构可以根据当事人的请求予以适当减少。监理人依据该条进行抗辩时，应注意以下问题：第一，监理人作为主张违约金过高的一方，应就违约行为所造成的损失金额承担举证责任，损失的类型、内容，应根据《民法典》第584条确定，即不但包含因违约所造成的直接损失，也包括合同履行后可以获得的利益。第二，认定约定的违约金是否过高及调减的幅度，需根据案件的具体情形，兼顾合同履行情况、当事人过错程度以及预期利益等因素，根据公平原则和诚实信用原则予以综合权衡，不应简单采用固定比例等“一刀切”的做法。特别是约定违约金带有惩罚性质时，需充分考量监理人违约行为的主观恶性、过错程度，不应仅以没有造成实际损失为由驳回违约金诉请。

(三)解除合同

1. 常见诉请、规范列举均与上文“建设工程施工合同”一节中的相关内容相同，此处不再赘述。

2. 要件分析

解除监理合同诉请项下关于监理人违约行为、因果关系等要件，与上文“赔偿损失”的分析一致，此处不再赘述。监理合同相关要件的特点在于：

（1）解除权行使前提

发包人行使法定解除权，应以监理人存在严重违约，不履行基本职责，已使得发包人不能实现监理合同目的为前提。例如监理工程师长时间拒绝到岗履行职责、监理人与施工人串通故意出具虚假检验资料等。如果仅系偶发性、一般性违约——未按约定频次进行巡视、监理工程师短时间脱岗，则尚不足以达到合同目的不能实现的严重程度，发包人不能依据《民法典》第563条之规定行使法定解除权。但如果发包人系按照合同约定行使约定解除权，则应根据合同约定及案件具体情况，判断解除权是否成立。

（2）合同解除权行使时点

合同解除一般应以合同尚未履行完毕为前提，如工程已全部完工甚至已完成竣工验收手续，监理人不再有后续监理工作尚需履行的，则发包人行使合同解除权的前提已不存在。

3. 抗辩路径

本诉请下的抗辩路径与本章“建设工程施工合同”下“解除合同”中的抗辩分析基本一致，可参阅上文相关内容，此处不再赘述。

（四）监理人承担连带赔偿责任

1. 常见诉讼请求

发包人因发生工程质量问题导致损失向监理人提出与施工人承担连带赔偿责任的诉讼请求。

2. 主要规范

（1）《建筑法》第35条第2款：工程监理单位与承包单位串通，为承包单位谋取非法利益，给建设单位造成损失的，应当与承包单位承担连带赔偿责任。

（2）《建设工程质量管理条例》第67条：工程监理单位有下列行为之一的，责令改正，处50万元以上100万元以下的罚款，降低资质等级或者吊销资质证书；有违法所得的，予以没收；造成损失的，承担连带赔偿责任：（一）与建设单位或者施工单位串通，弄虚作假、降低工程质量的；（二）将不合格的建设工程、建筑材料、建筑构配件和设备按照合格签字的。

3. 要件分析

与施工人承担连带赔偿责任诉请项下关于监理人违约行为、发包人损失、因果关系的要件分析,与上文“关于赔偿损失的诉请”的分析一致,此处不再赘述。本诉请的关键点在于:

(1)监理人存在与施工人串通的行为

所谓串通,是指监理人与施工人之间相互勾结,为牟取私利而实施的影响工程质量、损害发包人权益的行为。与《建筑法》《建设工程质量管理条例》的规定不同的是,在《民法典》第154条规定中使用的是“恶意串通”一词,在“串通”前增加了一个“恶意”的定语,这是为了凸显这一行为具有损害他人合法权益的后果,应当给予否定性评价。对于《建筑法》第35条第2款和《建设工程质量管理条例》第67条规定中“串通”的理解,应与《民法典》第154条规定中的“恶意串通”保持一致,即从三个要件去判断是否存在串通行为:第一,从主观上而言,监理人与施工人均明知其共同弄虚作假的行为将影响工程质量、损害发包人利益;第二,从客观上而言,监理人和施工人就弄虚作假存在意思联络或者沟通,并且相互配合或共同实施了弄虚作假的行为;第三,从结果上而言,该等行为导致工程质量降低,发包人利益受损。例如,施工人以次充好、以少充多、不按规定工艺和工序施工,监理人则在明知的前提下,配合施工人隐瞒该等客观事实,出具不符合客观实际的检验记录,以帮助施工人获取非法利益的,应认定监理人与施工人构成串通。

发包人提出这一诉请,需要对监理人和施工人共同存在主观恶意并有相应意思联络或沟通承担举证责任,而实践中发包人往往难以就此提供直接证据。最高人民法院对此认为,“如果有双方之间相互沟通损害受害人利益的函件,那是证明力最强的证据。但这种证据往往不在受害人手里,所以受害人很难举出这方面的证据”,“主要还是应该通过当事人实施的行为本身来认定该行为是恶意串通所为,其判断标准就是社会一般观念”①。因此,司法实践中,不应苛求发包人就监理人和施工人的主观恶意及共同意思联络提供直接证据,如证据可证明双方存在互相配合、共同实施弄虚作假的行为,一般即可认定双方之间构成串通。

① 最高人民法院民法典贯彻实施工作领导小组主编:《中华人民共和国民法典总则篇理解与适用》(下),人民法院出版社2020年版,第777页。

(2)将不合格工程、材料确认为合格

我国实行工程监理制度的重要原因之一,是发包人往往不具备工程专业知识,无法有效地对材料、工程进行检验、验收,及时发现问题,故需委托有资质的工程监理单位,在施工及验收过程中对工程质量进行控制。如果监理人不能及时发现材料、工程中存在的质量问题,将使工程监理制度失去意义。因此,监理人签字确认合格的工程、材料,如果此后被证明系不合格工程、材料,则构成监理人严重失职和重大过失,故应加重监理人的责任,以儆效尤。《建设工程质量管理条例》第67条正是基于这种考虑,在监理人并未与施工人恶意串通、弄虚作假的情况下,仍规定监理人需就此承担连带赔偿责任。

4. 抗辩路径

针对发包人提出的损失赔偿请求,监理人可提出损失金额不合理抗辩,与上文"关于赔偿损失的诉请"抗辩分析一致,此处不再赘述。除此之外,监理人针对该项请求,还可提出以下抗辩:

(1)不存在恶意串通

如上所述,恶意串通的构成要件之一,是双方存在弄虚作假的意思联络。如果监理人并无损害发包人利益的主观恶意,与施工人之间也无共同弄虚作假的意思联络,仅因疏忽大意,未发现施工人弄虚作假的行为,则不构成监理人与施工人之间的串通。在广东省佛山市中级人民法院(2015)佛中法民三终字第87号建设工程监理合同纠纷案中,法院认定监理人在具体工程资料上标明自己的意见和态度,即使与发包人观点并不相同,也不意味着监理人未履行监理职责,不能认定监理人和施工单位构成串通的事实。

(2)监理人已勤勉尽责履行职责

要求监理人承担连带责任,应以监理人对产生工程质量问题存在故意或重大过失为前提。如果监理人对产生工程质量问题并无过错,则监理人不应就此承担连带责任。例如,监理人已按监理规范进行了采样、送检,并基于第三方检验机构出具的检验合格报告,签字确认材料合格,但最终发现第三方检验机构故意或因重大过失出具虚假报告,事实上送检材料质量不合格,则虽然监理人将不合格的工程材料按照合格签字,但监理人在该过程中已尽到规范所要求的职责,凭借其正常的监理行为,不可能发现该等材料不合格,则监理人无须就此承担连带赔偿责任。

六、与商品房买卖合同相关的工程质量纠纷

商品房买卖合同,是指房地产开发企业(以下统称为出卖人)将尚未建成或者已竣工的房屋向社会人员销售并转移房屋所有权于买受人,买受人支付价款的合同。就出卖人而言,其承担的合同责任主要分为两种:一种是权利瑕疵担保,另一种是质量瑕疵担保。本部分内容主要围绕标的物质量瑕疵担保责任即出卖人所交付的标的物质量、价值及功能等方面不符合法律法规强制性标准、合同约定及通常要求,在未能达到安全使用的标准下,对买受人的请求权基础展开分析。

(一)解除合同并赔偿损失

合同应当全面、诚信、适当履行。合同解除权源于法律规定或者合同约定。根据合同法原理,合同解除权应当给予必要、严格限制,仅在违约程度或者客观条件较合同签订时发生巨大变化,导致合同目的无法实现时、违约行为无法弥补或者虽经弥补仍无法满足合同目的时,可主张解除合同。判断是否享有合同解除权、是否应予解除合同,应当审视违约程度与合同目的之间的差距。

对于商品房买卖合同而言,如因房屋质量问题严重从而无法满足买受人的居住使用目的,或者出卖人无法在约定期限内交付质量合格房屋,或者在买受人有特殊目的(教育、医疗等)无法满足时,允许其行使合同解除权。主要有以下四种常见情形:

诉请一:因房屋主体结构质量不合格,买受人要求解除合同并赔偿损失

1. 相关规范

《民法典》第610条:因标的物不符合质量要求,致使不能实现合同目的的,买受人可以拒绝接受标的物或者解除合同。买受人拒绝接受标的物或者解除合同,标的物毁损、灭失的风险由出卖人承担。

《商品房买卖合同司法解释》第9条:因房屋主体结构质量不合格不能交付使用,或者房屋交付使用后,房屋主体结构质量经核验确属不合格,买受人请求解除合同和赔偿损失的,应予支持。

2. 要件分析

(1)适用范围

上述法律规范适用两种违约情形:一种是出卖人无法在合同约定的期限内交

付合格工程;另一种是工程验收合格交付买受人后,发现主体结构存在质量问题,经检验检测为不合格。两种情形下,买受人均可主张解除合同并请求出卖人赔偿损失。构成要件分析如下:

(2)前提条件

《建筑法》第61条第2款规定:"建筑工程竣工经验收合格后,方可交付使用;未经验收或者验收不合格的,不得交付使用。"若出卖人未按照商品房预售合同约定期限(含展期后)交付质量合格房屋或者房屋虽经竣工验收合格,但在买受人接收房屋后发现房屋主体质量问题,则买受人的合同目的根本性无法实现,买受人可依据法律或者合同约定行使单方解除权。

(3)主体质量问题

交付合格标的物是出卖人的主合同义务。《建筑法》第60条规定:"建筑物在合理使用寿命内,必须确保地基基础工程和主体结构的质量。建筑工程竣工时,屋顶、墙面不得留有渗漏、开裂等质量缺陷;对已发现的质量缺陷,建筑施工企业应当修复。"房屋建筑工程的主体结构通常指有顶盖、梁柱和墙壁、供生产生活使用的建筑物,根据《建筑工程施工质量验收统一标准》的内容,房建工程的主体结构可以包括:混凝土结构、砌体结构、钢结构、钢管混凝土结构、铝合金机构、木结构。从建筑物的结构安全和功能适用角度而言,此处的"主体结构"应当扩大理解包含地基基础和主体部分。例如《浙江省实施〈中华人民共和国消费者权益保护法〉办法》第19条第1款规定:"商品房因勘察、设计、施工原因,在设计使用期限内发生地基下沉、房屋倾斜、承重的柱墙梁板等构件结构开裂变形等问题,超出工程建设强制性标准规定的安全限值,无法维修或者一次维修后仍超出安全限值的,消费者有权要求退房,并要求依法赔偿损失。"

(4)损失范围

《民法典》第584条规定:"当事人一方不履行合同义务或者履行合同义务不符合约定,造成对方损失的,损失赔偿额应当相当于因违约所造成的损失,包括合同履行后可以获得的利益;但是,不得超过违约一方订立合同时预见到或者应当预见到的因违约可能造成的损失。"此处损失既包含买受人因出卖人违约导致的直接经济损失,如检测检验费、评估费、财产或者人身伤害损失、购房款孳息等,也应当包含买房人的预期利益损失,如房价攀高时的购房机会丧失产生的价差。

(5)出卖人过错

实践中,因开发商资金链断裂导致的"楼跑跑"、因发承包工程款拉锯战导致的“半拉子工程”、因开发商擅自变更项目规划导致无法办理竣工验收的“僵尸工程”等情形屡见不鲜，此条规定限于出卖人过错导致的合同履行不能，致使合同根本目的无法实现，影响了买受人的正常居住使用目的。

3. 抗辩路径

（1）合同无效

根据《民法典》第502条至第506条的规定，合同无效原因主要有合同签订主体欠缺行为能力，意思表示瑕疵；无权代理或者代理权丧失；欠缺物权处分权利；未取得规划许可、商品房预售许可或者受限购等政策性原因。若商品房预售合同存在上述一种或者几种原因导致无效，买受人可主张缔约过失责任并赔偿损失，而不能主张解除合同，合同无效应自始不发生效力。

（2）非主体结构质量问题

所在部位为非地基基础和主体部分，关于地基基础和主体结构的阐述详见本书中相关章节，此处不再赘述。

（3）非出卖人过错

出卖人按约交房，买受人在房屋交验过程中，提出渗漏、瓷砖开裂、门窗闭合不严、墙皮脱落等质量瑕疵而拒收房屋的，不能抗辩出卖人的逾期交房问题，对于上述质量通病或者质量瑕疵，不影响房屋的主体结构安全，买受人接收后由出卖人履行修复义务。对于房屋接收后的质量问题因买受人或者第三人、不可抗力等因素造成，而非工程质量自身缺陷，如买受人违反《建设工程质量管理条例》第15条第2款规定“房屋建筑使用者在装修过程中，不得擅自变动房屋建筑主体和承重结构”，拆除承重墙，变更外立面，改变房屋结构用途等做法造成的质量问题，出卖人得以拒绝承担合同义务。

（4）权利放弃

买受人在签订合同时知道或者应当知道房屋无法正常交付仍然购买，或者交付后发现质量问题，但出卖人已经采取为买受人置换房屋等补救措施的，买受人则不应再就原房屋行使上述权利救济。

（5）权利无法行使

一是解除权行使的除斥期间届满。解除权行使期限有约定从约定，无约定或者法律没有规定，解除权自解除权人知道或者应当知道解除事由之日起1年内不行使，或者经对方催告后在合理期限内不行使的，解除权归于消灭。二是考虑是否受同时履行抗辩权、先履行抗辩权、不安抗辩权的限制。

诉请二:因房屋质量严重影响居住使用,买受人诉请解除合同并赔偿损失

1. 主要规范

《民法典》第 566 条第 1 款、第 2 款:合同解除后,尚未履行的,终止履行;已经履行的,根据履行情况和合同性质,当事人可以请求恢复原状或者采取其他补救措施,并有权请求赔偿损失。合同因违约解除的,解除权人可以请求违约方承担违约责任,但是当事人另有约定的除外。

《商品房买卖合同司法解释》第 10 条第 1 款:因房屋质量问题严重影响正常居住使用,买受人请求解除合同和赔偿损失的,应予支持。

《建筑法》第 60 条:建筑物在合理使用寿命内,必须确保地基基础工程和主体结构的质量。建筑工程竣工时,屋顶、墙面不得留有渗漏、开裂等质量缺陷;对已发现的质量缺陷,建筑施工企业应当修复。

2. 要件分析

实践中,关于如何理解"严重影响居住使用",司法解释并没有给出判定标准,实务中各地法院、仲裁机构把握不一,可参照一些地方性规定,如《浙江省实施〈中华人民共和国消费者权益保护法〉办法》第 19 条第 2 款规定,"商品房的屋面防水工程、有防水要求的厨房、卫生间、地下室和外墙面的防渗漏保修期限不得低于八年,保修期限自商品房交付消费者之日起计算。商品房因勘察、设计、施工原因,在保修期限内发生渗漏的,经营者应当自与消费者就维修方案达成一致之日起六个月内予以修复,并依法赔偿损失;同一区位的渗漏,经营者自与消费者就维修方案达成一致之日起六个月内未予修复的,消费者有权要求退房或者自行委托维修单位进行维修,维修费用由经营者承担。保修期限内的维修费用(包括公共部位的维修费用)由经营者承担"。

另外,可以结合裁判案例及地方性规定,从工程质量五个维度分析:(1)虽不属于结构安全问题,但经多次修复仍然无法使用,例如屋面渗漏、墙面开裂、卫生间渗漏等。(2)对买受人的生命和财产安全存在隐患,如消防设施无法投入使用,室内电路、燃气管道设计存在安全隐患等。(3)对买受人的身体健康造成重大影响,如油漆等装修材料含有甲醛、苯造成室内有害气体或放射性物质超标,短期内无法达标和入住。(4)水、电、煤等基础设施无法实际投入使用。(5)其他严重影响正常居住使用的情形。[①] 出卖人应当确保建筑物在合理使用期限内的结构安全性、功能适用性和环境健康安全性等。

综上，除地基基础和主体结构外，其他建筑物的分部分项工程项目出现质量瑕疵，通过修复、整改、加固方式仍然无法解决的，买受人可提出解除合同并赔偿损失。对于其他构成要件可参照解除合同诉求部分的要件构成分析。

3. 抗辩路径

（1）权利未成立

非地基基础和主体结构出现质量缺陷的部分，经过修复、返工或者加固可以解决。

（2）权利已灭失

一是建筑物使用期限已超设计使用年限。二是买受人在使用过程中对建筑物的主体、承重结构、水电线路等进行拆改。三是造成质量问题影响使用的原因系基于相邻关系侵权所致。四是质量问题系毗邻工程施工所致，譬如相邻地块土石方爆破导致门窗爆裂、地基基础施工破坏土质层，导致临近小区墙体裂缝等。

（3）权利无法行使

解除权除斥期间已届满。

诉请三：因房屋面积误差绝对值超出 3%，买受人主张解除合同

1. 相关规范

《商品房销售管理办法》第 20 条第 2 款对合同未约定面积误差的处理方式作了规定，“合同未作约定的，按以下原则处理：（一）面积误差比绝对值在 3% 以内（含 3%）的，据实结算房价款；（二）面积误差比绝对值超出 3% 时，买受人有权退房。买受人退房的，房地产开发企业应当在买受人提出退房之日起 30 日内将买受人已付房价款退还给买受人，同时支付已付房价款利息。买受人不退房的，产权登记面积大于合同约定面积时，面积误差比在 3% 以内（含 3%）部分的房价款由买受人补足；超出 3% 部分的房价款由房地产开发企业承担，产权归买受人。产权登记面积小于合同约定面积时，面积误差比绝对值在 3% 以内（含 3%）部分的房价款由房地产开发企业返还买受人；绝对值超出 3% 部分的房价款由房地产开

① 参见温州市瓯海区人民法院、任宁、孙嘉遥：《全装修商品房买卖中常见的法律问题》，载微信公众号“浙江天平”2021 年 8 月 16 日，https://mp.weixin.qq.com/s/A8_wEPn8TWoE6uN-noAeFg。

发企业双倍返还买受人”。同时规定了面积误差比 =（产权登记面积 - 合同约定面积）/合同约定面积 ×100% 。

2. 要件分析

本情形仅适用于按照套内建筑面积或者建筑面积计价的房屋，在产权登记证与合同约定面积误差比绝对值 >3% 时，买受人可提出解除合同，要求出卖人返还购房款及利息。其他要件的分析，可参照本部分其他内容。

3. 抗辩路径

（1）计价方式不同。所售房屋非按每平方米单价计算，而是按照每套房屋售价。

（2）买受人知情。在签订购房合同时，买受人对预售房屋面积误差比绝对值 >3% 知情，仍然签订买卖合同；或者签订合同时已经对面积误差比绝对值予以考虑，通过抬高/降低房款处理；或是买受人未在出卖人通知的合理时间内提出退房；或是买受人已经领取房屋面积补偿差价。

诉请四：商品房因规划、设计变更，导致商品房的结构型式、户型、空间尺寸、朝向变化，影响商品房质量或者使用功能的，买受人主张解除合同

1. 相关规范

《建设工程质量管理条例》第 15 条第 1 款：涉及建筑主体和承重结构变动的装修工程，建设单位应当在施工前委托原设计单位或者具有相应资质等级的设计单位提出设计方案；没有设计方案的，不得施工。

《商品房销售管理办法》第 24 条：房地产开发企业应当按照批准的规划、设计建设商品房。商品房销售后，房地产开发企业不得擅自变更规划、设计。经规划部门批准的规划变更、设计单位同意的设计变更导致商品房的结构型式、户型、空间尺寸、朝向变化，以及出现合同当事人约定的其他影响商品房质量或者使用功能情形的，房地产开发企业应当在变更确立之日起 10 日内，书面通知买受人。买受人有权在通知到达之日起 15 日内作出是否退房的书面答复。买受人在通知到达之日起 15 日内未作书面答复的，视同接受规划、设计变更以及由此引起的房价款的变更。房地产开发企业未在规定时限内通知买受人的，买受人有权退房；买受人退房的，由房地产开发企业承担违约责任。

2. 要件分析

此类情况一般产生于商品房预售合同纠纷中，合同签订后因规划、设计变更导致商品房的结构型式、户型、空间尺寸、朝向变化，这些变化足以影响买受人的居住使用，买受人可以解除合同。鉴于此，若出卖人在合同签订后有规划、设计变更，应当在核准变更后的10日内书面通知买受人，买受人收到通知后在15日内以书面形式作出回复。

3. 抗辩路径

若规划、设计变更产生于双方签订合同前或者买受人期限内未作出意思表示，不得据此主张解除合同。此处买受人书面回复形式不应作机械、唯一要求，应当着重审查买受人的意思表示是否真实、到达出卖人。

（二）修复

1. 常见诉讼请求

交付的房屋质量不符合约定，买受人诉请出卖人予以修复。

2. 主要规范

《民法典》第582条：履行不符合约定的，应当按照当事人的约定承担违约责任。对违约责任没有约定或者约定不明确，依据本法第510条的规定仍不能确定的，受损害方根据标的的性质以及损失的大小，可以合理选择请求对方承担修理、重作、更换、退货、减少价款或者报酬等违约责任。

《商品房买卖合同司法解释》第10条第2款：交付使用的房屋存在质量问题，在保修期内，出卖人应当承担修复责任；出卖人拒绝修复或者在合理期限内拖延修复的，买受人可以自行或者委托他人修复。修复费用及修复期间造成的其他损失由出卖人承担。

《建设工程质量管理条例》第40条：在正常使用条件下，建设工程的最低保修期限为：(1)基础设施工程、房屋建筑的地基基础工程和主体结构工程，为设计文件规定的该工程的合理使用年限；(2)屋面防水工程、有防水要求的卫生间、房间和外墙面的防渗漏，为5年；(3)供热与供冷系统，为2个采暖期、供冷期；(4)电气管线、给排水管道、设备安装和装修工程，为2年。其他项目的保修期限由发包方与承包方约定。建设工程的保修期，自竣工验收合格之日起计算。

3. 要件分析

(1)质量问题表现形式区分。对于显性质量问题，买受人在接收房屋时应能发现并指出，出卖人应当在限期内进行修复；对于隐性和隐蔽工程，买受人在使用过程中发现质量问题的，保修期内出卖人应当进行修复，更换或者重作。

（2）修复措施顺位。维修、更换、重作具有先后次序，坚持能维修要维修，维修不能或者不需维修，更换次之；在无法维修、更换的情况下，应当返工重作。

4. 抗辩路径

买受人在购房时对质量瑕疵明知，仍然愿意按现状购买；出卖人告知质量瑕疵，买受人提出降价后双方达成购房意向；经出卖人修复后，不至于影响居住使用功能；其他无法履行的情形。

（三）支付违约金、赔偿损失

商品房买卖合同纠纷中常见诉请、规范列举、要件分析、抗辩路径等，均与上文“建设工程施工合同”中的相关内容一致，本节不再赘述。

（四）减少价款、减值赔偿

前述对商品房面积误差比绝对值超过法定数值进行了分析，在此不作赘述。在商品房买卖合同中，有时因开发商设计变更造成的个别空间面积差、使用功能性减弱、公摊面积较约定值大、层高轻微变化等问题，可以通过双方合同约定解决，合同未约定时可另行协商通过折价抵充减值损失、退还相应房款、面积折抵、赠送物品等方式加以解决。其中减值赔偿的相关分析，与上文“建设工程施工合同”中关于“建设工程减值损失”相关内容趋同，此处不再赘述；其中减少价款的相关理论，在本书上篇第八章有详细论述，此处不再赘述。

（五）全装修商品房买卖合同纠纷特别问题

近年来，全装修商品房买卖合同日趋增多，集中在此类合同中的质量纠纷多见于装饰装修质量问题。全装修商品房较“毛坯房”增加了更多居住使用功能，表现为屋内进行全面粉刷、铺装，必要功能间如卫生间、厨房安装基本功能设备，以及地热、地板等家住设施。通常出卖人与买受人签订的买卖合同表现为三种方式：（1）出卖人与买受人签订的买卖合同中增加装修条款；（2）出卖人与买受人另行签订装饰装修合同；（3）出卖人指令买受人与第三方签订装饰装修合同或者出卖人、买受人与第三方共同签订装饰装修合同。买卖合同中除约定房款总价之外，对于毛坯价和装修价款也要分别列明。

因装修质量不符合法律规定或者合同约定，买受人常见诉请有：解除合同、赔偿损失；继续履行，并要求出卖人承担修复责任并赔偿损失；出卖人补偿装修差价或者降价处理；在买受人与第三方签订装饰装修合同的情况下，就房屋装修质量问题，主张出卖人应根据合同约定承担质量瑕疵违约责任。

具体法律规范、要件分析及抗辩路径同一般商品房买卖合同质量纠纷一致。对于全装修商品房的特有质量问题分析如下：

第一，装修质量不符合约定的认定标准。全装修商品房买卖合同通常会采取如下三种方式约定装修价款：一是约定以精装修样板房作为交付标准，价款包含在房款之中；二是单独约定每平方米装修单价；三是合同附件中约定装修清单，并备注装修的内容、风格、品牌、型号、规格等。

对于商品房销售过程中的广告宣传、样板间对装修描述具体明确的，应当作为合同的组成部分，在出卖人交付的商品房与合同约定不一致时，应当承担违约责任。

当事人对装修设计、装修施工、装修材料等据以估计装修基本价值的内容有约定的，装修质量要求的认定应当从其约定。买受人主张以约定装修价格、宣传装修价格或者备案装修价格作为装修质量要求依据的，不予支持。目前法院就这一问题的裁判相对保守，理由主要有：一是此类纠纷相对较多，往往引发群体性纠纷，一旦个案支持，将涉及后续更多诉讼，客观上法院不能承受。二是双方对于明确的合同约定，如型号、品牌、数量、材料价格等，可以按照合同约定处理，不宜通过鉴定方式对原来合同价格进行对比，因为这种对比可能忽视了开发商管理、利润等因素，与行业习惯不符，且司法不宜介入过深。但是，如果通过鉴定的装修价值与原合同约定价值突破了30%幅度时，是否应当按照原《合同法司法解释（二）》规定的予以支持，就取决于个案的价值导向，这也是实践中存在分歧的问题。

对于合同中没有约定或者约定不明确的，可以协议补充；不能达成补充协议的，按照合同相关条款或者交易习惯确定。《民法典》第511条规定：“当事人就有关合同内容约定不明确，依据前条规定仍不能确定的，适用下列规定：（一）质量要求不明确的，按照强制性国家标准履行；没有强制性国家标准的，按照推荐性国家标准履行；没有推荐性国家标准的，按照行业标准履行；没有国家标准、行业标准的，按照通常标准或者符合合同目的的特定标准履行……”

第二，出卖方应当在房屋交付时提供第三方专业检测机构出具的空气质量检测合格报告，买受人对小区周边噪声超标等环境健康因素提出合同违约之诉的，若开发商是按照《噪声污染防治法》《民用建筑隔声设计规范》设计建设，无论是商品房预售还是现房销售，买受人在签订买卖合同前已经实地勘察，合同签订后再以周围噪声超标为由解除合同，不应予支持，但出卖人应当采取补救措施。

第三，从建筑物的功能适用性角度讲，房屋的采光、通风、层高等因素也是影响居住、使用功能的重要因素，与空间布局、尺寸、结构不同，该等因素在满足房屋基本功能的基础上，更侧重于个体舒适需求且因人而异，可参照商品房买卖合同关于出卖人未经通知擅自变更设计、空间、布局的处理方法。

本部分仅从商品房出卖人和买受人之间的买卖合同出发，对商品房销售过程中因质量问题产生的纠纷，从不同诉请出发展开请求权基础和要件分析，实践中，厂房买卖、医院买卖、学校买卖，甚至部分房屋租赁合同都会不同程度地涉及建筑物质量问题，可参照本部分内容进行分析。

七、建筑物物件损害纠纷

建设工程存在质量问题，可能导致建筑倒塌、材料脱落等现象，既造成建筑物所有权人损害，也可能造成使用权人损害，乃至不特定第三人的损害，造成质量损害事件。此类损害事件，既可能发生在建设工程施工期间，也可能发生在后续使用期间。在此情况下，受损害的主体可依据特定的请求权基础起诉，要求赔偿损失。整体而言，此类索赔案件的基础法律关系可归结为侵权法律关系，其请求权基础为侵权法律法规，特别是《民法典》侵权责任编的规定。《民法典》第 1252 条、第 1253 条即此类纠纷的主要请求权规范。作为特殊侵权类型，该两条规定所确定的归责原则、责任主体、追偿权利等均与一般侵权纠纷有所不同，比如，在对因质量缺陷造成的损害责任承担上采用过错推定原则，即举证责任倒置。故有必要结合建设工程质量案件，对其适用进行归纳总结，以提示请求权行使及抗辩的注意事项。而在工程实体本身遭受侵权行为导致发生质量问题引发纠纷的情形，仍遵循一般侵权法的相关规则处理。

（一）消除危险

1. 常见诉讼请求

（1）被侵权人因建设工程质量问题的存在导致损害的现实危险，诉请建设工程所有权人、管理人、使用人承担消除危险的责任。

（2）建设工程所有权人、管理人、使用人因存在可能导致建设工程质量问题的现实危险，诉请侵权人承担消除危险的责任。

2. 主要规范

《民法典》第 1167 条:侵权行为危及他人人身、财产安全的,被侵权人有权请求侵权人承担停止侵害、排除妨碍、消除危险等侵权责任。

3. 要件分析

(1)存在现实的侵权危险

现实的侵权危险大体有两种情况:第一种是已经造成损害的危险,第二种是未造成损害但可能造成损害的危险。对于第一种,一旦原告举证证明造成损害、损害与危险之间有因果关系且危险状态仍然存续,即可认定存在现实的侵权危险;对于第二种,一般需对作为危险的工程质量问题进行质量鉴定和评价,才能确定是否具有造成损害的较大可能。如对于房屋而言,如果经鉴定和评价,已经依据《危险房屋鉴定标准》查明房屋具有危险点,即可认定房屋具有现实的侵权危险。

(2)危险是因侵权人的不法行为所致

只有行为不法,侵权人才须承担侵权责任。

(3)消除危险的方式具有必要性

当事人在诉请中,可以笼统地提出要求消除危险,但有可能因消除危险方式不明确,导致胜诉判决难以执行的问题,故实践中应该明确要求停止具体的危险行为或要求侵权人采取具体行为排除危险源。

4. 抗辩路径

(1)行为合法

如前所述,即使行为人的具体行为产生了一定危险,但该行为如果合法,则不构成侵权行为。

(2)不存在现实危险

原告对存在现实危险负举证责任,在无法举证证明的情况下,应承担不利后果,裁判者无法认定存在现实的危险。而作为被告而言,在有条件的情况下也应积极举证证明建设工程或施工行为不存在现实的危险。特别是许多规范性文件对于建设工程的环境影响有明确的评价标准,被告只要证明符合规范性文件要求即可证明不存在现实的危险。

(3)行为与危险之间无因果关系

若危险并非被告的行为造成,则被告无须承担侵权责任。例如房屋客观上存在继续下陷的危险,但经查明,该危险并非由被告原因造成,而是由于作为房屋业主的原告自身的装修行为不当造成的，则被告无须承担侵权责任。

（二）倒塌、塌陷的损害赔偿

1. 常见诉讼请求

被侵权人因建设工程倒塌、塌陷，诉请建设单位、施工人或所有人、管理人、使用人、其他第三方承担损害赔偿责任。

2. 主要规范

《民法典》第1252条：建筑物、构筑物或者其他设施倒塌、塌陷造成他人损害的，由建设单位与施工单位承担连带责任，但是建设单位与施工单位能够证明不存在质量缺陷的除外。建设单位、施工人赔偿后，有其他责任人的，有权向其他责任人追偿。因所有人、管理人、使用人或者第三人的原因，建筑物、构筑物或者其他设施倒塌、塌陷造成他人损害的，由所有人、管理人、使用人或者第三人承担侵权责任。

3. 要件分析

（1）建筑物、构筑物或者其他设施倒塌、塌陷

损害事件，包括致损标的物以及事件形态的不同界定，直接导致请求权基础的不同。本条规定的致损标的物限于建筑物、构筑物或者其他设施，事件形态包括倒塌、塌陷，均须准确界定，以与其他请求权基础进行区分。

倒塌、塌陷是指建筑物、构筑物或者其他设施坍塌、倒覆，造成该建筑物、构筑物或者其他设施丧失基本使用功能。例如，楼房倒塌、桥梁的桥墩坍塌、电视塔从中间折断、烟囱倾倒、地面塌陷等。[①] 其中，丧失基本使用功能是与其他损害事件区分的主要实质特征。

建筑物是指人工建造的、固定在土地上，其空间用于居住、生产或者存放物品的设施，如住宅、写字楼、车间、仓库等；构筑物或者其他设施是指人工建造的、固定在土地上、建筑物以外的某些设施，如道路、桥梁、隧道、城墙、堤坝等。[②]

（2）被侵权人受到损害

被侵权人举证证明存在上述辅助规范所确定的人身、财产损害及其具体、合理的金额。

---

① 参见黄薇主编：《中华人民共和国民法典侵权责任编释义》，法律出版社2020年版，第243页。

② 参见黄薇主编：《中华人民共和国民法典侵权责任编释义》，法律出版社2020年版，第249页。

若损害是人身损害,除了实际支出的费用证据外,还可通过伤残等级鉴定方式确定损害程度,从而确定相应的赔偿标准。实践中,被侵权人通常在诉讼前已经进行伤残等级鉴定,并以此为基础发起诉讼。而在诉讼中,侵权人经常以鉴定为单方委托为由不予认可。对此,大量案例认为,侵权人应当提供明确的证据予以反驳,如在鉴定资质、鉴定程序、鉴定意见方面存在错误,否则裁判者即可采信诉讼外的鉴定意见进行裁判。

若损害是财产损害,也可通过鉴定或评估的方式,确定损害发生时财产的价值(毁灭)或修复所需要的费用(受损)。当被侵权人未举证证明已经实际支出费用,又不申请鉴定时,可能面临赔偿请求被驳回的风险。

(3)倒塌、塌陷与损害之间存在因果关系

被侵权人对因果关系负举证责任,必须举示足够的证据予以证明,特别是要保证其陈述的真实、合理性,对事故发生的细节也应当及时整理固定,以免出现事后偏差和不合理之处。事故报告、报警记录、医疗救助等过程性资料,均可用以证明损害与倒塌、塌陷事件之间的因果关系。但塌陷、倒塌事件与具体的损害项目之间有无因果关联,可能发生较大争议。被侵权人因塌陷、倒塌事件受伤后在接受治疗过程中,因医院治疗行为介入或其自身身体并发症等原因导致损害扩大的,且通过鉴定能够明确此部分损害并非倒塌、塌陷损害事件本身所致,则此部分损害由于与损害事件无因果关系而无法得到赔偿。

(4)责任主体

《民法典》第1252条第1款规定的责任主体是发包人、施工人,发包人、施工人承担责任后可向有过错的勘察人、设计人、监理人追偿。施工单位包括建设工程的承包人、分包人、转包人和实际施工人,但不包括个人。个人借用有资质的建筑施工企业名义施工并因施工质量问题引起倒塌、塌陷事故的,应当首先由出借资质的企业承担责任,其后再由其向直接责任人追偿。存在违法转包、分包、挂靠等情形的,各个施工单位均对被侵权人承担连带责任。①

《民法典》第1252条第2款规定的责任主体是所有人、管理人、使用人。所有人,包括合法登记的所有权人,以及暂时没有物权登记的事实财产所有人;管理人,指同时负有管理义务的主体,常见有物业服务公司、国有资产管理部门;使用

① 参见张新宝、吴婷芳:《物件致人损害责任的再法典化思考》,载《现代法学》2017年第2期。转引自最高人民法院侵权责任法研究小组编著:《〈中华人民共和国侵权责任法〉条文理解与适用》,人民法院出版社2010年版,第687页。

人指的是实际占有使用建筑物、构筑物或设施的主体，如承租人、借用人等。

（5）推定过错

《民法典》第1252条第1款在条文沿革上较原《侵权责任法》增加了建筑物塌陷的致害情形。其但书部分内容明确了“但是建设单位与施工单位能够证明不存在质量缺陷的除外”，该结构是过错推定归责原则的典型规范表述，可见发包人和施工人对建筑物、构筑物或者其他设施倒塌、塌陷造成他人损害，按过错推定的原则归责，并承担连带责任。

《民法典》第1252条第2款规定在条文沿革上较原《侵权责任法》明确了除发包人和施工人以外其他责任主体的具体范围。该款与第1款的区分有二：一是第1款适用的倒塌、塌陷原因是“质量缺陷”，该款并未予以明确，故可理解为“质量缺陷”除外的原因。二是按该款表述，其他责任主体承担侵权责任的归责原则仍为一般过错责任。从理论而言，因其他主体责任并非物件责任，而是行为责任，仅是借助物件发生作用，故适用一般侵权责任规则。

（6）《民法典》第1252条第1款与第2款的区别

有观点认为，《民法典》第1252条第1款规定的是设置人责任，其中规定的其他责任人主要是指参与建造过程的勘察人、设计人、监理人①，而《民法典》第1252条第2款规定的是保有人的责任，两者的适用情形有所区别。关于两者的关系，最高人民法院有观点认为，存在本条第2款的情况下，设置人将不再承担责任，即被侵权人如果此时还向设置人请求损害赔偿，人民法院将不予支持。②但也有不同观点认为，本条第1款和第2款分别提供了不同性质的请求权基础，而且两类责任人都应承担全部损害赔偿责任，因此两类责任人承担的是不真正连带责任。③因此，本条两款作为请求权基础时会发生较大争议，需要区别对待。

4. 抗辩路径

（1）发包人和施工人举证证明建设工程不存在质量缺陷

根据《民法典》第1252条第1款的规定，发包人和施工人能够证明不存在质量缺陷的，不承担责任。实践中，发包人和施工人证明不存在质量缺陷的证据主要有：第一，竣工验收合格资料；第二，经鉴定或检测，建设工程质量合格，不存在

---

① 参见黄薇主编：《中华人民共和国民法典侵权责任编释义》，法律出版社2020年版，第246页。

② 参见最高人民法院侵权责任法研究小组编著：《〈中华人民共和国侵权责任法〉条文理解与适用》，人民法院出版社2010年版，第574页。

③ 参见邹海林、朱广新：《民法典评注：侵权责任编（2）》，中国法制出版社2020年版，第808页。

质量缺陷。发包人和施工人对此负举证责任，在其证据不足以证明不存在质量缺陷的情况下，即应承担不利后果；在其他要件具备的情况下，即应承担损害赔偿责任。

(2)所有人、管理人、使用人举证证明无过错

不同的责任主体对建筑物、构筑物的管控状态不同，因此，能够被认定为无过错的行为也有所不同。所有人负有最高的管控义务以避免建筑物、构筑物倒塌、塌陷，其须证明其已经关注到倒塌、塌陷的风险并采取了适当的足以消除隐患的措施。但实际上，一旦建筑物、构筑物发生倒塌、塌陷，往往意味着所有人并未尽到前述义务，因此所有人举证证明其无过错是困难的。对于管理人、使用人而言，应当举证证明采取及时、有效的防范措施、提醒措施，才有可能被认定为无过错。①

(3)建设工程倒塌、塌陷与损害之间没有因果关系

第一，发包人和施工人可举证证明倒塌、塌陷由使用所致，而非施工质量缺陷所致。所有人、管理人、使用人等则可举证证明倒塌、塌陷由施工质量缺陷所致。第二，当损害是不可抗力、被侵权人故意(《民法典》第1174条)或过错(《民法典》第1173条)造成时，被告无须承担责任或可减轻责任。对此，被告承担举证责任。因此，在诉讼过程中，应通过申请鉴定等方式尽可能确定损害产生的具体原因。在此基础上，裁判者最终根据各个不同原因对损害发生或者扩大所产生的作用力，从而确定责任的归属及合理分担。②

需要注意的是，如果被侵权人行为与损害事件发生并没有法律上因果关系，则不应以被侵权人存在过错为由减免被告责任。

(4)损失缺乏证据或不属于赔偿范围

对于具体损失的抗辩大体分为两个层次：第一，损失是否有相应的证据证明。如误工费损失，经常出现被侵权人无法提供证据证明而无法获得支持的情况。第二，损失是否属于应当赔偿的范围。一方面，应当对照上述辅助规范，特别是《最高人民法院关于审理人身损害赔偿案件适用法律若干问题的解释》的规定，确定被侵权人主张的损失项目是否有明确法律依据。另一方面，在审查被侵权人举证的基础上，要进一步确定损失项目是否因为损害事件而发生，还是因为其他原因

① 参见邹海林、朱广新：《民法典评注：侵权责任编(2)》，中国法制出版社2020年版，第807页。

② 参见最高人民法院侵权责任法研究小组编著：《〈中华人民共和国侵权责任法〉条文理解与适用》，人民法院出版社2010年版，第687页。

而发生，如被侵权人自身身体原因而发生。在实践中，被侵权人受人身伤害后，可能同时治疗自身的疾病，而此类支出并非损害治疗所必需，因此不应纳入赔偿范围。

(5)诉讼时效届满

在建设工程倒塌损害赔偿纠纷中，因倒塌原因往往需要通过鉴定、审判才能查明、认定，故原告在起诉前可能并不会知道或应当知道义务人，故诉讼时效期间往往无法起算，诉讼时效抗辩无法成立。但在个别建设工程事故中，有关调查机关经调查已经查明造成倒塌的责任主体，而原告对此也已经知悉，此时，则可起算诉讼时效期间，可能认定诉讼时效经过，原告因此诉请被驳回。换言之，被告提出诉讼时效抗辩，须证明权利人知道或应当知道权利受到损害以及义务人，裁判者才有可能认定诉讼时效届满。存在诉讼时效届满风险时，原告则需进一步举证证明存在《民法典》第194条、第195条规定的诉讼时效中止、中断的情形。

(三)脱落、坠落的损害赔偿

1. 常见诉讼请求

被侵权人因建设工程组成部分及其搁置物、悬挂物脱落、坠落，诉请发包人、施工人或所有人、管理人、使用人承担建设工程脱落损害赔偿责任。

2. 主要规范

《民法典》第1253条：建筑物、构筑物或者其他设施及其搁置物、悬挂物发生脱落、坠落造成他人损害，所有人、管理人或者使用人不能证明自己没有过错的，应当承担侵权责任。所有人、管理人或者使用人赔偿后，有其他责任人的，有权向其他责任人追偿。

关于坠物引发的人身、财产损害侵权纠纷案件审理，《最高人民法院关于依法妥善审理高空抛物、坠物案件的意见》(法发〔2019〕25号)第11条、第12条提出了具体的适用意见，第11条规定："区分坠落物、抛掷物的不同法律适用规则。建筑物及其搁置物、悬挂物发生脱落、坠落造成他人损害的，所有人、管理人或者使用人不能证明自己没有过错的，人民法院应当适用《侵权责任法》第85条的规定，依法判决其承担侵权责任；有其他责任人的，所有人、管理人或者使用人赔偿后向其他责任人主张追偿权的，人民法院应予支持。从建筑物中抛掷物品造成他人损害的，应当尽量查明直接侵权人，并依法判决其承担侵权责任。"第12条规定："依法确定物业服务企业的责任。物业服务企业不履行或者不完全履行物业服务合同约定或者法律法规规定、相关行业规范确定的维修、养护、管理和维护义务，造成建筑物及其搁置物、悬挂物发生脱落、坠落致使他人损害的，人民法院依法判决其承担侵权责任。有其他责任人的，物业服务企业承担责任后，向其他责任人行使追偿权的，人民法院应予支持。物业服务企业隐匿、销毁、篡改或者拒不向人民法院提供相应证据，导致案件事实难以认定的，应当承担相应的不利后果。”

3. 要件分析

（1）建筑物、构筑物或者其他设施及其搁置物、悬挂物脱落、坠落

脱落指的是建筑物、构筑物或者其他设施的组成部分从主体脱落。坠落指的是搁置物、悬挂物从建筑物、构筑物或者其他设施上落下。在损害事件形态方面，本条所规定的情形与《民法典》第1252条规定的倒塌、塌陷有所区别，应当区别适用。《民法典》第1252条规定的是损害事件形态是建设工程基本使用功能丧失；而《民法典》第1253条所规定的建设工程损害形态是组成部分脱落、坠落，并不导致建设工程基本使用功能丧失，两者在界定时应予以准确区分。

如建筑幕墙所使用的建筑材料，其一，面板材料，主要有玻璃、石材、人造板材等；其二，支承结构材料，主要有钢材、铝合金；其三，密封胶或结构胶。这些材料有个共同的特点就是容易老化。再加上当初幕墙工程投放使用时本身也可能存在各种质量缺陷，“带病”投入使用。随着使用期限的增长，原来幕墙工程的质量缺陷会引发或进一步加剧。因此，幕墙工程在使用期间必须按期进行维护，通过维护过程中的检查、检测、鉴定、修复等措施，及时消除安全隐患。

原建设部2006年印发的《既有建筑幕墙安全维护管理办法》分别就建筑幕墙的保修、检修、维护、安全性鉴定责任作出了系统的规定，责任主体包括施工人、发包人、物业管理单位以及业主等责任方。各地也相继出台了有关幕墙工程维护管理的地方性规定。

在个别情况下，损害事件形态方面可能发生争议，导致案由、法律适用及最终责任主体等有所区别。

无论是《民法典》第1252条，还是《民法典》第1253条，适用的归责原则与一般侵权责任纠纷的过错原则都有所区别，此对于被侵权人利益及法律适用影响重大，故在诉讼、裁判的过程中，应首先查明认定是否属于《民法典》第1252条或第1253条适用的损害情形。

（2）被侵权人受到损害

该损害是一个客观事实。

(3)损害与脱落、坠落存在因果关系

具体论述详见上述《民法典》第1252条的适用,此处不再赘述。但实践中,因损害事件发生时经常只有单方陈述和个人报警资料等,较难提供其他证据佐证,一旦个人陈述出现存疑的情况,法院将有可能认定诉请方未尽到举证责任,驳回其诉请。

(4)责任主体

所有人,包括合法登记的所有权人,以及暂时没有物权登记的事实财产所有人;管理人,指同时负有管理义务的主体,常见有物业服务公司、国有资产管理部门;使用人指的是实际占有使用建筑物、构筑物或设施的主体,如承租人、借用人、承揽人等。三者是承担连带责任、按份责任还是不真正连带责任,《民法典》第1253条并未明确,理论和实践均有争议。

实践中,损害事件发生后,经常由有关调查机关出具事故报告,对责任主体及其责任比例进行认定。发生诉讼后,被告经常援引事故报告进行抗辩,其一,抗辩其并非事故报告认定的责任主体,无须承担责任;其二,抗辩应当按照事故报告所确定的责任比例承担赔偿责任。此两点抗辩是否成立均须通过诉讼程序由法院进行实质审查认定,在有证据和理由推翻事故报告的情况下,法院可以自行确定责任主体和责任比例。

因物业管理、维护方不当造成质量事故的,物业管理、维护方应承担损害赔偿责任。《民法典》第1252条第2款、第1253条中的侵权责任就包括物业管理人的维护责任。

例如,湖北省高级人民法院发布十个高空抛物、坠物典型案例之八:十堰宏某物业公司与朱某某等物件脱落、坠落损害责任纠纷上诉案,值得借鉴。

该案是因外墙幕墙玻璃脱落致行人伤亡引发的纠纷。其基本案情是,2018年4月21日,某综合楼某幢楼下一块紧挨着范某某15层的房屋窗户相对应的玻璃幕墙窗户左侧的幕墙玻璃忽然发生脱落,垂直坠落的玻璃将范某14层房屋外相同位置的幕墙玻璃砸碎,一同坠落的玻璃砸中了下方两名行人,造成一死一伤。湖北省十堰市茅箭区人民法院于2019年9月20日作出(2018)鄂0302民初3030号民事判决:十堰宏某物业管理有限公司赔偿受害人及家属医疗费、死亡赔偿金、丧葬费及精神损害抚慰金共计78万余元;赔偿医疗费、住院伙食补助费、误工费及交通费共计3万余元。

十堰宏某物业管理有限公司不服一审判决,提起上诉。湖北省十堰市中级人民法院作出(2019)鄂03民终3400号判决:驳回上诉,维持原判。

湖北省高级人民法院在该案的典型意义中指出,近年来,高空抛物、坠物事件不断发生,严重危害公共安全,侵害人民群众的合法权益,影响社会和谐稳定。该案高坠玻璃致一死一伤的严重后果,在当地属于影响较大的案件。当事人起诉后,物业公司认为高坠玻璃属于两名业主专有部分,应由两名业主承担侵权责任。因玻璃的权属问题直接影响本案的责任承担主体,十堰市中级人民法院依职权主动到高坠玻璃所在建筑物的设计单位调查取证,最终确认致朱某某受伤、周某某死亡的高坠玻璃属于全体业主共有部分,厘清了本案的责任承担主体为物业公司,即幕墙的管理方。

(5)过错推定

《民法典》第1253条规定的是过错推定原则。一旦发生脱落、坠落事件,即可推定所有人、管理人或使用人有过错,然后由其举证证明已经尽到管理和维护义务以免除责任,具体标准为"合理人"的客观标准。[①]

4. 抗辩路径

(1)侵权人没有过错

侵权人可以举证证明无过错以减免责任。此抗辩可为免责抗辩,但实践中,裁判者也可依据侵权人的过错程度(义务履行情况)判令其承担一定责任。因此,实践难点及重点在于举证证明履行义务的事实及程度。

(2)损害与脱落、坠落之间没有因果关系

侵权人可举证证明损害与脱落、坠落没有因果关系而免责,但不能通过抗辩脱落、坠落是因他人原因所致而减免责任。因为根据《民法典》第1253条的规定,其他责任人原因介入只是所有人、管理人或使用人对被侵权人承担责任之后的追偿条件,而非减免自身责任的条件[②]。

当损害是不可抗力、被侵权人故意(《民法典》第1174条)或过错(《民法典》第1173条)造成时,侵权人无须或可减少承担责任。被侵权人过错造成损害因此应当对损失自行承担部分责任,是侵权人常见的减少责任的抗辩理由。对此,侵权人应当举证证明被侵权人行为本身与损害事件,即建筑物脱落、坠落有法律上

---

① 参见最高人民法院民法典贯彻实施工作领导小组主编:《中华人民共和国民法典侵权责任编理解与适用》,人民法院出版社2020年版,第693页。

② 参见最高人民法院民法典贯彻实施工作领导小组主编:《中华人民共和国民法典侵权责任编理解与适用》,人民法院出版社2020年版,第693页。

的因果关系；如果被侵权人行为与损害事件发生并没有直接关联，则不应以被侵权人存在过错为由减免侵权人责任。

同时，责任分摊比例存在较大自由裁量空间，但从归责原则的立场出发，可以发现司法裁判精神是要求所有人、管理人或使用人承担更高的注意义务，而对被侵权人的过错评价不宜太过苛刻。

(3)损失未发生或不属于赔偿范围

详见《民法典》第1252条适用的抗辩路径分析。

(4)诉讼时效届满

详见《民法典》第1252条适用的抗辩路径分析。

(四)追偿权

1. 常见诉讼请求

发包人、施工人或所有人、管理人、使用人因向被侵权人承担赔偿责任，诉请其他责任人承担赔偿责任。

实践中，有的法院确定案由为追偿权纠纷，但也有大量法院将案由直接确定为侵权责任纠纷、物件损害责任纠纷，而实质上处理的是追偿权问题。

2. 主要规范

(1)《民法典》第1252条第1款：建筑物、构筑物或者其他设施倒塌、塌陷造成他人损害的，由建设单位与施工单位承担连带责任，但是建设单位与施工单位能够证明不存在质量缺陷的除外。建设单位、施工单位赔偿后，有其他责任人的，有权向其他责任人追偿。

(2)《民法典》第1253条：建筑物、构筑物或者其他设施及其搁置物、悬挂物发生脱落、坠落造成他人损害，所有人、管理人或者使用人不能证明自己没有过错的，应当承担侵权责任。所有人、管理人或者使用人赔偿后，有其他责任人的，有权向其他责任人追偿。

3. 辅助规范

《建筑法》第79条规定：负责颁发建筑工程施工许可证的部门及其工作人员对不符合施工条件的建筑工程颁发施工许可证的，负责工程质量监督检查或者竣工验收的部门及其工作人员对不合格的建筑工程出具质量合格文件或者按合格工程验收的，由上级机关责令改正，对责任人员给予行政处分；构成犯罪的，依法追究刑事责任；造成损失的，由该部门承担相应的赔偿责任。该条规定中主管部门及其工作人员违反规定颁发施工许可证造成损失的，由该部门承担赔偿责任，是主管部门承担民事赔偿责任的法律依据。

4. 要件分析

(1)已经向被侵权人承担赔偿责任

根据《民法典》第1252条、第1253条之规定，垫付责任人须在赔偿后，才能依据该两条规定获得向其他责任人追偿的权利。因此，垫付责任人在发起诉讼追偿时，应当举证证明已经实际支付赔偿款。

(2)被告属于被追偿主体范围

第一，《民法典》第1252条第1款所指其他责任人，包括没有直接承担赔偿责任的建设单位或施工单位（含没有直接承担责任的分包人、实际施工人），也包括勘察人、设计人、监理人等单位以及其他责任人，包括依据其他法律规定对建筑物质量损失承担赔偿责任的主体。①

第二，《民法典》第1252条第2款、第1253条所指的其他责任人指的是没有直接承担责任的其他所有人、管理人、使用人。

比如，幕墙质量缺陷致人身损害责任方之间的追偿，浙江省嘉兴市南湖区人民法院(2019)浙0402民初8012号侵权责任纠纷案比较典型。

该案的基本案情是，2018年3月25日晚，承租嘉兴发展大厦1～2层用于经营酒店的受害人在店外被房屋二楼掉落的外墙大理石装饰线条砸中，经抢救无效死亡。事发后，检测机构检测后出具《外墙饰面砖工程检测鉴定报告》，认为基于施工使用的饰面砖规格大，自重大，同时施工也存在不规范的情况，少布置或未布置固定挂件（本次面砖线条部位脱落的主要原因之一即饰面砖施工时未严格按照施工工艺布置预埋铁丝）以及面砖粘结力不足，且存在空鼓现象，得出该工程的饰面砖工程存在质量隐患的结论，并建议采取拆除线条及以下部位的饰面砖等措施以保证安全。

经当地人民调解委员会调解，发包人与受害人的亲属于2018年5月31日就其人身损害赔偿事宜达成《人民调解协议书》，向其支付受害人医药费、死亡赔偿金、被扶养人生活费、精神损害抚慰金、交通费、误工费、护理费、住宿费、丧葬费及人道主义补偿等费用共计183万余元。

---

① 参见最高人民法院民法典贯彻实施工作领导小组主编：《中华人民共和国民法典侵权责任编理解与适用》，人民法院出版社2020年版，第683页。

发包人起诉案涉工程的承包人以及分包人的两名股东行使追偿权。分包人在起诉时企业已注销，列其股东为被告。关于发包人能否行使追偿权的问题，法院认为，我国《侵权责任法》第 85 条规定，建筑物、构筑物或者其他设施及其搁置物、悬挂物发生脱落、坠落造成他人损害，所有人、管理人或者使用人不能证明自己没有过错的，应当承担侵权责任。所有人、管理人或者使用人赔偿后，有其他责任人的，有权向其他责任人追偿。本案纠纷即发包人及产权所有人履行赔偿义务后，又向其他责任人行使追偿权。

关于发包人是否有责任、承包人及分包人应否承担责任、如应承担责任其赔偿金额是多少的问题。法院认为，根据《既有建筑幕墙安全维护管理办法》和《天然石材装饰工程技术规程》等规定，既有建筑幕墙的安全维护，实行业主负责制，在建筑幕墙工程竣工后，建筑幕墙的业主应当按照规定委托有相应工程设计、施工和检测资质的机构进行定期安全隐患排查。因此，房屋的所有人或管理人应当履行日常维护、检查维修及管理职责，本案所涉外墙装饰工程已使用 17 年，本案原告作为管理人没有及时发现安全隐患，对由此造成的损害后果也应当承担一定的责任。但事发后，原告在人民调解委员会的协调下，先行与受害者家属达成了《人民调解协议书》，并不排除其他责任人的应尽义务。根据本案实际，确定由发包人承担赔偿责任 40%，承包人和专业分包人承担 60%。

(3)责任人对损害事件发生有过错

如前所述，《民法典》第 1253 条第 1 句规定归责原则是过错推定，第 2 句追偿的归责原则也应当保持一致，适用过错推定规则。在追偿案件中，法院将重点审查原、被告双方对损害事件发生的是否有过错及其过错程度，以确定最终的责任承担。

若双方均有过错，根据过错程度进行责任分担。

(4)责任人行为与损害之间存在因果关系

责任人行为与损害之间是否存在因果关系可以通过举证确定，也可以通过鉴定确定。有些案件中，法院无法具体认定究竟是哪方行为导致损害，可认定双方行为均有导致损害的风险，进而认定双方对损害发生具有同等原因力，进而平均分摊责任。

5. 抗辩路径

(1)垫付责任人未对被侵权人实际承担赔偿责任

《民法典》第 1252 条、第 1253 条均规定，“赔偿后”垫付责任人才能向最终责任人追偿。因此,垫付责任人必须举证证明其已经对被侵权人实际承担赔偿责任。

(2)损害并非全部由责任人过错所致

在追偿案件中,如果被侵权人的过错没有经过前案审理认定,可一并在追偿案件中审理认定,此时可能涉及追加被侵权人或其继承人的问题。关于过错的抗辩,可结合前案生效判决的事实、过错认定。

(3)实际赔偿支出不应由被告承担

实践中常见的抗辩是垫付责任人与被侵权人自行确定赔偿金额,对被告没有约束力,应当予以调减。若被告能够明确指出损失赔偿的不合理之处,有可能得到法院认可。对于特定费用,特别法规定由原告承担的,原告无权追偿。

(4)诉讼时效期间届满

详见上述《民法典》第 1252 条适用抗辩路径的论述,此处不再赘述。

八、请求权竞合

如前所述,请求权基础从外部结构大体可分为:基于合同的请求权、类似合同的请求权、无因管理的请求权、基于物法的请求权、不当得利与侵权请求权。如诉请损害赔偿,虽然诉请类型同一,但可援引的法律规范广泛,实践中面临请求权基础竞合时,如何选择适当的请求权基础是本节讨论的问题。

(一)物权请求权与侵权请求权的竞合

涉及建设工程质量问题时,诉请排除妨碍、消除危险、修理、重作、更换、恢复原状、损害赔偿等,可同时援引《民法典》物权编、侵权责任编中不同的法律条文规定,发生基于物权的请求权与侵权请求权的竞合。

1. 消除危险请求权的竞合

基于物权的请求权为《民法典》第 236 条的规定:“妨害物权或者可能妨害物权的,权利人可以请求排除妨害或者消除危险。”

侵权请求权为《民法典》第 1167 条的规定:“侵权行为危及他人人身、财产安全的,被侵权人有权请求侵权人承担停止侵害、排除妨碍、消除危险等侵权责任。”

当遭受危险的是人身时,不发生请求权竞合的问题,被侵权人仅能依据侵权请求权诉请消除危险;当遭受危险的是不动产或动产时,消除危险请求权发生竞合,选择不同的请求权基础将导致法院最终确定的案由有所区别。但因为两者适用均不以损害、过错为构成要件,所以在适用效果上基本相同,原告可以择一请求权起诉。

2. 损害赔偿请求权的竞合

基于物权的请求权为《民法典》第 238 条的规定:"侵害物权,造成权利人损害的,权利人可以依法请求损害赔偿,也可以依法请求承担其他民事责任。"侵权请求权为《民法典》第 1252 条、第 1253 条的规定。因《民法典》第 238 条明确规定"依法"请求,故该规范并非请求权主要规范,应当援引具体的法律规定,即《民法典》第 1252 条、第 1253 条作为请求权基础。

3. 修理、重作、更换、恢复原状的竞合

基于物权的请求权为《民法典》第 237 条的规定:"造成不动产或者动产毁损的,权利人可以依法请求修理、重作、更换或者恢复原状。"

而无论是《民法典》侵权责任编一般性规定,还是第 1252 条、第 1253 条的规定,均没有明确规定修理、重作、更换或者恢复原状的责任方式,故在诉请修理、重作、更换、恢复原状时,应当同时援引侵权请求权基础和《民法典》第 237 条作为诉请依据。

(二)合同请求权与侵权请求权的竞合

1. 请求权竞合的主要情形

侵权责任法处理的是人身、财产受到损害情形的救济问题。但一般认为,侵害债权(合同权利)只在非常特定的情况下,才可能构成侵权,而且此时的侵权人一般是合同主体之外的第三人,侵权人与受害人之间并不存在合同关系,不会构成合同法上请求权与侵权责任法上请求权的竞合。

在此情况下,基于合同的请求权与侵权请求权存在竞合的情形,主要发生于加害给付情形,即因合同的履行造成合同标的物之外的人身、财产的损失,合同主体可同时援引《民法典》合同编的规定与侵权责任编的规定主张权利。

2. 请求权竞合的不同理论观点

关于请求权竞合的具体理论,我国目前缺乏共识。有观点认为我国应当采用新法条竞合说,认为以适用合同法为原则、适用侵权法为例外,同时进一步统合民事责任,从而淡化民事责任承担在合同责任与侵权责任中的差异。有观点认为原《合同法》第 122 条"受损害方有权选择"的表述表明存在多个请求权,所以应当采纳请求权自由竞合说。还有观点认为,"受损害方有权选择"的表述既可以指向请求权自由竞合说，但也不排除请求权相互影响说的解释可能。相较而言，后者更有优势，因为从理论上看，合同法规定应当对侵权请求权产生影响，否则关于注意义务标准、时效以及证明责任等合同特别规定的意义将不复存在。也有观点坚持请求权规范竞合说，因为该观点相较于请求权相互影响说而言，对基于同一事实产生的两个请求权为何可以协力而为、互相影响更有解释力。①

3.《民法典》第 186 条的解释

《民法典》第 186 条规定：因当事人一方的违约行为，损害对方人身权益、财产权益的，受损害方有权选择请求其承担违约责任或者侵权责任。

该条为基于合同的请求权与侵权请求权竞合的直接规定。有观点认为，从历史解释、文义解释角度，该条采纳的实体法理论只能是请求权竞合说或请求权相互影响说，因为该条赋予了当事人两个请求权，而非一个请求权。法条竞合说将违约与侵权的关系界定为特别法与一般法的关系，与该条将两者平等并列的构造不符。而请求权规范竞合说、全规范统合说认为只存在一个请求权，也与该条规定可择一选择违约、侵权请求权（意味着两个均可能成立）行使而有所区别。②

有观点认为，《民法典》第 238 条关于"侵害物权，造成权利人损害的，权利人可以依法请求损害赔偿，也可以依法请求承担其他民事责任"的规定，也是请求权竞合的一般规定。③ 此观点有待商榷，因为此条规定仅赋予权利人选择不同请求权，即在损害赔偿请求权与排除妨碍、消除危险、恢复原状等请求权之间进行选择，仅涉及不同的责任形式主张，而非规定同一请求权竞合及其处理。

4. 具体的请求权基础及其选择

基于合同的请求权主要为《民法典》第 577 条的规定："当事人一方不履行合同义务或者履行合同义务不符合约定的，应当承担继续履行、采取补救措施或者赔偿损失等违约责任。"

侵权请求权为《民法典》第 1165 条的规定："行为人因过错侵害他人民事权益造成损害的，应当承担侵权责任。依照法律规定推定行为人有过错，其不能证明自己没有过错的，应当承担侵权责任。"以及《民法典》第 1252 条第 1 款第 2 句、第

---

① 参见胡思博、赵志超：《请求权竞合诉讼的实践误区及规制路径》，载《深圳大学学报（人文社会科学版）》2022 年第 2 期。

② 参见胡思博、赵志超：《请求权竞合诉讼的实践误区及规制路径》，载《深圳大学学报（人文社会科学版）》2022 年第 2 期。

③ 参见王德新：《〈民法典〉中请求权竞合条款实施研究》，载《法学杂志》2021 年第 5 期。

2 款,第 1253 条第 2 句。

例如,在建设单位依据《民法典》第 1252 条第 1 款第 1 句向被侵权人承担责任之后,其可以依据《民法典》第 1252 条第 1 款第 2 句向施工导致质量问题的施工单位行使追偿权;同时,建设单位承担赔偿后,也可以依据《民法典》第 577 条以及合同约定的施工义务,向施工违约的施工单位主张赔偿损失的违约责任。此时,建设单位请求权构成竞合。

通常认为,合同责任与侵权责任在构成要件及赔偿范围等方面存在不同:合同责任一般为无过错责任,侵权责任一般为过错责任;合同责任中的赔偿范围包括将来的履行利益,但限于财产利益,侵权责任中的赔偿范围包括精神损害赔偿,但财产赔偿限于固有利益。同时,选择不同的请求权基础,将面临不同的举证、法律适用要求及诉请支持可能性。例如,在建设单位依据《民法典》第 1252 条第 1 款第 1 句向被侵权人承担责任之后,如果依据《民法典》第 577 条提起违约之诉,可以施工单位违约为由诉请承担违约金,而该违约金可能高于建设单位实际对外承担的损失;而若建设单位依据《民法典》第 1252 条第 1 款第 2 句行使追偿权,则诉请赔偿的损失仅限于实际赔偿的损失。当然,在实践中,违约之诉中的违约金可能以实际损失为参照而被调减,与侵权之诉中实际损失趋同;违约之诉中违约方的过错也可能得到考量而成为调减违约责任的理由,与侵权之诉中考量过错分担实质保持一致。换言之,两个不同性质的诉考量的因素趋同。

(三)请求权竞合的程序处理

在请求权基础竞合的情况下,原告可援引多个请求权规范依据提出一个诉讼请求。此时,对于原告而言,是否有义务选择其中一项作为裁判依据?裁判者在原告选择的裁判依据之外,是否还必须检索、确定有无其他请求权基础并作出相应认定?两争议问题无论是在实体,还是在程序方面,对当事人权利义务以及裁判影响都比较大。

有观点认为,一方面,即使原告明确选择特定请求权基础,裁判者原则上也不受其拘束。另一方面,当事人也没有义务选择请求权基础,而只需要以“请求对方返还某物”或“请求对方赔偿某些损失”等方式提出诉请即可,为其寻找支持规范是法官的任务。而这要求裁判者必须对同一诉请之所有可能的请求权基础予以检视,不能有所遗漏。[①] 此种观点进一步认为,不同的请求权基础只是同一诉请的不同法律理由,不是原告的权利行使问题,而是法律适用问题,属于裁判者的职权范围,原告既没有权利也没有义务选择裁判依据。请求权基础思维的经典问句"谁得向谁、根据何种规范、为何种请求",应当由裁判者回答而不是由当事人回答。[②] 此种理解与新诉讼标的说(二分肢说)相对应。该说认为诉讼标的由生活事实与诉的声明所构成,只要此二者要素一致则诉讼标的同一。在请求权竞合的情形下,复数请求权基于同一事实产生,又指向相同的权利保护目标(诉的声明相同),因而只成立唯一的诉讼标的。[③]

上述观点有其合理性,但不可避免会加重裁判者负担,也会发生是否违背裁判中立、是否剥夺程序权利等新的争议。仅就我国目前的司法实践而言,并没有对裁判者提出全面梳理请求权基础为裁判的义务性要求,相反,对当事人有明确请求权基础的义务性要求。《民法典》第 186 条规定:"因当事人一方的违约行为,损害对方人身权益、财产权益的,受损害方有权选择请求其承担违约责任或者侵权责任。"根据其文义解释,要求当事人起诉时明确请求权基础。根据《九民会纪要》第 39 条和《最高人民法院关于审理民间借贷案件适用法律若干问题的规定》第 23 条的规定,当法院认定的法律关系性质、合同效力与当事人主张不一致时,法官应当释明,给予当事人再次选择的机会。经释明,当事人拒绝变更的,法院可能作出败诉裁判。[④] 此外,在实践中,也时常见到法院未经释明,直接以当事人诉请的依据不成立为由驳回诉请的裁判,有的裁判会指引当事人另行起诉,有的则没有。由此可见,至少在诉讼领域,要求原告提出适当的请求权,否则即可能面临败诉的裁判结果。[⑤] 实际上,已有研究表明,实践中,多数案例对于请求权竞合问

① 参见吴香香:《请求权基础:方法、体系与实例》,北京大学出版社 2021 年版,第 29 页。

② 参见吴香香:《请求权基础:方法、体系与实例》,北京大学出版社 2021 年版,第 30 页。

③ 参见胡思博、赵志超:《请求权竞合诉讼的实践误区及规制路径》,载《深圳大学学报(人文社会科学版)》2022 年第 2 期。

④ 《证据规定》第 53 条规定:"诉讼过程中,当事人主张的法律关系性质或者民事行为效力与人民法院根据案件事实作出的认定不一致的,人民法院应当将法律关系性质或者民事行为效力作为焦点问题进行审理。但法律关系性质对裁判理由及结果没有影响,或者有关问题已经当事人充分辩论的除外。"此规定降低了法院释明的义务,使法院在将法律关系性质、效力纳入焦点进行审查、认定的情况下,直接对当事人基于错误法律关系、效力提出的诉请予以驳回。

⑤ 现阶段我国法律文件所规定的释明情形与请求权基础竞合情形并不完全等同,如根据《最高人民法院关于审理民间借贷案件适用法律若干问题的规定》规定,释明本质是因为当事人主张的法律事实与法院认定的法律事实不同,如当事人主张借贷事实,但法院认定存在的是买卖的事实。但此类文件反映出司法体系对法官并没有完全检索请求权基础的要求。

题的程序处理只允许当事人在诉讼中主张一个其选定的请求权以寻求救济。[①]

在存在多个请求权基础的情况下，原告选择其一提起诉讼并受败诉判决，即形式上请求权竞合而非实质上请求权竞合（并非多个请求权同时成立），原告是否能选择其他请求权基础另行起诉？实践中，有认为不能另行起诉、审判的案例，也有认为可以另行起诉、审判的案例。

理论上，此涉及对诉讼标的的不同界定。若采用旧诉讼标的理论，法律关系不同则诉讼标的不同，原告可以另行提起诉讼；若采用新诉讼标的理论，因为损害事实和诉的声明相同，则原告不可以另行提起诉讼。应该说，前述要求明确唯一请求权基础的实践做法暗含了对旧诉讼标的理论的采纳。在此情况下，败诉案件并未对多个请求权基础进行审查，而不同的请求权基础构成要件并不相同，因此，不应当剥夺原告就新的请求权基础另行起诉的权利，裁判者也应当重新进行审理和裁判。特别是在当事人本人发起诉讼的情况下，不应苛责其一次性就能选择正确的请求权基础，而应当赋予其重新起诉的机会。

考虑到原告在同一诉讼中同时提出多个请求权的现实以及前述就多个请求权强制分别审理与当事人处分原则相悖、浪费司法资源等不当之处，理论上不少观点认为应当允许原告在同一诉讼中同时提出多个请求权，并通过诉的合并制度解决程序问题。[②] 其中具有更高接受可能性的是诉的预备合并理论，即允许原告基于不同请求权提出不同顺位的诉请，法院在审理时对不同顺位的诉请进行先后审理和判决。

目前，不少地区实践已经明确准许同时提出备位诉请。如《重庆市高级人民法院关于当前民事审判若干法律问题的指导意见》第52条规定："关于补充性诉讼请求的处理。补充性诉讼请求，又称预备性诉讼请求，是指当事人提出两个或两个以上的诉讼请求，为了防止第一位的主要请求不被承认，事先就提出如果第一位的主要请求不被承认就要求审理第二位次要请求，如果第一位的主要请求被承认就不用审理第二位次要请求的情形。人民法院应当允许当事人提出补充性诉讼请求，在未评议确定第一个请求能否支持前，对当事人的多个请求均应予以审理。诉讼中不必要求原告必须选择一个请求提交法院审判，但判决必须确定具体。"

---

① 参见胡思博、赵志超：《请求权竞合诉讼的实践误区及规制路径》，载《深圳大学学报（人文社会科学版）》2022年第2期。

② 参见王德新：《〈民法典〉中请求权竞合条款实施研究》，载《法学杂志》2021年第5期。

第四章

建设工程质量的举证和查明

工程质量问题可能出现在不同的建设时间阶段,也可能由于不同的责任主体所导致甚至由于多方责任主体共同导致。如何准确确定举证责任主体是实践难题。本章从未竣工工程、竣工验收交付阶段、保修期限内以及保修期限届满后四个阶段入手,详细分析了每个阶段工程质量查明的特点和重点。在此基础上,对工程质量事实查明中需关注的问题,如整体与局部质量、施工合同质量与房屋买卖合同质量、自行委托鉴定质量等热点堵点进行分析。

一、建设工程质量事实的举证

(一)举证责任分配

1. 建设工程质量责任适用过错归责原则

关于民事责任的归责问题,学界通说认为,凡在归责的一般规定上未明示要求以过错为条件的即为严格责任(无过错责任),[①]在归责的一般规定上明示要求以过错为条件的即为过错责任。违约责任中的过错归责原则是指在当事人违反合同约定,不履行或者不适当履行合同义务时,应以过错作为确定违约责任的构成要件和责任范围的根据。

我国违约责任的归责一般以严格责任(无过错责任)为原则,但建设工程合同履行中因质量问题引起的民事法律责任,属于适用过错责任的例外情形。[②] 其依据在于《民法典》与《施工合同司法解释(一)》就建设工程质量责任的归责事由的一致规定,具体而言,《民法典》第 800 条勘察、设计人对工作成果的责任、第 801

---

① 参见朱广新:《违约责任的归责原则探究》,载《政法论坛》2008 年第 4 期。

② 参见崔建远:《合同法应当奉行双轨体系的归责原则》,载《广东社会科学》2019 年第 4 期。

条施工人的工程质量责任、第802条合理使用期限内承包人(可分为勘察人、设计人、施工人)和发包人的工程质量保证责任,以及第804条工程停缓建的发包人责任的规定中均有“施工人的原因”、“承包人的原因”或者“发包人原因”的表述。在《施工合同司法解释(一)》第13条的规定中,也明确以过错进行归责。从上述法律条文可以看出建设工程合同中认定质量问题的法律责任需要考虑当事人的过错,并以此作为认定责任的标准。

2. 工程质量问题的举证责任分配与举证责任转移

举证责任分配是民事诉讼制度的核心。举证责任一方面包括行为意义上的证明责任(举证行为),当事人对自己提出的主张有提供证据的责任,即“谁主张,谁举证”;另一方面也包括结果意义上的证明责任,即当案件事实真伪不明时由负有证明责任一方承担的不利风险。[①] 一般而言,举证责任分配通常不是行为意义上的举证义务,而是结果意义上的证明责任。即证明责任分配规则主要解决事实真伪不明时谁来承担不利后果的问题,通常来源于法律明确规定或者裁判者对法律规定的通识性解读,双方当事人应当通过完成行为上的举证义务促使裁判者就事实作出有利于自己的判断,如果案件事实仍处于真伪不明的状态,举证责任分配将指导裁判者对案件作出裁判。[②]

具体而言,在工程质量问题纠纷中,举证责任分配应遵循的原则为:第一,依照实体法律规范(包括司法解释)明文规定,对“工程质量存在问题”这一法律事实由主张质量问题存在的一方承担举证责任,对“过错”这一法律事实首先由承包人举证证明其不存在过错。根据《建筑法》第58条第1款的规定,建筑施工企业对工程的施工质量负责,这是工程质量责任承担的一般性规则,即承包人施工、交付的工程如果经验收不合格时,工程质量的过错责任初步推定由承包人承担,承包人主张其没有过错,或者不可完全归责于承包人,提出减免责任抗辩的,需对此负举证责任。第二,当事人对举证责任的分配有明确约定的,只要该约定不违反法律禁止性规定,属当事人的意思自治,应尊重当事人之间关于举证责任的约定。[③] 例如承包人可以在合同中与发包人约定,发包人自行或者委托承包人之外

---

① 参见常怡主编:《民事诉讼法学》(修订版),中国政法大学出版社1996年版,第172页。

② 参见程春华:《举证责任分配、举证责任倒置与举证责任转移——以民事诉讼为考察范围》,载《现代法学》2008年第2期。

③ 参见李国光主编,最高人民法院民事诉讼法调研小组编:《民事诉讼程序改革报告》,法律出版社2003年版,第92页。

的第三方对承包人承包范围内的工程进行施工或者对承包人已经完成的工程进行改建的，承包人对他人的工作质量不承担责任，或者对于难以区分责任的施工内容减轻责任。

举证责任转移是指行为意义上的证明责任在双方当事人之间来回反复的现象。具体来说，负有证明责任的一方当事人为了使裁判者作出对自己有利的裁判，需要根据证明责任分配规则对要件事实提供证据加以证明，不负有证明责任的一方当事人为了避免裁判者作出于己不利的判决，则需要对前者就这一要件事实提出的主张进行反驳并负有提供反证的责任。

具体到工程质量问题纠纷中，举证责任转移通常出现在以下情形：

(1)工程未经任何验收且亦未使用情形下的举证责任分配，司法实践及理论中存在一定的争议。由于已完工程质量合格作为承包人主张工程款的积极要件，应当由承包人承担工程质量合格的初步举证责任。如果承包人能初步证明工程质量合格，那么裁判者心中会形成工程质量合格的临时心证，此时关于工程质量是否合格这一要件事实在行为上的举证责任就从承包人处暂时转移到发包人处，发包人主张存在工程质量问题的，应当对存在质量问题这一要件事实负有举证责任。

(2)对于工程经验收合格的情形，裁判者心中会形成工程质量合格的临时心证，发包人主张存在工程质量问题的，应当对存在质量问题这一要件事实负有举证责任，若发包人能够证明系竣工验收之前即存在的质量问题，则承包人需承担工程质量瑕疵担保责任；若系竣工验收之后出现的质量问题，则承包人承担缺陷修复责任或质量保修责任。无论哪种责任，承包人均可提出因他人过错减免自己责任的抗辩并对此承担举证责任。

(二)证据形式

在建设工程质量纠纷进行诉讼或仲裁时，证据的整理和运用至关重要，向人民法院或仲裁机构提供哪些证据材料不仅决定了当事人能否帮助法官或仲裁员还原案件事实的真实状态，也决定了当事人是否能初步证明自己的主张。《民事诉讼法》第 67 条第 1 款规定：“当事人对自己提出的主张，有责任提供证据。”实践中常将其简称为“谁主张，谁举证”原则。《民诉法解释》第 90 条对这一规定进行了细化，该条第 1 款规定：“当事人对自己提出的诉讼请求所依据的事实或者反驳对方诉讼请求所依据的事实，应当提供证据加以证明，但法律另有规定的除外。”

无论是承包人请求发包人支付工程款，还是发包人认为工程质量有缺陷提出索赔，都需要向人民法院或仲裁机构提交证明工程质量合格或有缺陷的证据以证明己方的主张。

与工程质量事实相关的主要证据形式，详见表4－1：

表4－1　与工程质量事实相关的主要证据形式

证据种类	具体形式
书证	许可、备案、资质文件；勘查资料、设计文件；招投标文件，合同文本；保修书、合格证；施工图纸，技术文件；施工日志、监理日志；一方或双方委托专业机构出具的质量专业意见书；工程质量检验检测文件；工程签证、索赔文件；工程联系单、往来信函、会议纪要；购买单据，计量记录；竣工验收资料、分部分项验收资料、甩项验收资料；台账，清单，档案资料；工程移交记录、工程使用的报道；维修合同、维修通知单、修复方案、维修记录、修复费用付款记录及发票；通知、邮寄单据和回执等
物证	①工程实体 ②现场痕迹 ③封存样品 ④物资、材料、设备
当事人陈述	①诉讼材料（起诉状、答辩状、上诉状等）内容 ②庭审笔录 ③专家辅助人
证人证言	①经当事人申请，法院通知出庭的证人 ②法院决定出庭的证人 ③专家证人
视听资料	①录音资料 ②影像资料（图像、照片） ③影音资料（录像、视频）
电子数据	①往来电文（电子邮件等） ②电子单据 ③信息记录（微信聊天记录、手机短信记录等）
鉴定意见	①自行委托鉴定 ②诉前联调鉴定 ③司法鉴定
现场勘验	①勘验笔录 ②现场图 ③勘验现场图影音材料

（三）举证方式

1. 当事人一方自行举证

《民事诉讼法》第 67 条规定将举证责任分配给提出主张的一方，《民诉法解释》第 90 条对这一原则进行了细化，当事人提出主张或反驳对方主张所依据的事实均应当提供证据。当事人一方自行举证，是履行行为意义上举证责任的最主要方式。自行举证时应按照人民法院指定的举证期限及仲裁机构关于举证的程序安排及时举证，防止因举证迟延导致证据不被接收或采纳。同时，在自行举证时应当按照证明目的将证据材料顺序逐一进行分类、编号，填写证据目录，对证据材料的来源、证明对象和内容作简要说明，签名盖章，注明提交日期，并按对方当事人人数提交副本。书证、物证还应当在开庭时出示原件、原物。当事人从有关单位、部门摘录的证明材料，应说明材料的名称、出处，并由提供证明材料的单位、部门加盖公章。

当事人可以将单方或双方共同委托专业机构出具的工程质量专业意见，作为证据提交。在证据类型上，当事人自行委托专业机构出具的有关工程质量专业意见，属于书证，不属于鉴定意见。

2. 依一方或双方当事人申请，审判/裁决机关委托第三方鉴定

根据《民事诉讼法》第 79 条第 1 款的规定，当事人可以就相关问题在诉讼过程中向人民法院申请鉴定。对此，《民诉法解释》第 121 条第 1 款进一步提出了限制性条件：一是申请鉴定时间应在举证期限届满前提出，二是鉴定申请应同时满足申请鉴定的事项与待证事实有关联和对证明待证事实有意义两个条件。《证据规定》第 31 条第 1 款则要求当事人在人民法院指定期间内提出申请，同时强调了当事人预交鉴定费用同样属于鉴定申请的条件，不预交将发生放弃申请的效果。《施工合同司法解释（一）》第 32 条规定，需要工程质量鉴定时，如果对工程质量负有举证责任的当事人均不主动提出鉴定申请，人民法院可以对其释明，如果经释明仍不申请鉴定，或者虽提出申请但不预付鉴定费用、拒绝提供相关材料，致使鉴定不成，最终将承担举证不能的后果。

在实践中，在工程已竣工验收的情况下，一般由发包人申请工程质量鉴定。例如，承包人起诉主张发包人退还质保金，发包人对工程质量提出异议，并据此提出拒付或扣减质保金抗辩的，可就此专业性问题向人民法院或仲裁机构申请鉴定。人民法院或仲裁机构经初步审查，认为鉴定事项与待证事实有关联，可以准许。在建设工程质量案件的举证过程中应重视申请鉴定这一方式。

3. 特定情形下审判/裁判机关依职权委托第三方鉴定

《民事诉讼法》第 67 条第 2 款中规定:“当事人及其诉讼代理人因客观原因不能自行收集的证据,或者人民法院认为审理案件需要的证据,人民法院应当调查收集。”《证据规定》第 30 条第 2 款规定:“符合《最高人民法院关于适用〈中华人民共和国民事诉讼法〉的解释》第九十六条第一款规定情形的,人民法院应当依职权委托鉴定。”按此规定,人民法院或仲裁机构可以依职权启动鉴定程序,但一般仅限于可能损害国家利益、社会公共利益的情形。但在实践中,建设工程质量案件中,工程质量鉴定通常由当事人申请而启动,人民法院或者仲裁机构依职权启动的情形较为罕见。

4. 申请律师调查令

律师调查令是当前部分法院采用的保障律师依法调查取证权利的有益尝试,是人民法院在民事诉讼中调查收集证据权力的特殊应用形式。律师持法院签发的调查令可以向有关单位或个人调查收集证据。

根据各地法院颁布的试行规定,只有在当事人无法取得与案件有关的证据,且该证据足以影响案件的判决结果时,才可以申请律师调查令。律师调查令的适用对象一般为权利凭证、电子数据、档案材料、银行交易记录等客观证据,证人证言被排除在外。

律师调查令制度降低了当事人诉讼成本,助推司法效率的提升,保障了律师的调查权利,同时减轻了法院调取证据的压力。律师调查令制度的实施是帮助裁判者查明案件事实的重要方式。在建设工程质量案件中可以使用该种举证方式,如向工程质量监督站申请调取桩基检测报告,向建设工程的勘察、设计单位申请调取详勘报告、设计任务书等。

5. 申请证据保全

《民事诉讼法》第 84 条与《证据规定》第 23 条、第 24 条规定了证据保全制度。证据保全是指在证据有可能灭失或以后难以取得的情况下,人民法院根据当事人、利害关系人的申请或者依职权采取措施,对证据加以固定和保护的制度。在进行证据保全时,人民法院可以要求当事人或者代理人到场。对不同证据,需根据其特点采取不同保全方法,即应当根据物证、书证等证据的具体情况,采取查封、扣押、拍照、摄像、复制、鉴定、勘验、制作笔录等不同的证据保全方法。①

---

① 参见江伟、肖建国主编:《民事诉讼法》(第 8 版),中国人民大学出版社 2018 年版,第 196 页。

在建设工程质量案件中，工程质量现状等客观证据具有无可替代的作用。实践中，如合同中约定承包人若不及时修复建设工程质量瑕疵，发包人有权自行修复，但产生的费用由承包人承担。因此，在出现工程质量问题而承包人未及时承担质量修复义务时，发包人在修复前应当对工程质量存在瑕疵的情况予以固定。若发包人在修复工作开工以后才进行证据保全，现场已被破坏，导致无法查明工程质量是否存在瑕疵，发包人则承担举证不能的法律后果。

证据是认定事实的根据，只有查明案件事实，才能正确适用法律，公平合理作出裁判结果。但是由于建设工程的周期较长，当出现质量纠纷，当事人向人民法院或仲裁机构提出维护自己权益的请求时，部分证据因为时间较长会发生物理或化学上的变化，抑或是由于对方当事人的妨碍而无法取得证据，故在建设工程质量案件中可以将申请证据保全作为举证方式。

6. 书证提交命令制度

《民诉法解释》第 112 条中原则性地规定了书证提出命令制度，《证据规定》第 45 条至第 48 条在《民诉法解释》的基础上对证据提出命令制度进行了完善，增加关于该制度申请条件、审查程序、书证提出义务范围以及不遵守书证提出命令后果的规定，《证据规定》第 99 条将视听资料、电子数据纳入了书证提出命令的适用范围。其中《证据规定》第 47 条中规定了控制书证当事人应当在五种情形下提交书证：(1)控制书证的当事人在诉讼中曾经引用过的书证；(2)为对方当事人的利益制作的书证；(3)对方当事人依照法律规定有权查阅、获取的书证；(4)账簿、记账原始凭证；(5)人民法院认为应当提交书证的其他情形。

在建设工程质量案件中，存在发承包一方利用优势地位隐匿或故意不提交不利于己方的书证，导致另一方无法获取而承担举证不能的不利后果。在承包人能够证明己方主张的证据保管在发包人处，且发包人不予提交的情形下，承包人可以运用书证提交命令制度维护自身权益。

7. 专家辅助人

建设工程质量案件存在专业性强、复杂疑难等特点，为更好阐明己方的观点，当事人可以考虑申请专家辅助人出庭。专家辅助人，是指“在科学、技术以及其他专业方面具有特殊的专门知识或经验的人员，根据当事人的申请并经法院准许，出庭辅助当事人对讼争的案件事实所涉及的专门性问题进行说明或发表专业意见和评论的人”①。

《民事诉讼法》第 82 条限缩了专家辅助人的评议范围，只能针对鉴定意见或专业问题提出意见。《民诉法解释》第 122 条对专家辅助人制度的规定，明确了专家辅助人是代表当事人进行的质证，其意见被视为当事人的陈述。《证据规定》第 83 条、第 84 条规范了专家辅助人制度，强调了当事人申请专家辅助人出庭应当在申请书中载明其基本情况和申请目的。但具体应当提供何种基本情况说明，以及专家辅助人的认定资格、申请程序等，目前法律和司法解释中并没有明确。

建设工程质量纠纷案件专业技术性强、事实认定困难，加之当事人举证能力不足，常常导致一些案件进程多次拖延，进而导致纠纷无法快速有效地得以解决。专家辅助人制度正是在上述背景下，基于充分发挥当事人诉讼地位、帮助裁判者有效查明建设工程领域专业技术性问题的目标而创设的。虽然专家辅助人制度在我国现行法律制度中存在定义模糊、申请程序与资格认定程序不具体等问题，但是申请专家辅助人出庭不失为一种解决疑难复杂建设工程质量案件的有效举证方式。

二、建设工程质量事实的查明

在工程建设的不同阶段，质量事实的表现形式和对应的项目资料均不相同。为查明质量事实，人民法院和仲裁机构应根据相应工程阶段的特点，采取不同的查明手段和方法，将关注重点放在对质量事实认定影响较大的主要证据上。

（一）未竣工工程

未竣工阶段的工程包括在建工程、已完未竣工程。在建工程，是指已经开工但尚未完工的工程；已完未竣工程，是指已经完工但尚未通过竣工验收的工程。针对未竣工阶段发生的工程质量争议，为避免影响项目进度和后续合作关系，各方主要是通过协商解决。若质量争议进入诉讼或仲裁程序，大多发生在项目暂停、合同解除、承包人退场或类似情形中，此时当事人往往已无须顾及项目进度和合作关系。

1. “半拉子”工程质量

“半拉子”工程指施工合同因故无法继续履行，仅完成部分施工任务的工程，

① 李学军、朱梦妮：《专家辅助人制度研析》，载《法学家》2015 年第 1 期。

可能具备也可能不具备工程项目的基本使用功能，其强调工程施工处于停止状态，停工面可以是工程开工后、竣工前的任何节点。

“半拉子”工程的质量，一般会影响在其基础上续建工程的质量，影响程度因工程部位不同而不同。例如，房屋建筑的底层主体结构工程质量缺陷，对于整个房屋建筑工程质量和安全的影响往往是决定性和全局性的；而某些工程部位（如自承重墙内填充墙）质量缺陷的影响，往往局限于其自身部位。

“半拉子”工程的质量检验往往不具备单位工程验收的工程实物基础，有时甚至不具备分部分项工程质量检验的实物工程量基础，其客观上无法达到竣工验收所要求的质量标准和要求，对其质量验收只能按照阶段性验收的标准进行。在该等情形下，承包人已完工程的质量合格可以对照检查工程质量是否符合施工设计文件、合同约定及相应的建设工程法定质量标准、技术规范，从合理性的角度考虑其质量程度上是否满足续建条件，而不必强求严格参照竣工验收标准判断工程质量是否完全符合合同约定。

如果发包人对“半拉子”工程质量不予认可，裁判者则应根据工程进度现状相对应的工程质量法定标准和约定要求，判断工程质量状况。实践中可能出现“半拉子”工程中的某些分部分项工程检验合格，而其他分部分项工程检验不合格的情形。对“半拉子”工程质量是否合格的认定，通常是处理工程款给付、优先受偿权等纠纷的关键。有试车、试运营等中间验收要求的工业工程、交通工程等特殊工程，由于中间验收阶段更接近竣工验收合格的工程实际交付时的状态，该等中间验收合格证明文件，较之工程施工过程中对进场材料设备等工程物资以及分部分项工程的检验、验收报告，对“半拉子”工程的质量合格具有更强的证明力。①

“半拉子”工程质量不合格，主要有以下情形：（1）“半拉子”工程不符合合同约定的质量标准或强制性标准，如检验批、分部分项工程、单位工程等验收记录中存在不合格，施工质量未达设计要求、检测报告证明工作质量不合格等；（2）施工过程中的检测、验收合格记录，或者试车、试运行等中间验收报告存在伪造、不真实或签署检测、验收记录的人员不具有相应资格（权限）等；（3）施工或中间验收过程中的检测、验收程序、方法不符合有关工程质量检验规范、标准；（4）“半拉子”工程在施工或中间验收过程中已经检验、验收确认为不合格，需要整改，但承

① 参见常设中国建设工程法律论坛第五工作组：《建设工程施工合同纠纷证据指引理解与适用》，法律出版社2018年版，第245页。

包人未完成整改,或者整改后仍不合格。

实践中对“半拉子”工程质量发生争议,多见于承包人请求发包人支付工程款而发包人提出工程质量问题抗辩的情况,因涉及发承包双方的权利义务清理结算,故对工程质量事实不能仅进行表面、形式的审查,还需根据产生“半拉子”工程质量纠纷的原因以及工程的具体物理状态,客观地作出判断。

相关证据主要包括:施工过程中依据有关施工质量检验规范、技术标准形成的各分部分项工程、单位工程检测验收合格证明;属于有试车、试运行、交工验收等中间验收要求的工业工程、交通工程等特殊工程的,依据合同约定、行业技术标准规定形成的试车、试运行、交工验收等中间验收合格证明文件;已完工程中所使用的全部建筑材料、构配件、设备进入施工现场时的产品质量合格证明文件;钢筋、混凝土等现场施工过程中各检验批的检验、检测合格的报告;施工设计文件、合同约定和施工技术规范要求的施工过程质量检查检验(包括承包人自检、试验室检验、监理人根据监理规程、工程质量标准、技术规范或者施工合同约定要求进行的质量项目检验)合格的证明文件,如施工中的无损检测报告、分部分项验收记录、主体结构验收记录等。

上述证据因不完备而难以证明工程质量合格的,承包人有义务提出申请,对已完工程是否符合施工设计文件、合同约定及建设工程技术规范委托质量鉴定机构进行工程质量鉴定。发包人对承包人的上述举证有异议的,可以提出反证。由于工程质量是否合格的认定,不仅影响施工合同双方当事人权益,更可能涉及建设工程的使用权人、不特定的消费者甚至社会公共利益,实践中裁判者应当特别谨慎地对工程作出质量合格或者不合格的推定。通常情形下,如无证据证明工程质量合格,裁判者仅能得出工程质量是否合格事实待定,以及承包人获得工程相应价款的条件尚未成就的结论;如无证据证明工程质量不合格,则裁判者仅能得出工程质量是否合格事实待定,以及发包人主张扣减工程相应价款的依据不足的结论。①

案件审理过程中,裁判者常见的困惑是对“半拉子”工程质量是否合格的举证及其责任应当如何合理分配。无论基于何种原因出现“半拉子”工程质量纠纷,提供合规、合约的工程都是承包人的法定义务和合同义务,亦为承包人获取相应工

① 参见曹文衔、周利明:《建设工程施工合同纠纷案件中工程质量合格的证明丨建工衔评》,载微信公众号“天同诉讼圈”2021 年 7 月 8 日,https://mp.weixin.qq.com/s/iqXZ18op8RB87KIDyE8Waw。

程款的前提条件，故承包人请求发包人付款时，工程质量合格的举证责任应首先分配给承包人。如已查明“半拉子”工程存在质量问题，承包人主张“半拉子”工程质量问题系由发包人原因造成，则应由承包人承担举证证明责任。

2. 交由第三方续建工程质量

工程建设过程中，可能出现因各种原因交由第三方续建的情况，如施工途中承包人撤场，发包人将后续工程交由第三方施工；发承包双方协商一致由第三方替代承包人施工等。工程交由第三方续建前处于未完工状态，因第三方承接后续工程施工，给裁判者认定质量缺陷带来不小难度。若工程交由第三方续建，最终经过竣工验收，则可推断续建前工程质量合格。困难在于：工程最终未通过竣工验收时，如何认定交接时承包人已完工部分质量是否合格。可区分不同情况予以处理：

(1) 发包人单方将后续工程交由第三方施工的，基于发包人有责任对续建前承包人施工部分的工程质量情况进行确认、验收，故若无法根据现有证据确定工程质量，则应由发包人承担续建前承包人施工部分质量是否合格无法查明的不利后果。

(2) 发承包双方协商一致由第三方继续施工的，应根据双方协商情况判断续建前承包人施工部分质量情况，如果无证据证明协商过程中发包人曾提出异议，则可初步认定续建前承包人施工部分质量合格。

(3) 如果原承包人不配合提供资料，发包人与第三方承包人委托鉴定单位根据施工界面划分进行质量鉴定，能够达到固定证据的效果，则可据此认定续建前承包人施工部分的质量。

该情形下的举证责任分配与“半拉子”工程质量并无二致，相关证据主要包括：①书证。例如，通过第三方的施工合同文本查明续建情况；通过对会议纪要、往来函件内容查明施工交接情况；通过质量控制文件、施工记录文件查明施工质量情况。②物证。例如，通过已封存样品、取样痕迹查明检查、试验情况；通过现场材料、设备、机器状态查明施工条件和进程。③现场勘验。例如，通过笔录、照片、测绘图样反映施工现场情况。④视听资料。例如，通过拍摄的视频查明交接时施工界面情况。⑤电子数据。例如，通过相关人员的微信聊天记录了解施工过程。⑥当事人陈述、证人证言。例如，要求相关主体的主要负责人直接说明情况、对施工人员进行调查了解相关事实。⑦必要时对专门问题进行鉴定。

3. 已完未竣工程质量

工程完工与竣工并非同一概念。完工一般指工程已经施工完毕，且承包人已经自检合格。已完未竣工程，则指已经完工但尚未通过竣工验收的工程。

已完未竣工程质量事实的查明，主要通过质量鉴定和事实推定的方式。已完工程即使因为种种原因尚未进行竣工验收，但基于承包人已经完成施工工作，工程状态已经确定、完整，不宜仅以未通过竣工验收为由径行认定工程质量不合格。由于建设工程具有按工序分步验收的特点，已完工程大多经过分部分项验收，否则不能进入下一道工序，如果已完工程有分部分项验收记录，且发包人无证据证明存在质量问题，则认定其质量合格较为妥当。如果承包人未能提供任何验收记录，则可以通过工程质量鉴定查明事实。如果发包人在没有对已完工程进行验收的情况下安排第三方继续施工，造成工程质量问题无法区分责任主体，则应由发包人承担不利后果。因竣工验收应由发包人组织，如果工程已具备申请竣工验收的条件，且承包人已经提交竣工报告，但发包人拖延验收，则相关情形应适用《施工合同司法解释(一)》第 9 条的规定。

为查明已完未竣工程质量事实，需关注的证据资料主要包括：监理日志，分部分项验收手续，中间验收报告，工程使用的主要建筑材料、建筑构配件和设备进场试验报告，工程质量检测和功能性试验资料等。

4. 隐蔽工程质量

隐蔽工程指将被下道工序所遮盖或者封闭，而无法或者很难再进行检查的工程。一般包括以下三种形式：第一，上道工序结束，被下一道工序掩盖，属于工程本身工序中间环节隐蔽，如地基验槽、钢筋砼中的钢筋工程，码头工程中的基床、棱体和倒滤层等，防腐、防锈涂漆前的钢结构工程，以及设备密封前的内部构件安装工程等；第二，建筑物或构筑物本身一个部位或者全部被回填掩盖，涉及被隐蔽工程部位自身质量验收和回填材料及施工质量的要求，一般系属地下工程，如建筑物基础工程、地下管网工程、轨道梁等工程；第三，边施工边隐蔽的工程，如地下砼灌注桩、深层水泥搅拌桩、地基加固中的碎石振冲桩等工程。[①] 隐蔽工程一旦覆盖，难以再行检查，若因未依法、依约施工导致质量问题，难以及时发现，事后采取补救措施也存在重重困难，为此，在隐蔽工程被隐蔽以前强制要求对工程质量情

① 参见常设中国建设工程法律论坛第八工作组：《中国建设工程施工合同法律全书：词条释义与实务指引》(第 2 版)，法律出版社 2021 年版，第 797 - 798 页。

况进行检查，是最为经济、有效的质量控制手段。对已经覆盖隐蔽工程质量事实的查明，除需审查该隐蔽工程覆盖前检查的情况外，必要时还需要对隐蔽工程揭露，进行质量鉴定。

《民法典》第798条规定："隐蔽工程在隐蔽以前，承包人应当通知发包人检查。发包人没有及时检查的，承包人可以顺延工程日期，并有权请求赔偿停工、窝工等损失。"该条规定属于强制性规范，规定了承包人的通知检查义务以及发包人的及时检查义务。承包人未能履行通知检查义务，应就此承担违约责任，该违约责任的范围应考虑该消极行为与损失之间的因果关系。监理人亦应当在隐蔽时履行旁站义务。发包人未能履行及时检查义务，应就此承担违约责任，该种责任属于严格责任，法律后果包括顺延工期和赔偿停工、窝工的损失。至于能否据此视为隐蔽工程质量合格，根据法条内容并不足以得出其属于拟制规范的结论。隐蔽工程如果属于主体结构部分，其质量问题事实具有历史性和经验性，应着眼客观证据作出准确判断。

隐蔽工程覆盖以前通知、检查情况的查明应关注以下要素：通知的对象、通知的时间节点、检查的时间节点、检查的范围内容、检查的手段、检查的后续事宜。对于强制监理的工程项目，因监理内容通常包含隐蔽工程检查项目，故监理人检查的结论一般对发包人具有约束力。

相关证据主要包括：(1)通过双方签订的施工合同查明。《2017版建设工程施工合同示范文本》通用合同条款第5.3条载明"隐蔽工程检查"具体包括："5.3.1　承包人自检""5.3.2　检查程序""5.3.3　重新检查""5.3.4　承包人私自覆盖"。[①] 隐蔽工程检查作为施工阶段的重要环节，一般在施工合同中都会对相关事宜作出明确约定。例如，覆盖前承包人的自检义务、承包人通知检查的时间节点、监理人实施检查的程序、检查不合格的处理方法、重新检查和延误工期的损失承担、延期检查要求的提出时间、承包人私自覆盖的责任承担等。(2)通过质量控制的文件资料查明。《建设工程质量管理条例》第30条，《2013版质量验收统一标准》第3.0.6条第5项及附录H单位工程质量竣工验收记录，《2013版建设工程监理规范》第4.2.3条第6项、第5.2.14条以及《建设工程监理规范(GB

① 详见《2017版建设工程施工合同示范文本》"通用合同条款"第5.3条。

50319－2000）条文说明》第2.0.16条等，[①]对隐蔽工程验收作出规定。验收记录、验收意见、隐蔽工程报验表等文件资料直接记载隐蔽工程验收的情况，是认定隐蔽工程验收事实的直接证据，具有较高的证明力，一般能够反映隐蔽工程是否未经验收、具体验收时间以及是否验收合格。只要确定了相关文件资料的真实性，其记载事实则难以用反证动摇、推翻。（3）通过施工过程的记录资料查明。工程施工过程的记录资料通常能够有效反映相关事实，如监理检查记录、发包人委派的工地代表或者项目负责人的工地出入记录可以反映检查时间；单独制作或双方签认的检查项目登记表可以反映验收内容；针对检查情况所形成的会议纪要、工程联系单、工期顺延签证、整改（停工）通知书、复工报审表以及往来函件等可反映承包人是否通知检查以及发包人是否曾经基于检查结果提出处理意见，组织进行研究，委托检测、检验，重新检查或发出相关指令。（4）通过相关物证及现场勘验查明。物证具有较强的客观性，其本身特征以及其联系外界的规律通常指向事实真相，如果发包人在工程施工过程中实施了对隐蔽工程的检查，可能会留下相关物质痕迹，如工程质量管理中若建立了样品报送和封存制度，封存的样品即可作为典型的物证；取样、抽检的实施可能在工程实体中留下钻孔、拆装的痕迹。现场勘验与物证的发现及固定息息相关，如果物证难以当庭呈现，则可通过现场勘验对工程实物界面情况予以查明，进而制作勘验笔录、图表或视听资料固定相关事实。（5）通过视听资料和电子数据查明。（6）通过当事人陈述和证人证言查明。（7）通过工程质量鉴定查明。

---

① 《建设工程质量管理条例》第30条规定："施工单位必须建立、健全施工质量的检验制度，严格工序管理，作好隐蔽工程的质量检查和记录。隐蔽工程在隐蔽前，施工单位应当通知建设单位和建设工程质量监督机构。"《2013版质量验收统一标准》第3.0.6条第5项及附录H单位工程质量竣工验收记录规定，隐蔽工程在隐蔽前应由施工单位通知监理单位进行验收，并应形成验收文件，验收合格后方可继续施工；建筑与结构、给水排水与供暖、通风与空调、建筑电气、智能建筑、电梯均须将隐蔽工程验收记录作为单位工程质量控制资料接受核查。《2013版建设工程监理规范》第4.2.3条第6项、第5.2.14条，《建设工程监理规范（GB 50319－2000）条文说明》第2.0.16条规定，隐蔽工程验收是专业监理工程师的职责；专业监理工程师应根据施工单位报验的隐蔽工程，提出验收意见；对验收不合格的隐蔽工程，项目监理机构应拒绝签认，并严禁施工单位进行下一道工序施工，隐蔽工程报验表应符合附录格式；项目监理机构应依据建设工程监理合同约定，加强对建设工程的隐蔽工程的"平行检验"；项目监理机构应按规定对施工单位自检合格后报验的隐蔽工程及相关文件和资料进行审查和验收，符合要求的，签署验收意见。

(二)竣工验收交付阶段工程

1. 竣工验收

工程竣工验收是工程项目建设完工之后和投入使用之前,政府部门和建设单位通过验收制度对工程质量实现最后控制和把关的阶段,因此该阶段也是工程质量管理特别关键的环节。[①] 竣工验收合格是工程交付使用的前提条件,同时是确定工程款支付、质量保修期、竣工日期确定的主要因素。[②]

在查明工程竣工验收合格相关事实时,建议重点关注以下资料:

(1)工程竣工验收报告

竣工验收报告,又称竣工验收鉴定书,是指发包人在工程竣工验收合格后向承包人出具的证明建设工程验收合格的报告。[③]

针对房屋建筑和市政基础设施工程,《房屋建筑和市政基础设施工程竣工验收规定》第 7 条规定:"工程竣工验收合格后,建设单位应当及时提出工程竣工验收报告。工程竣工验收报告主要包括工程概况,建设单位执行基本建设程序情况,对工程勘察、设计、施工、监理等方面的评价,工程竣工验收时间、程序、内容和组织形式,工程竣工验收意见等内容。工程竣工验收报告还应附有下列文件:……(四)验收组人员签署的工程竣工验收意见……"根据上述规定,竣工验收报告的内容中应包括工程竣工验收时间,且应附有验收组人员签署的工程竣工验收意见等文件。

视不同工程类型,类似文件也称为竣工验收鉴定书。例如,对于公路工程,根据《公路工程竣(交)工验收办法》第 24 条,对通过验收的建设项目,由交通主管部门签发《公路工程竣工验收鉴定书》。而对于煤矿工程,根据《煤矿建设项目竣工验收管理办法》第 13 条,煤矿建设项目竣工验收合格后,项目建设单位应当通过全国投资项目在线审批监管平台报送项目竣工信息,并将《煤矿建设项目竣工验收鉴定书》报送省级煤炭行业管理部门。

在查明工程是否竣工验收合格及竣工验收合格的时间时,竣工验收报告是首

---

① 参见彭永芳、吕景刚、吴秀宇:《基于利益相关者视角的建筑工程质量保障机制研究》,经济科学出版社 2018 年版,第 69 页。

② 参见常设中国建设工程法律论坛第八工作组:《中国建设工程施工合同法律全书:词条释义与实务指引》(第 2 版),法律出版社 2021 年版,第 818 页。

③ 参见常设中国建设工程法律论坛第八工作组:《中国建设工程施工合同法律全书:词条释义与实务指引》(第 2 版),法律出版社 2021 年版,第 823 页。

先需要关注的文件。虽然竣工验收报告是由发包人出具,但其中列明的竣工时间,是来自附件“验收组人员签署的工程竣工验收意见”。而在该附件“工程竣工验收意见”中,会有五方验收单位(建设单位、勘察单位、设计单位、施工单位、监理单位)的签字和盖章。因此,工程竣工验收报告上载明的竣工时间,通常可认定为工程竣工验收合格的时间。如果报告上没有注明竣工时间,则以五方验收单位中最后一方签字和盖章的时间作为竣工时间。

(2)单位工程质量竣工验收记录

《2013 版质量验收统一标准》第 6.0.6 条规定:“建设单位收到工程竣工报告后,应由建设单位项目负责人组织监理、施工、设计、勘察等单位项目负责人进行单位工程验收。”针对该项规定,条文说明中规定:“单位工程竣工验收是依据国家有关法律、法规及规范、标准的规定,全面考核建设工作成果,检查工程质量是否符合设计文件和合同约定的各项要求。”

单位工程质量竣工验收记录,即五方验收单位(建设单位、勘察单位、设计单位、施工单位、监理单位)对建筑工程单位的施工质量进行竣工验收后形成的意见。

在单位工程质量竣工验收记录中,会列明单位工程的“完工日期”,若该日期与竣工验收报告所列的竣工时间不一致,应以竣工验收报告为准。该日期可能与竣工验收报告所列的竣工时间相同,也可能早于后者;若两者冲突,应以竣工验收报告为准。理由在于:

其一,一个工程可能包括多个单位工程,需要每个单位工程均完工后,才能进行工程竣工验收。

其二,单位工程质量竣工验收记录的文件格式来自《2013 版质量验收统一标准》附录 H,从文件表述上看,其所列的是“完工日期”。而在工程竣工验收报告中,所列的是“竣工日期”。

其三,若工程仅包括一个单位工程,单位工程质量竣工验收合格,也仅是工程竣工验收合格的重要条件,但不是全部条件。根据《北京市房屋建筑和市政基础设施工程竣工验收管理办法》第 4 条、第 5 条、第 6 条,建设单位应当先组织单位工程质量竣工验收,再组织工程竣工验收;关于工程竣工验收的条件,除了单位工程质量竣工验收合格外,还包括施工单位签署的工程质量保修书、住宅工程质量分户验收合格等诸多条件。该文件第 8 条还规定:“工程竣工验收合格后,应当及时形成经验收组人员共同签署意见并加盖各单位公章的工程竣工验收记录,作为工程竣工验收合格的证明文件。工程竣工验收记录中最迟签署意见的日期为工程竣工时间。”在单位工程质量竣工验收记录和工程竣工验收报告所附工程竣工验收意见中，均有五方的签字盖章，但因为工程竣工验收意见的签署时间在后，可认为是五方关于竣工验收合格时间新的意思表示。

而关于竣工验收鉴定书，则是规范性文件直接规定其作为工程竣工验收合格的认定依据，例如《公路工程竣（交）工验收办法》第 24 条和《煤矿建设项目竣工验收管理办法》第 13 条。若单位工程质量竣工验收记录（如有）所列时间与竣工验收鉴定书不一致，也应以后者确定竣工日期。

（3）建设工程竣工报告

与竣工验收报告不同，建设工程竣工报告是承包人在工程完工后，组织有关人员对工程质量进行自检，确认工程质量符合有关法律、法规、设计文件、技术标准及合同的要求而形成的报告。此建设工程竣工报告，实质意义上是承包人向发包人提交的竣工验收申请书。

承包人提交竣工报告，是竣工验收程序的第一步。《建设工程质量管理条例》第 16 条第 1 款规定：“建设单位收到建设工程竣工报告后，应当组织设计、施工、工程监理等有关单位进行竣工验收。”《房屋建筑和市政基础设施工程竣工验收规定》第 6 条规定：“工程竣工验收应当按以下程序进行：（一）工程完工后，施工单位向建设单位提交工程竣工报告，申请工程竣工验收……”

虽然“竣工报告”与“竣工验收报告”是两个截然不同的概念，但有时会被混用。例如，在《施工合同司法解释（一）》第 9 条、第 17 条中提及的承包人提交的“竣工验收报告”，实际指的是“竣工报告”，即竣工验收申请书。

而在国家颁布的施工合同范本中，则使用“竣工验收申请报告”的概念，实际也是指“竣工报告”，如《2007 版标准施工招标文件》通用合同条款第 18.2 条和《2017 版建设工程施工合同示范文本》通用合同条款第 13.2.2 条。

如前所述，应当以竣工验收报告认定竣工验收合格的时间。但在实践中，存在工程已具备竣工验收条件，且承包人也提交了竣工报告，但发包人拖延验收的情形。针对该种情形，《施工合同司法解释（一）》第 9 条规定，[①]如果当事人对建设工程实际竣工日期有争议，应以承包人提交竣工报告之日作为竣工日期。如果

① 《施工合同司法解释（一）》第 9 条规定：“当事人对建设工程实际竣工日期有争议的，人民法院应当分别按照以下情形予以认定：……（二）承包人已经提交竣工验收报告，发包人拖延验收的，以承包人提交验收报告之日为竣工日期……”

承包人以发包人拖延竣工验收为由，主张以提交竣工报告之日作为竣工日期，则人民法院或仲裁机构应查明以下事实：①承包人提交竣工报告的时间。②合同约定的发包人应在收到竣工报告后组织竣工验收的期限。③发包人实际组织竣工验收的时间。④发包人未在合同约定期限内组织竣工验收的原因（如是否因为工程不具备竣工验收条件）。事实查明可依据的资料包括：双方提交的书证（如竣工报告的提交和签收记录、合同文件、证明竣工验收时间的资料、往来函件、会议纪要、关于竣工报告提交时工程具备或不具备竣工验收条件的证明资料）、电子数据（如电子邮件、聊天记录）、当事人的陈述等。

另外，通过竣工验收，一般指工程完成了竣工验收流程，形式上具备了竣工验收的手续和文件，据此可以推断工程质量经过检验认定其符合要求。但如果竣工验收的程序存在疏漏，致使一些严重质量问题在验收时未被发现或遭受忽视，又或是相关主体采取了不法手段通过竣工验收，如串通虚假验收、伪造资料验收等，在发承包双方对竣工验收情况发生争议时，或验收后严重质量问题得以暴露和显现时，仍可根据证据和事实推翻竣工验收合格的结论。例如，虽然经过竣工验收，但仍明显可见工程建设情况与图纸设计严重偏离等。

因为工程竣工验收是工程质量控制的最后阶段，也是从整体上对工程质量进行全面检查并作出终端评价的阶段，故经过竣工验收无疑是认可工程质量合格的标志。此时发包人主张工程实体质量实际不合格，应承担举证证明责任。对工程质量问题的查明，可通过视听资料如照片、视频，并结合现场勘验等方式，必要时组织专家论证或委托鉴定。

2. 甩项验收

甩项验收，是指发包人为了尽快将工程交付使用，与承包人签订协议，把施工合同中要求承包人完成，但承包人尚未完成的某些工程项目甩下，而对其他工程先行竣工验收。前述甩下的工程项目，即甩项工程。

甩项验收在实践中并不鲜见，国家颁布的施工合同范本中即有提及。根据《2007 版标准施工招标文件》通用合同条款第 18.2 条及条款释义的规定，“承包人在提交竣工验收申请报告时，经监理人同意，可将某些不影响工程使用的尾工（甩项）工程留待缺陷责任期内完成，使工程尽早发挥效益”。[①] 而《2017 版建设工

---

① 参见本书编写组编：《中华人民共和国 2007 年版标准施工招标文件使用指南》，中国计划出版社 2008 年版，第 115 页。

程施工合同示范文本》第14.3条“甩项竣工协议”中则明确规定“发包人要求甩项竣工的，合同当事人应签订甩项竣工协议”。

除承包人应在双方约定的时间内继续完成甩项工程外，甩项验收合格与竣工验收合格的法律效果基本相同。在工程甩项验收合格后，发承包双方均不得以工程未经竣工验收，作为不履行相关义务的抗辩理由。同样，关于发包人在甩项工程完成并验收合格前对整体工程的接收，也不构成《施工合同司法解释（一）》规定的“擅自使用”。又因为在甩项验收合格时，甩项工程尚未通过验收，所以除合同另有约定外，保修期的起算时间应当分别考虑：（1）针对除甩项工程之外的工程，保修期自甩项验收合格时起算；（2）针对甩项工程，保修期自甩项工程通过发包人验收时起算。

在查明甩项验收事实时，相关证据主要包括：甩项协议、施工图纸、施工记录、验收记录、会议纪要、相关签证、往来函件等包含甩项内容以及相关施工界面等重要内容在内的书证。必要时，也可通过鉴定予以查明。

3. 竣工验收备案和联合验收

关于竣工验收备案，《建设工程质量管理条例》第49条第1款规定：“建设单位应当自建设工程竣工验收合格之日起15日内，将建设工程竣工验收报告和规划、公安消防、环保等部门出具的认可文件或者准许使用文件报建设行政主管部门或者其他有关部门备案。”

基于上述条款和《房屋建筑和市政基础设施工程竣工验收备案管理办法》第5条规定，工程竣工验收合格是竣工验收备案的前提之一，为办理竣工验收备案，除提交竣工验收报告外，建设单位还需要向备案机关提交规划、公安消防、环保等部门出具的认可文件或者准许使用文件等资料。又根据该办法第6条第1款，备案机关收到建设单位报送的竣工验收备案文件，验证文件齐全后，应当在工程竣工验收备案表上签署文件收讫。

工程竣工验收合格，主要是五方民事主体（尤其是建设单位）对工程质量的认可；而工程竣工验收备案完成，则表明工程已经取得了规划、消防、环保等行政监管部门的认可。取得竣工验收备案表，是工程完成竣工验收备案的标志。

值得关注的是，竣工验收备案正在被联合验收逐步替代。在《国务院办公厅关于开展工程建设项目审批制度改革试点的通知》（国办发〔2018〕33号）和《国务院办公厅关于全面开展工程建设项目审批制度改革的实施意见》（国办发〔2019〕11号）中，即提出规划、国土、消防、人防、档案、市政公用等部门和单位实行联合验收。2021年，针对首批试点城市（北京、上海、重庆、杭州、广州、深圳），《国务院关于开展营商环境创新试点工作的意见》（国发〔2021〕24号）进一步简化实行联合验收的工程建设项目竣工验收备案手续，“对实行联合验收的工程建设项目，可在通过联合验收后现场出具竣工联合验收意见书，政府部门直接备案，不动产登记等相关部门通过系统数据共享获得需要的验收结果，企业无需再单独办理竣工验收备案”。

对于实施联合验收的项目，联合验收意见书替代工程竣工验收备案表，联合验收通过后即视为完成工程竣工验收备案。

4. 工程交付使用

对工程质量责任的认定，也涉及工程交付使用事实的查明，如根据工程交付使用的情况，考虑发包人是否明知或接受质量瑕疵、放弃相关权利，能否请求施工人修复、保修等。根据《民法典》第799条、《建筑法》第61条和《建设工程质量管理条例》第16条的规定，建设工程竣工经验收合格后，方可交付使用；未经验收或者验收不合格的，不得交付使用。建设工程未经竣工验收，发包人即擅自使用的，除包括罚款在内的行政责任外，发包人还将承担《施工合同司法解释（一）》第14条规定的不利后果。

需要留意的是，视不同建设工程的特点，在工程竣工验收之前，可能会存在试运营环节，其法律效果与“擅自适用”存在一定的区别。

而在查明工程的交付使用时，人民法院或仲裁机构可以关注以下证据：（1）发包人拟使用工程的通知、协议等；（2）工程移交记录，包括钥匙交接单等；（3）发包人实际使用工程的照片、摄像，以及有关工程项目投产、点火、销售、开业等网络信息、新闻报道等。

（三）保修期限内工程

发包人因保修期限内质量缺陷，向人民法院或仲裁机构诉求承包人履行保修义务或承担修复费用时，人民法院和仲裁机构可依次进行下述要件事实的查明：（1）质量缺陷是否存在；（2）质量缺陷是否属于保修范围内；（3）质量缺陷是否发生在保修期限内；（4）质量缺陷有无在保修期限内通知；（5）施工单位保修义务履行状况；（6）产生质量缺陷的原因；（7）修复质量缺陷所需的费用。

1. 质量缺陷是否存在

当发包人因为保修期限内的质量缺陷提出诉请时，首先需要查明的事实是质量缺陷是否存在。如果质量缺陷不存在,或者虽然之前存在但已被施工单位修复,则发包人关于承包人承担保修责任的主张将失去本源,难以成立。而在查明质量缺陷是否存在时,需要区分尚未修复和已经修复两种情形:

(1)质量缺陷尚未修复事实的查明

如果发包人主张保修期限内已通知承包人的质量缺陷尚未修复,其须证明当前仍存在未修复的质量缺陷,相关证据包括:①书证(一方或双方委托专业机构出具的质量专业意见、往来函件、会议纪要);②视听资料(照片、视频);③电子数据(电子邮件、聊天记录);④当事人陈述;⑤检测报告。

除当事人提供的证据外,法院和仲裁机构还可通过现场勘验、工程质量鉴定的方式,取得勘验笔录和鉴定意见,查明质量缺陷的现状。

(2)质量缺陷已经修复事实的查明

针对质量缺陷已经由发包人自行或委托第三方修复的情形,人民法院和仲裁机构可以通过书证(维修合同、修复方案、维修记录、银行付款凭证、发票、一方或双方委托专业机构出具的质量专业意见、往来函件、会议纪要)、视听资料(修复前的照片、视频)、电子数据(电子邮件、聊天记录)、当事人的陈述等证据查明,必要时可通过司法鉴定确认质量问题的成因、修复方案合理性以及修复费用金额。

2. 质量缺陷是否属于保修范围内

《建设工程质量管理条例》第41条规定:“建设工程在保修范围和保修期限内发生质量问题的,施工单位应当履行保修义务,并对造成的损失承担赔偿责任。”从上述规定来看,工程质量问题属于工程保修范围,是施工单位履行保修义务的前提。

《建设工程质量管理条例》第39条第2款规定:“建设工程承包单位在向建设单位提交工程竣工验收报告时,应当向建设单位出具质量保修书。质量保修书中应当明确建设工程的保修范围、保修期限和保修责任等。”因此,无论“保修期限”还是“保修范围”,通常都会在保修书或其他合同条款中约定,可通过合同文本进行查明。

那么,“保修范围”具体指什么?《建筑法》第62条规定:“建筑工程实行质量保修制度。建筑工程的保修范围应当包括地基基础工程、主体结构工程、屋面防水工程和其他土建工程,以及电气管线、上下水管线的安装工程,供热、供冷系统工程等项目;保修的期限应当按照保证建筑物合理寿命年限内正常使用,维护使用者合法权益的原则确定。具体的保修范围和最低保修期限由国务院规定。”

《2017 版建设工程施工合同示范文本》附件 3 工程质量保修书中约定："质量保修范围包括地基基础工程、主体结构工程，屋面防水工程、有防水要求的卫生间、房间和外墙面的防渗漏，供热与供冷系统，电气管线、给排水管道、设备安装和装修工程，以及双方约定的其他项目。"该示范文本的约定与《建筑法》规定并不完全一致。且均并未涵盖全部的建设工程范围。就房屋建筑工程而言，根据《2013 版质量验收统一标准》附录 B 建筑工程的分部工程、分项工程划分，建筑工程包括十大分部工程：(1)地基与基础；(2)主体结构；(3)建筑装饰装修；(4)屋面；(5)建筑给水排水及供暖；(6)通风与空调；(7)建筑电气；(8)智能建筑；(9)建筑节能；(10)电梯。

三者对比如表 4－2 所示：

表 4－2　关于保修范围规定的对比

	《建筑法》	《2017 版建设工程施工合同示范文本》	《2013 版质量验收统一标准》
保修范围	地基基础工程	地基基础工程	地基与基础
	主体结构工程	主体结构工程	主体结构
	屋面防水工程	屋面防水工程、有防水要求的卫生间、房间和外墙面的防渗漏	层面
	其他土建工程	装修工程	建筑装饰装修
	电气管线、上下水管线的安装工程	电气管线、给排水管道、设备安装	建筑给水排水及供暖、通风与空调、建筑电气
	供热、供冷系统工程	供热与供冷系统	
	等项目	双方约定的其他项目	智能建筑、建筑节能、电梯

因此，并非施工单位承包的全部工程，均当然属于保修范围。在查明保修范围时，需要结合合同、保修书和法律法规的规定。

保修范围针对的应是一个个客观的工程实体，而不涉及质量问题的原因和责任。建设工程之所以实行质量保修制度，就是因为以往建设工程竣工以后，一旦出现质量缺陷，由于质量责任不明确，建设单位、勘察设计单位、施工企业以及材料供应等单位扯皮现象比较严重；保修履行责任人不明确，保修不及时。[①] 而质量保修的逻辑是："在规定的保修期限内，因勘察、设计、施工、材料等原因造成的质量缺陷，应当由施工承包单位负责维修、返工或更换，由责任单位负责赔偿损失。"[②]"因使用单位使用不当造成的损害问题，先由施工单位负责维修，其经济责任由使用单位自行负责。"[③]

基于此，《房屋建筑工程质量保修办法》第 17 条将因使用不当、第三方、不可抗力原因造成的质量缺陷排除在"保修范围"之外，[④]与保修制度的意图不符，并不妥当。因上述原因造成的质量缺陷，仍应属保修范围，由施工单位进行保修，但保修费用由责任方承担。

在查明保修范围后，下一步需要查明质量缺陷是否发生在相应保修范围内。可以通过书证（一方或双方委托专业机构出具的质量专业意见、往来函件、会议纪要），视听资料（照片、视频），电子数据（电子邮件、聊天记录），当事人陈述进行查明。如果仍有争议，可再通过现场勘验、质量鉴定的方式。

3. 质量缺陷是否发生在保修期限内

（1）质量问题发生在保修期限内，是施工单位履行保修义务的前提

《建设工程质量管理条例》第 41 条规定："建设工程在保修范围和保修期限内发生质量问题的，施工单位应当履行保修义务，并对造成的损失承担赔偿责任。"

根据上述规定，质量问题发生在工程保修期限内，也是施工单位履行保修义务的前提。而为查明此项事实，又须查明：①保修期的起算时间；②保修期限；③质量缺陷发生的时间。

（2）保修期起算时间和保修期限查明

《建设工程质量管理条例》第 40 条第 3 款规定："建设工程的保修期，自竣工验收合格之日起计算。"据此，保修期的起算时间为工程竣工验收合格之日。关于竣工验收合格之日，可以结合施工合同约定的竣工验收合格条件、竣工资料等

---

① 参见郜凤涛、赵晨主编，国务院法制办等编著：《建设工程质量管理条例释义》，中国城市出版社 2000 年版，第 99 页。

② 郜凤涛、赵晨主编，国务院法制办等编著：《建设工程质量管理条例释义》，中国城市出版社 2000 年版，第 98－99 页。

③ 郜凤涛、赵晨主编，国务院法制办等编著：《建设工程质量管理条例释义》，中国城市出版社 2000 年版，第 103 页。

④ 《房屋建筑工程质量保修办法》第 17 条规定："下列情况不属于本办法规定的保修范围：（一）因使用不当或者第三方造成的质量缺陷；（二）不可抗力造成的质量缺陷。"

查明。

关于保修期限,通常会在施工合同或保修书中约定,可通过合同查明。即使合同未作约定,法律法规对最低保修期限也有强制性规定。《建筑法》第 62 条规定:"……保修的期限应当按照保证建筑物合理寿命年限内正常使用,维护使用者合法权益的原则确定。具体的保修范围和最低保修期限由国务院规定。"针对最低保修期限,《建设工程质量管理条例》第 40 条规定:"在正常使用条件下,建设工程的最低保修期限为:(一)基础设施工程、房屋建筑的地基基础工程和主体结构工程,为设计文件规定的该工程的合理使用年限;(二)屋面防水工程、有防水要求的卫生间、房间和外墙面的防渗漏,为 5 年;(三)供热与供冷系统,为 2 个采暖期、供冷期;(四)电气管线、给排水管道、设备安装和装修工程,为 2 年。其他项目的保修期限由发包方与承包方约定。建设工程的保修期,自竣工验收合格之日起计算。"需要特别注意的是,保修期限并非针对全部工程的单个期限,而是区分保修范围内的不同项目,对应不同的保修期限。

最低保修期限是行政法规的效力性强制性规定,如果合同约定的保修期限低于法定期限,应按法定期限执行。在国务院法制办等编著的《建设工程质量管理条例释义》针对第 40 条的释义中,即写明如建设单位和施工承包单位另有保修约定合同,其合同中保修期限可以长于所规定的最低保修期限,但不应低于本条所列的最低期限,否则视为无效。① 所以,相比法律法规规定的最低保修期限,双方可以在合同和保修书中约定更长的保修期限。

(3)质量缺陷发生时间查明

当质量缺陷发生并被发包人发现时,通常会有关于质量缺陷现场情况的记录单。记录单上记录的发生时间,可作为裁判者查明质量缺陷发生时间的依据。同时,在发包人发出的维修通知中,通常也会写明缺陷发生时间。如果施工单位在收到维修通知后,从未对质量缺陷的发生时间提出异议,维修通知也可作为重要的事实查明依据。

在查明保修期起算时间、保修期和质量缺陷发生时间之后,关于质量缺陷是否发生在保修期限内,也就一目了然。

---

① 参见郜凤涛、赵晨主编,国务院法制办等编著:《建设工程质量管理条例释义》,中国城市出版社 2000 年版,第 102 页。

4. 质量缺陷有无在保修期限内通知

(1)发包人在保修期限内发现质量问题时,应当先通知承包人维修

在保修期限内,因为工程已经竣工移交,发现质量问题的通常是发包人或其物业管理单位。如果发包人在发现质量问题后不予通知施工单位,施工单位将因不知晓质量问题而无法履行维修义务。

《房屋建筑工程质量保修办法》第9条规定:“房屋建筑工程在保修期限内出现质量缺陷,建设单位或者房屋建筑所有人应当向施工单位发出保修通知。施工单位接到保修通知后,应当到现场核查情况,在保修书约定的时间内予以保修。发生涉及结构安全或者严重影响使用功能的紧急抢修事故,施工单位接到保修通知后,应当立即到达现场抢修。”

在住建部《2017版建设工程施工合同示范文本》通用合同条款第15.4.3条“修复通知”中,也规定:“在保修期内,发包人在使用过程中,发现已接收的工程存在缺陷或损坏的,应书面通知承包人予以修复,但情况紧急必须立即修复缺陷或损坏的,发包人可以口头通知承包人并在口头通知后48小时内书面确认,承包人应在专用合同条款约定的合理期限内到达工程现场并修复缺陷或损坏。”

根据上述规定,发包人在保修期限内发现质量问题时,应当先通知施工单位维修。虽然上述规定仅针对房屋建筑工程,但对于其他建设工程,也宜参照适用此等原则。

(2)发包人维修通知的查明

在查明发包人是否就质量缺陷在保修期限内通知过施工单位时,需要查明发包人有无发出维修通知、发出维修通知的时间、维修通知对应质量问题的范围、通知送达情况,具体可以通过双方提交的书证(如维修通知单、往来函件)、电子数据(如电子邮件、聊天记录)和当事人的陈述等。

在对维修通知进行查明后,再结合已查明的保修期限和质量问题范围,即可查明发包人是否就质量缺陷在保修期限内通知过施工单位。

5. 施工单位保修义务履行状况

(1)施工单位未妥当履行保修义务是发包人自行或委托第三方修复的前提

《房屋建筑工程质量保修办法》第12条规定:“施工单位不按工程质量保修书约定保修的,建设单位可以另行委托其他单位保修,由原施工单位承担相应责任。”

住建部《2017版建设工程施工合同示范文本》通用合同条款第15.4.4条“未能修复”规定:“因承包人原因造成工程的缺陷或损坏,承包人拒绝维修或未能在

合理期限内修复缺陷或损坏，且经发包人书面催告后仍未修复的，发包人有权自行修复或委托第三方修复，所需费用由承包人承担。但修复范围超出缺陷或损坏范围的，超出范围部分的修复费用由发包人承担。”

根据上述规定，发包人自行或委托第三方修复的前提，是施工单位未妥当履行保修义务。保修制度将施工单位设定为保修主体，除了施工单位本就应该对质量问题承担责任外，还有时间经济成本方面的考虑。因为施工单位最了解其施工的工程，由其进行维修，所需花费的时间和投入的成本也相对较低。除非出现施工单位不履行或不当履行保修义务情形以及发包人存在其他合理事由，否则发包人不应自行或委托第三方进行维修，人民法院和仲裁机构也不宜直接裁判施工单位支付修复费用。

(2)施工单位保修义务履行状况查明

如前所述，无论是质量缺陷尚未修复的情形，还是已经由发包人自行或委托第三方修复的情形，均应查明施工单位接到维修通知后保修义务的履行状况，具体包括：①施工单位有无拒绝维修；②施工单位有无在合同或保修书要求的期限或其他合理期限内维修；③施工单位是否存在因为其自身能力不足，或为了节省成本，存在偷工减料、治标不治本、屡修不好的情形等。

查明前述事实时，法院和仲裁机构可以通过书证(如施工合同、保修书、维修通知单、维修方案、维修记录、往来函件)、电子数据(如电子邮件、聊天记录)、视听资料(如照片、视频)和当事人的陈述等。

6. 质量缺陷原因查明

(1)质量缺陷原因查明是裁判修复费用的前提

如前所述，质量保修制度的逻辑是施工单位先维修，再由责任单位承担费用。《房屋建筑工程质量保修办法》第13条规定：“保修费用由质量缺陷的责任方承担。”因此，在判断发包人主张的修复费用应否支持时，法院和仲裁机构应查明质量缺陷的原因(是勘察问题、设计问题、施工问题、使用问题抑或其他问题)。

(2)质量缺陷尚未修复和已经修复的查明

针对质量缺陷尚未修复的情形，关于质量缺陷原因的书证(如合同文件、往来函件、会议纪要、一方或双方委托专业机构出具的质量专业意见)、视听资料(如照片、视频)、电子数据(如电子邮件、聊天记录)、当事人的陈述等，均可作为查明事实的依据。

针对质量缺陷已经由发包人自行或委托第三方修复的情形，前述提到的书证、视听资料、电子数据、勘验笔录、当事人的陈述等,亦可作为查明事实的依据。但因为缺陷已经修复,较难通过现场勘验、质量鉴定的方式进行查明。

7. 质量缺陷修复费用查明

经查明,如果质量缺陷发生在保修范围和保修期限内,发包人已经在保修期内通知施工单位保修,而施工单位未妥当履行保修义务,且质量缺陷的原因在于施工单位时,则修复费用应由施工单位承担。在查明质量缺陷修复费用时,同样应区分缺陷尚未修复和已经修复两种情形:

(1)质量缺陷尚未修复情形时的查明

针对质量缺陷尚未修复的情形,修复费用通常通过鉴定的方式确定,人民法院或仲裁机构可以先委托一家有资质的设计院编制修复方案,再委托一家造价鉴定机构根据修复方案鉴定修复费用。

(2)质量缺陷已经修复情形时的查明

在质量缺陷已经由发包人自行或委托第三方修复的情形下,针对发包人主张的修复费用,可以通过书证(发包人与第三方签订的维修合同、收付款凭证、第三方提供的修复方案)和电子数据(发包人与第三方之间的电子邮件、聊天记录)等进行查明。若施工单位对修复方案和修复费用的合理性提出质疑(如修复标准高于合同标准、修复费用过高等),而人民法院或仲裁机构对此不能确定时,也可委托设计院和造价鉴定机构,由其就相关问题提供专业咨询意见。

(四)保修期限届满后工程

保修期限届满,并不意味着施工单位对工程质量问题的免责。针对保修期届满后施工单位仍需承担质量责任的情形,有如下三种:

一是施工单位在保修期内接到维修通知,但在保修期届满时仍未修复的;

二是因施工单位原因,致使建设工程在合理使用期限内造成人身损害和财产损失的;

三是施工单位知道或应当知道的质量问题,在保修期限届满后发现的。

围绕这三种情形,下文将讨论施工单位在相应情形下应承担的质量责任,以及相关质量缺陷事实的查明。

1. 保修期限届满时尚未修复的质量问题

(1)保修期限内通知但未修复的质量问题,应继续承担保修责任

针对发包人在保修期内已通知承包人维修的质量问题,在保修期届满时未修

复的,承包人应继续承担保修责任。

关于建设工程保修期,《建设工程质量管理条例》第 41 条规定:"建设工程在保修范围和保修期限内发生质量问题的,施工单位应当履行保修义务,并对造成的损失承担赔偿责任。"《房屋建筑工程质量保修办法》第 9 条规定:"房屋建筑工程在保修期限内出现质量缺陷,建设单位或者房屋建筑所有人应当向施工单位发出保修通知。施工单位接到保修通知后,应当到现场核查情况,在保修书约定的时间内予以保修。发生涉及结构安全或者严重影响使用功能的紧急抢修事故,施工单位接到保修通知后,应当立即到达现场抢修。"

经由发包人通知,施工单位承担保修责任,上述规定要求建设工程在保修期限内"发生"质量问题,但未明确要求发包人必须在保修期限内"通知"质量问题。那么,如果质量问题"发生"在保修期限内,但发包人通知的时间已经超过了保修期限,承包人是否应承担保修责任?此等问题可以参照买卖合同瑕疵担保责任的规定,如果仅是将保修期限作为质量问题"发生"的期限,而对发包人通知保修的时间不加限制,则不利于督促发包人及时行使保修权利,且可能出现大量发包人在保修期限经过后通知承包人保修但主张质量问题发生在保修期限内的争议,因此发包人"通知"质量问题的期限应受到该保修期限的约束。

(2)保修期内通知但未修复的质量缺陷的查明

针对该种情形,首先需要查明:对于保修期限届满后仍存在的质量缺陷,与发包人在保修期限内通知施工单位的缺陷,是否为同一缺陷。如果不是同一缺陷,则属于保修期限届满后新出现的质量问题,不适用前述分析。

其中,关于发包人在保修期限内通知施工单位的缺陷,可以参考前述"(三)保修期限内工程质量事实的查明"的内容进行查明。而关于保修期届满后仍存在的质量缺陷,可以基于书证(如一方或双方委托专业机构出具的质量专业意见、往来函件、会议纪要)、视听资料(如照片、视频)、电子数据(如电子邮件、聊天记录)、当事人的陈述等证据,结合现场勘验等方式查明。如果通过前述方式,人民法院或仲裁机构仍难以判断是否属于同一缺陷,则可以委托一家质量鉴定机构,听取其专业意见。

2. 建设工程在合理使用期限内造成人身损害和财产损失的

(1)合理使用年限内质量问题造成的人身损害和财产损失仍应赔偿

根据《民法典》第 802 条、第 1252 条第 1 款、第 1253 条,《施工合同司法解释(一)》第 18 条等规定,无论是否超过保修期,只要是在合理使用年限内,如果因为工程质量问题造成人身损害或财产损失，承包人均应承担赔偿责任。

但在该情形下，区分违约责任和侵权责任，承担主体和方式会有所区别：

①违约责任。《民法典》第802条规定了加害给付的违约责任，其针对的主体为"承包人"，既包括施工单位，也包括勘察、设计单位。前述"违约"，是指施工单位、勘察单位、设计单位对施工合同、勘察合同、设计合同的违反。

②侵权责任。《民法典》第1252条、第1253条规定了侵权责任。根据第1252条，在合理使用期限内，如果因为工程质量缺陷导致建筑物、构筑物或者其他设施倒塌、塌陷造成他人损害，由建设单位与施工单位承担连带责任。建设单位、施工单位赔偿后，质量缺陷有其他责任人的（如勘察、设计单位），有权向其他责任人追偿。

而根据《民法典》第1253条，建筑物、构筑物或者其他设施及其搁置物、悬挂物发生脱落、坠落造成他人损害的，所有人、管理人或者使用人不能证明自己没有过错的，应当承担侵权责任。所有人、管理人或者使用人赔偿后，有其他责任人的，有权向其他责任人追偿。

（2）合理使用期限的查明

在查明合理使用年限时，首先需要关注设计文件。根据《建设工程质量管理条例》第21条的规定，设计文件上应当注明工程合理使用年限。

除设计文件外，合理使用年限主要规定在规范标准中。在法律法规层面，除"合理使用期限"外，还有"合理使用寿命"（《建筑法》第60条）、"合理寿命年限"（《建筑法》第62条）、"合理使用年限"（《建设工程质量管理条例》第21条）的表述。

而根据《建设工程质量管理条例》第21条的释义，"合理使用期限""合理使用寿命""合理寿命年限"与"合理使用年限"均为同一概念，[①]是指"从工程竣工验收合格之日起，工程的地基基础、主体结构能保证在正常情况下安全使用的年限"。"具体各类建设工程的合理使用年限，要根据建筑物、设备的结构、使用功能、所处的自然环境等因素，由有关技术部门作出判断"[②]。

---

① "《中华人民共和国建筑法》第六十二条关于建筑工程实行质量保修制度时有'建筑物合理寿命年限'的提法，《中华人民共和国合同法》第二百八十二条中称'工程合理使用期限'，其他有关规定也有称'工程寿命期限'的，本条中'工程合理使用年限'与上述提法是一致的。"参见郜风涛、赵晨主编，国务院法制办等编著：《建设工程质量管理条例释义》，中国城市出版社2000年版，第70页。

② 参见郜风涛、赵晨主编，国务院法制办等编著：《建设工程质量管理条例释义》，中国城市出版社2000年版，第69页。

又根据《工程结构可靠性设计统一标准》(GB 50153－2008)第 2.1.5 条,“设计使用年限”是指“设计规定的结构或结构构件不需进行大修即可按其预定目的使用的年限”。《建筑结构可靠度设计统一标准》(GB 50068－2001)第 2.1.7 条的定义也与此基本相同,[①]仅是将末尾的“期限”改为“时期”。

需要关注的是,“合理使用期限”或“设计使用年限”的概念,均是针对“结构或结构构件”,而不是建筑物中的门窗、隔断、屋面防水、外墙饰面等非承重建筑部件和水、暖、电等建筑设备的使用年限。后者的使用寿命一般较短,需要在建筑物的合理使用寿命期内更新或大修。[②]

区分不同工程类别和结构类别,规范标准中规定的设计使用年限如表 4－3 所示:

表 4－3　设计使用年限

<table>
<tr><th>工程类别</th><th>结构类型</th><th>合理使用年限</th><th>相关标准</th></tr>
<tr><td rowspan="4">房屋建筑</td><td>临时性建筑结构</td><td>5 年</td><td rowspan="4">《建筑结构可靠性设计统一标准》(GB 50068－2018)第 3.3.3 条、《工程结构可靠性设计统一标准》(GB 50153－2008)附录 A、《民用建筑设计统一标准》(GB 50352－2019)第 3.2.1 条</td></tr>
<tr><td>易于替换的结构构件</td><td>25 年</td></tr>
<tr><td>普通房屋和构筑物</td><td>50 年</td></tr>
<tr><td>标志性建筑和特别重要的建筑结构</td><td>100 年</td></tr>
<tr><td rowspan="3">地基基础</td><td>地基与基础</td><td>不应低于上部结构的设计工作年限</td><td rowspan="3">《建筑与市政地基基础通用规范》(GB 55003－2021)第 2.1.4 条</td></tr>
<tr><td>基坑工程</td><td>不应小于 1 年</td></tr>
<tr><td>边坡工程</td><td>不应小于被保护的建(构)筑物、道路、桥梁、市政管线等市政设施的设计工作年限</td></tr>
</table>

① 《建筑结构可靠度设计统一标准》(GB 50068－2001)第 2.1.7 条对“设计使用年限”的定义为:“设计规定的结构或结构构件不需进行大修即可按其预定目的使用的时期。”

② 参见陈肇元:《土建工程的使用寿命与耐久性设计标准》,工程科技论坛第 70 场会议论文,2008 年 4 月于北京。

续表

工程类别	结构类型	合理使用年限	相关标准
城市道路	沥青路面(快速路、主干路、次干路)	15年	《城市道路交通工程项目规范》(GB55011－2021)第5.0.3条
	沥青路面(支路)	10年	
	水泥混凝土路面(快速路、主干路)	30年	
	水泥混凝土路面(次干路、支路)	20年	
桥梁	小桥(涵洞)	30年	《工程结构可靠性设计统一标准》(GB 50153－2008)附录A、《城市道路交通工程项目规范》(GB 55011－2021)第6.0.4条
	中桥、重要小桥(涵洞)	50年	
	特大桥、大桥、重要中桥	100年	
铁路	桥涵结构	100年	《工程结构可靠性设计统一标准》(GB 50153－2008)附录A
港口	永久性港口建筑物	50年	《工程结构可靠性设计统一标准》(GB 50153－2008)附录A、《港口工程结构可靠性设计统一标准》(GB 50158－2010)第3.0.3条
	临时性港口建筑物	5~10年	
地铁	地铁的主体结构工程,以及因结构损坏或大修对地铁运营安全有严重影响的其他结构工程	不应低于100年	《地铁设计规范》(GB 50157－2013)第1.0.12条
燃气	输配管道	不应小于30年	《燃气工程项目规范》(GB 55009－2021)第5.1.4条
	用户燃气管道	不应小于30年;预埋的用户燃气管道设计工作年限应与该建筑设计工作年限一致	《燃气工程项目规范》(GB 55009－2021)第5.3.2条

(3)质量缺陷状况和原因的查明

关于前述情形下质量缺陷的查明,可以参考"(三)保修期限内工程"的内容。但当质量问题造成人身损害和财产损失时,可能同时会构成工程质量事故。[①] 而针对工程质量事故的状况和原因,会有事故调查组进行调查并形成事故调查报告。该报告可作为认定事实的重要依据,针对该报告的审查和认定,详见下文(五)5"行政机关组织的工程质量事故调查报告的司法审查与认定"。

(五)需要关注的问题

1. 工程质量事实的查明应慎用推定和自认

"法律推定"包括事实推定和权利推定,指遵循法定规则作出事实认定或权利义务认定的过程,这些规则包括:诉讼法的证明规则,免证事实的推定规则和自认制度,实体法中的举证责任规则、解释规则和拟制规则。总之,其概念射程不能脱离法律规定这一路径。然而,实践中对"推定"一词的使用并不规范,对证明活动层面而言,一般所谓"推定"并不指代"法律推定",在广义语义上与"推论""推断""推理"趋同,其内涵通常与对法律规定的适用并无关联,而是强调和侧重对逻辑思维和推理结构的描述,是指通过已知证据或其他既定事实的存在,推导判断待证事实真伪的论证过程;事实查明及认定中狭义的"推定",特指裁判者的心证形成偏于依赖裁判者的经验、认知、感情和价值倾向等主观因素,而缺乏客观证据作为认证基础的情况。

工程质量事实具有以下性质和特点:

(1)工程建设是一种社会活动。工程建设需要遵循一整套规范的流程,虽然工程实体由具有自然属性的工程材料组成,但工程实体的形成并非材料的简单堆砌,而主要依靠科学技术支撑,即工程质量以工程实体为载体呈现,工程质量事实自然体现其社会属性,也就包含了技术内容。

---

① 《关于做好房屋建筑和市政基础设施工程质量事故报告和调查处理工作的通知》(建质〔2010〕111号)第2条规定:"根据工程质量事故造成的人员伤亡或者直接经济损失,工程质量事故分为4个等级:(一)特别重大事故,是指造成30人以上死亡,或者100人以上重伤,或者1亿元以上直接经济损失的事故;(二)重大事故,是指造成10人以上30人以下死亡,或者50人以上100人以下重伤,或者5000万元以上1亿元以下直接经济损失的事故;(三)较大事故,是指造成3人以上10人以下死亡,或者10人以上50人以下重伤,或者1000万元以上5000万元以下直接经济损失的事故;(四)一般事故,是指造成3人以下死亡,或者10人以下重伤,或者100万元以上1000万元以下直接经济损失的事故。本等级划分所称的'以上'包括本数,所称的'以下'不包括本数。"

(2)工程建设是一个繁复的过程。从准备、实施到完工、竣工,需要经历众多环节,既要遵循科学规律,也要遵循管理要求,因此需要从业人员具有专门的经验才能进行有效的质量控制。工程质量即是这些环节的物化呈现,无论合格与否,均包含了复杂的成因,不足以从外观上一目了然。

(3)工程质量合格的最低标准是法定标准。法定标准并非一个简单的概念,其在制定时就经历了调研分析、比较评估,是一种符合特定利益的价值判断标准。这种价值衡量包括了对生命财产安全和国家公共利益的考虑。能够对该标准的界限进行准确把握,超出了一般常识范畴。

简言之,即工程质量事实问题专业性强、原因复杂,且涉及生命财产安全和国家、公共利益。

由于职业的分工在客观上造成的认知限制,裁判者如果不借助专门的手段和方式,一般难以直接认定事实,事实论证的过程需要遵循逻辑,无论是最底层的证据分析,还是对中间事实的认定,都无法脱离技术层面的要求,况且工程质量事实的证明活动本来就是一种科学行为,并不存在自由裁量的余地。即使裁判者在处理工程质量纠纷上具有丰富的经验,较之于一般人具有明显的认知优势,但仍不能轻易将该认知程度等同于专业人员。因此,裁判者无论是适用免证事实的推定规则,还是运用逻辑推理,对于工程质量事实的认定应慎用经验法则,这既是对客观规律的尊重,也是对职业道德的要求。

自认即一方当事人对不利于己事实的承认,自认被采纳的效果是使对方当事人对该事实的证明责任得以免除。《证据规定》第 10 条将免证事实划分三个层次:第一层次是不能被推翻的“自然规律以及定理、定律”;第二层次是相对容易被反证动摇的“众所周知的事实”“根据法律规定推定的事实”“根据已知的事实和日常生活经验法则推定出的另一事实”以及“已为仲裁机构的生效裁决所确认的事实”;第三层次是难以被推翻的“已为人民法院发生法律效力的裁判所确认的基本事实”和“已为有效公证文书所证明的事实”。基于工程质量事实的上述特点,工程质量免证事实一般属于上述第二、三层次。

对自认规则的适用,应注意不能随意扩大自认的范围,如本案当事人在另案中的表态,仅能依托另案文书、材料形成本案书证,而不能直接作为当事人在本案中的自认予以采纳;得以采纳的自认内容必须是明确、具体的、能够被直接援引而无须主观修饰的,模糊的表态并不能构成自认。对于拟制自认的适用,应注意严格把握要件,“经审判人员说明并询问”是不可缺失的前提,即经过充分提示仍不予争辩的,才能构成拟制自认。限制自认原则上不能称之为自认,因为其并不满足"不利于己"的条件,需要区分具体情况考量对事实认定的影响,避免断章取义。

实践中有观点认为,根据《证据规定》第8条第1款规定自认排除规则,即对于涉及可能损害国家利益、社会公共利益的事实不适用有关自认的规定。而工程质量是否合格的事实属于"涉及可能损害国家利益、社会公共利益的"事实,故不能适用自认的规定。对工程质量是否合格的认定,通常不仅涉及单一的事实,故应区别查明。

也如上述,基于工程质量事实的显著特征,对工程质量事实的认定需强调客观性,对工程质量相关事实的判断往往涉及专业性较强的内容,工程质量依托工程实体存在,自然属性决定其无法被当事人的认识改变,故不能忽略对质量事实的专业性、技术性要求和对基础证据的审查。即使作为直接利益相关者的当事人对工程质量合格予以认可,但这不是对客观情况的纯粹描述,未必与客观真实相符,与其说是当事人对质量事实的自认,毋宁称为当事人对该事实状态所导致法律效果的自愿接受,是双方当事人在诉讼上的合意。[①] 诉讼证明活动本质上是一种科学探知活动,法律真实应当竭力接近客观真实,故而如果基于在案其他证据足以排斥自认的内容,亦不应径行采纳自认。

具体而言,在对生效仲裁文书、裁判文书和公证文书此类既认事实的采纳上,仍需进行初步的合理性审查,以及形式上的依据审查;在对证据内容进行分析,以及对基础事实进行查明时,需要侧重客观证据;对于事实作出的评价性判断,需以充分的客观证据为基础;对相关反证的采纳应侧重于考虑证据的客观性,宜将免证事实限缩于基本事实范畴,不宜径行以一种主观认识否定另一种主观认识。在对当事人自认事实审查时,应关注自认事实的范围和内容,对带有评价性质的事实不能轻易径行采纳,必要情况下应探究当事人自认的目的,判断是否涉及恶意串通、虚假诉讼,抑或仅是双方当事人在权利义务层面达成诉讼合意。对关乎国家利益、社会公共利益的事实,如作为重要公共场所的工程建设项目相关质量事实,依法本属可依职权调查取证的范围,应当审慎对待当事人自认。总之,在工程质量纠纷中,涉及事实层面的认定,应谨慎适用自认规则。

---

① 参见李学灯:《证据法比较研究》,台北,五南图书出版公司1992年版,第153页。

2. 工程整体(综合)验收质量与工程局部质量的区别与联系

工程质量以工程项目为载体,工程建设过程就是工程质量形成的过程。工程施工是一种现场建设,只有在工程项目实体化后,工程质量问题才可能有所体现。工程建设并非一蹴而就,各阶段流程包括:工程准备阶段、工程实施(施工)阶段、工程竣工阶段,因此,工程质量也是分段形成的。施工质量控制贯穿工程建设的整个过程。工程建设不同阶段对施工质量控制有着不同的标准和要求,工序之间既存在单一性、专门性,也体现整体性、过程性,工序之间功能迥异、操作有别却又环环相扣、承上启下。

工程质量是工序质量到分项工程质量、分部工程质量、单位工程质量的系统体现。工程建设是由一道道工序完成,上一道工序质量不合格的,则不能进入下一道工序,只有每一道工序的质量都符合要求,整个工程项目的质量才能得到保证。工程项目由分项工程、分部工程和单位工程组成,从工程项目的涵盖关系看,单项工程 > 单位工程 > 子单位工程,在单位(子单位)工程中,又包含了分项工程和分部工程,而专项工程则相对独立。分项工程质量评定是分部工程、单位工程质量评定的基础,分项工程质量不合格,分部工程、单位工程的质量也不可能合格,分项工程质量评定的正确与否直接影响分部工程和单位工程质量评定的真实性和可靠性。

工程质量纠纷中,对质量事实认定的场景复杂,法律上的事实认定并不能等同于技术上的验收评价。在逻辑关系上,局部与整体的关系自然不是简单的叠加,而是存在内在的有机联系。工程建设的目的是投入使用、实现项目的预期功能,因此关于工程局部质量的评价,也需着眼整体质量评价的要求,工程质量具有多阶段形成、过程性和多方参与的特点,但最终不能脱离整体性的要求。尽管分部、分项工程质量合格是判断工程整体质量合格的事实基础,但从实用的角度出发,竣工验收应有一定程度的容错率,即在工程整体已经经过竣工验收的情况下,如果分项、分部工程后续显现了质量瑕疵,则需综合考虑项目整体质量是否仍然能符合要求、达到安全使用的条件,由于分项、分部工程并不具备功能上的独立性,因此也不能机械地认为分项、分部工程显现质量瑕疵则可当然否定已经经过验收的工程整体质量。

3. 施工合同中工程质量与房屋买卖合同中房屋质量的区别与联系

(1)施工合同中工程质量与房屋买卖合同中房屋质量的区别

比较施工合同中的工程质量与买卖合同中的房屋质量,区别主要在于以下几点:

第一，承担质量责任的主体不同。在施工合同项下，承担工程质量责任的主体是施工人；而在买卖合同项下，承担房屋质量责任的主体是出卖人。针对商品房买卖合同，出卖人即是房地产开发企业，也是工程的建设单位。在出卖人向买受人承担质量责任后，如果责任在施工人，可以再依据施工合同向施工人主张。

第二，保修期的起始时间不同。关于建设工程的保修期，如前所述，自工程竣工验收合格之日起算。

而关于商品房的保修期，《房屋建筑工程质量保修办法》第 16 条规定："房地产开发企业售出的商品房保修，还应当执行《城市房地产开发经营管理条例》和其他有关规定。"根据《城市房地产开发经营管理条例》第 30 条和《商品房销售管理办法》第 33 条，商品房的保修期从交付之日起计算。

第三，最低保修期限不同。关于建设工程的最低保修期限，《建设工程质量管理条例》第 40 条规定："在正常使用条件下，建设工程的最低保修期限为：（一）基础设施工程、房屋建筑的地基基础工程和主体结构工程，为设计文件规定的该工程的合理使用年限；（二）屋面防水工程、有防水要求的卫生间、房间和外墙面的防渗漏，为 5 年；（三）供热与供冷系统，为 2 个采暖期、供冷期；（四）电气管线、给排水管道、设备安装和装修工程，为 2 年。其他项目的保修期限由发包方与承包方约定……"

而关于商品房，区分商品住宅和非住宅商品房，其最低保修期限有所差异。针对商品住宅，根据《商品房销售管理办法》第 33 条第 2 款，商品住宅的保修期限既不得低于质量保修书中保修期的存续期，也不得低于《商品住宅实行住宅质量保证书和住宅使用说明书制度的规定》中确定的最低保修期限。

根据《商品住宅实行住宅质量保证书和住宅使用说明书制度的规定》第 5 条的规定，各部位最低保修期限如下：①地基基础和主体结构为合理使用寿命年限；②屋面防水 3 年；③墙面、厨房和卫生间地面、地下室、管道渗漏 1 年；④墙面、顶棚抹灰层脱落 1 年；⑤地面空鼓开裂、大面积起砂 1 年；⑥门窗翘裂、五金件损坏 1 年；⑦管道堵塞 2 个月；⑧供热、供冷系统和设备 1 个采暖期或供冷期；⑨卫生洁具 1 年；⑩灯具、电器开关 6 个月。

此外，商品住宅各部位的保修期，是在房地产开发企业提供的住宅质量保证书中约定。而针对住宅质量保证书，除前述国家层面的规定外，地方层面也会颁布规范性文件、出台地方标准或示范文本等，作进一步具体要求。例如北京，既有地方标准《住宅工程质量保修规程》（DB11/T 641 – 2018），又有北京市住房建委于2020年9月印发了《北京市住宅工程质量保证书示范文本(试行)》。

而关于非住宅商品房,根据《商品房销售管理办法》第33条第3款的规定,其保修期限仅需不得低于施工单位向建设单位出具的质量保修书约定保修期的存续期,不受《商品住宅实行住宅质量保证书和住宅使用说明书制度的规定》的约束。

(2)施工合同中工程质量与房屋买卖合同中房屋质量的联系

就联系而言,房屋买卖合同中的出卖人,在施工合同中是作为建设单位。虽然出卖人需要向买受人承担质量责任,但如果质量问题的原因在于施工单位或其他承包人,出卖人可凭借建设单位的身份,向相关承包人主张权利。

而针对保修责任,就买受人能够向出卖人主张的保修责任,不会低于施工人和建设单位在质量保修书中的约定。工程质量保修责任是房屋质量保修责任的基础,而在此之上,视不同房屋类型,出卖人可能需要提供更多更全的质量保障。

4. 对当事人自行(单方和合意)委托专业机构出具的工程质量专业意见的司法审查与认定

(1)关于当事人单方委托专业机构出具的工程质量专业意见

在证据类型上,当事人自行委托专业机构出具的工程质量专业意见,属于书证,不属于鉴定意见;而在司法鉴定程序中,人民法院或仲裁机构委托的鉴定机构出具的质量鉴定报告,属于鉴定意见。

关于当事人单方委托专业机构出具的质量专业意见,相比通过鉴定程序形成的鉴定意见,其主要差距在于:①专业意见依据的材料未经质证确认。当事人自行委托专业机构出具的专业意见,由于是当事人单方委托,其依据的材料没有经过双方当事人的质证。②专业机构的选任未经商定或法定程序选定。专业机构的选任未经双方当事人的确定、人民法院或仲裁机构的选定,其中立性没有经过程序的约束。①

根据《证据规定》第41条的规定,对于一方当事人委托专业机构形成的质量专业意见,如果另一方当事人有证据或者理由足以反驳,可以申请鉴定。

而在审查当事人单方委托专业机构出具的质量专业意见时,人民法院或仲裁机构可以重点审查以下方面:

---

① 参见潘华明:《民事诉讼证据新规实战指南:规则综述与经验提炼》,人民法院出版社2020年版,第456页。

①对专业机构的资格、资质进行审查。

②对专业意见依据的证据材料进行审查。对于当事人单方委托专业机构出具的专业意见,其所依据的证据材料虽然在移交前未作质证、认证,但在对专业意见进行质证时可以弥补。如果经过质证发现,专业意见所依据的证据材料的合法性、真实性、关联性并无问题,也符合司法鉴定对鉴定材料完整性的要求,则对专业意见的科学性是很好的支撑。

③对专业意见形成过程进行审查。审查专业意见的形成过程是否符合行业规范、鉴定措施及流程安排是否合理、所得结论性意见是否符合逻辑和科学等。

④审查专业意见与案件的其他证据有无矛盾。[①]

⑤审查当事人在单方委托专业机构之前、之中、之后,有没有告知对方当事人、对方当事人有没有提出异议及异议意见是否合理等。

此外,人民法院或仲裁机构还可以鼓励当事人聘请专家辅助人出庭,通过庭审质证的方式直接验证上述审查要点,不能仅仅因为相关意见系因当事人单方委托所作出,提出异议的一方当事人即可以此为由启动司法鉴定。[②]

同时,区分质量缺陷尚未修复和已经修复的不同情形,具体认定时会有差异:对于质量缺陷尚未修复的情形,可通过现场勘验、质量鉴定等方式查明质量缺陷的原因,所以如果对方当事人在申请鉴定时,其提供的证据能够证明该质量专业意见可能存在不实之处,人民法院或仲裁机构即可考虑启动司法鉴定程序。

而对于质量缺陷已经修复的情形,难以通过现场勘验、质量鉴定等方式查明,质量专业意见作为对过去状况的记录和评估,如果一方提供的质量专业意见由具有相应资格的机构和人员作出、程序合理、方法科学,经质证对方未提出足以反驳的相反证据,且在委托专业机构时已告知对方但对方未提异议,人民法院或仲裁机构可考虑采纳。

(2)关于当事人合意委托专业机构出具的工程质量专业意见

关于当事人合意委托专业机构出具的质量专业意见,分为两种情形:一是当事人共同选定了专业机构,且明确表示受其出具的质量专业意见的约束;二是当事人共同选定了专业机构,但未明确表示受其出具的质量专业意见的约束。

---

① 参见最高人民法院民事审判第一庭编著:《最高人民法院新民事诉讼证据规定理解与适用》(上),人民法院出版社 2020 年版,第 404 页。

② 最高人民法院民事审判第一庭编著:《最高人民法院新民事诉讼证据规定理解与适用》(上),人民法院出版社 2020 年版,第 405 页。

针对第一种情形，该专业意见具有很高的证据效力。除非一方提出非常确凿充分的反对证据，否则人民法院或仲裁机构原则上不应予以推翻，或重新进行质量鉴定。根据《施工合同司法解释（一）》第 30 条，当事人在诉讼前共同委托有关机构、人员出具工程造价咨询意见，且明确表示受该意见约束的，如果一方当事人不认可该咨询意见申请鉴定的，人民法院不应允许。该规定虽然是针对造价专业意见，但对质量专业意见的认定也有参考意义。

针对第二种情形，当事人合意委托专业机构所出具质量专业意见的证据效力也强于当事人单方委托，原因在于：①该专业机构是双方共同选择的；②该专业意见所依据的证据材料一般也是双方认可的。因此，对其的审查重点主要在于对专业意见形成过程的审查，以及该意见与案件的其他证据有无矛盾。相比单方委托形成的专业意见，人民法院或仲裁机构在判断是否推翻合意委托情形下专业意见的效力或启动质量鉴定时，应当秉持更加审慎的态度。

5. 行政机关组织的工程质量事故调查报告的司法审查与认定

工程质量事故调查报告，根据《关于做好房屋建筑和市政基础设施工程质量事故报告和调查处理工作的通知》（建质〔2010〕111 号）第 4 条第 2 款，应当包括：（1）事故项目及各参建单位概况；（2）事故发生经过和事故救援情况；（3）事故造成的人员伤亡和直接经济损失；（4）事故项目有关质量检测报告和技术分析报告；（5）事故发生的原因和事故性质；（6）事故责任的认定和事故责任者的处理建议；（7）事故防范和整改措施。

《民诉法解释》第 114 条规定："国家机关或者其他依法具有社会管理职能的组织，在其职权范围内制作的文书所记载的事项推定为真实，但有相反证据足以推翻的除外。必要时，人民法院可以要求制作文书的机关或者组织对文书的真实性予以说明。"

工程质量事故调查报告，是由国家机关组织的事故调查组，严格按照《生产安全事故报告和调查处理条例》（国务院令第 493 号）、《关于做好房屋建筑和市政基础设施工程质量事故报告和调查处理工作的通知》（建质〔2010〕111 号）等文件规定的事故调查程序所形成的报告，其在性质上属于公文书证，应适用《民诉法解释》第 114 条的规定。除非有足以推翻的相反证据，否则工程质量事故调查报告所记载的事项推定为真实。必要时，人民法院可以要求事故调查组对文书的真实性予以说明。

具体审查时，就工程质量事故调查报告中的事故发生的原因、事故责任的认定，在技术层面可作为认定质量问题责任划分的依据。但是，在法律层面，质量事故调查报告是认定法律责任的重要依据，而不是唯一依据。

如在广东省中山市中级人民法院（2021）粤20民终6903号案件中，二审法院认为："生产安全事故报告和调查处理，其针对的对象是从事生产经营活动的单位，目的系落实生产安全事故责任追究制度，防止和减少生产安全事故。从调查报告的名称及内容看，其显然系专就安全生产的监管对象，即……公司在涉案事故中的责任及处理而作出的报告，其不能完全代替民事侵权法律关系中关于侵权主体和过错责任的认定，该调查报告仅应作为本案认定侵权责任主体和侵权责任的重要依据，而非唯一依据。"

第五章

建设工程质量纠纷鉴定

本章按照裁判者处理鉴定问题的一般流程，侧重对凸显建设工程质量纠纷特色的问题进行阐述。例如，强调对质量纠纷鉴定的释明，分析质量鉴定事项的主要类别，细化鉴定前的工作方案，注重鉴定意见的审查，发挥专家辅助人的作用，以及提出鉴定不能的替代性举措等。

一、鉴定的启动

在案件审理中，若待证事实涉及专门性问题，非专业人士难以作出科学、合理、权威、合乎逻辑的认定及判断，为打破"专业壁垒"给诉讼活动或仲裁活动造成的妨碍，当事人可以申请裁判者委托具备鉴定资格的鉴定人就待证事实中出现的专门性问题进行鉴别、判断，并作出书面意见，此为鉴定意见。[①] 鉴定意见形成的法定程序即为鉴定程序。鉴定程序，是指在诉讼或仲裁活动中，为查明案件事实，对案件审理过程中出现的各种专业问题，由当事人提出申请，经人民法院或仲裁机构准许，或由人民法院或仲裁机构自行决定，指派或委托具有相关专业知识的鉴定人，运用专业技术和方法，对专业问题进行科学检验、鉴别、评估和评定的活动。[②] 根据《民事诉讼法》及《仲裁法》的规定，鉴定程序的启动有两种方式：一是依当事人申请启动，二是由裁判者依职权启动。

---

① 参见王胜明主编：《中华人民共和国民事诉讼法释义（最新修正版）》，法律出版社2012年版，第147页。

② 参见朱化武、高长春、陈建永编著：《工程造价司法鉴定实务》，中国建筑工业出版社2015年版，第2页。

(一)依当事人申请启动

1. 当事人申请启动鉴定的条件与法律后果

根据《民事诉讼法》第 79 条的规定,当事人可以就查明事实的专门性问题向人民法院申请鉴定。该条确定了当事人向法院申请鉴定的诉讼权利。但是,当事人向法院申请鉴定的权利并非可以任意行使,根据《民诉法解释》第 121 条、《证据规定》第 31 条、《施工合同司法解释(一)》第 31 条的规定,向法院申请鉴定的当事人满足下列条件,才能有效启动鉴定程序:(1)申请鉴定的一方当事人应当在举证期限届满前或人民法院指定期间内申请司法鉴定;(2)申请鉴定的一方当事人应当在指定期限内预交鉴定费用;(3)申请鉴定的一方当事人应当在指定期限内向法院提交完成鉴定活动所需要的证明材料。对于仲裁程序而言,当事人申请启动鉴定的条件与诉讼程序并无实质区别,但不同的仲裁机构在其仲裁规则中可能会对相应的申请期限和材料要求等程序性事项作出不同的规定。例如,《北京仲裁委员会仲裁规则》(2022 年 2 月 1 日起施行)第 35 条、《上海仲裁委员会仲裁规则》(2022 年 7 月 1 日修订)第 45 条就对鉴定程序性事项进行了规定。

若经裁判者释明,负有举证义务的一方未在法定期间内提出鉴定申请、未缴纳鉴定费或未提交鉴定人开展鉴定活动所依赖的证据材料,应当承担举证不能的不利后果,包括对该方的主张不予认定、对该方的抗辩不予采信或驳回该方的请求等。在司法审判实践中,法院以此为由驳斥当事人提出的"原审法院未启动鉴定程序,违反法定程序"主张的情形并不鲜见,如:(1)最高人民法院(2021)最高法民申 4179 号裁定书认为:"鉴定意见认为,鉴定项目中防火涂料第三方检测报告是由再审申请人提供的,双方未进行质证,且钢结构防火涂料必须由有相应资质的第三方检测公司独立出具的检测报告才能准确鉴定其造价,故将防火涂料列为不确定的造价金额,共计 720953.27 元。根据《证据规定》第 31 条关于'对需要鉴定的待证事实负有举证责任的当事人,在人民法院指定期间内无正当理由不提出鉴定申请或者不预交鉴定费用,或者拒不提供相关材料,致使待证事实无法查明的,应当承担举证不能的法律后果'的规定,再审申请人未能提供能实现其证明目的的检材,应承担举证不能的法律后果,该鉴定意见不能证明防火涂料造价金额 720953.27 元达到高度可能性。"[①](2)最高人民法院(2021)最高法民申 6126 号

① 参见最高人民法院民事裁定书,(2021)最高法民申 4179 号。

裁定书认为:“一、二审法院在审理中均向承包人释明本案应对工程造价进行鉴定,但承包人均拒绝提出鉴定申请,其依法应当承担举证不能的不利后果。原审判决据此驳回承包人的诉讼请求,亦无不当。”①(3)最高人民法院(2020)最高法民终1321号判决书认为:“根据‘谁主张,谁举证’的举证责任分配原则,实际施工人应当提供证据证明其实际完成的工程量以及应获得的工程价款。一审中,实际施工人申请对于上述争议事项进行司法鉴定,但在人民法院指定期间内无正当理由拒不交纳鉴定费用,致使涉案增加的工程量和工程价款无法查明的情况下,应承担举证不能的法律后果,一审法院依据发包人认可的工程造价认定欠付的工程价款数额并无不当。”②

2. 当事人申请鉴定中的释明问题

由于法律认知的局限性以及证据持有状态的不平等,双方当事人所具备的诉辩能力并不相当。为了消除裁判者与当事人法律认知及当事人之间举证能力差异所带来的实质不平等,释明制度应运而生。在《证据规定》第30条第1款以及《施工合同司法解释(一)》第32条均有明确规定,其规范目的在于:一方面,借助鉴定人的专业力量协助裁判者查清案件事实,推动科学、公正裁判的产生;另一方面,避免负有举证义务的当事人滋生“拖延申请鉴定、缴纳鉴定费,寄希望于裁判者以公权力启动鉴定查明事实,从而在节约鉴定费用的基础上实现其私权利”的投机想法③,敦促其积极申请鉴定并预缴鉴定费用。

实践中,裁判者应释明的内容包括:(1)提出鉴定申请的时间;(2)相关专门性事实必须通过鉴定方式才可能得以查明;(3)如不申请鉴定、不按期申请、不及时交纳鉴定费用、不配合提供鉴定材料等,导致相关事实无法查明的,由对该事实负有举证责任或是反证责任的当事人承担不利后果。

从实现查清案件事实目的的角度来看,对于裁判者而言,“释明”更应当被定性为裁判者的“职权”,但是从《证据规定》第30条第1款以及《施工合同司法解释(一)》第32条的表述上看,“释明”之前缀有“应当”,就此而言,将“释明”解释为裁判者必须作为的“义务”更符合法条文义,由此引申的困惑是:“释明”能否视为一项法定程序必须为之?若原审法院未就申请鉴定予以释明,负有举证义务的一方当事人亦未申请鉴定的,二审法院(抑或是再审法院)是否有权以“违反法定

① 参见最高人民法院民事裁定书,(2021)最高法民申6126号。
② 参见最高人民法院民事判决书,(2020)最高法民终1321号。
③ 参见赵峰:《补充鉴定与重新鉴定的界分》,载《中国司法鉴定》2009年第2期。

程序”为由发回重审(或指令再审)?

法条中“应当释明”的表述为“释明是法官不得不遵从的义务,如若应当释明而不释明,则属于违反法定程序,则应发回重审或指令再审”,对此司法实践中的判决均有体现,如在新疆维吾尔自治区高级人民法院伊犁哈萨克自治州分院(2021)新40民终2572号民事裁定书中,法院认为“一审法院在否定案涉鉴定意见及补充鉴定意见作为定案依据情况下,未向当事人依法释明重新鉴定及相应法律后果即径行驳回其诉讼请求,剥夺了当事人重新鉴定的诉讼权利,严重违反法定程序”,并据以发回重审。[①] 但是,最高法亦有判决对此持相反的看法,其认为申请法院鉴定是诉讼当事人承担举证义务的体现,无论法院是否释明,当事人为推动自身所提出的主张成立,应穷尽所有手段完成举证义务,不得通过主张“原审法院就申请鉴定未予释明”的方式让原审法院背负基于当事人举证不能产生的负面评价,如最高人民法院(2020)最高法民申6484号裁定书认为:“本案系承包人主张停工损失,其负有举证证明责任,是否对工期申请鉴定,应由承包人自行决定,故承包人关于一二审未进行释明,程序违法的申请理由不能成立。”

上述纷争实质上是诉讼法领域争辩已久的“法院职权主义”与“当事人主义”的对峙抗衡,在此不再赘述。值得讨论的是,针对“上级法院能否以原审法院未对申请鉴定予以释明构成违反法定程序为由判令发回重审或指令再审”这一问题,无论答案是“是”还是“否”,这样极端的处理方式都会陷入逻辑不周延或保护不全面的境地:

若赋予“未对鉴定予以释明”以“违反法定程序”的性质,进而认为其具有“发回重审或指令再审”的效力,将违反《民诉法解释》第323条与《民事诉讼法》第177条的规定。根据《民诉法解释》第323条的规定,只有在“严重违反法定程序”的情形下才能够“发回重审”,且只有“审判组织的组成不合法”“应当回避的人员未回避”“无诉讼行为能力人未经法定代理人代为诉讼”“违法剥夺当事人辩论权利”的情形才属于“严重违反法定程序”,很明显“未对鉴定予以释明”不在此列,且即便法院“未对鉴定予以释明”可能产生剥夺当事人诉讼权利的后果,其剥夺的也是“举证权利”而非“辩论权利”。法院以“未对鉴定予以释明”构成“违反法定程序”为由判令“发回重审”或“指令再审”的,一定程度上超出《民事诉讼法》及司

① 参见新疆维吾尔自治区高级人民法院伊犁哈萨克自治州分院民事裁定书,(2021)新40民终2572号。

法解释限定的边界范围。

若完全否认法院以“应当鉴定而未对鉴定予以释明”为由判令“发回重审”“指令再审”的必要性与充分性，承认在“应当鉴定而未对鉴定予以释明”的情况下法院以举证不足为由不予采纳当事人的主张、直接驳回诉讼请求的合理性，将导致竭力追求实体正义并全面保障程序正义的目的落空。虽然法条对于“鉴定释明”的性质语焉不详，但是从法条在“释明”之前缀入“应当”这一表述可以看出，法条是鼓励并期待法官去积极主动地释明，因为这样一方面有助于查清案件事实，保障当事人的实体权利。另一方面有利于督促当事人尽最大可能行使举证权利，实现程序正义。如在承包人诉发包人支付工程款的诉讼中，承包人为证明工程质量合格，提交了工程竣工验收合格的证明文件；发包人认为工程质量不合格，并提供自行委托第三方出具的查验报告对工程主体结构质量不合格这一事实进行证明，但承包人对该查验报告的证据效力与证明力予以否认。在此情况下，“建设工程质量是否合格”这一待证事实陷入真伪不明状态，若要判断待证事实是否存在，需探究当事人进一步的举证效果。在此阶段，由于法官形成自由心证有赖于逻辑推理与经验法则的运用，具有浓厚的主观色彩；且由于诉讼经验的不足、法律意识的淡薄与事实认知的缺陷，针对证据的证明标准应达到何种程度才能证明待证事实的存在，当事人凭借其自身能力难以与法官保持判断趋同，其与法官之间可能存在理解偏差——当事人容易产生就所提证据足以实现证明目的的心理预期，而法官内心对该证据的评判则可能呈现截然相反的结果。具体表现为，当事人往往会对所交证据充满自信，认为所交证据能够完全证明事实的存在，但与此同时法官却在内心塑造出了待证事实真伪不明的观点与理由。若此时法官不予以释明，促使负有举证义务的一方当事人通过申请法院启动鉴定程序的方式对证据进行进一步补充、完善，而是径直以“待证事实真伪不明”“举证不能”为由驳回当事人的主张的，构成“裁判突袭”，剥夺当事人的举证权利，进而给当事人的实体权利造成实质上的不公平、增加当事人的诉累，有违诉讼诚信的要求。从这个角度看，认可法院有权依照“未对鉴定予以释明”这一情形判令“发回重审”“指令再审”，实质上是对原审法官的不释明作出否定的、负面的评价，保障当事人的辩论权，维护程序正义与实体公平。

（二）裁判者依职权启动

裁判者就启动鉴定程序行使职权的正当性既可以直接根植于当事人的意愿

(鉴定申请),也可以落脚于当事人的意思自治(鉴定释明及当事人随后的诉讼行为),还可以寻找其他的价值理念(如保障公共利益的需要)加以支撑和正当化。①《民诉法解释》与《证据规定》均从实现诉讼目的与诉讼价值的角度对法官行使职权的正当性提供了规范支持。其中,根据《民诉法解释》第121条第3款中规定"符合依职权调查收集证据条件的,人民法院应当依职权委托鉴定"以及《证据规定》第30条第2款规定,符合《民诉法解释》第96条第1款规定情形的,人民法院应当依职权委托鉴定,再结合《民诉法解释》第96条第1款的规定,裁判者依职权启动鉴定的情形包括两类:一是证明待证事实所依赖的证据属于裁判者依职权调查收集的其他证据,二是待证事实属于"裁判者认为审理案件需要的证据"。

对于仲裁程序而言,尽管《仲裁法》并未就仲裁庭依职权启动鉴定的条件进行明确规定,但在实践中,仲裁庭亦基本参照上述规定的条件进行依职权启动。

1."依职权调查收集证据"的考察

《民事诉讼法》第67条第2款与《民诉法解释》第94条第1款对"依职权调查收取证据"作出了规定,即在"当事人及其诉讼代理人因客观原因不能自行收集的其他证据"的情况下,法院应当依职权收集证据,上述情况包含"证据由国家有关部门保存,当事人及其诉讼代理人无权查阅调取""涉及国家秘密、商业秘密或者个人隐私"等情形。

虽然根据上述规定,建设工程质量纠纷案件具备上述情形时,亦可以得出裁判者应当依职权启动鉴定程序的结论,但是从实务的角度看并非如此周延。一方面,虽然建设工程实际质量状况这一事实可能会涉及国家秘密、商业秘密或者个人隐私等内容,存在"仅能由国家有关部门保存、当事人及代理人无权查阅调取"的属性,只能由裁判者依职权启动,但是在实践中这种情况并不多见;另一方面,鉴定程序本就可由当事人申请并由裁判者启动,因建设工程质量纠纷"申请启动鉴定"这一行为本身不存在任何"因客观原因不能自行申请"的困难,以至于出现需要裁判者依职权申请的紧迫性与必要性,哪怕鉴定事项涉及国家秘密、商业秘密或个人隐私,当事人申请鉴定的行为也不会对上述秘而不宣的事项带来泄密的影响。并且,除非负有举证义务的一方当事人是没有能力缴纳诉讼费的弱势群体,可能存在裁判者依职权启动鉴定并先行垫付鉴定费的必要性,但在建设工程质量纠纷中,涉及的主体多为施工企业,就算纠纷主体是实际施工人,也很难将其

① 参见曹志勋:《民事鉴定程序启动中的职权与权利配置》,载《当代法学》2021年第2期。

归类到“弱势群体”的范畴。

因此，在建设工程质量纠纷的实务中，很少存在因“证据涉及国家秘密、商业秘密或者个人隐私”“当事人及其诉讼代理人因客观原因不能自行收集证据”的事由要求裁判者依职权启动鉴定程序的情形，故“当事人及其诉讼代理人因客观原因不能自行收集证据”不构成裁判者依职权启动建设工程质量纠纷案件中的鉴定程序的正当理由。

2. 人民法院认为审理案件需要的证据的考察

虽然我国现行民事诉讼制度在大多数情况下不赞成法院依职权主动收集证据（包括依职权主动申请鉴定），但是事实发现、纠纷解决、尽力避免真伪不明认定的最终发生是所有纠纷解决机制都孜孜以求的目标，①且实践中裁判者依职权启动鉴定的案件寥寥无几，这已为学者诟病已久——“反而可能成为法官推卸查明案件事实责任的正当化理由”②“对依职权启动鉴定显得过于谨慎，甚至有些矫枉过正”③“妨碍了裁判者对于案件真相的发现”④。因此，为了平衡“当事人应对自我行为负责”的理念与“法院负有查清案件事实的职责”的要求，《证据规定》第30条第2款与《民诉法解释》第96条第1款为裁判者依职权启动鉴定开启了一个切入点，即鉴定事项涉及以下情形的，即使当事人不主动申请鉴定或经裁判者释明后仍不申请鉴定的，裁判者得依职权启动鉴定程序：

（1）涉及可能损害国家利益、社会公共利益的；

（2）涉及身份关系的；

（3）涉及污染环境、侵害众多消费者合法权益等损害社会公共利益诉讼的；

（4）当事人有恶意串通损害他人合法权益可能的；

（5）涉及依职权追加当事人、中止诉讼、终结诉讼、回避等程序性事项的。

因建设工程质量司法鉴定的启动绝大多数涉及“可能损害国家利益、社会公共利益”的事项，故在此仅对“可能损害国家利益、社会公共利益”的事由进行讨论。虽然建设工程质量关系着不特定大多数人的人身安全与财产安全，似乎落入“可能损害国家利益、社会公共利益”的制约范围成为裁判者依职权启动工程质量鉴定的正当性理由，但是工程质量问题依严重程度不同而有所区别，有的工程质

① 参见曹志勋：《民事鉴定程序启动中的职权与权利配置》，载《当代法学》2021年第2期。

② 陈如超：《民事司法鉴定中的法官行为规制》，载《法商研究》2018年第2期。

③ 王亚新：《新〈民事诉讼法〉中的鉴定：理论定位与解释适用》，载《法律适用》2013年第10期。

④ 袁中华：《论民事诉讼中的法官调查取证权》，载《中国法学》2020年第5期。

量问题仅涉及经济纠纷，比如不能满足发包人的一般使用要求或建筑物的外形观感存在常见性损伤，仅导致一般维修责任的承担或减价权的行使；有的工程质量问题严重威胁人身安全，比如结构不完善导致承重体系载力不够，产生楼体坍塌隐患，此时将导致工程无法通过正常的竣工验收。前者明显只体现发包人的私益，与“国家利益、社会公共利益”的相关性不大，不足以构成裁判者动用公共资源为其伸张正义的正当理由；后者涉及公共安全，真正体现了法律保护社会公共利益的价值取向，是法院使用公权力保护的对象。因此，裁判者在对是否应当以涉及“可能损害国家利益、社会公共利益”为由依职权主动开展鉴定进行决策时，应当以《建设工程质量管理条例》、《建筑工程施工质量验收统一标准》(GB 50300－2013)等法规、规范作为考量因素，即若发包人提供初步证据证明建设工程质量存在问题，或者裁判者根据既有证明材料可以形成“工程质量确有问题”的初步心证，且该质量问题严重到“不能满足最低限度的安全储备和使用功能时”，存在依职权启动工程质量司法鉴定的必要性；若发包人提供的证据仅能证明工程存在质量通病但不至于威胁人身安全，则不存在依职权启动鉴定的必要性。

综上所述，就待证事实涉及的专门性问题申请鉴定是当事人承担举证责任的体现，为了落实“谁主张、谁举证”这一原则对主张权利的一方当事人施加的举证负担要求，对于《民诉法解释》第 96 条第 1 款之外的事实，原则上不能依职权调查收集证据，[①]亦不允许裁判者依职权启动鉴定程序。

需要指出的是，基于仲裁意思自治程度高、仲裁裁决一裁终局的特点，虽然仲裁中依职权启动鉴定的适用空间更小，绝大多数需要鉴定的仲裁案件均以当事人申请鉴定为原则，但仲裁机构和仲裁庭也需要防范仲裁裁决被撤销的风险。依据《仲裁法》第 58 条第 3 款的规定，仲裁裁决违背社会公共利益的，人民法院应当予以撤销。

(三)启动鉴定的必要性、可行性审查

虽然除《民诉法解释》第 96 条第 1 款规定的情形外，几乎所有鉴定程序的启动都遵循“不告不理”的原则，即当事人不申请鉴定，裁判者绝不启动鉴定，但启动鉴定程序并非仅以当事人的意志决定，还需由裁判者根据鉴定申请审核确定最终是否准许。若存在裁判者认为当事人提交的现有证据足以认定的事实，没有通过

---

① 参见江必新：《关于理解和适用新民事证据规定的若干问题》，载《法律适用》2020 年第 13 期。

鉴定程序查清的必要、鉴定对象已经不存在或凭借现有技术手段无法通过鉴定的方式查清事实等情形,则裁判者有权不同意当事人的鉴定申请。在决定是否启动鉴定程序之前,裁判者需结合案件事实、现有证据的证明力判断待证事实是否只能通过鉴定程序这个唯一手段才能查清,以及启动鉴定的前提条件是否具备,此为启动鉴定的必要性审查与可行性审查。

1. 工程质量鉴定启动的必要性审查

针对当事人提出的鉴定申请,裁判者须对鉴定程序启动的必要性进行审查。主要从四个方面考量:第一,鉴定事项是否与待证事实具有关联性;第二,鉴定事项对待证事实是否具备证明意义;第三,当事人提交的证据是否达到足以启动鉴定的证明标准;第四,鉴定事项是否属于非专业人员所能判断的专门性问题。

(1)鉴定事项是否与待证事实具有关联性

《民诉法解释》第121条第1款规定:"当事人申请鉴定,可以在举证期限届满前提出。申请鉴定的事项与待证事实无关联,或者对证明待证事实无意义的,人民法院不予准许。"《最高人民法院关于人民法院民事诉讼中委托鉴定审查工作若干问题的规定》"对鉴定事项的审查"中规定:"严格审查拟鉴定事项是否属于查明案件事实的专门性问题,有下列情形之一的,人民法院不予委托鉴定:……(2)与待证事实无关联的问题……"关联性是判断当事人提交的证明材料是否具备证据资格、是否具有证明力进而能否作为裁判依据的评定标准,鉴定事项为证明待证事实而产生,基于鉴定事项所形成的鉴定意见作为法定的证据形式之一,必须要与待证事实具备关联性。此处的"关联性"是指鉴定事项对待证事实存在某种最低限度的联系,即它有某种证明待证事实存在与否的可能或倾向,且所指向的待证事实必须是能够决定案件结果的事实。若鉴定事项与待证事实欠缺关联性,即便是超越经验常识与一般法律的"专门性问题",裁判者也不应当启动鉴定程序,因为这对裁判者查明待证事实无帮助,反而混淆视听,冲淡裁判者的调查主题。①

为了减少讼累成本,提高诉讼效率,实现以最少的诉讼耗费取得最大的诉讼效益的目的,判断启动鉴定程序是否具有必要性,还应当将"鉴定事项是否属于当事人争议的范围"纳入考量范畴,此为《施工合同司法解释(一)》第31条"当事人对部分案件事实有争议的,仅对有争议的事实进行鉴定,但争议事实范围不能确

① 参见陈如超:《法院的委托鉴定工作及其规范化——基于〈关于人民法院民事诉讼中委托鉴定审查工作若干问题的规定〉的分析》,载《证据科学》2021年第1期。

定，或者双方当事人请求对全部事实鉴定的除外”所要求的内容，该条实质上体现了法院对启动鉴定程序的谦抑态度：不鉴定即可查清事实的，不应进行鉴定；对部分事实进行鉴定即可查清事实的，不应对全部事实鉴定。[①] 比如，发、承包双方已就工程价款按照固定总价计取作出了明确约定，即使竣工后在固定总价所涵盖的工程范围之外存在增加工程量的，也应当在工程增量的范围内启动鉴定程序，而不应对整体工程量进行鉴定。再如，以挂靠的方式签订的建设工程施工合同中，承包人以发包人未按约付款导致停工为由要求发包人赔偿停窝工损失并申请损失鉴定的，由于法律规定无效的挂靠合同无从产生可得利益，因此可得利益的有无不属于当事人的争议事项，停窝工损失的鉴定亦不应包括可得利益的鉴定；又如，发、承包双方仅对因渗水而导致墙皮剥落这一质量问题产生争议，那么鉴定范围就不应当包括对主体结构的质量问题进行鉴定。

（2）鉴定事项对待证事实是否具备证明意义

《最高人民法院关于人民法院民事诉讼中委托鉴定审查工作若干问题的规定》第 1 条规定：“严格审查拟鉴定事项是否属于查明案件事实的专门性问题，有下列情形之一的，人民法院不予委托鉴定：（1）通过生活常识、经验法则可以推定的事实……（3）对证明待证事实无意义的问题……（5）通过法庭调查、勘验等方法可以查明的事实……”虽然鉴定事项具备关联性是启动鉴定程序的前提条件，但是鉴定事项仅具备关联性，不足以产生启动鉴定程序的必要性。因为“关联性”仅指鉴定事项与待证事实存在最低限度的微弱联系，因此鉴定事项不一定对待证事实体现出很强的甚至一般的证明力，具备关联性的鉴定事项亦可能落入“对待证事实无意义”的范畴，即待证事实不是非通过鉴定程序才能查清，客观上不能排除以其他低诉讼成本方法查明案件事实的可能性，则鉴定事项对待证事实无证明意义的，在此情形下，固然不存在启动鉴定的必要。

具体而言，当事人已提交证据呈现出来的证明效果和裁判者在庭审或调查阶段所了解到的基本事实或裁判者根据法律规定、生活常识或日常经验所实施的运用推理，足以使裁判者在内心就待证事实的实际存在产生高度确信的，此时待证事实不属于非经鉴定程序才能查清不可的事实，即使鉴定事项与待证事实具备关联性，也没有启动鉴定程序的必要。比如，竣工验收报告已经加盖监理人、设计

① 参见最高人民法院民事审判第一庭编著：《最高人民法院新建设工程施工合同司法解释（一）理解与适用》，人民法院出版社 2021 年版，第 318 页。

人、勘察人以及发包人的公章，凭借监理人、设计人、勘察人的盖章，足以认定竣工验收报告的真实性，并得出工程经竣工验收合格的结论，此时发包人以“发包人加盖的印章不是真实公章”为由申请公章真伪鉴定的，对待证事实无意义。再如，发承包双方在诉讼前已就工程价款与工程量形成合意，依据《施工合同司法解释（一）》第29条之规定，一方再申请工程造价鉴定的，不予准许。

（3）当事人提交的证据是否达到足以启动鉴定的证明标准

民事诉讼中的证明标准由高到低排序，可分为五类：第一，排除合理怀疑，适用于涉及欺诈、胁迫、恶意串通、口头遗嘱或赠与的待证事实的证明；第二，高度可能性，适用于实体事项的本证证明；第三，优势盖然性，适用于程序事项的证明；第四，真伪不明，适用于实体事项的反证证明；第五，低度盖然性，适用于原告所需要完成的初步证明。[①] 出于提高裁判效率、降低诉讼成本、防止当事人违背诚信原则滥用权利的考虑，当事人仅就待证事实提出主张或对待证事实进行否认，而未提供相应初步证据，或提出的初步证据未达到足以启动鉴定程序的证明标准，即径直提起鉴定申请的，这种情形难以说服裁判者启动鉴定程序。

在承包人提供证据证明工程经竣工验收合格的情况下，根据《民法典》第799条第1款及《施工合同司法解释（一）》第14条的规定，裁判者有理由对“建设工程质量合格”这一待证事实的存在产生高度确信，若发包人仅否认“建设工程质量合格”这一待证事实，却未能提供相应证据证明“建设工程质量不合格”，或发包人提供的证据仅能证明“使用部分质量不符合约定”，但不足以与“地基基础工程和主体结构质量不合格”产生一定程度的关联性，则难以推翻裁判者根据竣工验收合格报告，或者发包人实际使用工程的事实所产生的“建设工程质量合格”的心证，无法说服法官启动鉴定程序是必要的。也就是说，司法鉴定的启动前提是一方当事人提供初步证据达到足以使法官对待证事实的心证发生动摇、或认为待证事实“存在比不存在更有可能”的程度，才能起到抛出初步证据的“砖”从而引出司法鉴定结论的“玉”的效果。例如，最高人民法院（2020）最高法民终982号案件中，法院认为：“因发包人未提供证据证明案涉工程的地基基础工程和主体结构存在质量问题的初步证据，且质量监督部门已经对工程质量作出质量监督检查，案涉工程实际使用并网发电近四年时间，结合现场勘察情况，一审法院对发包人提出的对案涉工程质量进行鉴定的申请未予准许，并无不当。发包人关于一审法院

---

① 参见邵明、李海尧：《我国民事诉讼多元化证明标准的适用》，载《法律适用》2021年第11期。

未支持其鉴定申请、程序违法的上诉主张,理据不足,不予支持。”又如,新疆维吾尔自治区高级人民法院(2021)新民终323号判决书认为:“关于质量鉴定,因案涉工程属于未完工工程,尚未进行竣工验收,但承包人提交了混凝土灌注桩钢筋隐蔽工程、进场材料报验、土地工程报验等监理验收记录,经监理单位确认,证明承包人完成的工程符合监理验收标准,且发包人并未就案涉工程存在质量问题提交初步证据,一审法院对其质量鉴定的申请未予准许并无不当。”

(4)鉴定事项是否属于非专业人员所能判断的专门性问题

《民事诉讼法》第79条已经将鉴定对象限定于“专门性问题”,即仅凭审判人员的直观、直觉或者逻辑推理无法作出肯定或者否定的判断,必须依法运用科学技术手段或者专门知识进行鉴别和判断才能得出正确结论的问题。[①] 之所以强调鉴定事项必须框定在“专门性问题”的范畴内,是因为长期以来形成的“以鉴代审”现象已为当事人与社会大众所不满。“以鉴代审”往往体现在以下方面:①裁判者将不涉及专业知识的争议事实或法律适用杂糅在鉴定事项中一并提交鉴定;②裁判者很少对鉴定意见持辩证怀疑的态度而是偏听偏信;③裁判者过于崇拜鉴定意见的权威性而对当事人提出的异议不置可否甚至不以为然;④裁判者没有能力较好地运用规律以及经验法则对鉴定意见进行有效的判断。若考究“以鉴代审”所带来的不利影响,从微观角度来看,“以鉴代审”破坏个案公平——其剥夺了当事人进一步的举证权利、辩论权利与异议权利,损害程序正义,且若裁判者在主观上不加判断或在客观上无从判断而直接对存在瑕疵的鉴定意见予以认定,将对当事人的实体权利造成实质上的不公平;从宏观角度来看,“以鉴代审”污染诉讼程序应具备的廉洁性、公正性——其不仅刺激诉讼参与人寻租,还异化司法审判职能(司法审判活动失去独立性和公正性),甚至毁掉司法公信力(所有的民事诉讼程序和救济方法形同虚设)。[②] 因此,为了避免上述不利后果现实化,必须要在鉴定程序的启动阶段采取慎重的态度,将鉴定事项是否属于“专门性问题”的判断纳入鉴定必要性的考量范围。

上述四个考量角度体现了为提高诉讼效率、实现鉴定资源的优化配置、降低当事人讼累、防止诉讼当事人推卸举证责任而作出的价值选择,是认定启动鉴定

---

① 参见陈如超:《法院的委托鉴定工作及其规范化——基于〈关于人民法院民事诉讼中委托鉴定审查工作若干问题的规定〉的分析》,载《证据科学》2021年第1期。

② 参见孟勤国:《司法鉴定规则应重在规范法官行为——最高法院(2011)民一终字第41号判决书研读》,载《法学评论》2013年第1期。

程序具有必要性并正当启动鉴定程序的充分必要条件。若任一考量角度所要求的条件不具备，则无启动鉴定程序的必要性，裁判者应驳回当事人的鉴定申请。

2. 工程质量鉴定启动的可行性审查

“可行性”，是指鉴定程序得以顺利开展并成功产生鉴定意见所依赖的客观因素反映出的具体状态。鉴定程序的启动需满足可行性原则，即鉴定事项应当属于能够通过鉴定程序得出鉴定意见的事项。判断工程质量鉴定程序的启动是否具备可行性，应当从以下两个角度进行考察：一为鉴定事项所依赖的鉴定技术和方法是否具备科学可靠性；二为鉴定对象在客观上是否存在。

（1）鉴定事项所依赖的鉴定技术和方法是否具备科学可靠性

《最高人民法院关于人民法院民事诉讼中委托鉴定审查工作若干问题的规定》第 1 条第 2 款中规定：“拟鉴定事项所涉鉴定技术和方法争议较大的，应当先对其鉴定技术和方法的科学可靠性进行审查。所涉鉴定技术和方法没有科学可靠性的，不予委托鉴定。”可见，在启动鉴定程序之前，法院应当优先审查鉴定技术和方法是否具备科学可靠性，审查内容应着重强调专家检验或鉴定所依据的原理和方法是否具有科学有效性（效度）和科学可重复性（信度），以及科学原理和方法是否得以正确适用等两个方面。①

（2）鉴定对象在客观上是否存在

鉴定意见是指专业鉴定人员运用科学的、可靠的、稳定的、可以反复对照论证的技术、方法和手段，针对通过当事人的举证以及法官凭借生活常识、经验法则、专业推理及逻辑演绎无法查明的争议事项，进行分析、鉴别、检测、判断并得出的科学结论。鉴定对象是构成争议事项的客观物质基础，要查明争议事项，对鉴定对象进行物质提取、外部观察、客观感知、化学检验、数据测量、建模分析等是必不可少的行为，也是据以作出鉴定意见的前提条件。从应然的角度讲，鉴定意见所确定的事实，真实地反映和揭示了被鉴定对象（人、事、物）的本来面貌，不因鉴定的客观条件的差异（鉴定仪器、设备、方法、资料条件）而对鉴定对象的认识产生偏颇。②

因此，一方面，若鉴定意见赖以作出的鉴定对象不存在，鉴定意见就变成无源之水、无本之木，其真实性、可靠性与可信度无从确认；另一方面，对于鉴定人员而

---

① 参见刘晓丹：《科学证据可采性规则研究》，载《证据科学》2012 年第 1 期。

② 参见何家弘、刘晓丹：《论科学证据的采纳与采信》，载《中国司法鉴定》2002 年第 1 期。

言，要求其针对缺乏鉴定对象的争议事项进行鉴定的，鉴定人员会陷入“巧妇难为无米之炊”的困境，即使勉为其难作出了鉴定意见，也是不切实际的臆断与猜想，难以保证鉴定意见的客观性与准确性。比如，针对业已修复完毕、可正常使用的路面就原先施工产生的缺陷问题申请鉴定的，由于缺陷问题这一鉴定对象已被历史的修复行为覆盖，故申请鉴定不具备可行性。又如，针对无客观文字或双方签字认可的签证文件记录的土方挖掘数量、弃土运输距离申请鉴定的，由于挖掘、运输是动态的行为，已经随着时间的流逝而难觅踪迹，若缺乏相应有效文件的确认，鉴定人员难以对过去消亡的行为进行鉴定，故申请鉴定不具备可行性。例如，青海省高级人民法院(2017)青民再51号判决认为：“本案中，劳务承包人原审时未申请工程量鉴定，其鉴定申请已经超过举证期限，且案涉工程已经施工完毕，无法区别部分路段是否人工开挖，对劳务承包人的鉴定申请不予准许。”再如，最高人民法院(2018)最高法民申6009号裁定认为：“一审期间，一审法院曾根据承包人申请，委托鉴定机构对案涉工程外墙砖脱落原因进行鉴定，但因该工程发生脱落情况的砖均已被拆除，现场已完成修复。鉴定人无法勘验原砖施工情况，进而无法分析砖的脱落与工程主体结构间是否存在因果关系。鉴定机构无法鉴定，予以退回。法院最终认为，因案涉工程外墙砖脱落原因不具备鉴定条件，本案其他证据尚不足以证明案涉工程外墙砖脱落系当年承包人就地基基础和主体结构施工存在质量缺陷所致。”

需要指出的是，针对鉴定对象不存在的待证事实，虽然原则上无法通过鉴定程序查清案情，但是一般理性人通过正常推理、逻辑演绎与专业经验可以认定待证事实确实存在，只是无法确定相应的数量。例如，法官结合当事人陈述与审判经验，从地质勘查报告与施工现场毗邻环境可以认定基坑边坡支护工程是必要的也是确实发生过事项，只是双方都难以提供证据证明基坑边坡支护工程实际的工程量，出于充分保障实质公平的考虑，法官一般不会适用举证分配规则驳回承包人计取边坡支护工程款的诉讼请求，而是谨慎征询专家辅助人或鉴定人的意见，组织当事人问话，结合案件其他相关事实并根据类似案例提炼出的，符合行业普遍预期的客观标准作出判断，得出边坡支护工程款合理数额的结论。

如前所述，审查建设工程质量鉴定启动必要性的目的在于实现诉讼经济与诉讼高效的同时，提防法院以鉴代审并避免当事人推卸举证责任；审查建设工程质量鉴定启动可行性的目的在于保证鉴定意见的科学性、真实性、可靠性与可信赖性，这是实现程序正义与实体正义的共同要求，故对启动建设工程质量鉴定程序的必要性审查与可行性审查应统筹兼顾,不可偏废。

二、鉴定的一般流程

鉴定的程序,关系到纠纷的实体审理,也涉及程序的正义和效率。通常而言,鉴定(司法鉴定及仲裁鉴定在一般流程上并无实质性区别,下文将统一介绍一般流程,如遇区别将分别介绍)的一般流程如图 5－1 所示:

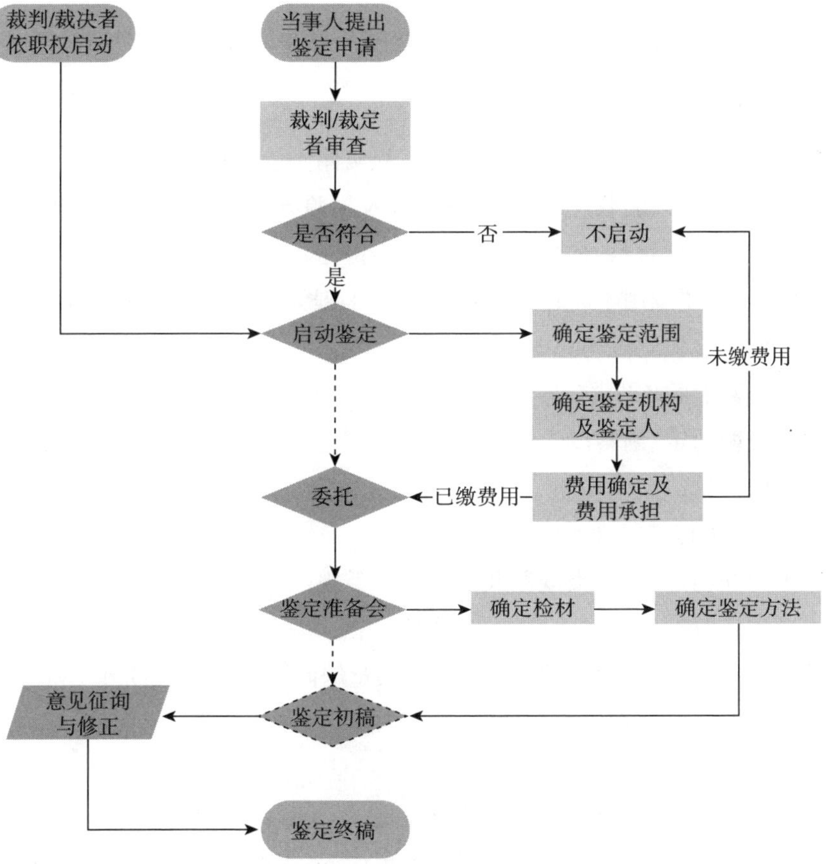

图 5－1　鉴定程序的一般流程

如图 5－1 所示,在鉴定程序的启动环节,分为当事人申请启动以及裁判者依职权启动两种情形,在当事人申请启动的情形下,裁判者将根据审查结果作出不启动或者启动鉴定的决定;在裁判者依职权启动鉴定的情况下,可直接启动鉴定程序。在鉴定程序启动后,裁判者需要首先确定一系列相关事项,包括鉴定事项、鉴定范围、鉴定机构及鉴定人、鉴定费用及费用承担的确定;在相关事项确定完成并且当事人缴纳了相关费用后，将正式进行鉴定机构及鉴定人的委托，并组织各方当事人及鉴定机构召开鉴定准备会或鉴定协调会，在该次会议中，确定提交鉴定的检材、鉴定的方法等鉴定相关事项。完成上述环节后，鉴定机构即开始进行相关鉴定工作，并根据裁判者的要求视情况作出相关的鉴定意见初稿。鉴定意见初稿经征询意见后，作出最终的鉴定终稿。

以下结合工程质量纠纷鉴定程序的重点环节进行介绍。

（一）确定鉴定事项

1. 工程质量鉴定事项的主要类别

（1）材料、构配件、设备、性能指标、工程实体质量检验

依据合同约定、验收类标准、产品规范及检验方法类标准的规定，通过检验检测来评定建设工程材料、构配件、设备、性能指标、工程实体的质量，给出是否符合标准的结论，主要应用于新建工程或未完工工程无法通过验收时的情形，该类检验工作应由检验检测机构完成。

（2）勘察设计成果质量鉴定

依据合同约定、勘察设计类标准规范等规定，通过验算分析等方式鉴定勘察设计成果的质量。

（3）建设工程可靠性鉴定

依据合同约定、鉴定类规范及勘察设计类规范的规定，通过检验检测、验算分析及综合评定对建设工程的可靠性（含安全性、使用性）进行鉴定，按照规范要求给出鉴定结论，主要应用于建设工程发现质量缺陷、损伤，外力或外部环境变化时导致建筑物的可靠性发生改变时的鉴定，如建筑结构用混凝土强度低于设计要求时进行安全性鉴定。

（4）建设工程质量问题成因等专项鉴定

一般来说，确定鉴定委托时可考虑以下内容：工程质量问题是否存在；工程质量问题的形成原因；工程质量问题是否影响安全性、耐久性、适用性、观感、环境健康等；是否可以修复；以及具体修复建议。

在这其中，针对“工程质量问题的形成原因”的委托鉴定又称成因鉴定，是依据合同约定、标准规范的规定，通过检验检测、验算分析、实验模拟等方式，对建设工程质量问题或特定要求所进行的一系列鉴定活动。工程质量问题的成因非常复杂，通常需要对勘察质量、设计质量、施工质量、材料质量，以及使用维护管理等

进行鉴定分析,也包括对标准规范是否存在问题进行说明,此类鉴定对鉴定机构的能力要求最高。

2. 工程质量鉴定的范围确定

实务中,往往混同使用“鉴定范围”与“鉴定事项”。根据《施工合同司法解释(一)》第31条的规定,“有争议的事实”即为鉴定范围,而鉴定事项仅为申请人提出需要鉴定的具体事项。鉴定事项是基于鉴定范围对于争议问题涉及的专业知识,裁判者无法依据法律知识、生活经验、日常逻辑等予以区别、分辨,由负有举证责任的一方提出鉴定申请,从而启动鉴定程序委托鉴定机构依赖其专业技术、能力给出专业意见的具体问题。从概念的外延角度考虑,鉴定范围包含鉴定事项。故,裁判者对于超出鉴定范围的鉴定申请或者对于鉴定机构超出委托事项的鉴定意见,均被认定为超出裁判者允许的界限。

如何根据争议事实确定鉴定事项及范围,目前尚未有统一明确的规定。若裁判者不对鉴定范围进行确定,将可能导致鉴定事项不清、鉴定机构超范围鉴定、鉴定费用难以准确计算等问题。因此,在鉴定程序启动阶段,准确判断鉴定范围,系鉴定程序的核心事项。同时需注意的是,根据《施工合同司法解释(一)》第31条的规定,通常情况下,双方无争议的部分不得进入鉴定程序。因此,对于鉴定范围的确定而言,同前文所述的鉴定启动条件,包括两个基本途径:(1)依当事人申请;(2)裁判者依职权确定。具体如下:

(1)依当事人申请

当事人就建设工程质量等事实的专门性问题发生争议的,应当向裁判者提交书面申请。一份合格的鉴定申请书应当包括鉴定目的、鉴定事项、鉴定依据等基本内容。

由于建设工程质量鉴定多数在工程处于完成阶段或使用阶段开展,这时往往工程已全部或部分完工。如开发商毛坯交付的商品房,经业主装修后,主体结构发生了裂缝,其产生的原因就是多方面的,除去外部影响,如冲击、震动、人为破坏等,其工程内因就有材料质量缺陷、施工工艺、方法问题等。对于当事人而言,在提出鉴定申请的同时,应当完成初步举证:其一,初步证明待鉴事项客观存在或待鉴事项外观存在;其二,初步证明该事项为专业问题,有必要启动鉴定程序。如果当事人申请工程质量问题鉴定,申请方应当举证证明案涉工程确实存在质量缺陷,只是该等质量问题需要经过专业技术判断,此时启动鉴定程序对于当事人双方的程序权利保护是合理和高效的,否则容易使案件陷入程序拖延。

值得注意的是，对于当事人是否可以分阶段提出不同的鉴定事项问题。《证据规定》第31条第1款规定："当事人申请鉴定，应当在人民法院指定期间内提出，并预交鉴定费用。逾期不提出申请或者不预交鉴定费用的，视为放弃申请。"但在实务中，基于鉴定事项的递进关系以及鉴定成本的考虑，当事人并未就多个鉴定事项一并提出鉴定申请，而是分阶段提出申请。例如，在商品房质量纠纷仲裁案中，申请人要求被申请人对质量房屋进行修复以及承担赔偿责任。基于该主张，申请人应当举证证明房屋存在质量问题以及具体的修复方案及修复费用。由于具体的修复方案以及修复费用鉴定的前提需要证明房屋存在质量问题，因此对于房屋质量问题的鉴定结果对后续的鉴定存在决定性作用。基于鉴定成本或者聚焦鉴定范围的考虑，当事人可能考虑对鉴定范围做不同处理。此类情况下，是否会以超出逾期提出鉴定申请而导致不予鉴定的情况？对此问题，根据《民事诉讼法》第68条第2款的规定，在诉讼过程中，对于逾期提交的证据并非采用否定性的评价，而是视实际情况决定是否采纳。对仲裁程序而言，其对于程序的适用相较于诉讼更加灵活，国内各家仲裁机构在其仲裁规则中均规定了对于逾期提交的证据仲裁庭有权决定是否接受。①

(2)依职权确定

在确定鉴定范围阶段，裁判者需依职权确定的事项包括：①对当事人申请的鉴定范围进行的决断；②对依职权启动的鉴定所涉鉴定范围的确定。

尽管基于"谁主张，谁举证"这一举证规则，鉴定范围的明确一般属于当事人的义务，但对于是否采纳当事人的申请，仍需裁判者基于案件实际情况进行相应的判断。值得说明的是，相对于诉讼程序，在国内以机构仲裁模式的仲裁程序中，负责实体审理的仲裁庭与负责程序管理的仲裁机构之间的职责往往分离，一般而言鉴定范围一般由仲裁庭进行确定，而鉴定机构的委托则由负责程序管理的仲裁机构负责。

(3)鉴定范围应当根据客观情况及时调整

建设工程质量问题成因较为复杂，鉴定开始时的当事人申请及裁判者确定的鉴定范围，只是根据质量问题的表象和自身的经验，对可能导致质量问题的原因进行推测，这个推测的范围既可能涵盖了真实的原因，也可能未涵盖，因此，在鉴定过程中，一般不宜确定较为宽泛的鉴定范围，而应根据具体情况对鉴定范围进

① 参见《北京仲裁委员会仲裁规则》(2022年2月1日起施行)第33条第2项规定。

行及时调整。

这个调整既可能是扩大鉴定范围，亦可能是缩小或改变鉴定范围。例如，在房屋渗水鉴定中，因为水“无孔不入”的特性，真正的渗漏源与墙体表面的湿渍极有可能不在一处，出于经济原则的考虑，一般会从渗水点周边是否存在可能渗漏的上下水管线及门窗，是否存在结构裂缝等方面进行检查，但当上述方法均无法查明渗水原因时，可能鉴定范围就会扩大至是否防水层有破损，甚至是混凝土密实度是否合格等问题。反之，比如在砖砌体结构检测中，本拟作砖砌体强度检测，但鉴定机构在检测过程中发现施工单位没有按设计要求放置拉结筋，必须返工，此时继续做砌体强度检测已毫无意义，从而缩减鉴定范围。

（二）确定鉴定机构

1. 鉴定机构的资质

建设行政主管部门、司法行政主管部门等对建设工程质量鉴定机构资质管理规定如下：

（1）建设行政主管部门的资质管理

《计量法》第 22 条规定：“为社会提供公证数据的产品质量检验机构，必须经省级以上人民政府计量行政部门对其计量检定、测试的能力和可靠性考核合格。”《建设工程质量检测管理办法》（2015 年修正）第 3 条规定“国家建设主管部门负责对全国质量检测活动实施监督管理，并负责制定检测机构资质标准。省、自治区、直辖市人民政府建设主管部门负责对本行政区域内的质量检测活动实施监督管理，并负责检测机构的资质审批。市、县人民政府建设主管部门负责对本行政区域内的质量检测活动实施监督管理”。可见，我国对建设工程质量检测检验机构实施强制性的行业资质管理制度。

申请建设工程质量检测资质的机构应具有与所申请检测资质范围相对应的检验检测机构资质认定证书（China Inspection Body and Laboratory Mandatory Approval，CMA），检验检测机构资质认定证书的附表中载明了检验检测机构的能力范围。根据《检验检测机构资质认定管理办法》第 2 条第 2 款的规定，资质认定是指市场监督管理部门依照法律、行政法规规定，对向社会出具具有证明作用的数据、结果的检验检测机构的基本条件和技术能力是否符合法定要求实施的评价许可。取得该资质认定的机构即取得检验检测机构资质认定证书，许可使用 CMA 标志，在许可范围内依照《计量法》《计量法实施细则》《标准化法》《检验检测机构资质认定管理办法》《检验检测机构资质认定评审准则》的相关规定开展活动，保证检验检测结果具有法律效力及可追溯性。出具检验检测报告须在报告封面加盖 CMA 印章，作为报告有效的标识。

需要说明的是，市场监管总局《关于进一步推进检验检测机构资质认定改革工作的意见》（国市监检测〔2019〕206 号）中规定："对于仅从事科研、医学及保健、职业卫生技术评价服务、动植物检疫以及建设工程质量鉴定、房屋鉴定、消防设施维护保养检测等领域的机构，不再颁发资质认定证书。已取得资质认定证书的，有效期内不再受理相关资质认定事项申请，不再延续资质认定证书有效期。"根据该项规定，全国多地陆续不再受理建筑工程质量专业检验检测的资质认定申请或延续，主要表现为限制工程现场检验检测的资质认定申请或延续。

在建设工程质量检验检测领域，由国家认证认可监督管理委员会（CNCA）批准设立并授权的中国合格评定国家认可委员会（China National Accreditation Service for Con－ formity Assessment，CNAS）也可根据《认证认可条例》的规定，开展负责对认证机构、实验室和检验机构等相关机构的认可工作。所谓认可，是指由认可机构对认证机构、检查机构、实验室以及从事评审、审核等认证活动人员的能力和执业资格，予以承认的合格评定活动。与建设工程质量检测有关的认可证书主要有 CNAS 检验机构认可证书、CNAS 实验室认可证书、能力验证提供者认可证书等。《认证认可条例》第 7 条第 1 句中规定："国家鼓励平等互利地开展认证认可国际互认活动。"第 18 条规定："任何法人、组织和个人可以自愿委托依法设立的认证机构进行产品、服务、管理体系认证。"由此可见，CNAS 认可证书并非国家强制取得。

因此，建设行政主管部门对建设工程质量检验检测机构实施强制性的行业资质管理，但是建设工程质量鉴定尚无相应的资质管理。

（2）司法行政部门的行业管理

根据《全国人民代表大会常务委员会关于司法鉴定管理问题的决定》第 2 条的规定，我国对从事"法医类、物证类、声像资料、其他应登记管理的"司法鉴定业务的鉴定人和鉴定机构实行登记管理制度。2005 年、2007 年司法部陆续出台《司法鉴定人登记管理办法》《司法鉴定机构登记管理办法》《司法鉴定程序通则》等文件，对司法鉴定的机构和鉴定人的资格、委托与受理、实施、意见书的出具、出庭作证等作出原则性规定。

司法部又先后出台《关于建立司法鉴定管理与使用衔接机制的意见》《关于严

格依法做好司法鉴定人和司法鉴定机构登记工作的通知》,明确我国对从事"法医类、物证类、声像资料、环境损害司法鉴定"的鉴定人和鉴定机构实行登记管理制度。上述《关于严格依法做好司法鉴定人和司法鉴定机构登记工作的通知》中要求推进"四类外"鉴定人、鉴定机构规范整改工作,对没有法律依据,拟申请从事"四类外"鉴定的机构和人员,一律不予登记,对已登记从事"四类外"鉴定的鉴定机构鉴定人,要依法坚决注销登记。至此,只有法医类、物证类、声像资料和环境损害四类鉴定由司法行政部门统一登记管理,其他鉴定事项不属于司法行政部门统一登记管理范围。

(3)法院鉴定机构名册管理

目前,各地法院主要对建设工程质量鉴定机构执行"对外委托社会机构名册"登记管理,对外委托名册是指根据审判执行工作需要,通过事前集中审查,将自愿报名并符合一定条件的鉴定机构、鉴定人分门别类编制成册,方便当事人协商和人民法院随机选择,以减少对外委托工作的随意性和盲目性,有利于提高审判执行工作质效。由于缺乏明确的法律、行政法规,法院执行名册制在鉴定机构资格审查准入及行为准则管理方面等存在一定的争议。

最高人民法院办公厅在《关于北京市司法局就登记管理的鉴定机构均进入北京法院专业机构名册意见的复函》(法办函〔2019〕604 号)中明确指出"为保证审判执行工作质量,各级人民法院应当加强对鉴定机构鉴定人专业能力、业务水平、规范管理、诚信执业等情况的审查,择优选择符合审判执行工作需要的鉴定机构鉴定人,没有必要也没有义务将所有专业机构纳入人民法院对外委托名册。此外,对外委托名册只是人民法院开展委托鉴定工作的使用名单,并非行政许可,没有进入人民法院对外委托名册的各类社会中介机构,仍然可以接受公安、检察、行政机关、当事人等社会各界的委托,并不影响其执业"。该复函明确表达了法院实施"对外委托社会机构名册"并非行政许可,实务中也可委托名册外的鉴定机构。

(4)仲裁中的鉴定机构名单管理

基于仲裁自身的特性和各仲裁机构运行的现状,各仲裁机构对鉴定机构名单管理持不同的态度。实践中主要有以下三种情形:第一种情形为仲裁机构设立自身的鉴定机构目录,当事人共同选定鉴定机构或者仲裁庭指定鉴定机构时,原则上应在鉴定机构目录中确定,除非存在目录中无所需类别的鉴定机构或者不适宜在鉴定机构目录中确定鉴定机构的情况。东营仲裁委员会委托鉴定的流程与法院委托鉴定流程类似,即由仲裁委某个部门负责仲裁鉴定委托工作,东营仲裁委员会为此制定《东营仲裁委员会委托鉴定工作规定》，并建立了《综合类鉴定机构名录、委托评估机构备案名录》。第二种情形为仲裁机构设立鉴定机构备选名录，仲裁庭接受当事人的鉴定申请或者依职权启动鉴定后，当事人可以在备选名录中共同选定鉴定机构，也可以在备选名录外共同选定具有资质的鉴定机构，仲裁庭指定鉴定机构也是如此操作，比如常州仲裁委员会即是如此操作。第三种情形为仲裁机构不单独设立鉴定机构目录，或是参照法院鉴定机构目录，或是由仲裁庭指定或者当事人共同选定具有资质的鉴定机构。此种情形是众多仲裁机构的操作方式，比如中国国际经济贸易仲裁委员会、北京仲裁委员会、上海仲裁委员会等。

综上，现阶段建设工程质量鉴定机构在建设工程领域及司法行政领域均无行业资质要求。建设工程质量检测鉴定应用于诉讼、仲裁领域时，应做到工程科学与法学的有效结合，因此，应根据鉴定事项选择鉴定机构。如开展质量评定时选择具有相应检验检测机构资质认定证书（CMA）或检验机构认可证书的检验检测机构，开展事故调查时宜选择具有勘察、设计、施工、检验检测资质的综合性机构。

2. 确定鉴定机构的程序与方法

《证据规定》第 32 条第 1 款规定："人民法院准许鉴定申请的，应当组织双方当事人协商确定具备相应资格的鉴定人。当事人协商不成的，由人民法院指定。"可见，当事人可以就查明事实的专门性问题向人民法院或仲裁庭申请鉴定，由双方当事人协商确定具备资格的鉴定机构，这体现了对当事人意愿和程序权利的尊重，可以避免当事人对裁判机构和鉴定机构中立性的质疑，鉴定意见更有可能被接受。需要注意的是，虽然当事人可以协商选择鉴定机构，但是决定和委托鉴定仍然是人民法院或仲裁机构的工作，因此，双方当事人协商意见一致的，仍需经人民法院或仲裁机构审查同意。

在双方协商不成或者双方就选定鉴定机构的方式进行约定的情况下，法院或仲裁机构往往采用指定、摇珠、抽签、短名单等方式确定鉴定机构。

3. 鉴定机构、鉴定人承诺书

作为接受委托的鉴定机构及鉴定人而言，为保证其作出的鉴定报告的客观、公正，在接受委托之初，即应当作出相应的独立、公正性的声明，以保证其中立性。

4. 当事人的权利保障

回避制度作为保障案件公正处理的一种基本制度为我国诉讼立法所采纳。我国现行的《民事诉讼法》第 4 章明确规定了回避制度。在鉴定程序中，申请回避的方式包括自行回避和当事人申请回避两种。其中自行回避是指鉴定机构或鉴定人具有回避情形时，主动提出回避，显然，自行回避应以回避人员明知回避情形的存在和自觉遵守回避制度为要件，是一种自觉行为，但回避制度的保证不能依赖于任何的自觉行为，而必须建立一定的制度来保证，即以当事人监督鉴定机构或鉴定人的自行回避。2014 年司法部司法鉴定管理局颁布的《建设工程司法鉴定程序规范》虽已失效，但其中对鉴定机构、鉴定人的回避情形、程序安排的细化规定仍有参考价值，规范第 5.7 条对建设工程司法鉴定人应当回避的情形进行了列举说明："a)是受鉴项目的当事人，或者是当事人近亲属的；b)本人或者其近亲属与受鉴项目有利害关系的；c)担任过受鉴项目的证人、辩护人、诉讼代理人的；d)担任过受鉴项目咨询、论证、勘察、设计、监理、施工、检测(测绘)任务的；e)与受鉴项目各方当事人有其他关系可能影响司法鉴定公正的；f)其他应回避的情形。"

实务中，鉴定机构、鉴定人是否与各方当事人有其他关系或者有其他需要回避情形，只有鉴定机构、鉴定人自己知晓，因此，是否能够依法回避完全取决于鉴定机构、鉴定人的个人素质和职业操守。鉴定机构、鉴定人员回避制度在实务中的有效开展，仍有待进一步探索。

(三)鉴定资料的举证、质证

1. 鉴定资料的一般认定程序

根据《证据规定》第 34 条第 1 款"人民法院应当组织当事人对鉴定材料进行质证。未经质证的材料，不得作为鉴定的根据"之规定，鉴定资料属于民事诉讼中的证据范畴，应当经过裁判者组织质证，鉴定材料的真实性、合法性应当由裁判者进行审核、确认而不是鉴定机构。所以，鉴定材料未经裁判者组织质证不能直接移交鉴定机构，未经裁判者质证的鉴定材料不能作为鉴定依据。实务中，也有部分鉴定资料未经质证即移交鉴定机构后出具鉴定意见的，此时鉴定意见书如何补救，最高人民法院(2017)最高法民申 1590 号民事裁定书中认为："虽然鉴定机构在作出《鉴定意见书》时，确有部分鉴定所依据的材料未经质证，但对有缺陷的鉴定结论，一审法院已通过组织发包人、承包人、实际施工人对未经质证的证据进行补充质证，鉴定机构出具《补充鉴定意见书》的方式解决，一审法院不予重新鉴定并无不当。二审对此问题进行了说明，并不存在因此认定事实错误的问题。再审申请人的申请理由不能成立。"

尽管目前法律规定了鉴定材料应当进行质证，但是并未彻底解决当事人对鉴定材料质证后如何处理的问题。法院或鉴定机构是否应当先对鉴定材料予以审核认定再移交给鉴定机构？如果法院或仲裁机构对某项鉴定材料暂时无法认定，此时又当如何处理？

对于上述问题，结合司法或者仲裁实践，可以归纳出下列三种处理方式：①

（1）鉴定材料质证后暂不予以审核认定，而是将鉴定材料和质证意见一并移送给鉴定机构。② 在该种方式下，鉴定材料质证后，法院或仲裁机构无须先行审核认定，而是连同质证意见一并移交给鉴定机构。

（2）鉴定材料质证后及时予以审核认定，并将经过质证认可或审核认定的鉴定材料移交给鉴定机构。③ 在该种方式下，鉴定材料质证后，须经当事人认可或经过法院、仲裁机构认定才可以移交给鉴定机构，如果鉴定材料未经当事人认可，亦未经法院或仲裁机构认定，则不能将该鉴定材料移交给鉴定机构。

（3）鉴定材料质证后及时予以审核，对于能够及时认定的予以认定，对于暂时不能认定的，要求鉴定机构区分不同情况分别出具鉴定意见。④ 此外，四川、重庆、江西等地高级人民法院也作出了类似规定。在该种方式下，鉴定材料经质证后，认证过的鉴定材料可移交鉴定机构，对当事人存在争议、法院或仲裁机构尚需结合其他证据和事实作出认证的鉴定材料，可由鉴定机构区分采信的情形分别作出鉴定意见，或者对争议部分单独列项，供最终判决、裁决时审核认定。

对于第（1）种处理方式，因鉴定材料质证后审判人员并未及时审核认定，导致鉴定机构在确定鉴定依据时仍然面临着选择困难，此前的质证程序也难以发挥应有的效用。同时，鉴定机构出具鉴定意见时难以避免地需要对鉴定材料进行筛选确认，此时实质上是将应由裁判者行使的审核认定权力在鉴定过程中部分转移给了鉴定机构。并且，在当事人对鉴定意见提出的异议涉及相关鉴定材料的审核认定时，裁判者才予以审核认定的方式也降低了裁判效率。

对于第（2）种处理方式，法院或仲裁庭需要对经过质证的鉴定材料及时审核认定，且只有经过审核认定的鉴定材料才能在鉴定中使用，未通过审核认定的鉴定材料不能移交给鉴定机构，该种处理方式看起来颇具效率，但实际上不具有可

---

① 参见周吉高：《建设工程专项法律实务》，法律出版社 2021 年版，第 344 – 346 页。

② 参见《广东省高级人民法院关于审理建设工程施工合同纠纷案件若干问题的指导意见》第 7 条第 1 款。

③ 参见《江苏省高级人民法院民一庭建设工程施工合同纠纷案件司法鉴定操作规程》第 13 条。

④ 参见《北京市高级人民法院关于审理建设工程施工合同纠纷案件若干疑难问题的解答》第 34 条。

行性。原因在于,法院或仲裁庭对经过质证的某些鉴定材料可能无法及时作出审核认定,而是需要待判决时结合案件的其他情形综合审核认定,如果在鉴定时不能使用该鉴定材料,则可能导致鉴定意见与客观情况存在偏差,甚至无法作出鉴定意见的情况。

对于第(3)种处理方式,则对前述两种方式进行了结合。该处理方式一方面能够发挥前置质证程序的效用,有效防止鉴定机构"以鉴代审";另一方面也能推动鉴定程序顺利进行,提高诉讼程序、仲裁程序、鉴定程序的效率。

2. 特殊情况下的鉴定资料认定

(1)鉴定资料无原件或未经质证

当出现检材无原件或未经当事人质证的特殊情形时,裁判者并不会简单机械地适用相关法律的强制性规定,而会结合当事人在鉴定过程中的全部诉讼、仲裁行为来区分其是否属于故意怠于行使法定的质证权。如最高人民法院(2019)最高法民申 3800 号裁定书认为:"一审法院在确定委托鉴定机构后,将鉴定材料交予鉴定机构,由鉴定机构组织当事人审核确认图纸、提交证据。鉴定机构接受委托后即要求各方当事人提交资料并参与现场勘察工作,甲公司未在鉴定过程中提交资料,也未积极配合鉴定机构对乙公司提交的资料进行确认,消极对待自己的权利,应承担不利后果。鉴定意见作出后,一审法院组织各方当事人对鉴定意见进行了质证,并通知鉴定人员到庭接受质询。甲公司参与了质证和对鉴定人员的质询,有充分的机会发表对鉴定材料的意见,该公司提交的异议书只对鉴定结论表达了异议,对鉴定材料未提出异议,现甲公司以鉴定材料未经质证为由申请再审,本院不予支持。"

(2)当事人拒绝配合等情况

鉴定中经常遇到当事人以各种理由拖延或拒绝配合鉴定,严重扰乱鉴定程序正常进行的情况,如隐匿或拖延提供证据、拒绝鉴定人进入自己的工地进行勘查等。解决这个问题最直接的方案就是将拒绝配合鉴定视为证明妨碍行为,对其施加一定的制裁以期敦促其改变态度配合鉴定,或直接赋予其一定的事实推定效果使鉴定程序得以继续。法院或仲裁庭可以在具体个案中仔细斟酌证明妨碍的行为方式、可归责的程度以及被妨碍证据的重要程度等因素,在自由心证的基础上应当推定举证人的主张为真实,或者直接认定妨碍者拟制自认,或者针对该事实适当降低证明标准,甚至在必要时转换证明责任。此外,证明妨碍行为不仅侵害了对方当事人的实体利益和程序利益,而且也严重妨害了民事诉讼秩序,法院还可以根据《民事诉讼法》第 114 条的规定实施罚款、拘留等公法上的制裁手段。

(四)鉴定前的准备

鉴定前作业主要包括受理前调查和制订鉴定方案。

1. 受理前调查

鉴定机构收到委托书后进行受理前调查,了解鉴定目的、鉴定项目是否具备鉴定条件,以及是否属于鉴定机构的能力范围,受理前调查结束后,再作出是否接受委托的决定。受理前调查有助于编写鉴定方案,也有利于鉴定工作的顺利实施。特定情况下也可仅进行一种调查,如一些项目没有任何资料,或实施鉴定作业前不具备现场调查的条件等。

质量鉴定受理前调查的主要内容为:

(1)收集工程地质勘察报告、施工图设计文件、计算书、设计变更联系单、分部分项工程验收记录、质量事故及质量纠纷详细情况报告等资料;

(2)收集建筑使用期间的维修、检测鉴定、加固和改造等资料;

(3)调查项目质量缺陷、损伤、维修和加固等实际状况;

(4)调查项目所处环境、用途或荷载等的实际状况;

(5)向有关人员了解鉴定申请的原因、鉴定事项、鉴定范围等。

受理前调查结束后应制作调查笔录,记录调查的时间、地点、调查人、在场人、调查经过、结果,由调查人、在场人签名,调查过程应采取拍照或摄像取证的方式留下影像资料。由于鉴定申请方及委托方不一定具有建设工程专业背景,其所作出的鉴定诉求的表达存在非专业性,因此在调查过程中需重点了解鉴定项目及鉴定范围、鉴定目的,以免最后作出的鉴定结论与申请方的真实意图出现差异。

2. 制订鉴定方案

鉴定方案应根据鉴定目的、受理前调查和资料调查情况综合制订,并征求委托方及当事方的意见。鉴定方案宜包括工程概况、委托方的鉴定要求、鉴定依据、鉴定项目、鉴定(检测)方法、鉴定(检测)数量、人员和仪器设备、工作进度计划、需要的配合工作、安全措施和环保措施等内容,其中鉴定依据、鉴定(检测)方法及鉴定(检测)数量的确定与鉴定结论直接相关,需要重点关注。

(1)鉴定依据的确定

鉴定依据主要有两大类:一类是合同约定的依据:包括合同条款,勘察设计资料,施工资料,当事方协商一致的标准或技术方法,该类不得低于国家有关标准的强制性规定，在评定建设工程材料、构配件、设备、性能指标、工程实体质量时一般优先采用；另一类是技术标准规范，包括国家标准、行业标准及地方标准等，其中强制性标准必须执行。

需要注意的是，2018 年 1 月 1 日修订的《标准化法》施行之前，工程建设技术标准的制定和完善主要由政府主导，住建部根据行业发展确定所需制定的标准，组织制定国家标准及行业标准，分为强制性标准及推荐性标准，强制性标准为主、推荐性标准为辅。省、自治区、直辖市标准化行政主管部门制定的工业产品的安全、卫生要求的地方标准，在本行政区域内是强制性标准。《标准化法》施行之后，大量的行业标准、地方标准被调整为推荐性标准，强制性标准数量大幅精简，作为鉴定依据使用时应予以注意。

选用不同层级的标准时，《司法鉴定程序通则》第 23 条规定："司法鉴定人进行鉴定，应当依下列顺序遵守和采用该专业领域的技术标准、技术规范和技术方法：（一）国家标准；（二）行业标准和技术规范；（三）该专业领域多数专家认可的技术方法。"可见国家标准的适用顺位高于行业标准。另据《民法典》第 511 条第 1 项的规定，当事人就质量要求约定不明确，依照第 510 条的规定仍不能确定的，按照强制性国家标准、推荐性国家标准、行业标准、通常标准或者符合合同目的的特定标准的顺序履行。涉及有地区特点的部分宜优先按地方标准执行。

因此，在不同层级标准中的强制性条文出现冲突时，可以按照国家标准、行业标准、地方标准的顺位来确定鉴定依据。

技术标准作为鉴定依据时还应注意其版本的适用性：

①评定建设工程质量的符合性时，应适用其建造年代的标准版本。

②鉴定建设工程质量缺陷成因时，可适用最新的标准版本。

③选用检测方法标准时，应适用最新的标准版本。

（2）鉴定（检测）方法及鉴定（检测）数量的确定

根据鉴定（检测）项目、鉴定（检测）条件的不同，选择相应的鉴定方法。具备条件时，宜优先选用国家现行有关标准规定的直接测试方法，当选用国家现行有关标准规定的间接测试方法时，宜用直接测试方法的测试结果进行修正。

通常可选用现行标准中规定的方法，有关规范、标准规定或建议的方法，现行的方法标准扩大其适用范围的方法以及检测单位自行开发或引进的方法。

当选用有相应标准的检测方法时，应遵守下列规定：

①对于通用的检测项目，应选用国家标准或行业标准；

②对于有地区特点的检测项目,可选用地方标准;

③对同一种方法,地方标准与国家标准或行业标准不一致时,有地区特点的部分宜按地方标准执行,检测的基本原则和基本操作要求应按国家标准或行业标准执行;

④当国家标准、行业标准或地方标准的规定与实际情况确有差异或存在明显不适用的情形时,可对相应规定做适当调整或修正,但调整与修正应有充分的依据;调整与修正的内容应在检测方案中予以说明,必要时应向委托方提供调整与修正的检测细则。

采用有关规范、标准规定或建议的检测方法,扩大相应检测方法标准适用范围时,应遵守下列规定:

①检测对象的性质与相应检测方法标准适用的对象相近;

②应有相应的检测细则;检测细则应对检测使用仪器设备、操作要求、数据处理等作出规定;

③应采取有效的措施,消除因检测对象、检测方法的差异而存在的检测误差;在检测方案中应予以说明,必要时应向委托方提供检测细则或验证文件。

采用检测单位自行开发或引进的检测仪器及检测方法时,应遵守下列规定:

①该仪器或方法必须通过技术鉴定,并具有工程检测实践经验;

②该方法应事先与已有成熟方法进行比对试验;

③检测单位应编制相应的检测细则;

④在检测方案中应予以说明,必要时应向委托方提供检测细则或验证文件。

需要注意的是,根据适当的统计方法制定检测数量,才能确保检验检测结果的有效性。对新建建设工程质量进行检验检测时,检测数量应按照国家现行标准规范的要求确定;对既有建设工程质量进行检验检测时,检测数量宜参照国家现行标准规范的要求确定,检测的数量、抽样的部位、检测的方法等应能满足既有建筑工程性能鉴定的需要。检测数量应在方案中明示。

(五)鉴定实施

建设工程质量鉴定活动的工作主要包括现场踏勘、现场检测、现场取样、实验分析。

1. 现场踏勘

现场踏勘并制作勘验笔录是反映鉴定工作内容的重要体现。《司法鉴定程序通则》第25条亦规定:“……到场见证人员应当在鉴定记录上签名。见证人员未到场的,司法鉴定人不得开展相关鉴定活动,延误时间不计入鉴定时限。”因此,鉴定机构现场踏勘作业时应提请委托人组织,通知当事人现场见证,一方当事人拒绝参加现场勘验的不影响现场勘验的进行。

《司法鉴定程序通则》第27条规定“司法鉴定人应当对鉴定过程进行实时记录并签名。记录可以采取笔记、录音、录像、拍照等方式。记录应当载明主要的鉴定方法和过程,检查、检验、检测结果,以及仪器设备使用情况等。记录的内容应当真实、客观、准确、完整、清晰,记录的文本资料、音像资料等应当存入鉴定档案”。《民事诉讼法》第83条第3款规定:“勘验人应当将勘验情况和结果制作笔录,由勘验人、当事人和被邀参加人签名或者盖章。”因此,现场勘验作业应制作现场勘验记录,记录可以采取笔记、录音、录像、拍照等方式,载明主要的鉴定方法和过程,检验、检测结果,以及仪器设备使用情况等。记录应由参与现场勘验的人员签字确认,当事人代表参与现场勘验,但对现场勘验图表或勘验笔录等不予签字,又不提出具体书面意见的,不影响鉴定活动。

2. 现场检测

现场检测工作宜参照《检验检测机构资质认定管理办法》《检验检测机构监督管理办法》等管理办法执行,并按照鉴定方案中的技术标准、检测方法及检测数量实施。实体检测选用局部破损的取样检测方法或原位检测方法的,应选择结构构件受力较小的部位,并不得损害结构的安全性。

现场检测设备涉及检测结果的准确性或有效性时,使用前应确认其处于鉴定或校准周期内,并应处于正常状态,仪器设备的精度应满足检测项目的要求。

3. 现场取样

现场有剩余、未使用的建筑材料、构配件时,可按产品标准的要求进行取样检测;现场已无未使用的建筑材料、构配件时,可按现行原位检测或产品标准的要求,在新建工程实体上取样检测。

所取样品应按照样品管理程序做好保护及标识,样品应在检验检测的整个期间保留。在接收样品时应记录样品状态是否异常。样品在运输、接收、处置、保护、存储、保留、清理或返回过程中应予以控制和记录。当样品需要存放或养护时应维护、监控和记录环境条件。

4. 实验分析

实验分析应按照《检验检测机构资质认定管理办法》《检验检测机构监督管理

办法》等管理办法执行。负责进行实验分析的检验检测机构应配备满足检验检测（包括物品制备、数据处理和分析）要求的设备设施，并确保设备处于正常维护及校准周期内，并对使用环境和存储条件进行控制。

检验检测机构应保存对检验检测具有影响的设备及其软件的记录。用于检验检测并对结果有影响的设备及其软件，如可能，应加以唯一性标识。检验检测设备应由经过授权的人员操作并对其进行正常维护。若设备脱离了检验检测机构的直接控制，应确保该设备返回后，在使用前对其功能和检定、校准状态进行了核查。

设备出现故障或者异常时，检验检测机构应采取相应措施，如停止使用、隔离或加贴停用标签、标记，直至修复并通过检定、校准或核查表明设备能正常工作为止。应核查这些缺陷或超出规定限度对以前检验检测结果的影响。

检验检测机构应按照记录管理程序，确保每一项检验检测活动技术记录的信息充分，记录应包含仪器设备的名称、编号，以及实验时的环境条件等。

（六）鉴定意见书初稿

鉴定机构在完成委托的鉴定事项后，应依据检验检测分析结果、技术标准及专业知识，在规定的期限内，科学、客观、独立、公正地提出鉴定意见。鉴于工程质量纠纷的技术成因往往相对复杂，且涉及多主体多因素，实践中裁判者往往倾向于在出具正式鉴定意见书之前，视情况向各方当事人发出鉴定意见书初稿（也有时称为征求意见稿），明确当事人的答复期限及其不答复行为将承担的法律后果。

1. 鉴定意见书的组成

鉴定意见书一般包括封面、目录、基本情况、基本案情、资料摘要、鉴定意见、鉴定过程、分析说明、附注、落款、附件等部分，且应符合《证据规定》第 36 条第 1 款规定：“人民法院对鉴定人出具的鉴定书，应当审查是否具有下列内容：（一）委托法院的名称；（二）委托鉴定的内容、要求；（三）鉴定材料；（四）鉴定所依据的原理、方法；（五）对鉴定过程的说明；（六）鉴定意见；（七）承诺书。”仲裁中的鉴定意见书（初稿）的组成与诉讼中的鉴定意见书（初稿）的组成无本质区别。

2. 鉴定意见书的语言表述

鉴定意见书应使用符合国家通用语言，以及专业术语规范和法律规范的用语，不得使用文言、方言和土语，使用国家法定计量单位和符号，文字精练，用词准确，语句通顺，描述客观、清晰、易懂。

3. 鉴定意见书的内容

建设工程质量鉴定意见书不得涉及国家秘密及法律结论，不得载有对案件性质和当事人责任进行认定的内容。实务中容易有两种倾向：一是将鉴定工作等同于审判工作，作出法律责任认定，形成“以鉴代审”；二是未通过专业的分析、鉴别和判断，给出鉴定意见，达不到鉴定工作的深度，缺乏科学依据。需要说明的是，当鉴定意见书所用检验检测结果来自外部提供者时应事前告知并征得当事人同意，并在鉴定意见书中明确注明。

正因为工程质量纠纷的鉴定技术成因复杂，且涉及的施工主体较多，故鉴定意见书的撰写相当烦琐，既可能出现遗漏的问题，也可能出现未阐明的问题，还包括客观上鉴定不了的问题。针对各方当事人异议的信息，鉴定人应当正面予以回应。

（七）鉴定意见书

鉴定机构应当收集、整理、保管好鉴定档案，包括鉴定活动中直接形成的具有保存价值的各种文字、图表、声像等不同形式的记录。

应委托人、当事人的要求或者鉴定机构自行发现有下列情形之一的，应对鉴定意见书进行补正：(1)鉴定意见书的图像、表格、文字不清晰的；(2)鉴定意见书中的签名、盖章或者编号不符合制作要求的；(3)鉴定意见书文字表达有瑕疵或者错别字，但不影响鉴定意见、不改变鉴定意见书的其他内容的。

对已发出鉴定意见书的补正，可以以追加文件和更换鉴定意见书的形式实施，更换鉴定意见书应经委托人同意，在全部收回原有鉴定意见书的情况下更换。重新制作的鉴定意见书除补正内容外，其他内容应与原鉴定意见书一致。

需要说明的是，鉴定意见作为一类具有建议评价性质的证据，其评价性意见亦将受到鉴定人知识水平、鉴定设备、鉴定方法、鉴定者工作责任心和鉴定时间，甚至功利性等诸多主客观因素的制约，并不一定能客观、公正地反映案件事实本身。实务中，部分裁判者对鉴定意见过于“依赖”，出现了诸多以鉴定意见代替审判过程的现象，从而在很大程度上扭曲了鉴定原有的功能和定位，异化了审判自身的特质。

鉴定意见并不具有预定的、天然的法律效力，不能当然地被当作最终定案依据，仍属于证据的范畴。对于该证据的采信，需要经过双方当事人的质证。因此，鉴定意见仅为专业人士的意见，能否构成法律意义上的证据，以及证明力有无、大小问题，尚需双方质证及法律上的审查判断，而这种审查判断权归于裁判者自身。

三、鉴定意见的质证、认证

鉴定意见与案件事实之间的关联是间接的，不能直接证明而必须通过推理来证明其事实主张。大部分鉴定都是对物证的解读，以印证物证载体的功能，而物证本身不会说话，以间接的方式发挥证明作用。鉴定意见作出的这种“解读”只是对有关专门性问题作出事实上的判断，而不是对有关事实问题作出法律评价，因此不能直接得出案件争议事实存在与否的结论。

同理，工程质量合格与否的结论，只能由建设单位组织建设工程各质量责任主体，通过规定的程序进行竣工验收后才能得出，故《建设工程司法鉴定程序规范》（SF/Z JD0500001－2014）要求，鉴定人对建设工程质量进行司法鉴定，不应作出合格与不合格的鉴定意见，而应作出工程质量是否符合施工图设计文件、相关标准、技术文件的鉴定意见。

鉴定意见的质证可从以下几方面进行：

（一）鉴定机构、鉴定人是否适格

司法鉴定是科学的实证活动，其素质、能力、水平的高低对鉴定意见作为科学证据的质量和可靠性有着决定意义。鉴定机构、鉴定人对于接受委托予以鉴定的事项应与鉴定机构自身业务范围、技术条件，鉴定人执业资格相适应，否则，就存在鉴定主体不合法的情况。

1. 鉴定人是否遵循回避规定

鉴定人应当严格遵循回避的有关规定，从事鉴定的机构及相关鉴定人员与当事人不得有利害关系，从而确保其中立性。根据《民事诉讼法》第47条的规定，具有下列情形之一，鉴定人应当回避：

（1）是本案当事人或者当事人、诉讼代理人近亲属的；

（2）与本案有利害关系的；

（3）与本案当事人、诉讼代理人有其他关系，可能影响对案件公正审理的。

根据《司法鉴定程序通则》第20条的规定，司法鉴定人本人或者其近亲属与诉讼当事人、鉴定事项涉及的案件有利害关系，可能影响其独立、客观、公正进行鉴定的，应当回避；司法鉴定人曾经参加过同一鉴定事项鉴定的，或者曾经作为专家提供过咨询意见的，或者曾被聘请为有专门知识的人参与过同一鉴定事项法庭质证的,应当回避。

存在上述情形的,属于违法;鉴定人应当回避而没有回避的,法院可以鉴定程序严重违法对该鉴定意见不予采信。

2. 是否签订承诺书

承诺书是参考《民诉法解释》中关于证人保证书的规定,其目的是对鉴定人的事前心理约束,确保鉴定人公正、客观、诚实地进行鉴定。《证据规定》第33条第1款中就有类似规定:"鉴定开始之前,人民法院应当要求鉴定人签署承诺书。承诺书中应当载明鉴定人保证客观、公正、诚实地进行鉴定,保证出庭作证,如作虚假鉴定应当承担法律责任等内容。"《最高人民法院关于人民法院民事诉讼中委托鉴定审查工作若干问题的规定》第8条第3款规定:"鉴定人拒绝签署承诺书的,人民法院应当要求更换鉴定人或另行委托鉴定机构。"鉴定人应在鉴定开始之前签署承诺书,拒绝签署承诺书的,人民法院应当要求更换鉴定人或另行委托鉴定机构。虽然规定较为明确,但在现实中也常有在鉴定书中未有签署承诺书的情况。关于此时鉴定书采信与否的问题,在《证据规定》中鉴定人应当要签署承诺书,但如果鉴定人没有签署承诺书,并不必然导致否定鉴定意见的证明效果,因为仅仅没有签署承诺书,并不涉及严重的程序违法,只是程序瑕疵。

(二)鉴定程序是否存在瑕疵

1. 是否属于委托范围

是否属于委托范围包含两层意思:其一,委托鉴定的范围即鉴定对象限于事实问题,而不是法律问题,法律问题的解决是法官、仲裁员的专属职责,否则,就会出现以鉴代审的现象。比如,双方对工程质量鉴定采用标准存在分歧的,或者存在数份合同,当事人对采用哪份合同的约定意见不一的,此时鉴定机构就不能自行确定采用何种标准并据此径行作出鉴定意见。其二,鉴定事项是否属于当事人委托范围。鉴定机构根据委托鉴定事项开展鉴定工作,不得超出委托范围鉴定。如一份房屋安全等级鉴定报告,其中对安全问题产生的原因进行分析并确定某行为的作用较大,据此断定该行为与房屋存在安全问题之间存在因果关系显然不周延,亦不妥当。

对于超委托范围的鉴定意见书,可区别对待:若鉴定范围属事实之外的内容,明显是以鉴定的方式行使了裁判权,不能采用。对于超当事人委托范围的,仅是当事人受工程质量鉴定技术性、专业性、复杂性所限,申请委托鉴定事项不明确,鉴定程序符合相关规定，并不存在《证据规定》第 40 条规定应重新鉴定的情形的，鉴定意见与待证事实相关，可予以采用。

2. 鉴定方法、鉴定步骤是否规范

鉴定意见是原理、方法、操作三者之间的结合。鉴定方法科学、合适，操作规范与否决定了鉴定结论正确与否。工程质量鉴定主要包括对观感质量、使用功能评定、工程结构、安全性能评定等方面。针对不同的鉴定事项应采用相应的鉴定方法。《证据规定》第 36 条第 1 款第 4 项和第 5 项明确了鉴定书应具备“鉴定所依据的原理、方法；对鉴定过程的说明”内容。鉴定方法和操作过程是否符合相关专业的规范要求，对鉴定意见有重大影响，如常见的房屋渗漏问题，鉴定时模拟降雨的均匀性、降雨量对结论都会造成影响。鉴定方法、步骤规范性审核可从三个方面进行：(1)科学性；(2)合理性；(3)正确性。实践中裁判者往往囿于专业知识不足，只能作形式审查，双方对此争议较大，可引导借助专家辅助人的意见。

(三)鉴定依据是否充分

1. 规范依据

规范依据是鉴定的核心，也是鉴定人作出鉴定意见的准绳。鉴定意见的形成必须以技术标准、技术规范和技术方法为标尺，否则该鉴定意见不能满足科学性、可靠性的基本要求。《司法鉴定文书规范》第 7 条第 1 款第 5 项“检验过程”规定司法鉴定文书应“写明鉴定的实施过程和科学依据，包括检材处理、鉴定程序、所用技术方法、技术标准和技术规范等内容”。对于规范依据审查可从三个方面进行：

一是适用规范是否符合顺序规则。《司法鉴定程序通则》第 23 条规定：“司法鉴定人进行鉴定，应当依下列顺序遵守和采用该专业领域的技术标准、技术规范和技术方法：(一)国家标准；(二)行业标准和技术规范；(三)该专业领域多数专家认可的技术方法。”如果没有遵照上述顺序适用鉴定的技术依据，则出具的鉴定意见并不准确。二是适用规范与鉴定项目是否相符。三是适用规范是否废止或失效。对于已经废止或失效的技术标准、技术规范或技术方法，如果鉴定时仍然采用，鉴定意见必须阐述必有性，并向裁判者和当事人说明。

2. 合同依据

工程质量鉴定采用标准要遵从合同约定。司法鉴定程序中，首先一般要满足国家标准。如果合同中有高于国家标准的额外要求,则需要参照合同中双方对于标准的具体约定。需要注意的是,双方合同约定质量标准低于国家规定的工程质量强制性安全标准的,该约定无效。需要说明的是,在双方对合同约定的理解存在争议时,确定的权利属于裁判者,不能仅进行质证后的形式审查,交由鉴定机构自行确定是否采用或者采用何种标准。

(四)鉴定意见是否合法规范

1. 鉴定意见的证据属性

司法鉴定的目的是发现案件真实,为裁判者认定案件事实提供依据。鉴定意见作为证据,必须具备证据的内在属性,符合一般证据的“三性”衡量标准,即证据的客观性、关联性和合法性标准。

(1)鉴定意见的客观性

鉴定意见的客观性,是指鉴定意见所确定的事实,真实地反映了被鉴定对象的本来面貌,不因鉴定人的认识而产生虚假和歪曲,不因鉴定的客观条件差异而产生偏颇。

(2)鉴定意见的关联性

首先,鉴定意见的关联性表现在鉴定所需资料均来源于案件事实,鉴定意见所依附的基础证据与案件事实的关联性是鉴定意见关联性的表征,即鉴定材料的关联性。其次,鉴定意见的关联性要求鉴定意见是在鉴定资料的基础上推导出案件相关的待证事实。对关联性的判断不能仅依据法律规则,法律并没有提供关于关联性的检验标准,还需要裁判者在具体案件中认定。裁判者对鉴定意见关联性的把握,最重要的是在司法鉴定的启动阶段,若裁判者准予启动司法鉴定,在鉴定意见出具后,又因鉴定意见与案件处理不存在关联性而弃用鉴定意见,势必会造成极大的司法资源浪费、诉讼周期拖延和当事人诉讼成本负担。因此,在鉴定意见的审查与判断中,对其关联性的审查与判断,不仅要从证据的共性入手把握关联性的内涵,而且需要结合鉴定意见本身的特性予以分析评判。

(3)鉴定意见的合法性

鉴定意见的合法性包括四个方面:一是鉴定人具有法定的鉴定主体资格、资质;二是鉴定资料的来源应当合法;三是鉴定程序合法,包括鉴定程序的启动、鉴定的过程、鉴定意见的质证均应当符合法律规定;四是鉴定对象合法。只有在法律规定的鉴定范围内进行的鉴定其意见才是合法有效的。

2. 鉴定意见的明确性、合理性、科学性

鉴定意见能否作为认定案件事实的依据,除鉴定意见作为一般证据需要符合“三性”标准外,还要求鉴定意见必须具备明确性、合理性和科学性。鉴定意见的明确性、合理性和科学性的论证,是对鉴定意见的实质性审查,但因裁判者专业知识的局限,或者由于质证程序的不充分,实践中,重“三性”的形式审查而轻实质审查的情况比较普遍。

(1)鉴定意见是否明确

按照鉴定结果的确定程度及其证明意义,鉴定意见分为确定性意见、推断性意见以及鉴定意见不明确三种情形。确定性意见对被鉴定问题作出断然性结论,是对鉴定要求的明确回答,包括“肯定”或“否定”、“是”或“不是”、“有”或“没有”等。推断性鉴定意见是对被鉴定问题作出不确定的分析意见,包括“可能是”或“可能不是”、“可能有”或“可能没有”等。推断性意见是鉴定意见的一种常见类型,并非不明确的鉴定意见。针对推断性鉴定意见,裁判者应当根据有关法律法规、司法解释的规定和合同约定,对有关鉴定意见的鉴定依据进行分析和论证,并结合案件实际情况作出认定。在鉴定意见对待证事实的证明未能达到高度盖然性的情况下,可以运用证据规则认定由当事人承担不利的法律后果。鉴定意见不明确,在多数情形下,并非表现为鉴定结论表述的模糊上,而是表现在鉴定意见论证上不充分的。鉴定意见论证不充分,在实践中主要表现为:①模棱两可。比如对于建设工程质量的技术成因的论证相互矛盾或模棱两可。②数据不清。比如对于质量问题所涉的混凝土配比不清楚。

(2)鉴定意见是否科学

对鉴定意见科学性的审查,主要是指对鉴定技术和方法的科学可靠性进行审查。在建设工程质量鉴定中,关于不同鉴定事项,国家标准或行业标准对检测方法均有相应规定。比如,主体结构鉴定中,检测混凝土强度的方法有钻芯法和回弹法,检测砂浆抗压强度的方法有钻芯法和贯入法;防水工程鉴定中,检测渗漏有蓄水试验法、淋水试验法和红外热像法,检测防水层柔性有落锤法和摆锤法等。《最高人民法院关于人民法院民事诉讼中委托鉴定审查工作若干问题的规定》第2条中首次明确规定:“拟鉴定事项所涉鉴定技术和方法争议较大的,应当先对其鉴定技术和方法的科学可靠性进行审查。所涉鉴定技术和方法没有科学可靠性的,不予委托鉴定。”对鉴定科学性的审查始于鉴定启动程序,且裁判者在确定是否准予启动鉴定前就应主动审查鉴定技术和方法的科学可靠性。在鉴定意见出具后,对鉴定科学可靠性的审查仍然是鉴定意见实质审查的核心。在鉴定资料已经固定,鉴定依据、鉴定方法、标准适用均已明确,鉴定结论已经生成的情况下,对鉴定意见科学性审查的条件更加充分。但由于专业知识壁垒,对鉴定意见科学性审查的困难仍然存在。裁判者应积极主动总结质证焦点,用实、用足鉴定人出庭、专家辅助人等证据方法,将晦涩的专业知识、逻辑方法翻译成能够理解的观点、理由,以求证鉴定意见的科学可靠性。

(3)鉴定意见是否合理

鉴定意见的合理性,与鉴定意见的科学可靠性相关,与鉴定意见的证明力直接相关。鉴定意见不合理,实践中经常表现为两种情形:①鉴定结论不符日常生活经验,或者违反工程常识。该类情形属于较易发现、甄别的情形,只要保障当事人充分的质证权利,对鉴定意见进行实质性审查,一般均能发现并处理。②涉及"量"或者"比例"的确定。比如,建设工程质量鉴定中,经常出现多因一果的情形,各种原因的参与度、责任比例的确定难以精准量化。对于"量"的合理性审查,是法官在科学性审查的基础上进行的心证过程,也是事实审查和法律判断的结合。

3. 鉴定意见是否包含法律判断

鉴定意见仅应对裁判者无法判断的专门性问题作出专业判断,鉴定意见的专业判断属于事实性判断,但在许多情况下,鉴定意见的作出往往离不开对法律问题的判断。如上文所提及的选择性鉴定意见,由于合同约定的矛盾或证据的矛盾,属于法院的法律判断范畴,鉴定人为推进鉴定程序分别按照不同的合同约定或证据作出不同的鉴定意见,以供法院判断选择。在这种情形下,法官与鉴定人之间的职责界限是清晰的,鉴定人不应也不能替代法官作出法律判断,鉴定人作出的鉴定意见也没有包含法律判断。

然而在实践中,鉴定人超越鉴定职责,出具的鉴定意见包含事实判断和法律判断的情形也屡见不鲜。鉴定意见包含法律判断,属于"以鉴代审"的一种情形。导致该种情形的出现,有裁判者和鉴定人两方面的原因。在裁判者方面,存在对鉴定申请审查把关不严、对鉴定活动监督不够、对鉴定意见过度依赖、鉴定泛化等问题;在鉴定人方面,选择性采用证据、有目的的错误理解证据、越权认定责任等违法违规鉴定问题。"以鉴代审"的实质是裁判权与鉴定权的职权混乱,是裁判者在违法让渡司法权力,也是鉴定人在违法侵犯司法裁判权。

总而言之,鉴定是针对专门性事实问题进行鉴别和判断的活动,鉴定意见不应包含法律事实认定和法律适用问题。裁判者与鉴定人在司法鉴定活动中应理顺职责定位,双方应各司其职,极力避免裁判权被让渡、侵犯,以致损害裁判公正。

(五)鉴定人出庭

鉴定意见作为法定证据具有技术性或专门性知识,需要鉴定人出庭作证对自己作出的鉴定意见从科学依据、鉴定步骤、鉴定方法、可靠程度等方面作出说明、解释与阐述,并在法庭庭审过程中当面回答咨询和有关提问,使裁判者能够更好地审查鉴定意见,或对不同的鉴定意见进行分析对比,从中采信科学的鉴定意见。

1. 鉴定人出庭作证的诉讼地位

由于大陆法系国家和英美法系国家在诉讼制度及鉴定制度和证据制度上的差异,其鉴定人在参与诉讼时具有不同的法律地位。一般而言,大陆法系国家的鉴定人属于法官辅助人,而英美法系国家将鉴定人作为专家证人。现代诉讼模式与诉讼理念形成的诉讼立法将鉴定人由辅助人逐渐向证据方法过渡,法官辅助人的色彩不断淡化,鉴定人在诉讼中的地位与其他“证人”趋于等同。我国诉讼制度改革在保留大陆法系国家鉴定人传统诉讼地位的基础上,借鉴英美法系国家专家证人制度的优势,形成颇具特色的中国司法鉴定人的诉讼地位,将鉴定人出庭作为一种证据方法,通过正当程序过滤一些不科学的鉴定意见,让鉴定人出庭接受交叉询问,通过庭询发现鉴定意见科学与否,可靠与否。

2. 鉴定人出庭程序的启动

鉴定人出庭程序的启动,应满足一定的条件。《关于司法鉴定管理问题的决定》第11条规定:“在诉讼中,当事人对鉴定意见有异议的,经人民法院依法通知,鉴定人应当出庭作证。”《民事诉讼法》第81条规定:“当事人对鉴定意见有异议或者人民法院认为鉴定人有必要出庭的,鉴定人应当出庭作证。”换言之,并非所有的司法鉴定都需要启动鉴定人出庭程序,只有在当事人对鉴定意见存在异议,或者人民法院认为鉴定人有必要出庭的情况下,鉴定人才需要出庭作证。

仲裁中的鉴定人出庭程序的规定主要体现在各仲裁机构的仲裁规则中。包括中国国际经济贸易仲裁委员会、北京仲裁委员会、上海国际经济贸易仲裁委员会、深圳国际仲裁院等仲裁机构均有类似规定,仲裁庭认为必要或者根据当事人的请求,可以通知鉴定人参加开庭。可见,无论是诉讼,还是仲裁,鉴定人出庭参与鉴定意见的质证都尤为重要。

3. 鉴定人出庭作证的程序

（1）鉴定人出庭作证的通知

《证据规定》第79条第1款规定："鉴定人依照民事诉讼法第七十八条的规定出庭作证的，人民法院应当在开庭审理三日前将出庭的时间、地点及要求通知鉴定人。"对鉴定人出庭作证的通知，应以"通知书"的书面形式进行。通知书上的内容应统一、规范。通知书上应注明需出庭鉴定人（机构）的名称、鉴定文书编号、案件当事人姓名、案由、出庭事由和拟作证事项，以及到庭时间、地点、出庭注意事项、法庭联系人和联系方式等内容。需要注意的是，为了便于鉴定人做好出庭准备，确保庭审重点突出，提高诉讼效率，法官应汇总、概括需鉴定人出庭"拟作证事项"，必要时，应加附当事人提出异议的书面材料，以保证庭审活动围绕当事人争议问题展开，提高质证效果。工程质量鉴定，往往鉴定难度大、争议大、鉴定周期长，若因鉴定人无故拒不出庭作证导致已经出具的鉴定意见失效，裁判者重新委托鉴定，将严重拖长案件审理期限，对诉讼程序造成严重阻碍。因此，裁判者在办理案件过程中，应坚决杜绝鉴定人拒不出庭事件的发生，如若发生此类情形，应用足鉴定机构、鉴定人的各类处罚措施。人民法院、仲裁机构也应加强与鉴定行政管理部门、行业协会之间的衔接、联动，强化、细化对鉴定机构的规范化管理。

（2）鉴定人出庭作证的庭审程序和内容

依据《民事诉讼法》及相关司法解释，结合法院审判实践，鉴定人出庭的庭审程序主要如下：审核出庭鉴定人名单和参与庭审的手续；告知鉴定人出庭作证义务及注意事项，鉴定人签署承诺书；组织当事人对鉴定人有序发问，合议庭认为必要时，也可询问鉴定人，鉴定人就当事人及合议庭提出的发问内容予以回复；鉴定人核对笔录无误后签字退庭。具体到建设工程质量纠纷领域，鉴定人应当着重向裁判者介绍质量问题的技术成因、责任主体、主次责任，以及围绕专业术语、鉴定方法、是否未涉及问题等作出说明。

4. 鉴定人出庭作证存在的主要问题

尽管《民事诉讼法》及相关司法解释对鉴定人出庭作证的条件及后果作出了明确规定，各仲裁机构的仲裁规则对鉴定人出庭也作了规定，但在实践中，仍然存在鉴定人出庭作证率低、出庭效果不佳等主要问题。

鉴定人出庭作证率低的主要原因包括：（1）裁判者对鉴定人出庭的认识不足。部分裁判者对鉴定意见轻信、盲信，鉴定意见的"拿来主义"盛行。而对于鉴定人出庭程序，未能从质证权制度设计的高度加以理解，对鉴定意见的质证以要求鉴定人出具书面复函、书面审查为主,对鉴定人程序的启动更以当事人提出鉴定人出庭申请为前提,对鉴定意见质证缺乏组织性、主动性。(2)鉴定人对出庭作证的排斥。尽管法律法规关于鉴定人出庭的费用、保障已有规定,但现有规定需要具体明确。例如鉴定人出庭费用,仅有部分地区制定了实施细则予以明确,但在实践中,仍然普遍存在鉴定人出庭费用难以覆盖鉴定人必要费用、鉴定人出庭费用未在案件审理中分担等问题,影响鉴定人出庭的积极性。

鉴定人出庭效果不佳的原因包括:(1)部分裁判者向鉴定人送达的出庭通知不规范,甚至出现部分法院以传票方式通知鉴定人出庭,而在出庭通知中未能详尽告知"拟作证事项",以致鉴定人未能在出庭前作充分准备。(2)裁判者在庭审过程中对如何对鉴定人发问、如何引导当事人发问,没有操作细则与标准规范。鉴定人出庭后重复鉴定意见内容,或以"鉴定意见已经包含""按标准进行"等简单作答,未能达到因疑而问、有疑而问的目的。部分裁判者对于鉴定意见没有深入领会,无法在质证环节使鉴定意见中的焦点问题凸显,未能充分发挥鉴定人出庭的作用,鉴定人出庭流于形式。

裁判者与鉴定人对鉴定人出庭制度应当进一步充分发挥主观能动性。尤其在建设工程质量鉴定中,裁判者应当以鉴定人出庭为原则,不出庭为例外,充分利用鉴定人出庭制度实现对鉴定意见的实质性审查。鉴定人也应强化职责履行,通过出庭充分向裁判者作出说明和解释,回应当事人的质疑,充分发挥鉴定在诉讼、仲裁中的应有功能。

(六)专家辅助人

1. 专家辅助人的诉讼、仲裁机能

"专家辅助人"并非法律术语,是理论实务界对于"有专业知识的人"的通称,是由学者在借鉴英美法系专家证人制度并参照日本民事诉讼中的诉讼辅助人概念而提出的。专家辅助人制度有利于补充当事人专业知识领域的欠缺与空白,然而即使专家辅助人出庭在个案中发挥作用不大或实体功能不明显,但仍有利于保障当事人诉讼权利的程序功能。因此,对专家辅助人制度的功能可从四个维度进行评价。

一是从程序意义上,专家辅助人制度保障了当事人质证权利的有效性和实质化行使。当事人通过聘请具有专业知识或者特殊经验、技能的人参与到诉讼中,能够辅助其对鉴定意见进行实质性的质证,并通过专业人员的说明来有效完成已

方的证明义务,进而保障其参与权、质证权、辩论权等各项程序性权利的行使,切实维护当事人的程序主体地位。因而,专家辅助人制度具有彰显程序正义的功能。

二是从实体意义上,专家辅助人参与诉讼或者仲裁,就鉴定意见与鉴定人面对面对质,既能对鉴定起到一定的监督作用,又能帮助当事人对鉴定意见进行有效的质证。对裁判者而言,通过质证揭示鉴定意见的实质信息及专业争议焦点,帮助法官对鉴定意见的证明力进行准确的认定,有助于案件事实查明,有助于实现裁判的实体公正。

三是鉴定意见作为证据而言,专家辅助人是针对鉴定意见或专业问题提出意见,作为证据或者事实辩论的内容。专家辅助人根据自身专业对鉴定意见提出自己的意见。当鉴定意见与其专业认知一致时,专家辅助人将对鉴定意见或专业问题进行解释、说明,揭示专业问题的本质,揭示专业的原理,强化鉴定意见的证明力。当鉴定意见与其专业认知不一致时,专家辅助人将质疑鉴定意见的证据能力,削弱鉴定意见的证明力。

四是从证据制度上,专家辅助人可以有效监督鉴定人的鉴定活动,发挥潜在的制约作用,也可以弥补鉴定制度在适用中的局限性,避免当事人因无力质证而无端怀疑鉴定意见的正确性。专家辅助人制度作为一项证据制度属于鉴定制度的补充,是鉴定制度有效实施的重要组成部分。同时,在某些专业问题不需要鉴定时,专家辅助人提出专业意见帮助法官和当事人理解专业问题,弥补鉴定制度的不足。

2. 专家辅助人的角色定位

诉讼、仲裁法律关系中的主体由于职能、功能及参与诉讼目的的不同,而在诉讼活动中扮演不同的角色。专家辅助人在诉讼、仲裁中的功能决定其地位,其与证人、鉴定人、当事人等诉讼参与人之间的关系也影响专家辅助人诉讼地位的建构。

(1)专家辅助人与证人之间的关系。专家辅助人经常与“专家证人”混淆,甚至有观点认为专家辅助人就是“专家证人”在我国的特殊称谓。专家辅助人与专家证人的相同之处在于,均属于以自己的专业知识协助一方当事人证明案件事实的专业人士。但两者的本质区别在于,它们根植于不同的法律文化及传统背景。简言之,专家证人是英美法系的一个概念,从属于英美法系特有的法律传统;而专家辅助人是根植于我国的司法实践,依附于大陆法系的文化背景。两者是在不同的诉讼法域发挥各自不同的功能,不可等同。

专家辅助人与普通证人也存在异同。两者的相同之处在于,均为当事人的诉讼主张提供依据,而两者的区别也非常明显。首先,证人以其亲身经历而进行事实陈述,其亲历性使证人具有不可替代性,而专家辅助人是凭借其专业知识、技能和经验等为案件所涉专业问题提出意见,专业知识和技能是其担任专家辅助人的条件,当事人可以进行替换;其次,证人应对案件进行事实性陈述,不能进行主观评论,而专家辅助人更侧重在案件基础事实上进行评论,给出自己的专业观点。因此,《民事诉讼法》将专家辅助人独立于证人单独进行规定,两者不可混同。

(2)专家辅助人与鉴定人之间的关系。专家辅助人与鉴定人的相同之处在于,二者都需要利用自身的专业知识对诉讼中的专门性问题进行分析、陈述,并且专家辅助人本身往往具有鉴定人资质、鉴定人经历。但二者的区别也非常明显。首先,在作用上,鉴定人的作用在于以其专业知识提供对专业问题的解读,即发现真实;而专家辅助人的作用则主要在于帮助当事人对鉴定意见进行实质意义上的质证,即辅助质证。其次,在发挥作用的方式上,鉴定人以对当事人或裁判者提供的证据材料进行鉴定进而出具鉴定意见;而专家辅助人主要是通过出庭对鉴定意见进行质证。最后,在专门问题的司法鉴定过程中,专家辅助人与鉴定人的地位也是有所区别的。在整个司法鉴定过程中,鉴定人处于核心地位,而专家辅助人处于辅助地位。简言之,专家辅助人与鉴定人之间的关系是一种不同专家站在不同立场和角度,以不同的方式参与诉讼所形成的对方与协同相结合的关系。

(3)专家辅助人与当事人之间的关系。由于专家辅助人的诉讼地位为诉讼辅助人,其在诉讼中的陈述视为当事人本人的陈述。例如《浙江省高级人民法院关于专家辅助人参与民事诉讼活动若干问题的纪要》第 15 条规定:"专家辅助人在法庭上就鉴定意见或者专门性问题发表的意见视为当事人陈述。"有观点认为,专家辅助人与当事人之间存在委托代理关系,这种观点的问题在于,专家辅助人虽然由当事人申请并选任,但专家辅助人是以自己的名义而非当事人的名义提出专业意见,且专家辅助人提出的意见需基于其专业知识上的中立性,专家辅助人的意志并不受当事人的控制,二者之间并非委托代理关系。

3. 专家辅助人的权利义务和责任

《民事诉讼法》《民诉法解释》《证据规定》在制定法上确立了我国鉴定人与专家辅助人并存的"双层"专家证据制度,对我国民事诉讼法的发展具有重要意义。根据上述三部法律及司法解释的规定,民事诉讼领域专家辅助人的权利主要有:

(1)获得相关费用的权利。专家辅助人的费用由提出申请的当事人负担。因专家辅助人属于当事人聘请、辅助其就专门性问题进行说明或发表意见,二者属于辅助与被辅助的关系,因此,聘请专家辅助人的费用不属于诉讼费用,只能由聘请专家辅助人的当事人自行负担。

(2)提出相关意见的权利。专家辅助人作为当事人的辅助人,在涉及专门性问题时,如果案件事实所涉专门性问题无须提起鉴定,专家辅助人可就专门性问题发表意见,维护当事人权利。

(3)参与庭审和质证的权利。针对启动司法鉴定的案件,专家辅助人可以参加庭审,并就鉴定意见发表质证观点,与鉴定人就相关专门性问题进行发问、发表观点。

同样,根据上述规定,专家辅助人的主要义务有:(1)出庭义务。作为当事人聘请的专家辅助人,必须出庭才能对鉴定意见进行质证,或者对专业性问题提出意见。(2)接受裁判者和当事人询问,并在专业范围内参与庭审。裁判者和双方当事人均可就专业性问题向专家辅助人进行发问,专家辅助人应就其专业知识范围内进行中立的说明、解释和陈述。(3)不得在同一案件中同时担任双方当事人的专家辅助人。(4)保守诉讼中知悉的国家秘密、商业秘密和个人隐私。

专家辅助人制度在我国作为一项较新的制度,对专家辅助人权利义务的规定过于简单,仅有部分地区对上述法律及司法解释进行细化规定,如浙江省高级人民法院制定了《关于专家辅助人参与民事诉讼活动若干问题的纪要》,但总体仍存在专家辅助人权利规定过窄、义务规定不全面、责任规定不明等问题,这些问题有待进一步完善。

4. 专家辅助人参与下的庭审程序

《民事诉讼法》及相关司法解释关于专家辅助人出庭程序的规定较为简单,浙江、重庆等地高级人民法院及部分中级人民法院出台了相关专家辅助人参与诉讼活动的意见,均对专家辅助人出庭的庭审程序作出了细致规定。以专家辅助人与鉴定人共同出庭为例,庭审主要流程如下:(1)核实鉴定人、专家辅助人的身份;(2)询问鉴定人;(3)专家辅助人发表意见;(4)询问专家辅助人;(5)鉴定人询问专家辅助人并作补充说明;(6)法官询问鉴定人、专家辅助人;(7)鉴定人、专家辅助人做最后陈述与修正意见;(8)当事人对鉴定人和专家辅助人的陈述发表意见。专家辅助人参与庭审的主要方式是发表意见、接受质证。

在专家辅助人参与诉讼的过程中,为确保专家辅助人的专业性、中立性及出

庭的实效性,法院对专家辅助人的监督和管理尤为重要。法院对专家辅助人的监督和管理体现在几个方面:

启动专家辅助人参与诉讼的必要性审查。专家辅助人系一方当事人聘请,由当事人向法院提出专家辅助人出庭申请,法院应审查专家辅助人是否符合实体、程序条件,主要包括以下几个方面:(1)确有出庭必要。包括存在鉴定意见或需要解释的专业问题,对查明案件事实有必要。(2)专家辅助人具备相应的专业知识。《重庆市高级人民法院关于知识产权审判专家辅助人参与诉讼活动的意见》(修订)第 3 条规定:"当事人或者人民法院委托专家辅助人,应当在重庆法院知识产权审判技术咨询专家库中遴选。技术咨询专家库中不能遴选的,可以在符合下列条件的人员中遴选:(1)具有案件涉及专业中级以上技术职称,或具有案件涉及专业十年以上从业经验;(2)具有丰富的经验和娴熟的技能;(3)品行良好,工作严谨认真。"虽然专家辅助人无须资质要求,但其专业水平应当足以和鉴定人匹配,足以对案件涉及的专业问题提出专业的意见。(3)不具有回避情形。专家辅助人系一方当事人聘请,另一方当事人有权像要求鉴定人或法官回避那样在符合一定情形的条件下申请该专家回避。例如,专家系对方当事人的职工、近亲属,或与当事人存在合作关系、利益关系等有可能对其独立性、中立性造成不良影响的人。

以问题为导向的庭审程序引导。为避免对专家辅助人意见的简单信赖,同时保障当事人充分行使对鉴定意见质疑的权利,在专家辅助人庭审中可引入交叉询问方式。如《浙江省高级人民法院关于专家辅助人参与民事诉讼活动若干问题的纪要》第 13 条规定:"审判人员和当事人及其诉讼代理人可以对出庭的专家辅助人进行询问。经人民法院准许,可以由当事人各方申请的专家辅助人就案件中的专门问题进行对质。专家辅助人可以对鉴定人进行询问。"在专家辅助人与鉴定人同时出庭时,对专家辅助人的询问、质证或对质规则应有别于鉴定人质证程序。通过以问题为导向的交叉询问,旨在暴露专家辅助人言词矛盾、错误或不实之处,以降低其陈述的证明力,并达到充分认识、理解专门性问题的目的。

5. 对专家辅助人意见的采信和风险控制

《民事诉讼法》未赋予专家辅助人意见以明确的证据效力,亦未将其纳入法定证据种类,须结合案件其他证据审查确定能否作为认定事实的根据。专家辅助人意见作为言词证据(当事人陈述),其证据效力主要体现在对裁判者心证的影响。关于专家辅助人意见的具体效力可根据意见类型进行分析。

(1)质疑鉴定意见的效力。专家辅助人制度本身作为鉴定制度的补充,系对鉴定意见的制衡。鉴定人出庭接受质询并与专家辅助人在法庭上就鉴定意见形成对抗,能否达到真正对抗的预期效果,有赖于专家辅助人提出的意见对鉴定存在消解或维护其证明力的作用。如果专家辅助人提出的意见能够否定鉴定意见的证据能力,或者导致鉴定意见存疑而鉴定人无法作出合理解释,则会影响鉴定意见不被法院采纳,进而可能产生重新鉴定的结果。如果专家辅助人意见不影响鉴定意见的实质内容,仅存在一些形式上的瑕疵,则仅需通过补正或者合理解释的方式维护鉴定意见的证据效力。如果法庭采信了专家辅助人反驳鉴定意见提出的意见,其产生的效果是否定鉴定意见,但并不等同于专家辅助人的意见可以代替鉴定意见成为定案依据。如果法院没有采纳专家辅助人的反驳意见,也不代表鉴定意见就能够作为定案依据,仍需结合其他证据进行综合判断,不可采用"非此即彼"的简单思维。

(2)提出专业意见的效力。相较于鉴定意见,专家辅助人意见在证据效力上具有协助、补强或者削弱、推翻的功能。当案件所涉专业问题无须鉴定时,专家辅助人意见的效力具有独立功能。专家辅助人借助其专业知识、技术和经验对案件所涉专门性问题进行分析和判断,多数情况下是基于证据的专业分析和判断,作为一种本证,以达到对待证事实的直接证明目的。

我国专家辅助人制度的法律规定尚不完善,法官在该项制度的适用中自由裁量权过大,专家辅助人也存在人为或技术方面的原因对诉讼产生风险。实践中,许多学者对专家辅助人制度提出了较多的立法完善、实操建议。诸如,专家辅助人意见作为一种法定证据方法予以明确;专家辅助人出庭资质应予以明确;专家辅助人出庭功能应予以区分;专家辅助人意见的科学属性应作要求;允许法院依职权选任专家辅助人到庭参加诉讼等。本书以实务操作为导向,对制度完善建议不作展开。

(七)鉴定意见采信

实践中,囿于裁判者在专门性知识上的欠缺,其一般只能在形式上加以审查,而难以真正对专业知识、鉴定的依据、技术手段的运用等专门问题进行实质性审查,在涉及争议事实下的专门性问题的认定上,鉴定意见成为名副其实的"证据之王"。鉴定意见出具后,经过质证程序,从出具人资格是否符合法定要求、鉴定依据是否充分、鉴定程序是否合法等方面考量,可能出现鉴定意见被采信、不予采信、部分被采信、被撤销、要求重新鉴定或补充鉴定等情形。

1. 采信

鉴定意见程序合法，结果充分，双方当事人对鉴定意见进行充分质证后，在无法定事由否认鉴定意见的情况下，裁判者应将其作为证据予以采信。实务中，裁判者应就当事人提出的异议逐项进行核对，审查当事人是否提出令人信服的异议理由或提交充分有效的证据证明其主张。例如，浙江省金华市中级人民法院(2020)浙07民终2761号一案中，法院关于鉴定报告的合理性问题认为，鉴定报告系由一审法院委托鉴定，程序合法，原审被告也未提供证据证明鉴定结论存在程序违法或依据不足的情形，故一审法院采信鉴定报告并无不当。又如浙江省绍兴市中级人民法院(2021)浙06民终247号一案中，法院认为鉴定机构对案涉建设工程质量(墙面、地板开裂、漏水原因)、对厂房车间混凝土地面起砂原因，以及是否属于质量问题进行鉴定，程序合法，鉴定机构具备相应资质，原审被告对上述证据不予认可，但证据并不能否定上述鉴定结论，一审对上述鉴定意见予以采信并无不当。

2. 不予采信

当建设工程质量鉴定案件中存在鉴定机构不具备相应资质、以鉴代审、鉴定意见错误等问题时，质量鉴定意见就不能被采信。部分案件即便一审中采信了鉴定意见，但如果后续查明确有上述违法违规之处，将可能导致二审改判或被发回重审等情形出现。下文列举部分案例，以介绍鉴定意见既要实体合法也要程序合法，既要遵守法律规定又要重视合同约定，否则，皆有可能导致鉴定意见不被采信。

委托鉴定的机构、鉴定人员必须具有相应的鉴定资质、资格，这是最基本的法律要求。在湖南省长沙市中级人民法院(2015)长中民三终字第03503号一案中，法院认为该案所涉工程存在质量问题，建设单位虽已经投入使用，但根据法律及相关司法解释规定，在合理使用寿命内，施工单位仍应当对地基基础工程和主体结构质量承担民事责任，支付相关加固修复改造费用。该案一审期间委托湖南大学司法鉴定中心对地基基础工程和主体结构工程质量及加固修复改造费用进行了鉴定，因鉴定人张某无工程造价鉴定执业资格，鉴定人仇某未到庭接受质询，法院对该鉴定意见不予采信。

鉴定意见未经各方质证法院不予采信。在河北省张家口市中级人民法院(2018)冀07民初134号、河北省高级人民法院(2019)冀民终767号一案中，法院委托ZG安全生产科学研究院就铁路隧道对矿业公司工业设施安全影响进行评估报告，虽然其得出的结论是有因果关系，但一审法院未对A矿业公司单方提供的评估材料组织双方当事人质证，报告作出后，未向B隧道公司铁路项目部送达，也未组织质证，对此鉴定报告，一审法院不予采信。

鉴定意见未考虑当事人约定的文件顺序或质量标准的，不得作为裁判依据。在最高人民法院(2018)最高法民终1128号一案中，一审法院委托的鉴定机构在对案涉工程造价进行鉴定时，未综合考虑合同组成文件的内容及解释顺序，有关鉴定意见不符合当事人的约定。一审判决以鉴定意见作为认定工程价款的根据，认定基本事实不清。在黑龙江省高级人民法院(2016)黑民申691号一案中，法院认为一审被告在一审诉讼过程中申请对案涉工程质量进行鉴定，当鉴定机构对施工现场勘验完毕后，一审被告提出要求按照国家标准进行鉴定，因双方当事人签订的施工协议书中并未约定施工采用国家关于木屋架相关施工规范及验收标准，故其要求按国家标准进行鉴定没有事实依据，一审法院驳回其要求按国家标准进行司法鉴定的请求并无不当。

虽经鉴定，但卷宗中缺少鉴定报告等重要材料应属程序错误。在最高人民法院(2018)最高法民终276号一案中，法院认为该案卷宗中找不到委托鉴定函、鉴定机构出具的鉴定报告、当事人就工程造价鉴定问题所提异议、鉴定机构对当事人所提异议的书面答复等重要材料，而且，该案一审判决书中对鉴定费未予处理，却在另案中对该案鉴定产生的鉴定费用作出裁判。故一审判决违反法定程序。

3. 部分采信

一些案件中，并未对鉴定意见全部予以采信，而是仅对其中鉴定依据不充分的部分未予采纳，此属于人民法院职权范围，不违反证据的审核认定原则。对于其中未予采信的部分鉴定意见，涉及的实质系鉴定所依据的相关材料能否作为证据采信以及举证是否达到法定举证证明标准问题。

通常，一个完整的工程质量争议解决过程需要经历工程质量司法鉴定、修复方案鉴定与修复造价鉴定三个流程。多数情况下，为节省司法资源、提高审判效率，法院会组织争议双方当事人协商选定一家鉴定单位来完成三个流程的作业，但在协商无果或未保留完整协商记录的情况下，鉴定单位的资质问题往往会成为当事人最容易找到的质疑目标。例如，在浙江省杭州市中级人民法院(2014)浙杭民再字第7号一案中，发包人提出再审申请时的一个主要理由即在于一审时的工程质量司法鉴定单位不具备工程造价评估资质，法院认为一、二审采信鉴定报告中关于工程质量鉴定的部分作为法院认定案涉产品有质量问题且作为判断责任的依据并无不当,而再审过程中法院则重新委托具备工程造价资质的鉴定单位就修复方案出具了新的鉴定意见。在最高人民法院(2017)最高法民终730号一案中,最高人民法院认为在质量鉴定意见无法明确判定进场时阻燃管是否合格的情况下,一审法院直接判决承包人承担全部阻燃管修复费用,似有不妥。最高人民法院并非对鉴定意见全部未予采信,而是仅对其中鉴定依据不充分的部分未予采纳,此属于人民法院职权范围,不违反证据的审核认定原则。综合考虑案件的实际情况,最高人民法院酌定承包人承担阻燃管修复费用的50%。

由此可见,鉴定意见只是法院认定事实的一种证据类型,在出现比较充分的质疑理由的情况下,只是部分动摇或削弱了该证据的证明力,而民事诉讼中实行"高度盖然性"证据认定原则,故在以质量鉴定意见为证据无法判定一方完全承担质量修复责任时,质量鉴定意见也存在被部分采信作为认定案件事实依据的可能,这也是法官自由裁量权及避免以鉴代审的具体表现。

出于保障司法鉴定意见的稳定性、权威性与公信力的考虑,司法鉴定意见一经作出,除非出现法定事由或鉴定意见可能对裁判结果产生严重的、实质性的不利影响的情形,法院才应当对其效力进行确认。但如果鉴定意见在实体、程序方面存在严重违法违规情形,将可能导致鉴定意见被撤销或者被要求补充鉴定、重新鉴定等后果,但应受到严格的限制。关于鉴定意见的撤销、补充鉴定和重新鉴定,将在下述展开介绍。

四、撤销鉴定、重新鉴定、补充鉴定

(一)鉴定意见准予撤销的情形

根据《证据规定》第42条的规定,已被采信的司法鉴定意见可以被撤销。但是允许撤销鉴定意见的情形只包括两种:一为鉴定人自行撤销鉴定意见;二为允许当事人申请重新鉴定的情形,明显不包括当事人申请撤销鉴定的情形。虽然从应然的角度看,理应存在当事人在不申请重新鉴定的前提下仅申请撤销鉴定意见的情形,但是为了避免重复鉴定带来的讼累、破坏鉴定意见的公信力、进而对社会秩序的良性运转造成不利影响①,原则上不允许当事人任意针对业已作出的鉴定意见申请撤销,除非出现《证据规定》允许重新鉴定的事由且当事人要求重新鉴定

① 参见朱晋峰:《再论司法鉴定基本问题——兼评〈关于民事诉讼证据的若干规定〉有关条款》,载《证据科学》2020年第2期。

的情形。一般情况下，鉴定人不会主动申请撤销鉴定意见，除非出现极端情形，比如极端当事人到鉴定机构打砸、毁损财物，对鉴定人进行纠缠、谩骂、侮辱、诽谤、暴力伤害等，此时，鉴定机构可能会被迫改变或撤销鉴定意见，或者向裁判者建议启动重新鉴定程序。

（二）重新鉴定

启动重新鉴定的理由局限于以下四种情形：（1）鉴定人不具备相应资格的；（2）鉴定程序严重违法的；（3）鉴定意见明显依据不足的；（4）鉴定意见不能作为证据使用的其他情形。

1. 鉴定人不具备相应资格

由于鉴定人资格是保障鉴定意见具备可行性、可靠性、合理性与真实性的前提条件，无论是《民事诉讼法》及相关司法解释，还是《证据规定》均规定，法院应当委托具备资格的鉴定人进行鉴定，因此，鉴定意见的出具主体不具备相应鉴定人资格的，当然能够成为申请重新鉴定的正当性理由。

2. 鉴定程序严重违法

鉴定程序违法的情形是比较多的，如鉴定材料未经法庭质证、被委托的鉴定机构未经当事人双方协商一致、鉴定主体未依法回避等，以及法院超出法定范围依职权启动鉴定、鉴定材料采集环节程序违法、鉴定人员组成程序违法等。由于鉴定程序是实现鉴定意见科学合理性与真实可靠性的必备前提，故针对依不合规定的鉴定程序作出的鉴定意见，当事人有权提出重新鉴定的申请。

3. 鉴定意见明显依据不足

在实务中，“鉴定意见明显依据不足”主要包括以下情形：（1）鉴定意见明显违反客观规律；（2）鉴定意见与当事人提供的证据明显不一致；（3）鉴定意见违反基本的鉴定方法、相关专门性问题的普遍原理。针对第（1）种情形，一方面，符合客观规律、基本鉴定方法、普遍原理是使鉴定意见具备客观性、科学性的前提条件；另一方面，鉴定意见与当事人提供的送鉴材料保持一致是鉴定意见具备客观性、真实性的基本前提，若违背客观规律、鉴定方法或基本原理，鉴定意见则是信口开河；若与当事人提交的证据材料不符，鉴定意见则是捕风捉影。无论出现以上何种情形，鉴定意见都不得成为认定案件事实并使法院作出判决的合理依据。因此鉴定意见明显依据不足的，当事人可以提起重新鉴定的申请。

4. 鉴定意见不能作为证据使用的其他情形

该项属于兜底条款，是指难以列举出来的，但是强行采用鉴定意见作为裁判依据会使社会一般理性人产生难以忍受的不公平结果的鉴定意见不能作为证据适用的其他情形，可能包括鉴定意见与待证事实不具备最低层次的关联性、鉴定对象与送鉴材料不一致、送鉴材料来源不明或出于各种原因被污染等情况。

（三）补充鉴定

《证据规定》第 40 条第 3 款规定："对鉴定意见的瑕疵，可以通过补正、补充鉴定或者补充质证、重新质证等方法解决的，人民法院不予准许重新鉴定的申请。"此条指明了鉴定意见瑕疵补正、补充鉴定或者补充质证、重新质证与重新鉴定程序的区别，强调启动重新鉴定程序的高门槛，保障了其作为司法救济鉴定争议的严谨性，同时也符合合理管控重新鉴定的司法鉴定管理发展趋势。① 补充鉴定，是针对原鉴定过程的扩张和继续，是对原鉴定中存在的局部性、个别性的瑕疵进行的补充、修正和完善的再鉴定活动，以更明确、更全面反映特征事实，得出更为可靠的结论的鉴定行为。根据《司法鉴定程序通则》第 30 条第 1 款的规定，可以申请补充鉴定的情形包括：(1)原委托鉴定事项有遗漏的；(2)委托人就原委托鉴定事项提供新的鉴定材料的。

补充鉴定仅是在原鉴定意见的基础上进行修改、补充、完善，并不涉及一个新鉴定程序的开启，因此不会像重新鉴定那样极易造成鉴定资源的浪费与司法程序的讼累。补充鉴定在以下方面不同于重新鉴定：一是主体不同。补充鉴定仍然可以是原来的司法鉴定机构和鉴定人，而重新鉴定的主体是资质条件不得低于原来的司法鉴定机构和鉴定专家。二是独立性不同。补充鉴定本身不是独立的鉴定活动，其必须依附于原来的司法鉴定。而重新鉴定是一项独立的司法鉴定活动。三是鉴定任务不同。补充鉴定是解决原来鉴定由于条件不具备、存有遗漏、提供新的鉴定材料等主客观因素造成遗留鉴定事项，而重新鉴定是从整体上对鉴定对象进行再一次鉴定。

需要说明的是，虽然我国《仲裁法》并未明确规定补正鉴定、补充鉴定，但《仲裁法》第 7 条规定，仲裁应当根据事实，符合法律规定，公平合理地解决纠纷。故补正鉴定、补充鉴定也是仲裁鉴定中的题中应有之义，相关标准和流程可参照诉

---

① 参见邹明理：《重新鉴定增多原因与对策研究》，载《证据科学》2012 年第 1 期。

讼中的补正鉴定、补充鉴定予以解决。部分仲裁机构出台的鉴定办法对补充鉴定进行了明确规定，如《广州仲裁委员会委托鉴定工作管理办法》第 44 条规定：“有下列情形之一的，可以补充鉴定：（一）发现新的相关需要鉴定材料；（二）原鉴定项目有遗漏；（三）当事人对鉴定机构的结论有异议，仲裁庭经审查认为需要补充鉴定的。”《重庆仲裁委员会仲裁案件专门性问题委托鉴定管理办法》第 26 条规定：“具有下列情形之一的，鉴定机构应当出具补充鉴定报告：（一）仲裁庭认为鉴定报告不明确的；（二）因鉴定机构原因导致鉴定报告有遗漏的。”由此可见，仲裁补充鉴定的适用范围集中在鉴定报告的不明确、遗漏鉴定事项及出现新的证据材料。

五、鉴定不能的替代性举措

如前所述，启动司法鉴定的前提是具备鉴定的客观条件。但是，在极端个案中，质量纠纷往往难以通过司法鉴定得出技术成因和责任主体，此时裁判者不能拒绝裁判，必须通过其他途径寻求解决。这里，着重介绍两类替代性方法。

（一）专家咨询

实践中，建设工程类专家参与诉讼、仲裁的方式主要包括：(1)作为专家型的人民陪审员或者仲裁员参与诉讼、仲裁案件的审理，为工程案件的依法、公正审理提供帮助。专家型的仲裁员在仲裁实践中作用巨大，国内外仲裁机构的仲裁员均不局限于法律类仲裁员，注重选聘具有专门知识的专家担任仲裁员。(2)作为鉴定人参与诉讼、仲裁程序，出具专业鉴定意见，并接受当事人的质证以及裁判者的质询。(3)作为专家辅助人参与诉讼、仲裁程序，对鉴定人出具的鉴定意见进行质证，发表专业意见。比如，2015 年 9 月江苏省高级人民法院会同住建厅印发的《关于建立化解建设工程合同纠纷案件联动机制的意见》规定，工程类专家可以作为特邀型调解员，也可纳入人民法院建设工程案件咨询专家库，亦可担任人民陪审员或者专家辅助人。

除了以上参与方式，作为鉴定替代化选择的专家咨询在纠纷处理过程中逐渐发挥作用。《最高人民法院关于技术调查官参与知识产权案件诉讼活动的若干规定》第 1 条规定：“人民法院审理专利、植物新品种、集成电路布图设计、技术秘密、计算机软件、垄断等专业技术性较强的知识产权案件时，可以指派技术调查官参与诉讼活动。”此处的技术调查官即为专业领域专家。根据《最高人民法院关于技术调查官参与知识产权案件诉讼活动的若干规定》第6条的规定,技术调查官就案件所涉技术问题履行下列职责:(1)对技术事实的争议焦点以及调查范围、顺序、方法等提出建议;(2)参与调查取证、勘验、保全;(3)参与询问、听证、庭前会议、开庭审理;(4)提出技术调查意见;(5)协助法官组织鉴定人、相关技术领域的专业人员提出意见;(6)列席合议庭评议等有关会议。

而仲裁中的专家咨询是类似于鉴定的一种制度,是由裁判者委托专家进行咨询并发表咨询意见的仲裁活动。中国国际经济贸易仲裁委员会、上海仲裁委员会、深圳国际仲裁院、厦门仲裁委员会等多家国内仲裁机构在仲裁规则中规定了专家(咨询)报告。例如,《中国国际经济贸易仲裁委员会仲裁规则》(2015年1月1日起施行)第44条规定:"(一)仲裁庭可以就案件中的专门问题向专家咨询或指定鉴定人进行鉴定。专家和鉴定人可以是中国或外国的机构或自然人。(二)仲裁庭有权要求当事人、当事人也有义务向专家或鉴定人提供或出示任何有关资料、文件或财产、实物,以供专家或鉴定人审阅、检验或鉴定。(三)专家报告和鉴定报告的副本应转交当事人,给予当事人提出意见的机会。一方当事人要求专家或鉴定人参加开庭的,经仲裁庭同意,专家或鉴定人应参加开庭,并在仲裁庭认为必要时就所作出的报告进行解释。"

仲裁中的专家咨询在以下情形得以应用:(1)无论鉴定条件是否具备,但各方当事人申请进行专家咨询并经仲裁庭同意,或者仲裁庭采用专家咨询程序的情形。这种情形经常发生在工期纠纷中。(2)鉴定成本较高,或者鉴定条件不具备情形下采用专家咨询的情形。实践中,专家成员的组成通常可以按照当事人约定的方式或者参照仲裁员选定的流程形成,因而更体现当事人的意思自治。对比鉴定程序,由于不受法定程序的限制,专家咨询还有以下特点,咨询费用相对经济、咨询程序相对宽松、咨询质量相对较高,因而当事人对专家报告的接受度更高。(3)鉴定意见存在瑕疵或者缺陷,而在采取补充、补正鉴定又无法弥补的情形下,可采用专家咨询。采取补充、补正鉴定无法弥补,采取重新鉴定时间又过长,容易造成程序拖延,无法及时定分止争。专家咨询的使用可以让当事人深度参与咨询程序,在参与过程中即可不断缩小争议,乃至化解纠纷。

(二)建设工程争议评审

建设工程争议评审作为国际通行的工程争议解决机制,受到国际工程领域的青睐。国内也有多家仲裁机构制定了建设工程争议评审规则。《建设工程争议评审规则》第2条规定,建设工程争议评审指的是当事人在履行建设工程合同发生争议时,根据约定,将有关争议提交争议评审组(以下简称评审组)进行评审,由评审组作出评审意见的一种争议解决方式。2018年年底常州仲裁委员会依托常州市仲裁协会也发布了《常州建设工程争议评审规则(试行)》,该仲裁机构除了将其应用于履行工程合同时发生的争议,还将其有效应用于建设工程仲裁案件中,实现了专家咨询与争议评审的深度融合。比如仲裁案件中的疑难复杂质量争议、家装领域小额价款争议、“半拉子”工程质量评审,仲裁机构均积极引导当事人将争议提交评审,最终促成争议有效化解的效果。

总之,无论是鉴定,还是专家咨询、争议评审,均属于解决纠纷的一种方式。法院、仲裁机构均应在法定框架下,在尊重当事人意思自治的基础上,依法开展诉讼、仲裁活动,最终实现案结事了、定分止争的目的。

第六章
建设工程质量问题的技术成因与责任认定

查明技术成因是解决建设工程质量纠纷的关键,裁判者可以从材料供应、施工工艺、施工方法、施工管理、设计文件、勘察文件以及其他影响因素等方面进行审查。鉴于技术成因问题具有高度专业性,实践中往往借助司法鉴定、专家辅助人等手段予以解决,但是裁判者仍然应该综合考虑前述因素,对质量问题的技术成因进行审查,以期作出相对客观的判断。同时,依据技术成因认定相关主体责任、确定责任大小,还应充分考量质量缺陷的参与因素、作用力大小以及交叉作用等问题,慎重划分质量缺陷责任的归属和比例大小,以及工程质量纠纷的责任归属。

一、建设工程质量问题的技术成因

(一)勘察文件缺陷

勘察文件缺陷,是指勘察人提交的文件不符合有关法律、行政法规的规定,或与建设工程质量、安全标准、勘察技术规范以及合同约定不符,以至于存在瑕疵的情形。常见的勘察文件缺陷情形有以下五种。

1. 勘察文件质量不符合法律法规的强制性规定和工程建设强制性标准

工程勘察文件(包括岩土工程勘察报告,水文地质勘察报告,工程测量报告以及岩土工程物探、测试、检测、监测报告等文件)作为勘察成果的表现形式,其质量关系到公共安全和社会公共利益。现行法律法规对勘察文件成果和勘察行为均作出了最基本的规定,如果勘察文件或勘察行为不符合相关法律法规规定,应认定为存在缺陷。[①]

工程建设强制性标准被相关法律法规规定列入准用性规则，是工程建设领域技术层面中的法定最低标准。特别是 2022 年 4 月 1 日实施的《工程勘察通用规范》(GB 55017－2021)，作为全文强制性规范对工程勘察的策划、编制纲要、现场勘探、原位测试和室内试验、分析评价、工程勘察报告编写以及验槽全过程予以规定，必须作为基本的底线条件予以执行。例如，关于技术标准的选用方面，岩土工程勘察具有较强的地域特性，在遵守强制性国标外还需要考虑行业标准和地方性标准。如上海的天然地基承载力就有"老八吨"的地域特点[②]，所谓"老八吨"，是上海从 20 世纪 30 年代开始流传下来的经验，人们认为在不对地基做特殊处理的情况下，上海的天然地基只有 80kPa(每平方米 8 吨)的容许承载力。通过平板载荷试验得到的地基承载力一般大于 80kPa，但如果直接采用平板载荷试验得到的地基承载力可能导致沉降过大，因此对于上海的地质勘察报告，无论平板载荷试验结果是多少，对天然地基的承载力参数建议值都不能超过 80kPa。

2. 勘察文件未满足勘察任务书委托要求及合同约定

勘察任务书是指由发包人就工程勘察范围、内容和技术标准等提出要求的书面文件。勘察任务书是勘察合同文件的组成部分，如某勘察任务书委托内容如下：(1)提供满足设计、施工所需的岩土强度参数、各项岩土性质指标，确定地基承载力；(2)提供地下水埋藏情况、类型、水位及其变化幅度；(3)提出对地基基础类型、基础形式、基坑支护、地基处理的设计与施工方案的建议；(4)提出对建筑物有影响的不良地质作用的情况及工程危害程度的评价，并提出防治方案建议；(5)对建筑地基作出稳定性和适宜性的评价。

根据《工程勘察通用规范》(GB 55017－2021)第 6.2.3 条的规定，勘察报告应包括的内容详见表 6－1：

---

① 此外，部分规范性文件也有对于勘察质量的强制性规定，也应当被遵守。例如，《建设工程勘察质量管理办法》第 3 条规定："工程勘察企业应当按照有关建设工程质量的法律、法规、工程建设强制性标准和勘察合同进行勘察工作，并对勘察质量负责。勘察文件应当符合国家规定的勘察深度要求，必须真实、准确。"

② 参见高大钊：《实用土力学上(上)——岩土工程疑难问题答疑笔记整理之三》，人民交通出版社股份有限公司 2014 年版，第 27 页。

表6－1　勘察报告应包括的内容(摘录)

序号	具体内容
1	拟建工程概况
2	勘察目的、任务要求和依据的技术标准
3	勘察方法和勘察工作布置
4	场地地形、地貌、地层、地质构造、岩土性质及其均匀性
5	场地各岩土层的物理力学性质指标,提供设计所需岩土参数
6	地下水埋藏情况、类型、水位及其变化,需要地下水控制时提供相关水文地质参考
7	土和水的腐蚀性评价
8	可能影响工程稳定的不良地质作用和对工程危害程度的评价
9	场地的地震效应评价

勘察文件内容如未满足任务书的要求,导致缺少设计、施工所需参数或提供的参数错误的,应认定为存在质量缺陷。

3.勘察文件未满足深度要求

勘察报告应通过对前期勘察资料的整理、检查和分析,根据工程特点和设计提出的技术要求编写,内容应有明确的针对性,能反映场地工程地质条件、不良地质作用和地质灾害,做到资料真实完整、评价合理、建议可行。例如,2020版《房屋建筑市政基础设施工程勘察文件编制深度规定》对勘察报告成果提出了深度具体要求:勘察报告的文字部分应包括工程概况与勘察工作概述、场地环境与工程地质条件、岩土指标统计、岩土工程评价及结论与建议等相关内容;在房屋建筑工程拟建工程概况中应包括拟定的层数(地上和地下)或高度,拟采用的结构类型、基础形式、埋置深度等;勘察方法及勘察工作完成情况应包括:工程地质测绘和调查的范围、面积、比例尺及测绘、调查的方法,勘探工作布置、勘探设备和方法,完成工作量和完成时间,原位测试的种类、数量、方法,采用的取样器和取样方法,取样(土样、岩样和水样)数量,室内试验完成情况等。不满足上述深度要求的情形应认定勘察成果文件存在质量缺陷。

4.勘察手段未满足国家现行有关规范和标准的规定

采取岩土试样或进行原位测试时,勘察手段常有钻探、井探、槽探、洞探和地球物理勘探等。为达到理想的技术经济效果,宜将多种勘探手段配合使用,如钻探加触探，钻探加地球物理勘探等。各种勘察手段均应严格依据相关规范、规程操作，并对通过以上手段取得的资料进行整理、检查核对。采用不适用的勘察手段导致未满足相关规范标准要求的，应认定为勘察手段存在缺陷。如钻探和触探各有优缺点，有互补性，二者配合使用能取得良好的效果。触探的力学分层直观且连续，但单纯的触探基于其多解性容易造成误判。如以触探为主要勘探手段，除非勘察地区已有相应勘察数据，否则均应有一定数量的钻孔配合。

5. 勘察外业的原始数据记录不符合勘察质量要求

勘察外业，包括工程地质测绘和调查、勘探点定位与高程测量、勘探与取样、原位测试、工程物探、水文地质试验等勘察现场作业和测试试验。勘察外业的原始数据是勘察文件的基础性、原始性数据资料，直接关系到勘察报告的真实性和准确性。一旦勘察文件的原始数据不真实、不准确，因其隐蔽性强，将导致施工图审查或专家评审程序未能发现或者暴露出来。

例如，《岩土工程勘察规范》(2009 年版)(GB 50021－2001)对于钻孔的记录和编录提出下列要求：(1)野外记录应由经过专业训练的人员承担；记录应真实及时，按钻进回次逐段填写，严禁事后追记；(2)钻探现场可采用肉眼鉴别和手触方法，有条件或勘察工作有明确要求时，可采用微型贯入仪等定量化、标准化的方法；(3)钻探成果可用钻孔野外柱状图或分层记录表示；岩土芯样可根据工程要求保存一定期限或长期保存，亦可拍摄岩芯、土芯彩照纳入勘察成果资料。如违反上述要求，将导致勘察成果文件存在质量缺陷。

(二)设计文件缺陷

设计文件缺陷是指设计人提交的文件不符合有关法律、行政法规的规定，或未按照建设工程质量、安全标准、建设工程设计技术规范以及合同约定进行设计，以至于存在缺陷的情形。常见的设计文件缺陷情形有以下四种。

1. 设计文件不符合法律法规的强制性规定和工程建设强制性标准

设计文件(包含但不限于设计方案、设计说明、设计图纸、计算模型、结构计算书等)因其质量关系到公共安全和社会公共利益，受到相关法律法规和政府的严格监管。法律法规对设计文件的质量要求作出了最基本的规定，这些要求也体现了法律、行政法规的强制性规定与工程建设强制性标准适用的衔接。工程建设强制性标准被相关法律法规的强制性规定列入准用性规则，是工程建设领域的法定最低标准。如果设计文件不符合工程建设强制性标准、规范的规定，应认定为设计文件质量存在缺陷。[①]

建设工程设计领域的标准、规范数量繁多,单建筑工程领域按专业可划分为建筑专业、暖通空调、结构专业、给水排水、电气专业等五大类。其中又有一些特定专项工程可能涉及多种专业的强制性标准、规范,如防火设计。防火设计违反各专业领域强制性标准的情况如下。

(1)建筑设计方面。如自然防排烟设计不到位;疏散楼梯间、防烟前室门窗洞口与其他房间门窗洞口间距不足;消防救援窗设计不到位;地库车道出入口未设计减速安全设施。

(2)暖通设计方面。如空调系统和防排烟系统的管道未设计抗震支吊架;风管穿越防火单元隔墙处未设置防火阀;污染区、清洁区等通风系统未按各区域独立设置。

(3)给水排水设计方面。如未按照标准确定自喷系统的火灾危险等级,违反《建筑给水排水设计标准》(GB 50015 -2019)第3.1.1项规定,建筑给水系统的设计未满足生活用水对水质、水量、水压、安全供水以及消防给水的要求。

(4)电气设计方面。如消防系统设计、电气节能措施设计存在错、碰、缺现象,缺少疏散应急照明及疏散指示标志;医院用电负荷分级错误;未进行人防部分电气设计。

(5)消防设计方面。如未按规范设计疏散通道、防火分区、建筑构件耐火极限和装修材料燃烧性能。例如,2022年1月20日应急管理部通报了吉林长春李氏婚纱梦想城"7·24"重大火灾事故原因,其中"未按规范设计疏散通道、防火分区、建筑构件耐火极限和装修材料燃烧性能等,违反消防安全强制性标准"被认定为发生该起事故的主要原因之一。

需要注意的是,除工程建设标准强制性条文外,工程建设标准领域还包含大量的非强制性标准,如推荐性标准、行业标准等。在设计文件不符合此类非强制性标准时,是否认定其构成设计缺陷,可充分征求行政主管部门、行业协会、第三方鉴定机构的意见,在综合考量后予以认定。

---

① 国务院建设行政主管部门自2000年以来相继批准了《工程建设标准强制性条文》共十五部分,包括城乡规划、城市建设、房屋建筑、工业建筑、水利工程、电力工程、信息工程、水运工程、公路工程、铁道工程、石油和化工建设工程、矿山工程、人防工程、广播电影电视工程和民航机场工程,覆盖了工程建设的各主要领域。建设行政主管部门还颁布了《实施工程建设强制性标准监督规定》,确立了强制性条文的法律地位。

2. 设计文件错误

设计文件错误主要是指设计假定不当、计算错误、构造设计不合理等。设计假定出现的问题有:静力计算方案假设有误、埋入地下的连续梁设计假定错误、管道支撑设计假定与实际不符等。设计计算错误出现的问题有:荷载计算工作不够细致,如有的设计漏算结构自重;有的屋面荷载在考虑找坡层的不同厚度时,少算了厚度较大部分的荷载;采用钢筋混凝土挑檐时,未计算对砖墙产生的弯矩;砖混结构采用木屋盖,当屋架跨度较大时,对屋架受荷后,下弦拉伸,屋架下垂对外墙产生的水平推力考虑不周等。[①] 建筑构造设计不合理的问题有:沉降缝、伸缩缝设置不当,钢筋混凝土的高跨比不适宜,箍筋间距过大,纵向受力钢筋截断位置不当,局部缺少附加吊筋、箍筋及纵向钢筋等。

设计文件错误在结构设计专业领域表现得尤为突出。如设计楼面梁、墙、柱及基础时,未按规范进行荷载折减;结构构件承载力不足,荷载取值有误;结构构件截面、混凝土强度等级与计算模型不符。如《成都轨道交通 17 号线二期建设北路站防尘降噪施工棚工程“2021 · 9 · 10”较大坍塌事故调查报告》中载明,原设计下部结构未与网架屋盖整体建模计算,网架中部分杆件设计承载力不足,部分与支座相连的竖腹杆承载力标准值不足,是该起坍塌事故发生的间接原因。[②]

3. 设计文件编制深度不够

所谓设计深度,是指设计图纸所要达到的详细程度。关于设计深度的规定是对工程设计成果的最低要求,也是判断工程设计成果是否存在质量缺陷的基础性标准。[③] 常见的设计深度不够的问题有:未按照《建筑工程设计文件编制深度规定》要求,对设计文件中选用的建筑材料、建筑构配件和设备等注明规格、型号、性能等技术指标;未按照《建筑地基基础设计规范》(GB 50007 - 2011)第 8.5.10 条要求验算桩身混凝土强度是否满足试桩要求,导致桩身混凝土强度不满足桩的承载力设计要求;未按照《湿陷性黄土地区建筑标准》(GB 50025 - 2018)要求,对工

---

① 参见《建筑工程质量常见问题与质量事故防治》编委会编:《建筑工程质量常见问题与质量事故防治》,中国林业出版社 2019 年版,第 6 页。

② 参见《成都轨道交通 17 号线二期建设北路站防尘降噪施工棚工程“2021 · 9 · 10”较大坍塌事故调查报告》,载四川省成都市应急管理局官网:http://yjglj.chengdu.gov.cn,2022 年 4 月 3 日最后访问。

③ 为保证各阶段设计文件的质量和完整性,住建部颁布了《建筑工程设计文件编制深度规定》《市政公用工程设计编制深度的规定》,其他行业领域也有类似设计深度的规范性文件,如石化行业的《化工工厂初步设计内容深度的规定》、机械行业的《机械工业建设工程设计文件深度规定》、铁道行业的《城市轨道交通工程设计文件编制深度规定》等,部分省市也有相关的规范性文件,比如《上海市建筑幕墙设计文件编制深度标准》《天津市装配式混凝土建筑工程设计文件编制深度规定》等。

程采取有效的设计措施等。

工程设计文件原则上应涵盖相关专业领域设计深度规定要求的所有要素,所谓深度的要求,归根结底就是要满足工程能够实施的要求,具有指导施工的作用。我国有设计图纸外审制度,但是近年来此项制度也面临重大改革,很多工程取消了强制外审,该项措施的实施在工程界引起了极大争议。即使图纸通过外审,也不代表其深度符合规范要求,符合工程施工需要,因为外审机构的主要责任是审查图纸是否存在违反强制性条款规定的情形。因此,应当避免陷入经过审图机构审查通过的设计文件就符合相关行业设计文件编制深度要求的错误认知,裁判者应从工程实际角度出发,运用专业知识或者借助专业人士的帮助、结合设计文件的缺陷程度对设计文件编制深度作合理判断。①

4. 设计文件存在影响功能适用性、耐久性或其他问题的缺陷

设计人应最大限度地尽到专业机构的注意义务,提供合理可使用的设计方案,保证工程按照设计方案施工后能够正常投入使用。

除上述四种情况外,设计文件还有可能出现其他影响房屋耐久性、功能适用性的缺陷,如层高不足、隔声效果欠佳、日照时数不够、楼板厚度偏薄等,此类缺陷虽不至于影响结构安全性,但也应认定为设计文件质量存在缺陷。

(三)材料缺陷

材料可根据物理与化学性质、使用功能及化学成分的不同进行分类。按使用功能可分为结构材料、墙体材料和功能性材料,按化学性质可分为有机材料、无机材料和复合材料。下文将对不同类别的材料缺陷对工程质量的影响展开分析。

1. 结构材料

结构材料是指满足一定的力学性能,经过加工形成的能安全承受建筑物各种正常荷载作用的骨架材料。一般意义上的建筑结构材料主要包括混凝土、钢材、水泥、砂石等。

(1)混凝土

混凝土是指由胶凝材料、集料、水(必要时加入掺合料及外加剂)按一定比例配制,经均匀搅拌、密实成型、养护硬化形成的抗压强度高、耐久性好的一种人工

① 参见常设中国建设工程法律论坛第十二工作组:《建设工程勘察设计合同纠纷裁判指引》,法律出版社2021年版,第229-230页。

石材。未添加特殊掺合料的混凝土为普通混凝土。在普通混凝土的基础上,按照用途添加不同的掺合料即可形成特殊使用条件下的混凝土,常见的有抗渗混凝土、耐热混凝土、耐酸混凝土、聚合物混凝土、纤维混凝土、防辐射混凝土、彩色混凝土等。混凝土质量问题主要通过原材料质量指标、混凝土拌合物质量指标,以及混凝土浇筑成型与养护质量指标等进行判断。其中,混凝土拌合物质量主要通过稠度、凝结时间、坍落度经时损失、泌水与压力泌水、表观密度、含气量、氯离子含量、膨胀率等指标进行判断;混凝土浇筑成型与养护质量问题的主要表现为振捣密实度不够、胀模、蜂窝、麻面、孔洞、应力裂缝、养护不当等;混凝土质量直接影响结构工程质量,主要体现在影响结构安全性和结构耐久性。

(2)钢材

钢材与混凝土有着近乎相同的线膨胀系数,这使其成为与混凝土搭配使用的现代建筑理想材料。普通建筑结构中最常用的钢材为钢筋,钢筋按加工成型工艺的不同分为热轧、冷轧、冷拉、热处理钢筋,钢筋的质量问题主要表现在物理性能及化学性能两个方面的不合格,物理性能方面主要表现为公称直径、理论重量不满足规范要求、力学性能异常、裂缝、锈蚀、变形等;化学性能主要表现为化学成分碳、硅、锰、磷、硫含量超标等。钢筋投入工程使用后如果无法满足相关技术指标,钢筋混凝土构件将不能满足设计方案的受力要求,进而可能出现结构坍塌、使用寿命缩短等问题。在浙江省高级人民法院(2016)浙民再214号案中,法院即认定钢筋直径严重不足,钢筋重量偏差率严重超过标准,主材钢筋性能指标偏差是造成案涉事故的直接原因之一,并据此判定采用不合格钢筋的承包人承担相应事故损失的责任。

(3)水泥

通用硅酸盐水泥按混合料的品种及掺量的不同可以分为普通硅酸盐水泥、矿渣硅酸盐水泥、火山灰质硅酸盐水泥、粉煤灰硅酸盐水泥和复合硅酸盐水泥。水泥的质量问题主要表现为物理指标及化学指标不合格,其中物理指标表现为凝结时间、安定性、强度、细度等不符合标准要求,化学指标表现为不溶物、烧失量、三氧化硫、氧化镁、氯离子、碱含量等不符合标准要求。从水泥运输存储到使用过程中均有可能基于不同原因引发质量问题,包括运输存储不当导致的水泥受潮、过期,以及不同强度等级的水泥混用等。水泥质量问题有可能会引发工程主体结构质量问题,在一些工程质量纠纷中,承包人就是使用了过期水泥(俗称"小路"水泥)等问题水泥以次充好。问题水泥可能会导致结构混凝土表面开裂,无法对钢筋起到保护作用,进而造成碱骨料反应等,使结构不能按设计要求投入使用。

(4)砂、石

现代工程建设用砂根据成型条件可分为河砂和机制砂。河砂是指由天然石在自然状态下,经河水的作用力侵蚀、长时间反复冲撞、摩擦、堆积而形成的符合一定质量标准的建筑材料。机制砂是指通过机械对符合建设要求的天然石材进行破碎、筛分,并形成一定粒径以满足相应质量标准的建筑材料。除此之外,由于海砂带有盐分氯离子,会侵蚀钢筋,给工程带来安全隐患,因此公共建筑或者高层建筑一般不采用海砂作为建设用砂;如确需使用的,必须先行经过严格的淡化除盐处理,确保海砂中的氯离子含量符合《海砂混凝土应用技术规范》(JGJ 206 – 2010)、《预拌混凝土》(GB/T 14902 – 2012)、《混凝土质量控制标准》(GB 50164 – 2011)等技术标准的要求。

建设用砂、石的质量缺陷主要反映在颗粒级配、含泥量、有害物质、坚固性、碱骨料反应等指标不符合要求。不符合要求的砂、石用于建筑结构受力构件时易造成建筑结构构件强度、构件的耐久性不满足设计要求,进而引起结构坍塌,影响结构使用寿命。如在山东省东营市中级人民法院(2019)鲁 05 民终 777 号案中,检测结果表明表面金刚砂耐磨砂浆中混有较高含量的 Fe_2O_3 是地面出现红褐色爆点的主要原因,法院根据该鉴定意见,认定涉案工程金刚砂耐磨地面出现爆点的主要原因系表面金刚砂耐磨砂浆存在质量问题。

2. 墙体材料

墙体材料是指用来砌筑、拼装、分隔建筑结构空间并起到承重或非承重作用的块体材料。墙体材料主要以煤矸石、页岩、粉煤灰、砂、石等为原料,一般常用于建筑物的承重墙、隔墙及内外保温墙。墙体材料按功能可划分为承重、维护和分隔的墙体材料,按种类可分为砌体砖、砌块和墙用板材,其质量性能指标主要呈现在结构规格尺寸、强度等级、干密度级别、放射性、抗冻性等方面。墙体材料应用于承重结构时,如强度不满足要求容易引起结构坍塌;应用于普通维护结构时,如强度、保温、隔音等不满足要求可能导致维护结构保温、隔音性能差,无法满足绿色环保、正常使用功能要求,甚至可能导致维护结构坍塌。

3. 功能性材料

建筑功能性材料是指对主体结构进行保护,具有防腐、防水、防火、保温、隔热、隔声、装饰等功能,为了满足人们对建筑耐久、安全、美观要求所使用的各种功能材料。例如,为了满足建筑防水要求所使用的防水卷材与防水涂料,为了满足隔热需求所使用的绝热材料，为了满足防治噪声污染要求所使用的吸声材料、密封材料，为了满足环境舒适度要求所使用的装饰材料，为了满足防腐要求所使用的防腐涂料，为了满足消防要求所使用的防火涂料，为了满足高温要求所使用的耐火材料等，这些均属于建筑功能性材料。

功能性材料的质量缺陷主要表现为无法满足相应的设计要求，如防水材料在施工完成后不能起到防水作用，影响建筑的使用功能；防腐材料不能满足防腐要求，致使建筑物、构筑物加速腐蚀，缩短建筑物、构筑物的使用寿命；防火材料不能起到防火作用，存在引发火灾的安全隐患；隔音材料不能起到隔音作用，影响建筑物的使用功能，对建筑物使用造成影响。

（四）施工工艺缺陷

施工工艺是指检验批的生产方法以及实施某个分部分项工程的具体规范，包括生产条件和规定方式。根据《建筑工程施工质量验收统一标准》（GB 50300－2013）的规定，工程质量验收分四级，即单位工程验收、分部工程验收、分项工程验收和检验批验收。其中检验批是最小及最基本的验收单元，是指按同一生产条件或按规定的方式汇总起来供检验用的、由一定数量样本组成的检验体。如建筑顶板保温层是一个检验批，部分墙体的防水层则是另外一个检验批。

施工工艺的作用之一即保证所涉分项工程检验批的质量。除此之外，施工工艺还能够兼顾各分项工程之间的协调、减少相互之间功能的影响。如强电分部工程中的管路，管路的自身施工要求为线路要沿边沿角走向，横平竖直，同时强弱电的线路应当相隔 30cm 以上，以免弱电的传输线缆受到强电磁场的干扰。若管路没有按标准间隔进行施工作业，则会导致前端或后端的弱电设备功能受影响。

根据《建筑工程施工质量验收统一标准》（GB 50300－2013）的规定，建筑工程检验批的质量按主控项目和一般项目验收，其验收合格的条件是：主控项目的质量经抽样检验均应合格；一般项目的质量经抽样检验合格；具有完整的施工操作依据、质量验收记录。其中，因施工操作不当或错误造成的检验批质量缺陷，为施工工艺缺陷。

（五）施工方法缺陷

施工方法是为了保证在规定的成本和时间内完成规定质量的产品，而采取的正确施工工艺和程序。工艺及程序又名作业标准，指保证工作者在工作位置上完成用户所要求的合格产品质量的各种作业规定。

施工方法是施工方案的核心内容,它对工程的实施具有决定性的作用。在建筑工程中,同一施工过程可能会采用多种施工方法进行施工。在具体工程施工中,应结合工程特点、工期要求、施工条件等因素选择技术上可行、经济上合理的施工方法。如对于同一钢结构工程的施工,根据工程特点及设计要求,构件连接的施工方法可选择高强螺栓连结或焊接两种不同的施工方法。

工艺及程序又名作业标准,在 ISO 质量控制中,进行作业标准化时的重要工作,不是把最终的质量特性规定成标准,而是规定控制、保障质量特性的主要作业因素,简称质量控制要素。根据《建设工程项目管理规范》(GB/T 50326 - 2017)第 10.1.3 条的规定,项目质量控制五要素为“人、机、材、法、环”,针对以上要素,在建设工程施工准备阶段,施工方法中一般应明确以下要求。

“人”:明确的人员配置要求(特种作业人员应符合特定的法律规定及行政监管要求);

“机”:机械设备可靠(特种设备应符合特定的法律规定及行政监管要求);

“材”:各种材料按时、按质、按量到位;

“法”:明确的施工程序(作业步骤)及明确的工艺流程(含作业布局,质量标准及检验方法);

“环”:规范的作业现场(环境)。包括工程技术环境,如地质、水文、气象等;工程管理环境,如质量保证体系、管理制度等;劳动环境,如劳动力组合、劳动工具、工作面等。环境因素对工程质量的影响具有复杂多变的特点。

因施工方法包含整个施工过程中所采取的技术方案、工艺流程、组织措施、检测手段等,故施工方法正确与否,将直接影响工程质量控制能否顺利实现。因施工方法不周或不当,导致建筑工程质量缺陷的,为施工方法缺陷。

(六)施工管理缺陷

建设工程因其技术复杂且通常造价金额巨大,需要以质量管理方式控制各类工程质量风险。具体来讲即通过 P(plan 计划)、D(do 实施)、C(check 检查)、A(act整改)的质量管理循环,建立科学的企业管理体系、项目质量管理体系,通过质量管理的事前、事中、事后控制,从而正确配置施工生产要素,严格执行合同、图纸及相关法律法规、标准规范,最终建成具备结构安全性、功能适用性、耐久性、环境协调性、美观性的建筑物、构筑物。

若这些管理工作未予实施或经实施但不符合规范即为施工管理缺陷，根据施工管理缺陷出现的阶段不同，可将其分为以下四类。

1. 施工准备阶段管理缺陷

施工准备阶段的质量管理工作多为宏观质量管理工作，如出现缺陷对质量的影响也将是全局性的。

(1) 项目部质量管理保证体系缺陷

第一，质量体系、组织及职责分工管理缺陷，指施工单位若未按包括《质量管理体系 要求》(ISO/DIS 9001:2015) 在内的国家标准建立质量控制管理架构，会导致质量管理工作在统一领导和分级管理上存在缺陷，不能做到“事事有人管、人人有专责”。

第二，质量管理制度缺陷，指施工单位未建立健全质量管理制度（包括图纸会审制度、技术复核制度、检验检测制度、试块取样和管理制度、培训制度、施工技术资料制度、分包单位管理等）。《建筑工程施工质量验收统一标准》(GB 50300－2013) 附录 A13“施工现场质量管理检查记录”中，也将项目部质量管理体系、现场质量责任制两项作为检查项目。

(2) 设计文件使用管理缺陷

设计文件的质量直接影响建筑产品的质量，同意使用不符合要求的施工图对发承包双方而言均构成严重的质量管理缺陷。

(3) 施工组织设计编制、审查、审批、变更管理缺陷

根据《建筑施工组织设计规范》(GB/T 50502－2009) 的规定，施工组织设计中的“质量管理计划”对外是工程项目的质量保证，对内是工程项目质量管理的依据，是工程项目质量活动的纲领性文件；而其他施工进度计划、施工资源、现场平面布置、安全管理计划等也会直接或间接影响到项目质量目标的实现。

因此，施工组织设计的编制、审核、审查、审批均应遵循相应程序。施工组织设计在获得批准后如需进行较大变更，应重新履行前述审核、审查、审批程序。实践中，施工单位未对施工组织设计认真编制，严格审核、审查及报监理、建设单位审批，最终因施工组织设计中的错漏导致工程质量问题的，也属于质量管理缺陷。

(4) 现场准备阶段管理缺陷

指具体施工作业的质量准备工作，与技术、操作直接联系，相对微观，主要指对“人、材、机、法、环”这五个直接介入建筑生产的要素的质量管理。

第一，人员管理缺陷。各项建筑活动终究是由人执行、推动和完成的，因此人

的因素对建筑产品的质量影响显而易见。与质量相关的人员管理缺陷体现在两个方面:一方面是人员资质要求,国家对各方参建主体中的相关人员有相应的执业乃至特种作业资格要求。各参建主体的管理人员、作业人员未按要求配置或不具有相应上岗资格,即属于质量管理缺陷。另一方面是人员培训要求,由于同等资格人员在具体施工水平上的差异是巨大的,且工程建设中往往大量使用农民工,这两个因素决定了对操作层人员开展实训非常重要。同时,相关法律规范也要求建筑企业对人员进行各类技术培训。因此,发承包双方未依法依规配备人员并对人员进行教育培训的,也属于质量管理缺陷。

第二,原材料或构配件质量管理缺陷。材料及构配件直接构成工程实体,决定工程质量。因此,对于材料及构配件,从选购、检验检测到保管、使用,均应按要求进行。比如水泥、钢筋必须在使用前取样进行物理试验,对存放超过 3 个月的水泥必须重新取样进行物理试验,试验合格的,才可投入使用。各方未对材料及配件的选、检、存、用等环节进行质量管理,导致其流入施工工序的,属于质量管理缺陷。

第三,施工机械管理缺陷。现代施工中机械设备的装备率越来越高,机械装备充足、完好、先进与否直接影响工程质量目标的实现,如振捣棒质量就会直接影响混凝土密实度。由于施工组织环节对机械的选型基本已确定,在作业准备阶段如承包人未按规范要求进行施工机械调试、检测、保养、维修以及特种设备检测、验收,导致机械设备不符合施工要求或需要的,则属于质量管理缺陷。

第四,施工方法、工艺管理缺陷。相关的工法、工艺在施工组织设计中已确定,作业阶段应依规进行图纸会审、设计交底、技术交底,否则就属于质量管理缺陷。质量合格从某种意义上就是建筑产品对设计文件的响应,让各方充分理解、熟悉图纸及提出意见和建议,是下一步正确落实设计意图并在施工中达到设计文件质量要求的前提。未依规进行图纸交底、设计交底或交底工作流于形式,将使设计意图无法实现。

技术交底是对施工组织设计、施工方案的具体技术实施方案暨工序施工或分项工程施工的具体指导,尤其是在设计和施工比较复杂、涉及有特殊要求的部位。使用新结构、新工艺、新技术、新材料时,良好的技术交底能让作业人员做到“心中有数、施工有序、检查有据”,而未组织进行技术交底或交底不清的,属于质量管理缺陷。

第五,施工环境管理缺陷。符合要求的作业环境是施工质量的保证,施工环境包括自然环境和管理环境，前者不符合要求的情形包括：施工作业环境未达到“三通一平”“七通一平”等施工条件，无地质勘察资料及周边、地下管线资料，无准确基准点、基准线、标高等测量控制点信息等。后者不符合要求的情形包括：质量管理依据不明确，未提供应用于项目的完整设计文件、质量标准规范；质量控制点设置缺陷，施工检验、测量、计量器具配备不齐或其性能、精度不符合要求等。无论是自然环境还是管理环境存在缺陷，均可能导致工程质量问题。

2. 施工作业阶段管理缺陷

作业阶段是指实际操作施工的过程，这一过程是落实设计文件，通过施工实际形成建筑产品的过程，将直接决定建筑产品质量。

（1）施工方法、工艺管理缺陷。具体施工方法、工艺在准备阶段已经制定并经各方审查确定，在作业阶段对施工方法、工艺的质量管理主要是严格要求并监督操作人员按图施工、执行施工组织设计、遵循施工操作规范。但实践中常见管理者放任操作层面随意施工，对重点工序、重点部位未安排专人值班、检查等情形，进而造成工法、工艺缺陷，如随意改变结构吊装顺序，提前拆模，锤击桩贯入度不够，清孔不认真，不按规范砌筑等。

（2）设计变更管理缺陷。在施工过程中设计变更是常见情形，但应遵循相应的规定及程序进行。比如，根据《建筑法》第 49 条的规定，对涉及建筑主体或变动承重结构的装修工程，发包人应当在施工前依法委托原设计单位或具有相应设计资质的设计单位出具新设计方案，没有设计方案的，不得施工；同时，根据《建设工程勘察设计管理条例》第 28 条的规定，如发包人委托其他具有相应资质的设计单位修改设计文件的，应经原设计单位书面同意。同时，如发生不良风险事件，设计单位应及时重新验算或设计，并依法进行设计变更。但实践中，常见发包人未交由原设计单位重新出图，或仅以工程洽商的形式进行变更等情形，这均属于质量管理缺陷。

（3）施工总承包单位对分包单位的管理缺陷。总包单位对分包单位协调、管理不当，也会引发质量问题。如总包单位将工程分包给不具有相应施工资质的分包单位，对施工界面有交叉的分包施工疏于制定合理的施工顺序，对分包单位施工质量未按规范进行监管等，均属于质量管理缺陷。

3. 质量检查阶段管理缺陷

质量检查阶段，是指各个生产要素在经过多道工序后最终形成了建筑产品，为避免不合格建筑产品构成建筑物的组成部分甚至投入使用，危害不特定人员安全，应对建筑半成品、成品进行质量评定。

（1）取样送检管理缺陷。对涉及结构安全的试块、试件及有关材料，应在建设单位或监理单位的监督下现场见证取样，并交由具备相应资质等级的质量检测单位检测。实践中各责任主体未依规对试块、试件、材料见证取样送检，可能会导致不合格建筑构件、半成品未被发现，属于质量管理缺陷。

（2）工序质量管理缺陷。工序是必要的技术停顿和作业方式转换，工序质量检验是对作业活动效果的中间确认。工序进行中应受监督，工序完成后作业者在自检后应经交接检查、质检员检查、监理复核确认后，再进行下一道工序。实践中未遵守程序会导致不合格的产品进入下一道工序，属于质量管理缺陷。

（3）工程验收管理缺陷。工程产品验收分为检验批、分项、分部、单位工程、整体工程五个验收阶段，分包工程应先由分包自检合格再由总包验收。其中隐蔽工程因其在隐蔽后难以检验，应特别注意在覆盖前先行验收，否则均属于质量管理缺陷。

4. 质量整改阶段管理缺陷

质量整改阶段，指经任何一道质量评定程序验收确定为不符合质量要求的部位，被要求进行修理、返工、重作，并延伸至已完成工程交付发包人前的成品保护的阶段。

（1）质量整改管理缺陷。对经验收发现的质量问题未进行整改，不认真分析原因、随意处理导致整改达不到要求，甚至掩盖质量问题，如砖墙、柱出现裂缝后不分析是不是承载力不足导致，仅以水泥勾缝掩盖等，均属于质量管理缺陷。

（2）成品保护管理缺陷。施工单位对已验收通过但尚未交付的建筑工程未进行成品保护，导致成品受损，属于质量管理缺陷。

（七）其他原因

1. 使用不当问题

对建筑物、构筑物或设施使用不当，也是造成建设工程质量问题的原因。如未经校核验算就任意对建筑物加层，任意拆除承重结构部，任意在结构物上开槽、打洞、削弱承重结构截面。在浙江省温州市乐清区人民法院（2018）浙0382民初129号案中，鉴定机构认为“个别楼层有较重设备及载重推车车轮滚动痕迹，该影响为发生质量问题的间接原因”，考虑到业主方未就存在的问题要求施工人整改而直接进行使用，故法院最终认定，楼、地面起砂、坑洼的主要原因是施工人没有按图施工，间接原因是业主方使用不当。

2. 工程技术研究的局限性

一项科研成果从研发到广泛应用，可能需要长期实践的过程，其中难免存在各式各样的未知缺陷。如在门式钢架使用初期，由于对转角处的应力状况不清楚，使钢架结构转角处普遍出现裂缝；对横梁铰接点的实际受力状态考虑不周，或铰接点短悬臂受力钢筋锚固长度不够等原因，会造成横梁铰接点附近裂缝；在砖混结构中，当大梁支撑在窗间墙上时在何种条件下不能按铰接计算，长期以来对该问题研究不够，往往就会造成质量问题。①

3. 环境条件问题

影响建设工程质量的环境条件较多，有工程地质、水文、气象、噪声、通风、振动、照明、污染等。项目周期长、露天作业、受自然条件影响大、空气温度与湿度、暴雨、风、浪等，均可能成为工程质量事故的诱因。例如遇到大雪天气后，雪积于屋顶上，因设计标准较低、风雪荷载较大，就会造成屋盖倒塌。再如气候异常干燥，混凝土的早期收缩加大，若施工中未采取适当技术措施，将由此产生严重裂缝。此外，建设工程遭遇到的外部因素侵害如相邻建筑的冲击、爆破、振动、开挖、抽水等行为，往往也会对建设工程质量产生影响。

二、建设工程质量问题的责任认定

（一）技术成因与责任主体之间的关系

1. 建筑材料缺陷与责任主体之间的关系

材料缺陷是指用于建筑物、构筑物的材料不能满足相应物理性质及化学性质要求产生的质量缺陷，如力学性能缺陷、化学成分组成缺陷、绿色安全缺陷等。根据这些材料缺陷成因发生的不同阶段，可分为原材料供应质量缺陷与施工质量缺陷。原材料供应质量缺陷是指材料生产加工者、存储运输者的不当工艺或不当存储导致的材料生产加工与存储运输质量问题。材料质量的管控涉及材料生产、运输、使用等全过程，任何一个环节出现问题都有可能导致工程质量缺陷或质量事故，但由于难以对此进行精确的量化分析，相关法律对材料问题引发的质量缺陷或质量事故如何认定责任并没有明确的规定，司法实务中裁判尺度并不统一。

① 《建筑工程质量常见问题与质量事故防治》编委会编：《建筑工程质量常见问题与质量事故防治》（第 3 版），中国林业出版社 2019 年版，第 10 页。

(1)原材料生产不合格导致的质量缺陷

生产加工质量缺陷主要表现为产品出厂质量不合格或不满足相关技术参数要求。例如,钢筋出厂质量不合格或不满足相应技术参数要求即投入工程使用,容易引起结构的受力性能、使用寿命不能满足设计要求,在结构构件正常受荷后引起结构坍塌,或导致结构未达设计使用年限即无法正常使用。如果产品质量不符合相应标准及要求,从而给相关方造成损失的,生产者或供应者应承担相应法律责任。在广东省惠州市中级人民法院(2013)惠中法民二终字第152号案中,法院认为施工单位提出其标准试件强度为29.1MPA,该数据并未达到C30混凝土的标准要求,供货单位也一直未能提供出厂检验合格的证据,且三次检测时其均未提出施工存在缺陷。按合同约定,在混凝土供应期间,供货单位应派技术人员到现场进行质量监控,供货单位作为质量监控方,未能提供证据证明施工单位的施工过程存在不规范的情况,故而判定供货单位承担桩基强度不合格的全部责任。

(2)材料运输、存储不当导致的材料质量缺陷

建筑材料在运输、存储过程中,如果没有根据材料本身的属性、特点选择恰当的运输、存储方式,可能会使得材料的性能发生改变,进而导致材料质量不合格。若这些不合格的材料使用于工程项目上,将导致工程质量缺陷或质量事故。运输、存储导致的材料质量缺陷主要表现为运输存储过程中的不当操作导致材料过期、材料变形、材料变质、规格型号混堆混放等。例如,因装车碰撞、堆垛太乱、未采取恰当避雨措施等,在运输过程中造成钢筋折弯、错乱、锈蚀、油渍污染、雨淋等;合格证件未随钢筋实物同时送交仓库;进场验收时未核对钢筋型号、厂家标记与合格证的一致性;运送袋装水泥时未做好防潮工作,导致水泥受潮质量不合格;混凝土运输过程中搅拌罐停转或转速过高,均有可能产生混凝土离析、凝固而无法浇筑的情形。再如,在存储保管过程中保管人员履行保管责任不当导致钢筋受到雨、雪侵蚀,发生锈蚀;仓库环境潮湿、通风不良引起钢筋锈蚀;仓库管理不当、制度不严引起钢筋出厂标牌脱落;材料储存堆放的高度过高或堆放角度不合理,在轻微外力或自身重力失衡的情况下造成材料坍塌,导致现场施工人员的伤害和物品的损害;材料码放高度过高,下部材料的强度无法承受上部重力造成下部材料受压损坏;施工场地不平整,码放材料整体呈松散状、受力不均匀,造成材料的破碎损坏或安全事故。发生以上情形的,材料运输或存储主体应对由此导致的工程质量缺陷承担相应责任。

(3)未履行质量控制义务导致的材料质量缺陷

工程材料有严格的使用制度要求或合同要求,如购料入库制度、领料放料制度、退料制度、监管制度等。工程使用的全部原材料、构配件和半成品等,都应在获得监理工程师的认可后才能进入施工现场。具体而言,材料进场时,监理工程师应检查其尺寸、规格、型号、产品标志、包装等外观质量,并判定其是否符合设计、规范或合同等方面的要求;原材料入场后,应确保其规格、品种、型号及质保资料等与施工要求保持一致;在施工现场,应避免存放和工程不相关或者不达标的材料;材料应分开堆放并留出清晰的界限,由专人进行管理;对于现场配制的材料,应进行级配设计与配合比试验,在试验合格后才能使用;对于新材料,应核查相关部门鉴定证书或工程应用的证明材料、实地考察报告或专题论证材料;对于进口材料,施工单位应报送进口商检证明文件,专业监理工程师则须会同建设、施工、供货等相关单位人员进行联合检查验收。若在施工过程中,上述制度和要求落实不到位,会增加发生工程质量缺陷或工程质量事故的风险。如施工单位、监理单位因未执行该类制度造成质量缺陷或质量事故的,应依法承担法律责任或合同责任。在浙江省宁波市北仑区人民法院(2021)浙0206民初4732号案中,施工单位自身存在违规施工以及因工程质量问题被建设单位要求补桩的事实;此外,违规取水、泥浆池的坍塌及泥浆外溢均表明施工单位存在施工现场管理上的缺陷。因此,法院未支持施工单位要求建设单位承担责任的主张,并判决因此产生的损失由其自身承担。

(4)技术水平差引起的材料质量缺陷

施工技术水平差导致的材料质量缺陷主要表现为工序的先后顺序安排不合理、施工操作不当导致材料质量不合格。例如,在措施项目施工过程中,模板加固不牢引起的涨模、移位、漏浆造成混凝土成型差、蜂窝麻面质量问题;在混凝土浇筑施工过程中因钢筋较密的部位或预留孔洞、预埋件处振捣不密实、漏振,混凝土下落高度过大导致混凝土离析,使得混凝土强度、成型不满足要求;在钢筋加工过程中委托加工人员对光面钢筋进行超出规范要求的超张拉加工,使钢筋增加了脆性、降低了延性,危及建筑工程结构安全。

在最高人民法院(2018)最高法民再235号一案中,法院认为,根据司法鉴定意见书,案涉外墙保温工程存在施工中玻璃丝棉复合板黏贴面积等六项不满足标准要求以及工程外墙外保温做法与设计不符的问题。施工单位在其出具的两份外墙脱落施工方案中自认施工中存在"粘结点没达到规范要求,没有按规范要求打锚栓,锚栓过少导致复合岩棉保温板开裂、脱落"等施工不到位的问题。这些证据表明案涉外墙保温工程质量缺陷系因施工单位施工不符合规范标准或设计要求等造成的。故法院最终认定外墙保温工程质量缺陷的责任由施工方承担。

2. 施工工艺缺陷与责任主体之间的关系

施工工艺不当导致的工程质量缺陷,应由相关施工人承担相应责任。对不同施工工艺的责任主体,包括总包人、分包人进行考察分析,应检查是否按图施工,有关工种的施工工艺、施工方法是否符合施工规范的要求,施工进度、施工荷载值的统计分析、施工日志、隐蔽工程验收记录、质量检查验收有关数据资料等是否符合规范要求。[①] 从工艺流程到作业布局,从质量标准到检验方法,在以上诸多施工情况信息中发现导致工程质量问题缺陷的因素。

在建设工程纠纷实务中,常见的施工工艺缺陷有:

第一,影响建筑物主体安全的施工工艺缺陷。如山东省高级人民法院(2016)鲁民终185号案中,部分轴柱箍筋直径、混凝土现浇板支座负筋保护层厚度不符合设计要求,经查系施工人偷工减料所致,属于混凝土结构工程施工工艺缺陷,施工方存在过错;又如江苏省高级人民法院(2015)苏民终字第00272号案中,司法鉴定认为地基基础深搅桩部分平均桩长仅为设计桩长的83%,确定桩长偷工减料,属于地基处理施工工艺缺陷。

第二,影响建筑物功能性的施工工艺缺陷。如保温方面,在最高人民法院(2017)最高法民终175号案中,法院认定隔墙保温厚度达不到设计要求,厚度不够系保温工程施工工艺缺陷导致;如防水方面,在天津市高级人民法院(2014)津高民一终字第0129号案中,对于地下室变形缝及车库外墙渗漏水,法院查明系橡胶止水带变形,防水施工工艺缺陷导致,与使用无关;如防火及耐久性方面,在最高人民法院(2020)最高法民终337号案中,因涉案钢结构防腐、防火涂料厚度不能满足设计和规范要求,法院认定系防水工程及防腐工程工艺缺陷。

第三,影响建筑物美观的缺陷多为外墙施工工艺缺陷。如新疆维吾尔自治区高级人民法院生产建设兵团分院(2016)兵民终96号案中,经鉴定存在面漆起皮、开裂、受水、泛碱等现象,与面漆施工质量不符合要求有关,系典型的外墙施工工艺缺陷引发工程质量缺陷。

---

① 参见李飞主编:《工程质量事故分析与处理》,中国建筑工业出版社2018年版,第7页。

3. 施工方法缺陷

施工方法不当导致的工程质量缺陷,应由相关施工人承担相应责任。对不同施工方法的责任主体,包括总包人、分包人进行考察分析,可分别从“人、机、材、法、环”五要素对每种施工方法进行全方面分析,从中发现一个或几个质量控制因素方面的问题并确定责任主体。

审查施工方法是否存在缺陷主要关注工艺流程是否合理,检测手段是否科学等。以工程质量纠纷中多发的混凝土结构质量缺陷为例,可采用因果分析图(或称为鱼刺图或树枝图)分析施工方法缺陷的原因及责任主体①。其方法是用一条带箭头的主杆指向某一类质量缺陷或事故,针对工程缺陷、事故的类型和特点,列出可能的五个方面的原因。以混凝土强度不足为例,该质量缺陷一般不涉及勘察、设计、使用等方面的问题,是典型的施工人工作缺陷,故应对施工人的原因进行分析,找出大原因、中原因、小原因或更小原因(见图6-1)。图6-1中的施工大原因,分为人、工艺、环境、机械及施工方法等五大原因,施工方法又分为材料配合比不准、拌和不匀、振捣不实及养护差等多种原因,振捣不实又细分为模板不严或混凝土自身和易性差等小原因。可据此对照现场实际情况,确定施工方法缺陷的具体原因及责任主体。

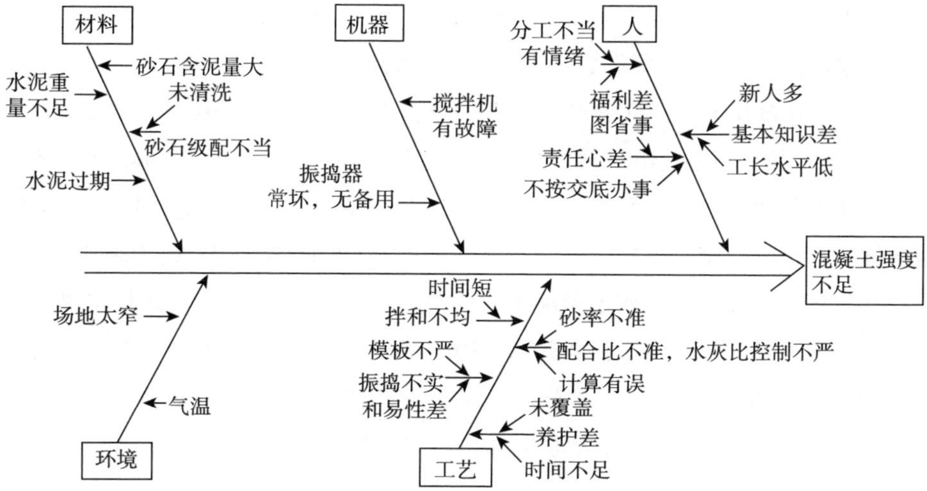

图6-1　混凝土强度不足的因果分析

① 参见刘训良主编,中国土木工程学会教育工作委员会江苏分会组织编:《建设工程质量验评与事故处理》,中国水利水电出版社、知识产权出版社2006年版,第162-163页。

质量缺陷事故的初步分析关键是找出质量问题的全部可能原因，尽量避免遗漏，但也要提前排除与具体质量缺陷事故显然无关的影响因素，以避免增加分析过程中不必要的工作量。

依据工程缺陷问题涉及面及严重程度，一般认定主要原因为3～5个，少则1～3个，不宜过多，否则无法突出重点。[①]

在最高人民法院（2020）最高法民终44号案中，即涉及混凝土质量缺陷。经鉴定，案涉工程房屋地下室个别受力构件混凝土强度不符合设计要求，梁钢筋保护层厚度及钢筋间距、地下室底板及基础承台下基底构造层不符合设计要求。类似的案例还有贵州省高级人民法院（2015）黔高民再终字第13号案，案涉工程混凝土强度及钢筋数量间距等不满足设计要求；湖北省高级人民法院（2020）鄂民终245号案中，查明施工人所施工的混凝土存在露筋、蜂窝、麻面等；海南省高级人民法院（2020）琼民终275号案中，施工人所施工的主体结构混凝土经鉴定亦存在蜂窝、麻面、骨裂、开裂、露筋、锈蚀等不符合设计要求的质量缺陷。这些都属于施工方法不当所导致的工程质量缺陷。

随着我国装配式建筑及绿色建造理念的推行，装配式建筑中钢结构工程的比重也在增加。在安徽省高级人民法院（2020）皖民终1164号案中，法院查明钢结构施工人施工方法缺陷为高强螺栓终拧扭矩不足、螺栓锈蚀、防腐涂层厚度不足、焊缝质量缺陷、地脚螺栓螺母数量不够、钢柱垂直度偏差等。

施工方法缺陷与施工工艺缺陷，有时也会出现在同一案件中。如在最高人民法院（2019）最高法民终1668号案中，案涉工程有两个质量缺陷：竖向结构构件垂直偏差超标及地下室墙壁裂缝。经对前者进行鉴定，施工人在施工过程中未对竖向构件的垂直度实施有效控制是造成垂直偏差超标的直接原因，属于施工方法缺陷；又经对墙壁裂缝鉴定，属于混凝土收缩裂缝，系施工人施工工艺缺陷导致。

施工方法缺陷与材料自身缺陷有时也密不可分，如北京市高级人民法院（2021）京民终339号案中，涉及石材幕墙表面平整度、立面垂直度等工程质量问题，经查明表面平整度不符合规范是材料自身缺陷所致，而施工立面垂直度不当是施工人的施工方法缺陷所致。

综上，施工方法缺陷主要表现为施工人技术方案不符合图纸及技术标准要

---

① 参见刘训良主编，中国土木工程学会教育工作委员会江苏分会组织编写：《建设工程质量验评与事故处理》，中国水利水电出版社、知识产权出版社2006年版，第162－163页。

求，施工过程中偷工减料或施工流程错误、施工检测手段不科学等，应由相应的总包人、分包人承担质量责任。

4. 勘察文件缺陷

造成勘察文件缺陷的技术原因有多方面，一般可从发包人、勘察人、监理人等主体入手进行审查。

（1）发包人的质量责任

勘察文件经审查合格后，如遇特殊情况，需对涉及的工程建设强制性标准条文或其他情形进行变更修改时，建设单位必须将修改后的勘察文件重新报审图机构审查。如出现以下情形：①更改地质时代、地貌单元及重新划分岩土分层；②修改或提供新的有关岩土层的物理力学指标；③施工时发现与勘察报告不相符需要进行的工程勘察补勘或施工勘察；④设计文件在建筑规模、平面形状和尺寸、结构的抗震设防等级、结构体系、荷重、基础形式、基础埋深等方面的重大变更造成原勘察报告不能满足要求时而进行的工程勘察补勘等，建设单位应对修改后的勘察文件重新报审。如应重新报审而未报审的勘察文件出现质量缺陷的，建设单位应承担相应的质量责任。

根据《建设工程勘察质量管理办法》第5条的规定："建设单位应当为勘察工作提供必要的现场工作条件，保证合理的勘察工期，提供真实、可靠的原始资料。建设单位应当严格执行国家收费标准，不得迫使工程勘察企业以低于成本的价格承揽任务。"《工程建设项目勘察设计招标投标办法》第43条亦规定："招标人不得以压低勘察设计费、增加工作量、缩短勘察设计周期等做为发出中标通知书的条件，也不得与中标人再行订立背离合同实质性内容的其他协议。"勘察工作中，建设单位有义务配合勘察单位提供必要的现场工作条件和相关原始资料，同时保证合理的勘察工期、合理收费。如违反上述义务导致勘察文件缺陷进而影响工程质量的，建设单位也应承担相应责任。

（2）勘察人的质量责任

勘察人对于勘察文件的形成负有主要质量责任。一般而言，产生勘察质量缺陷的主要原因有：①勘察成果文件未满足相关深度要求；②勘察手段不符合国家相关标准要求；③勘察成果中各项参数无法满足设计需求或者勘察成果不准确、不真实；④勘察外业的原始数据记录不符合勘察质量最基本要求。除上述质量责任外，勘察人对于施工过程负有谨慎的配合义务，如《工程勘察通用规范》（GB 55017－2021）第2.0.4条规定，勘察单位应参与施工验槽，检验开挖揭露的地质条件与工程勘察报告的一致性。如有异常情况,应提出处理措施或修改设计的建议。

在甘肃省高级人民法院(2018)甘民终559号案中,法院认为勘察人出具的勘察报告中记载的探孔深度不够,未探明卵石层以下的粉土软弱下卧层,直接导致设计人认为卵石层为可靠的持力层,误导基础设计。法院最终认定勘察不准确是案涉工程出现工程质量事故的主要原因,勘察人对此应承担30%的责任。

在湖南省邵阳市中级人民法院(2019)湘05行终362号案中,法院认为勘察人提交的钻孔野外记录、钻探编录记录等只能证明其对涉案项目进行了勘探,但并未提交岩芯图片、影像记录等证据证明其出具的勘探报告结论是真实、准确的。事实上,勘察人对勘察项目出具了两份勘察报告,但勘察人并不能对两次勘察结果存在的差异性作出合理解释,而行政主管部门提交的询问笔录可以证明勘察人在勘探作业时存在部分钻孔无岩芯芯样的事实。法院最终认定行政主管部门对勘察人作出涉案行政处罚是正确的。

(3)监理人的质量责任

监理人对勘察文件仅承担审查责任,根据《建设工程监理规范》(GB/T 50319－2013)第9.2.6条的规定,工程监理单位应审查勘察单位提交的勘察成果报告,并应向建设单位提交勘察成果评估报告,同时应参与勘察成果验收。勘察成果评估报告的内容主要包括:①勘察工作概况;②勘察报告编制深度、与勘察标准的符合情况;③勘察任务书的完成情况;④存在问题及建议;⑤评估结论。

5. 设计文件缺陷

造成设计文件缺陷的技术原因有多方面,责任人也有多方主体,有时还出现多种因素的叠加。通常可从发包人、勘察人、设计人、施工图审查机构等方面进行审查以确定相关主体对设计文件缺陷所应承担的质量责任。

(1)发包人的质量责任

发包人因素主要体现在:明示、暗示设计人违反强制性标准;提供的工程设计资料不准确,导致设计文件深度不够;不履行通知、协作义务,如不及时通知设计人参与技术交底、图纸会审等涉及专门性问题处理工作,致使设计人未尽到合理注意义务,会导致设计缺陷未能及时消除,造成设计文件质量问题。在最高人民法院(2019)最高法民终969号案中,最高人民法院认为从案涉《技术咨询合同》的约定内容看,合同明确约定由发包人负责提供案涉项目的技术资料,包括与设计有关的书面基础资料、前期各种报告和资料、设计需要的其他资料,并对提供的时间、进度和资料的可靠性、准确性负责。虽然该约定中并未对技术资料是否包含选址测风数据资料加以明确,但根据合同约定完成可研性报告的时间,可以推定测风数据是由发包人提供的。因此,对于发包人向设计人主张的违约责任及赔偿损失请求,不予支持。

发包人提供的工程设计资料根据工程实际情况会略有不同,这些设计资料一般也被认为属于合同约定的一部分,对设计人具有约束力。[①] 同时,发包人要求或其提供的设计资料不明确时,极易导致发包人和设计人对此产生理解上的差异,这种情形属于发包人和设计人之间“约定不明”,应根据《民法典》第 510 条和第 511 条的规定,并结合行业惯例进行漏洞填补,进而准确区分责任主体。在浙江省舟山市中级人民法院(2019)浙 09 民终 637 号案中,法院认为设计人的方案设计必须满足日照规范要求,并达到评审深度要求。案涉日照分析出现问题的原因有二:一是基础资料不准确,二是设计人对场地北向控制线的距离掌握不符合当地要求。对于第一个原因的形成,基础数据系由双方工作人员共同从规划部门提取,并开展初步设计,鉴于双方对日照分析是否系设计人合同义务未作约定,亦不存在其他免责事由,说明发包人同意按照该基础数据进行设计,设计人对此不存在过错。

(2)勘察人的质量责任

勘察质量问题往往直接导致工程设计缺陷。勘察原因主要表现为:不经地质勘察任意乱估地基承载力,导致设计文件出错;勘察精度不够,钻孔深度不足,地质情况了解不周全,导致设计文件不符合实际的场地需求。以岩土勘察为例,勘察不够全面、准确导致发生工程质量事故的案例较多。如《南京银行科教创新园二期项目“6·15”基坑工程坍塌事故调查处理结果》中,调查组认定的事故间接原因包括:地质勘察人员出具的地质勘察报告未能准确反映出岩层的产状、岩面的形态和坡度;未对基础埋置深度和岩层的产状、软弱结构层进行核实;未对设计方案进行必要的修改、完善,未满足动态设计要求。

---

① 如《建设工程设计合同示范文本(专业建设工程)》(2015 年版)第二部分“通用合同条款”中第 1.1.3.5 条规定:“工程设计资料:是指根据合同约定,发包人向设计人提供的用于完成工程设计范围与内容所需要的资料。工程设计资料包括项目基础资料和现场障碍资料。项目基础资料包括经有关部门对项目批准、核准或备案的文件、报告(如选址报告、资源报告、勘察报告、专项评估报告等)、资料(如气象、水文、地质等)、协议(如燃料、水、电、气、运输等)和有关数据等其他基础资料。现场障碍资料包括地上和地下已有的建筑物、构筑物、线缆、管道、受保护的古建筑、古树木等坐标方位、数据和其他相关资料。”

再以勘察外业为例，一旦勘察文件的原始数据不真实、不准确，因其隐蔽性强，不易在施工图审查或专家评审程序中被检查出来，此类勘察缺陷的危害极大，极易误导工程设计。为此，住建部《关于加强工程勘察质量管理工作的若干意见》、原建设部《工程建设勘察企业质量管理规范》《建设工程勘察质量管理办法》规定了留存影像资料、利用信息化手段实时采集记录、勘察外业见证等保证措施。相关地方性标准对此也有相应规定，如浙江省工程建设标准《岩土工程勘察外业见证技术规程》（DB33/T 1163－2019）第3.0.5条规定："外业见证应在现场核查下列工作内容：1.工程地质测绘和调查记录；2.勘探点定位与高程测量记录；3.各类勘探点的数量、类型、岩芯采取率及勘探深度；4.原位测试的类型、测试深度及工作量；5.土、石、水试样的取样深度（位置）及数量；6.工程物探工作量；7.水文地质试验工作量；8.地下水量测；9.封孔情况；10.其他需要见证的勘察原始记录。"

（3）设计人的质量责任

设计文件缺陷的主要责任人系设计人。如在最高人民法院（2017）最高法民申183号案件中，最高人民法院认为规划设计条件应属于设计文件编制的依据，依据规划设计条件编制相应的设计文件属于发包人和设计人双方的法定义务。在规划部门没有出具规划设计条件的情况下，设计人已经进行了相应的规划方案设计、施工图设计，发包人也同意设计人在没有规划设计条件的情况下进行相应设计，导致设计人出具的施工图不能使用。最高人民法院最终认定发包人和设计人就案涉损害后果负有同等责任。在最高人民法院（2017）最高法民申4603号案中，就涉案工程质量问题，法院根据第三方质量检测结论"原设计中所有的6米跨度次梁的截面高度均偏小，作为主梁时截面高度同样偏小，局部框架梁的截面高度同样偏小"和"设计缺陷是部分梁的截面高度偏小，这一缺陷可能会使一些梁体截面刚度较小，加之部分梁体实测强度未满足设计要求从而导致这些梁体裂缝的产生与发展"等意见，认定工程设计缺陷是工程质量出现问题的原因之一。鉴于该案工程质量损失的主要原因是建材质量问题，同时又存在设计缺陷引发或加重了工程质量问题，最终法院认定设计人就案涉质量问题承担次要责任。

同时，因设计人未尽到一定程度的合理注意义务导致设计缺陷，也会引发工程质量问题，实践中此类问题主要集中于抗浮设计。如在山东省高级人民法院（2020）鲁民终2572号案中，案涉工程抗浮设计上存在疏漏，且该疏漏与工程受损之间存在因果关系，设计人最终承担10%（650余万元）的赔偿责任。在江苏省扬州市中级人民法院（2016）苏10民终2819号案中，法院认为设计人应当对案涉工程抗浮措施进行设计，而其设计上存在遗漏和缺陷造成重大过错，且该过错与案涉工程局部上浮受损存有因果关系，最终认定设计人承担相应赔偿责任。

此外，前一阶段设计缺陷对后一阶段设计质量的影响也不容忽视。[①] 如 2021 年 11 月浙江省金华开发区“湖畔里”项目在建工地发生钢结构架倒塌事故，《金华经济技术开发区湖畔里项目“11 · 23”较大坍塌事故调查报告》[②]指出，由于设计人之间没有协调一致，钢结构施工图设计未计取建筑设计施工图中构造做法的荷载，设计院在校对审核过程中未发现宴会厅钢结构屋面设计与建筑构造做法不一致的问题，故“屋面钢结构设计存在重大错误，结构设计计算荷载取值与建筑构造做法不一致，钢梁按排架设计未与混凝土结构进行整体计算分析”，被认定为发生事故的直接原因之一。

（4）施工图审查机构的质量责任

施工图设计文件审查，是指施工图审查机构按照有关法律、法规规定，对施工图中涉及公共利益、公众安全和工程建设强制性标准的内容进行的审查。施工图审查不到位，往往导致设计深度不够、设计错误等问题无法被及时发现、修改。如《建设工程勘察设计管理条例》第 33 条规定，针对房屋建筑工程和市政基础设施工程，施工图审查的内容是“涉及公共利益、公众安全、工程建设强制性标准的内容”。而在住建部 2013 年印发的《建筑工程施工图设计文件技术审查要点》中，针对建筑工程的不同专业（建筑专业、结构专业、给排水专业、暖通专业、电气专业、建筑节能）详细列举了技术审查要点。如果引发质量问题的设计缺陷属于前述施工图审查的内容、要点，则属于施工图审查机构负有相应责任的设计缺陷。

需要指出的是，国家强制要求进行施工图设计文件审查的同时，也允许试点地区探索取消施工图审查或缩小审查范围。[③] 如深圳市取消审查的范围较大，除重大工程、重大危险源项目、保密工程以及轨道交通外，房屋建筑和市政基础设施（含水务、交通）工程均取消施工图审查，实行告知承诺制。再如，浙江省住建厅会

---

① 一般情况下，发包人往往将同一工程的全部设计工作均委托给同一设计人，但也可能根据项目进展状况将同一工程的不同设计阶段的工作委托给不同的设计人进行设计。鉴于工程设计的特殊性，前一阶段设计输出一般会构成后一阶段设计的输入，在同一工程的不同设计阶段由不同的设计人完成的情形下，往往发生前一阶段设计文件的质量缺陷导致后一阶段设计文件质量缺陷的问题。

② 参见《金华经济技术开发区湖畔里项目“11 · 23”较大坍塌事故调查报告》，载浙江省金华市应急管理局官网，http://yjglj. jinhua. gov. cn，2022 年 4 月 3 日最后访问。

③ 根据《国务院办公厅关于开展工程建设项目审批制度改革试点的通知》（国办发〔2018〕33 号）第 1 条第 2 款，试点地区包括：北京市、天津市、上海市、重庆市、沈阳市、大连市、南京市、厦门市、武汉市、广州市、深圳市、成都市、贵阳市、渭南市、延安市和浙江省。

同发改委、财政厅等七部门出台《关于深化房屋建筑和市政基础设施工程施工图管理改革的实施意见》，实行低风险工程免予审查，即对单体建筑面积不大于5000m^2、建筑高度不超过24m、跨度小于12m、不超过3层，无地下室（为生产、消防需要建设的地下泵房、消防水池除外），按照国家标准无须设置自动消防设施且不属于气象部门依法需要进行防雷装置设计审核的普通仓库、厂房等工业建筑工程，以及设区的市住房城乡建设部门根据本地实际评估确定的其他低风险工程，无须审查施工图，建设单位委托勘察、设计单位将全套施工图上传图纸系统，即可作为办理施工许可证（含建设工程质量安全监督手续）所需的施工图纸。此时，裁判者需要结合具体情况参照各地规定明确某一地区是否需要进行强制审查，以及施工图审查是否构成引起设计文件缺陷的因素。

6. 施工管理缺陷

施工阶段虽由施工单位主导，但建设单位、设计单位、勘察单位、监理单位均有不同程度的参与，多方的质量管理行为交织，各方的质量管理缺陷行为均可能引发相应法律责任以致成为责任主体。

（1）施工人责任

工程实体由施工人负责实施具体施工行为，因此施工人的质量管理行为对工程质量有决定性影响。具体表现如下：

第一，项目部质量管理保证体系及质量管理制度缺陷。无论是《建筑工程施工质量验收统一标准》（GB 50300－2013）还是《混凝土结构工程施工质量验收规范》（GB 50204－2002）（已失效）均载明施工现场应具有健全的质量管理体系、质量控制、质量检验制度，相关法律规范也要求施工企业应参照《质量管理体系要求》（GB/T 19001－2016）建立良好的质量管理体系、制度。质量管理体系及制度是对工程质量的宏观保障，如有缺陷，将间接引发工程质量问题。

例如，分包管理制度存在缺陷就会导致分包管理混乱，进而引发质量问题并导致总承包方需要对此承担法律责任。在最高人民法院（2017）最高法民终730号案中，法院认为“因总承包方将其承建的讼争建设工程转包给低施工资质等级的施工企业或者工头等自然人施工，有违诚信和有损承揽合同的信赖基础，显然实际施工人的施工能力较合同约定的施工人的施工能力相比有所减损，案涉工程质量缺陷与总承包方转包行为间存在一定的因果关系”。

第二，施工组织设计编制审查缺陷。施工组织设计直接影响施工质量，施工单位应依规编制、审查施工组织设计并提交监理、建设单位审核、审批，履行施工单位的质量管理义务，否则属于施工单位质量管理缺陷。

第三，生产要素管理缺陷。“人、材、机、法、环”属于建筑产品生产要素，某个要素管控、监督、审查不当，把关不严，就会导致不符合要求的生产要素参与到建筑生产过程，产生不合格产品。如对材料未履行良好的进场检测、保管、使用前检测的质量管理义务，对已拟定的工艺未履行审核审批程序等，都属于生产要素管理缺陷。

第四，作业质量管理缺陷。施工时依规使用建筑产品生产要素才能经由正确方式形成建筑产品。若监督操作人员未严格按图纸、设计文件、标准规范以及确定的施工方法、工艺进行施工，则属于施工单位作业质量管理缺陷。

第五，质量检查、评定、验收管理缺陷。良好的工序交接检查、取样送检、分阶段验收，是查找、发现、整改质量问题避免不合格建筑产品流入下一道工序乃至投入使用的质量防范举措。如质量检查、评定、验收管理不当的，属于施工单位质量管理缺陷。

第六，成品管理缺陷。如最高人民法院(2020)最高法民再37号案中，法院认为“施工单位主张案涉工程出现‘钢筋断裂’是第三人违法犯罪行为所致，应当适用‘先刑后民’原则移送公安机关侦查。但作为案涉工程的承包方，在工程竣工交付发包方之前，对工程具有看管义务，应自行承担建设工程标的物毁损的风险。无论案涉工程‘钢筋断裂’是否因第三人实施违法犯罪行为故意破坏所致，均不影响施工单位向其合同相对方承担相应的合同义务和民事责任，故本案民事纠纷无须移送公安机关处理”。

(2)发包人责任

发包人亦在一定程度上参与或影响到施工管理，其质量管理责任缺陷主要表现如下：

第一，发包管理缺陷。如发包人选择不具备相应资质的施工人，默许甚至追求挂靠等违法发包行为，将导致承建方不具备工程建设所需的管理能力，发包人当然应对由此导致的工程质量问题承担相应责任。

如在最高人民法院(2017)最高法民再247号案中，法院认为“某工程地基基础工程质量不合格，承包人无权请求参照施工合同约定主张该部分工程款。发包人将案涉工程发包给无建筑施工资质的个人承包施工，其对合同无效及工程质量缺陷应当有所预见……发包人对于案涉工程A、B栋桩基质量不合格及造成的损失亦具有过错”。据此，本案最终判决发包人、承包人对因质量问题导致的损失各承担一半责任。

第二，设计文件使用管理缺陷。如发包人强令施工人使用不符合规范要求的设计文件或图纸，或以工程洽商等形式违规设计变更。

在最高人民法院(2017)最高法民再72号、黑龙江省高级人民法院(2010)黑监民再字第2号案中，法院认为"第一次鉴定结论列举了施工人存在15项不规范施工问题，第二次鉴定结论载明：(1)'建设单位要求设计单位将其变更为全地下室'，且在基础底板上设计又给出的瓷砖面层构造，有将其直接作为全地下室地面之嫌。基础底板的混凝土不具备防水功能，仅靠'防水砂浆找平层'的防范措施不能保证室内的防水效果，设计文件图纸有差错……(4)施工方在施工过程中发现设计文件和图纸有差错的，应当及时提出意见和建议……"据此，结合上述鉴定结论，案涉地下室工程质量问题系由发包人提供的地下室筏板基础防水设计不当及施工人施工不规范共同造成的，法院判决建设单位、施工单位应各自承担50%的维修费用。

第三，施工条件提供管理缺陷。提供符合施工需求的场地等施工条件是发包人的义务，尤其是将地下管线及周边情况完整准确地提供给施工单位，否则应对由此导致的质量问题承担责任。

第四，组织设计文件交底管理缺陷。无论是图纸会审还是设计文件交底，发包人均有组织义务，否则属于质量管理缺陷。

第五，甲供材管理缺陷。发包人对其提供的材料、设备的质量负有保障义务，如因此导致建设工程质量问题，发包人应承担相应质量责任。《施工合同司法解释(一)》第13条第1款第2项也规定"提供或者指定购买的建筑材料、建筑构配件、设备不符合强制性标准"是发包人应当承担质量责任的情形之一。

第六，参与及组织各级验收质量管理缺陷。如在最高人民法院(2016)最高法民再367号案中，法院认为"施工人在进行施工的过程中，每一道工序都已由建设单位、设计单位、勘察单位、监理单位、质检单位参与验收，且都是在上述单位认可其上一工序质量合格之后才进入下一工序施工的。现鉴定报告提出的基础工程存在桩底软弱夹层和夹泥裂隙影响主体结构的安全性、桩端扩底和嵌岩深度达不到设计要求等问题，与工程分步验收中的结论明显不符。应当认定，案涉厂房基础工程质量最终被鉴定为成批不合格，责任不完全在施工单位……基础加固措施费用酌定由施工单位承担60%"。因此，建设单位未严格履行各阶段验收义务导致不合格产品流入下一道工序，对此应承担相关质量责任。

再如最高人民法院(2017)最高法民再247号案中,法院认为:“根据本案现有证据,不足以证明案涉工程的发包方、施工方、监理方和设计人对桩基部分严格履行了法定结构验收义务,发包人对于案涉工程桩基质量不合格及造成的损失亦具有过错。”

(3)监理人责任

监理人可以弥补发包人施工管理经验的不足,但监理人也可能因自身经验、能力的局限性产生施工管理缺陷,进而导致工程质量问题。其质量管理缺陷主要表现如下:

第一,技术方案审核缺陷、开工审批缺陷、生产要素监督缺陷。其一,监理人对施工人报送的各种施工计划、方案应履行审核职责,尤其是对于规模大、结构复杂、新结构、特种结构的工程,如未能发现并纠正方案错漏进而导致质量问题的,监理人理应承担相应责任。其二,不符合开工条件强行施工的,会引发质量问题,而监理人在此环节有审查义务,否则由于不具备施工条件而产生质量问题的,监理单位难辞其咎。此外,对于“工、料、机”的监督也是监理的重要工作职责,如未尽责监督引发质量问题,监理人亦需承担相应责任。

第二,工序监督缺陷。监理人未依法依规对关键部位、关键工序以及重要构配件采取旁站或平行检验等形式监督,放纵施工人违规施工行为的,属于质量管理缺陷,需承担责任。

第三,验收参与缺陷,即监理人未参与工程各阶段验收及竣工验收,或虽参与验收程序但流于表面,未真正尽责依照规范进行质量检验,出具与事实不符的验收结论,亦属于监理人质量管理缺陷。

(4)勘察人、设计人责任

勘察人在实际地质情况与原勘察估计情况不一致时未实地核实地质实际情况及地基承载、桩基实施情况及施工现场安全措施并据此重新评估或变更;设计人如未参与设计文件交底;勘察人、设计人未参加竣工验收,亦均应对由此导致的质量问题担责。

最终,在质量缺陷成因中,具体的操作行为与质量管理行为分别构成直接原因与间接原因,各方质量管理行为亦相互交织构成质量责任的“多因一果”,如图6-2所示。

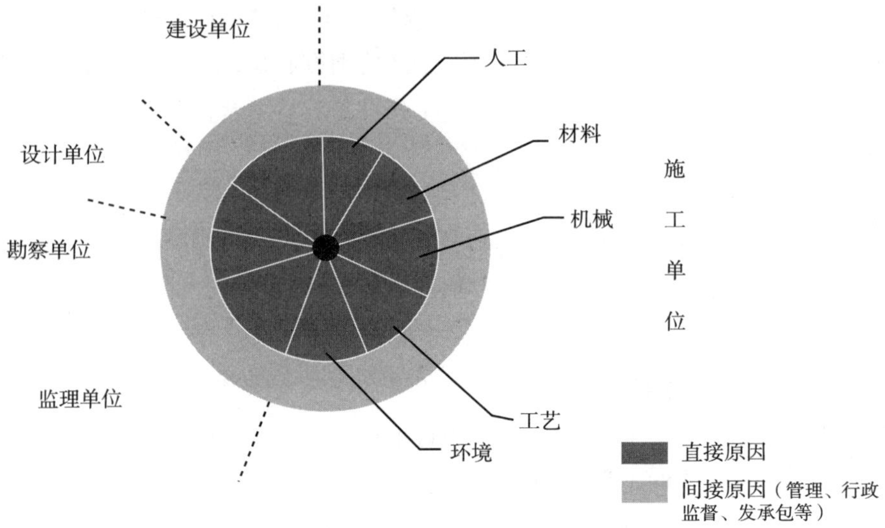

图 6-2 产生建设工程质量事故的原因

7. 其他原因

使用不当和新工艺技术问题，导致工程质量缺陷的原因力相对较小，往往不构成决定性因素。实践中，考虑较多的是输入介质、环境条件的改变导致设计质量出现的问题。[①] 关于输入介质，主要体现为输入介质的改变导致设计项目的功能性指标改变。如水电站设计项目，输入介质就是"水"，水头高度、汇水面积与设计发电量有直接关系。一旦输入介质发生改变，设计的基本条件亦发生变化，设计预期的功能性指标也极有可能达不到预期要求。输入介质一般都是由发包人提供或由发包人、设计人事先约定的，一般不可归责于设计人。关于环境条件，设计人进行工程设计时往往会将环境条件作为设计的一个基本输入条件予以考虑，尤其是有特定气候、区位、用途要求的工程。与输入介质改变对设计项目的功能性指标的影响类似，一旦环境条件发生改变，设计的基本条件亦发生变化，工程设计也有可能因此出现质量问题。

对于自然因素导致的工程质量问题一般属于质量通病，往往通过承包人工程保修责任解决。如浙江省湖州市中级人民法院(2013)浙湖民终字第317号案中，法院认为对于环境因素所致的墙体裂缝、渗水，办公楼简支梁侧面裂缝等质量问

① 参见常设中国建设工程法律论坛第十二工作组:《建设工程勘察设计合同纠纷裁判指引》，法律出版社2021年版，第240-243页。

题，属于建筑工程的质量通病，上述质量问题在建设工程保修范围和保修期限内发生，施工人应当依照相关规定和保修合同的约定，承担保修义务。

（二）责任认定

1. 合同约定的工程质量要求的适法性

《民法典》第789条规定："建设工程合同应当采用书面形式。"虽然行政主管部门也印发了适用于各类工程的示范文本，但是并非所有当事人都会选择适用示范文本，发承包双方也常采用自拟合同的方式以满足个性化需求。因此，实践中不免出现建设工程合同中质量约定不明、约定低于或高于国家强制性标准等情形。此外，《民法典》与《施工合同司法解释（一）》关于工程质量的表述并不统一。《民法典》第800条勘察人、设计人对勘察、设计的责任表述为"质量不符合要求"，《民法典》第801条施工人对建设工程质量承担的民事责任表述为"质量不符合约定"，《施工合同司法解释（一）》则采用了"质量不合格""质量不符合约定""质量不符合合同约定或者法律规定"等表述。立法层面用语的紊乱，容易导致适法层面的解释歧义。例如，将"质量不符合要求"解释为"质量不符合合同约定和法律规定"，将"质量不符合约定"仅解释为"质量不符合合同约定"。那么，当合同约定的工程质量要求与国家强制性标准不一致时，其适法性该如何认定？《民法典》及《施工合同司法解释（一）》中的质量表述该如何理解？

（1）合同约定的质量标准不得低于强制性规定

一方面，《建筑法》及相关法规中关于工程质量的规定，均属于影响合同效力的强制性规定。首先，关于合同效力的认定标准，《民法典》第153条规定："违反法律、行政法规的强制性规定的民事法律行为无效。但是，该强制性规定不导致该民事法律行为无效的除外。违背公序良俗的民事法律行为无效。"除此之外，原《合同法司法解释（二）》及《最高人民法院关于当前形势下审理民商事合同纠纷案件若干问题的指导意见》亦确立了"效力性强制性规定"和"管理性强制性规定"的区分原则。值得说明的是，虽然效力性与管理性强制性规定的二分标准已遭到学界的多种质疑和批评，但是利用其评析合同约定工程质量的适法性这一问题并无障碍。《九民会纪要》中进一步指出，"人民法院在审理合同纠纷案件时，要依据《民法总则》第153条第1款和合同法司法解释（二）第14条的规定慎重判断'强制性规定'的性质，特别是要在考量强制性规定所保护的法益类型、违法行为的法律后果以及交易安全保护等因素的基础上认定其性质，并在裁判文书中充分说明理由”。其次,工程质量属于社会公共利益范围,小至工程外挂件脱落,大致桥梁坍塌,都关系到广大人民群众的生命安全,因此“百年大计,质量第一”。如果在法律层面允许双方约定的建设工程质量标准低于国家强制性标准,将在客观上助长工程建设中偷工减料、粗制滥造的不当行为。最后,《建筑法》及法规的相关规定属于效力性强制性规定。如《建筑法》第 52 条规定:“建筑工程勘察、设计、施工的质量必须符合国家有关建筑工程安全标准的要求……”第 54 条第 1 款规定:“建设单位不得以任何理由,要求建筑设计单位或者建筑施工企业在工程设计或者施工作业中,违反法律、行政法规和建筑工程质量、安全标准,降低工程质量。”再如,《建设工程质量管理条例》第 10 条第 2 款规定:“建设单位不得明示或者暗示设计单位或者施工单位违反工程建设强制性标准,降低建设工程质量。”任何单位和个人均不得以任何理由作出违反国家强制性标准的质量约定,否则其约定无效。

另一方面,《施工合同司法解释(一)》的立法精神强调对工程质量的保障。首先,建设工程领域中折损工程质量的行为已被评价为无效。按照导致建设工程施工合同无效的原因,《施工合同司法解释(一)》对合同无效的规定分为两类:一是保障建设工程质量和施工安全的规范;二是维护建筑市场公平竞争秩序的规范。其次,保障建设工程质量是立法的首要原则,也是应有之义。举轻以明重,间接影响工程质量的行为,如出借资质、违法分包等在合同效力上都给予了否定性评价,那么直接影响工程质量的约定,如果违反了强制性规定,更应给予否定性评价。最后,《民法典》第 156 条规定:“民事法律行为部分无效,不影响其他部分效力的,其他部分仍然有效。”如果仅是合同约定的质量标准违反强制性规定的,则仅关于合同质量的约定无效,不影响整个建设工程合同的效力。这与《施工合同司法解释(一)》规定的借用资质、违反招投标规定等情形有所区别。

(2)合同约定的质量标准可以等于或者高于强制性规定

《2017 版建设工程施工合同示范文本》规定:“工程质量标准必须符合现行国家有关工程施工质量验收规范和标准的要求。有关工程质量的特殊标准或要求由合同当事人在专用合同条款中约定。”这说明工程质量的特殊标准可以单独约定。示范文本作出这样的指引,主要基于如下考虑:一是建设工程客体的特殊目的。以贵州省北盘江大桥为例,该桥位于贵州省、云南省交界处,为杭瑞高速公路的组成部分,是目前世界第一高桥,全长 1341.4m,桥面至江面距离 565.4m。考虑到严峻的地势条件,跨越河谷深切 600m 的北盘江“U”形大峡谷,以及当地地质灾害频发等客观因素，为了在抗风、冻雨、凝冻等极端天气下保障结构安全，施工工艺、建设材料等均需根据该桥梁的特殊情形确定，以满足特殊质量要求，否则将无法投入使用。二是发包人的主观使用目的。发包人为了建设工程的耐久性、美观性可能会对质量提出特殊要求，如喀斯特地貌地区建设工程的抗浮性能就会与其他地区不一致。再如，当事人为了促进房屋销售或者拓展建筑知名度，可能会在合同中约定若工程获得或未获得本地区或本行业最高质量奖、鲁班奖，以工程价款百分比来进行奖罚。无论基于何种目的，当事人合同约定的质量标准高于国家强制性标准的，属于双方当事人的真实意思表示，属于有效条款，对当事人具有约束力。因此，对于当事人约定的建设工程质量标准高于国家规定的强制性安全标准的，在不存在其他合同无效的事由下，该约定有效。发包人主张因施工人原因造成工程质量不符合约定标准的违约责任，施工人以工程质量虽不符合约定标准，但符合国家强制性标准为由抗辩的，裁判者不予支持。另外，之所以按照工程建设的客观和主观目的进行区分，是为了进一步探讨合同法定解除权是否成立的问题。概言之，如果约定的高质量标准是基于客观目的，工程质量不符合要求，则很可能造成建设工程施工合同目的不能实现，守约方享有法定解除权；如果约定的高质量标准仅出于主观目的，工程质量不符合要求并不影响合同目的的实现，守约方不享有法定解除权，仅可以主张违约责任，如违约金、修理、返工以及损害赔偿等。

综上，合同约定的工程质量要求的适法性是指合同约定的质量标准和国家强制性标准的关系，以及合同约定条款的效力问题。《民法典》及《施工合同司法解释（一）》关于建设工程质量的表述可以这样理解，“质量不符合要求”包括两层含义，合同约定标准和强制性规定，两者之间的关系可以简单理解为“以标准高的为准”，当合同约定的质量要求低于强制性规定时，合同的部分约定无效，仍应适用强制性规定；当合同约定的质量要求高于强制性规定时，合同的约定有效，应适用双方合同约定的标准。“质量不符合合同约定”指的是合同约定有效，即合同约定的质量标准等于或者高于法律规定时，适用合同约定；若合同约定无效，则直接适用强制性标准。另外，裁判者应当识别当事人合同约定标准高于强制性标准的原因，基于客观和主观目的的不同，认定当事人的违约程度是瑕疵违约还是根本违约，进而作出裁判。

2. 合同效力对工程质量责任认定的影响

在建设工程领域，合同无效的比例相对较高，工程质量纠纷必然受到合同效力的影响。结合本书第三章所归纳出的常见诉请，本部分拟解决的核心问题包括：第一，建设工程施工合同无效时，哪些关于质量问题的诉请难以得到支持？第二，建设工程施工合同无效时，发包人的哪些利益将受到影响，难以得到救济？第三，建设工程施工合同无效时，双方当事人关于工程质量的约定能否得到参照适用？

（1）质量赔偿责任的请求权基础

《民法典》第157条规定："民事法律行为无效、被撤销或者确定不发生效力后，行为人因该行为取得的财产，应当予以返还；不能返还或者没有必要返还的，应当折价补偿。有过错的一方应当赔偿对方由此所受到的损失；各方都有过错的，应当各自承担相应的责任。法律另有规定的，依照其规定。"该条规定了无效合同的三种法律后果：返还原物、折价补偿和损害赔偿，并指明了适用范围。就返还原物而言，因建设工程不动产的特性，承包人的人力和物质投入已经固化至工程中，返还原物并不现实。就折价补偿而言，原《施工合同司法解释》第1条已被《民法典》第793条第1款承继和修正，规定："建设工程施工合同无效，但是建设工程经验收合格的，可以参照合同关于工程价款的约定折价补偿承包人。"就损害赔偿而言，工程质量纠纷是基于过错造成的损失，应当适用于合同无效后损害赔偿的法律后果。就适用范围而言，《施工合同司法解释（一）》第6条规定："建设工程施工合同无效，一方当事人请求对方赔偿损失的，应当就对方过错、损失大小、过错与损失之间的因果关系承担举证责任。损失大小无法确定，一方当事人请求参照合同约定的质量标准、建设工期、工程价款支付时间等内容确定损失大小的，人民法院可以结合双方过错程度、过错与损失之间的因果关系等因素作出裁判。"因此，无效建设工程施工合同的质量赔偿责任，适用《民法典》第157条规定的民事法律行为无效的损害赔偿后果，在具体认定规则上，适用《施工合同司法解释（一）》第6条规定。

（2）质量赔偿责任的范围

第一，解除合同的诉请。建设工程施工合同无效，无须处理解除合同的诉请。当出现工程质量难以修复、施工人退场或者承包人无资质等情形，发包人请求承包人继续履行、修理、返工无客观可能性时，发包人常选择诉请解除建设工程合同，以终局性地结束双方合同关系，并伴随着返还原物、赔偿损失等诉请。但合同无效具有溯及力，追溯至双方未缔约之时。因此，解除合同诉请将不再成立，裁判者一般会将"案涉建设工程施工合同的合同效力如何认定"作为争议焦点进行分析，并将直接认定案涉建设工程施工合同无效，对相应的解除合同的诉请不予支持。

第二，质量违约金的诉请。建设工程施工合同无效，合同约定的违约金条款也无效。本质上，违约金是双方当事人在缔约之时，对于双方出现违约行为之后如何确定补偿、惩罚违约方的损失赔偿额。当事人主张违约金的请求权为合同请求权，当建设工程合同无效时，合同请求权基础丧失，违约金条款亦归为无效不再具有约束力。例如，双方约定案涉工程应当取得鲁班奖，未取得的，承包人应当向发包人支付一定的违约金。若建设工程施工合同无效，发包人以此为依据向承包人主张违约金的，则难以得到支持。但是，在双方不能证明实际损失的大小时，约定的违约金条款往往是裁判者衡量损失的重要参考标准，并以此作为酌情认定违约损失的依据。

第三，合同无效后的损失范围。无效建设工程施工合同中，当事人受保护的损失范围仅包括信赖利益与返还利益，并不包括期待利益。合法有效的合同得到良好履行，可以实现信赖利益、返还利益和期待利益。但当合同无效之后，期待利益不再受到保护。换言之，无效建设工程施工合同中，受损失的一方仅能主张实际损失，而不包括可能实现的利益。发包人主张因承包人原因导致的工程质量不合格所产生的可得利益损失，不在保护范围。需要说明的是，基于诚实信用原则在建设工程领域的演绎，"无论是发包人还是承包人，皆不允许因建设工程施工合同无效而获益"①，不应当让发包人承担由承包人过错而造成的损失。譬如，无效的建设工程施工合同中，因施工人原因造成质量不合格，工程需要返修、重建（直接损失范畴），工期延误造成了发包人延迟向业主交付房屋的违约金的产生、再次转售时的价值减损（间接损失范畴）。若仅因合同无效让发包人承担不利后果，明显不公平。因此，恰当的处理方式是以"损失"和"可得利益"对发包人损失范围进行精细化区分，"可得利益"应理解为在合同良好履行后，建设工程能够为发包人带来的利润；"损失"可理解为发包人为了弥补因施工人造成的质量问题，所必须付出的成本。按此标准，以改扩建酒厂车间为例，因施工人造成的质量问题，发包人主张因车间改扩建后酒类产品销售收入的增长额属于"可得利益"，合同无效后，无法得到救济；发包人主张因解决质量问题，产生的修复方案和修复费用（直

---

① 刘力、禄劲松、杨劭禹：《论无效建设工程施工合同的折价补偿——〈民法典〉第793条第1款评释》，载《法律适用》2022年第2期。

接损失)、质量问题解决期间工人工资、酒类原材料消耗、腐蚀(间接损失)等,则应当属于裁判者考量的范围,由裁判者根据具体情况予以裁量。另外,合同无效后,承担质量损失责任的前提仍然是过错,即质量损失是合同相对方造成的,若双方都有过错,则由双方按照过错大小酌情确定比例后承担责任。

第四,合同约定的质量标准。无效建设工程施工合同中,约定质量标准低于法定质量标准的,参照适用法定质量标准;约定质量标准高于法定质量标准的,参照适用约定质量标准。《最高人民法院新建设工程施工合同司法解释(一)理解与适用》在对第6条的阐述中载明"双方当事人在签订施工合同时,关于工程计价、计量、工程款支付比例、支付时间、工程质量、工期、结算程序、质保金的扣留等约定内容,均是当事人的真实意思表示,是双方签约时对作为施工合同中最核心内容慎重考虑后作出的决定,不应因合同违反国家行政管理相关规定而无效,只选择性适用计价和计量条款,将其他支付条款全盘否定"。因此,双方约定的质量标准并不会因为合同无效就不再适用,对其仍应参照适用。考虑到存在部分案件当事人约定的质量标准低于法定质量标准的情形,此时对当事人约定条款的效力判断仍然同上一节"合同约定的工程质量要求的适法性"。另外,之所以对质量标准参照适用,是因为质量标准除了并未导致合同无效以外,还将直接影响设计方案、施工工艺、材料选择以及最终的工程造价。若质量标准不参照适用,双方当事人是否具有过错则无法判定,甚至使得承包人因按照"合同关于工程价款的约定折价补偿"获得了更大利益。总之,无论合同是否有效,合同约定的质量标准(等于或高于法定质量标准)都应当参照适用,以进一步判断过错、损失等。

综上,关于合同效力对工程质量纠纷的影响,结论如下:合同无效后,请求权基础不再是合同请求权,而转化为缔约过失请求权。一是建设工程施工合同无效时,对于解除合同的诉请,将成为无本之木而无法处理,同时违约金条款自然无效,当事人无法依其主张违约金;二是发包人的损失范围应当包括信赖利益与返还利益,但并不包括期待利益,在不得因合同无效而获利的基本原则下,区分"损失"和"可得利益"可以实现裁判的实质公平,归责原则仍应遵循过错原则;三是合同约定的质量标准等于或者高于强制性规定时,即使合同无效,其约定也是判断施工人是否具有过错、是否产生损失的标准,应当参照适用。

3. 工程质量责任主体行为与质量结果之间的因果关系

《民法典》第801条规定:"因施工人的原因致使建设工程质量不符合约定的,发包人有权请求施工人在合理期限内无偿修理或者返工、改建。经过修理或者返工、改建后,造成逾期交付的,施工人应当承担违约责任。"一般认为,该条是关于承包人建设工程质量瑕疵责任的规定。《民法典》合同编没有按照传统民法理论设立一种独立于违约责任的瑕疵担保责任,而是将二者统合,以"工程质量不符合约定"为由直接作为施工合同中的一种典型违约行为,以违约责任替代传统民法中的瑕疵担保责任。该条规定的承包人的工程质量瑕疵责任,归责原则为过错责任。① 尽管合同违约是无过错责任,但是建设工程合同采取过错归责原则,是承揽合同采用过错归责原则的体现。

在侵权责任领域,因果关系的判定多遵循直接原因规则和相当因果关系规则。目前侵权责任纠纷中,往往需运用相当因果关系的规则来判断因果关系,因为这一规则采取的是较为客观的判断模式,仅要求裁判者依法查明违法行为与损害事实之间在通常情况下存在因果关系即可②。具体到建设工程合同质量纠纷,在认定质量问题的责任归属时,也应适用相当因果关系的规则来判断,即在查明违法行为与损害结果之间是否存在因果关系时,要依行为时的一般社会经验和知识水平作为判断标准,不能一味地仅考虑行为与损害结果之间是否存在直接因果关系。

造成工程质量问题,可能是一因一果,但更多的是多因一果,即由勘察人、设计人、发包人、施工人,甚至是监理人等混合行为所造成的。就争议主体数量的角度而言,分为单主体类和多主体类。

单主体类可分为:(1)"单主体单因素",即质量缺陷是由单个责任主体实施了单一的质量风险行为所导致的;(2)"单主体多因素",即质量缺陷是由单个责任主体实施了多个或者一系列的质量风险行为所导致的。对于单主体质量争议类型的解决相对比较容易,只需通过司法鉴定中的"成因鉴定"即可以解决。如某工程出现混凝土开裂的情况,可能是一种原因导致,如施工养护问题;也有可能是多种原因导致,如除施工养护问题外,还涉及保护层厚度过大或过小、温度作用、混凝土自身收缩、混凝土强度不足,以及基础不均匀沉降、大体积混凝土未设置后浇带等原因。但不管怎样,该质量问题的产生均是由单一主体实施的风险行为,因此争议的解决也相对比较容易。

---

① 参见曹文衔、宿辉、曲笑飞:《民法典建设工程合同章条文释解与司法适用》,法律出版社 2021 年版,第 365 页。

② 参见最高人民法院民法典贯彻实施工作领导小组主编:《中华人民共和国民法典侵权责任编理解与适用》,人民法院出版社 2020 年版,第 30 页。

多主体类可分为:(1)“多主体单因素”,即质量缺陷是由多个责任主体分别实施了单一的质量风险行为共同导致的;(2)“多主体多因素”,即质量缺陷是由多个责任主体分别实施了一系列的质量风险行为共同导致的。比如工程事故中,某无梁楼盖施工过程中出现倒塌,可能系多种原因导致:可能是施工堆载过大、未按图施工;也可能是设计人设计时考虑的承载力不足或施工前未进行技术交底;还可能是供应商提供的材料有缺陷;甚至可能是发包人或监理人监督管理失职等。

为更加慎重审查质量纠纷,并考虑到工程质量纠纷的专业性和复杂性,在认定因果关系方面应综合考虑参与主体的行为类型、主体数量、引起质量结果的具体原因等多个维度。

4. 量化责任分担比例时应考虑的因素

实践中,对于责任分担的量化,裁判者往往按照主次责任、同等责任的裁量范围进行取舍,最终形成的责任分担结果也往往是整数百分比,在量化责任时缺少科学性、精细化的方法和手段。为解决这一实务难题,亟须引入一套方便、有效的量化方法,以便为裁判者提供更加科学、规范的裁量方法,使各方责任分担更趋合理。基于建设工程质量风险分类研究成果,提出以下基于风险行为的多主体量化模型,以供实务参考。

(1)多主体工程质量责任分析前提

首先,将法定质量责任主体限定为发包人、勘察人、设计人、监理人、施工人。其他诸如建筑材料或构配件供应商、工程质量检测机构、咨询机构单位等都是通过上述五方质量责任主体间接影响工程质量,被称为广义上的工程质量责任主体。

其次,将建设主体的行为进行分类。建设工程项目参与主体的质量风险行为的表现形式多种多样,不同的表现形式对工程质量产生的影响也存在较大差异。作为投资方的发包人,主要承担项目的建设管理职责,其主要实施管理类的行为,反向表现为风险行为时则更多地表现为违法违规管理类的质量风险行为,如:“未办理开工前的报建手续”“明示或暗示施工单位使用不合格的建筑材料、构配件和设备”“违法分包或者支解发包”等。勘察、设计人作为技术服务提供方则更多地实施技术类行为,反向表现为风险行为时则更多地表现为技术缺陷类的质量风险行为,如勘察人“提供的地质、测量、水文等勘察成果有缺陷”,设计人“未按照工程建设强制性标准进行设计”等。而施工人既存在提供技术服务也存在履行管理职责，其反向表现的风险行为既包括技术缺陷类质量风险行为也包括违法违规管理类质量风险行为，如："未按设计图纸施工""违背施工技术标准施工"等技术缺陷类质量风险行为；"违法分包、转包工程""未取得资质或者超越其资质等级许可的范围或者以其他单位的名义承揽工程"等违法违规管理类行为。

技术缺陷类的质量风险行为直接与工程质量的形成相关，并可由第三方鉴定机构提供的鉴定报告加以明确。而违法违规管理类的行为则是违背了法律法规的禁止性规定，虽然间接地影响工程质量，但该类行为无法通过鉴定机构的鉴定确定其与工程质量问题间的因果关系。除了上述行为类型外，还有一部分质量风险行为游离于法律法规的框架约束外，既不属于可由第三方鉴定机构鉴定确认的技术缺陷类质量风险行为，又非法律法规明文禁止的违法违规管理类的质量风险行为，这类质量风险行为可以统一归类为不规范类质量风险行为。因为该类质量风险行为或违背相关规范性文件的规定，或不符合业内约定俗成的通行做法，如发包人"未对有重大修改或变动的施工图设计文件重新报审"，勘察人、设计人"未按规定参与施工验槽"等。

基于上述分类原则，有学者①对建设工程项目参与主体可能发生的质量风险行为按照其表现形式及相应特点进行分类，如表 6－2 所示。

表 6－2　建设项目参与主体的质量风险行为分类

特征	判断依据	分类类别
能否由第三方鉴定机构进行鉴定	鉴定报告	技术缺陷类质量风险行为
是否违反法律法规相关规定	《建筑法》《建设工程质量管理条例》《建设工程勘察设计管理条例》等	违法违规管理类质量风险行为
是否违背规范性文件或者约定俗成的业内规范做法	《工程质量安全手册》、相关学术著作、工程实践经验、诚实信用原则、基于合理的注意义务等	不规范类质量风险行为

为方便表述，将技术缺陷类质量风险行为简称为"技术缺陷类 "、违法违规管理类质量风险行为简称为"违规管理类 "、不规范类质量风险行为简称为"不规范

① 参见陈鸣飞、刘育民：《工程质量责任主体质量风险行为分类研究》，载《中国工程咨询》2019 年第 8 期。

类”。根据表 6－2 可知，技术缺陷类质量风险行为可由鉴定机构通过技术鉴定加以明确，其是产生工程质量问题最直接、危害性最大的质量风险行为。违法违规管理类质量风险行为由法律法规明文禁止，虽不直接导致质量问题，但其对于工程质量问题的产生有着间接作用，相比技术缺陷类质量风险行为，其危害性次之。不规范类质量风险行为虽未违背法律法规中的明文禁止性规定，但由于其违背了规范性文件或者约定俗成的业内通行做法，对于工程质量问题的产生仍然存在潜在的风险，因此也应考虑其对工程质量带来的负面影响。根据五大责任主体的质量风险行为的表现及分类，相关文献①对于风险行为及类型作了列举式详表。

需要指出的是，对于不同的责任主体，某一质量风险行为可能存在多种不同的表现形式。例如，施工人的技术类行为中“不按设计图纸施工”，其表现形式就比较多样化，可能表现为“不按设计图纸中结构构件的尺寸施工”，也可能表现为“不按设计图纸中非结构构件的尺寸施工”。不同的表现形式其严重性是存在差异的。因此，在实际判定中，应根据具体表现形式的严重程度，在判断质量问题的原因时给予不同的评价分量。

（2）多主体工程质量责任分析的量化方法探索

基于混合质量责任的归责原则，可将质量责任主体的过错程度和行为与结果的原因力大小作为考量混合质量责任承担的主要因素。作为工程建设的专业主体，五方质量责任主体对工程质量均负有高于社会中谨慎理性人的注意义务，换言之，对于各主体自行实施的风险行为，应适用过错推定原则。基于此，可按责任主体所实施的质量风险行为的严重程度，来推定其在混合质量责任中的过错程度。

有学者②基于模糊数学理论构建了多主体工程质量责任分析模型，并用数学表达式写为：

（过错程度论域）R（原因力论域）＝（责任比例论域）

即归责的责任承担由主体过错程度和主体行为与该质量结果的原因力大小共同决定。根据前文所述，主体的过错程度可由主体所实施的质量风险行为的严重程度反向推定，故上述公式可进一步表示为：

---

① 参见陈鸣飞、刘育民、谭敬慧：《工程项目多方质量主体责任划分模型研究》，载《建筑经济》2019 年第 10 期。

② 参见陈鸣飞、刘育民：《基于模糊数学理论的工程质量责任划分定量化研究》，载《建筑技术》2022 年第 5 期。

（建设工程主体质量风险行为严重度论域）R（原因力论域）=（责任比例论域）

根据表 6 – 2 所示，从原因力维度来看，技术缺陷类、违规管理类、不规范类三类行为所导致的原因力大小必然是技术缺陷类 > 违规管理类 > 不规范类。但从质量风险行为严重程度的维度来看，三类行为的严重性则应根据个案中的具体表现由专业人士进一步识别为妥。但无论如何，在判定多主体质量责任时应综合考虑上述两个关键因子的共同影响为宜。以某实务案例为例，设计单位 A 和勘察单位 B 因各自的质量风险行为对于造成的工程事故存在过错和因果关系，具体表现形式如表 6 – 3 所示。

表 6 – 3　责任主体的质量风险行为情况

责任主体	质量风险行为情况		
	技术缺陷类（C_1）	违规管理类（C_2）	不规范类（C_3）
设计单位 A	擅自修改原设计方案（A_1）	无设计资质（A_2）	未尽到设计注意义务（A_3）
勘察单位 B	勘察报告提供的作为设计和施工输入技术依据的数据不完整、不准确（B_1）	勘察单位违反工作程序，忽视详勘应收集的资料（B_2）	勘探方法和手段选择不当（B_3）

A_1 和 B_1 同属于 C_1 类型的质量风险行为，应根据两种质量风险行为对于工程质量问题的危害度进行计算，在 A_1 和 B_1 遵循 0 – 1 律的原则下满足 $A_1 + B_1 = 1$，具体数值可通过多位工程法学专家或工程质量司法鉴定专家的比较判断进行量化。同理，A_2 和 B_2 以及 A_3 和 B_3 也采用此种方式量化计算。本例中通过咨询数位工程质量司法鉴定专家，利用相关决策方法从而确定量化计算值，即 $A_1 = 0.2$，$B_1 = 0.8$；$A_2 = 0.5$，$B_2 = 0.5$；$A_3 = 0.6$，$B_3 = 0.4$。结合相关文献对于 C_1、C_2、C_3 的取值研究成果，可得到设计单位 A、勘察单位 B 双方质量责任主体的质量责任模拟计算值。

通过对主体质量风险行为严重度论域和原因力论域的量化分析，针对多主体质量责任划分时可得到较为精细化的责任比例值。裁判者可据此量化的比例在考虑影响案件的其他因素后最终酌定主体责任如何分担，进而作出更为科学、合理的裁判结果。

第七章

案件决断

案件决断指裁判者在案件审理过程中对各种程序性和实体性问题作出判断和决定。广义的案件决断,包括作为裁判者个体(独任法官、仲裁员)或集体(合议庭、仲裁庭)的心证判断、裁判文书的制作、裁判机关(构)的决策机制、付诸执行等。实务中既有研究主要侧重于案件实体的最终判断的形成,而对于过程中的程序性、非终局性的各种决策、决定等方面的研究较少。本章以裁判者视角讨论在建设工程质量纠纷案件审理的不同环节中,裁判者需要作出判断与决定的情形、需要考虑的因素以及处理的方式、方法与技巧。

一、案件决断概述

(一)基本定位

实体性的决断是裁判者审理思路、裁判决策的集中体现,其重要性自不待言。但是,“罗马不是一天建成的”,若仅关注结果层面一时的、终局的决断,而忽视过程中动态发展的决定与判断,并不可取。究其缘由,审理过程中的各种程序性处理,包括阅卷、询问、证据交换、庭前会议、鉴定评估、现场勘验、开庭审理(庭审调查、辩论、最后陈述)、调解等审理过程,以及非正式的谈话、走访调查、正式与非正式的案件讨论等,对法官、仲裁员形成对案件的完整判断并作出最终处理均具有重要意义,因而上述程序性的处理活动同样具有独特的价值。

囿于对行业背景知识、商业交易规则了解的匮乏,裁判者在处理事实纷繁复杂、争议专业性较强以及技术门槛较高的建设工程案件时,很大可能会误判。在建设工程合同纠纷案件的审理中,裁判者往往面临以下诸多问题:初步审阅材料后需要做些什么;首次开庭如何组织;首次开庭后如何加工和整理争议焦点;是否需要启动鉴定;如果启动鉴定,申请方应当是哪一方,应当采取什么样的鉴定方法；鉴定报告出具后如何审查和认定；如何组织有效的庭审并实现审理目标；何时作出裁判、作出怎样的裁判等。

上述问题对裁判者造成的困扰在其审理建设工程质量纠纷案件时更为突出，往往表现在：裁判者不了解当事人所主张的工程质量问题，进而无法判断相应质量问题的严重性；裁判者尚未掌握工程质量问题的解决路径，因而无法判断相应质量问题能否修复、应由哪一方修复、是否应作减价处理等；裁判者不知如何审查工程质量鉴定方案，更无从判断鉴定方案是否满足案件审理的需要；裁判者无法判断工程质量问题是否严重到足以阻碍工程价款的支付；裁判者无法判断案件是否应予以分别处理或者合并审理等。

（二）基本原则

案件决断的基本原则是法官、仲裁员在案件处理过程中应当贯彻的基本理念。建设工程质量纠纷案件的审理应当坚持的原则与其他纠纷并无二致，甚至在审理过程中更突出和强化基本原则。

1. 合法原则

案件决断的首要原则是合法，即法官或仲裁员的决断应当遵循《民事诉讼法》《民诉法解释》《证据规定》《仲裁法》、仲裁规则及机构各项管理制度（如专业法官会议制度、专家咨询委员会论证制度）等。法官、仲裁员作为裁判者，不能依托不合法、违规的方式进行案件决断，如向当事人的利害关系人透露案件信息；承办人坚持一意孤行，不按照合议庭或者仲裁庭的多数意见作出裁判；法官违背审判委员会的集体意见作出裁判等。

在这其中需要特别说明的是，案件决断的合法原则与裁判者行使释明权息息相关，而释明权作为裁判权的延伸，其边界具有一定的模糊性。释明权的滥用极可能导致裁判者的错误引导或者偏袒，因此裁判者在行使释明权时，需特别遵循合法原则。

2. 及时原则

该原则要求裁判者在合理的期限内尽早作出决断，除非案件有特殊考量，如需通过背景调查查明是否涉及虚假诉讼或虚假仲裁、需要进一步核实代理人的代理资格与代理权限、需要统筹考虑案件与其他案件的关联度和进度等。法谚云，“迟来的正义非正义”（Justice delayed is justice denied）。在当今诉讼“大爆炸”的司法环境下，案件及时处理更能彰显司法的公正，更有利于保障当事人的合法权益。同时,高效仲裁亦是仲裁公信力的重要体现。如果案件久拖不决、悬而未定、审理期限无正当理由多次延期,当事人极可能质疑裁判者的专业能力,甚至会猜想案件是否存在不正当干预,裁判者的廉洁性也可能因此受到挑战。

实践中,除了对裁判的实体结果不满意外,当事人对案件的大多不满可归因于裁判效率低下。而多数建设工程合同纠纷案件存在审理期限长、开庭次数多的情形,固然有案件本身疑难复杂、当事人准备不足或举证迟延等原因,但裁判者自身思路不清、不善决断、审限意识薄弱等亦常为当事人所诟病。所以,裁判者及时行使案件决断权、稳步推进审理程序,既是妥善行使裁判权的良好表现,也是规避并减少裁判者执业风险的必然要求。

3. 公开原则

该原则要求裁判者在审理活动中应做到:第一,在进行案件决断时,既要向审判组织公开,也要向当事人公开;第二,在处理案件相关事项时,需要取得合议庭、仲裁庭的一致或者多数意见,且部分事项的处理需要经过内部报批、备案、讨论等程序,不能简化或后补甚至虚构案件处理程序;第三,案件处理过程应当全面留痕于案卷中。

如某建设工程质量案件中,发包人申请法院冻结了承包人 4000 万元银行存款,承包人以银行账户被冻结对企业经营不利为由,请求提供房产或现金进行保全财产置换。此时,法官可以组织财产保全听证会,要求双方对保全的必要性、案件实体问题的初步判断、银行账户冻结对作为施工企业的承包人的现实影响、案件审理周期、鉴定程序的进展、承包人的经营状况和资产实力、置换财产的价值和可变性、发包人不同意置换的考量等事项进行充分阐述、举证和辩论,并由书记员记录在案。在合议庭讨论后,法官应当作出是否准许财产置换的裁定并送达各方当事人。除了财产保全与保全置换、解除财产保全外,案件管辖权异议、审限调整、鉴定、评估、合议庭成员变更、听证、通知开庭等程序性事项的处理,也应当遵循公开原则,裁判者应当将相应进程及时告知各方当事人。

4. 妥当原则

妥当原则保障裁判者作出的决断具有合法性、可操作性以及可接受性。根据该原则,裁判者需要考虑决断是否存在制度依据、是否实现逻辑自洽、是否具有现实可操作性以及是否具备较高的接受程度。如在首次开庭评议后,仲裁庭认为,申请人提出“请求被申请人维修案涉厂房工程所有渗漏的部位”的仲裁请求不明确,应当予以明确和修正,故发出程序令要求申请人在庭后 5 日内向仲裁庭提交明确后的仲裁申请书。对此，申请人提出，由于房屋渗漏的问题在雨后才会完整呈现，而最近并未下雨，故强烈要求仲裁庭给予更多的时间；同时，由于仲裁庭要求的结合施工图纸记录相应的轴线、标高、宽度、长度等工作量较大，故建议仲裁庭将提交仲裁申请的截止日期延至首次日降水 20mm 或以上的日期后 5 日内。后经过重新评议，仲裁庭认为原定的"庭后 5 日"不妥，申请人的理由成立，据此为申请人重新确定了仲裁申请书的提交时间。

5. 质量安全优先原则

建设工程往往具有公共利益的属性。工程质量问题不仅关系发包人能否符合原有期待正常地、安全地使用建设工程，同时也关系到潜在的其他使用人在使用建设工程时的人身财产安全问题，以及可能存在的危险毗连的其他财产、经过的人员等损害。因此，在涉及工程质量的案件中，裁判者必须高度重视工程质量问题，特别是质量安全问题。

在审判实践和仲裁实务中，建设工程质量纠纷案件的处理规则往往蕴含着以下逻辑：虽然建设工程施工合同属于商事合同且秉持意思自治原则，作为承包人主张工程价款的前提要件——工程质量合格所依托的评判标准可由当事人依其自由意志而设定，但是工程质量合格的评判标准同时必须受到工程质量强制性规范的强力约束——工程质量强制性规范具有法定性，不允许发包人与承包人私自降低建设工程的质量标准。因此，当发包人与承包人共同达成和解协议并希望法院出具调解确认的裁定书时，裁判者更要警惕双方是否勾结进而串通损害工程质量可能涉及的社会公共利益，以及和解协议是否会对案外第三人产生不利影响。

二、庭前准备阶段的决断

本节所讨论的庭前准备阶段，对诉讼案件而言，包含了案件从进入承办法官的审判系统之时（俗称的"分案"）起至承办法官首次召开庭前会议或开庭前的阶段；对于仲裁案件而言，包含了从仲裁案件组庭后到仲裁庭开庭前的阶段。

诉讼的流程如下：

案件在立案后会进入承办法官的审判系统，承办法官在收到案件的实体卷宗或电子卷宗之后，应当在立案之日起 5 日内向被告送达起诉状副本和原告起诉时的证据材料。该工作不仅仅是简单的邮寄材料而已，也并非法官助理或书记员所能完全代劳——在此之前，承办法官应当进行首次阅卷，根据原告的起诉材料初步梳理案情并把握原、被告之间的基本法律关系，进而能够在此基础上对于案件性质和质量问题的严重程度有一个初步概念。

在首次阅卷之后，承办法官可向被告送达起诉状副本和原告起诉时的证据材料、应诉通知书、举证通知书、传票、合议庭组成人员告知书、文书上网告知书、廉政监督卡等材料。与此同时，承办法官可以通过电话等形式向原、被告了解双方在诉前是否曾调解、和解的基础条件与初步意愿，为之后的调解、撤诉工作做好准备。被告在收到原告的起诉状副本等材料后，应当在答辩期间和举证期间内向承办法官提交答辩状和证据；若被告提出反诉的，还应当在答辩期间内提出反诉状和反诉证据。此时，承办法官应当在庭前准备阶段进行第二次阅卷，通过双方的书面诉辩材料对于双方之间的法律关系、案件性质、质量问题的严重程度等问题形成更为完善的意见，为庭前准备阶段的决断做好准备。

仲裁的流程如下：

多数仲裁机构在立案后会按照组庭规则（边裁的选定、首席仲裁员的产生、仲裁员的回避与重新选定）组成仲裁庭，仲裁庭组成后仲裁员才能收到案件的完整材料并开始阅卷工作。

阅卷是了解案情的过程，也是为作出决断的动作进行准备的过程。无论是法庭还是仲裁庭，边阅卷边形成初步判断并及时作出决断，是案件进入实质处理的第一步。

（一）对工程质量问题的初步判断

裁判者在庭前准备阶段的两次阅卷中，应对当事人主张的工程质量问题的基本属性和严重程度进行初步判断。如工程质量问题是属于结构安全性、功能适用性、耐久性、环境健康影响性问题，还是仅为外观缺陷；工程质量问题是导致工程略有瑕疵但不影响使用，还是导致使用存在部分障碍，或是导致工程存在安全隐患，抑或导致发包人的原有合同目的完全不能实现。

1. 是否构成主体结构、地基基础的严重质量问题

主体结构、地基基础的严重质量问题包括建筑物或其构件的变形倾斜、不均匀沉降、承重结构的严重开裂，以及房屋塌陷等。存在此种质量问题的案件，需要裁判者尽早提高对于质量问题和鉴定程序的重视程度，有效推进程序启动与案件审理的进度。

2. 是否需要报送行政管理部门

鉴于房建类的建设工程受众广泛的特殊性，当出现严重的质量问题且该问题

的产生已排除使用者自身原因以及第三方侵权原因后，裁判者在审理阶段有必要向房屋质量监督管理部门函告工程质量问题，以期监管部门从行业监管的角度重视该工程质量问题并加以处理。特别是当质量问题可能进一步恶化进而对不特定多数人的生命、财产安全等产生威胁时，裁判机关更需要加强与行政机关的沟通联系与统筹协调。

3. 是否导致合同目的不能实现

一些特殊工程对于施工质量有特殊要求，尽管建设工程经过了竣工验收，但现实中仍可能存在因为工程质量不符合要求而影响使用功能，以致发包人的合同目的不能实现的情形。如精密设备对地坪的表面平整度有较高要求，表面平整偏差大会导致设备无法正常使用。再如医药、化工实验室需满足其对室内环境中的粉尘、湿度、含氧量、细菌含量等要求才能正常使用。前述情况均可能导致发包人的合同目的不能实现，并引发双方当事人比较激烈的矛盾。对此，裁判者应注意防范冲突且应考虑是否及时启动鉴定。

（二）案件分解、合并与中止

除了发包人单独对承包人提起有关工程质量问题的诉讼或仲裁外，实践中更常见的情形是，在承包人向发包人主张工程款的案件中，发包人以工程存在质量问题为由提出拒付工程款的抗辩，甚至以此为由提出反诉，要求支付工程质量违约金或赔偿因质量问题造成的损失。在存在以质量问题为由的抗辩或反诉的情况下，裁判者需考虑是否就工程质量问题在承包人主张工程款的案件中一并处理。

1. 工程质量问题可能不构成拒付工程价款的合理抗辩

在建设工程价款案件的审理过程中，如果案件已经审理了较长时间，甚至工程造价鉴定已启动或完成，发包人方才提出工程存在外观缺陷、耐久性不足等质量问题的主张，并以工程质量不合格、付款条件不成就为由拒付工程价款的，发包人此时提出该主张很大可能是为了拖延诉讼或者仲裁的进程。为保障本诉、本请求的审理顺利、高效进行，裁判者可以向发包人释明就其所称的质量瑕疵另行主张权利；发包人拒不接受的，裁判者可在本案中不予处理并在裁判文书中写明其享有另案主张的权利。

2. 工程质量问题可能影响价款请求

根据司法实践和仲裁实务，因工程质量问题导致当事人价款请求不同以及裁判者相应的动态处理方式包括：

(1)在工程价款案件的审理过程中，若发包人提出工程存在严重的质量问题的主张，如工程竣工验收手续弄虚作假，工程主体结构、地基基础存在质量问题影响结构安全性、功能适用性等，并提供了初步证据的，则很可能会因此类质量问题而影响工程价款支付条件的成就。在此情形下，裁判者应认识到工程质量合格是发包人支付工程款的前提，故需要对涉案工程质量问题存在与否及其严重程度进行判断。只有在工程质量得到确认，或者工程虽有质量问题但不构成严重质量问题且承包人同意就工程质量问题予以修复或者双方同意减价处理等情形下，裁判者才可对承包人主张的工程价款支付请求进行下一步审理。

(2)如果承包人主张索要工程价款的案件与发包人主张赔偿工程质量问题责任的案件系不同的案件，则已处于诉讼或仲裁过程中的工程价款案件需要被裁定中止(仲裁程序中为决定中止)。

(3)裁判者通过审查后，如果确定工程不存在涉及主体结构、地基基础的严重质量问题，则工程价款案件应当继续审理并以质量部分的审查结论为依据作出判决。需要注意的是，裁判者对是否存在工程质量问题的判断无须通过工程质量案件已形成一审判决或者终审判决的方式而作出，仅需通过审查得到内心确定即可，如在鉴定意见书出具并经质证后，裁判者可以认定工程不存在严重质量问题，进而恢复审理工程价款案件。

(4)如果裁判者经审查后，确认案涉工程的主体结构或地基基础存在严重质量问题，则应当根据《民法典》第 793 条第 2 款第 1 项的规定，建设工程应首先进入修复环节。至于在此阶段，裁判者是将案件中止还是驳回承包人的诉讼(仲裁)请求，本章第四节将进行深入讨论。

3. 工程质量问题可采取减少价款的方式处理

部分情况下，发包人所主张的工程质量问题并不属于涉及主体结构、地基基础缺陷的严重质量问题，其仅仅是发包人提出减少工程价款抗辩的理由。如发包人主张竣工验收范围内存在部分工程质量不合格的情形，或者由于承包人没有在质保期内或发包人要求的合理期限内承担维修义务，最终由发包人委托案外第三人完成，因此发包人要求从应付工程款或质保金中扣除相应的委托修复费用款项等。该等情形下，除非发包人对工程质量问题的主张节点过度迟延，严重影响本诉(仲裁中为本请求)的处理进程，裁判者应本着一次性解决纠纷的目的，尽可能在审理工程价款案件的同时查明应扣减的价款金额，并在裁判项目中一并处理。

(三)程序选择、组庭与排庭

1. 简易程序转为普通程序的决断

(1)诉讼程序

在诉讼程序中,简易程序采取独任审判,普通程序多采取独任审判或者合议庭审判。一般来说,建设工程合同纠纷案件适用简易程序的情况较为罕见,多适用普通程序。在审级下移的司法背景下,根据 2021 年 10 月 1 日开始施行的《最高人民法院关于调整中级人民法院管辖第一审民事案件标准的通知》,若双方当事人均位于或均不位于审理法院所在的省级行政区域内,基层法院即可审理争议标的 5 亿元以下的第一审民事案件;若其中有一方位于审理法院所在的省级行政区域内而其他任一当事人(含第三人)不在审理法院所在的省级行政区域内,基层法院即可审理争议标的 1 亿元以下的第一审民事案件。这也标志着,绝大多数的建设工程合同纠纷案件将由基层法院审理。在确定案件应适用何种审理程序时,多数省市法院的规范性文件往往规定按照标的大小来确定案件是适用简易程序还是适用普通程序,兼顾案件的疑难复杂程度和社会影响。

但是,如发现建设工程质量案件在立案时被确定为简易程序案件,承办法官应尽早对于案件复杂程度和审理进度进行评估,并对难以在简易程序的时限内审理完毕的案件及早作出转为普通程序的决断。其理由在于:首先,建设工程质量案件关系建设工程长期安全性和使用功能的实现,且本身内容较为复杂,因此对建设工程质量案件的事实进行梳理以及在形成决断时应尤为慎重,而这需要花费大量的时间。其次,考虑到单个法官的审判经验、能力等有限,要求承办法官尽早对于案件复杂程度和审理进度进行评估,能够为其作出“简转普”决断时留下更充裕的思考缓冲时间。最后,在采纳简易程序的案件审理过程中,如果法官在得出案情复杂且不能在法定审限内结案的判断之后再裁定予以转换程序的,无疑会浪费审判资源,延误审理期限。根据上述分析,亦可进一步得出一个结论:多数建设工程质量案件采用普通程序并组成合议庭审理更为合适。

(2)仲裁程序

在仲裁程序中,绝大多数仲裁机构以案件标的额大小来区分是适用简易程序,还是适用普通程序。若是承包人提起仲裁申请的案件,由于争议标的额较大,案件一般适用普通程序,此时发包人如果提起有关建设工程质量问题的反请求申请时,仲裁机构通常会合并仲裁。然而,若是发包人提起仲裁申请的案件,经常会出现"发包人请求承包人维修漏水的屋面"等类似请求。此时,由于立案时各仲裁参与主体并未固定标的额或者仲裁请求的内容和范围,仲裁机构会在立案时先确定适用简易程序,后期审理过程中发现案情复杂或者标的额较大的,经当事人或者独任仲裁员申请,仲裁机构可以决定将案件转为三人仲裁庭审理。

2. 审判组织和仲裁庭组成的考量

(1)承办法官和合议庭组成的考量

目前,全国范围内诸多法院正在逐步建立健全随机分案为主、指定分案为辅的案件分配机制,即法院根据审判领域类别和繁简分流等要求,预先设置庭室分案规则和法官分案规则,在案件立案时即按照前述分案规则,运用信息技术随机确定案件的承办法官。以北京法院为例,庭室分案规则包括审判执行庭室内特殊案件类型、审判专业小组设置,以及庭内或组内法官轮转顺序规则等;法官分案规则包括法官专业特长、收案能力、轮转顺序、系列案规则等设置,以及总收案件数、未结案件数、已结案件数等项目权重、优先级等设置。在前述分案规则下,特定案由的案件常年会被分配在相对稳定的合议庭或审判团队,由其专门审理,这有利于保障案件审理的专业性与精细化。

在合议庭或审判团队内部,可由在建设工程领域较有经验的承办法官担任审判长,另外可安排一两位陪审员组成合议庭。陪审员可以由任职于或服务于工程质量监督站、审计机关、施工单位、监理单位、造价咨询单位等具有工程背景和实务经验的人士担任,由此得以在案件审理过程中帮助法官拓宽、加强、深化对相关专业问题的了解。如在某疑难复杂 EPC 石油化工工程案件中,由审理建设工程案件经验丰富的法官担任审判长;同时,鉴于案件涉及工程造价争议、工期争议和工程质量争议,另外两位陪审员分别是来自工程造价咨询企业的注册造价工程师,以及来自某国有施工单位的项目经理、一级建造师。在案件审理过程中,针对鉴定意见的采信、工期鉴定的必要性和方法、特检院监检证书的配合办理等事项,合议庭进行充分沟通,最终该案件的鉴定意见和一审判决均被当事人接受。判决生效后,在合议庭的组织下,双方当事人亦就判项以外的其他事项达成了和解,包括竣工资料交接、利息计算、工程款开票、共同申请农民工工资保证金退还等,真正实现案结事了。综上,如果承办法官自身对建设工程案件并不熟悉,则应当由经验丰富的资深法官担任审判长,就案件争议焦点归纳总结、审理方向的确定等工作给予更多的指导。

此外,由于建设工程质量案件往往需要多次开庭,鉴定过程中也需要多次召开鉴定工作会等,耗时日久,考虑到审理的效率,一般不建议采用五人制、七人制甚至九人制合议庭。

(2)仲裁庭组成的考量

在仲裁案件中,仲裁庭的组成则适用与法院合议庭组成完全不同的制度。根据《仲裁法》第53条的规定,裁决应当按照多数仲裁员的意见作出,少数仲裁员的不同意见可以记入笔录。仲裁庭不能形成多数意见时,裁决应当按照首席仲裁员的意见作出。同时,首席仲裁员还发挥着确定庭审流程、处理程序性事项、主持合议、撰写裁决书的作用等。首席仲裁员的角色,类似于在诉讼的合议庭中担任审判长的承办法官。因此,首席仲裁员在仲裁案件的审理中具有举足轻重的地位。

首席仲裁员往往是专业技术突出、庭审驾驭经验丰富、抗干扰能力强、公道正派的资深仲裁员,因深受仲裁机构的信任而被指定担任。此外,双方当事人均有权分别选定仲裁庭三名仲裁员中的一名边裁,该方选取的仲裁员通常更有耐心倾听该方的意见,站在该方的角度思考。少数情况下,如被申请人主体众多,对共同选取一名边裁不能达成一致意见时,根据仲裁规则也可以由仲裁机构指定该边裁。在仲裁庭组成后,仲裁员才能够看到案件的资料,无正当原因不能撤换仲裁员,仲裁员也不能随意退出仲裁庭。

3.案件排庭的考量

案件排庭是指裁判机关安排案件开庭时间,纯粹属于内部管理事项。在诉讼中,有些法官会授权书记员根据案件排期本或者电子排期系统确定开庭时间;有些法官会选择在经庭前准备阅卷后对案件形成大致审理方向、确定案件难度等级的情况下,自行确定开庭时间,然后再由书记员进行通知等。而仲裁程序中,办案秘书一般是在征求当事人是否可以接受指定仲裁员的同时,询问其对案件排期有无特殊要求,征求仲裁员的时间安排并在排庭后将组、开庭情况等一并通知当事人,同时告知仲裁庭。

二者的共同点是,排庭均需要考虑既有案件的收结情况、案件的疑难复杂程度、承办人和合议庭(仲裁庭)以及书记员(办案秘书)的工作时间安排等因素。二者的不同之处在于,合议庭的组成在整体上相对稳定,而仲裁庭的组成具有临时性。并且,法官的本职工作即为从事审判工作,自然常驻法院办公,而仲裁员大多数是兼职,经常的办公地点并不在仲裁机构。所以一般情形下,仲裁庭开庭的经济成本(仲裁员可能从异地乘飞机来往)、时间成本将远高于法院开庭,因而仲裁庭倾向于首次开庭即全面完整、高效高质地处理纠纷。一般而言,处理纠纷的流程包括:完成所有材料的质证、明确下一步处理思路与方向、完成整个庭审流程、双方初步发表辩论意见,允许当事人在首次开庭后补充仲裁庭要求的材料和意见。然而,诉讼程序则更加灵活,比如首次开庭临时变更为庭前会议或者简单的庭前谈话(甚至是不正式的),疑难复杂案件安排分期、多次完成庭审等。

此外,在建设工程质量案件的排庭过程中,裁判者必然要考虑工程质量问题的现实性、紧迫性。如涉及墙面脱落且有可能砸伤人员、损害财物的,法官可以在函告房屋建筑安全管理部门的同时,对案件加紧办理、优先办理;涉及墙面、屋面渗漏的,需及时处理,以期在台风雨季来临之前结案并预留修理时间;涉及保温效果等质量争议的,宜在采暖季来临之前完成修理;涉及群体性的房屋质量问题的,应当统一协调排期时间,避免过于集中开庭,出现闹庭等情形,同时也应当避免过于松散的开庭时间安排,引发当事人对裁判者专业能力和所持立场的深度质疑。

4. 仲裁程序性措施的适用

在仲裁中,一些仲裁机构为了提高仲裁效率,会赋予仲裁庭采取程序性措施的权利具体如下:

(1)"案件审理日程表"制度。根据《北京仲裁委员会仲裁规则》(2022 年 1 月 1 日起施行)第 36 条的规定,"仲裁庭有权根据审理需要采取制作案件审理日程表、发出问题单、举行庭前会议、制作审理范围书等各项审理措施。首席仲裁员可以接受仲裁庭委托采取上述审理措施",仲裁庭可以通过案件审理日程表向双方当事人公开案件审理计划与审理期间,案件审理日程表包括举证期限、首次开庭时间、补充证据与证据提交截止时间、提交代理词时间、作出裁决时间等。《上海国际经济贸易仲裁委员会(上海国际仲裁中心)仲裁规则》第 29 条第 4 项亦有此规定。

(2)"问题单"制度。仲裁庭根据阅卷后的情况认为仍不能充分了解案件事实的,可以通过发送问题单的形式要求当事人对案件相关事实进行明确并提供相应的证据。如某建设工程施工合同纠纷,承包人作为申请人主张工程价款并认为涉案工程已经经过竣工验收,仲裁庭向其发出的众多程序令之一为:"申请人主张涉案工程已经经过竣工验收,那么具体的时间是什么日期,相关的证据是什么?"同时要求申请人在首次开庭前 3 日提供书面回复意见和证据。

(3)"庭前会议"制度。允许仲裁庭召开"庭前会议",有助于仲裁庭提前梳理事实,归纳争议焦点,确定审理思路,提高庭审效率。仲裁中的"庭前会议"与诉讼中的"庭前会议"差距不大,在此不再赘述。

(4)“审理范围书”制度。在合同数量较多(甚至存在矛盾和冲突)或合同内容较为庞杂的情况下,仲裁庭可以通过发出审理范围书对案件审理范围进行固定和明确,以防止当事人肆意扩大纠纷范围、拖延程序进程。

应当说,上述程序性措施制度是仲裁的一大优势和特点,有助于实现仲裁庭提前阅卷、提炼审理思路并及时向当事人反馈、促使当事人及时举证的目的,进一步提高审理效率。在诉讼中,承办法官或者合议庭则多以询问笔录、电话通知、口头告知等方式实现上述措施的功能。为了压缩沟通时间成本,增加信息交换的有效性,进而提高审判效率,诉讼程序可借鉴仲裁程序中有关审理日程表、问题单、审理范围书等制度,借以充实诉讼程序的制度内容,实现诉讼程序体系的丰富多样。

三、开庭审理后的决断

本节所讨论的开庭审理,在诉讼程序中,指的是依照《民事诉讼法》及其司法解释等规范性文件的规定和庭审规则,在各方当事人及其他诉讼参与人参加的情形下,法院对案件进行实体审理的诉讼活动;在仲裁程序中,指的是依照《仲裁法》等法律规定和仲裁规则,在各方当事人及其他人员参加的情形下,仲裁庭对案件进行实体审理的仲裁活动。

开庭审理后的决断,发挥着进一步固定案件基本事实、明确案件争议焦点、确定裁判基本方向的作用,往往决定了案件裁判的方向甚至结果。一般情况下,经过初步调查以后,大多数案件的基本事实可以固定,主要争议焦点亦可以明确,则裁判者得以确定下一步审理方向和计划。而在少数案件中,由于当事人的主张与举证不足,案件基本事实往往难以查明,需要经过举证质证后裁判者进一步发掘才能进入下一处理阶段。此类案件往往系疑难复杂类型的案件,开庭审理后更需慎重应对。相对庭前准备阶段的决断而言,本节决断的范围更广、难度更大、厚度更深,因而裁判者投入的精力更多,花费的时间亦更长。决断的成果往往决定了案件裁判的方向甚至是结果。

本节主要从“进一步审查”的四个要点、“行使释明权”的五个方面和“确定审理方向”的五个角度展开,阐述“开庭审理后的决断”需要注意的问题。

(一)进一步审查

1. 工程质量问题的进一步分析

经过开庭审理,裁判者需要进一步分析工程质量问题是否存在(有没有),如存在则需判断工程质量问题的基本性质(是什么)和严重程度(怎么样)。

第一,裁判者需要根据既有的证据初步判断工程质量问题是否存在。在一些案件中,当事人的初步举证仅仅能够表明可能存在与质量问题有关的外观或现象,并不必然证明工程质量存在问题。如当事人以工程存在散水裂缝、地基沉降的现象为由主张工程质量存在问题,但实际情况却是完工的工程经过一段时间后,会基于自身物理性质的原因出现一定幅度的地基沉降,这属于正常现象;同时随着地基沉降,散水与外墙面交接处的断缝会不断扩大,甚至出现开裂或散水与室外地面相分离等情形,但这并不属于严重的工程质量问题,只有超幅度的沉降、不均匀沉降才是工程质量问题。再如当事人主张房屋存在渗漏并提供室内的墙面照片证明,但此等现象有可能仅系梅雨季返潮、季节性台风侵袭等原因造成的,房屋本身很可能并不存在质量问题。

第二,根据上文提到的工程质量的不同维度,裁判者能够判断既有的工程质量问题属于结构安全性、功能适用性、耐久性、环境健康影响性或外观缺陷中的哪种类型。在此基础上,判断该工程质量问题的严重程度时,裁判者亦可以要求当事人就所主张的工程质量问题的严重程度和影响程度进行说明。可以对"工程质量问题的严重程度"进行以下区分:

(1)显而易见的工程质量问题。如外墙面脱落、开裂等,其存在与否、性质、影响大多不存在争议。裁判者需要进一步判断的是工程质量问题的发生原因、责任主体和归责原则等。

(2)其他复杂的工程质量问题。除一般质量通病外,在确定工程质量问题的存在与否、性质、影响等方面的基础上,则往往需要通过工程质量鉴定的方式,来进一步查明方式原因、责任主体和归责原则。如发包人就房屋孔洞处的渗漏问题起诉施工总承包人,施工总承包人提出金属门窗系发包人单独发包,渗漏问题系门窗部分的施工方破坏施工总承包人已经完成的施工部位并且未做好修复措施所致,此项争议需要通过工程质量鉴定确定渗漏的原因后再行判断,且可能需要将其他当事人主体列为第三人。

需要说明的是,在仲裁程序中,除非各方及案外人达成一致的仲裁合意,多数仲裁案件无法追加当事人或者列案外人为第三人。因此,在鉴定质量原因时,应将鉴定内容限定为是否由案涉各方当事人的一方原因或多方原因导致,不能将"质量问题是否属于案外人原因所致"作为鉴定内容,否则会引发各当事人对鉴定必要性的质疑,并可能剥夺案外人辩论的权利,损害其利益。

2. 审查诉讼(仲裁)请求和抗辩理由

在此阶段,裁判者需要进一步审查诉讼(仲裁)请求,审查范围包括判断诉讼请求是否明确、具体,所指向的工程质量问题是否表述规范。

比如,对于下述几种诉讼(仲裁)请求,裁判者均应当向原告(申请人)释明并要求其明确:

第一种情形为,请求被告(被申请人)对工程质量问题予以修复。

第二种情形为,请求被告(被申请人)对房屋渗漏工程质量问题予以修复。

第三种情形为,请求被告(被申请人)赔偿因工程质量不合格引起的各种损失(包括但不限于本案的受理费、保全费、检测费、公证费、咨询费、修复费用、修复期间的停产停业损失等,后两者以实际发生为准)。

上述诉讼请求的问题在于:

第一种情形中的"工程质量问题"指向不明确,导致诉讼(仲裁)请求不明确。

第二种情形中的房屋渗漏质量问题的部位、面积、大小等均不明确,且未考虑对方不予修复的情形,经释明后可以引导当事人修改为"请求被告(被申请人)对23处房屋渗漏工程质量问题(具体见房屋渗漏部位分布表)予以修复"并提出"如不予修复则承担相应的修复费用"这一替代诉请,同时当事人在"事实与理由"部分应当补充房屋渗漏部位分布表应载明房屋需要修复的各个部位,通过房屋的栋号、层数、轴线、标高、面积、长度、宽度、深度等予以具体描述并标识编号,最终明确诉讼(仲裁)请求。

第三种情形中的各项费用的具体金额应当明确,对于需要在审理中才能确定的费用需要注明"(具体以诉讼或仲裁中实际发生的金额为准)",而在诉讼(仲裁)过程中尚不会发生的如"修复费用、修复期间的停产停业损失"类的费用,则应当预估金额并载明"(具体以诉讼或仲裁中实际发生的金额为准)"。

通过审查发现诉讼(仲裁)请求存在以上问题,裁判者往往需要行使释明权并要求当事人进行调整,从而促使当事人的主张符合请求要件的规范要求,为今后的实体审理,特别是工程质量鉴定范围的确定奠定坚实的基础。

在此基础上,裁判者应审查被告(被申请人)提出的各项抗辩是否成立。通常情况下,被告(被申请人)为施工单位,其提出的抗辩理由往往为:

(1)建设工程已经竣工验收,工程质量合格;

(2)原告(申请人)主张的工程质量问题不存在或不属于工程质量问题,而属于建筑物合理的自然损耗,如路面自然沉降、地坪轻微不平整等;

(3)原告(申请人)主张的工程质量问题系第三方(如发包人直接发包工程的施工人、指定分包人)原因造成,非施工方原因所致;

(4)工程质量问题部分属实,但是系由甲供材料质量问题、发包人指示不当施工,或者发包人及使用人不当使用所致,与施工人无关;

(5)工程质量问题的技术原因存在争议,勘察报告、设计文件缺陷导致的施工问题,勘察人、设计人及监理人、发包人自身均应当承担相应的责任;

(6)工程质量问题属实,但是涉案工程的质保期已经届满或者不属于保修范围。

判断以上理由所支撑的抗辩是否成立或者可能成立但是需进一步查明,需要裁判者耐心倾听抗辩理由并加以认定,如此才能为案件的进一步处理奠定基础。

3. 审查是否遗漏主体或者主体有误

根据初步查明的工程质量问题并加以判断后,裁判者需要特别注意案件的主体是否存在遗漏或者有误。建设工程合同纠纷本质上仍属于合同纠纷,必须要遵循合同相对性原则,除非存在侵权等非合同性请求权基础以及突破合同相对性的例外情形。当被告(被申请人)不属于合同相对人、可能存在其他应当承担责任的主体时,裁判者需要考虑案件从根本上是否成立、当事人是否需要另案向其他主体主张权利或者追加当事人的问题。

一是权利主体争议。如承租人在使用已经装修完毕的房屋的过程中发现存在墙面渗水的质量问题,遂向出租人(发包人)主张赔偿。出租人(发包人)认为,该质量问题系由承包人直接造成的,故承租人作为原告应起诉发包人与承包人共同承担责任。实际上,承租人无权在本案中直接向承包人主张承担责任,因为只有出租人(发包人)才能根据装饰装修合同享有向施工人(承包人)主张工程质量缺陷赔偿责任的权利,承租人只能基于房屋租赁合同关系向出租人(发包人)主张权利。故本案中承租人应明确其请求权基础,如果承租人系以建设工程施工合同纠纷为依据要求施工人承担质量问题,则裁判者应驳回承租人的诉讼请求。

二是责任主体竞合。如某厂区新建办公楼工程,在开挖土方过程中,施工总承包人将开挖任务发包给不具有资质的张某。张某雇佣的工人李某与王某在操作挖掘机的过程中,不慎撞坏毗邻的第三方房屋,李某、王某也因此受伤。那么第三方应当寻求哪一方主体承担责任?厂区新建办公楼工程的发包人作为涉案项目的业主、工程项目的建设单位,在建设过程中造成第三方损害,理应承担侵权责任。在其承担责任后,可以基于建设工程施工合同关系向施工总承包人追偿。而实际上因施工总承包人是侵权的直接主体，第三方也可以向施工总承包人直接求偿。那么，第三方能否直接要求张某、李某与王某承担赔偿责任？理论上也可以，因为他们都是直接的侵权人。但各被告之间承担的责任并非连带之债，且根据一次补偿的原则，第三方向一方求偿后，就不能向其他方主张。故实践中，第三方往往向建设单位或者施工总承包人主张权利。以上即为典型的责任主体竞合的情形，原告（申请人）需要作出慎重的选择。

4. 仲裁中对于必要主体的特殊性处理

仲裁权来源于当事人的授权而非法律法规的强制性规定，因而仲裁特别注重私密性和合意性。同时，仲裁程序中不存在诉讼中的第三人制度。在处理工程质量案件中，若案件涉及的责任主体不属于仲裁协议的一方，则从程序上难以做到在一案中一并解决。如发包人申请仲裁，主张地坪存在严重"锅状"下陷的工程质量问题系由承包人造成，而承包人抗辩其系按照图纸施工、不存在质量问题。实际情况是因设计图纸中并未要求地坪设置双层双向的钢筋网，发包人也未提出进行相应地基处理的要求，所以地坪"锅状"下陷工程质量问题是设计人、发包人共同造成的，并非承包人施工原因所致。在此情况下，"锅状"下陷工程质量问题产生的原因往往需要启动工程质量鉴定，且承包人的前述抗辩可能属实。

那么，如何保障设计人在本案中的权利？不同的情况存在不同的处理方式：（1）如果设计人与发包人之间的建设工程设计合同约定由同一仲裁机构仲裁，则可以引导发包人再提出针对设计人的仲裁请求，两个案件可以合并审理（仲裁庭组成人员相同）、合并裁决。（2）如果设计人与发包人之间的建设工程设计合同约定的是由不同仲裁机构仲裁，则需要不同仲裁机构的仲裁庭对案件处理保持衔接与沟通，以此决定在后的案件是否中止；对于在前的案件，设计人可以考虑以发包人的证人，甚至专家证人的身份参与到审理过程中。（3）如果设计人与发包人之间的建设工程设计合同并未约定仲裁而适用法院管辖，则设计人与发包人之间启动诉讼后可以追加承包人为第三人，通过工程质量鉴定程序确定各方责任，仲裁案件或可中止而待诉讼案件鉴定工作完成。

（二）行使释明权

释明，即解释、说明、提醒。它是裁判者的一项裁判职权，但在某种程度上也是一项裁判义务。对于合法、适度的释明，当事人不能提出异议；但错误、过度的释明或释明不到位将会误导或者偏袒一方当事人，甚至导致案件被发回重审或者当事人信访风险,当事人有权提出异议。特别是双务合同中,为避免浪费诉讼资源,并平衡当事人之间的利益,有必要科予人民法院释明义务。[①] 有关释明权行使的规定,散见于《民事诉讼法》《民诉法解释》《证据规定》等条文中,并无专门的法律法规。关于释明,需要注意:(1)释明应当遵循合法、公开、中立、适度、有利于诉讼的原则;(2)释明的内容一般限于阐释法律规定、告知诉讼风险及诉讼相关的事项,但不得违反辩论原则、处分原则;(3)释明应当根据案件审理的实际需要,在立案、送达、证据交换、调解、开庭、庭后等阶段适时进行,本部分重点关注开庭后的释明;(4)释明可以采用书面方式,也可以采用口头告知形式,但重要的释明工作应当以书面的形式告知,以减少裁判者的执业风险。

需要说明的是,虽然《仲裁法》和各仲裁机构的仲裁规则未直接规定仲裁庭的释明权问题,但在一裁终局的裁决机制下,仲裁庭可以参照民事诉讼的相关规定行使释明权。仲裁庭行使释明权有利于保障当事人充分参与仲裁、表达自身观点,实质性地化解矛盾纠纷。但基于仲裁的合意属性以及意思自治原则,相对法庭行使释明权,仲裁庭更应谨慎,更应坚持公正、中立、有限适度的原则,以防范出现释明权行使的泛化问题。

在经过案件的初步审理后,裁判者可能遇到的需要释明的常见事项有以下几种。

1. 疑难复杂案件具有分解与合并的必要性

(1)关于案件分解

在疑难复杂的建设工程案件中,案件可能涉及多层法律关系、多个主体、多重争议焦点等。比如针对涉及多项争议需要进行归纳和进一步明确,诉讼请求与争议焦点需要进一步归类、分解与合并,部分裁判项目的处理先行后续关系需要厘清,部分裁判项目影响主要诉讼(仲裁)目的等的案件,都可以敦促当事人予以分解。

案件分解的运用往往体现在以下纠纷类型中:承包人主张发包人支付进度款迟延引起工程停工,据以要求解除合同,并要求发包人支付已完成工程的结算工程款、停窝工损失以及进度款逾期付款利息等;相反地,发包人提出承包人施工进度严重迟延、已完成工程部分存在工程质量缺陷,据以要求解除合同,并要求承包

① 参见最高人民法院民事审判第二庭编著:《〈全国法院民商事审判工作会议纪要〉理解与适用》,人民法院出版社 2019 年版,第 272 页。

人对工程质量缺陷进行修复、支付工程逾期竣工的违约金并赔偿发包人因额外支出其另行选择其他施工方进行施工产生的工程造价费用，以及额外支出延期监理费用、其他所遭受的损失等。

在处理类似纠纷时，第一，裁判者要明确的是案涉建设工程施工合同是否有效。如经审查得出合同无效的结论，则不存在合同解除的问题。但当合同有效时，若合同双方均要求解除合同，则视为双方在合同解除事项上达成一致的意思表示，裁判者应予尊重。第二，裁判者需要查清案涉工程是否存在工程质量问题及其性质、严重性，判断工程质量问题是否构成对工程价款请求权的阻却，以及判断如何进行修复及如何确定修复费用，并在工程款中予以扣除。第三，针对已完工且质量合格工程的纠纷处理，或者虽有部分质量问题，但发包人认可由承包人予以修复。第四，裁判者需查清合同解除的过错在于哪方或者是否存在双方过错的情形，并基于此确定已完工程造价鉴定的具体方法。第五，裁判者应当查明合同解除后发包人主张的其他事项是否属于合同解约后的损失，如逾期竣工违约金、延期监理费用等。而发包人另行选择其他施工方进行后续施工的造价费用与原合同约定造价之间的差额，实际上也是合同解除的损失之一，但若发包人此时主张，其在举证上的条件可能并不成熟。对此，裁判者应向发包人释明，其可以在后续工程完成重新招投标、签约后，或者就后续工程委托第三方造价机构出具预算后再进行主张。就此，案件的该部分争议可以分解。

受建设工程质量问题技术成因复杂的性质所限，往往存在责任承担主体众多、技术鉴定所需时间冗长等问题。比如在发包人同时主张案涉工程存在不均匀沉降、外墙脱落和门厅大理石颜色色差三项工程质量问题的案件中，从责任主体的角度来看，不均匀沉降或可能涉及勘察人、设计人、施工人或监理人的责任，外墙脱落与门厅大理石色差在乙供料的承包方式下，则基本属于施工人的责任。从鉴定时间来看，不均匀沉降可能涉及鉴定中的沉降观测试验，或需要观测 3 个月至 6 个月甚至更长时间；外墙脱落则需要审查设计文件是否符合强制性标准、外墙使用的材料是否符合约定、施工工艺方法是否符合合同约定等，此项鉴定如果安排紧凑可以在 1 个月内完成，但若安排不当的则需要更长时间；而门厅大理石颜色的色差问题则可以直接作出判断，几日内即可完成。

基于简单高效处理案件的考虑，案件分解的司法实践普遍存在趋同性。诉讼中的裁判者往往倾向于分解案件并将争议问题逐项解决，即将一个大案件拆分为三个小案件，每个小案件的争议简单、判项单一，每处理一个争议问题就可以直接结束一个小案件(结案)。这样案件处理短平快,有利于质效考核——相当于裁判者审结三个案件,同时降低再分配两个案件的可能性。但是,如果不同争议问题存在相互交织或现行处理与后续处理存在关联关系,则将案件分解后进行分别处理会在不同案件之间产生某些障碍,因此在此情况下应避免任意分解案件。如房屋不均匀沉降与外墙脱落之间亦有可能存在部分影响,维修时应先处理结构性工程质量缺陷为宜。

而在仲裁中,裁判者往往倾向于将同一个案件统一处理:一方面,在对分解的争议项目重新立案时,极大可能会发生案件并不分配于同一仲裁庭的情形,导致新的仲裁庭需要重新了解案情、确定审理方向,这需要花费大量时间,极易造成仲裁资源浪费,不符合仲裁高效、便捷原则。另一方面,案件的一次性处理,或有可能在本请求与反请求的部分裁项上出现不同的博弈筹码,更容易促成调解。实践中,许多案件的调解是针对所有争议的一揽子处理,双方"你减我让",单个事项的调解很可能不具有终局性的基础。当然,多数仲裁机构为了保证仲裁的效率,往往会在仲裁规则中设立以下条款:当事人如变更本请求或者提起反请求过晚,严重影响仲裁程序时,仲裁庭一般不予接受。即使有的仲裁机构未规定上述条款,有些仲裁庭也不愿意一次性将案件合并处理完毕,而是要求当事人另案仲裁。但是决定另案仲裁并在指定边裁或者首席仲裁员时,仲裁机构往往选择由前案仲裁员继续处理纠纷,以保证审理思路的连续性、一致性和稳定性。

(2)关于案件合并

在涉及重大工程质量问题的案件(特别是工程质量事故)中,工程质量问题有可能由多责任主体的原因造成,如勘察资料缺陷、设计文件出错、施工过程不规范、监理履职不到位等。发包人有可能在同一案件中,将勘察人、设计人、施工人、监理人作为共同被告一并起诉,以便于查明原因、分清责任。当发包人基于合同法律关系,分别起诉勘察人、设计人、施工人、监理人并追究其违约责任时,则难以在任意一个案件中查明和厘清各方过错、责任比例,此时有必要进行合并审理。

合并审理的法律依据是《民事诉讼法》第 55 条第 1 款的规定,当事人一方或者双方为二人以上,其诉讼标的是共同的,或者诉讼标的是同一种类、人民法院认为可以合并审理并经当事人同意的,为共同诉讼。此种情形下可以合并审理的基础在于,当事人的诉讼标的是共同的,均属于建设工程质量问题或建设工程质量事故。只有在同一个案件中,允许各方主体共同参与、充分发表意见、提供证据、必要时申请鉴定并经多方主体充分质证、认证以及辩论的情况下,裁判者方能合理确定各主体是否应当承担相应的责任以及各自承担的责任比例,以充分保障各方的诉讼权利。

将不同案件进行诉的合并,意味着审判组织(合议庭、承办人)将发生变化,不同案件适用的程序也可能发生变更。第一种做法:(1)将后立案的案件保留并且合并至先立案的案件中,或者敦促当事人就后立案的案件申请撤诉。此时合并后案件的审限以最先立案的案件审限为准,在此基础上继续计算;并且,后立案的案件可以裁定合并审理的方式结案。(2)先立案的案件承办人应重新发送举证通知书,要求各方当事人对未质证的证据继续完成质证;并且,即使前案已经进行到鉴定程序,案件承办人也应当重新补正申请鉴定与启动鉴定的相关手续,以保障当事人对鉴定的程序权利。

第二种做法:(1)在立案环节重点考虑诉的合并问题,如果在诉讼中考虑诉的合并,极易影响先立案的案件审限和整体工作效率,因为"合并审理"不是法定延长、中止事由。(2)如果存在鉴定必要,可以在诉前引导各方当事人先行启动鉴定,各方全程参与鉴定环节保障程序权利。在鉴定意见出具后,再决定个案之间是否应当合并,以及如何合并的问题。如前案已经进行到鉴定程序,后案当事人如何参与前案的鉴定程序,面临操作困境。毕竟,诉的合并不仅要考虑当事人的利益,也要兼顾裁判者的意愿,否则该制度效用极易被架空。

但是,不管采用上述何种方法,以下两个问题均需要共同遵循:(1)审判组织应当统一,无论是简易案件、普通程序独任审理案件,为保障当事人的诉讼权利,均应统一采用普通程序合议庭审理形式。(2)案件承办人应根据案件审理情况,对各方应当承担的责任进行统筹兼顾,并在一份或者多份文书中予以明确。以上即为案件合并的司法实践。

此外,在仲裁程序中,对于案件的合并,存在"多份合同单个仲裁""合并审理""合并仲裁"三种制度安排。所谓多份合同单个仲裁,是指申请人基于同一性质交易存在关联的多份合同项下的争议一并申请仲裁,由仲裁机构作为一个仲裁案件予以受理和审理的制度;合并审理,是指在满足一定条件的前提下将两个或两个以上的仲裁案件置于同一审理程序进行同步审理的制度;合并仲裁,是指将两个或者两个以上已经开始、相互独立,但是又有联系的仲裁程序加以合并审理并裁决的制度。由于《仲裁法》并未对上述制度进行明确规定,不同仲裁机构对上述制度的适用条件、决定主体、程序规定并不相同,因此需要特别注意。如上海仲裁委员会于 2022 年 7 月 1 日开始施行的《上海仲裁委员会仲裁规则》第 21 条对合并仲裁进行的规定如下：

第二十一条　合并仲裁

（一）符合下列条件之一的，经一方当事人申请，仲裁委可以决定将按照本规则进行的两个或者两个以上的关联仲裁案件合并为单个仲裁案件进行审理：

1. 各仲裁案件的当事人均同意合并仲裁；

2. 各仲裁案件的所有仲裁请求依据内容相同或相容仲裁协议提出，且争议相关；

3. 案涉所有合同符合前条规定的。

（二）根据本条第一项决定合并仲裁时，仲裁委应当考虑各方当事人的意见及相关仲裁案件之间的关联性等因素，包括不同案件的仲裁庭是否组成及仲裁庭组成人员是否相同等情况。

（三）除非当事人另有约定或者仲裁委另行决定，合并的仲裁案件应当合并于最先开始仲裁程序的仲裁案件，后一个仲裁案件的仲裁庭解散。

（四）仲裁案件合并后，仲裁庭组成前，由仲裁委就程序的进行作出决定；仲裁庭组成后，由仲裁庭就程序的进行作出决定。

2. 当事人的诉讼请求（仲裁请求）应当明确

有关工程质量纠纷的诉讼通常是给付之诉，或要求给付行为，或要求给付财物。给付之诉的“行为”或者“财物”是否明确不仅涉及裁判者如何审理案件，还会涉及判项（裁决项）如何被执行。实践中如果某一判项（裁决项）系不明确的给付义务，将有可能导致无法执行，并最终被裁定驳回执行申请。因此，当事人提起涉及给付之诉的工程质量案件时，应明确履行给付义务的主体、给付义务涉及的范围、程度、标准等问题。裁判者也应对此引起重视。

对于不明确的诉讼请求（仲裁请求），如当事人要求对案涉工程存在的工程质量问题予以修复，但不明确是何种工程质量问题、质量问题所在部位等；再如当事人要求赔偿房屋迟延交付造成的损失，但既无明确（暂定）的金额亦无相应的计算方法等，裁判者应当要求原告（申请人）予以明确，否则案件将被驳回起诉（驳回仲裁请求）。

3. 工程质量鉴定与诉讼请求（仲裁请求）应当匹配

工程质量鉴定问题事关案件事实的认定、证据的采信、裁判方向的确定等事项，而是否启动鉴定，属于裁判者的职权。在当事人申请工程质量鉴定时，裁判者一方面需要审查是否必须启动鉴定，即是否已经穷尽了举证的手段与方式，或者是否能够通过生活常识、经验法则就能认定案件事实；另一方面还要审查鉴定与诉讼请求（仲裁请求）是否存在关联性，是否有利于查明待证事实或有证明意义。需要说明的是，裁判者还需要审查是否存在恶意申请鉴定以达到拖延诉讼（仲裁）程序目的的情形。

实践中，如针对墙壁渗漏问题，当事人提起外墙保温层是否符合施工设计文件的鉴定申请，裁判者经初步勘查，判断墙壁渗漏系由于房屋存在结构性贯穿缝隙、内室卫生间水管爆裂而非外墙施工的原因，那么鉴定的意义将不存在。如当事人提出精装修房屋质量存在问题，要求就房屋施工过程中所有文件资料予以审查，对房屋使用的所有材料（混凝土、钢材、石材等）进行鉴定，以查明其是否符合精装修房屋的约定标准，这实际上系当事人利用法院委托鉴定的手段来达到其寻找质量问题存在与否及相关证据的目的，与其本身所主张的诉讼请求（仲裁请求）不匹配，此时裁判者应当不予准许其该鉴定申请。

4. 实际的责任主体与原告（申请人）主张应当一致

依据《民事诉讼法》第 122 条的规定，原告起诉条件之一是“有明确的被告”，因此原告很有可能基于认识不清或者自身利益考虑，将不适格的当事人作为被告，然而这并非立案审查的过错。所谓适格主体，指的是某个具体案件诉讼标的的利害关系方。案件进入实体审理后，原告（申请人）应注意被告（被申请人）是否适格，被告（被申请人）是否为案件的责任主体。裁判者更要注意当事人诉讼主体适格的问题，否则案件实体审理就如落入泥潭，越陷越深，越审越久。裁判者经审查发现责任主体并非原告（申请人）的权利主张所指向的对象时，应及时释明。

如在某漏水质量问题纠纷中，发包人主张工程质量存在的问题系由于承包人未按图施工、偷工减料造成窗台渗水、返潮所致，要求承包人承担责任。但在后续审理过程中，经过工程质量鉴定，裁判者发现窗台渗水、返潮可能系由承包人施工完成后，发包人指定分包（或支解发包）的金属门窗施工单位破坏原承包人的墙体、未能使用高强黏合剂将交界面予以重新黏合而造成的。此时，若发包人未能主动申请追加相应的责任主体为本案的当事人，法庭或仲裁庭可以行使释明权，告知其可以申请追加相应的责任人进入诉讼中以及如不申请追加的法律后果——即使查清工程质量问题的技术成因，但相关责任主体因未进入诉讼而无法承担责任或者无法进行责任分担，需在另案中解决。

5. 工程质量问题与工程造价争议的关系

一些案件中,案件审理主导方向的确定有助于厘清案件争议焦点、确定案件思路、明确审理进度中的优先问题。如在某建设工程合同纠纷中,承包人在竣工验收后第 17 个月届满时申请仲裁,要求发包人支付工程结算余款即工程欠款(不包含3%的质保金)。发包人提起抗辩称,虽然涉案工程已经竣工验收并实际投入使用,但涉案工程存在较多的工程质量瑕疵,承包人未能及时履行保修义务,故要求在工程结算款中予以扣除相应的保修费用或赔偿费用;同时,工程质量保修金应当全额扣除,直到修复后再予以重新起算质保期限。在本案的情况下,裁判者往往会认为,由于发包人提出的工程质量问题属于工程竣工后发生在缺陷责任期内的质量缺陷,本身可由工程质量保修金提供维修保障,针对承包人所享有的工程价款请求权,并不能构成有效抗辩,故发包人提出的工程质量鉴定本身是不必要的。裁判者可以予以释明并告知发包人在本案中不同意启动工程质量鉴定,至于有关缺陷责任期内的工程质量问题,发包人可以另行主张。

总之,释明权贯穿于案件审理的全过程。裁判者在面临案件审理出现重大偏移、难以实现审理目标的困境时,应当积极、稳妥地行使释明权,以推进案件的审理进程。

(三)确定审理方向

在本阶段,裁判者对案件基本事实已经具备了较为完整的了解,对当事人的基本诉求与证据有了初步判断——甚至对审理许多案件本身的曲直是非也形成了初步思路。裁判者需要在既有诉讼(仲裁)材料、各方意见的基础上,根据工作安排,从有利于案件解决的角度充分考虑各种因素,以此确定案件的审理方向:是否敦促原告撤诉(申请人申请撤回案件)?是否组织双方调解?是否确定启动工程质量鉴定?是否进行中间裁决或者部分裁决?是否准备下次开庭?下文将对此进行详细讨论。

1. 敦促原告撤诉(申请人撤销案件)

裁判者在经过初步审理后如发现存在原告应撤诉(申请人应撤销申请)的情形时,应注重与原告(申请人)沟通的方式、方法,必要时可形成书面谈话记录,避免裁判者自身陷入案件审理不公开、不公正的困境。当原告(申请人)存在以下十种情形的任何一种时,裁判者可以考虑敦促其申请撤诉或撤回案件:(1)主体不明;(2)主体不适格;(3)缺少关键性证据原件;(4)非司法手段更为便捷;(5)法院或仲裁机构不具有管辖权;(6)按撤诉或撤销案件处理;(7)撤诉或撤销案件为协商的先决条件;(8)案件需要中止;(9)诉讼目标阶段性达到或者完全达到;(10)案件可能败诉或者诉讼目的无法实现。在工程质量纠纷领域,主要表现有以下几种情形:

一是当事人主张的工程质量问题不存在。如发包人主张层高不足,但经过现场实测,裁判者发现系发包人测量工具、方法有误,或者发包人对于层高与净高理解有误,房屋实际层高符合合同约定和强制性规范标准;再如发包人主张房屋布局不合理,指出"风水不好"或"房屋中有地煞阴风"。

二是当事人主张工程存在质量问题,但缺少关键性的原始证据。如发包人主张某隐蔽工程未按图施工,级配碎石土未按照合同约定铺满200mm,但没有直接证据证明,且亦无法通过现场勘验、检测等手段证明,仅有监理工程师事后出具的证人证言,但与当时的隐蔽工程验收记录不一致。

三是非司法手段更为便捷。如某工业厂房施工过程中,因在建工程倾斜甚至坍塌,当事人向法院起诉或者向仲裁机构申请仲裁。实际上该事故已经造成了巨额的财产损失,引发建设行政主管部门介入调查,查清事实并责令施工方承担全部责任。

四是裁判机关不具有管辖权。如某工程质量纠纷案件,虽然合同的《协议书》约定纠纷处理方式为选定的某仲裁机构仲裁,但在工程质量保修书中明确约定了"工程质量争议由工程所在地法院处理"。如合同中对合同条款适用的顺序作出安排以质量保修书优先于《协议书》,则仲裁机构没有管辖权。

五是诉讼、仲裁目标阶段性达到或者完全达到。如在案件审理过程中,承包人就工程质量问题进行了维修、符合发包人的要求与合同约定,同时积极赔偿了发包人的损失,发包人的诉讼、仲裁目标已经完全实现。

六是发包人不愿意将裁判文书上网公开,表明工程存在质量问题。特别是在商品住宅项目中,发包人更倾向于与承包人就工程质量问题达成和解,将不利影响尽可能缩减在较小的范围内。为此,发包人更倾向于以和解后促使承包人撤诉或者撤销案件的方式处理。

2. 组织双方调解

裁判者在初步审理后,对于原告(申请人)的诉讼(仲裁)意图、被告(被申请人)的主要抗辩以及案件基本事实已经心中有数。在此基础上,裁判者可以对双方是否存在调解的可能性作初步的判断。必要时,裁判者可以主动征求双方的意见，了解其调解的基础、方案或者不能调解的原因和顾虑。如双方之间存在调解基础，则可尽快组织调解。在此过程中，可以充分考量并释明以下因素：

一是被告（被申请人）是否认可原告（申请人）所主张的工程质量问题，双方对于工程质量问题存在与否、责任主体、如何修复或者是否减价处理基本能够达成一致。

二是双方是否期待案件能够尽快、顺利解决，不再纠缠于诉讼（仲裁）程序。通常情况下，原告（申请人）希望能够尽快结案，而被告（发包人）有时基于时间利益、承担能力、关联纠纷等因素，希望延长审理时间，并穷尽程序上的拖延手段。如在诉讼程序中，无论哪一方上诉，经历 3 个月至 1 年的二审期间是常见的。

三是案件继续审理所承担的费用是否会继续上升。如启动工程质量鉴定，将预缴或者最终承担一定的鉴定费用，案件实体处理存在诉讼（仲裁）费用负担的问题，诉讼（仲裁）程序的延长将导致代理费用、相关资金成本的增加。

四是案件继续审理将影响建设工程的使用。特别是一些政府投资项目，具有较强的政治、经济、社会功能。若因为案件审理而拖延竣工、使用等，将导致建设工程无法如期交付使用，那么原定的工程用途则不能实现。如某重要国际赛事运动会场馆，主办方早已在国际上确定举办赛事的时间，根本无法容忍因为施工质量问题造成的争议解决时间拖延。

至于调解的形式、方法等，裁判者各有考量与不同的方式方法，在此不再赘述。

3. 确定是否启动工程质量鉴定

在本阶段，裁判者需要根据上述审查情况，作出重要的决断——是否启动工程质量鉴定。该决断关系到案件的进程与方向，是案件审理的重要节点。经过审查，若裁判者发现工程质量问题不存在、工程质量问题不足以对案件审理造成影响、工程质量问题理应另案处理或工程质量问题虽存在但当事人对原因与责任承担、如何修复等后续处理均无异议的，则无须启动工程质量鉴定程序（对该情况需要注意：鉴于工程质量问题的公共属性，裁判者需要能动审理，排除双方恶意串通、调解等行为，必要时可征求工程质量监督部门的意见），直接进入下一步处理即可。

若经过审理，初步判断工程质量问题存在，但是对于该问题的范围、性质、影响程度尚不清楚，或对于该问题的技术成因、责任主体、修复与加固方法等任一方面存在争议且无法协商一致的，则案件不可避免地需要进行工程质量鉴定。裁判者需要及时召集各方并启动工程质量鉴定程序。对于技术性问题尚未完全理解的争议,裁判者可以引导双方进行解释说明甚至召开专门的听证会议,向建设行政主管部门函询,或通过学习、内部讨论、专家咨询等方式,进一步实现工程技术与法律的交融,在此基础上把握案件的审理方向。

4. 先行判决、部分裁决、中间裁决

先行判决,又称部分判决,是相对于全部判决而言的,是人民法院对已经审理清楚的部分事实和部分请求作出的判决。《民事诉讼法》第 156 条规定:"人民法院审理案件,其中一部分事实已经清楚,可以就该部分先行判决。"这表明我国民事法律上明确了法院可以根据具体案情,适用分段审理的程序审理民事案件。先行判决适用于部分诉讼请求明确或者无争议、可以先行处理的情形。同时,先行判决的诉讼请求对当事人诉讼期间的权利义务会产生重大影响,能够及时将不确定的状态固定明确下来。先行判决制度设置的本意一方面是满足当事人因生产、生活急需对方尽快履行义务;另一方面是及时确定当事人的权利义务。一些案情复杂的案件,难以在短期内查清全部事实,如果一直悬而未决,将不利于确定当事人的权利义务,此时可以先就查清的主要事实进行判决。先行判决制度本质上是一种中间措施,并未终局地解决当事人之间的所有争议。

与先行判决相类似,仲裁中有部分裁决制度。部分裁决,指对整个争议中的某一个或某几个问题已经审理清楚,为有利于继续审理其他问题,仲裁庭对某一个或某几个问题先行作出的终局性裁决。部分裁决可以构成最终裁决的一部分,且对当事人具有法律约束力。已经在部分裁决里裁决的事项,在终局裁决里不得再次裁决。《仲裁法》第 55 条规定:"仲裁庭仲裁纠纷时,其中一部分事实已经清楚,可以就该部分先行裁决。"《北京仲裁委员会仲裁规则》(2022 年 2 月 1 日起施行)第 50 条第 1 款规定:"仲裁庭认为必要或者当事人申请经仲裁庭同意时,仲裁庭可以在最终裁决作出前,就当事人的某些请求事项作出部分裁决。"《深圳国际仲裁院仲裁规则》(2022 年 2 月 21 日起施行)第 52 条规定:"仲裁庭认为必要或当事人提出请求并经仲裁庭同意的,仲裁庭可以在按照第五十一条的规定作出裁决之前,就当事人的部分请求事项作出部分裁决。部分裁决是终局的,对各方当事人均有约束力。"

在建设工程案件领域,裁判者需要特别关注是否可以适用先行判决、部分裁决的规则,以期更为高效地解决纠纷,防止一些没有争议、裁判者内心已形成充分确信且该确信不受其他判项、裁项影响的部分判项、裁项久拖不决,导致法律关系持续处于不确定状态,不断扩大当事人的损失。如因发包人支付工程款不足导致工程在未完工时即停工,形成俗称的“半拉子工程”,承包人据以提出:(1)解除建设工程施工合同;(2)支付已完工程造价对应的欠付工程款及相应的利息;(3)赔偿停窝工及退场等损失;(4)确认在欠付工程价款范围内承包人享有建设工程价款优先受偿权。在以上诉讼请求中,第(1)项是独立的,往往也是最无争议、容易查清的。第(2)、(3)项往往需要通过工程造价鉴定的方式才能够确定,鉴定周期为3个月至数年不等。第(4)项有赖于第(2)项诉讼请求明确后,才能予以确定。故对第(1)项,完全可以采用先行判决的方式予以处理,以避免承包人损失的扩大:在解除双方之间的建设工程施工合同后,首先,项目经理、主要技术人员等可以在建设行政信息网上被解除捆绑,此时承包人方能将其派驻其他项目工地;其次,承包人可以及时将大型机械设备安排退场、及时将建筑工人予以遣散、及时将工地现场未使用的建筑材料进行清点并采取其他止损措施,然后将工地尽早交还给发包人;最后,承包人可以及时终止针对乙供料部分签署的对外采购合同并早日清算等。由此可见,先行判决可以避免不必要的损失,促使社会资源得到合理优化配置。

此外,部分仲裁机构的仲裁规则中还存在中间裁决制度。如《北京仲裁委员会仲裁规则》(2022年2月1日起施行)第50条第2款规定:“仲裁庭认为必要或者当事人申请经仲裁庭同意时,仲裁庭可以就案件争议的程序问题或者实体问题作出中间裁决。”值得注意的是,此处的中间裁决不仅仅包括程序性问题(如管辖权异议),也包括实体性问题——该实体性问题往往属于非仲裁请求但与案件实体处理结果存在重要影响的内容。如承包人申请仲裁,请求发包人支付欠付的工程款4300万元及合同约定的逾期付款违约金(按照4倍LPR计算),发包人反请求承包人就工程质量问题进行修复。经过审理,仲裁庭发现案涉的建设工程施工合同由于承包人不具有相应的资质而无效,其直接的后果是本请求的“支付违约金”与反请求“就工程质量问题进行修复”均无法得到支持,仲裁请求需要调整。但双方当事人对于合同无效尚存在争议,则仲裁庭先行作出中间裁决——确认涉案的建设工程施工合同因承包人不具有相应的资质而无效。其后,双方根据该中间裁决,对仲裁请求与反请求作进一步调整后,该案方能有效推进。

最后,需要特别注意的是,无论是部分裁决还是中间裁决,均具有终局性,且不可被后期其他裁决项所替代、修改。而对于诉讼中的先行判决,当事人不服的,可以单独提起上诉,不影响其他诉请部分的继续审理。

5. 准备下次开庭

当无法敦促当事人撤诉（撤销仲裁案件）、调解时，裁判者需要做好心理准备——结案很可能依赖于裁判者最终出具判决书或者裁决书。那么，裁判者则需要对案件作进一步的审理，为最终出具判决书或者裁决书做好准备。裁判者需要仔细重温案件所有材料，甚至以写判决书、裁决书的态度仔细梳理，同时，裁判者还应当对经过质证的证据进行认证，分析证据三性、证明力大小，是否矛盾，以公正、公平为原则，凭借审判经验、逻辑推理、日常生活经验法则，并通过自由心证"拼接"出案件的"查明事实"，明确"争议焦点"，为下次开庭做好如下准备：

一是确定下一次开庭的庭审提纲。

二是对证据存有疑惑之处列明清单，留待下次开庭询问；对一些基础性材料提前通知当事人补足，如工商登记变更文件、资质平移核准文件等。

三是确定尚需调查取证、需向当事人进一步核实的问题清单。

四是归纳争议焦点，留待下一次开庭给予双方进一步明确。

五是在对证据进行认证的基础上认定"查明事实"，该部分可以提前制作好，留待下次开庭时引导双方进行确认。

六是厘清案件判决或者裁决尚欠缺的材料或者尚不具备的条件，确定如何补足证据材料、怎样促使条件成就。

四、鉴定程序中的决断

裁判者根据案件审理需要，决定启动工程质量鉴定后，首要解决的是鉴定机构的选定问题。依照现行《民事诉讼法》第 79 条的规定，鉴定机构的确定主要有以下方式：一是当事人协商确定；二是当事人协商不成时，由法院指定；三是法院为查明专门性问题依职权委托鉴定。在鉴定机构的选定程序中，裁判者应当遵循当事人主义原则，保持中立地位，尽可能由当事人自主选择鉴定机构。只有在当事人协商未果的情况下，根据案件审理的实际需要，裁判者才能依职权确定鉴定机构。当然，无论鉴定机构依何种方式确定，必须具备相应的鉴定资格，否则其作出的鉴定意见不具有证据效力。

裁判者确定鉴定机构后，需要对鉴定材料进行整理并交予鉴定单位。鉴定材料包括但不限于鉴定委托书、与鉴定有关的所有案卷材料（起诉状或仲裁申请书、答辩状或仲裁答辩书、证据目录和证据材料、质证意见、庭审笔录、鉴定申请书）、鉴定移交表等。其后，裁判者并非被动等待鉴定机构主持、开展鉴定工作及出具鉴定意见,而是需要主导、掌控、推进整个鉴定进程,及时处理鉴定中的各种问题,保障鉴定工作有序进行,督促鉴定机构依法完成既定的鉴定工作目标。对法官而言,鉴定中的决断涉及审判职权的延伸;对仲裁员而言,鉴定中的决断是鉴定工作有序进行、鉴定意见客观公正的必要保障。

(一)对鉴定工作作出整体安排

在确定鉴定机构后,裁判者应尽可能召集各方当事人及代理人、鉴定人、书记员(办案秘书)、本单位对外委托部门或工作人员[①]共同参加首次鉴定工作会议(或鉴定准备会议),引导各方就鉴定方案(包括鉴定目的、鉴定对象、鉴定范围、鉴定方法、鉴定标准、鉴定依据、鉴定流程、鉴定周期、鉴定人员、鉴定费用、准备工作等)充分发表意见,使各方主张更加明确具体,进一步帮助鉴定人准确知悉案件争议焦点、鉴定目的和要求。若当事人对鉴定方案存在异议的,裁判者需审慎研究并征求鉴定人的意见,并在此基础上对当事人的异议及时作出回应。若裁判者一时不能明确答复的,应当在首次鉴定工作会议后的合理时间内告知鉴定人并对各方当事人作出明确答复。如当事人的异议成立,则裁判者应当及时修正鉴定方案;如异议不成立,则裁判者应当告知其原因,并要求鉴定人继续按照既定方案进行鉴定。

同时,裁判者在征求鉴定人意见的基础上,应当对鉴定工作的具体计划作出明确的安排,包括但不限于以下事项:鉴定准备工作、各方需要配合的事项、现场勘验工作、见证取样、实验室检测、数据收集与整理、鉴定意见出具等。特别是要明确各方职责,根据截止时间倒排鉴定进度计划。

(二)鉴定工作的管理与推进

鉴定过程中,可能会遇到各种争议和实务性问题,这需要裁判者积极履行职权,勇于决断,同时也需要裁判者慎重行使裁判权,加强与鉴定人的交流合作,敦促各方当事人配合鉴定工作。

1. 处理鉴定过程中的各种障碍

实务中,裁判者可能面临的各种障碍包括以下情形。

---

① 由于鉴定工作的专业性和复杂性,具备机构编制条件的法院一般设有专门的技术部门负责对外鉴定的委托工作,如司法鉴定处、对外委托办公室等;不具备机构编制条件的法院,则一般安排专门工作人员负责对外鉴定的委托工作。

(1)当事人不配合现场勘验。主要表现为:拒绝鉴定人进入现场、断水断电、设置勘验障碍、隐匿施工资料、恫吓威胁等。

(2)鉴定人勘验准备不足。主要表现为:鉴定人经验匮乏,工具、设备和物料不齐备,技术、勘验辅助人员不到位等情形。

2. 处理鉴定过程中的各种争议问题

实务中因鉴定引发的争议较多,如当事人对鉴定人的身份存在异议,对随机抽样的选位存在异议,对鉴定仪器是否校准、见证取样封样过程存在异议,对检测数据读数计数存在异议等。此类问题的产生,或出于当事人一方的"刁难",或出于当事人的不理解,或出于鉴定人准备工作的不足、解释说明及公开工作不充分等。为维护当事人的合法权利,促使鉴定程序的有序推进,保障鉴定意见在最大程度上客观反映工程质量问题,裁判者需要和鉴定人协作应对前述争议,尽量满足当事人的合理要求,并且敦促鉴定人及时补正其在鉴定过程中不规范的行为,要求其秉持中立、无偏差对待当事人的职业道德,专业、高效地推进鉴定工作。

3. 处理鉴定中的重大事项

在鉴定过程中,若出现现场勘验情况与当事人主张的情况差距悬殊、鉴定范围需要扩大或者缩小、原定的鉴定方法需要改变等情形,在遵循质量优先的原则下,裁判者需要及时作出判断,并将其决断告知各方当事人和鉴定委托部门。如根据原鉴定方案确定抽样的桩检测完成后,检测数据表明所测桩的质量存在缺陷,但不能确定质量缺陷的范围和比例,根据鉴定规范的要求此时需要扩大检测范围,鉴定机构因此提出需要增加费用。此种情形下,裁判者应当询问鉴定机构专业意见及其相应的理由和规范依据并及时作出判断。如果鉴定机构提出的理由和依据较为充分,且当事人均无异议,或者当事人虽有异议但缺乏足以反驳的证据和理由,裁判者应采纳鉴定机构的专业意见,并向当事人释明因检测范围扩大而导致增加费用的负担。如果鉴定机构就其意见不能合理说明理由并提供相应规范依据,或者该意见提供的方案不是较优方案,且当事人不予认同,此时裁判者需要鉴定机构寻求更优方案解决继续鉴定问题;但如果当事人均认同鉴定机构的意见,裁判者在通过笔录确认后亦可采纳。又如,工程存在涉及主控项目质量缺陷,但由于双方申请鉴定的范围过小,鉴定机构不能评定该缺陷对工程结构安全性、功能适用性的影响,此时就需要启动二次鉴定,按照规范要求扩大鉴定范围以寻求全面的数据,并将检测数据转交给原设计单位进行工程结构承载力验算复核,以此确定是否需要修复等后续处理问题。但在一些案件中,也可能存在对鉴定范围进行缩小的情形。

案例7－1 有关钢筋工程质量鉴定，原告主张存在工程质量问题的钢筋为楼面板、剪力墙中所使用的直径10mm钢筋，合理怀疑该钢筋为“瘦身”钢筋。但是，实际上已完工程包括5栋大楼、共计30层左右，均已经基本完成结构封顶，建筑面积达22万m^2。

鉴定人出具的鉴定方案中确定：“三、检测鉴定范围及内容：对已完工程的剪力墙、楼面板中直径10mm的钢筋进行以下检测鉴定：3.1 钢筋直径检测；3.2 钢筋重量偏差检测；3.3 钢筋屈服强度检测；3.4 钢筋抗拉强度检测；3.5 钢筋伸长率检测；3.6 钢筋弯曲性能检测；3.7 根据检测结果，出具鉴定意见。”“五、鉴定方法及步骤：采用现场取样、封样并送至公司实验室进行力学性能检测等方法，检测步骤如下：5.1 提供经双方确认的纸质建筑施工图、结构施工图及电子版；5.2 经现场勘验后，初步确定取样部位，并报双方及原设计单位确认；5.3 现场钢筋取样，经双方签字确认后封样；5.4 钢筋抽样送公司实验室测试；5.5 根据检测结果，出具鉴定意见。”

表7－1 抽检构件数量

楼号	剪力墙	楼面板	层数	样本数
1#楼	5根/层	5根/层	28	280根
2#楼	5根/层	5根/层	30	300根
3#楼	5根/层	5根/层	30	300根
4#楼	5根/层	5根/层	33	330根
5#楼	5根/层	5根/层	18	180根
地下室	20根	20根	2	80根
合计			1470根	

以上是鉴定方案中的取样范围。

鉴定人表示，这将是一项浩大的工作，费用将达到460万元左右。同时，对于已完工程的钢筋从混凝土中截取，本身会对主体结构的安全性造成破坏，建议考虑此因素，并对截取后的部位及时进行修复加固处理。

在鉴定过程中，当事人均希望缩小鉴定范围。鉴定人表示，如果双方能够提供相应的检验批次和进场使用情况，也可以按照检验批次进行鉴定，但是双方均无法提供。后在现场勘验过程中，经过双方协商，确定每栋楼的第5、7、9、11、13、

15层(不包括设备层),根据图纸(结构图、配筋图)在轴线附近随机确定剪力墙、楼面板钢筋各5根,由此样本数缩减为380根。鉴定人确认,此种安排符合建筑结构抽样检测的最小样本容量要求。该鉴定方案对之前的鉴定方案确定的鉴定范围进行了缩小,法官全程参与该过程并对缩小鉴定范围后的鉴定方案进行了确认。

(三)鉴定意见的采信

实践中,鉴定机构对其出具的鉴定意见通常都是较为审慎的。为了保证鉴定意见的客观性和公正性,鉴定机构在鉴定意见初稿形成后,一般都会及时送达双方当事人或代理人并给予相应的异议期。当事人如有异议的,应当在异议期内提出,逾期不提出的,视为放弃。当事人提出的异议包括书面异议和口头异议,鉴定机构应作出针对性的答复或对初稿予以修改。但需要说明的是,鉴定机构针对当事人提出的异议,并非一律采纳。如果异议不成立,鉴定机构只需对该异议作出说明或答复即可;如果异议成立,鉴定机构将根据情况分别处理,或重新确定鉴定范围和方法,或重新核定检测数据,或邀请当事人共同进行现场勘验和取样等,并在新的鉴定工作的基础上形成最终的鉴定意见。当然,也可能存在这样的情形,即在部分案件中,虽然鉴定机构对鉴定意见进行了几轮修改,但是有的当事人对鉴定意见仍持续提出异议。此时,对鉴定意见的认证就成为裁判者一项较为棘手的决断工作。裁判者应着手对鉴定意见书进行详细审查,审查鉴定意见书的形式是否规范、内容是否完整、程序是否合法、意见是否明确、依据是否客观充分等。实务中,对鉴定意见的处理大致有以下几种情形。

1. 各方当事人对鉴定意见均不持异议,裁判者对其审查后亦未发现非法证据排除情形①,则可及时安排开庭或者质证,对鉴定意见予以采信。

2. 当事人一方或多方对鉴定意见提出异议的,裁判者需要仔细审阅当事人提出的异议内容,并将异议意见转交给鉴定机构要求其在合理时间内(基于效率考虑,一般以7日至15日内为宜)作出回复。此种情形下,当事人申请鉴定人出庭的,裁判者原则上应予准许。如鉴定人拒不出庭作证,根据《民事诉讼法》第81条的规定,其作出的鉴定意见不得作为认定案件事实的依据。

---

① 非法证据排除是指对以严重侵害他人合法权益、违反法律禁止性规定或者严重违背公序良俗的方法形成或者获取的证据,不得作为认定案件事实的依据。该规则体现了证据合法性的应有之义,彰显了法律的尊严、社会正义和人权价值。

3. 对于鉴定意见书中存在错别字、计算错误等影响鉴定事项专业性和权威性的问题,裁判者应书面通知鉴定机构予以修正。如某工程质量鉴定意见书中有关二层圈梁截面尺寸的鉴定,在抽样检测的16个点位中,第8个点位的设计要求为600×300(单位mm,下同),规范允许偏差为(+8;-5),实测值为(597×300),但是检测意见为“不合格”,明显属于结论错误,应予修正。在修正的基础上,裁判者再组织当事人围绕“证据三性”即真实性、合法性、关联性以及证明力问题发表质证意见。

4. 鉴定意见存在严重的程序问题。如随意扩大或者缩小鉴定范围、改变检测方法以及未按规范要求实施检测鉴定等。如在某未完工程质量鉴定中,委托鉴定的范围为“已完工程是否符合施工设计图纸和相应的建设技术规范”,在现场勘验和现场检测的鉴定过程中,发包人并未派人到场。但鉴定意见中赫然载明“现场收到由承包人提供的某岩土工程检测有限公司出具的检测报告,该报告显示桩基符合设计要求”。显而易见的是,鉴定人不能单方私自接收当事人提供的检测报告,该检测报告未经双方当事人质证,依法不能作为鉴定依据。鉴定人出具鉴定意见的程序严重违法。在此情况下,裁判者批评了鉴定人,但并不因此就完全否定鉴定工作和鉴定成果,而是就承包人单方提供的检测报告重新发起质证程序。经质证后,发包人对该检测报告无异议的,则未经质证的程序缺陷得到补正,可以作为鉴定依据。如发包人对该检测报告提出异议,则检测报告本身的证明力问题成为双方争议的焦点,裁判者需要首先对检测报告的“证据三性”和证明力问题进行认证,并根据认证的结果判断据此作出的鉴定意见是否具有可采纳性。如果对检测报告认证的结果是不予采信,裁判者有权要求鉴定机构对鉴定意见作出补充、补正甚至重新鉴定。

5. 鉴定意见书的质证与认证。结合鉴定意见书中的鉴定意见、当事人的质证意见、异议书、鉴定人对当事人异议的回复意见等,裁判者需要综合考虑以下因素,对鉴定意见是否采信作出判断:(1)鉴定意见书是否完整回应鉴定目的;(2)鉴定手段、方法、程序是否存在瑕疵或者错误;(3)当事人对鉴定意见的异议是否成立;(4)鉴定人是否作出了合理解释和正面回应;(5)鉴定人的意见是否具有充分的依据;(6)裁判者是否完全理解鉴定人的意见。涉及专业技术性较强的部分,裁判者可以更为耐心地倾听各方意见,要求各方围绕重点阐述己方理由、提供依据,通过可视化图表等方式将工程技术层面的知识通俗化地展示,确保裁判者能够深入领会各方争议。必要时,裁判者可以准许当事人申请专家辅助人出庭,就具体专业事项听取专家辅助人的意见,接受其与鉴定人或者对方当事人的对质等。在此过程中,裁判者对具体工程质量争议技术性成因等的认识也会不断深化,最大限度地消除法律与工程技术之间的专业壁垒,最终使鉴定意见达到可予理解和认证的标准。如鉴定意见书确实存在错误、遗漏等情形,裁判者则应当视情启动补充鉴定、重新鉴定等程序。

(四)是否启动修复方案及造价鉴定

在工程质量鉴定完成后,裁判者需要特别考虑当事人的请求与工程质量鉴定之间的关系,区分不同情况进行处理。在承包人主张未完工程("半拉子工程")价款的案件类型中,若发包人以抗辩或者反诉的方式主张存在工程质量问题,且经鉴定,质量问题确实存在且无法通过减价处理,按照《民法典》第 793 条第 1 款的规定,明确已完工程质量合格是承包人主张工程价款的前提。此时,承包人主张工程款的前置性条件显然尚未成就,其需要对工程质量问题进行修复。其中,如非主体结构、地基与基础性质的工程质量问题,承包人或许可在短期内予以修复;然而,若涉及主体结构、地基与基础性质的工程质量问题,承包人就可能需要花费较多的时间和成本。

基于此,建议裁判者根据不同情况区分对待。

1. 工程质量问题仅为施工瑕疵、一般通病的,且承包人愿意及时修复的,裁判者可以在征询鉴定机构意见后给予 1 ~3 个月的修复期限,在承包人修复期届满后再次请求鉴定人就修复部分是否合格出具补充意见。如修复后质量合格,再处理工程价款部分,如修复后质量仍然不合格,则驳回承包人的诉讼请求。此种修复期,或可能对裁判者的审理期限造成一定的影响,但是本着减少诉累、一次性解决争议的原则,且考虑到半拉子工程往往因发包人经营困难甚至破产的情形,从依法保障承包人的主要权利考虑,裁判者应当更多地平衡各方利益。

2. 对于工程质量问题涉及主体结构、地基与基础,以及修复所费时间可能显著较长的案件,除因启动鉴定扣除审限外,并无其他法定中止理由,裁判者依法及时作出裁判驳回承包人主张工程款的请求,也不失为一个较好的选择。由此引起的后续风险是,承包人面临在修复后必须以新的事实重新起诉(或申请仲裁),方能主张工程价款。而如果是发包人就承包人提起的工程价款案件提出工程质量问题的反诉(反请求),则应当驳回承包人的本诉请求(本请求),并进一步支持发包人的反诉请求(反请求)。

而对于发包人发起的单独主张承包人完成的工程存在质量问题的案件,若经过鉴定,质量问题确实存在,则根据以下不同情况处理。

(1)承包人自行修复。如发包人请求承包人对工程质量问题进行修复,双方对于修复的范围、方法均没有异议,且承包人具有工程质量问题修复的意愿与能力,裁判者可以直接裁判承包人对工程质量问题进行修复。一般情形下,承包人具有相应的施工资质和施工能力,对工程较为熟悉,修复所需的物料、人工、机器设备等较为齐全,修复的成本相对较低,应当优先考虑承包人自行修复方案。

(2)第三人替代修复。如承包人不具备修复的能力(如本身没有资质或者已经陷入资信不良、经营恶化、被申请破产等),或者其主观上没有修复的意愿,抑或其之前曾多次进行质量问题的修复但无法解决问题致使发包人对其完全丧失信任。若发包人请求由第三方替代履行并由承包人承担相应损失,发包人与承包人就修复费用的金额及承担能够达成协议的,则按协议执行;不能就此达成协议的,则裁判者有必要就工程质量问题的修复方案及修复造价启动鉴定程序,并根据鉴定结果,结合工程质量问题的成因等因素判断责任归属。在发包人就工程质量问题向承包人及实际施工人主张权利,或者承包人单独对其下手实际施工人主张权利的情况下,鉴于实际施工人往往并不具备相应的资质和能力,故要求承包人予以维修,而实际施工人承担第三方替代履行方案为宜。

3. 委托修复方案的鉴定。工程质量的修复方案,是指因工程质量未达到合同约定或法定标准,需返工、修复直至工程质量达到合同约定或法定标准而需采取的计划或方案。换言之,工程质量合格是承包人得以请求工程价款的前置性条件。当工程质量不合格无法通过竣工验收时,承包人应当进行修复,如果修复后仍然不合格,则丧失请求发包人支付工程价款的权利,同时还可能需要赔偿发包人的损失。如果是在竣工验收合格后的缺陷责任期内发现了保修范围内的质量问题,承包人同样应当履行保修义务,否则其不能向发包人请求返还质保金。对于未完工程,如果已经完成的部分不符合过程验收标准,也应当予以修复。如果出现的质量问题是涉及结构安全性、功能适用性、耐久性等方面的问题,具体的修复方案应当首先征求设计单位的意见,并根据设计单位出具的咨询意见从合理性、经济性的角度考量,确定相应的修复方案。

但是,设计单位本没有义务必须接受裁判机关的委托、出具修复方案,其完全可以拒绝,无论是法院、仲裁机构,还是发包人、施工人,均没有权利要求设计单位必须接受委托。实践中,设计单位通常并无司法鉴定人资格,或是未入选各地法院的司法鉴定人名册。此时设计单位接受委托的实质系接受一项委托咨询工作。但是设计单位可能会出于不同的考虑而拒绝接受委托:(1)制作该设计文件的设计师已经离任,相应的资料欠缺,无法还原当初的设计思路和考虑重点,或者还原当初设计方案所需的工作量较大。(2)修复方案并无明确的收费标准,若设计单位再次收费,存在事后被当事人投诉乱收费的风险。(3)涉及修复的事项争议较大,矛盾尖锐,设计单位不愿陷入纠纷之中。(4)有些修复方案的设计责任过重,产生执业风险顾虑。此外,如果工程质量案件中发包人起诉勘察单位、设计单位、施工单位、监理单位等多个主体追究工程质量责任的,无论质量鉴定意见中设计单位是否有责任,除非各方均同意,设计单位均不适合作为修复方案的出具方,因为设计单位与发包人存在相应的利害关系。同样,如果发包人与设计单位之间存在其他有关设计费的纠纷等,也不适合委托原设计单位作为修复方案的出具方。

在上述情形下,裁判者可以委托司法鉴定人名册中具有设计资质的其他设计单位就工程质量问题的修复方案出具鉴定意见,从而将修复方案一并纳入司法鉴定程序解决。如果当地的司法鉴定人名册中没有符合要求的设计单位,可以引导当事人跨区域选择,或者选择名册外的、具有市场公信力且符合案涉工程性质的甲级资质设计单位进行。在该种情形下,咨询收费、方法等需要当事人、裁判者与受托单位协商确定。

4. 修复方案的异议与采信。无论是通过修复方案设计鉴定确定的修复方案,还是原设计单位出具工程质量修复方案的咨询意见,均是证据的一种形式,需要经过质证后才能作为定案的依据,同时裁判者也应当主动对修复方案进行审查。在质证过程中,承包人针对修复方案提出的异议往往是修复方案中的修复范围过大、修复标准过高,造成过度修复的情形。此时,出具修复方案的鉴定机构或原设计单位需对修复范围的适度扩大、修复方法技术标准适度升级作出合理解释与说明,如裂缝周边 1m 范围的外墙面铲平与重做、混凝土强度的适当提升等。一些技术性较强、技术方案完全不同的修复方法,还需要结合具体工程的性质、施工界面与场地限制、修复工作对业主使用建设工程的影响、通行的技术方法等,考虑修复的经济合理性,并在满足修复要求的基础上,作出合理的判断。

如北京市第二中级人民法院(2016)京 02 民终 8070 号案中,修复方案一为考虑对外墙石材面层全部拆除、重新干挂,其他修复工程按照勘查记录概率统计,鉴定造价总合计为 929.3 万元,其中争议金额为 904.8 万元;方案二为外墙石材面层拆除、重新干挂、背栓、挂件及龙骨锈蚀修复工程量都按照勘查记录概率统计,鉴定造价总合计为454万元,争议金额为429.4万元。双方对鉴定报告均提出书面异议,鉴定机构对双方提出的意见予以书面回复。经法院询问,双方不要求重新鉴定及鉴定人员出庭。一审法院认为,鉴定公司给出两种修复方案,结合本案施工的实际情况,在对外立面石材进行质量问题勘验时系采取抽样检查,且工程已经竣工验收并实际使用一定年限,故法院确定对该部位的维修造价采用修复工程造价鉴定意见书中的第二种修复造价意见。对于争议的屋面石材维修问题,鉴定报告中建议维修方案为按原设计要求重新施工,法院予以采纳。

二审法院认为,本案件的争议焦点为:一审法院采纳的质量修复方案是否正确。鉴定机构在与一审法院沟通确认后,依照明确的质量鉴定委托出具了《司法鉴定意见书》,确认案涉工程存在一定的施工质量问题,并出具了两种建议修复方案:方案一的修复思路为将外墙石材面板全部拆除重新干挂,其他修复工程按勘查记录概率统计;方案二的思路为将外墙石材面拆除、重新干挂、背栓、挂件及龙骨锈蚀修复工程量均按照勘查记录概率计算。此后,根据工程现状及鉴定要求,工程造价鉴定机构确定鉴定基准日为当期时间,并对两种修复方案均出具了《工程造价鉴定意见书》。一审法院结合案涉工程施工实际情况,考虑在对外立面石材质量问题勘验时系采取抽样检查方法,且工程已经竣工验收并实际使用一定年限,确定采用第二种修复造价方案。二审法院考虑工程施工具体过程、鉴定时已使用两年以上,认可一审法院所选择的第二种修复方案。

实践中,发包人以修复方案难以满足原设计规范标准为由,要求重建或者赔偿重建费用的,此时修复方案的确定应考虑以下几个问题:(1)鉴于重建或者赔偿重建费用不符合绿色原则和经济原则,且往往会加剧各方当事人负担,不应当成为首选方案。(2)就发包人异议的修复方案征求原设计单位意见,是否可以达到原设计规范标准。如在得到肯定答复的情况下,裁判者应当向发包人释明变更诉讼请求,否则相关法律后果由发包人自行承担(往往是驳回诉讼请求或对仲裁申请不予支持);如在得到否定答复的情况下,应当召集设计单位、鉴定单位会商修复完善方案。实践中,有的设计单位往往不愿意出具明确答复意见,这就需要裁判者争取原设计单位、行政主管部门、行业协会等的支持,进一步确定修复方案的妥当性,以回应发包人的异议。(3)如修复方案可能存在部分操作障碍,且对于能否通过竣工验收存疑的,如果裁判者按照该修复方案判决,当事人也投入巨资修复以及在修复工程上续建,一旦最后整体工程无法通过竣工验收,会给法院、仲裁机构造成极易被动、重大的法律后果。此时,建议裁判者通过补充鉴定或者重新鉴定的方式,进一步完善、调整修复方案。(4)在穷尽上述方法而发包人仍然对修复方案提出强烈异议的情况下,裁判者应当按照民事举证责任规则,围绕发包人的异议主张是否依据事实、法律依据进行审查,进而判断该异议是否成立。对于确实无法通过修复方式解决的,也应当对重建方案及其造价问题尽早作出决断。

5. 如当事人对工程质量问题修复方案的鉴定意见及咨询意见没有异议,仅对修复方案所需的费用存有异议时,则裁判者可以直接针对修复方案启动工程造价鉴定。

6. 委托修复方案造价鉴定。在确定修复方案后,一些案件需要进行修复方案造价鉴定。修复方案造价鉴定与既有工程造价鉴定、未完工程造价鉴定的不同之处在于:后两者系对已经全部完成或者部分完成的建设工程,按照合同约定的计价方式和工程量及相应的调整、确定规则计算工程造价,此种鉴定的计价标准和工程量基本已经确定。而前者则多是对尚未开始进行维修的建设工程,就未来维修所需的工程造价进行确定,更类似于评估这一对外委托事项;其计价标准经常出现争议,造价工程师需要依据自己的专业及经验,根据修复方案结合现场情况对其工程量作出评估。就修复费用的计价标准而言,常见的争议为:是按照原合同约定的计价标准,还是以鉴定时的标准对修复方案进行计价。第一种观点认为,应该按照原合同中有关工程造价的计价原则进行取费。但此种观点实际上没有关注到原合同计价原则的形成背景,即忽视了总体工程施工范围内的盈亏情况;而修复方案的造价已经超过了原合同约定的范围,此时原合同的计价原则对修复方案造价并不具有参考价值。第二种观点认为,应当按照鉴定时的定额价计价。如江苏省高级人民法院民事审判第一庭《建设工程施工合同纠纷案件司法鉴定操作规程》第 44 条规定:“对于工程存在质量缺陷,经有资质的鉴定机构确定修复方案后,鉴定机构可以根据鉴定时施工当地建设行政主管部门制定的工程计价依据计算修复加固费用。”该规定实际上确立了以定额加信息价(不下浮)的方式确定工程造价的计算方法,相对而言更加符合实际,结果更为公平。如修复方案发生在合同签约 6 年后、竣工验收 3 年后,建筑业市场供求关系、材料涨跌、工艺技术等均发生了较大变化,作为维修、修复工程的零星工程施工成本更高,此时采用合同签订时的预算报价显然不合理。

7. 如工程存在地基与基础问题、房屋坍塌等重大质量缺陷,对其进行修复的费用高昂甚至远超工程造价,修复已经没有必要时,裁判者应向当事人释明,在厘清责任、查明损失的基础上,引导其变更诉讼请求(仲裁请求)为要求承包人返还已付工程款、赔偿相应的损失。在此基础上,当事人可以就其主张的损失申请评估或鉴定。

五、案件最终决断

当案件审理进入尾声时,原告(申请人)的诉讼(仲裁)请求明确无误,被告的抗辩意见充分发表,所有证据(包括鉴定意见书)已经经过完整、充分的质证,当事人之间的法律关系无误,案件基本事实均已查明。若双方不存在撤诉(申请撤回)、调解的可能,则裁判者需要对案件进行最终决断,依法及时作出判决书或者裁决书,完成案件的审理工作。

就程序方面而言,独任审判员或独任仲裁员、合议庭或仲裁庭需要完成内部评议。在评议阶段,就案件事实、证据认定、争议焦点、实体处理、适用法律、审理程序性问题等完整讨论并形成结果,注重实质合议,合议庭或仲裁庭成员深度参与,充分发表意见。合议结束后,承办人或者首席仲裁员根据评议结果撰写文书,经过核稿、审阅、签发等程序,最终确定宣判时间或者径行发出仲裁裁决书。

(一)作出裁判结果

就实体方面,建设工程质量纠纷案件存在以下几种结果。

1. 工程质量问题无法被证明或不存在质量问题时,裁判者应当驳回发包人的主张,或者认定发包人有关工程结算款的抗辩不成立。如发包人主张房屋基础分部的钢筋存在偷工减料,但无法通过无损检测的方式进行勘验,发包人也不同意破坏性凿开验视(对结构有破坏性作用),而承包人提供了地基与基础分部的验收记录,证明隐蔽之前有甲方代表、监理工程师等确认了施工过程。在这种情形下,发包人主张的工程质量问题无法被证明,其要求承包人予以修复的诉讼请求无法得到支持,其在承包人主张工程款案件中提出的质量抗辩也不能成立。

2. 工程存在质量通病、外观缺陷等瑕疵,但不影响建设工程的结构安全性、功能适用性时,裁判者可以判决或者裁决承包人对其进行整改、修复,并就无法修复的部分承担减价、赔偿损失等责任。建设工程的施工是一个持续时间较长的过程,客观上施工质量通病、瑕疵等在一定范围和幅度内会存在。当工程质量问题仅仅是工程质量通病、外观瑕疵时,承包人实际上已经基本按约完成了施工任务,即便存在部分履行瑕疵,发包人也不应拒绝结算并支付工程款。换言之,发包人不应通过“吹毛求疵”的方式,苛求承包人对建设工程的方方面面都均达到极致和完美。但是,发包人可以要求承包人就质量不符合约定的部分进行整改并加以修复。对于修复成本过高或者不能修复的,则通过减价、赔偿损失等方式予以弥补。如厂区厂房外墙涂料存在色差但不影响使用功能,虽然理论上可以凿除外墙涂料并重新粉刷,但新调的涂料亦可能存在色差且施工成本较大(包括搭设脚手架、防护网等),故以减价为宜。减价的幅度有赖于裁判者的自由心证,一般考虑不同材质的价差、当事人的主观过错、对发包人造成的直接损失和间接损失(如观感上的不舒适等)等案件实际情况,酌情确定。

3. 部分合同无效或者合同解除的“半拉子工程”案件中,建设工程存在部分结构安全性、功能适用性、外观缺陷等质量问题,如经检视和验算,质量缺陷主要处于一般项目而非主控项目,建筑物的安全性仍在设计余量范围内,主要是施工过程质量缺陷,且在后续施工中可以得到修复、弥补。该种情形下,裁判者也可以将修复费用在工程价款中予以扣除处理,而不再要求承包人必须履行先修义务后才能主张工程价款。理由是:一般项目的质量缺陷并不构成主体结构的严重质量问题,在后续施工中可以得到弥补,故在保障建设工程整体安全的情况下,采用直接在价款中扣除的方式有助于一次性解决纠纷、减少诉累。如在海南省高级人民法院(2020)琼民终 275 号案中,双方争议的案涉工程为“半拉子工程”。一审审理过程中,双方对于已完工程的质量产生争议。一审法院委托工程质量鉴定,鉴定人出具了《加固修复方案及相关造价概算》,认为根据统计得出的混凝土构件修复量、钢筋除锈量以及变形缝恢复统计量,对案涉工程已建主体加固、修复方案的工程造价概算 46.7 万元。在判决发承包双方解除建设施工合同关系的基础上,一审法院根据工程造价鉴定的方式确定了案涉“半拉子工程”的工程造价并据以确定工程价款后,对建设工程质量问题的修复、加固款项在工程价款中予以抵扣。二审法院对一审裁判思路“本案中,经鉴定案涉工程主体结构质量合格,但需要进行部分加固修复。一审判决在认定发包人应当支付的工程价款中,对该部分加固修复费用已予扣除”予以维持。

4. 虽然工程存在一定功能适用性、耐久性问题,但是发包人仍然愿意接受该工程的,可以对工程价款作减价处理,或由承包人赔偿相应的损失。一些建设工程存在的质量问题会对功能适用性、耐久性有一定影响,但仍然能够发挥工程的价值甚至主要功能,同时发包人愿意将该工程用以他用或者调整使用功能的,双方可以协商减少工程价款或者赔偿相应的损失,协商不成时由裁判者根据质量问题造成的影响、承包人的过错、功能受限程度、发包人所遭受的损失等因素进行综合判断。需要指出的是,对于发包人调整使用功能较大的情形,系发包人基于诸多无奈的考虑,包括避免产生更大损失的不得已选择。此时,裁判者应当引导发包人就功能受限部分所造成的实际损失列入赔偿损失诉请,以期更好地平衡各方利益。而实务中,这一项工作往往被忽视,极易造成裁判结果失衡。

5. 发包人主张的工程质量问题处于缺陷责任期内的保修范围,承包人主张工程结算款(质保金范围以外部分)的,应予支持;承包人主张工程质保金,发包人在缺陷责任期内曾向承包人主张质量问题的,质保金相应部分应予以扣除;发包人未曾在缺陷责任期内主张质量问题的,不能阻却承包人工程质保金的主张。缺陷责任期可以理解为建设工程质保金返还期限的约定。在缺陷责任期内,将相应的质保金作为工程质量问题的金钱担保。但对于已经竣工验收的工程,承包人主张工程结算款(质保金以外部分)的,并不受缺陷责任期内发现的工程质量问题约束(除非构成主体结构、地基与基础的重大质量问题),即发包人不能以缺陷责任期内存在质量问题为由,主张扣除质保金部分以外的工程结算款,即便质保金数额不足以弥补缺陷责任期的质量问题的修复费用。该种情形下,一方面,承包人承担缺陷责任期的修复义务的,履行行为优先于损失赔偿;另一方面,若质保金数额不足以弥补缺陷责任期的质量问题的修复费用,且承包人怠于履行修复义务的,则发包人可另行主张。至于质保金分期分批达到支付条件的,亦应当视工程质量问题发生时间及发包人主张在缺陷责任期的不同区段加以区分而定。

6. 经过鉴定,工程存在严重的质量问题,危及结构安全,修复后仍不合格或者修复不经济、无法达到合同目的,发包人要求返还已付工程款并赔偿损失的,应予支持。此时,建设工程的质量问题较严重,发包人不能将该建设工程投入使用,如施工中存在大量的废桩、桩基未打到持力层,基础塌陷引起房屋倒塌等。虽然存在技术层面的修复方法(理论上任何建设工程的质量问题均可修复),但所耗成本巨大,甚至远远超过建设工程本身的造价。在查明事实、厘清责任的基础上,发包人可以要求施工人返还已付工程款,并赔偿发包人由此产生的各项损失,包括资金占用利息、可得利益损失、向第三方支付的违约金、另行选址投资建设的成本增加费用等。

(二)其他考量要素

此外,裁判者在最终决断时,还需另外考虑以下因素。

1. 高度重视工程质量问题。工程质量不仅关系财产安全,还可能涉及不特定人群和公共利益。一些商品房质量问题在同一住宅小区具有普遍性,应对不善则可能形成群体性事件。在一些大型展览馆、车站、码头等工程中,一旦工程质量问题不能妥善处理,就会引发较大的舆情关注。裁判者应当就审理中查明的严重质量问题及时向建设行政主管机关进行函询,促使其从行政管理的角度对工程质量问题予以关注,敦促当事人履行修复义务,并对工程建设过程中的违法违规行为依法进行规制。同时,应避免因双方当事人串通达成减价、赔偿调解而对工程质量问题置之不理。无论是法院还是仲裁机构,都应依法积极、认真履职,与行政机关保持衔接、沟通。

2. 判项应当明确且具有可操作性,避免其过于概括、抽象从而无法执行。如某建设工程质量纠纷案件中,因承包人对发包人主张的窗台渗水问题予以认可,判决书中的判项为:"判令被告某建设公司对案涉工程窗台渗水予以修复。"判决生效后,承包人在履行修复义务时对于相应的履行范围与发包人产生了争议,发包人认为履行范围应当包括案涉工程所有的窗台问题,承包人认为部分窗台问题系缺陷责任期届满后新产生的且发包人未履行通知义务,亦未在起诉时主张,故不属于判决书的履行范围。上述情形在实务中并不罕见,如果判决书中对于需要修复的点位进行注明(可附件),则可以避免该种情形的发生。

3. 部分特殊工程的修复工作是否合格需经有关行政主管部门的审核。如人防工程、消防工程、特种设备安装工程等,当事人就工程质量问题进行维修后,仍需要向有关行政主管部门报送重新验收以确认质量合格,原因是此部分工程系国家强制鉴定的范畴。

4. 准确处理涉破产的在建工程案件。在发包人因经营不善等陷入破产、承包人主张工程价款、经审理查明案涉工程存在工程质量问题的情况下,本着对工程质量负责、对广大债权人负责的态度,裁判者应尽可能要求承包人将工程予以修复或施工至某一工程形象进度节点,并对现场采取临时保护措施,以防止建设工程长期查封、闲置造成结构性能折损,为案涉工程后续托盘续建、拍卖奠定基础。此种情形下,裁判者不宜裁判发包人从工程价款中直接抵扣工程质量问题修复的造价费用。

5. 合理决定鉴定费用负担。裁判者应根据当事人的举证责任和鉴定机构的鉴定意见、各方对工程鉴定的配合度等方面,决定鉴定费用如何负担。原则上,在最终认定存在工程质量问题的情形下,应当由承包人负担全部或者主要的鉴定费用;若工程质量问题不涉及承包人原因的,则应由发包人负担全部或者主要的鉴定费用。

第八章

建设工程质量纠纷疑难复杂问题专题

本章将原本散见于各章节的建设工程质量纠纷疑难问题汇集并独立成章。主要是对减价制度的司法适用、多主体工程质量责任、工程文件缺失的实务处理，以及发包人“擅自使用”问题进行分析。尽管上述问题实务中争议较大，但是通过溯源考察、实证分析、对比研究的方法，以期引导读者对有关问题有更加深入的思考，而不仅仅局限于某一维度的“暂定”结论。

一、减价制度在建设工程质量纠纷中的适用

（一）减价制度概述

减价制度的功能在于其救济功能，是恢复当事人于订约时所设想的价金与标的物价值之间的均衡关系（等价关系）①，化解因瑕疵给付而导致的继续履行不公平。我国《民法典》第582条承继原《合同法》第111条之规定，列明违约责任的具体类型，守约方可以合理选择要求违约方：“承担修理、重作、更换、退货、减少价款或者报酬等违约责任。”其中，减少价款或者报酬即减价制度的法律依据。减价权究竟属于形成权还是请求权一直存在争议②，结合上述法律条文的用语外观由原《合同法》中的“要求”变为《民法典》中的“请求”，本书倾向性地认为减价作为主张违约责任的一种方式，在中国法上被设计成了请求权模式。③《中华人民共和国民法典合同编理解与适用（二）》关于“减少价款”部分亦载明：“合同当事人有权请求对方承担‘减少价款’的违约责任，此时减价请求实际是变更合同内容的请求

① 参见陈自强：《买卖瑕疵担保》，台北，元照出版公司2016年版，第52页。

② 参见最高人民法院民事审判第二庭编著：《最高人民法院关于买卖合同司法解释理解与适用》，人民法院出版社2012年版，第378页。

③ 参见武腾：《减价实现方式的重思与重构》，载《北方法学》2014年第3期。

权,如果不能与对方达成减价的合意,只能请求法院或仲裁机构予以调整,或者诉诸违约损害赔偿予以救济。”①

(二)“价”的内涵和外延

减价制度中的“价”,究竟是指因“质”上未达约定而导致性能降低以及“量”上未达约定而导致性能不足所应调减的对价,还是包括索赔在内的其他损失,甚至包括因此导致的预期利益损失?

从《民法典》就减价制度设定的救济层级上看,“修理、更换、重作”均为原合同义务的继续履行,履行完毕仍可请求支付合同全部款项,而“解除合同”则为合同的“全部解除”,合同不再履行,如已履行则应恢复原状,丧失原合同项下全部款项支付的请求权利。而“减价制度”实为处理“质”和“量”的履行,介于完全合约应付全部对价与严重违约应予解除,从而无须支付全部对价的中间状态,即发包人自愿接受债务人有瑕疵的履行,但主张相应减少价款或者报酬时,应如何矫正对待给付关系,以使其重新恢复到均衡的等价关系上。通俗地讲,减价就是“货不对版”“物有所值”在合同对价关系上的体现。

因此,减的“价”应仅为合同价款相应于“质”和“量”在对价意义上的折减,而由此导致的预期利益损失、损失赔偿则不应包含在应予折减的“价”内。如在山东省高级人民法院(2020)鲁民终 1273 号案中,买卖双方约定订购 15 台轮胎定型硫化机,并对轮胎定型硫化机的质量要求和技术指标进行了详细约定。涉案设备在交付时不符合双方技术协议的约定,存在质量问题,定作人将质量问题反馈给承揽人后,承揽人组织人员进行了维修调整,但未达到符合合同和技术协议约定的结果。法院认为“涉案合同约定承揽人所交产品不符合合同规定的,应当负责包换或包修,并承担修理、调换或退货而支付的实际费用。承揽人不能修理或者不能调换的,按不能交货处理。标的物质量不符合约定的,承揽人具有违约责任方式的选择权。修理或重作属于采取补正的方式以实现合同目的。减价是在接受不完全履行的基础上依照按质论价的评定原则使价款相应减少。需要明确的是,减价系因为不符合约定的履行本身价值的降低,通过减价解决作为对待给付的履行的价格问题。本案中通过减价可以解决合同的均衡问题,因此,定作人不得因

① 最高人民法院民法典贯彻实施工作领导小组主编:《中华人民共和国民法典合同编理解与适用(二)》,人民法院出版社 2020 年版,第 755 页。

为履行价值的降低再要求赔偿损失”。

（三）请求减少支付价款与请求减价的辨析

在建设工程领域，主张减少款项支付数额与主张减价并不相同，下述给予辨析。

1. 未完工程的缺陷修复义务与减价责任

发包人主张未完工程存在质量问题要求承包人承担修复责任，承包人未能履行修复义务，发包人自行修复的费用应于承包人主张的工程款中予以抵销，发包人对此所提出的主张并非行使减价权。因为发包人在自行修复或自行委托第三人修复后其接收的仍为合约工程，其实质主张的是因承包人不履行修复义务而由其垫付的修复费用损失，本质上并非因质量不符合约定而主张减少对价。区别于发包人在自行修复或自行委托第三人修复前即主张因工程质量不合格的减价，此处主张的就是因承包人工程“质”和“量”存在不对价问题而导致的价款减少，实为行使减价权。

2. 已竣工程的缺陷修复义务与减价责任

在工程已经竣工验收合格并交付使用的情形下，如发包人在缺陷责任期内发现工程存在应予保修的质量问题，而承包人在接到通知之后拒不履行保修义务，发包人可主张从质保金中扣除相应维修费用，该种主张与减价责任应予区分。承包人的缺陷修复责任并不代表工程质量不合格，只是承包人基于国家关于保修的法律规定及发承包人之间保修协议的约定而负担的义务。因此，因承包人不履行保修义务产生的维修费用系对发包人所遭受的损害的相应赔偿，发包人对此所提出的主张并非减价责任。

因此，建设工程质量纠纷司法实践中，一方当事人主张减少款项支付数额的情形多种多样，但只有当事人系因工程“质”和“量”不合约而要求折减对价时，才属于“减价制度”意义上的减价行为。

（四）行使条件

1. 减价制度的行使条件

（1）前提条件：承包人修复不能或经济上不合理

《民法典》第582条规定守约者“可以合理选择请求对方承担修理、重作、更换、退货、减少价款或者报酬等违约责任”，该条虽是以并列形式列举救济方式，但前序救济措施实质是有优先及劣后的层次意义[①]，即如果前序救济方式合理，则前序优先，如果前序救济方式（修理、返工、改建）存在履行不能（如因设计缺陷导致质量问题）或经济上不合理，甚至双方赖以合作的基础完全丧失时，则可直接适用后序救济方式（减价、解除、赔偿）以平衡双方利益。例如在河北省石家庄市中级人民法院（2017）冀01民终11574号案件中，承包人承接了幕墙设计制作安装工程，因玻璃幕墙龙骨中实际铝合金骨架含量远低于合同约定标准，所以发包人要求对全部铝合金骨架进行更换。法院认为，当质量不符合合同约定时，受损害方有权选择上述各种方式（修理、重作、更换、退货、减少价款或报酬）来主张权利，但该主张限制为标的物的性质及合理性选择。承包人施工的玻璃幕墙龙骨中铝合金骨架含量不足，构成违约。考虑到标的物的性质及合理性操作，目前铝合金龙骨已与其他建筑材料附着在建筑物上，更换可能造成物的浪费，且鉴定中对该工程玻璃幕里立面分格、龙骨布置与设计图纸进行对比，分格、龙骨布置与原设计相符。发包人要求更换铝合金龙骨，会造成物的浪费，充分考虑承担违约责任的方式及责任成本和可操作性，通过承担减少价款的违约责任方式符合公平原则。最终，法院支持了在应付工程款中根据铝材单价和相差数量计算后进行相应减价的主张。又如江苏省高级人民法院（2013）苏商终字第0146号判决、安徽省池州市中级人民法院（2020）皖17民终264号判决也均认为应优先选择前序救济途径，在前序履行不合理的情况下再考虑减价比较合适。

综上，只有修理、返工、改建被拒绝，或其客观不能、不经济，或经修理、返工、改建工程质量仍不合约的情况下，前序救济已用尽，承包人才可以主张减价。

（2）必要条件：建设工程质量虽不符合约定但不能低于国家强制标准

《施工合同司法解释（一）》第12条规定的主张减价的条件是建设工程质量不合约定。关于减价的主张实质仍为支付义务的消极主张，其主张的既然是“工程价款”，则工程质量至少应满足国家强制性标准。如工程质量低于国家强制性标准则无法保障使用安全，发包人当然无须支付工程款。因此，《施工合同司法解释（一）》第12条表述为“不符合约定”，指的是虽然工程质量不符合合同约定，但达到了强制性标准，如虽然对使用目的（如舒适度等）有影响，但仍然具有使用价值，于此情况下应予支付工程款，但应相应地减少对价。

---

① 参见最高人民法院民法典贯彻实施工作领导小组主编：《中华人民共和国民法典合同编理解与适用（二）》，人民法院出版社2020年版，第758页。

(3)消极条件:发包人未行使与减价制度冲突的权利

减价制度的核心在于发包人通过接受瑕疵履行从而避免合同被解除。反之,则无减价制度的适用空间。具体来说,拒绝受领即不同意接受瑕疵履行标的物,与减价制度中的接受瑕疵物相悖,而要求解除合同即为认为其合同目的已根本无法实现,进而要求恢复到合同订立前的状态,与减价制度中退而求其次的继续履行亦相悖。

2. 行使减价权需有意思表示

发包人主张减价需要作出明确的意思表示,即减价制度行使的核心并不在于主张减少价款的具体数额,而是在于作出接收工程并要求减少对价的意思表示。

工程价款的对价既包括“质”也包括“量”,因此减价主张常见的表现形式有:由于部分工序未施工,或施工过程中虽替换了部分材料但工程仍满足质量强制性标准,因而在工程结算审核中主张核减相应减项价款;如未按操作规范施工导致存在部分质量通病,但工程仍满足质量强制性标准,在工程结算时要求按质量现状折减相应价款;在诉讼或仲裁程序中就质量问题提出的减少价款的抗辩乃至反诉。

(五)行使方式

常见的减价主张一般发生在承包人主张工程款,但发包人主张质量不符合约定应予减价的情况中。此种情况下的诉讼讼争对象同一,均为应予支付的工程价款,此时需要比对二项主张的金额大小,是否存在吞并关系,即被告的减价主张系针对原告主张的拒绝支付还是请求返还,再据以判断应提起反诉还是抗辩。如被告只是认为原告的主张没有法律依据,则为抗辩;如被告不仅主张原告的主张没有依据,还主张原告应向其返还相应款项,则为反诉。例如,工程合同价10000万元,发包人已支付8500万元,发包人认为有质量问题应予减价2000万元,则当其面对承包人追索剩余1500万元时,其关于无须支付此1500万元的主张仅为抗辩,当其欲主张承包人应返还减价后超付的500万元时,则为反诉。如江苏省苏州市中级人民法院(2014)苏中民终字第0257号案件中,设计人承接了商务办公及酒店用房工程设计工作。后发包人以现有施工图纸本身存在诸多明显缺陷,并没有达到施工图应有的深度,不能反映发包人建设五星级酒店的要求等为由要求解除合同,设计人对于解除合同不持异议,但是要求发包人支付设计费,而发包人仅表示拒绝支付设计人所主张的款项。法院认为发包人对其损失并未举证也未提出反诉，仅针对支付价款的诉讼请求进行抗辩，故可视为发包人要求承包人承担的违约责任方式即为减少价款。再如陕西省高级人民法院（2015）陕民二终字第00067号案件中，发包人即以承包人所供设备不符合合同约定为抗辩理由拒绝付款，按其拒绝支付全部款项，其完全可以提出退还超付款项的主张，但由于其仅仅提出拒付抗辩，法院在无从支付全部拒付主张的情况下，只能将其"降格"处理为对减轻部分支付义务的抗辩予以部分支持。

如果双方当事人的诉争对象不一，承包人并未主张工程款，只主张索赔、违约金等，此时如发包人认为工程质量不符合约定应予折减价款，发包人则无从抗辩，如欲提出减价只能为反诉；如发包人认为折减后应付款项低于已付款项，其可以提起反诉请求退还超付款项；如发包人认为应予折减，但折减后应付款项高于已付款项，由于承包人未就工程价款提出相应主张无所抗辩，因此发包人只能提出消极支付之诉。仍以上例，其可主张请求判决无须支付工程款1500万元，值得注意的是，由于我国法律并不承认减价属于形成权，因此不能认为通过减价行使变更了双方合同内容，故而此种诉讼仍应为消极给付之诉而非形成之诉。

（六）确定数额

1. 减价数额可由当事人协商确定

由于减价本身系在"质""量"不符合约定的情况下，将合同各方之间关于合同价与履行之间的关系重新调整到平衡状态，而只有合同各方经过协商所达成的"新的对价"，才是最精准的对价关系，且应减价款属于民事主体的私益，由合同各方确定于法不悖。

2. 减价数额可由裁判机关认定

在发承包双方无法就减少的"价款"协商一致的情况下，可向法院或仲裁机构提出请求予以认定减价数额。

3. 无瑕疵物与瑕疵物差值的计算方法

（1）比例法

比例法系以瑕疵物市场价值/无瑕疵时市场价值×合同金额来计算实际应支付的金额。此种模型是贴合减价制度内涵的，其逻辑为减价系合同价格对应价值减损依线性关系的减少，即不单纯考虑因质量不合格造成的标的物价值折损，而且在厘定应予减少的价款时没有脱离原合同价款的约定。

例如，无瑕疵标的物的价值为1000元，买卖合同约定的价格为1200元，标的物有瑕疵时的价值为 800 元，按比例法有瑕疵的标的物的价格的计算公式应为：800 ÷ 1000 × 1200 = 960 元，即债权人可以主张减价的数额为：1200 − 960 = 240 元。

(2)差额法

差额法中应予减价差额 = 无瑕疵物交付时市场价值 − 瑕疵物交付时市场价值。

这种计算方式实际上不是对价折让，而是因质量不符给发包人造成预期利益损失的计价，这种计算方式没有把原合同约定价格中所包含的优惠考虑在内。《最高人民法院关于审理买卖合同纠纷案件适用法律问题的解释》第 17 条第 1 款关于"……当事人主张以符合约定的标的物和实际交付的标的物按交付时的市场价值计算差价的，人民法院应予支持"即属于此种计算方法。按差额法（仍举上例），无瑕疵标的物的价值为 1000 元，标的物有瑕疵时的价值为 800 元，减价的数额应为 200 元。

有观点认为，对减价标准作"差额式"的理解，会降低减价制度本身存在的必要性。[①] 经检索，法院在司法实务中几乎均以酌情方式确定减少的价款，极少数裁判者往往因客观原因曾寻求以量化方式确定具体应减价款未果后，最后又不得不酌情确定减价数额。如在上文中曾引述的山东省高级人民法院（2020）鲁民终 1273 号判决中，法院曾试图按差额法确定应予减少的差价，但因交付时的标的物状态、性能均无法确定，故无法确定标的物交付时的市场价值。其后法院又试图通过消除瑕疵必需的金额即修复费用法来确定价值的降低，即可以扣减定作人实际修理标的物至符合双方约定的标准而支付的费用，但又由于定作人未能提供该方面的证据，因此该种方案亦未能适用。最后法院只能酌情降低合同价款 10%。浙江省高级人民法院（2014）浙海终字第 81 号判决、浙江省金华市中级人民法院（2013）浙金商终字第 848 号判决中也同样出现了欲适用差额法未果，最终只能酌定减价数额的情况。

(3)修复费用法

修复费用法即以修复方案金额为准，参照所耗费的工料机等成本费用确定所应减少的价款。此种计算方法多发生在无法适用上述模型确定应减价款的情况中。《最高人民法院新建设工程施工合同司法解释（一）理解与适用》一书中也有载明："一般来说，减少的工程价款数额及合理修复费用就是工程质量修复所实际

① 参见吕双全：《减价救济之定性与实现的逻辑构成》，载《政治与法律》2018 年第 3 期。

发生的费用”[1]，以修复费用法确定减价数额的方式便利了司法裁决，但与减价制度内涵是否契合却值得商榷。

如在黑龙江省高级人民法院（2015）黑民终字第49号判决中，承包人承接了房建工程，但承包人在接到质量问题的通知后未予修复。诉讼中，工程质量经过鉴定存在诸如屋面渗漏、楼梯间和地沟内保温、防腐未按设计要求施工等诸多问题，同时还进行了修复费用鉴定。法院认为，承包人明知存在质量问题未予修复，原审法院依据鉴定意见，将上述不合格项目修复费用从工程款中扣除，并无不当。再如在辽宁省高级人民法院（2016）辽民再37号案中，发包人在使用案涉厂房后，向承包人提出厂房存在屋顶漏水、屋顶被掀起、门窗不严等质量问题，并要求承包人进行维修，承包人以发包人拖欠进度款为由拒绝维修。法院指出：双方对发包人请求减少支付工程价款的数额未达成一致，应通过相关部门的评估鉴定予以确认，并以此为由将该案发回重审，该案重审一审中，法院委托鉴定机构，对3#厂房质量问题进行维修所需的费用进行评估鉴定。

比例法、差额法及修复费用法，减价所减对象的价款数额仍为当事人合意范畴，而比例法在处理减价时并未置原合同价于不顾，因此更为合理。但基于个案的复杂与特殊，且差额法与修复费用法也具有部分合理性，所以只能交由司法机关根据个案案情，选择最适合的模型予以适用。

4. 无瑕疵物与瑕疵物市场价值的认定

（1）市场价值的认定：工程造价咨询机构对于工程价格给出的意见，资产评估机构对于工程价值给出市场公允意见，如果以无瑕疵物与瑕疵物的造价作为比值，和修理费用在本质上是一样的；而资产评估是对价值的认定。

（2）资产评估时点现行模式：①订约时点：如《德国民法典》第441条第3款规定：“应当按照缔约时标的物在无瑕疵状态所具有的价值与其实际价值可能存在的比例减价。”②交付时点：《最高人民法院关于审理买卖合同纠纷案件适用法律问题的解释》第17条第1款规定：“……当事人主张以符合约定的标的物和实际交付的标的物按交付时的市场价值计算差价的，人民法院应予支持。”《联合国国际货物销售合同公约》第50条规定：“如果货物不符合合同约定，不论价款是否已付，买方都可以减低价格，减价按实际交付的货物在交货时的价值与符合合同约

---

① 最高人民法院民事审判第一庭编著：《最高人民法院新建设工程施工合同司法解释（一）理解与适用》，人民法院出版社2021年版，第132页。

定的货物在当时的价值之间的比例计算……”《欧洲合同法原则》第9:401条第1款规定：“减价按实际交付的货物在交货时的价值与符合合同约定的货物在当时的价值之间的比例计算。”中国是《联合国国际货物销售合同公约》的缔约国，以交付时点作为减价对象价值评估时点是我国现行规定。

(3)资产评估的应然时点及考量要素的探讨：合同中的价格实际对应的是按正常预期的交付时间、按正常市场行情取得的价值。而以订约时点为价值评估时点，忽略了当事人的合同目的是通过支付对价于计划交付之时取得标的物这一事实，以订约时点判断交易物价值显然不会在发包人或买受人预期之内；而以交付时点作为价值认定时点则包含了从订约到交付期间市场价的波动，其中的合理涨跌是应予预期的，但如包含异常波动，则违反工程造价中风险分担的理论。根据工程造价原理，包括建设工程承包人在内的承揽人负担的仅为技术及管理风险，并不负担投资风险，也不会享有此部分利益。资产本身的涨跌引发的发包人的盈亏均由发包人享有或承担。而减价作为价格调整后的完全履行的形式，逻辑上应与上述风险与利益分配机制相同，同样不应将期间风险及收益与承包人关联。由此，无论是以订约时的市场价值还是交付时的市场价值都未能准确反映减价制度所减之价所投影的对象。

从应然的价值评估角度，我们必须要回答，在质量达不到要求的情况下，如果当事人在签约当时面对的是这样一个有瑕疵物，如果可以减价的方式重新达成一致，他会出什么价？所减之价才没有将发包人无法预计的签约后的市场波动，以及承包人所无从实现的价值增加包含在内(近因原则)，这两块是必须在减价计算时予以剔除的。因此，应以订约时各方均应预计到的交付时的有瑕疵标的物及无瑕疵时的市场价值作为确定减价比例的依据。这样既最大限度地复盘了各方预期，也没有将异常市场波动杂糅到价格之中。另外，需要说明的是，以何时点为资产价值评估时点属于司法机关确定的职权，不属于评估机构的职权，否则将发生“以鉴代审”。

5.减价后可否再行主张损害赔偿

减价后可否再行主张损害赔偿的认定，与减价制度所减之“价”的内涵直接相关，按比例法减价减的只是价款本身，而预期利益损失等属于损害赔偿范畴，两者并不矛盾，因此当事人仍可另行主张损害赔偿。而按差额法所减之“价”系前后价值之差额，实际与损害赔偿的主张相冲突，不应准许另行主张损害赔偿。

如在浙江省高级人民法院(2014)浙海终字第81号案中，因案涉船舶长度不符合约定，买受人诉请主张返还相应购船款并请求出卖人赔偿因加长船舶长度所需的费用，其中买受人所主张应返还的购船款依船长与价格的线性关系折算而得，法院认为“返还购船款（船体长度不足应减价款）、赔偿损失（船体加长所需要支付的修理费及相应的误工费），该两部分即减少价款和承担修理费的违约责任请求，应由买受人选择适用其一，否则就构成重复主张”。但司法实践中更多判例并未明确区分减价与损失。

（七）适用困境

1. 应予减少价款的数额在建设工程质量纠纷中难以量化

对于标准化商品应予减少价款的计算，无论是采用比例法还是差额法，都具有一定的合理性。而建设工程作为较典型的非标准化产品，上述两种计算方式的适用可能都会引发对测算合理性的巨大争议，即使“强行适用”也属于不得拒绝裁判的无奈之举。这是因为：（1）质量的瑕疵与价值的折损本身不可能有线性关系，在建设工程中，更难以量化评估由质量瑕疵所导致的价值折损；（2）由于合同对价本身往往不仅对应“质”和“量”，还对应交期等条件，因此即使在标准件之中，以线性方式折减价款尚且会遇到合理性的质疑，更遑论在建设工程之中，与合同价款对标的不仅包括质量、工期，还包括安全等一系列合同目的。

2. 参照适用 FIDIC 合同“性能损害赔偿费”

FIDIC 的银皮书、黄皮书（2017 版/1999 版）均在“未能通过竣工后试验”中载明：“如果下列条件成立，即（a）工程或某单位工程未能通过任何或全部竣工后试验；（b）合同中已说明对此项未通过试验可作为未履约损害赔偿费支付的相应金额（或其计算方法已作规定）；（c）承包商已在缺陷通知期限内向雇主支付了此项相应金额；则该工程或单位工程应被视为已通过了这些竣工后试验。”这实际贯彻了“有利仍然有利，不利则继续不利”的理念，双方在对待给付上始终处于平衡状态。

只有当事人最清楚，自己可以接受有瑕疵工程的“阈值”，低于阈值，则双方均认同不再具有任何本合同上的履行价值，也最能精确把握质量的每一步瑕疵与对价之间的关联关系。如果此类约定可被示范文本所采纳和推广，并逐渐被准确应用，则上述诸多争议都可迎刃而解，也不用再费力讨论推定测算的准确与否，实务中减价制度的可操作性将越来越强，发承包当事人之间的利益也将最大限度地予以平衡。

(八)结语

本节从减价制度的法律性质出发,落脚于工程质量纠纷中减价制度的各项裁判规则,试图探求减价制度精细化的法律构造,厘清相关误解,裨益于司法实务。概言之,建设工程质量纠纷中的减价制度区别于修理、重作、损害赔偿等履行方式,是较为独立的违约责任承担方式。性质上,请求权和形成权的学说分野,因其行为本质是对合同的"一部解除",采形成权说在解释论上更为周延。发包人行使减价制度的条件包括:前提条件——修理、重作、改建应当优先适用,仅在修理、重作、改建不能或者不宜适用时,才可主张减价制度;必要条件——建设工程质量本身已符合国家强制性标准,但尚不符合合同约定;消极条件——发包人同意接受使用瑕疵工程。涉工程质量纠纷的司法实务中,减价制度的适用应当注意首尾两端:一是减价制度的提出,减价制度中的"价"特指工程质量贬损的对价,而不包括预期利益、其他损失;二是减价制度数额的认定,比例法、差额法、修复费用法等可按个案的案情分别运用。最后,在司法程序上,需要准确全面理解当事人主张并释明:在拒绝支付时为抗辩,在主张返还超付款项或主张消极支付之诉时为反诉。

二、多主体工程质量责任

建设工程质量纠纷成因复杂,往往是勘察、设计、施工、监理等"多因一果"所致。此时,如何选择责任主体、以何案由起诉、请求权基础如何确定等,都会发生较大争议。

(一)程序问题

针对已经出现的建设工程质量问题,发包人在起诉时,可能无法确定工程质量问题具体是由哪个主体所致。故实践中,经常有发包人将勘察、设计、施工、监理等多个主体作为共同被告,请求共同对质量问题承担责任。同时,裁判者在审理案件的过程中,也有可能发现建设工程质量问题并非单个主体行为所致,还牵涉案外其他主体因素,此时也面临是否需要追加诉讼主体的问题。

1. 起诉和审理的方式

(1)当前司法实践

发包人提起诉讼时,需要考虑的第一个问题是,以何种请求权基础、案由对勘察人、设计人、施工人、监理人等多个主体主张权利。以此为基础,法院得以确定审理范围、争议焦点及法律适用。一般而言，多主体建设工程质量纠纷案件中，有侵权之诉、合同之诉以及混合之诉三种不同诉的类型。

第一，侵权之诉。实践中，发包人提起侵权之诉一般有两种情形：其一，发包人要求与其没有直接合同关系的实际施工人承担责任，如在专业分包工程出现质量问题时，发包人或与分包人没有直接合同关系，只能基于侵权法律关系主张权利。其二，发包人虽然与各被告之间均存在合同关系，但仍以侵权法律关系主张权利，法院也以侵权法律关系进行审判。如在浙江省台州市中级人民法院（2017）浙 10 民终 378 号案中，发包人起诉施工人、勘察人、设计人、监理人，一开始主张违约责任，后又认为构成违约与侵权的竞合，转而依据侵权法律关系主张各主体承担过错赔偿责任，最终法院也认可该案中存在违约与侵权竞合，以发包人主张的侵权法律关系进行审理判决。

第二，合同之诉。发包人在分别与勘察人、设计人、施工人、监理人等主体签订合同的情况下，可以其未全面履行合同约定义务为由主张合同权利。根据《民法典》第 788 条第 2 款的规定，建设工程合同包括工程勘察、设计、施工合同。因此，发包人起诉勘察人、设计人、施工人的，可以建设工程合同纠纷为案由进行审理。对此类同一原告不同被告的纠纷，往往合并审理。

第三，混合之诉。除了上述两种处理方式之外，个别案例认可发包人可以在一个案件中同时基于合同法律关系和侵权法律关系对不同主体提出诉请，即以混合之诉的方式进行审理。如在四川省乐山市中级人民法院（2019）川 11 民终 662 号案中，发包人向与其有合同关系的施工人主张建设工程施工合同损害赔偿责任，向与其没有直接合同关系的勘察人主张产品损害赔偿责任。案件争议焦点之一是发包人能否在合同之诉中一并向勘察人主张权利。法院认为，根据《民事案件案由规定》规定，同一诉讼中涉及两个以上法律关系的，应当依照当事人诉争的法律关系的性质确定案由，均为诉争法律关系的，则按诉争的两个以上法律关系确定并列的两个案由。鉴于各被告均是案涉建设工程质量问题的相关方，对建设工程质量问题责任承担具有内在关联性，本着公平和充分保障当事人权利原则，考虑节约司法资源，本案以合同纠纷和侵权纠纷并列案由对质量问题相关责任方的纠纷一并处理。

整体而言，发包人可基于最有利的事实和理由选择起诉的主体和请求权基础，对此，法院一般持宽松态度，仍然围绕发包人的主张进行审理，一般不会僵化切割侵权法律关系、合同法律关系进行分案审判。一方面是因为案件事实表明各主体可能与案件审判有牵连,难以回避;另一方面也是考虑在同一案件中进行处理符合诉讼经济要求,避免当事人诉累并节省司法资源。

(2)司法实践的评析

第一,关于混合之诉存在的问题。发包人能否同时依据合同法律关系和侵权法律关系在一个案件中对不同的主体分别提出诉请有不同的观点,因为此涉及诉讼标的及诉的合并问题。旧诉讼标的说认为,诉讼标的是指民事当事人之间争议的、请求法院审判的民事实体法律关系或者民事实体权利。[①] 一个特定的实体法律关系对应一个诉讼标的,故合同法律关系与侵权法律关系分别为不同的诉讼标的。新诉讼标的说认为,诉讼标的由案件事实和诉讼声明共同构成,任一要素不同则构成新的诉讼标的。[②] 在请求权竞合的情形下,复数请求权基于同一事实产生,又指向相同的权利保护目标(诉的声明相同),因而只成立唯一的诉讼标的。[③] 因此,若采新诉讼标的说,则混合之诉只有一个诉讼标的,基于合同的请求权和侵权请求权只是支撑诉的声明的具体的理由,裁判者同时进行审理、裁判并无不可。

但在旧诉讼标的说的框架下,两者能否在同一案件中进行审理需进一步探讨诉的合并问题。诉的合并是指法院将两个或两个以上彼此之间有牵连的诉合并到同一法院管辖,并适用同一诉讼程序审判。诉的合并理论上又分为诉的主体合并(诉的主观合并)以及诉的客体合并(诉的客观合并)。《民事诉讼法》第 55 条第 1 款规定:"当事人一方或者双方为二人以上,其诉讼标的是共同的,或者诉讼标的是同一种类、人民法院认为可以合并审理并经当事人同意的,为共同诉讼。"其中当事人二人以上、诉讼标的共同的,为必要共同诉讼,即诉的主体合并,将同一诉讼标的的不同当事人统合在一起进行诉讼;而诉讼标的同一种类的诉讼的合并,即普通共同诉讼,则为诉讼客体的合并,即将不同的诉讼标的诉讼统合在一起审理。对于此处讨论的混合之诉,为诉的客体合并,但又与《民事诉讼法》规定的普通共同诉讼有所区别,因为混合诉讼涉及侵权之诉和合同之诉的合并,诉讼标的并非同一种类。目前而言,唯一可能作为侵权之诉与合同之诉合并审理依据的是《民诉法解释》第 221 条的规定:"基于同一事实发生的纠纷,当事人分别向同一

---

① 参见最高人民法院修改后民事诉讼法贯彻实施工作领导小组编著:《最高人民法院民事诉讼法司法解释理解与适用》(上),人民法院出版社 2015 年版,第 574 页。

② 参见李盛烨:《诉的合并的实证形态和"三维"认定——以立案工作遇到的诉的合并疑难案例为切入点》,载《法律适用(司法案例)》2019 年第 4 期。

③ 参见胡思博、赵志超:《请求权竞合诉讼的实践误区及规制路径》,载《深圳大学学报(人文社会科学版)》2022 年第 2 期。

人民法院起诉的,人民法院可以合并审理。”但根据最高人民法院举例,其适用的情形仍然主要是同种类诉讼标的的合并审理。[①]

再结合最高人民法院裁判观点,《民诉法解释》第 221 条无法作为发包人提起混合之诉的依据。如在最高人民法院(2020)最高法民终 842 号案中,原告基于应收账款转让关系诉请债务人承担还款责任,基于保证合同关系诉请保证人承担连带保证责任,同时要求债权人(债权转让人)基于过错赔偿应收账款转让产生的损失,损失赔偿为收回的已付款本金的差额。对此,最高人民法院认为,对于前两者可以合并审理,但过错赔偿责任属于侵权之诉,与前两者合同之诉依据的基础法律关系不同,诉讼标的不属于同一种类,认为二者不应合并审理。在最高人民法院(2018)最高法民辖终 375 号案中,原告分别针对不同的被告主张借款法律关系、保证法律关系、质押法律关系、抵押法律关系、侵害财产权益法律关系等。法院认为,虽然各项诉讼请求在目的上具有一致性,即实现原告对被告的债权,但各项诉请涉及的诉讼标的是独立的,故本案为普通的共同诉讼。对于普通的共同诉讼,合并审理需满足诉讼标的是同一种类且当事人同意合并审理的条件。而原告就侵害财产权益法律关系提起的诉讼属于侵权之诉,与其他当事人的合同之诉性质完全不同,诉讼标的不属于同一种类,缺乏合并审理的基础。可以看出,最高人民法院并未认为《民诉法解释》第 221 条可以作为侵权之诉和合同之诉合并审理的法律依据,而只是将其作为扩大同一种类的普通共同诉讼范围的依据。换言之,侵权之诉和合同之诉合并审理在目前而言并没有直接的法律依据,即使法院实际合并审理也具有较大的随意性,发包人难以要求法院强制合并审理。

对于没有直接合同关系的转包人、分包人、监理人等,发包人可以主张由作为合同相对方的承包人对其(第三人)行为承担责任。需要注意的是,在法院已经实际合并审理的情况下,也不构成《民诉法解释》第 323 条规定的严重违反法定程序。因为在合并审理的情况下,当事人已经知悉并就基于合同的请求权、侵权请求权进行了辩论,所以法院不构成剥夺当事人的辩论权利。

第二,从解释论的角度,发包人仅能从合同请求权和侵权请求权中择一主张,而不能同时主张。当发包人与勘察人、设计人、施工人之间均存在合同关系,诉请其赔偿建设工程质量问题造成的损失,可能产生基于合同的请求权和侵权请求权

① 参见最高人民法院修改后民事诉讼法贯彻实施工作领导小组编著:《最高人民法院民事诉讼法司法解释理解与适用》(上),人民法院出版社 2015 年版,第 575 – 576 页。

竞合的问题。所谓请求权竞合，是指同一法律事实同时满足两个以上请求权之构成要件，从而导致多个请求权均成立的法律现象。[①] 此时，发包人可选择以各被告违反合同义务造成损失为由，要求其承担违约赔偿责任；也可选择以各被告过错导致损害为由，要求其承担侵权损害赔偿责任。但《民法典》第 186 条规定："因当事人一方的违约行为，损害对方人身权益、财产权益的，受损害方有权选择请求其承担违约责任或者侵权责任。"根据文义解释和立法解释，基于合同的请求权和侵权请求权只能择一主张，而不能同时主张。[②] 而且，鉴于目前我国司法实践仍以旧诉讼标的理论为主流立场，请求权人有义务主张己方的请求权基础，并就相关要件事实进行证明，被请求人则根据相应的法律关系进行回应，法院不应替代请求权人选择最有利的实体法依据，否则将违反司法中立和辩论原则。[③]

至于发包人须在何时明确请求权基础的问题，也有不同的观点。一种观点认为，《民法典》第 186 条渊源于原《合同法》第 122 条规定，而根据原《合同法司法解释（一）》第 30 条的规定："债权人依照合同法第一百二十二条的规定向人民法院起诉时作出选择后，在一审开庭以前又变更诉讼请求的，人民法院应当准许。对方当事人提出管辖权异议，经审查异议成立的，人民法院应当驳回起诉。"据此，发包人须在一审开庭前明确请求权基础。另一种观点认为，发包人可以在庭审辩论终结前变更、明确新的请求权基础。根据《民诉法解释》第 232 条的规定："在案件受理后，法庭辩论结束前，原告增加诉讼请求，被告提出反诉，第三人提出与本案有关的诉讼请求，可以合并审理的，人民法院应当合并审理。"该规定准许发包人在庭审辩论前增加诉讼请求，举重以明轻，可以类推适用于变更请求权基础的情形。应该说，原《合同法司法解释（一）》只规定在一审开庭前变更请求权基础应当准许，并未直接规定在一审开庭后变更请求权基础即应当不予准许，因此，第一种观点在推理上有不周延之处。而且从时间上看，《民诉法解释》出台在后，其赋予了原告更多选择的机会，体现了诉讼程序变化，应当优先适用。进言之，发包人在庭审辩论终结前变更请求权基础的，除了保障各被告的辩论权利外，若各被告有新的主张和证据，也应当予以准许，以给予双方平等的程序性权利。在浙江省

① 参见朱庆育主编：《中国民法典评注（条文选注）》（第 1 册），中国民主法制出版社 2021 年版，第 201 页。

② 参见朱庆育主编：《中国民法典评注（条文选注）》（第 1 册），中国民主法制出版社 2021 年版，第 218 - 219 页。

③ 参见朱庆育主编：《中国民法典评注（条文选注）》（第 1 册），中国民主法制出版社 2021 年版，第 218 页。

台州市中级人民法院(2017)浙10民终378号案中，发包人在庭审辩论终结前将请求权基础由基于合同的请求权变更为侵权请求权，得到了法院准许。

第三，多个合同纠纷合并审理可以《民诉法解释》第221条为依据。多个合同纠纷合并审理本质上是多个同种类诉讼标的诉讼的合并审理问题。依据《民事诉讼法》第55条的规定，此种普通共同诉讼合并审理本应以被告同意为要件，但《民诉法解释》第221条对此要件进行了弱化，规定只要基于同一事实发生的纠纷，人民法院就可以合并审理，既可以由当事人合并起诉或申请合并诉讼，也可由法院依职权决定合并审理。[①] 此处同一事实指的是，各个诉所依据的事实关系或者法律关系有所牵连，具有一致性或者重叠性。[②] 一方面，建设工程由勘察、设计、施工等多个必要环节行为共同形成，勘察、设计、施工的事实前后有牵连并共同导致建设工程产生，如设计要在勘察基础上进行，施工要在设计基础上进行。在此意义上，各环节事实关系具有重叠性。另一方面，建设工程质量纠纷中，建设工程发生质量问题导致损害，是发包人据以起诉的核心法律事实。以此法律事实为中心，须审理认定损害由谁造成、过错大小如何，而各个合同关系及其履行行为可能成为导致损害的原因，故在法律上具有牵连性。在此情况下，多个合同关系可基于同一事实进行合并审理。在江苏省扬州市中级人民法院(2016)苏10民终2819号、甘肃省高级人民法院(2018)甘民终559号等多个案件中，法院也均基于多个合同关系对建设工程质量赔偿问题进行合并审理和裁判。

2. 管辖权的确定

(1)侵权之诉管辖权的确定

《民事诉讼法》第29条规定："因侵权行为提起的诉讼，由侵权行为地或者被告住所地人民法院管辖。"《民诉法解释》第24条规定："民事诉讼法第二十九条规定的侵权行为地，包括侵权行为实施地、侵权结果发生地。"发包人因建设工程发生质量问题而提起侵权之诉的，建设工程作为被侵害的标的物，其所在地即侵权行为实施地及结果发生地。因此，发包人可以在建设工程所在地，对各个可能导致建设工程损害的责任主体提起侵权之诉，建设工程所在地法院具有管辖权。该侵权之诉无须考虑各个主体之间合同是否约定仲裁管辖或者具体管辖法院的问

---

① 参见最高人民法院修改后民事诉讼法贯彻实施工作领导小组编著：《最高人民法院民事诉讼法司法解释理解与适用》(上)，人民法院出版社2015年版，第576页。

② 参见最高人民法院修改后民事诉讼法贯彻实施工作领导小组编著：《最高人民法院民事诉讼法司法解释理解与适用》(上)，人民法院出版社2015年版，第575页。

题，因为侵权之债为法定之债，而非合同之债，无须受合同约定管辖约束。这也是实践中发包人选择以侵权法律关系起诉的原因之一。

（2）合同之诉管辖权的确定

发包人以多个合同合并提起诉讼，则可能发生多个合同所约定的管辖发生冲突的问题。第一，若发包人在不同的合同中约定的争议管辖条款不同，如在勘察合同中约定仲裁管辖，而在施工合同中约定法院管辖，则无法就约定仲裁管辖的合同关系起诉，除非该合同当事人同意由法院管辖（应诉答辩）。第二，若发包人在不同的合同中约定的管辖法院不同，如在勘察合同中约定由勘察人住所地法院管辖，而在设计合同中约定由发包人住所地法院管辖，则发包人无法在同一个法院就多个合同合并起诉，除非该合同当事人同意由该法院管辖（应诉答辩）。根据《民诉法解释》第 35 条的规定："当事人在答辩期间届满后未应诉答辩，人民法院在一审开庭前，发现案件不属于本院管辖的，应当裁定移送有管辖权的人民法院。"

实践中，因合同之诉管辖法院与侵权之诉管辖法院有所不同，原告若在诉讼过程中对其主张的法律关系进行变更，将可能导致原有权管辖的法院无权管辖，进而裁定将案件移送有管辖权的法院审理。如原告先提起合同之诉，并以合同约定为由选择原告住所地法院进行诉讼，但在诉讼过程中，变更合同之诉为侵权之诉，则法院须根据侵权之诉管辖规则重新确定管辖，此时原告住所地法院可能没有管辖权，只能将案件移送被告住所地或侵权行为地法院管辖。如在上海市高级人民法院（2019）沪民辖终 52 号裁定中，原告先以海上货物运输合同纠纷起诉，申请追加共同被告并明确案件为侵权之诉，一审法院予以追加后，被追加的被告提出管辖权异议。法院审查后，认为应当依据侵权之诉管辖规定确定管辖，而侵权行为实施地、侵权结果地、被告住所地均不在一审法院管辖范围，故裁定将本案移送某一被告住所地海事法院审理。

3. 追加诉讼主体

无论是侵权之诉，还是合同之诉，在发包人未起诉勘察人、设计人、施工人等工程关联方的情况下，裁判者面临是否需要追加案外人作为诉讼当事人或参与人参加诉讼的问题。

（1）关于追加被告的问题

关于是否须追加案外人作为共同被告参加诉讼的问题，实践中有不同的做法。有的裁判认为无须追加案外人作为被告参加诉讼。如在四川省高级人民法院（2017）川民终 675 号案中，发包人先起诉施工人，要求其就工程质量问题承担赔偿责任，法院经过审理确认发包人可以根据《工程质量事故调查及原因分析技术报告》认定的除施工人以外的其他责任主体以及各责任主体对事故的影响程度，向桩基检测人、监理人、勘察人、设计人请求赔偿损失，但未追加该等案外人参加诉讼。后发包人在四川省乐山市中级人民法院（2019）川 11 民终 662 号案中再次起诉设计人、勘察人、监理人、桩基检测人等，要求其对施工人承担责任之外的部分损失承担赔偿责任，法院单独进行了审理判决。但有的裁判则允许追加案外人作为共同被告参加诉讼。如在浙江省高级人民法院（2007）浙民一终字第 182 号案中，发包人起诉钻孔及沉管灌注桩工程的施工人，后法院根据该施工人的申请，追加案外人总承包人、设计人、勘察人、监理人作为共同被告参加诉讼。

对此，《民诉法解释》第 73 条规定："必须共同进行诉讼的当事人没有参加诉讼的，人民法院应当依照民事诉讼法第一百三十五条的规定，通知其参加；当事人也可以向人民法院申请追加。人民法院对当事人提出的申请，应当进行审查，申请理由不成立的，裁定驳回；申请理由成立的，书面通知被追加的当事人参加诉讼。"可见，必须共同进行诉讼的当事人是指应当参加进入必要的共同诉讼的当事人，即其与已经参加诉讼的当事人一方的诉讼标的是共同的，具有共同的权利义务，诉讼标的必须合一确定，必须合并审理。[①] 而无论发包人是主张勘察人、设计人、施工人、监理人承担按份责任，还是连带责任或共同责任，发包人对各被告的请求都是彼此独立的，不构成必要共同诉讼。[②] 因此，这些关联主体并非必须共同进行诉讼的当事人。此外，基于处分原则，在发包人选择仅起诉部分被告的情况下，裁判者也不应当自行追加案外人作为共同被告参加诉讼。裁判者可以通过追加第三人，以保障案外人利益和查清案件事实。

（2）关于追加第三人的问题

侵权之诉中，发包人以建设工程质量损害为由提起诉讼，各侵权人只存在是否承担责任及责任大小的问题，对侵权法律关系不存在所谓的独立请求权，因此，不存在有独立请求权第三人参与诉讼的问题；合同之诉中，原告以部分合同关系提起诉讼，其他合同关系的主体对原涉诉的合同关系也没有独立请求权，也不存在有独立请求权第三人参与诉讼的问题。因此，法院追加诉讼参与人实际限定在追加无独立请求权第三人。

---

① 参见最高人民法院修改后民事诉讼法贯彻实施工作领导小组编著：《最高人民法院民事诉讼法司法解释理解与适用》（上），人民法院出版社 2015 年版，第 270 页。

② 参见袁琳：《多数人之债的诉讼构造与程序规则》，载《中外法学》2021 年第 6 期。

《民事诉讼法》第 59 条第 2 款规定："对当事人双方的诉讼标的，第三人虽然没有独立请求权，但案件处理结果同他有法律上的利害关系的，可以申请参加诉讼，或者由人民法院通知他参加诉讼。人民法院判决承担民事责任的第三人，有当事人的诉讼权利义务。"可见，无论是依照申请，还是依照职权，裁判者决定追加无独立请求权第三人的依据在于案件处理结果同他有法律上的利害关系。具体到此处涉及的多主体工程质量责任问题，若案件中已经出现证据证明建设工程质量问题由多个主体原因所致，而最终裁判又须以此事实为依据，则该多个主体均与案件处理结果有法律上的利害关系。因为根据《民诉法解释》第 93 条第 1 款第 5 项的规定，已为人民法院发生法律效力的裁判所确认的事实，当事人无须举证证明，除非当事人有相反证据足以推翻。所以裁判一旦作出，就认定了对案外人不利的基本事实，即《民诉法解释》第 333 条规定的用以确定当事人主体资格、案件性质、民事权利义务等对原判决、裁定的结果有实质影响的事实，而该认定除非有相反证据推翻，否则即作为后续可能发生的案外人诉讼的事实认定，进而影响案外人在后续诉讼中的实体权利义务确定。故可以认为案件的处理结果与案外人有法律上的利害关系，应当追加该案外人作为无独立请求权第三人参加诉讼。

如前所述，追加案外人作为第三人参加诉讼的前提是有证据证明建设工程质量问题由多个主体原因所致，而且该证据指向特定的案外人。在原告或被告未提供证据证明此事实之前，无论是依照申请还是依照职权，法院均无须追加案外人作为第三人参加诉讼。前述证据既可以是有关调查主体对质量事故的调查报告，也可以是诉讼中形成的司法鉴定意见。对于被告单方委托形成的鉴定，即使表明特定案外人对争议的建设工程质量问题也有责任，法院也应持谨慎态度，可通过释明要求被告（其往往以案外人应承担责任为由抗辩减免自身责任）申请司法鉴定，进一步确定是否存在案外人责任的因素，以决定是否追加案外人作为无独立请求权第三人参与诉讼。

（3）关于仲裁追加当事人的问题

关于仲裁程序中如何追加当事人，《民事诉讼法》《仲裁法》均没有明确规定。对此，一方面，在仲裁规则有明确规定的情况下，应当依据仲裁规则处理，否则有可能因为仲裁程序违反仲裁规则而面临裁决被撤销的风险。如《南京仲裁委员会仲裁规则》第 16 条"追加当事人"规定："（一）仲裁庭组成前，经本会同意，当事人可以依据相同仲裁协议在案件中申请追加当事人。（二）申请追加当事人应当提交追加当事人申请书，申请书的内容及受理、答辩等事项，参照本规则第八条至第十二条的规定办理。（三）仲裁庭组成后，除非申请人、被申请人及被追加的当事人均同意，否则不再接受追加当事人的申请。”另一方面，《仲裁法》第 4 条规定：“当事人采用仲裁方式解决纠纷，应当双方自愿，达成仲裁协议。没有仲裁协议，一方申请仲裁的，仲裁委员会不予受理。”据此，若案外人与发包人之间没有仲裁协议，仲裁委员会将无权追加案外人作为诉讼主体参加诉讼。

（4）被追加诉讼主体的管辖权异议

第一，追加案外人作为被告参加诉讼的，该被追加的案外人有管辖权异议的权利。如前所述，在上海市高级人民法院（2019）沪民辖终 52 号案中，被追加的被告提出侵权之诉应由被告住所地管辖的异议并得到法院采纳，后案件被移送被告住所地法院管辖。

第二，追加案外人作为无独立请求权第三人参加诉讼，不涉及管辖权异议的问题。《民诉法解释》第 82 条规定：“在一审诉讼中，无独立请求权的第三人无权提出管辖异议，无权放弃、变更诉讼请求或者申请撤诉，被判决承担民事责任的，有权提起上诉。”根据文义解释，被追加的无独立请求权第三人无权提出管辖权异议。如在辽宁省大连市中级人民法院（2021）辽 02 民辖终 274 号案中，一审法院追加第三人后，第三人对管辖权提出异议并获得一审法院支持，但二审法院认为一审法院对第三人提出的管辖权异议进行审查并出具裁定，属于适用法律错误，应予以撤销。

（二）实体处理

如前所述，发包人在起诉时，可以选择侵权之诉或合同之诉，但其主张的侵权请求权或基于合同的请求权能否成立，仍然需要进行实体审理和认定。

1. 侵权请求权的审理和认定

实践中，常见的涉及多主体质量问题的纠纷类型包括：（1）发包人诉请施工人、设计人、勘察人、监理人对质量问题承担赔偿责任。如在浙江省台州市中级人民法院（2017）浙 10 民终 378 号案中，发包人即提出此类诉请。（2）发包人诉请多个参与工程的施工人对质量问题承担赔偿责任，施工人包括承包人、转包人、分包人或实际施工人等。如在江苏省高级人民法院（2017）苏民终 1672 号案中，发包人即提出此类诉请。

关于发包人能否就建设工程质量问题主张侵权损害赔偿的问题，有不同的观点。有观点认为，不完全给付，分为瑕疵给付和加害给付，瑕疵给付是指债务人所谓的给付存在瑕疵；加害给付，是指债务人所谓给付不但含有瑕疵以致该给付本身价值或效用减少、丧失，而且因其瑕疵而致使债权人的人身财产权益遭受履行利益损害以外的其他损害。加害给付，既使权利人的履行利益得不到实现，又使权利人的固有利益受到侵害，因此可同时发生违约责任和侵权责任。尚不构成加害给付的其他未完全履行行为，并未危及权利人的固有利益，故不构成侵权责任。① 换言之，交付合格的建设工程是承包人的合同义务，对于发包人而言即合同履行利益，故建设工程的损害为履行利益的损害而非固有利益的损害，发包人无法就该损害主张侵权损害赔偿。

但如前所述，实践中有一些案件以侵权法律关系对建设工程质量损害赔偿进行审理和判决。该等判决基本未就侵害的具体权益进行论述，仅着眼于实际损害以及造成损害的过错及原因力。根据《民法典》第 1165 条第 1 款的规定，行为人因过错侵害他人民事权益造成损害的，应当承担侵权责任。一般而言，侵权责任构成要件包括存在侵害他人民事权益的侵权行为。因此，发包人主张侵权请求权，须举证证明其民事权益受到侵害，而非仅举证证明存在实际损失。而民事权益包括财产性权益、人格性权益和身份性权益，财产性权益又包括物权、债权及纯粹经济利益。以下就是否存在发包人物权或债权侵害进行讨论，纯粹经济利益损失为更为复杂的研究主题，此不涉及。

建设工程作为不动产，发包人所享有的物权须依法取得。根据《民法典》第 231 条的规定："因合法建造、拆除房屋等事实行为设立或者消灭物权的，自事实行为成就时发生效力。"该条虽然仅列举了合法建造房屋的情形，但"等"的表述预留了扩充解释的空间，可扩充解释包括须经建造行为才可能产生的其他建设工程，如道路、桥梁等。根据该条规定，建设工程物权的设立自合法建造行为成就时发生效力，一方面要求建设工程须为合法建造的工程，即取得建设用地使用权、建设规划许可及建设施工许可；②另一方面要求建设工程的建造行为已经完成，如果建设工程仍在建设过程中，还没有形成不动产，则因不动产物权的客体尚不存在，自然不能取得不动产物权。③ 但一般而言，无论工程是否完工，发包人主张的工程质量问题均发生在施工过程中，而此时不存在发包人所享有的物权受到侵害的问题。在此情况下，发包人仅享有依据合同要求相对方交付合格的建设工程的

---

① 参见李宇：《民法总则要义：规范释论与判解集注》，法律出版社 2017 年版，第 875 页。

② 参见孙宪忠、朱广新主编：《民法典评注：物权编 1》，中国法制出版社 2020 年版，第 195 – 196 页。

③ 参见王利明：《物权法研究》，中国人民大学出版社 2013 年版，第 63 页。

债权。

而对此债权的侵害是否能构成侵权责任，可结合发包人可能享有的请求权基础进一步分析。发包人以侵权纠纷提起诉讼要求赔偿，可以援引的请求权基础包括以下情形。

(1)《民法典》第238条规定："侵害物权，造成权利人损害的，权利人可以依法请求损害赔偿，也可以依法请求承担其他民事责任。"但该条规定"依法"请求，实际上并非请求权主要规范，而只是参引规范，不能作为独立的请求权基础。

(2)《民法典》第1165条第1款规定："行为人因过错侵害他人民事权益造成损害的，应当承担侵权责任。"该条规定源于《侵权责任法》第6条第1款，而一般认为，该规定可适用于保护债权。① 但通说认为，只有故意侵害债权，才可能构成侵权。② 故意指的是行为人预见到自己的行为会导致某一损害后果而希望或者放任该后果发生的一种主观心理状态，而过失是指行为人因疏忽或轻信而使自己未履行应有注意义务的一种心理状态。故意与过失的主要区别是，故意表现为行为人对损害后果的追求、放任心态，而过失表现为行为人不希望、不追求、不放任损害后果的心态。③ 在建设工程建造过程中，勘察、设计是施工的基础和依据，勘察人、设计人均明知其行为若存在瑕疵，将导致施工合同履行瑕疵。若其明知勘察行为、设计行为违反合同或规范，如勘察人明知不利地质条件存在而在勘察报告中未予披露，设计人明知勘察报告已经披露不利地质条件而未按照合同或规范设计，可以认为构成故意侵害发包人施工合同债权。同理，承包人、转包人、分包人或实际施工人负责特定工程的实际施工，若其交付的工程存在质量问题，将必然导致承包人无法向发包人交付合格工程，可能侵害发包人基于施工合同所享有的债权，若其主观上明知其行为将违反合同约定或规范要求，则可以认为构成故意侵害发包人施工合同债权。需要强调的是，侵害债权以故意为构成要件，发包人对此负举证责任，须举证证明侵权人存在故意，否则难以认定侵权成立。换言之，若发包人主张实施侵权行为的各被告仅对损害发生具有过失，则不构成侵权。此应当是侵权请求权与合同请求权的主要区别之一。实践中，若未对此故意要件进行审查认定，而直接根据过失及原因力即判令勘察人、设计人、监理人承担侵权赔

---

① 参见王胜明主编：《中华人民共和国侵权责任法释义》，法律出版社2010年版，第30页。

② 参见朱岩：《侵权责任法通论：总论（上册）——责任成立法》，法律出版社2011年版，第131页；曹险峰：《侵权责任法总则的解释论研究》，社会科学文献出版社2012年版，第125页。

③ 参见黄薇主编：《中华人民共和国民法典侵权责任编释义》，法律出版社2020年版，第5-6页。

偿责任,在法律适用上尚有不严谨之处。

(3)《民法典》第 1252 条规定:“建筑物、构筑物或者其他设施倒塌、塌陷造成他人损害的,由建设单位与施工单位承担连带责任,但是建设单位与施工单位能够证明不存在质量缺陷的除外。建设单位、施工单位赔偿后,有其他责任人的,有权向其他责任人追偿。因所有人、管理人、使用人或者第三人的原因,建筑物、构筑物或者其他设施倒塌、塌陷造成他人损害的,由所有人、管理人、使用人或者第三人承担侵权责任。”

《民法典》第 1253 条规定:“建筑物、构筑物或者其他设施及其搁置物、悬挂物发生脱落、坠落造成他人损害,所有人、管理人或者使用人不能证明自己没有过错的,应当承担侵权责任。所有人、管理人或者使用人赔偿后,有其他责任人的,有权向其他责任人追偿。”

上述规定也可能成为发包人要求施工人承担侵权责任的请求权基础,但此请求权是已经对外承担赔偿责任后产生的追偿权利,与直接侵权行为产生的责任仍有明显不同,有其独立的构成要件要求,并非此处论述的重点。具体可详见本书上篇第三章论述,此处不再赘述。

综上,若发包人以侵权之诉请求对建设工程质量损害进行赔偿,其请求权有可能成立,但有严格的构成要件及举证要求,不能泛泛而谈。

2. 合同请求权的审理和认定

(1)不同合同主体依据各自合同关系承担责任

在多个合同关系合并审理的诉讼中,虽然对于发包人而言损害后果只有一个,但无论是发包人的权利主张,还是裁判者的裁判,都应当依据不同的合同及该合同关系所适用的法律规范最终确定——无论是责任成立,还是责任范围,均是如此。勘察人是否存在违约行为,应当以勘察合同及勘察行为规范确定;设计人是否存在违约行为,应当以设计合同及设计行为规范确定;施工人是否存在违约行为,应当以施工合同及施工行为规范确定;监理人是否存在违约行为,应当以监理合同及监理行为规范确定。在确定各个主体的责任及其范围时,既要考虑各个主体的承包范围、义务范围、对损害后果的原因力情况,还要考虑各个主体所签订的合同对于责任范围限定、排除等具体约定,合理确定不同原因造成损害结果的对应关系。

勘察、设计、施工、监理等主体所承担的工程义务以及可能发生的工程质量缺陷,详见本书上篇第六章论述。不同合同关系的具体请求权基础及抗辩审查要点

详见本书上篇第三章论述,此处不再赘述。但仍有两个问题需要注意:

第一,关于各被告责任形式的问题。诉讼中,发包人诉请各被告承担的责任形式有如下类型:

①要求各被告共同承担赔偿责任,包括全部连带和按份连带,如在江苏省高级人民法院(2017)苏民终1672号案中,发包人起诉要求基坑土方、围护施工人承担连带责任,桩基、土建施工人和设计人根据责任大小与基坑围护施工人承担连带责任。

②要求施工人赔偿,其他被告承担连带责任。

③要求各被告对损失承担按份赔偿责任,责任范围根据鉴定确定或直接明确各自份额比例。此外,如还要求总承包人、专业分包人对特定份额承担连带或共同责任,其他责任人承担按份责任等。

对于共同、连带责任,《民法典》178条第3款规定,连带责任,由法律规定或者当事人约定。因此,在没有当事人明确约定的情况下,裁判者须严格审查有无关于连带责任的明确法律规定能够适用。目前而言,就建设工程质量问题,代表性的连带责任法律依据为《建筑法》第29条第2款规定:"建筑工程总承包单位按照总承包合同的约定对建设单位负责;分包单位按照分包合同的约定对总承包单位负责。总承包单位和分包单位就分包工程对建设单位承担连带责任。"在没有明确法律规定和约定的情况下,不应当判令各被告承担连带责任,而只能根据原因力判令各被告承担按份责任。

第二,关于义务违反与过错认定的问题。我国通说认为,违约责任为严格责任,过错责任原则仅在个别条文规定的场合下适用。[①] 一般而言,合同义务为结果义务,即债务人的义务为实现一定结果,如交付符合质量标准的建设工程。但手段义务概念在合同法领域的出现和强调,使违约责任归责一元论遭到严峻挑战。手段义务是指债务人的义务为提供一定技术水准和注意水准的行为给付,如律师为客户提供诉讼代理服务。[②] 建设工程质量纠纷中,勘察人、设计人、施工人均是专业主体,除了要履行结果义务,确保交付的工程合格外,还要履行手段义务,尽

---

① 参见梁慧星:《从过错责任到严格责任》,载梁慧星主编:《民商法论丛》(第8卷),法律出版社1997年版,第1-7页;王利明:《合同法研究》(第2卷)(第3版),中国人民大学出版社2015年版,第431页;韩世远:《合同法总论》(第4版),法律出版社2018年版,第748页。

② 参见朱庆育主编:《中国民法典评注(条文选注)》(第1册),中国民主法制出版社2021年版,第205页。

到法定、约定或强制性标准所要求的注意义务，否则即有过错。对于监理人，更多的也是承担手段义务，凭借其专业对施工过程、资料等进行审核，提供监督、整改建议等。而大量建设工程质量纠纷发生在施工过程中，尚未达到交付工作成果的阶段，此时裁判者应主要审查各潜在责任主体是否适当履行了手段义务。实践中，除了合同明确约定的义务外，法院经常援引法律、行政法规、规范性文件，如强制性标准等，确定被告的义务范围，进而判断其是否构成义务违反而需承担违约责任。如在最高人民法院(2016)最高法民终 267 号案中，发包人就储煤棚吊装坍塌事故起诉施工人，要求其赔偿损失，并要求违法分包人承担连带赔偿责任。最高人民法院经审理，援引《建设工程安全生产管理条例》第 26 条规定以及《危险性较大的分部分项工程安全管理办法》(已失效)第 3 条规定，认定施工人应当在施工前编制专项方案并应当组织专家对专项方案进行论证。施工人在负有按照国家法律、法规、规范、标准、操作规程等规定要求组织施工，并确保安全生产的合同义务及法定义务的情况下，未就违法分包人提交的施工方案组织专项方案论证，而该施工方案存在漏洞是造成案涉事故的直接原因，施工人违反相关法律规定和合同约定，未尽到安全生产责任，已构成违约，应当承担相应民事责任。

(2)围绕证据确定各方责任是否成立及其范围

第一，关于举证责任分配的问题。发包人诉请多个责任主体承担损害赔偿责任，须就损害存在及其大小、损害与违约行为之间的因果关系负举证责任；各被告则须对按约履行结果义务、手段义务，存在减免责任的合法事由，如不可抗力与有过错等承担举证责任。[①] 若对举证责任范围内的事项未能举证证明，则应自行承担不利后果。

第二，关于原因力证据的审查采信问题。建设工程质量纠纷案件中，发包人为证明损害与各承包人之间的行为有因果关系，一般会出示质量事故调查报告、鉴定意见或申请鉴定。这些证据作为一般证据类型，应当经过证据审查、认定的过程。当被告能够提供证据证明这些证据有错误的情况下，对于错误内容法院不予认定。由于各被告无法提供直接相反的证据，法院基本都会采信这些证据，最终确定各方责任比例。一般而言，这些证据仅会记载建设工程质量问题的主要原因、次要原因、间接原因等笼统表述，不会确定具体的原因力比例——这也是鉴定

① 参见朱庆育主编：《中国民法典评注(条文选注)》(第 1 册)，中国民主法制出版社 2021 年版，第 205－206 页。

规范的要求，因为原因力比例涉及责任比例的认定，属于法律判断，而非专门问题的判断。在此情况下，法院仍应当结合证据审查认定各被告义务的具体履行情况，合理确定最终责任比例。

鉴定程序的具体事项详见本书上篇第五章的论述；原因力的最终确定问题详见本书上篇第六章的论述，此处不再赘述。

三、竣工验收阶段工程文件缺失的实务处理

（一）工程文件概述

关于建设工程文件的归档规范事宜，现行国家标准为《建设工程文件归档规范》（2019 年版）（GB/T 50328 –2014）（以下简称《2019 版工程文件归档规范》）。该规范于 2019 年 11 月 29 日经住建部批准，系对《建设工程文件归档规范》（GB/T 50328 –2014）进行局部修订后形成，自 2020 年 3 月 1 日起实施。

《2019 版工程文件归档规范》对建设工程施工文件的定义、种类和范围均作了明确规定，主要内容如下。

1. 定义和种类

根据《2019 版工程文件归档规范》“术语”第 2.0.2 条至第 2.0.7 条的规定，建设工程文件，是指在工程建设过程中形成的各种形式的信息记录，包括工程准备阶段文件、监理文件、施工文件、竣工图和竣工验收文件，简称工程文件。其中：

工程准备阶段文件，是指工程开工以前，在立项、审批、用地、勘察、设计、招投标等工程准备阶段形成的文件。

监理文件，是指监理单位在工程设计、施工等监理过程中形成的文件。

施工文件，是指施工单位在施工过程中形成的文件。

竣工图，是指工程竣工验收后，真实反映建设工程施工结果的图样。

竣工验收文件，是指建设工程项目竣工验收活动中形成的文件。

2. 范围

《2019 版工程文件归档规范》第 4.1.2 条规定：“工程文件的具体归档范围应符合本规范附录 A 和附录 B 的要求。”附录 A 为《建筑工程文件归档范围》，附录 B 为《市政工程文件归档范围》。以附录 A 所列文件为例，建筑工程文件范围包括五大类，见表 8 –1：

表 8－1 建筑工程文件范围

类别	范围	
工程准备阶段文件（A类）	A_1	立项文件
	A_2	建设用地、拆迁文件
	A_3	勘察、设计文件
	A_4	招投标文件
	A_5	开工审批文件
	A_6	工程造价文件
	A_7	工程建设基本信息
监理文件（B类）	B_1	监理管理文件
	B_2	进度控制文件
	B_3	质量控制文件
	B_4	造价控制文件
	B_5	工期管理文件
	B_6	监理验收文件
施工文件（C类）	C_1	施工管理文件
	C_2	施工技术文件
	C_3	进度造价文件
	C_4	施工物资出厂质量证明及进场检测文件
	C_5	施工记录文件
	C_6	施工试验记录及检测文件
	C_7	施工质量验收文件
	C_8	施工验收文件
竣工图（D类）	/	建筑竣工图；结构竣工图；钢结构竣工图；幕墙竣工图；室内装饰竣工图；建筑给水排水及供暖竣工图；建筑电气竣工图；智能建筑竣工图；通风与空调竣工图；室外工程竣工图；规划红线内的室外给水、排水、供热、供电、照明管线等竣工图；规划红线内的道路、园林绿化、喷灌设置等竣工图
工程竣工验收文件（E类）	E_1	竣工验收与备案文件
	E_2	竣工决算文件
	E_3	工程声像资料等
	E_4	其他工程文件

在上述列表的每个类别下,有更详细的资料文件清单,可进一步查阅《2019 版工程文件归档规范》附录 A《建筑工程文件归档范围》。

(二)工程文件缺失的主要影响及常见情形

1. 工程文件缺失的主要影响

(1)工程文件缺失将导致建设工程无法办理竣工验收手续

如前所述,工程文件包括工程准备阶段文件、监理文件、施工文件、竣工图和竣工验收文件。如工程文件不完整,将导致建设工程无法办理竣工验收手续,主要依据列举如下。

①《2019 版工程文件归档规范》第 3.0.4 条第 1 款第 6 项规定:“在组织工程竣工验收前,应按本规范的要求将全部文件材料收集齐全并完成工程档案的立卷;在组织竣工验收时,应组织对工程档案进行验收,验收结论应在工程竣工验收报告、专家组竣工验收意见中明确”;第 2 款规定:“对列入城建档案管理机构接收范围的工程,工程竣工验收备案前,应向当地城建档案管理机构移交一套符合规定的工程档案。”

②《建设工程质量管理条例》第 16 条第 2 款规定:“建设工程竣工验收应当具备下列条件:(一)完成建设工程设计和合同约定的各项内容;(二)有完整的技术档案和施工管理资料;(三)有工程使用的主要建筑材料、建筑构配件和设备的进场试验报告;(四)有勘察、设计、施工、工程监理等单位分别签署的质量合格文件;(五)有施工单位签署的工程保修书。”其中第 2 项至第 5 项即验收所需主要资料。

③《房建市政工程竣工验收规定》第 5 条对工程竣工验收所需资料作了进一步规定:“工程符合下列要求方可进行竣工验收:(一)完成工程设计和合同约定的各项内容。(二)施工单位在工程完工后对工程质量进行了检查,确认工程质量符合有关法律、法规和工程建设强制性标准,符合设计文件及合同要求,并提出工程竣工报告。工程竣工报告应经项目经理和施工单位有关负责人审核签字。(三)对于委托监理的工程项目,监理单位对工程进行了质量评估,具有完整的监理资料,并提出工程质量评估报告。工程质量评估报告应经总监理工程师和监理单位有关负责人审核签字。(四)勘察、设计单位对勘察、设计文件及施工过程中由设计单位签署的设计变更通知书进行了检查,并提出质量检查报告。质量检查报告应经该项目勘察、设计负责人和勘察、设计单位有关负责人审核签字。(五)有完整的技术档案和施工管理资料。(六)有工程使用的主要建筑材料、建

筑构配件和设备的进场试验报告,以及工程质量检测和功能性试验资料。(七)建设单位已按合同约定支付工程款。(八)有施工单位签署的工程质量保修书。(九)对于住宅工程,进行分户验收并验收合格,建设单位按户出具《住宅工程质量分户验收表》。(十)建设主管部门及工程质量监督机构责令整改的问题全部整改完毕。(十一)法律、法规规定的其他条件。"

具体到工程实践中,竣工验收阶段所需提交的工程文件应以工程所在地建设管理部门及城建档案管理机构的具体要求为准。以《2019 版工程文件归档规范》附录 A《建筑工程文件归档范围》中"工程竣工验收文件(E 类)"为例,E 类清单具体文件范围见表 8-2:

表 8-2 E 类清单具体文件范围

类别	归档文件	保存单位				
		建设单位	设计单位	施工单位	监理单位	城建档案馆
工程竣工验收文件(E 类)						
E_1	竣工验收与备案文件					
1	勘察单位工程质量检查报告	▲		△	△	▲
2	设计单位工程质量检查报告	▲	▲	△	△	▲
3	施工单位工程竣工报告	▲		▲	△	▲
4	监理单位工程质量评估报告	▲		△	▲	▲
5	工程竣工验收报告	▲	▲	▲	▲	▲
6	工程竣工验收会议纪要	▲	▲	▲	▲	▲
7	专家组竣工验收意见	▲	▲	▲	▲	▲
8	工程竣工验收证书	▲	▲	▲	▲	▲
9	规划、消防、环保、民防、防雷、档案等部门出具的验收文件或意见	▲	▲	▲	▲	▲
10	房屋建筑工程质量保修书	▲				▲
11	住宅质量保证书、住宅使用说明书	▲		▲		▲
12	建设工程竣工验收备案表	▲	▲	▲	▲	▲
13	城市建设档案移交书	▲				▲

续表

类别	归档文件	保存单位				
		建设单位	设计单位	施工单位	监理单位	城建档案馆
工程竣工验收文件(E 类)						
E_2	竣工决算文件					
1	施工决算文件	▲		▲		△
2	监理决算文件	▲			▲	△
E_3	工程声像资料等					
1	开工前原貌、施工阶段、竣工新貌照片	▲		△	△	▲
2	工程建设过程的录音、录像资料（重大工程）	▲		△	△	▲
E_4	其他工程文件					

(2)未经竣工验收的工程,发包人不得投入使用,相关的权利人亦无法办理不动产登记手续

建设工程是否办理竣工验收手续,直接决定了发包人将工程投入使用的行为是否合法、合规及发包人对建设工程能否享有完整的权益。

①建设工程未经竣工验收,不得交付使用。根据我国《建筑法》第 61 条、《建设工程质量管理条例》第 16 条第 2 款、《民法典》第 799 条第 2 款的相关规定,建设工程必须经竣工验收合格,才能交付使用;如果未经验收或者验收不合格的,不得交付使用。结合《施工合同司法解释(一)》《建设工程质量管理条例》的相关规定,如发包人将未经竣工验收的工程投入使用的,发包人不得以使用部分质量不符合约定为由向承包人主张权利,但承包人应当在建设工程合理使用寿命内对地基基础工程和主体结构承担民事责任。此外,根据《建设工程质量管理条例》第 58 条规定,发包人使用未经竣工验收的工程的,主管部门有权责令发包人改正,并对其处工程合同价款 2% 以上 4% 以下的罚款;由此造成损失的,亦由发包人承担相应的赔偿责任。

②建设工程未经竣工验收,无法办理物权登记,无法取得完整的物权。《不动产登记暂行条例实施细则》第 24 条第 2 款规定:“未办理不动产首次登记的,不得办理不动产其他类型登记,但法律、行政法规另有规定的除外”;第 35 条规定:“申

请国有建设用地使用权及房屋所有权首次登记的，应当提交下列材料：（一）不动产权属证书或者土地权属来源材料；（二）建设工程符合规划的材料；（三）房屋已经竣工的材料；（四）房地产调查或者测绘报告；（五）相关税费缴纳凭证；（六）其他必要材料。”其中房屋已经竣工的材料即需要提交完整的施工验收资料，办理竣工验收手续后才能取得，一般而言为竣工验收报告或竣工验收备案证书抑或综合竣工验收合格通知书。换言之，若施工验收资料不全，将导致无法提供建设工程已经竣工的材料，导致无法办理不动产首次登记，进而也无法办理变更登记、抵押登记等，将直接导致权利人无法享有完整物权，包括占有、使用、收益和处分的权利。

2. 工程文件缺失的常见情形

实务中，最常见的工程文件缺失，是工程竣工验收阶段缺少与施工人有关的工程文件（以下简称施工验收资料）。由于施工人的验收资料不全，致使工程无法办理竣工验收手续的情形时有发生。结合实践情况来看，施工验收资料不全的情形主要分为两类：

（1）施工人能够提供施工验收资料但拒不提供。施工人拒不提供资料，主要是因为施工人和发包人在工程进度款支付、工程签证和索赔、工程款结算与支付等关键事项上存在较大争议，承包人利用发包人急于竣工验收和投入使用的心理，以拖延提供施工验收资料为手段，希望获得有利的谈判地位及争议事项有利的处理。为此，虽然承包人能够提供施工验收资料，但拒不提供或拖延提供。

（2）施工人无法提供施工验收资料。除了上述施工人能够提供而不提供的情形，也存在施工人无法提供施工验收资料的情形。比如，①由于施工人施工程序、操作不规范，在施工过程中没有制作、形成，从而导致无法提供过程性资料，如钢筋、混凝土等主要建筑材料进场试验报告。②由于施工人保管不善或不可抗力等情形导致施工验收材料毁损、灭失且无法补办。③由于企业破产、企业负责人跑路等极端情况发生，也可能导致施工人无法提供施工验收资料。

（三）解决工程文件缺失的技术路径

1. 施工验收资料是通过专业技术判定工程质量的基础依据

施工验收资料是通过专业技术判定建设工程质量是否符合相关标准的不可缺少的基础依据。正因如此，《建筑法》第 61 条第 1 款明确规定，交付竣工验收的建筑工程，必须符合规定的建筑工程质量标准，有完整的工程技术经济资料和经签署的工程保修书等。《建设工程质量管理条例》第 16 条第 2 款第 2 项、第 5 项亦将具备完整的技术档案和施工管理资料、具备施工单位签署的工程保修书作为发包人组织设计、施工和工程监理等有关单位进行竣工验收的条件；同时，该条例第 17 条要求发包人严格按照国家有关档案管理的规定，及时收集、整理建设项目各环节的文件资料，建立、健全建设项目档案，并在建设工程竣工验收后，及时向建设行政主管部门或者其他有关部门移交建设项目档案。可见，施工验收资料在竣工验收阶段及竣工验收完成后，均起着非常重要的作用。

2. 施工验收资料通常可通过技术手段补全

在工程技术层面，即使部分甚至全部施工资料缺失，也通常可以通过技术手段补全。

根据《2013 版质量验收统一标准》第 5.0.1 条至第 5.0.4 条的规定，建筑工程在质量验收的各个验收程序中，均把施工资料符合要求作为质量验收合格的条件之一。其中：

第 5.0.1 条第 3 项规定，检验批质量验收合格的，应具有完整的施工操作依据、质量验收记录；

第 5.0.2 条第 2 项规定，分项工程质量验收合格的，分项工程所含的检验批的质量验收记录应完整；

第 5.0.3 条第 2 项、第 5.0.4 条第 2 项规定，分部（子分部）工程、单位（子单位）工程质量验收合格的，质量控制资料应完整。

同时，《2013 版质量验收统一标准》第 5.0.6 条规定："当建筑工程施工质量不符合要求时，应按下列规定进行处理：

1　经返工或返修的检验批，应重新进行验收；

2　经有资质的检测机构检测鉴定能够达到设计要求的检验批，应予以验收；

3　经有资质的检测机构检测鉴定达不到设计要求、但经原设计单位核算认可能够满足安全和使用功能的检验批，可予以验收；

4　经返修或加固处理的分项、分部工程，满足安全及使用功能要求时，可按技术处理方案和协商文件的要求予以验收。"

《2013 版质量验收统一标准》第 5.0.7 条规定："工程质量控制资料应齐全完整。当部分资料缺失时，应委托有资质的检测机构按有关标准进行相应的实体检验或抽样试验。"

《2017 版建设工程施工合同示范文本》第 5.0.7 条之条文说明："工程施工时

应确保质量控制资料齐全完整,但实际工程中偶尔会遇到因遗漏检验或资料丢失而导致部分施工验收资料不全的情况,使工程无法正常验收。对此可有针对性地进行工程质量检验,采取实体检测或抽样试验的方法确定工程质量状况。上述工作应由有资质的检测机构完成,出具的检验报告可用于施工质量验收。”

根据上述条文规定,建设工程施工质量经有资质的检测机构检测鉴定后,能够达到设计要求的检验批或者经原设计单位核算认可能够满足安全和使用功能的检验批,可以予以验收;经返修或加固处理的分项、分部工程如满足安全及使用功能要求,可按技术处理方案和协商文件的要求予以验收。即使在施工资料缺失导致工程无法正常验收的情况下,仍可以采取实体检测或抽样试验的方法确定工程质量状况,出具的检测报告可以用于施工质量验收。

比如,某项目位于北京市前门大街,共有两栋现浇混凝土办公建筑,建造时间为2015年左右。由于竣工资料不全,建造过程缺少行政管理部门的监督管理,于2020年委托某检验中心对相关工程质量进行检测鉴定。检验项目包括主体结构工程(混凝土强度、钢筋配置、钢筋保护层厚度、构件截面尺寸、外观质量等),电气安装工程(配电柜/箱安装、线槽敷设等电位联结、应急照明系统),空调工程(空调机组安装、空调风管安装、空调水管安装、制冷主机设备安装)及消防工程等。检验依据为建造时适用的验收规范,如《混凝土结构工程施工质量验收规范》(GB 50204-2002)、《建筑电气工程施工质量验收规范》(GB 50303-2002)、《通风与空调工程施工质量验收规范》(GB 50243-2002)、《建筑给水排水及采暖工程施工质量验收规范》(GB 50242-2002)等。经检验,该项目主体结构工程、电气工程、通风空调工程、给排水工程及消防工程所测项目的施工质量符合国家相关验收规范的规定及设计要求。

3. 技术手段通常需与行政手段相配合

对于施工单位拒不配合工程竣工验收、质量责任主体缺位、施工验收资料缺失等情形,发包人可以委托具有相应资质的工程质量鉴定机构和消防安全、电梯安全、人防质量安全、气象设施安全等评估机构进行相应的质量安全鉴定、评估,但最终需要解决的问题仍是在资料不全的情况下如何进行工程竣工验收。

技术层面的解决方式,通常需要与行政监管层面的相关主管部门通力协作、沟通协调。实践中,这类项目多为“烂尾楼”“无产权建筑”等,存在历史遗留问题,且所涉相关利益方可能众多,因此,由主管部门牵头、督导,借助第三方检验检测机构的专业力量来解决工程无法验收的难题,成为现实选择。如相关主管部门并未参与或不予支持，仅由发包人或施工人自行发起并委托第三方鉴定机构的，最终较难促成竣工验收手续的办理，因为这项操作不符合主管部门的常规流程和要求，并且可能引致发、承包双方之间更多的纷争。

另需要重点注意的是，检验检测机构的鉴定结论只对案涉工程作出"符合性判定"，而不作出工程质量标准的"合格性判定"。以《建筑结构检测技术标准》(GB/T 50344－2019)为例，该标准适用于建筑结构的检测和建筑结构的评定。根据该标准第2.1.1条、第3.1.1条、第3.5.1条的规定，建筑结构检测指的是为评定建筑结构工程的质量或鉴定既有建筑结构的性能等所实施的检测工作，分为结构工程质量的检测和既有结构性能的检测。在检测结论与判定方面，既有结构性能的检测应提供计数检测、材料强度的计量检测和材料性能检测的结论；结构工程质量检测应对检测结论进行"符合性判定"，即符合结构设计要求和结构工程施工依据的国家有关标准。又如江苏省高级人民法院民事审判第一庭《建设工程施工合同纠纷案件司法鉴定操作规程》(已失效)第43条规定："人民法院委托鉴定机构对建设工程质量进行鉴定，在确定鉴定事项时不应要求鉴定人作出质量合格或不合格的鉴定意见，应根据案件审理需要要求鉴定人对质量是否符合施工图设计文件以及相关标准、技术文件以及造成质量问题的原因和责任做出鉴定意见。"此也是要求区分"符合性判定"和"合格性判定"，前者属于技术专门意见的范畴，后者则属于法律评价、行政评价的范畴，并非纯技术评价。换言之，即使建设工程质量通过专门鉴定机构检测作出"符合性判定"，也无法直接替代法律或行政的验收合格的评价，后者仍有赖于特定司法或行政程序处理。

(四)解决工程文件缺失的法律路径

1.提供施工验收资料是承包人的法定义务

《民法典》第509条第1款、第2款规定："当事人应当按照约定全面履行自己的义务。当事人应当遵循诚信原则，根据合同的性质、目的和交易习惯履行通知、协助、保密等义务"，即当事人具有法定的协助义务。《民法典》第795条规定："施工合同的内容一般包括工程范围、建设工期、中间交工工程的开工和竣工时间、工程质量、工程造价、技术资料交付时间、材料和设备供应责任、拨款和结算、竣工验收、质量保修范围和质量保证期、相互协作等条款"；相应地，按照《2017版建设工程施工合同示范文本》通用条款第3.1条第9项约定，承包人的一般义务包括"按照法律规定和合同约定编制竣工资料，完成竣工资料立卷及归档，并按专用合同条款约定的竣工资料的套数、内容、时间等要求移交发包人”；第 13.2.1 条第 3 项亦约定，“已按合同约定的内容和份数备齐竣工资料”系承包人申请竣工验收的条件之一。

另外，在《八民会纪要》“七、关于建设工程施工合同纠纷案件的审理”之“(四)关于不履行协作义务的责任问题”中，第 34 条已明确规定：“承包人不履行配合工程档案备案、开具发票等协作义务的，人民法院视违约情节，可以依据合同法第六十条、第一百零七条规定，判令承包人限期履行、赔偿损失等。”

综合上述《民法典》等相关规定可见，提供施工验收资料并办理竣工验收手续，是施工人应当履行的法定义务，包括“协助”“协作”等形式。如施工人拒不履行该项法定义务的，发包人有权通过诉讼或仲裁程序，请求施工人限期履行、赔偿损失等。

此外，需要重点注意的是，组织竣工验收，既是发包人的一项权利，也是一项义务，施工人未经发包人同意单方办理的竣工验收及备案手续亦存在无效风险。在最高人民法院(2010)民提字第 210 号[①]判决书中，发、承包双方因工程款支付事宜发生争议，诉至法院。施工人起诉要求发包人支付工程款等，发包人反诉要求施工人提供竣工图纸及全套竣工资料并赔偿拖延工期造成的损失等。本案经过一审、二审、重一审、重二审、再审阶段，一波五折。根据最终查明的事实，法院认为，施工人应本着诚实信用原则，维护发包人的权利义务。双方签订的《建设工程施工合同》约定了施工人提供竣工资料和验收报告的时间，表明发包人并未将其对工程组织验收的权利委托给施工人。施工人在未经发包人同意的情形下，单方向质监站办理竣工验收手续，申报质量评定等级，侵害了发包人的权利，导致质监站对该工程验收出具的工程竣工验收报告及工程优良评定证书，不符合法定程序，不能产生相应的法律效力。故承包人依照质监站出具的工程竣工验收报告及工程优良评定证书主张工程已经竣工验收，理由不成立，不予支持。

2. 发包人有权诉请承包人提供施工验收资料，但因各个案件情况有别，裁判结果亦有所不同

经检索发包人诉请承包人提供施工验收资料的相关诉讼案件，既有获得支持的案例，亦有不被支持的案例。具体到个案中，每个案件有自身的相应情况，本书选取如下案例作进一步说明和探讨。

---

① 参见《最高人民法院公报》2013 年第 8 期(总第 202 期)。

(1)发包人诉请承包人提供资料,获得法院支持

①提供施工资料是承包人的法定义务,不因发包人拒付工程款而免除

在最高人民法院(2014)民一终字第69号[①]案中,争议焦点之一就是发包人能否诉请施工人交付施工资料和图纸。法院认为,尽管发包人单方违约解除合同,但就已完工程的施工资料和全部工程图纸,施工人有义务交付和退还,这属于施工人的附随义务,不应因发包人拒付工程款而免除。发包人提出的施工人交付已施工部分全部施工资料和全部工程图纸的上诉理由于法有据,故判决施工人向发包人交付已施工部分全部施工资料和全部工程图纸。

在最高人民法院(2017)最高法民终175号[②]案中,承包人诉请发包人支付工程款,发包人反诉承包人赔偿超付工程款利息、要求交付竣工备案资料并赔偿因逾期交付竣工验收资料造成的损失等。法院认为,支付工程款是发包人的主要合同义务,在发包人未足额支付工程款的情况下,施工人行使抗辩权符合同时履行抗辩权的法律规定,不构成违约,故对于发包人关于逾期交付施工资料损失赔偿的反诉请求不予支持。但提交竣工验收资料是施工人的法定义务,其在特定情况下享有抗辩权并不意味着可以一直不履行交付竣工资料的义务,施工人在庭审中也认可交付资料,故对发包人的该项诉请予以支持。

在江苏省徐州市中级人民法院(2021)苏03民终9979号案中,法院亦认为协助完成竣工验收备案是承包人根据《合同法》(已失效)第60条应当履行的义务,故判决承包人于判决生效之日起30日内协助配合发包人办理工程项目竣工备案登记(包括在竣工备案表上加盖施工单位的印章)。

②提交竣工验收资料是承包人的约定义务,应当履行

在湖北省高级人民法院(2017)鄂民终3162号案中,法院认为双方当事人在涉案施工合同中明确约定,施工方有义务向发包方提交完整的竣工资料及竣工报告。承包人未能及时履行上述义务,是竣工验收资料未备案的主要原因。故承包人应依法承担违约责任,向发包人交付各项竣工文件。

③提交竣工验收资料是承包人的义务,即使有实际施工人存在,亦不应当免除

在河南省信阳市中级人民法院(2022)豫15民终363号案中,争议焦点之一

---

① 参见《最高人民法院公报》2015年第12期(总第230期)。

② 参见《最高人民法院公报》2018年第6期(总第260期)。

就是承包人某公司与实际施工人熊某、刘某是否应当共同承担提供竣工验收资料的责任。一审法院认为，各方在庭审中均认可被告熊某、刘某实际施工，施工相关的竣工验收材料亦掌握在该两名被告手中，被告某公司无相关资料，故仅判令实际施工人熊某、刘某提供完整竣工验收材料，配合完成竣工验收；二审法院查明被告某公司在主体结构分部工程验收记录、竣工检查报告、住宅工程分户验收汇总表等材料上，均以总承包单位或者施工单位的身份盖章确认，某公司应当履行提供竣工验收材料的义务，最终判令某公司与实际施工人共同提供完整竣工验收材料，配合完成竣工验收。

但是，从执行案件的结果来看，发包人的主张即使得到支持，在执行程序中也经常存在执行困难，主要是因为发包人要求承包人移交工程档案的诉讼请求通常没有具体的工程档案明细，执行法院无法确定强制执行的具体对象及范围。如海南省第二中级人民法院（2018）琼97执恢41号案中，执行法院认为，“本案的执行标的为行为给付，故作为执行依据的裁判文书对行为给付的内容必须明确、具体。本案中作为执行依据的（2015）海南二中民三初字第16－1号民事判决仅判定被执行人向申请执行人移交全部工程资料，既未判明所需移交资料的详细名称，又无清单作为判决附件附后。经按相关规定向作出裁判的审判部门书面要求解释，亦无法进一步明确移交资料的详细内容，故本案执行程序应予终结”。

（2）发包人诉请承包人提供资料未获法院支持

虽然提供施工验收资料是施工人的法定义务，发包人有权通过诉讼或仲裁的方式向其主张权利，但亦有部分案例对此未予支持。

①以发包人诉讼请求不明确为由不予支持

在杭州市下城区人民法院（2016）浙0103民初00722号案中，发、承包双方因索赔事项未达成一致，承包人拒不配合竣工验收手续，致使发包人诉至法院，并要求法院判令承包人立即配合启动工程竣工验收工作、支付工期延误违约金等。针对第一项诉讼请求，法院经审理认为，发包人要求承包人立即配合其启动工程竣工验收工作，但对于如何启动竣工验收，承包人应如何配合，发包人并未提出具体的诉求，且工程竣工验收具有非常专业、严格的流程，需要在专业机构的参与下进行。根据《民事诉讼法》的规定，当事人起诉必须有明确的诉讼请求和事实、理由，而发包人的该项诉求不符合起诉的条件，故法院不予支持。

在广东省中山市中级人民法院（2018）粤20民终7561号案中，发包人诉请承包人移交依据法律法规规定涉案建设工程承包人应移交的全部竣工验收资料（包括但不限于:工程竣工报告;完整的工程技术经济资料和经签署的工程保修书;完整的技术档案资料和施工管理资料;主要建筑材料、建筑构配件和设备的进场试验报告;工程质量检测和功能性试验资料等),并全面协助发包人办理竣工验收手续至涉案建设工程办理竣工验收备案登记手续止。一审法院支持了发包人诉请。但二审法院在审理过程中,要求发包人明确其诉讼请求的内容,发包人称应当由承包人按照有关法律法规协助其办理有关竣工验收手续,可能无法一一列明需要移交的资料,承包人尚没有将涉案工程的竣工验收资料提交给住建局、规划局等相关行政部门进行综合验收的初步审核,故发包人尚不知道缺少什么资料。二审法院最终认为,发包人向一审法院提出的诉讼请求不明确具体,不符合法定的起诉条件,不应由人民法院受理。一审判决依据发包人的前述诉讼请求所作出的判决主文亦不明确具体,判决所确定的履行内容不具有可执行性,显属不当,应予纠正,并以经释明发包人拒绝明确诉讼请求为由,驳回其起诉。

②以发包人未能举证证明为由不予支持

在贵州省安顺市中级人民法院(2020)黔04民初39号案中,发包人诉请承包人及实际施工人曾某某配合完成竣工备案手续。法院认为,案涉工程系曾某某负责实际施工,其应当负有提交相关资料并与发包人共同完成竣工备案手续的责任。但是发包人未能举证证明所需资料系由曾某某全部持有而未提交,也没有证明承包人或者曾某某拒绝配合验收,故对于该项诉讼请求,本案中不作处理。

3. 发包人以诉讼方式解决施工验收资料缺失问题的实务建议

第一,建议发、承包双方在施工合同中对资料提交事宜作出明确约定,约定事项包括资料的提交范围、提交期限以及逾期提交的违约金计算标准。合同履行过程中,如出现承包人违反法定义务及合同约定,拒不提交施工验收资料的,发包人可先行通过书面函件予以催告,督促其履行资料交付责任并按合同约定标准主张违约金。在双方明确约定了违约金计算标准的前提下,如后续进入诉讼程序,且经法院审理查明承包人确实存在该等违约行为的,发包人主张违约金的诉请一般将获得法院支持。在此情况下,持续计算的违约金责任将有可能促使承包人自愿交付施工验收资料。

第二,发包人在起诉前对案涉工程缺失的施工验收资料作全面核查,资料的具体范围应结合住建部2019年发布的《建设工程文件归档规范》的相关规定,以案涉工程所在地相关主管部门、城建档案馆的要求为准。实践中,可争取主管部门、城建档案馆明确缺失的验收资料范围。在厘清缺失资料范围后,建议发包人一并在诉讼请求中详细列示要求承包人提供的资料名称、具体要求(如资料是否为原件、资料份数等),从而增加诉请成功的概率,降低被法院以诉请不明确为由驳回的风险。必要时,在诉讼过程中可申请法院向主管部门、城建档案馆予以调查核实。

在四川省乐山市中级人民法院(2014)乐民终字第70号案中,因发、承包双方存在工程款结算争议及承包人交付的竣工资料大部分系复印件,所以发包人诉至法院,请求判令承包人向其交付尚未提交的竣工资料(原件)。本案中,发包人在诉讼请求中详细列明了需承包人提交的资料名称。经审理查明,确实存在承包人未交付部分资料导致发包人无法办理房屋产权证的情形。法院认为,虽然本案诉争合同中没有对"竣工资料"的范围和形式作出明确约定,但根据诚实信用原则和行业惯例,当施工人客观上能够提供办理房屋产权证所需的资料时,施工人应当负有交付相关资料,配合、协助发包人办理其所建房屋产权证的义务,故判决承包人自本判决生效之日起10日内将其承包施工的案涉工程以下资料交付发包人:(1)开工报告(原件);(2)建筑物(构筑物)定位(放线)测量记录(原件);(3)图纸会审记录(原件);(4)技术交底(原件);(5)材料报审表(原件);(6)验槽记录和地基处理记录(原件);(7)桩基施工、试桩记录(原件);(8)设计变更、现场签证记录(原件);(9)钢材材料质量检测报告(原件);(10)单位工程混凝土试块强度汇总表(原件);(11)隐蔽工程检查验收记录(原件);(12)桩基检测报告(原件);(13)沉降观察布点图及变形观察记录(原件);(14)工程质量控制资料、安全和功能抽查及观感评定表(原件);(15)基础、主体分项工程质量验收记录(原件);(16)施工过程中形成的声像资料(原件);(17)绝缘电阻测试记录(原件);(18)给排水、防水试验记录(原件);(19)分户验收汇总表(原件);(20)竣工测量形图及地下管网现状图1:500(北京坐标系黄海高程)(原件);(21)竣工图及竣工图电子文档(原件)。

第三,办理工程竣工验收手续是建设单位、施工单位、监理单位、设计单位、勘察单位等相关主体的法定责任,也是各相关主管部门履行行政职能的具体表现。如前所述,通过技术手段解决资料缺失问题时通常需要与行政手段相结合,因为直接诉请法院以司法鉴定机构出具的安全性鉴定报告代替竣工验收报告办理竣工验收备案,难以获得法院支持。

第四,裁判者对于发包人所主张的交付验收资料、配合办理竣工验收手续的诉请应基于查明的事实和法律规定、合同约定裁判,不宜对诉请的明确性提出过高的要求，裁判的具体执行可交由执行阶段运用综合手段解决。如前所述，工程实践中，经常有承包人能够交付资料、配合验收而拒不配合，使发包人的权利受到侵害，有时候甚至牵连影响购房者等利益相关方，其行为应依法受到评价和规制，裁判者对此不应当回避。在前述案例中，有部分法院要求发包人必须明确具体的材料名称和范围，背后有其对事实查明程度的不同理解和便于后续执行等考虑，但也应当注意到：其一，诉请交付特定工程项目的竣工验收资料、配合办理竣工验收手续，此种诉请形式并非完全不明确、具体；其二，承包人往往是专业的工程公司（或有工程经验的实际施工人），对竣工验收资料的范围及具体的竣工验收配合行为是知悉了解的，前述诉请及裁判的表述不会影响其履行义务或给其增加不确定的负担；其三，该裁判内容的具体执行在实操层面并非无法解决，当发包人申请执行时，执行法院可要求被执行人（承包人）明确其履行的情况或自行提出履行范围并实际履行，或发函行政主管部门征询意见明确执行的范围，而非仅征询审判部门意见；在被执行人未举证证明有任何履行行为的情况下，即应当通过列入失信被执行人名单、限制高消费等合法执行措施强制执行。在穷尽执行手段之后，确实无法执行的，才能终结执行。

（五）破产情形下工程文件缺失的处理

1. 国务院首次发文明确处置程序

2021年10月31日，《国务院关于开展营商环境创新试点工作的意见》（国发〔2021〕24号，以下简称“24号文”）正式发布，促进营商环境迈向更高水平，更大激发市场活力和社会创造力，更好稳定市场预期，保持经济平稳运行是文件的指导思想之一。值得重点关注的是，“24号文”附件1《首批营商环境创新试点改革事项清单》第二类为“健全更加开放透明、规范高效的市场主体准入和退出机制”，该类别的第16项“优化破产企业土地、房产处置程序”规定：“企业破产案件中因债务人资料缺失或第三方机构（如设计、勘察、监理等单位）不配合竣工验收等情形导致无法办理竣工验收的建设工程，经委托有关专业机构对工程质量进行安全鉴定合格后，可办理不动产登记。”同时，该文件显示，此项工作的主管部门和单位为最高人民法院、自然资源部以及住建部。

这也是首次以国务院文件的形式，正式规定了施工资料缺失导致竣工验收手续无法办理，进而影响产权登记的特殊处置程序。但该程序仅适用于破产企业的土地和房产处置，其他情形恐难以直接援引本条规定解决竣工验收及产权登记事宜。

2. 地方层面已陆续出台相关文件

继国务院"24 号文"发布之后，北京、浙江、安徽、宁夏等地方政府先后针对破产情形下的资料缺失规定相应的处置程序，处置程序的内容与"24 号文"的规定基本一致。地方规定主要有：

2021 年 11 月 20 日，北京市人民政府办公厅印发《北京市培育和激发市场主体活力持续优化营商环境实施方案》（京政办发〔2021〕18 号），其在"健全破产申请和资产处置制度"中明确规定："……房地产企业破产案件中因债务人资料缺失或第三方机构不配合竣工验收等情形，导致无法办理竣工验收的，可委托有关专业机构对工程质量进行安全鉴定合格后办理不动产登记……"

2022 年 1 月 15 日，《浙江省人民代表大会常务委员会关于授权省人民政府在杭州市暂时调整适用〈浙江省建设工程质量管理条例〉〈浙江省计量监督管理条例〉有关规定的决定》（浙江省第十三届人民代表大会常务委员会公告第67 号）明确规定："在杭州市暂时调整适用《浙江省建设工程质量管理条例》第十一条有关规定，允许房地产企业破产案件中因债务人资料缺失或第三方机构不配合竣工验收等情况导致无法办理竣工验收的建设工程，经委托有关专业机构对工程质量进行安全鉴定合格后，可办理不动产登记。调整后，杭州市明确可直接进行工程质量安全鉴定建设工程的条件，加强对工程质量安全鉴定专业机构的管理，确保相关建设工程满足质量安全要求。"

2022 年 1 月 28 日，安徽省人民政府办公厅发布《创优营商环境对标提升举措（2022 版）》，其在"七、办理破产领域"第 5 条明确规定："企业破产案件中因债务人资料缺失或第三方机构不配合竣工验收等情形导致无法办理竣工验收的建设工程，经委托有关专业机构对工程质量进行安全鉴定合格后，可办理不动产登记。"

2022 年 4 月 15 日，宁夏回族自治区人民政府办公厅印发《2022 年全区持续优化营商环境工作要点》（宁政办发〔2022〕25 号），其中附件"2022 年全区持续优化营商环境工作任务清单"第 12 项明确规定："房地产企业破产案件中因债务人资料缺失或第三方机构（如设计、勘察、监理等单位）不配合竣工验收等情形导致无法办理竣工验收的建设工程，经委托有关专业机构对工程质量进行安全鉴定合格后，可办理不动产登记。"

然而，对于"24 号文"提及的"经委托有关专业机构对工程质量进行安全鉴定合格”之理解及适用事宜，由于该等文件发布时间较短，截至目前，通过公开的官方途径暂未检索到根据该等文件裁判的司法案例或相关主管部门和单位根据该等文件处理的实务案例。在具体项目中，需要结合项目实际情况以及第三方鉴定机构等专业意见进行综合研判，并探寻在工程技术层面亦行之有效的解决方案。

3. 在“24 号文”发布之前，司法实践中已存在先例

“24 号文”规定的特别处置程序，与江西省高级人民法院 2019 年 12 月 27 日裁判的(2019)赣民终 654 号案件的处理程序较为相似。

该案是一起典型的群体性事件，涉及 260 余名购房者。由于双方对工程款的支付及工程延期交付产生分歧，承包人以发包人未按约定支付工程款及利息为由，拒绝移交施工管理资料，致使案涉工程无法进行竣工验收，进而造成发包人延期交付，导致购房者长达九年不能办理产权登记，并多次上访、信访。同时，发包人涉入多起作为被告的商品房销售合同纠纷。诉讼中，经案涉工程所在地的县政府牵头，联合建设局、国土局、房管局等部门，以及第三方鉴定机构对案涉工程的工程质量出具司法鉴定等，通过多方主体的统一协作，最终完成了竣工验收、交付使用备案及产权登记手续。

四、发包人“擅自使用”的认定及法律后果评析

《民法典》第 799 条第 2 款、《建筑法》第 61 条第 2 款及《建设工程质量管理条例》第 16 条第 3 款均规定，建设工程未经验收或者验收不合格的，不得交付使用。然而，现实中建设工程未经验收或者验收不合格即投入使用的情形，屡见不鲜。对于发包人擅自使用后的责任认定，《施工合同司法解释(一)》第 14 条规定：“建设工程未经竣工验收，发包人擅自使用后，又以使用部分质量不符合约定为由主张权利的，人民法院不予支持；但是承包人应当在建设工程的合理使用寿命内对地基基础工程和主体结构质量承担民事责任。”该条文承袭了原《施工合同司法解释》第 13 条内容，未作修订。《施工合同司法解释(一)》第 14 条规定的“未经竣工验收”应包含未经竣工验收和验收不合格两类工程。[①] 从字面意思理解，发包人对该两类工程擅自使用的，将导致其不能再就“除地基基础工程和主体结构”之外

① 参见最高人民法院民事审判第一庭编著：《最高人民法院新建设工程施工合同司法解释(一)理解与适用》，人民法院出版社 2021 年版，第 147－148 页。

的其他部分质量缺陷主张权利，该规定成为发包人擅自使用行为的司法评价规则。该规则确立之后，在司法实践中“被刚性地、无例外地适用”①，由此引发的争议在法律理论界和工程实务界持续不断，褒贬不一。本部分将针对该条司法解释的条文主旨、构成要件、法律效果、责任认定等方面进行探讨，在梳理既有观点的基础之上，对该条文的理解与适用提出意见。

（一）条文主旨

司法实践中的争议源于对《施工合同司法解释（一）》第 14 条的立法目的及价值取向的不同判断，因此厘清条文主旨将有助于后文的分析。

《施工合同司法解释（一）》第 14 条旨在对“发包人擅自使用未经验收的建设工程出现质量瑕疵的，其责任应如何认定”②加以规定，该规定的实质是工程质量责任风险的转移。《民法典》第 801 条、《建筑法》第 58 条第 1 款、《建设工程质量管理条例》第 26 条第 1 款均规定承包人对建设工程质量负责。在工程未经竣工验收或者验收未通过的情况下，发包人应当预见或者已经预见工程质量可能会存在质量问题仍予以接收，可视为其对工程质量现状的认可，工程质量责任的风险因发包人擅自使用的行为而发生转移。这是《施工合同司法解释（一）》第 14 条适用的逻辑前提。发包人是法定的组织竣工验收义务主体，通常又是建设工程的所有人、使用人，工程的投入使用与发包人的利益密切相关，因此，由其承担擅自使用的不利风险符合利益衡平原则。又因建设工程质量关乎社会公众利益，通过设置竣工验收程序确保质量合格的工程才能投入使用，有助于维护不特定公众的人身、财产安全。发包人对其擅自使用未经竣工验收工程的行为承担质量风险责任，体现了法律对该违法行为的惩处，通过给发包人施加一定责任的方式，使之对自身的行为加以必要的克制与约束，以维护工程竣工验收合格方可使用这一法定程序，符合以责任规制行为的法的功能价值。在最高人民法院的有关裁判文书、司法解释理解与适用的书籍中，上述观点是主流意见。

实务中，有部分裁判者、律师认为应对发包人擅自使用工程是否具有正当理

---

① 曹文衔：《未经验收提前使用建设工程裁判规则的反思与改进：评〈建工司法解释〉第十三条》，载微信公众号“天同诉讼圈”2018 年 3 月 18 日，https://mp.weixin.qq.com/s/jf8FucgIJFfIf_a5mFqLbw。

② 最高人民法院民事审判第一庭编著：《最高人民法院新建设工程施工合同司法解释（一）理解与适用》，人民法院出版社 2021 年版，第 146 页。

由进行区分[1]，之所以形成该种理解，源于规定中的“擅自”二字为扩大解释留下了空间[2]。《民法典》未对占有进行定义，从占有理论角度分析，发包人的“擅自使用”导致建设工程由承包人占有变更为发包人占有。“理论上认为占有系对不动产或动产事实上的控制与支配。所谓控制，指物处于占有人的管理或影响之下。所谓支配，指占有人能够对物加以一定利用”[3]。占有需具有主观和客观要件，主观要件即占有人意识到自己正在占有某物，无须区分占有的主观意图或者原因；客观上，占有人形成了对物的控制。[4] 因此，结合“未经验收合格，不得交付”的法律法规的强制性规定，《施工合同司法解释(一)》第 14 条隐含的法理，即“擅自”应当理解为发包人未经办理建设工程竣工验收手续即提前使用建设工程的一种客观事实状态，并不需要考察发包人作出提前使用工程这一决定时的主观意图或者原因，建设工程一经擅自使用，除地基基础和主体部分之外的工程质量责任风险均转嫁由发包人自担。故无论发包人是为了追求自身利益扩大化而提前使用(如为了抓住商机、提前投产等)；还是发包人在承包人工期严重逾期的情形下为了避免损失扩大而提前使用(如开发商需对购房者承担逾期交房违约金)[5]；抑或因承包人拒绝或者拖延履行配合验收义务，为避免建设工程“久拖不验”的提前使用[6]，发包人擅自使用均因违背“未经验收，不得交付使用”的强制性规定而产生工程质量责任转移的法律效果，发包人擅自使用的主观缘由在所不问。

(二)“擅自”的认定

《现代汉语词典》对“擅自”一词注解为对不在自己职权范围内的事情自作主

---

① 参见朱静思：《工程质量风险责任转移初探　浅议建设工程施工合同纠纷案件司法解释第 13 条》，载《中国律师》2009 年第 12 期。

② 参见刘凯欣：《发包人擅自使用未验收工程裁判路径重构》，载《湖北经济学院学报(人文社会科学版)》2022 年第 4 期。

③ 最高人民法院物权法研究小组编著：《〈中华人民共和国物权法〉条文理解与适用》，人民法院出版社 2007 年版，第 698 页。

④ 参见最高人民法院民法典贯彻实施工作领导小组主编：《中华人民共和国民法典物权编理解与适用》(下)，人民法院出版社 2020 年版，第 1326 页。

⑤ 高印立：《规则与裁判：民法典下建设工程司法解释适用与拓展》，法律出版社 2021 年版，第 111 页。

⑥ 参见周利明：《解构与重塑：建设工程合同纠纷审判思维与方法》(第 2 版)，法律出版社 2021 年版，第 232 页。

张[①],有未经对方同意单方进行的意思。因此,若发包人与承包人在合同中明确约定工程在竣工验收前可以使用的,或虽未竣工验收但双方已办理交付手续的[②],又或承包人同意发包人使用的,能否认定为发包人擅自使用,并导致工程质量责任的风险转移,实务中存在几种不同观点:第一种观点认为,发包人在使用工程时若取得了承包人同意且不影响继续施工、不转移工程质量风险责任的,该种意思自治是发、承包双方对未经验收提前使用工程质量责任的分配,无损于公共利益,故不产生《施工合同司法解释(一)》第14条的法律后果。[③] 第二种观点认为,在发包人经行政主管部门允许的情况下使用,不构成"擅自使用",持此种观点者较少。[④] 第三种观点认为,擅自使用未经竣工验收合格的工程,违反了法律法规的强制性规定,即使取得承包人的同意或行政机关的许可,也应作否定评价[⑤]。三种观点的主要区别在于发包人的提前使用在经承包人或行政机关认可的情况下是否构成"擅自"。第三种观点系当前的主流观点,理由如下:

《施工合同司法解释(一)》第14条立法目的是防止建设工程未经竣工验收而投入使用,是基于保护公共利益的考量,而非单纯的私法自治及自主行为范畴。以是否系当事人合意作为责任承担与否的前提条件,将推导出当事人通过意思自治即可使未经验收合格的工程投入使用的违法结论,导致当事人可据此逃避建设工程竣工验收的法定程序,从而架空我国建设工程质量评价的法定标准。甚至在少数情况下,承包人通过拒绝、拖延履行配合验收义务等方式迫使发包人提前使用,以达到转嫁质量责任风险的不法目的,故不应当以当事人意思自治作为责任认定的基础。至于行政主管部门允许下的使用,若工程未经验收合格,不论行政主管部门是基于什么因素作出的许可,该行政行为本身的合法性是有待商榷的,其许可行为并不能改变"未经验收合格即使用"的违法性。况且,在依法行政的背景下,行政机关作出该种行为的可能性进一步减少。判断是否构成"擅自"使用,

① 参见中国社会科学院语言研究所词典编辑室编:《现代汉语词典》,商务印书馆1983年版,第999页。

② 参见丁万星、赵广庆、林青:《论发包人提前占用未竣工工程的法律后果以及救济措施》,载《河北建筑工程学院学报》2014年第4期。

③ 参见曹文衔:《未经验收提前使用建设工程裁判规则的反思与改进:评〈建工司法解释〉第十三条》,载微信公众号"天同诉讼圈"2018年3月18日,https://mp.weixin.qq.com/s/jf8FucgIJFfIf_a5mFqLbw。

④ 参见谢琼、范贤芳:《工程未经验收擅自使用引发的法律问题》,载《施工企业管理》2020年第2期。

⑤ 参见周利明:《解构与重塑:建设工程合同纠纷审判思维与方法》(第2版),法律出版社2021年版,第233页。

必须以是否依法经验收合格作为认定标准，只要建设工程未依法经验收合格，发包人即占有使用，将一律构成“擅自”使用。

因此，“擅自”的认定无须考量发包人或承包人的主观意愿或合意，也无须考虑是否有行政机关的许可，此处的“擅自”应理解为是对法律法规强制性规范的违反。①

（三）“使用”的认定

实践中，关于“使用”的认定也有不同的观点。一种观点认为，“使用”应当作狭义理解，仅指发包人利用工程发挥其设计目的或使用功能。如发包人仅是占有工程，或仅用来堆放一些物品，而未发挥该建筑物应有作用的，不应认定为使用。②另一种观点认为，“使用”应界定为发包人占有工程并导致承包人不具备继续施工的条件。③ 从《施工合同司法解释（一）》第14条目的解释出发，在认定发包人使用行为是否构成本条所规定的“擅自使用”时，应考量该使用行为是否直接构成对竣工验收要求的违反。具体而言：

1. 发包人在承包人中途退场时接收工程，因尚不具备竣工验收条件，不属于司法解释规定的擅自使用情形。最高人民法院在（2018）最高法民申2584号民事裁定书中认为，因案涉工程在经历多次停工、复工、再次停工后，承包人将未完工程交付发包人，因发包人在接收工程时尚不具备竣工验收条件，所以发包人此处的接收行为不能视为“擅自使用”，承包人对其施工导致的质量缺陷仍然要承担修复责任，关于工程质量缺陷的举证责任在发包人。④ 若因为中途接收行为，导致发包人无法举证证明质量问题系由前手承包人所致，则属于举证责任规则适用问题，与“擅自使用”规则应当并行适用而不发生冲突，此潜在不利后果已经足以使发包人在接收时慎重行事，而给予承包人利益必要的保护。

2. 在工程未达整体竣工验收条件之前，各分包主体因施工需要对其他分部分项工程的使用，不应当认定为擅自使用。从《民法典》《建筑法》《建设工程质量管理条例》的相关规定来看，发包人擅自使用规则所规制的是未经竣工验收交付使

---

① 参见常琦：《未经竣工验收的建设工程质量风险转移问题研究》，西南政法大学硕士学位论文。

② 谢琼、范贤芳：《工程未经验收擅自使用引发的法律问题》，载《施工企业管理》2020年第2期。

③ 曹文衔、宿辉、曲笑飞：《民法典建设工程合同章条文释解与司法适用》，法律出版社2021年版，第306页。

④ 参见最高人民法院民事裁定书，（2018）最高法民申2584号。

用的行为，指向的是工程整体竣工验收，而非分部分项工程验收。例如，消防施工单位在施工过程中，需要使用总包单位已经完工或者正在施工的部分，此时的使用并非《施工合同司法解释（一）》第14条的规制范围。况且从工程实践出发，各分包工程交叉施工为常见情形，单项工程施工时常要使用其他分部分项工程，这既是施工流程的要求，也经常是工期控制管理的需要，并不构成对竣工验收要求的违反，不应当认定为擅自使用。

3. 关于"使用"是否需限定于功能性使用，实务中争议较大。一种观点认为，对发包人的擅自使用应作狭义理解，需要审视是否符合设计目的或用途。另一种观点认为，只要发包人实际占有、控制建设工程，即可构成擅自使用。[①] 上述分歧应结合《民法典》《建筑法》《建设工程质量管理条例》等法律法规的相关规定，对此处的"使用"作出符合行业惯例、生活常理、贴近工程实际情况的解释，即发包人擅自使用应从工程的功能性角度出发，将规制的对象限于发包人符合设计目的或用途的使用行为。对于发包人改变设计目的占有、使用工程的，也不应机械、绝对地排除《施工合同司法解释（一）》第14条的适用，宜根据个案具体分析。针对个案进行具体分析时，可通过对发包人占有时间的持续长短、空间是否独立、是否体现对物的"用益"等因素进行综合判断，若占有时间不具有持续性，如偶尔的检查、抽查，或者占有部分在空间上可以独立，则不应认为是擅自使用。特别是对"使用"的理解应按通常、一般用途来理解。以房屋建筑举例，其用途是满足人们的居住、生产需求，若发包人将其占有用作存放物品或者车辆，或者建筑物设计用途原为网球馆，发包人将其占有后用作出租，虽然变更了原设计用途，但都应当理解为通常的"使用"。而一个水电站泵房，虽然没有竣工验收，但是房顶及路面被发包人单位用作晒制鱼干、稻谷、豆豉酱等，就不应视作"使用"。

4. 若提前使用行为（试运行、试车等）本身为竣工验收的前提或流程的一部分，则不应当认定为擅自使用。《公路工程竣（交）工验收办法》（交通部令2004年第3号）规定公路工程验收分为交工验收和竣工验收两个阶段。[②] 各合同段交工验收合格后，质量监督机构应向交通主管部门提交项目的检测报告。交通主管部门在15天内若未对备案的项目交工验收报告提出异议，项目法人即可开放交

① 参见陈翀、蔡敏：《擅自使用未竣工验收建设工程的认定及法律后果探析》，载《现代经济信息》2012年第3期。

② 参见《公路工程竣（交）工验收办法》（交通部令2004年第3号）第4条。

通进入试运营期，试运营期不得超过 3 年。[①] 试运行期满符合竣工验收条件后，再进行项目竣工验收。同时，对于其他如石油化工、电力设备设施项目的试运行也不应认定为擅自使用。例如，最高人民法院在（2019）最高法民终 1490 号判决书中认为，承包人将长山电厂二期 5#、6#机组分别移交发包人试运行。试运行并不等于案涉工程竣工验收，亦不能认定发包人擅自使用，应当待机组移交生产验收并消除缺陷完成尾工尾项后，案涉工程才能进行竣工验收。[②]

5. 对于工程总承包项目，总承包人以发包人未经竣工验收擅自使用为由提出抗辩的，不宜直接适用《施工合同司法解释（一）》第 14 条的规定。对于发包人未经竣工验收擅自使用的，有关工程总承包项目的质量评判，仍应结合设计、采购、施工与工程竣工试验、试运行等因素综合认定。[③] 主要基于三方面考虑：一是工程总承包区别于施工总承包，有设计、采购因素的存在，不能简单适用《施工合同司法解释（一）》的擅自使用规则，在判断工程质量问题时还需考虑工程质量是否存在设备质量瑕疵、设计质量缺陷等因素，不宜直接适用《施工合同司法解释（一）》的规定。二是目前工程竣工验收的规定主要针对房建、市政项目，工程总承包更侧重发包人的使用功能，主要表现在合同中对于性能、产量、能耗等客观指标的描述，与一般建筑工程的竣工验收有区别。三是司法实践中，一些法院对于工程总承包项目质量合格的评判标准通常综合考量多方因素，而非简单适用《施工合同司法解释（一）》的规定。如发包人擅自使用后，主张项目质量不符合合同约定的质量标准从而判定承包人担责的处理。

（四）“使用部分”的认定

按照字面理解，发包人擅自使用工程，最直接的后果是不能再就承包人施工导致的质量缺陷主张修复责任，对于未擅自使用的部分，其权利不受影响。因此，适用该规定时首先要审查发生质量缺陷的部位是否属于擅自使用的部分。《最高人民法院新建设工程施工合同司法解释（一）理解与适用》认为，“应结合建设工程的结构、使用功能、发包人使用情况等综合予以认定，对于与发包人使用部分不可分割的部分，虽然没有证据证明发包人使用，也应认定为发包人擅自使用的部

① 参见《公路工程竣（交）工验收办法》（交通部令 2004 年第 3 号）第 14 条。

② 参见最高人民法院民事判决书，（2019）最高法民终 1490 号。

③ 参见常设中国建设工程法律论坛第十工作组：《建设工程总承包合同纠纷裁判指引》，法律出版社 2020 年版，第 369 页。

分。反之,则予以排除”①。实践中,应重点审查出现质量问题的部位与擅自使用部分的对应关系,从而对特定的质量问题判断能否适用擅自使用规则以排除发包人的权利主张。具体而言:

1. 若工程在物理上可以区分,擅自使用部位的界定会相对清晰。如商品房工程中,不同楼栋空间位置上可以区分,不能因对楼栋 A 的擅自使用,就排除发包人对楼栋 B 主张质量缺陷的权利。

2. 若工程是一个整体,对不可分割的组成部分擅自使用是否构成对工程整体使用的认定,需要考察发包人擅自使用的部分是否对出现质量问题的其他部分工程的施工、维修、改建和安全保障产生影响。如最高人民法院在(2018)最高法民再 235 号案中认为,外墙体装饰工程虽属于整体工程的一部分,此前已由发包人组织相关部门进行验收,由于案涉外墙体装饰工程不符合质量验收标准未能通过验收,发包人为了防止损失的扩大,在不影响外墙体装饰工程维修、改建和保障安全的情况下,合理使用已完工程的室内部分,不能由此将外墙体装饰工程纳入发包人已使用的范围,外墙体装饰工程质量与发包人使用室内工程不具有必然的关联性。案涉工程是一个单体的建筑物,擅自使用部分位于一层西角边侧商品房,出现外墙工程质量缺陷的部分位于东侧、北侧自二层至二十五层,“不宜据此认定发包人丧失就案涉外墙保温工程质量缺陷主张施工人承担民事责任的权利”②。

(五)擅自使用行为与质量问题之间的“因果关系”

在本章前述构成要件均成立的情况下,本条规定在适用时是否还需要考虑擅自使用行为与质量问题之间的“因果关系”,实践中存在重大分歧。《最高人民法院新建设工程施工合同司法解释(一)理解与适用》认为,设置本条规定对发包人有一定惩罚意义,故发包人擅自使用应承担的质量责任不应限于与使用有关的质量问题,与其使用无关、但能够明确即使发包人不擅自使用也会出现的问题,也应由发包人承担质量责任。③ 另有观点认为,如果擅自使用部分工程出现质量问题,不是因发包方的使用造成的,而是由于承包人在施工中偷工减料、以次充好等行

---

① 最高人民法院民事审判第一庭编著:《最高人民法院新建设工程施工合同司法解释(一)理解与适用》,人民法院出版社 2021 年版,第 151 页。

② 最高人民法院民事判决书,(2018)最高法民再 235 号。

③ 参见最高人民法院民事审判第一庭编著:《最高人民法院新建设工程施工合同司法解释(一)理解与适用》,人民法院出版社 2021 年版,第 152 页。

为造成的，则应按过错责任原则由承包人承担相应责任，而不能一律认为由发包方自行承担。[①] 但是大量法院的裁判文书中并未涉及对因果关系的审查，而直接适用《施工合同司法解释（一）》第14条规定径行裁判。

承包人偷工减料、以次充好，或者擅自变更设计、施工工艺、工序等产生的质量缺陷，若因发包人擅自使用而免除承包人的修复责任确实不妥。但如前所述，《施工合同司法解释（一）》第14条的立法目的是通过使发包人负担不利责任后果，以规制发包人的违法行为，故《施工合同司法解释（一）》第14条在适用时是否需要考察质量问题与擅自使用行为之间的因果关系还需要更多的理论和实践的探索。

（六）法律后果

发包人擅自使用未经竣工验收工程的，自工程占有转移之日起，承包人可主张欠付工程款，发包人不得以工程质量未经竣工验收为由进行抗辩，且发包人逾期支付的，自工程转移占有之日起工程款支付条件成就，并开始计算逾期付款利息；同时，缺陷责任期的起算日期自占有之日起开始计算。另外，发包人不得再以质量不符合约定为由主张承包人对施工过程中或者交付使用前的工程质量主张权利，但承包人仍需对地基基础和主体结构工程质量缺陷承担修复、保修责任[②]。此观点理论和实践趋于一致，但对下列几个问题存在争议。

1. 能否推定“建设工程质量合格”或“已通过竣工验收”

实践中，大多数法院的裁判文书持“发包人擅自使用未经竣工验收工程，推定工程质量合格”或“视为已竣工验收”的观点。例如，最高人民法院在（2016）最高法民再23号判决书中认为，本案双方签订的《工程装修合同书》第6条约定，发包人未经验收擅自使用案涉工程，视为该工程已经验收合格。发包人在案涉工程竣工后未经验收即开业使用，根据上述约定，自其实际使用之日起即应认定工程已经验收合格，承包人不再负有施工中或经验收不合格的质量返修责任，仅对案涉工程质量在保修期内及保修范围内负有保修义务，承担保修责任。[③] 也有部分观点认为，“建设工程未经竣工验收，发包方擅自使用将产生两个法律后果：一为不

---

① 参见陈翀、蔡敏：《擅自使用未竣工验收建设工程的认定及法律后果探析》，载《现代经济信息》2012年第3期。

② 参见最高人民法院民事判决书，（2016）最高法民终135号。

③ 参见最高人民法院民事判决书，（2016）最高法民再23号。

得以使用部分质量不符合约定为由主张权利；二为移转占有建设工程之日为竣工日期”[1]。上述两种观点本质上没有太大区别，都是拟制竣工验收说的代表性观点。但是，发包人擅自使用未经竣工验收的工程，并不能由此推导出“建设工程质量合格”或“已通过竣工验收”的结论。

首先，从文义解释角度来看，《施工合同司法解释（一）》第 14 条仅发生发包人部分权利消灭的效果，发包人丧失要求承包人对质量缺陷修复责任（瑕疵担保责任）的权利，系债权请求权的消灭。而建设工程质量合格系一种法律意义上的事实状态，承包人质量瑕疵担保责任的免除不能产生“推定工程质量合格”这一法律事实成立的效果。其次，从法典编撰经过来看，《民法典（合同编）草案》（二次审议稿）第 583 条规定：建设工程未经竣工验收，发包人擅自使用的，除存在违反法律、行政法规强制性规定的情形外，视为工程质量验收合格，但是承包人应当在建设工程的合理使用期限内对地基基础工程和主体结构质量承担责任。因为该条争议较大，所以《民法典》未予以吸收，可见立法者摒弃了“一经擅自使用即视为验收合格”的立法态度。最后，从建设工程质量评价的角度来看，建设工程质量合格须经独立、强制的验收程序评价，而《施工合同司法解释（一）》第 14 条适用的前提是未经竣工验收合格，不能替代验收程序的质量评价，故不应当发生“推定建设工程质量合格”的效果。如果发包人擅自使用可以产生推定建设工程质量合格的效果，则可能导致大量实际上不合格的工程因本条的适用被司法机关确认为验收合格，进而从根本上架空了现行《建筑法》《建设工程质量管理条例》等构造的工程质量立法体系。[2] 因此，《施工合同司法解释（一）》第 14 条的适用后果应当严谨表述，不应当产生视为或推定工程质量合格的效果。

2. 工程质量不符合法律法规强制性规定是否免除承包人的质量缺陷责任

发包人可主张的质量权利，从文义解释角度可涵盖修理、返工、重作、赔偿（问题部位修复以及其他人身、财产损害费用）、以质量问题拒付或减付工程款、以质量缺陷扣减质保金等。从文义上看，《施工合同司法解释（一）》第 14 条表述是发包人主张质量“不符合约定的，不予支持”，似乎并不包括发包人主张质量“不符合国家强制性标准的，不予支持”这层含义。但《施工合同司法解释（一）》第 14 条的目的主要是从增加发包人责任的角度，避免、限制建设工程未经验收投入使用，

---

① 董永强、叶锋：《擅用未验收工程并不排除保修责任》，载《人民司法》2015 年第 6 期。

② 参见曹文衔、宿辉、曲笑飞：《民法典建设工程合同章条文释解与司法适用》，法律出版社 2021 年版，第 209 页。

规制的对象是发包人的违法行为，而非承包人的违法行为，因此无须考虑承包人义务履行是否恰当的问题。此外，《2017 版建设工程施工合同示范文本》第 5.1.1 项载明，“工程质量标准必须符合现行国家有关工程施工质量验收规范和标准的要求。有关工程质量的特殊标准或要求由合同当事人在专用合同条款中约定”，发、承包双方可以约定更高的质量标准，如国家级的鲁班奖、上海市的白玉兰奖、辽宁省的世纪杯等。但是合同双方不得约定低于强制性标准的质量要求，否则无效。因此，发包人擅自使用后不得因质量缺陷追究承包人的违约责任，也包含不得追究承包人施工质量违反法律法规强制性标准的责任。

3. 发包人对擅自使用部分是否仍有权要求承包人承担保修义务

对于适用《施工合同司法解释（一）》第 14 条规定是否免除承包人保修义务的问题，法律法规及司法解释均未作出明确规定，实务中争议较大。第一种观点认为，承包人对发包人擅自使用部分，不应再承担质量保修责任。《最高人民法院新建设工程施工合同司法解释（一）理解与适用》的观点是：“出现发包人擅自使用建设工程的情况，承包人对发包人擅自使用部分，不应再承担质量保修责任，因为本条规定的发包人承担的质量责任范围为除地基基础工程和主体结构质量以外的所有质量问题，与前述法律规定的质量保修责任的范围是重叠的，如果承包人对发包人擅自使用的建设工程部分仍应承担保修责任，则本条规定就失去了其意义。”①第二种观点认为，发包人擅自使用未经竣工验收的工程，视为该工程已经竣工验收并交付使用，但不能排除承包人在工程保修期内的保修责任。② 如最高人民法院在（2016）最高法民再 23 号案中认为，双方签订的《工程装修合同书》第 6 条约定，发包人未经验收擅自使用案涉工程，视为该工程已经验收合格。发包人在案涉工程竣工后未经验收即开业使用，根据上述约定，自其实际使用之日起即应认定工程已经验收合格，承包人不再负有施工中或经验收不合格的质量返修责任，仅对案涉工程质量在保修期内及保修范围内负有保修义务，承担保修责任。③第三种观点认为，“由发包人举证现存的质量问题是因为承包人的履行不完全所致，并且承担举证不能时的法律后果。如果因为发包人的使用、拖延行为致使无法通过鉴定以辨别某质量不符合约定是因承揽人履约不符合约定或是因发包人

---

① 最高人民法院民事审判第一庭编著：《最高人民法院新建设工程施工合同司法解释（一）理解与适用》，人民法院出版社 2021 年版，第 153 页。

② 参见董永强、叶锋：《擅用未验收工程并不排除保修责任》，载《人民司法》2015 年第 6 期。

③ 参见最高人民法院民事判决书，（2016）最高法民再 23 号。

擅自使用工程致使工程被损耗、折旧、破坏,那么发包人需承担举证不能的责任,自行承担修复的费用。”①

因此,较为合理的观点是:发包人擅自使用未经竣工验收的工程,不能视为该工程已经竣工验收,保修期自发包人使用工程之日起算,承包人不能免除在工程保修期内的保修责任。理由如下:其一,从文义解释角度出发,该司法解释条文并未明确加以规定,因此无法从字面意思上推导出承包人的保修责任豁免。其二,从瑕疵担保理论出发,所谓瑕疵担保是指有偿合同中的债务人,应当担保其给付标的的权利完整性和物的质量合格。以买卖合同为例,出卖人交付给买受人标的物的瑕疵在完成交付之前即已存在。② 而承包人应承担的质量缺陷修复责任,按照时间节点可划分为施工期间、验收过程中、验收合格后交付使用前和使用维护四个阶段。工程质量保修期限是指工程竣工验收合格后承包人对建设工程承担质量瑕疵担保责任的期限。因此,“对于在使用过程中产生的质量缺陷,承包人应当承担保修责任,而对于交付时就已经存在的质量缺陷,发包人既有权要求承包人承担保修责任,也有权要求其承担瑕疵担保责任”③。对于发包人擅自使用未经验收工程视为对工程质量现状认可的理论,意即发包人不能再对施工中或者工程验收过程中的质量瑕疵主张权利,当然不存在上述“由发包人举证现存的质量问题是因为承包人的履行不完全所致,并且承担举证不能时的法律后果”的适用空间。其三,从法秩序统一的视角审视,根据《建筑法》《建设工程质量管理条例》的相关规定,保修义务是法律、行政法规规定的承包人必须履行的法定义务。《施工合同司法解释(一)》第14条的适用若排除上述法定义务,即以低位阶法律文件排除高位阶的法律、行政法规的适用,有违《立法法》的规定,应当予以限制。因此,发包人擅自使用未经竣工验收的工程,承包人不再负有施工中或经验收不合格的质量返修责任,但对工程质量在保修期内及保修范围内负有保修义务。④

综上所述,无论是对《施工合同司法解释(一)》第14条构成要件的认定,还是对该解释第14条规定法律后果的分析,均会因对其立法目的及价值取向的不同判断而作出不同选择。若单纯从私法意思自治、一般质量瑕疵担保责任的角度出

---

① 刘凯欣:《发包人擅自使用未验收工程裁判路径重构》,载《湖北经济学院学报(人文社会科学版)》2022年第4期。

② 参见崔建远:《合同法》,法律出版社2010年版,第389页。

③ 高印立编著:《建设工程施工合同法律实务与解析》(第2版),中国建筑工业出版社2018年版,第204页。

④ 参见董永强、叶锋:《擅用未验收工程并不排除保修责任》,载《人民司法》2015年第6期。

发,对于发包人的责任认定及后果会持较为宽松的立场,需要对发包人擅自使用的原因或者是否需要承包人同意进行区分,但会影响法条的适用刚性;若从建设工程本身的社会公共利益属性、法律及行政法规对建设工程验收的强制性要求出发,对于发包人的责任认定及法律后果又会采取更为严格的立场。应该说,两者均有其合理性,但又在逻辑上难以自圆其说。

折中的方案或许可以参考建设工程价款优先受偿权的司法实践,即在现行法律法规对于建设工程价款优先受偿权保护期限延长至最长 18 个月的背景下,应当对行使该权利的方式方法进行要求,不宜通过双方自行确认、调解、和解、公证等方式主张该权利,应当以提起诉讼、申请仲裁的方式主张建设工程价款优先受偿权。同理,对《施工合同司法解释(一)》第 14 条的适用,应当在坚持规制发包人擅自使用行为的立法导向基础上,一方面对“擅自使用”“使用部分”等内涵和外延宜采限缩性解释;另一方面对“责任”“后果”的推导宜采扩大性解释,从而达到一种动态的制衡,既保障“立法目的”的实现,维护法律适用的统一,又在保护发包人正当权益的路径构筑上不失偏颇。

下篇

第九章

桩基工程

桩基工程常应用于高层建筑或重要建筑，或应用于地质条件复杂地区，通常造价为工程总造价的1/4以上。一旦桩基工程发生质量事故，必将造成建筑物、构筑物产生一定程度的沉降、倾斜，严重时引发倒塌的后果。而桩基工程为地下隐蔽工程，难以在施工过程中直观地确定桩体质量，在成桩后方可采用技术检测手段确定是否存在缺陷性质及严重程度，并采取补救措施。因此，桩基工程质量问题的查明及其认定，相对更为复杂。

一、桩基工程概述

桩基础是指由设置于岩土中的桩和连接于桩顶端的承台组成的基础①。承台将各桩联成整体，把上部结构传来的荷载转换、调整分配于各桩，由穿过作用于桩周土层的桩侧摩阻力和桩端地层的桩端阻力来支承；而水平荷载则依靠桩侧土层的侧向阻力来支承②。桩基类型很多，按成孔方法对土层的影响可分为挤土桩、部分挤土桩和非挤土桩；按成桩方法可分为打入桩、静压桩和灌注桩（灌注桩又可分为沉管灌注桩和钻孔灌注桩）；按桩身材料可分为木桩、混凝土桩和钢桩；按桩的功能可分为抗侧压力桩、抗拔桩和抗轴向压力桩（抗轴向压力桩又可分为摩擦桩、端承桩和端承摩擦桩）。

根据《2013版质量验收统一标准》中“附录B 建筑工程的分部工程、分项工程划分”的相关规定，地基与基础是建筑工程中的两个不同的子分部工程。前者是指建筑物下面支承基础的土体或岩体，而后者是指将结构所承受的各种作用传递

---

① 参见《建筑地基基础设计规范》（GB 50007－2011）第2.1.13条。

② 参见华南理工大学、浙江大学、湖南大学编：《基础工程》，中国建筑工业出版社2019年版，第102页。

到地基上的结构组成部分。① 但在地基子分部中可以有砂石桩复合地基、水泥搅拌桩地基、土和灰土挤密桩复合地基、水泥粉煤灰碎石桩复合地基、夯实水泥土桩复合地基等分项工程，基础子分部中也有钢筋混凝土预制桩基础、泥浆护壁成孔灌注桩基础、沉管灌注桩基础、钢桩基础、锚杆静压桩基础等分项工程。可见，地基与基础子分部中均可能包括桩基工程的内容，故本章不作专门区分。

二、桩基工程常见质量问题

桩基工程常见质量问题根据桩型不同而呈现不同的表现形式。但无论哪一种桩基工程，其质量问题都可划分为桩身质量缺陷以及桩进入岩土持力层承载力低两类。这两类质量问题都会导致桩的承载力低，无法支撑上部建筑物的荷载，造成严重后果。其中，桩身质量缺陷主要与施工质量有关，而桩进入岩土持力层承载力低问题，则可能与地质勘察不准确、桩基设计不当、施工未按设计要求进入相应的持力层等有关。

（一）沉管灌注桩

沉管灌注桩按沉管成孔工艺分为振动沉管、锤击沉管、静压沉管等多种工艺。在软土地基中，常用振动沉管和静压沉管工艺。其工程质量问题主要反映在以下方面：

1. 桩身缩颈、夹泥。主要原因是提管速度过快、混凝土配合比不良，和易性、流动性差，混凝土浇筑过快也会造成桩身缩颈或夹泥。

2. 桩身裂缝或断桩。沉管灌注桩是挤土桩，施工过程中挤土会使地基中产生超静孔隙水压力。桩间距过小，地基中过高的超静孔隙水压力以及邻近桩沉管挤压等原因都可能使桩身产生裂缝或断桩。

3. 桩身蜂窝、孔洞。主要原因是混凝土级配不良，粗骨料粒径过大、和易性差，以及黏土层中夹砂层影响等。

（二）钻孔灌注桩

钻孔灌注桩可分为干作业法和泥浆护壁法两大类。干作业法又可分为机械

---

① 参见常设中国建设工程法律论坛第八工作组：《中国建设工程施工合同法律全书——词条释义与实务指引》，法律出版社2019年版，第711页。

钻孔和人工挖孔两类;泥浆护壁法又可分为反循环钻成孔、正循环钻成孔、潜水钻成孔以及钻孔扩张等多种成孔工艺。下文以泥浆护壁法作业灌注桩为例说明常见的质量问题:

1. 钻孔灌注桩沉渣过厚。主要原因是清孔不彻底,下钢筋笼和导管碰撞孔壁等引起坍孔造成桩底沉渣过厚,影响桩的承载力。

2. 塌孔或缩孔造成桩身断面减小,甚至造成断桩。

3. 桩身混凝土质量差,出现蜂窝、孔洞。主要是混凝土配合比不良,流动性差,以及在运输过程中混凝土严重离析等原因造成。

(三)预制桩

预制桩常见质量问题为桩顶破碎、桩身侧移、倾斜及断桩。打入桩较易发生破碎现象,其原因可能是混凝土强度不足、桩顶钢筋构造不妥、桩顶不平整、锤重选择不当、桩顶垫层不良等;静压桩则会产生挤土效应,可能引起桩身侧移、倾斜甚至断桩。

(四)桩基变位事故

对先打桩后挖土的工程,由于打桩的挤土和动力波的作用,使原处于静平衡状态的地基土体遭到破坏,砂土甚至会液化,地下水大量上升到地表面,导致原来的地基土体强度遭到严重破坏。由于对黏性土形成很大的挤压应力,孔隙水压力升高,形成超静孔隙水压力,土体的抗剪强度明显降低。如果打桩后紧接着开挖基坑,由于开挖时的应力释放,再加上挖土高差形成一侧卸荷和侧向推力,土体易产生一定的水平位移,亦使先打设的桩产生水平位移。严重的桩顶位移1m多,而地面以下2m左右处桩身可能产生裂缝甚至折断。特别是在软土地区施工,桩基变位事故频发,应充分关注。

三、桩基工程质量问题常见技术分析手段

技术上确定桩基工程是否存在质量问题,主要依靠以下技术检测或试验方法。

(一)静载试验法

静载试验法主要用于测定桩的竖向及水平承载力,可根据桩的实际受力状

况，在桩顶分级施加荷载，并按照一定的判别标准获得单桩承载力。通常，单桩静载检测试验可分为竖向抗压静载试验、竖向抗拔静载试验及水平向静载试验。由于静载试验法与工程桩的工作机理最为接近，故目前该方法是成桩检测最常用、最直接、最可靠的方法，若通过其他方法得到的检测结果有争议时可由此方法进行判别。一般静载试验法可通过堆载平台反力装置、桩横梁反力装置及锚桩堆重联合反力装置提供反力。①

（二）钻孔取芯法

钻孔取芯法通常是沿桩顶利用地质钻机一直钻到桩底，进入持力层一定深度，再取芯样检验状态和强度，对桩身质量进行直观、定性分析，从而获得桩长、桩身混凝土强度、桩底沉渣厚度、桩身完整性的情况，以及桩端持力层岩土性状的判定或鉴别。钻孔取芯法常用于对断桩、夹泥病桩的灌浆补强处理。虽然这种方法在检测方法中应用最为普遍，且具有科学、直观、实用等特点，但其费用较高，且桩径小，在桩长较长时容易偏出桩身，对检测判断影响较大。此外，为避免对抽芯验桩误判，应根据规范采用适当的钻机和钻头。②

（三）低应变动力检测法

低应变动力检测法通常用于查验桩身完整性和判定桩身缺陷的程度及位置。这种方法以一维弹性杆波动理论为基础，在桩身顶部进行竖向激振，弹性波沿桩身向下传播，当桩身存在明显波阻抗差异界面时，如桩底断桩和严重离析部位、缩径、扩径，将产生反射现象，经接收放大滤波和数字处理，可识别来自桩身不同部位的反射信息，利用波在桩体内传播的速度和相位变化判定桩身质量问题的位置。③

（四）高应变法

高应变法是用重锤（重量大于预估单桩极限承载力的1.0%～1.5%）锤击桩顶，检波器测出桩顶的力和速度随时间变化的曲线，利用实测的力或速度曲线作

① 详见行业标准《建筑基桩检测技术规范》（JGJ 106－2014）第4.1－4.4条、第5.1－5.4条、第6.1－6.4条及条文说明。

② 详见行业标准《建筑基桩检测技术规范》（JGJ 106－2014）第7.1－7.6条及条文说明。

③ 详见行业标准《建筑基桩检测技术规范》（JGJ 106－2014）第8.1－8.4条及条文说明。

为输入的边界条件，通过波动方程数学求解，反算桩顶的速度或力曲线。如果计算的曲线与实测的曲线不吻合，就说明假设的模型及参数不合理，应针对性地调整桩土模型及参数，再行计算，直至计算曲线与实测曲线的吻合程度良好，且难以进一步改善为止。该方法的适用范围：检测基桩的竖向抗压承载力和桩身完整性；监测预制桩打入时的桩身应力和锤击能量传递比，为沉桩工艺参数及桩长选择提供依据。进行灌注桩的竖向抗压承载力检测时，应具有现场实测经验和本地区相近条件下的可靠对比验证资料。①

（五）声波透射法

采用声波透射法通常是在桩身中预埋声测管，并在两根声测管之间发射、接收超声波，在混凝土介质中实测声波传播的声学参数，如声时、频率和波幅衰减等发生变化，由此对桩身完整性进行检测，并根据判断软件由数据处理系统对接收信号的各种参数进行综合判断及分析。此外，声波透射法还可用于地下连续墙、水利坝体的检测。虽然声波透射法可全面、细致地进行检测，无其他限制条件，且检测结果准确可靠，但仍存在难以随机抽检的弊端。通过对可能存在质量问题的位置采取声波透射法进行加密测量，可以对质量问题的位置判断得更加精准。②

四、桩基工程质量问题技术处理手段

当已有建筑物地基与基础发生工程质量问题时，需要对已有建筑物地基与基础进行加固，以保证其正常使用和安全。地基与基础加固方法很多，按加固原理可分为以下几类。

（一）置换

置换是用物理力学性质较好的岩土材料置换天然地基中的部分或全部软弱土体或不良土体，形成双层或复合地基，以达到提高地基承载力、减少沉降的目的。主要包括换土垫层法、挤淤置换法、褥垫法、振冲置换法（或称振冲碎石桩

---

① 详见行业标准《建筑基桩检测技术规范》（JGJ 106－2014）第9.1－9.4条及条文说明。
② 详见行业标准《建筑基桩检测技术规范》（JGJ 106－2014）第10.1－10.5条及条文说明。

法)、沉管碎石桩法、强夯置换法、砂桩置换法、石灰桩法以及 EPS 超轻质料填土法等。①

(二)排水固结

排水固结是指土体在一定荷载作用下固结,孔隙比减小,强度提高,以达到提高地基承载力、减少工后沉降的目的。按加载形式不同主要包括加载预压法、超载预压法、真空预压与堆载预压联合作用法,以及降低地下水法等。按地基中设置的竖向排水通道形式不同可分为普通砂井法、袋装砂井法和塑料排水带法。②

(三)灌入固化物

灌入固化物是向软弱地基中灌入水泥浆液、黏土浆液或其他化学固化浆液等固化物,通过灌注压入、高压喷射或深层搅拌,在地基中形成增强体,以达到地基加固的目的。主要包括深层搅拌法(包括浆体喷射和粉体喷射深层搅拌法)、高压喷射注浆法、渗入性灌浆法、劈裂灌浆法、挤密灌浆法、电动化学灌浆法,还有夯实水泥桩法等。③

(四)振密、挤密

振密、挤密是采用振动或挤压等方法使未饱和土密实,土体孔隙比减小,以达到提高地基承载力和减小沉降的目的。主要包括表层原位压实法、强夯法、振冲密实法、挤密砂石桩法、孔内夯实法、爆破挤密法、土桩、灰土桩法等。④

(五)加筋

加筋是在地基中设置强度高、模量大的筋材,使用该筋材可以达到提高地基承载力、减小沉降的目的。强度高、模量大的筋材可以是钢筋混凝土,也可以是土工格栅、土工织物等,主要包括加筋土法、土钉墙法、锚固法、树根桩法、低强度混

① 部分可参见行业标准《既有建筑地基基础加固技术规范》(JGJ 123－2012)第 11.4－11.6 条及条文说明。

② 部分可参见行业标准《既有建筑地基基础加固技术规范》(JGJ 123－2012)第 10.2 条及条文说明。

③ 详见行业标准《既有建筑地基基础加固技术规范》(JGJ 123－2012)第 11.2 条及条文说明。

④ 详见行业标准《既有建筑地基基础加固技术规范》(JGJ 123－2012)第 11.8 条及条文说明。

凝土桩复合地基法和钢筋混凝土复合地基法等。①

(六)冷热处理法

冷热处理是通过冻结土体或焙烧、加热地基土体改变土体物理力学性质以达到地基加固的目的,它主要包括冻结法和烧结法两种。②

(七)换托

换托是对原有建筑物地基与基础进行处理和加固或改建,主要包括基础加宽法、墩式换托法、桩式换托法以及综合换托法。③

(八)纠倾

纠倾是对由于不均匀沉降造成倾斜的建筑物进行矫正的手段,主要包括堆载纠倾法、掏土纠倾法、顶升纠倾法和综合纠倾法等。④

五、桩基工程质量问题的责任认定

通常而言,发包人是工程质量第一责任人,依法对工程质量承担全面责任。同时,桩基工程质量的评判涉及地质条件、桩型设计、施工工艺、施工机械、支撑围护等相关因素,需要勘察、设计、施工、监理、监测等各方分工协作,任何一方出现失误都会引发质量问题,导致承载力不能满足上部荷载要求,建筑物出现过量或不均匀沉降。

(一)发包人

发包人要严格落实项目法人责任制,全面履行管理职责,确保工程质量符合法律法规、工程建设强制性标准、设计文件和合同约定,对因工程质量造成的损失依法承担赔偿责任。⑤ 在工程实践中,发包人往往倾向于单纯地根据价格高低来

---

① 王元清、江见鲸、龚晓南、樊健生、崔京浩编著:《建筑工程事故分析与处理》(第4版),中国建筑工业出版社2018年版,第275页。

② 王元清、江见鲸、龚晓南、樊健生、崔京浩编著:《建筑工程事故分析与处理》(第4版),中国建筑工业出版社2018年版,第276页。

③ 详见行业标准《既有建筑地基基础加固技术规范》(JGJ 123－2012)第9.1－9.3条及条文说明。

④ 详见行业标准《既有建筑地基基础加固技术规范》(JGJ 123－2012)第7.1－7.3条及条文说明。

⑤ 参见《住房和城乡建设部关于落实建设单位工程质量首要责任的通知》(建质规〔2020〕9号)。

确定桩基工程施工人,但因桩基知识缺乏,发包人对施工人的资质、施工力量、技术水平、施工工艺等差别不甚了解,致使施工能力差、工艺落后的施工人获得承包资格,进而造成工期拖延、后期投资高、桩基质量无法保证的后果。同理,发包人无理压价、要求大比例垫资、拖欠工程款或者甲供材过多、甲供材本身不符合质量标准等,也会直接导致材料、施工标准的下降。另外,发包人基于赶工期、省价款的考虑,经常会规避监管,把一项工程化整为零,将桩基工程和上部结构分别发包甚至将基础工程支解发包,各参建人之间互不协调,工序难以衔接。上部施工对已建桩基不加保护,车辆碾压、敲损桩头、基坑坍塌都会引发桩基工程损伤、断裂等质量问题。

在浙江省温州市中级人民法院(2014)浙温民终字第327号案中,案涉厂房墙体出现严重开裂并发生沉降,地坪也发生沉陷。审理中,法院就案涉厂房的质量、危房等级、质量缺陷的原因、与各方主体的因果关系、加固措施及其费用、租金损失等事项委托鉴定。其中,导致地基和桩基不均匀沉降的原因是桩身成桩质量存在缺陷(混凝土强度、桩身完整性两个方面因素)和个别桩位持力层存在夹层,在场区大面积固结未完成的不利条件下产生。鉴定机构对质量缺陷各方原因进行分析,其中,发包人因设计变更、桩基工程造价增加,而将桩基工程进行剥离,并指定自然人分包桩基工程,对造成工程质量缺陷存在过错,应承担相应的过错责任,法院最终判定发包人自行承担25%的民事责任。

(二)勘察人

勘察人负责查明建筑范围内岩土层的工程特性,分析、评价地基的稳定性、均匀性和承载力,查明不良地质作用的类型、成因、分布范围、发展趋势和危害程度,其提供的地质资料能使设计单位对建筑物上部荷载、结构类型、基础形式和变形控制等方面作出合理的方案,是重要的设计依据。但实践中勘察人在布孔数量上不按规范执行、勘测深度不足、土工试验报告数据不实,不能正确反映工程地质条件,从而导致设计人因未依据准确有效的数据而出具错误的桩基设计方案。对个别项目不进行岩土勘察,仅参照相近工程的地质情况,因此在复杂的地质条件下常常会发生质量问题。

在甘肃省高级人民法院(2018)甘民终559号案中,建筑物出现地基沉降、房屋裂缝等质量问题。案件的争议焦点为涉案房屋出现质量问题的原因及各责任主体的民事责任负担。法院委托的鉴定机构出具司法鉴定意见认为:(1)该楼地基出现不均匀沉降，相对沉降不满足规范要求；(2)该楼桩端进入持力层深度不够，不满足设计及规范要求；(3)该楼桩端未做扩大头，不满足设计要求；(4)该楼裂缝严重，地梁裂缝严重，墙体裂缝严重，个别构造柱被破坏，个别墙体局部墙身被破坏；(5)该楼目前的现状，已不满足安全使用的要求。同时事故调查报告认为，由于勘察深度不够，导致设计人未发现卵石层以下的粉土软弱下卧层，误导设计人认为卵石层为可靠的持力层，即勘察不准确是造成该楼出现工程质量事故的主要原因。法院最终认定，勘察不准确是造成涉案工程出现工程质量事故的主要原因，勘察人应承担30%的责任。

(三)设计人

设计人负责在结构类型、基础形式、桩基类型、分布和数量上按正常方式作出设计方案，降低设计安全系数。实践中，由于设计原因造成布桩数量不足，单桩承载力要求过高，不按上部结构要求和地质条件限制选择桩型，都是造成桩基工程质量问题的因素。

在甘肃省高级人民法院(2018)甘民终559号案中，案涉楼房地基出现不均匀沉降，墙体出现裂缝，鉴定机构对工程质量事故进行分析并对事故质量责任进行划分。法院认为，设计人在依据勘察报告设计施工图纸时，针对复杂的场地地层地质条件，宜对基桩质量检测提出相应的检测、检验要求，而因其经验不足，考虑欠妥，对该工程质量事故的发生有一定影响，故最终判定其承担2%的责任。

(四)施工人

施工对于工程质量起决定性作用。在产生质量问题的情形中，桩基施工单位的施工方案、施工工艺和流程不合理，施工管理不完善，桩基施工技术和设备落后、可靠性差，随意更改质量控制标准，甚至个别施工人偷工减料等现象层出不穷，上述乱象的背后往往存在发包人抢工期、擅自变更设计、控制成本等因素。

在山东省高级人民法院(2020)鲁民终2917号案中，争议焦点包括涉案工程是否存在质量问题以及相应责任的承担。发包人委托鉴定机构先后出具四份报告，报告内容显示承包人施工的254根基桩中有130根Ⅲ类桩或Ⅳ类桩[①]，另有

---

① 参见《建筑基桩检测技术规范》(JGJ 106－2014)第3.5条规定，桩基分四类。Ⅰ类：桩身完整；Ⅱ类：桩身有轻微缺陷，不影响桩身结构承载力的正常发挥；Ⅲ类：桩身有明显缺陷，对桩身结构承载力的有影响；Ⅳ类：桩身存在严重缺陷。

25 根不具备检测条件，52 根因钻孔偏出无法检测，8 根未找到桩位。法院认为，发包人提交的四份报告可以证明由承包人施工的基桩工程存在质量问题，施工人应对施工中出现的质量问题承担修复责任，因施工人拒绝修复，故应当就发包人主张的合理修复费用承担赔偿责任。

（五）监理人

监理方如能按约依规履职，可以较好地弥补发包人在工程管理专业能力上的欠缺，保障建设工程按质如期完成，但实践中由于主、客观原因，监理方未能较好履职导致的桩基质量问题频频发生。

在广东省高级人民法院（2014）粤高法民四终字第 63 号案中，案涉填土和软基处理工程因工程质量问题发生二次岸坡滑移，争议焦点包括岸坡滑移的原因。法院认为，行业行政主管部门关于事故原因的结论性意见以及所指出的各参建者存在的问题，有较为扎实的事实依据，同时发包人亦不同意鉴定，因此法院对行业行政主管部门的结论性意见予以采信，并指出监理监测方对监测信息及资料分析不及时，未有效发挥监测对工程施工的指导和警示作用，是导致滑移事故的主要原因，综合考虑设计人、施工人、监理监测方在码头工程施工中的地位以及对滑移事故发生的作用，酌情认定监理监测方应承担 30% 的责任。

在浙江省温州市中级人民法院（2014）浙温民终字第 327 号案中，法院认为，监理人员应了解工程关键部位的施工方法、质量要求，督促承包人按图施工，检查施工操作人员的技术水平、操作条件是否满足工艺操作要求、特种操作人员是否持证上岗，而本案中监理人未妥当履行监理职责，故其应承担 5% 的责任。

在甘肃省高级人民法院（2018）甘民终 559 号案中，事故调查报告认为，监理方在基础施工过程中监理人员始终跟踪旁站，但未见旁站相关记录，也未见基桩成孔后的验槽工作记录。监理人员有失职之处，监管不严，未及时发现、解决施工中存在的问题，是造成工程质量问题的原因之一，故法院判定监理方承担 3% 的责任。

（六）检测人

桩基检测是保证桩基质量的最后环节，不仅可以对前期施工质量进行定性定量评判，而且可以对后期上部主体结构施工提出有效建议。现行标准、规范对检测的比例、数量均有明确规定，以保证对整体工程质量评估的有效性。桩基检测是集多种学科专业知识与技能于一体的专业，要求检测人员综合素质较高、检测手段与设备先进，如客观条件不能达到要求则势必无法得出准确检测结论，从而为工程质量留下严重隐患。

在四川省乐山市中级人民法院（2019）川 11 民终 662 号案中，因地基基础倾斜值超标、不均匀沉降导致房屋承重结构开裂，争议焦点包括责任认定、责任比例划分。某勘察设计研究院对公园一号 A 区 1 栋工程质量进行调查及原因分析并出具技术报告，结论为：公园一号 A 区 1 栋事故中，勘察、设计、施工、监理和检测单位均存在过失，施工人部分桩端未进入持力层，且短桩造成桩的受力性能改变，导致桩基存在重大施工质量问题，是事故发生的主要原因；监理方履职不到位，未及时发现存在的严重施工质量问题，是事故发生的次要原因；检测方检测程序不规范、对检测桩位代表性不足未提出异议、桩长判定有误、低应变成果可靠性不足等导致检测结果与实际情况不一致，是事故发生的次要原因。法院最终认为，案涉公园一号 A 区 1 栋已因质量问题而被拆除，损害结果已发生，作为公园一号 A 区 1 栋地基桩基部分施工的重要参与人的桩基检测单位是事故的责任方，应当对损害结果承担相应的侵权责任，认定检测方应承担施工方责任外事故损失的 25% 的责任。

第十章

基坑工程

基坑工程作为地基和主体结构的基础工程,其重要性不言而喻。本章介绍了基坑工程的特点,常见质量问题和技术成因,以及基坑工程质量问题的处理原则,并结合常见问题,分析了基坑质量问题纠纷的鉴定、责任认定,以及因基坑施工引发的财产损害赔偿纠纷等问题。

一、基坑工程概述

根据《建筑地基基础设计规范》(GB 50007 – 2011)第 2.1.15 条的规定,基坑工程是指为保证地面向下开挖形成的地下空间在地下结构施工期间的安全稳定所需的挡土结构及地下水控制、环境保护等措施的总称。

随着大量高层、超高层建筑(深基坑基础)以及其他专门地下工程的不断涌现,对基坑工程的质量要求越来越高,基坑工程通常包括下列内容:

1. 围护结构:钻孔灌注桩、挖孔桩、预制钢筋混凝土板桩、方桩、钢板桩、H 型钢桩、地下连续墙、水泥土墙及土钉墙等;

2. 拉锚与支撑结构:土层锚杆、钢支撑、钢筋混凝土支撑、钢筋混凝土水平框架、钢立柱、钢筋混凝土立柱等;

3. 地下水控制:深层水泥土搅拌止水帷幕、高压注浆止水帷幕、降水排水与回灌等;

4. 由围护结构、支撑与土体及止水帷幕组成的地下空间结构。①

若这些组成内容中的任何一个环节发生质量问题,均可能导致整个基坑工程

---

① 参见吴水根、李辉主编:《建筑工程质量验收与质量问题处理》,同济大学出版社 2007 年版,第 83 页。

被破坏。

与其他分部分项工程相比，基坑工程的质量要求具有以下特点：[①]

1. 临时性。一般情况下，基坑围护体系是临时结构，安全储备相对较小，具有较大的风险性。

2. 个别性。基坑工程设计与施工由场地的工程、水文地质条件和岩土工程性质以及周边环境条件共同决定，必须因地制宜，不可生搬硬套。

3. 综合性。基坑工程既涉及土力学中典型的强度、稳定和变形问题，又涉及土与支护结构共同作用以及工程、水文地质等问题。

4. 变异性。支护结构所受荷载（如土压力）及其产生的应力和变形在时间上和空间上具有较强的变异性，在软黏土和复杂体型基坑工程中尤为突出。

5. 模糊性。作用在围护体系上的土压力大小与围护体系变形有关，而土体具有蠕变性，土压力还与作用时间有关，但实践中尚无成熟的理论精确计算土压力，只能得出近似结果。

6. 环境效应。围护体系的变形、地下水位的下降可能会影响周围建筑物和地下管线的安全。

二、基坑工程常见质量问题及成因

（一）基坑坍塌

实践中基坑坍塌主要表现为两种形式：其一，在正常工作的情况下，基坑支护结构自身的强度、刚度、稳定性不足，从而导致边坡失稳、结构破坏，基坑坍塌。其二，基坑边坡土体承载力不足或因地表及地下水渗流作用造成的涌砂、涌泥、涌水等导致边坡失稳，或因基坑底部土体隆起造成基坑、边坡土体滑动，从而导致坍塌。[②]

基坑坍塌的原因往往是多方面的，可能涉及勘察、设计、施工、监理等各方参建主体的过错，具体表现在以下方面：

1. 地质勘察报告未满足深度要求，缺乏相对准确的土体物理力学性能指标或地下水分布数据，无法满足支护设计与降水设计的需要。

---

① 参见张季超主编：《土木工程事故处理》，科学出版社 2010 年版，第 46－47 页。

② 参见廖礼平：《基于建筑工程质量控制的基坑支护技术研究与应用》，载《科技创业月刊》2017 年第 13 期。

2. 支护结构设计与实际支护需求不相符，有的工程项目甚至缺乏基坑支护设计，有的工程项目即使有支护结构设计但设计也存在严重缺陷。

3. 放坡不当，没有根据地质和基坑周边环境特征来计算确定放坡系数，确保边坡的稳定性。

4. 在降排水方面，控水方案制定不合理，排、降、截、止水方法不当；对控水过程没有实施必要的监测，未对可能出现的险情采取有效的应急预案。

5. 在专项施工方案方面，方案的制订缺乏科学依据，没有充分考虑地质及水文条件、现场周边环境；专项施工方案手续不齐全，未经有关部门审查便付诸实施；有的工程项目甚至没有专项施工方案，现场作业人员违规进行指挥。

6. 在基坑开挖过程中，没有科学合理地布置观测点，基坑边坡土体的水平位移、垂直位移、水渗透影响、支护结构应力和变形严重超过允许范围。

7. 施工质量达不到设计要求，如护坡桩缩颈、断桩，强度、刚度、稳定性不够，护坡桩入土深度不足，锚杆、土钉没有达到设计长度要求，摩擦力不足等。

（二）基坑漏水

基坑开挖过程中，不同施工工艺混合施工、截水防漏方案不合理以及施工工艺本身存在的缺陷，使得地下止水帷幕不连续，未能形成完整的止水体系，这是导致基坑漏水的主要原因。常见具体原因包括：

1. 基坑支护设计时，没有详细调查场地地质、水文条件以及周边环境情况，设计桩长不足，未能穿过基坑底粉细砂层；或者挡土桩设计、施工未形成闭合，桩间空隙形成水流，水流顺着间隙流入基坑，从而产生漏水现象。

2. 施工过程中，可能存在基坑周边给水排水管道破裂的情形，导致大量水流外泄，水流携带泥沙涌入基坑。

3. 在地下连续墙施工过程中，在墙缝部位、预埋接驳器等环节，由于混凝土振捣不密实，故容易产生渗漏现象。

4. 在混凝土结构工程环节，基于混凝土密实性、养护龄期、粗骨料最大粒径、外加剂的影响，都有可能引发基坑渗漏。

5. 基坑开挖后产生的过大变形也是导致渗漏的因素之一，支护结构不均匀变形，导致接缝处相对位移滑动，从而产生接头处漏水。

（三）流砂、管涌与突涌

基坑工程中常见的不良水文地质现象及危害主要表现为流砂、管涌和突涌。

流砂是指土的松散颗粒被地下水饱和后，由于水位差的存在，动水压力使松散颗粒产生悬浮流动。流砂主要发生在颗粒级配均匀且细的粉、细砂等砂性土质中，流砂的表现形式是所有的颗粒同时从一近似管状通道中被动水流冲出，导致周围建筑物的基础发生滑移、不均匀下沉、基坑边坡坍塌、基础悬浮等。管涌是指基坑施工过程中，土颗粒骨架间的细小颗粒被渗透水流带走，在土层中形成通道，导致水土集中涌出的现象。管涌持续时间长，使得地基土颗粒骨架遭受严重破坏，下部基坑土层被掏空，容易引起坍塌。基坑土体突涌是指地下有承压水存在，当开挖基坑减少了其上覆不透水层的厚度到一定程度，承压水的水头压力可以顶裂或冲毁基坑底板，造成突涌。

（四）坑底隆起

基坑施工过程中，土体强度被破坏是坑底隆起破坏的根本原因。基坑开挖施工前，虽然支护结构施工对周围土体会产生一定的扰动影响，但此时的土体应力水平没有发生明显变化，基坑内外的应力作用仍处于平衡，坑底破坏作用不明显。随着开挖深度的增加，基坑土体部分区域应力超过允许的强度极限，土体向压应力较小的基坑内侧发生剧烈塑性流动，从而产生基坑底部隆起。坑底隆起的原因还包括：卸除荷载而产生的回弹变形，破坏了天然土体原始的应力状态；土体松弛、蠕变，部分大体竖向约束力被解除；基坑的开挖使支护结构在背后土侧压力作用下向基坑方向产生位移，导致竖向支护结构前的土体受挤推；施工过程中存在坑底积水、排水不畅、坑底土压力小于水压力等。

三、基坑工程质量问题的处理

基坑工程发生质量问题后，首先要查明原因，判断事故的发展动态，正确制订处理方案，并迅速组织力量抢救，避免造成严重后果。通常采取的处理措施包括：

1. 悬臂式支护结构发生过大内倾变位，可采取坡顶卸载，桩后适当挖土或人工降水，坑内桩前堆筑砂石袋或增设撑、锚结构等方法处理。

2. 有内撑、锚杆或锚杆支护的桩墙发生较大的内凸变位，要在坡顶或桩墙后卸载，同时坑内停止挖土作业，适当增加内撑或锚杆，桩前堆筑砂石袋，严防锚杆失效。

3. 基坑发生整体或局部土体滑塌失稳，应在可能条件下降低土中水位和进行坡顶卸载，加强未滑塌区域的监测和保护，防止后果继续加重。

4. 未设止水帷幕或止水帷幕漏水、流土，坑内降水开挖，造成坑周地面或路面下陷和周边建筑物倾斜、地下管线断裂等。事故发生后，应立即停止坑内降水和施工开挖，迅速用堵漏材料处理止水帷幕的渗漏；坑外新设置若干口回灌井，利用高水位回灌，抢救断裂或渗漏管线；或重新设置止水帷幕，对已倾斜的建筑物进行纠偏扶正和加固，防止其继续恶化；同时要加强对基坑周围地面和建筑物的观测，以便继续采取针对性的处理措施。

5. 施工人偷工减料等，导致支护结构质量低劣，如桩径过小、断桩、缩径、桩长不到位等，要停止挖土、降水，再根据基坑深度、土质和水位等条件采取补桩、注浆或其他加固手段。

6. 基坑间加挡土板，利用桩后土体已形成的拱状断面，用水泥砂浆抹面，在有条件时配合桩顶卸载、降水等措施。①

四、基坑工程质量问题的责任认定

因基坑工程质量问题引发的纠纷主要以建设工程施工合同纠纷为主，下面拟通过典型案例②，初步厘清此类工程质量纠纷中责任认定的规则。

（一）基坑工程质量问题的鉴定

在涉及基坑工程质量的建设工程施工合同纠纷中，裁判者首先应查明是否存在质量问题，进而还需要查明该质量问题的原因所在，是多因一果还是一因一果，最终根据技术鉴定意见、履约过程中的过错及原因力大小来确定责任主体的责任比例。上述问题的查明均涉及专业技术判断，通常需要启动鉴定后才能提供相对明确的结论。

然而，部分当事人过于依赖施工过程中已经形成的一些结论性意见，在案件审理过程中未及时申请鉴定，甚至经法院释明仍拒绝申请司法鉴定，错过了启动鉴定的时机，导致法院无法认定质量问题。在宁夏回族自治区高级人民法院(2020)宁民终69号案中，法院认为，发包人一审提交的项目深基坑安全隐患排除

---

① 参见建设部干部学院主编：《建筑工程质量事故分析与处理》，华中科技大学出版社2009年版，第34－37页。

② 通过中国裁判文书网查询，设定查询条件关键词为“基坑工程”“司法鉴定”且案由不限，查得法律文书46篇，筛除程序类裁定、重复案例后，选取案件争议涉及基坑工程质量纠纷的有效案例20篇以作为本节的分析对象。

专题工作会议纪要早于涉案合同签订日期，无法证明深基坑工程存在的质量问题系由承包人施工引起。一审法院向发包人释明其可就工程质量问题申请鉴定，但发包人未及时申请。因此，发包人在二审庭审结束时对工程质量问题口头申请鉴定不予准许。

当然，在基坑工程质量纠纷案件中，鉴定并非必需的程序。如果发包人提交的证据足以认定基坑工程质量存在问题且责任主体、损失金额明确，虽未经司法鉴定，其主张的加固修复费用仍应当由施工人承担。在安徽省芜湖市中级人民法院（2019）皖02民终300号案中，法院认为案涉工程施工过程中，监理人发现围护桩现场施工情况与图纸设计不符，且专项施工方案未通过专家论证，故向施工人发出监理备忘录要求其暂停施工，并按图纸施工桩的各参数报请设计重新核算，重新进行图纸审查。随后，当地质量监督站发出督查意见责令停止施工。发包人通知解除施工合同后，另行委托第三方对基坑支护加固工程重新设计，并委托其他施工人对基坑支护加固工程中的钻孔灌注桩进行施工，以及对基坑支护加固工程重新进行施工。发包人提交了相应证据可以证明其自行进行修复、整改发生的费用，因此承包人应当承担该项费用。

但是，对于当事人提交的证据是否充分的问题，实践中并无统一的裁量标准，裁判者往往依据个案具体情形作出判断。如有司法观点认为，虽具备质量监督站通知和单方委托检测结论，但仍不足以证实质量问题的存在，故对发包人主张质量问题损失不予支持。在四川省成都市中级人民法院（2016）川01民终1600号案中，案涉基坑支护工程验收后，当地质量监督站向发包人发出《建设工程施工安全责令限期改正通知书》，指出问题为：（1）基坑使用时段已超过设计期限；（2）基坑部分位置变形超过预警值；（3）基坑深度达到15cm未设置腰梁；（4）基坑开挖深度范围内低基坑顶面地面未进行硬化；（5）基坑周边堆放的材料不符合安全距离要求，未提供锚索的检测报告。发包人在收到该通知书后要求施工人解决未果。诉前，发包人委托检测机构对基坑进行安全性技术鉴定，结论为：在基坑第二排锚索抗拔力满足设计要求的前提下，该工程基坑目前是安全的，但鉴于基坑顶面地面未硬化，基坑存在一定的安全隐患。据此意见，一审判决施工人承担主要损失赔偿责任。但二审法院认为，首先，检测鉴定报告系单方委托的鉴定，该鉴定未经施工人同意。其次，该鉴定报告及鉴定事项针对的是基坑工程安全性进行的评估，而非对案涉工程质量方面的鉴定。最后，该鉴定结论仅表述为基坑目前存在一定安全隐患，而安全隐患并不能代表存在质量问题。因此，该检测鉴定报告并不能作为承包人施工工程存在质量问题的直接证据,故改判驳回发包人的全部诉讼请求。

在基坑工程质量争议案件中,司法机关对于司法鉴定的启动通常持保守态度,在当事人未提供必要证据说明存在质量问题的情况下,试图通过司法鉴定来寻找质量问题,很难被法院支持。在浙江省绍兴市越城区人民法院(2007)越民一初字第3216号案中,承包人认为分包人所施工的基坑维护工程质量不合格,但仅提供了监理通知单3份,用于证明分包人在施工过程中偷工减料且监理公司要求整改的事实,此外并未提供充分证据。法院认为,因承包人已在分包人的施工成果上进行作业,现案涉工程已竣工交付且发包人工程款已经结清,说明承包人事实上已认可分包人的工程质量,故对承包人要求对分包人施工工程进行质量鉴定的申请不予准许。

某些情况下,即使有初步证据说明基坑工程存在质量问题,但在仍有其他纠纷解决途径或损失金额暂无法确定的情况下,法院也可能拒绝工程质量司法鉴定。如在江苏省南京市中级人民法院(2014)宁民终字第5055号案中,针对争议的咬合桩工程质量问题,发包人主张工程质量不合格的证据及理由为:(1)发包人出具的《关于要求贵司立即解决支护桩存在严重质量问题的函》《关于贵司施工质量告知及索赔的函》《关于老楼沉降及外立面破损等损失赔偿的再次函告》以及工地例会纪要等,可以证明工程存在质量问题;(2)质检中心出具的《地基基础工程检测报告》(钻芯法)检测结果表明,经抽检有两根咬合桩属于Ⅲ类桩;(3)数份基坑监测日报表及现场加固照片等,可以反映多项监测数据超过报警值和工程加固的事实。法院认为,虽然发包人提交的《地基基础工程检测报告》(钻芯法)反映承包人施工的咬合桩有两根存在明显缺陷,但该缺陷通过加固处理后可以继续使用。根据承诺函、施工小结,以及法院向质量监督站调查核实的情况分析,承包人对于桩基缺陷、标高不达标及基坑渗水等问题,已进行了加固和修复;发包人提交的基坑监测日报表虽反映多项监测数据超出报警值,但不能证明该工程质量不合格。涉案工程完工后,已进入后续工程的施工工序,即使承包人完成的工程存在质量问题,但法律并没有排除其应承担的维修责任,故法院对发包人的质量鉴定申请不予准许。

同时,现场是否具备必要的检测条件,也是法院启动司法鉴定时重要的考虑因素。如鉴定机构表示现场不具备完成全部检测项目的条件,且发包人不能充分证明工程质量存在质量问题,则其以质量问题为由拒付工程款的抗辩理由不能成立。在四川省成都市中级人民法院(2017)川01民终7770号案中,对于承包人主张工程款的诉请,发包人以基坑支护工程存在质量问题为由拒绝付款。因在另一关联案件中①,分包人就案涉工程中的基坑支护工程的94#支护桩的工程质量申请进行司法鉴定,法院依法委托了鉴定机构对该工程质量进行鉴定,鉴定机构出具回函,表示对于支护桩的工程质量的鉴定,涉及原材料的质量、桩径、钢筋直径及数量、钢筋笼长度、桩长、桩身混凝土强度、结构完整性、承载力等因素,但基于目前实际情况,对94#桩的施工质量进行检测鉴定的条件较苛刻,绝大部分项目无法实施,且局部项目实施对工程本身造成的影响亦无法评估,故无法完成94#桩施工质量的鉴定工作。该案中,发包人认为相应的质量问题虽因客观原因导致无法鉴定,但根据现有证据和日常生活经验可以推断出94#支护桩确实存在严重质量问题,不能因为不具备鉴定条件而否定其存在质量问题,且其因此产生了加固等费用,故应认定承包人的工程质量不合格。法院认为,发包人虽称承包人已完成的工程存在质量问题,但就此申请的质量鉴定因条件不具备而无法鉴定,发包人提交的其他证据亦不能足以证明承包人已完工程确实存在质量问题,则发包人以此为由主张不予支付承包人已完成的工程款,缺乏事实依据。

另外,现场虽不具备检测条件,但在一些案件中仍可根据施工过程中形成的技术资料进行司法鉴定。在广西壮族自治区高级人民法院(2014)桂民一终字第22号案中,如果要查明造成基坑渗水的真正原因就需要拆除现有的基坑工程、并抽干积水,不仅耗费较大的鉴定成本,还有可能改变坑内的压力而影响周边建筑物的安全,而且该案起诉时早已超过深基坑工程的一年设计使用周期,现场提取的数据仍难以还原至施工时的状态。因此,一审法院在综合专业建议和当事人意见的基础上,决定仅通过比对施工记录的参数与设计参数的方式,以现有的施工资料为依据,结合证据规则,确定承包人是否按照设计标准进行施工,以排除由于施工因素造成质量问题的可能性。一审法院委托鉴定机构对深基坑支护工程的施工是否符合设计要求进行了司法鉴定,鉴定意见认为承包人施工的支护桩、冠梁和腰梁、锚杆、高压旋喷止水帷幕等四个分项工程质量均符合设计要求,法院最终认定施工人没有责任。

(二)基坑工程质量责任的认定

在有充分证据证明基坑工程质量问题完全是施工原因导致的情况下,发包人

---

① 详见四川省成都市青羊区人民法院民事判决书,(2014)青羊民初字第2077号。

因此遭受的损失一般应由施工人承担。然而在施工虽存在质量问题但并非造成损失的情况下,发包人的损失则需综合各方过错、原因力大小、修复必要性、合理性等因素确定责任比例。在最高人民法院(2012)民提字第20号案中[①],法院认为,案涉基坑工程质量出现重大问题,发包人与承包人均有过错。一方面,发包人违反诚信原则,在签订合同之前未提交岩土工程详细勘察报告,亦未提交经过审核的施工图纸,违反《建设工程质量管理条例》规定的基本建设程序,为质量事故发生埋下了隐患;发包人未能会同监理人、设计人对承包人提出的"增加桩长、提高承台"的合理建议予以充分重视并研究相应措施,亦未能会同监理人对施工人的土方开挖方案进行审查及组织专家论证;且在施工过程中,发包人使用载重汽车参与土方开挖及运输导致道路碾压,对承包人调整设计方案的建议未予重视与答复,故应承担相应的责任。另一方面,承包人作为专业施工机构在没有查阅岩土详细勘察报告及经过审核施工图的情况下,即投标承揽工程,本身就不够慎重;发现特殊地质情况后虽提出建议,但在发包人不予认可之后仍不计后果地冒险施工,对桩基出现的质量问题采取了一种放任态度,这种主观状态和做法应予否定性评价。因此,发包人对本案工程质量问题的发生应承担主要责任,承包人承担次要责任。类似地,在上海市松江区人民法院(2013)松民三(民)初字第2626号案中,法院认为,虽然司法鉴定确认施工质量是导致基坑坍塌的主要因素,但还存在基坑暴露时间过长、重力坝侧向土压力超出原设计限值,以及各方均未按规定要求进行围护桩检测验收等因素,最终酌情确定围护坍塌的损失由承包人承担60%的责任。

如果法院通过司法鉴定虽已查明基坑工程存在质量问题但难以查明双方的过错大小,往往会酌情确定责任大小。在辽宁省高级人民法院(2018)辽民终499号案中,承包人认为基坑支护工程是个临时工程,[②]既然护坡作为临时工程已完成使命,且现在基坑护坡大部分进行了回填处理,护坡完成了使用价值和使用功能,再进行修复没有其必要性。法院认为,案涉工程东侧护坡发生塌方发生在承包人撤场之前,承包人撤场时未对塌方部位进行修复,且主体工程并未竣工,护坡的使命并未完成,具有修复的必要。鉴定意见认为造成本案基坑塌方有以下三个原因:(1)施工期间遭遇大到暴雨,导致土体应力增加;(2)基坑支护工程存在桩间

---

① 参见《最高人民法院公报》2015年第6期(总第224期)。

② 《建筑基坑支护技术规程》(JGJ 120-2012)对基坑支护的定义是:为保护地下主体结构施工和基坑周边环境的安全,对基坑采用的临时性支挡、加固、保护与地下水控制的措施。

喷射混凝土厚度及桩间喷射混凝土钢筋网的钢筋直径、间距不符合设计要求;(3)基坑南侧、东侧有重型车辆经过及存在堆放重物情况,基坑边坡荷载过大,降低了边坡稳定性。其中,塌方的第一个原因属于自然灾害,无法归责于承包人或发包人,第二个原因属于承包人施工过程中存在的质量问题,第三个原因系发包人允许重载车辆通行施工现场。发包人对护坡发生塌方存有过错,也应承担责任。鉴于本案无法区分发包人和承包人关于造成塌方事实的责任比例,最终法院认定由双方各自承担50%的责任。类似地,在江苏省高级人民法院(2017)苏民终1672号案中,法院认为鉴定报告及施工过程中形成的处理方案、情况说明等能够证明承包人对涉案降水支护工程未按设计图纸和施工方案及时施工,导致周边建筑物和相关设施沉降并有部分开裂现象,且因西侧止水帷幕局部断裂,南侧、东侧、北侧护坡均未按图纸施工,致使涉案项目中进入大量的雨水和淤泥,但结合勘察人给发包人出具的对施工风险的提示,造成该损失并非全因承包人的施工所致。法院经综合考量,判令由承包人与发包人平均分担该修复费用。

基坑工程质量问题不仅关系发、承包人,还可能涉及勘察、设计、总包、其他分包、监理之间的复杂关系,此类案件需要查明各方的过错、原因力大小并据此确定责任分担比例。在江苏省高级人民法院 (2017)苏民终 1672 号案中,法院认为,结合涉案事故发生的经过、关联性大小、合同约定及各方主体的进场时间和施工过程,对于责任分担作出如下认定:第一,基坑工程施工人应当承担主要责任。本案虽为侵权之诉,但合同约定基坑工程施工人对基坑发生的质量问题应当承担全部责任,且从现有证据看,基坑设计人的设计方案存在缺陷是涉案事故发生的最初原因,但基坑设计人系由基坑施工人委托,而且基坑施工人没有尽到协调各方的义务,采用的施工方案存在缺陷,过错较大。因此,基坑施工人应当承担主要责任,酌定其承担60%的责任。第二,发包人应承担次要责任。发包人支解发包涉案工程,在桩基施工图的提供、挖土施工、基础底板浇筑施工中,未尽到妥善选择或管理职责,存在一定的过错,故酌定其承担20%的责任。第三,桩基施工人应当承担相应的责任。桩基施工人按照发包人提供的桩位平面图进行静压管桩及钻孔灌注桩的施工,桩基工程对周边房屋倾斜及安全性降低产生重要影响,桩基施工人虽采取一定措施消除挤土效应,但与损失仍然有一定的关联,故酌定其承担5%的责任。第四,总包方应当承担相应的责任。总包方在施工过程中,基础垫层、底板未及时施工,在南侧基坑边缘长时间堆放钢筋,应对基坑变形引发的损失承担相应的责任,故酌定其承担 5%的责任。第五,土方施工人应当承担相应的责任。其在土方开挖过程中违反开槽支撑、先撑后挖、分层开挖、严禁超挖的原则，应对基坑变形引发的损失承担一定的责任，酌定其承担10%的责任。关于基坑设计人的责任，法院认为发包人与基坑设计人之间没有合同关系，其责任已由基坑施工人承担，发包人也无证据证明基坑设计人与基坑施工人之间存在共同侵权的意思表示，故对该项请求不予支持。

因基坑工程质量问题还可能引发关于工期延误的责任承担争议。在浙江省温州市中级人民法院(2014)浙温民终字第874号案中，法院认为，双方争议的主要问题在于工期延误的责任承担，其中涉及围护桩返工造成的延误。经发包人申请，一审法院依法就桩基工程有关质量及安全问题的其他事项委托进行了鉴定，鉴定结论为基坑围护桩的质量满足设计要求。同时，经承包人申请，一审法院就围护桩图纸是否必须变更委托进行了鉴定，鉴定意见认为，桩基形式由震动沉管灌注桩改为泥浆护壁钻孔灌注桩，相应的桩长及承载力、承台尺寸进行了调整，该调整对于涉案建筑及周边建筑是有利的，可以避免由于原桩型"挤土、排土、松土"效应带来的质量和安全隐患。法院认为，若发包人提供了可供施工使用的基坑支护设计文件，承包人进行返工也只是造成一定的工期延误，其通过加快后续工程施工进度就有可能弥补这一延误，故不能因此就认为承包人无法在合同约定的工期内完工而认定其存在工程逾期违约。

(三)涉财产损害赔偿纠纷责任的认定

因基坑工程质量问题的外部环境效应，往往会引发第三人财产和人身损害纠纷。

在涉及第三人财产损害赔偿纠纷中，首先需要查明基坑工程的施工与第三人财产损害之间的因果关系，至于基坑工程本身是否存在质量问题则属其次。换言之，基坑施工中即使不存在违规行为，但如果基坑工程造成周边建筑物受损相关责任人也应承担相应的赔偿责任。在山西省吕梁市中级人民法院(2020)晋11民终1044号案中，一审法院重审中委托鉴定机构对案涉房屋损害与建设行为有无因果关系及损害程度进行鉴定。鉴定意见确认基坑支护工程与房屋损害之间有一定的因果关系，房屋损害已达Du级[①]，且鉴定机构当庭表示不建议继续居住。

① 根据《危险房屋鉴定标准》(JGJ 125－2016)的规定，房屋基础及楼层危险性鉴定按下列等级划分，Au级：无危险点；Bu级：有危险点；Cu级：局部危险；Du级：整体危险。

因原告诉请要求被告对其所受损的房屋恢复原状明显不经济且不符合公共利益，同时无法实际执行，故对原告坚持主张的恢复原状物权请求权不予支持，但对于原告主张的损失赔偿请求则予以支持。类似地，在广东省东莞市中级人民法院(2016)粤19民终7690号案中，12户居民因案涉工程工地桩基施工对其房屋造成不同程度的震裂损坏，向当地镇人民调解委员会提出调解申请，要求施工人赔偿损失。诉前，上述居民自行委托检测公司出具《建筑结构检测评估报告》，该报告证明对案涉房屋两次检测测量的结果都是裂缝有变大扩展的趋势，而该阶段属于案涉工程的施工阶段，因果关系明显。法院认为，虽然案涉《建筑结构检测评估报告》系一方自行委托评估，公信力相对较低，但结合案件其他证据可以认定施工人的施工行为造成房屋受损，结合房屋受损的实际情况，酌定施工人赔偿一定费用。

因基坑施工引发的第三人财产损害赔偿纠纷，往往涉及群体性案件，其中比较典型的是江苏省南通市中级人民法院审理的基坑工程系列案件。以案件受理期限、诉前自行鉴定还是诉中司法鉴定、有无损失评估结论可以大致分为两类：第一类以江苏省南通市中级人民法院(2014)通中民终字第00417号案为代表，司法鉴定确认房屋受损与基坑工程有关，但受损等级轻微，在不能证明房屋价值贬损金额的情况下，法院准予按照开发商自认的处置方案赔偿。第二类以江苏省南通市中级人民法院(2018)苏06民终3803号案为代表①，受损方自行委托的单方鉴定存在瑕疵无法采信，而开发商申请的工程质量司法鉴定因受损方拒不配合无法启动，法院根据其他证据确认房屋受损与基坑工程有关但受损等级轻微，在不能证明房屋价值贬损金额的情况下，法院仍准予按照开发商自认的处理方案赔偿。

在上述系列案件中，因基坑工程施工导致邻近的房屋出现墙体开裂、房屋倾斜等受损情况，开发商委托鉴定机构对受损房屋进行安全鉴定，鉴定意见为：(1)根据现场查勘情况和对相关检测数据进行综合分析，工程基坑施工对相邻房屋有所影响。(2)在第一次检查和第二次检查期间，部分房屋原有裂缝有所变化，局部产生新的裂缝。但房屋目前存在的裂缝不会影响房屋的安全使用。(3)在房屋倾斜、沉降观测期间，房屋倾斜、沉降测量数据有所变化，但观测期内发生的变化已趋稳定，不会影响房屋的结构安全。(4)根据《危险房屋鉴定标准》进行综合

---

① 详见江苏省南通市中级人民法院民事判决书，(2018)苏06民终3809号；江苏省南通市中级人民法院民事判决书，(2018)苏06民终3794号等。

评定，案涉房屋属于 A 级[①]，即结构承载力能满足正常使用要求，未发现危险点，房屋结构安全。

行政主管部门两次组织省、市专家对有关原因进行分析论证并出具报告，专家组意见为基坑工程施工因降水对周边房屋确有影响，主要原因有三个方面：一是止水帷幕施工过程中，桩机提升速度过快，超出施工工艺要求，导致止水帷幕实体可能存在质量缺陷；二是工程降水初始阶段未考虑控制坑外地下水位，从后期坑内外水位记录资料分析，坑外水位下降幅度偏大；三是坑外水位变化是反映基坑外环境影响的重要指标，是指导基坑工程施工的必要数据，而本工程未及时组织对坑外水位有效监测，从而导致坑内降水不能得到及时调整和优化。另外，工程参建单位在基坑施工过程中对周边环境的影响不够重视，工程施工前未对周边实体状况进行排查摸底；且基坑工程施工适逢春节假期，工期安排欠妥，基坑降水时间过长，扩大了对周边影响的范围和程度。

---

① 根据国家标准《危险房屋鉴定标准》（JGJ 125－2016）的规定，房屋危险性鉴定应根据房屋的危险程度按下列等级划分，A 级：无危险构件，房屋结构能满足安全使用要求；B 级：个别结构构件评定为危险构件，但不影响主体结构安全，基本能满足安全使用要求；C 级：部分承重结构不能满足安全使用要求，房屋局部处于危险状态，构成局部危房；D 级：承重结构已不能满足安全使用要求，房屋整体处于危险状态，构成整幢危房。

第十一章

地下室上浮

因地下室上浮问题危及建筑物基础与结构安全，且涉及工程勘察、设计、施工、监理各环节，技术成因相对复杂，裁判结果差异性较大，所以备受社会关注。

一、地下室上浮概述

（一）基本概念

地下室上浮是指地下水（含地表水渗流至地下所形成的地下水）所产生的上浮力大于地下室的抗浮能力，致使地下室上浮隆起，引起建筑物结构构件受力变形的工程质量事故。通俗来说，地下室可比作一艘位于地下的船，因周边环境与水的接触、承载产生浮力，如果地下水水位在地下室以下（未接触地下室），或者地下室的抗浮能力大于地下水的浮力，地下室一般不会因为浮力发生质量问题。但如果地下水水位上升，导致地下室四周充满水，就会对地下室产生巨大的浮力，而一旦这种浮力超过了地下室的抗浮能力，地下室就会出现上浮现象。

实践中，地下室上浮通常并非单一原因造成，而可能是多种因素结合所致。裁判者在处理此类纠纷时，囿于工程技术专业知识，通常需要借助鉴定来查明地下室上浮的具体成因，进而判断各方当事人的具体责任。

（二）抗浮工程的主要内容①

抗浮工程是指为预防建筑工程在全生命周期内不因抗浮失效导致结构和构件破坏或影响建筑使用功能所采取的工程技术措施及相关活动的统称。为应对可能发生的地下室工程上浮，根据当地的工程地质和水文地质条件，一些工程有

---

① 参见《建筑工程抗浮技术标准》（JGJ 476－2019）的相关规定。

必要实施抗浮工程。而对于具有一定埋深,尤其是在地下水位以下设置的建筑,抗浮治理结构构件及设施是确保其工程安全和正常使用的重要分项工程,涉及勘察、设计、施工、检验与检测等工程内容及要素,对其施工质量需要进行验收,因此称其为"抗浮工程"。

《建筑工程抗浮技术标准》(JGJ 476 - 2019)对于抗浮工程的勘察、设计和施工进行了明确的规定。

抗浮工程勘察应采用针对性的技术手段查明场地地下水文地质及环境特征,分析和评价岩土体的渗透性、地下水动态变化规律及其对工程抗浮安全性的影响,提供抗浮设防水位①建议值及抗浮设计与施工所需的参数。抗浮工程勘察的重点是对地下水状态及其变化规律的专门勘察,因此,应尽量利用区域已有水文地质资料尤其是城市地下水长期观测资料,综合考虑拟建工程特点、重要性和抗浮设计要求②等因素。同时,在《建筑工程抗浮技术标准》(JGJ 476 - 2019)对抗浮工程勘察、勘探要求有明确具体的规定。

抗浮工程设计应包括下列内容:(1)工程抗浮设计等级确定和抗浮设防水位选择,施工期和试用期抗浮稳定性验算及分析;(2)抗浮治理方案及抗浮措施的综合分析和比较;(3)抗浮结构及构件布置、承载力和变形计算及其控制标准;(4)抗浮体系、锚固构件及其群锚效应的稳定性验算;(5)低水位工况上部结构荷载下的抗浮构件受力和变形验算;(6)构件、压重、基坑回填等材料选用及其技术指标、质量控制要求;(7)检验、检测及维护要求。例如,住建部2020年发布的《房屋建筑和市政基础设施工程勘察文件编制深度规定》第4.3.3项第5点规定,勘察报告中应当描述地下水历史高水位、近3~5年最高地下水位调查资料等;第4.5.5项第3点规定,勘察报告中对于存在抗浮问题时进行抗浮评价,提出抗浮设防水位、抗浮措施建议,提供抗浮设计所需参数。

抗浮工程施工前应根据设计文件、现场地质条件和环境条件等编制专项施工

---

① 根据《建筑工程抗浮技术标准》(JGJ 476 - 2019)第2.1.12条的规定,抗浮设防水位是指建筑工程在施工期和使用期内满足抗浮设防标准时可能遭遇的地下水最高水位,或建筑工程在施工期和使用期内满足抗浮设防标准最不利工况组合时地下结构底板底面上可能受到的最大浮力按静态折算的地下水水位。第2.1.6条规定,抗浮设防标准是指由使用功能、抗浮设防等级、抗浮设防水位和设计浮力参数等确定的抗浮安全水平。

② 根据《建筑工程抗浮技术标准》(JGJ 476 - 2019)第3.0.1条的规定,抗浮工程应根据工程地质和水文地质条件的复杂程度、地基基础设计等级、使用功能要求及抗浮失效可能造成的对正常使用影响程度或危害程度等划分为三个设计等级。

方案，并经审批后实施。抗浮工程的施工应具有下列条件：(1)场地岩土工程勘察报告、施工图及图纸会审纪要，施工方案或专项施工方案；(2)施工机械及其配套设备的技术性能资料，原材料及其制品质检报告和工艺试验资料；(3)场地地下水水位不应高于地下结构底板底面下1.0m，且波动幅度不应大于0.5m；(4)地基应经过验槽和封闭，并设置有排水沟、集水井和采取防御地下水水位升高的措施。

二、地下室上浮的质量责任

由于地下室工程直接关系到建筑物的整体安全，因而地下室上浮属于较为严重的质量问题，通常施工单位人或建设单位发包人都应在第一时间向质监部门进行报告，并立即进行抢险及修复加固工作。待险情消除、加固结束后，由于地下室上浮所导致的一系列损失（包括加固方案设计费用、加固费用、工期及其他费用损失），由哪一方承担最终负担，通常会发生争议。对于地下室上浮质量问题的责任认定，主要从质量责任的主体角度进行论述。

（一）勘察人

勘察人提供的地质、测量、水文等勘察成果必须真实、准确。《岩土工程勘察规范》（GB 50021－2001）第七部分专门对"地下水"作了规定，岩土工程勘察应根据工程要求，通过搜集资料和勘察工作，掌握下列水文地质条件：(1)地下水的类型和赋存状态；(2)主要含水层的分布规律；(3)区域性气候资料，如年降水量、蒸发量及其变化和对地下水位的影响；(4)地下水的补给排泄条件、地表水与地下水的补排关系及其对地下水位的影响；(5)勘察时的地下水位、历史最高地下水位、近3～5年最高地下水位、水位变化趋势和主要影响因素；(6)是否存在对地下水和地表水的污染源及其可能的污染程度。对缺乏常年地下水位监测资料的地区，在高层建筑或重大工程的初步勘察时，宜设置长期观测孔，对有关层位的地下水进行长期观测。对高层建筑或重大工程，当水文地质条件对地基评价、基础抗浮和工程降水有重大影响时，宜进行专门的水文地质勘察。

如果因勘察报告中载明的水文地质条件不真实、不准确，导致设计人未进行抗浮设计，或抗浮设计无法满足抗浮要求，进而导致地下室上浮的，勘察人应承担相应的责任。如在贵州省毕节市中级人民法院（2020）黔05民终1975号案中，争议焦点之一是勘察人勘察行为有无过错及是否导致地下室上浮。一审法院认为，因黔西县及整个毕节地区未设有地下水监测点，进行勘察活动时，若工作所在区域无地下水位长期监测数据，则可参考使用相邻其他地区相同地层的地下水位长期监测资料。勘察人参考了遵义地区的资料，并作出了勘察报告，其已尽相应的义务，在本案中并无过错。二审法院则认为，勘察人在进行本案工程勘察设计工作中，并未按国家标准《岩土工程勘察规范》（GB 50021－2001）中第7.1.1项的规定执行。根据勘察人出具的勘察报告表述，案涉工程的地下水抗浮水位确定参考了遵义县（2016年已改为遵义市播州区）的水文地质工作经验，未综合分析黔西县本地区水文地质和气候条件。工程勘察报告中对于地下室抗浮设防水位的确定方法考虑因素不全面，方法不严谨，地勘报告在确定抗浮水位时，存在低估水位的可能性，勘察人对抗浮水位的设定不当是导致建筑物上浮开裂变形的主要原因，应承担本案事故的主要责任。法院最终酌定勘察人承担80%的损害赔偿责任。

（二）设计人

设计文件应当符合国家规定的设计深度要求，注明工程合理使用期限。广东省住建厅2017年发布的《建筑工程抗浮设计规程》（DBJ/T 15－125－2017），对抗浮工程设计要求和标准进行了明确规定。该规程规定，有地下水作用的地下结构，在设计时应进行抗浮稳定性分析和评价。对地形条件复杂的地下工程，应进行渗流分析计算水压力。设计人在选择抗浮措施前，应收集详细的岩土工程资料、水文资料、上部结构及基础设计资料、当地有关的法律法规，了解当地工程相似场地上的抗浮措施、工程场地周边的环境情况；应根据结构的类型、水浮力的大小、地层结构、土质条件、地下水特征、环境情况和对邻近建筑物、构筑物、道路管线的影响等因素进行综合分析，选择合理的抗浮措施，具体包括：（1）对水浮力与自重相差较小的地下结构，可采用包括配重、顶板压重及底板压重等配重法抗浮措施①；（2）采用桩基础时，宜利用工程桩兼作抗拔桩；（3）采用独立基础或筏板基础的地下结构或基岩埋深较浅的地下结构时，可采用抗拔锚杆进行抗浮；（4）当地下室基坑支护结构采用排桩或地下连续墙时，可将支护桩或地下连续墙作为结构

---

① 水浮力与自重相差较小时，如埋深小于3m或顶板覆土超过1.5m的单层地下水可优先采用配重抗浮措施解决结构的抗浮问题，一是在顶板增加覆土的厚度，二是设置较厚的钢筋混凝土底板，三是在底板上铺填混凝土。地下室较小时也可将底板沿外墙向外延伸，以利用其上部填土自重压力。配重法的施工工艺简单，工程造价较低，建筑物使用后亦没有管理成本，但其抗浮能力有限，只适用于建筑物自身重度与浮力相差不大的地下工程。

抗浮的一部分,支护结构应按永久结构设计,并与地下结构有可靠连接;(5)当工程所在地周边环境条件允许时,可采用减压井、排水廊道、排水盲沟等截、排水减压抗浮措施;(6)坡地建筑可采用排水廊道等排水减压措施;(7)施工阶段建筑物的抗浮稳定,可采用临时降水、排水或其他临时措施,必要时应考虑施工阶段出现突发情况时的抗浮措施。

如设计人应当进行抗浮设计而没有进行设计,或抗浮设计不能满足抗浮要求,致使地下室上浮的,应承担相应的责任。在江苏省扬州市中级人民法院(2016)苏10民终2819号案中,争议焦点之一是工程地板上浮系因何方违约行为所致,责任应由何方主体承担。法院认为,勘察人所出具的岩土工程勘察报告对讼争工程的场地工程地质特征、场地水文条件、地基基础等均进行了分析和评价,并对设计和施工提出了相应的建议。尤其指出对于地下车库,其拟建物上部荷载较小,在基础设计时需验算因地下水的浮力而对基础采取抗拔桩、锚杆等处理的必要性,如采取抗拔桩,抗拔桩桩长由设计人员根据所需单桩抗拔力确定等。因此,设计人作为专业的设计公司,应当提供合理可使用的设计图纸,以保证工程按照其设计方案在施工后能够正常投入使用。本案中,设计人在设计讼争工程施工图纸时,未能全面考虑拟建设的建筑整体重力点分布不均衡、地表水渗入地下可能引起建筑局部自重不足而上浮以及勘察报告所建议的采取有效抗浮措施等情形,即设计单位应当对讼争工程抗浮措施进行设计,但其设计上的遗漏和缺陷造成了重大过错,且该过错与讼争工程局部上浮受损存有因果关系。法院据此认定设计人承担全部损害赔偿责任。

在浙江省台州市中级人民法院(2017)浙10民终378号案中,建设单位发包人起诉勘察人、设计人、施工人、监理人,诉请要求各方共同对地下室上浮事故所导致的加固费用承担赔偿责任。法院认为,设计人作为整座大楼的设计者,其设计的范围应包含地上、地下的整个设计,虽然地下室顶部覆土属于市政工程,但对大楼地下室顶部覆土的抗浮验算、覆土厚度,图纸中明确覆土的抗浮作用等,均属于设计者的设计范围之内。由于设计人在该部分的设计中未充分考虑地下室的抗浮问题,设计工况抗浮承载力不满足要求,同时未在图纸中明确说明覆土的抗浮作用,存在地下室上浮的隐患,致使之后发生地下室上浮事故,与其设计行为存在一定的因果关系。法院最终酌定设计人承担35%的损害赔偿责任。

(三)施工人

实践中,大部分的地下室上浮事故发生在施工过程中,且多伴随着持续暴雨。

一般而言,已经施工完成的工程,由于地下室上方有主体结构及覆土作为抗浮荷载,且有完整的排水管道,即使有暴雨也不会导致地下室的上浮。但在施工过程中,在持续暴雨导致地下水位急剧上升的情况下,如果处置不当,如在地下室工程完成后未及时覆土,或基坑提前停止降水、排水措施不当等,将很容易导致地下室上浮事故的发生。

《建设工程质量管理条例》第 28 条第 1 款规定:“施工单位必须按照工程设计图纸和施工技术标准施工,不得擅自修改工程设计,不得偷工减料。”因此,施工人必须按照设计人出具的抗浮设计图纸、要求及施工技术标准、规范等进行施工,否则要承担相应的责任。实践中,地下室上浮事故的发生,基本都会存在施工质量问题,主要包括:(1)未按设计要求进行抗浮措施的施工,如覆土厚度不足,抗浮锚杆长度不足等;(2)未按规范或技术标准要求进行施工,如覆土不及时,提前停止降水;(3)未采取应急处理措施,如未针对雨季采取有效的应急预案等。

浙江省台州市中级人民法院(2017)浙 10 民终 378 号案中,针对地下室上浮的原因,鉴定人出具鉴定意见认为,设计中未充分考虑地下室的抗浮问题,覆土厚度 850mm 的设计工况抗浮承载力未能满足要求导致地下室有上浮的隐患,且设计图纸中未说明覆土的抗浮作用,未要求在施工过程中采取降水措施;施工时未能及时覆土,未对施工过程中的结构抗浮进行验算,在地下室施工过程中未采取降水措施,在覆土厚度 400mm 不能满足设计要求的 850mm 厚度时未与设计人沟通,也未采取有效抗浮措施。法院认为,因发包人、设计人、监理人也存在一定的过错,进而酌定施工人承担 25% 的损害赔偿责任。

在贵州省毕节市中级人民法院(2020)黔 05 民终 1975 号案中,法院认为,施工人在地下室施工时未采取疏排水措施,亦未针对雨季可能出现的地下水位升高采取有效的应急预案,在雨量较大时容易产生雨水倒灌地下水位急剧升高,且地下室覆土尚未加载,加剧了结构变形开裂,施工人未对现场施工有效处理是导致建筑物上浮开裂变形的次要原因,施工人应承担质量事故的次要责任。

(四)监理人

《建设工程质量管理条例》第 36 条规定:“工程监理单位应当依照法律、法规以及有关技术标准、设计文件和建设工程承包合同,代表建设单位对施工质量实施监理,并对施工质量承担监理责任。”一般而言,地下室上浮质量事故的发生与监理人并无直接的因果关系,但如果监理人未尽职履行监理义务,对事故发生有间接影响的,也应承担相应的责任。如对施工人明显不按图施工、偷工减料的行为未发现或发现但未制止,以及在雨季前未检查施工人的应急预案等。

在浙江省台州市中级人民法院(2017)浙10民终378号案中,法院认为,监理人应当对工程的进展等进行管理。在地下室工程基本完工而地下室顶部覆土施工人未按设计图纸标明的850mm厚度覆土时(施工人仅覆土400mm)及在市政工程不能及时跟进(覆土)的情况下,监理人未及时指出及联系各方采取适当措施,存在过错。法院酌定监理人承担10%的损害赔偿责任。

(五)发包人

《建设工程质量管理条例》第2章规定了发包人的质量责任和义务,如果发包人存在违法违规行为,虽然与事故发生没有直接因果关系,但如其违法违规行为对事故发生存在间接影响,也应承担相应的质量责任。如发包人将工程发包给不具有相应资质等级的人、支解发包、明示或者暗示设计人或者施工人违反工程建设强制性标准,降低建设工程质量等。实践中存在发包人为节省建设资金,明示或者暗示设计人或施工人不进行或不按规范进行抗浮工程的设计与施工,此时应当认为发包人与地下室上浮事故的发生存在直接的因果关系,应承担主要责任。

如在江苏省高级人民法院(2017)苏民终1672号案中,法院认为,发包人支解发包涉案工程,在桩基施工图的提供、挖土施工、基础底板浇筑施工中,未尽到妥善选择或管理职责,存在一定的过错,酌定其承担20%的责任。

三、持续暴雨对地下室上浮事故责任认定

从目前已发生的地下室上浮事故来看,基本都是发生在六七月的雨季,事故发生通常是伴随着持续大量降雨。如在浙江省高级人民法院(2013)浙民提字第133号案中,法院查明"2008年5月28日,义乌下暴雨。同年5月29日,原告发现地下室顶板露天部分有上抬现象,地下室部分框架柱、梁、板及地下室隔墙出现裂缝"。在江苏省扬州市中级人民法院(2016)苏10民终2819号案中,法院查明"2015年6月24日,江都地区开始接连下雨,被告发现地下室底板出现渗水以及上浮情况"。贵州省毕节市中级人民法院(2020)黔05民终1975号案中,法院查明"2014年6月19日,某公司正在施工的黔西县中心医院地下车库部分梁、板、柱在雨后发生裂变现象"。

如在江苏省高级人民法院(2017)苏民申4173号案中,法院认为,"本案中,扬

州市气象台于7月10日和7月11日均发布了暴雨警报,7月12日的大暴雨虽然是少有的灾害性天气,但并非完全不可预见;根据二审的咨询调查以及证人证言,如果加强施工管理和风险控制,在事前和事中均能采取有效得当的措施,上浮事故并非不可避免,故施工人关于7月12日的暴雨系不可抗力的申请再审理由不能成立”。又如在贵州省毕节市中级人民法院(2020)黔05民终1975号案中,法院认为,“事故发生日的降水量为62.3mm,远小于黔西县日最大降水量记录。涉案工程所在地每年6月均属于丰水期,工程裂缝发现时日降水量较大,但对比所提供的降水数据,其降水量是降水期可预期的水量。因此,暴雨因素并非本案事故发生的原因力”。

对于暴雨这一客观因素能否减轻责任方责任的问题,司法实践中存在不同的意见。在浙江省高级人民法院(2013)浙民提字第133号案中,法院认为,“鉴于2008年5月28日义乌普降暴雨这一天气状况的突发性,可适当减少被告设计人的赔偿责任,酌定设计人对加固费用的合理损失承担90%的责任”。但在其他地下室上浮案件中,多数法院均未将暴雨作为减轻责任方责任的因素。应当认为,虽然持续大量降雨是导致地下室上浮的客观因素,但是工程的承包人作为专业机构,应当能够预料到降雨因素,并应将之作为勘察、设计、施工的重要考虑因素。如降雨规模与前几年大致相当,或气象部门已提前预警,则应当认为降雨因素并不能够减轻责任方的责任。

第十二章

钢结构工程

钢结构工程质量纠纷的解决存在两条主线，一条是质量问题的原因，另一条是质量问题的责任认定。本部分从工程技术视角，介绍钢结构工程的主要特点、主要质量问题以及问题成因，从案件审理视角，分析钢结构质量问题的因果关系以及责任认定。

一、钢结构工程概述

钢结构是用钢板、热轧型钢或冷加工成型的薄壁型钢制造而成的结构①，钢结构中主要受力构件包括钢梁、钢柱、钢支撑、钢屋架、钢板(压型金属板)、钢檩条等。各构件的连接方法有焊接、普通螺栓连接、高强螺栓连接和铆接四种。其中，焊接是最主要的连接方法，其次是螺栓连接，而铆接目前已很少采用。

(一)钢结构的应用与专业划分

钢结构广泛应用于单层工业厂房的承重骨架和吊车梁、大跨度建筑物的屋盖结构、大跨度桥梁、多层和高层结构、塔桅结构、板壳结构、可移动结构和轻型钢结构中。② 除了用于这些主体结构外，钢结构还经常用于附属设施、局部构件或局部组合结构，如建筑物的栏杆、门厅、雨篷，桥梁中的支座、护栏等。

无论是地基与基础，还是主体结构中都有钢结构的应用。在与钢结构质量争议有关的案件中，因认定合同效力、划分保修范围和明确保修期限等需要，往往会

---

① 参见西安建筑科技大学编，陈绍蕃、顾强主编:《钢结构(上册)——钢结构基础》(第4版)，中国建筑工业出版社2018年版，第1页。

② 参见王元清、江见鲸等编著:《建筑工程事故分析与处理》(第4版)，中国建筑工业出版社2018年版，第149页。

涉及钢结构专业的承包资质和承包范围的认定问题。因此，现将《2013 版质量验收统一标准》附录 B 地基与基础、主体结构中属于钢结构的子分部和分项工程摘录出来，详见表 12－1。

表 12－1 地基与基础、主体结构中属于钢结构的子分部和分项工程

分部工程	属于钢结构的子分部工程	属于钢结构的分项工程
地基与基础	基础	钢结构基础、钢管混凝土结构基础、型钢混凝土结构基础、钢桩基础
	基坑支护	板桩围护墙、型钢水泥土搅拌墙、内支撑
主体结构	钢结构	钢结构焊接，紧固件连接，钢零部件加工，钢构件组装及预拼装，单层钢结构安装，多层及高层钢结构安装，钢管结构安装，预应力钢索和膜结构，压型金属板，防腐涂料涂装，防火涂料涂装
	钢管混凝土结构	构件现场拼装，构件安装，钢管焊接，构件连接，钢管内钢筋骨架
	型钢混凝土结构	型钢焊接，紧固件连接，型钢与钢筋连接，型钢构件组装与预拼装，型钢安装

工业安装项目中钢结构的应用。根据《工业安装工程施工质量验收统一标准》（GB/T 50252－2018）第 4.1.3 条的规定，工业安装项目分部工程按专业划分为土建、钢结构、设备、管道、电气、自动化仪表、防腐蚀、绝热和炉窑砌筑共九个专业工程，钢结构与土建、设备等其他八个专业工程之间是并列关系。

需要注意的是，钢结构构件存在主体结构与非主体结构之分。并且，当建筑物中的某些钢结构构件兼具多种属性的使用功能时，钢结构还可能存在不同的专业归属划分（专业竞合）。例如，屋面压型金属板具有屋面防水、保温的建筑功能，同时也具有承担荷载的结构承重功能。在《2013 版质量验收统一标准》附录 B “后面与板面”子分部中，列有“金属板铺装”的分项工程；同时，该规范附录 B“主体结构”分部“钢结构”子分部中，又列有“压型金属板”的分项工程。当屋面压型金属板的分类与承包资质、合同效力相关时，应将屋面压型金属板归入“主体结构分部—钢结构子分部—压型金属板分项”，即屋面压型金属板属于“主体结构分部”而非“后面与板面”子分部。

只有定性准确，才有利于妥善解决钢结构质量问题引发的纠纷，从而起到定分止争并保障工程质量和安全的效果。所以裁判者在处理工程质量纠纷时，应选择适用与工程质量纠纷相关性最紧密的划分标准。例如，出于保障结构工程质量安全及使用功能的需要，屋面压型金属板的尺寸、规格、型号、选材均应经过结构受力计算或复核才能选定，其结构设计安全性由结构工程师负责，钢结构所需要的施工、安装由专业企业实施。因此，虽然屋面压型金属板具有防锈、防火、防水、保温的属性，但在处理因屋面压型金属板产生的专业划分争议时，应适用钢结构工程的有关标准，而非屋面与瓦面工程标准。

（二）钢结构的资质要求

钢结构的设计和施工资质，是按其所在的行业和专业范围对应划分的。从事钢结构工程设计，应具有相应的工程设计单位资质。与一般钢筋混凝土结构的施工图设计一次完成不同，钢结构还有二次深化设计。二次深化设计属于工程设计的范围，也应由具有相应资质的设计单位完成。

承接钢结构施工的企业，应与钢结构工程专业相对应，具备相应的施工资质（包括总承包资质或专业承包资质）。根据《建筑业企业资质标准》（建市〔2014〕159 号），建筑业企业资质共设施工总承包、专业承包和劳务分包三个序列。钢结构企业资质属于专业承包序列，按照企业的资产、主要人员、业绩和技术装备的不同，分为一级、二级、三级共三个等级，不同资质等级企业承包的范围不同。2022 年 2 月 25 日，住建部办公厅发布关于《建筑业企业资质标准（征求意见稿）》等 4 项资质标准公开征求意见的通知，钢结构专业承包资质已经被取消，钢结构专业承包企业被过渡为建筑工程施工总承包企业。钢结构专业承包资质向建筑工程施工总承包资质转型升级是大势所趋。

资质标准改革前，取得钢结构专业承包资质的企业，其业务范围仅限于建筑工程的上部主体结构，不包括《2013 版质量验收统一标准》附录 B 中的“地基与基础”分部所含的钢结构分项工程，也不包括钢结构桥梁。“地基与基础”分部所含的钢结构分项工程，属于地基与基础专业承包资质范围，而钢结构桥梁属于桥梁工程的专业承包范围。资质标准改革后，钢结构专业承包资质已经并入建筑工程施工总承包资质，取得钢结构专业承包资质的企业的承接业务范围按建筑工程施工总承包资质确定。

根据《2013 版质量验收统一标准》附录 B 的规定，钢结构子分部工程是主体结构工程的一种。《民法典》第 791 条第 3 款和《建筑法》第 29 条第 1 款都规定，建设工程主体结构的施工必须由承包人自行完成。施工总承包单位将建设工程主体结构的施工分包给其他单位的,《建设工程质量管理条例》第 78 条第 2 款明确将此类行为认定为违法分包。但是,《违法发承包认定查处办法》第 12 条规定:"存在下列情形之一的,属于违法分包:……(三)施工总承包单位将施工总承包合同范围内工程主体结构的施工分包给其他单位的,钢结构工程除外……"该查处办法又将主体钢结构工程分包排除在违法分包的范围之外。钢结构施工的专业性很强,一般土建施工企业虽有施工总承包资质,却并不同时具备钢结构专业承包的专业技术人员和设备。当前的建筑工程项目中,存在大量主楼是钢筋混凝土结构而附楼或局部是钢结构的混合建筑物,发包方只能选择土建施工单位作为施工总承包方,再允许其对钢结构进行分包,住建部的上述规定符合当前建筑行业的实际情况。当然,钢结构作为专业工程单独发包时,必须选择具备钢结构专业承包资质的企业,钢结构施工专业承包企业资质转型升级后则应选择房建施工总承包企业。专业工程发包后是不允许分包的,否则属于违法分包或转包。

实践中,钢结构工程的施工也有联合体承包形式。对于体育场馆、会展中心等以钢结构作为控制性工程或关键性工程的建设项目,通常由钢结构施工专业承包企业与施工总承包企业组成的联合体承包。

(三)钢结构的特点

与钢筋混凝土结构、砖混结构和木结构相比,钢结构具有受力可靠、强度高、截面小、自重轻等许多优点。与此相对应,钢结构存在以下特点:

1. 钢结构对原材料的性能要求较高。《钢结构通用规范》(GB 55006－2021)第 3.0.1 条规定,钢结构工程所选用钢材的牌号、技术条件、性能指标均应符合国家现行有关标准的规定。建筑钢结构,要求钢材具有较高的强度、较好的塑性和韧性、良好的冷热加工性能和可焊性,[①]其中,钢材的强度达标,是钢结构具备稳定承载力的基础;钢材具备塑性和韧性,是钢结构具备抗震性能、防止脆性破坏的基础。除以上要求外,某些特殊的钢结构还要求钢材必须具备适应低温、有害介质

---

① 参见《钢结构通用规范》(GB 55006－2021)第 3.0.2 条:"钢结构承重构件所用的钢材应具有屈服强度,断后伸长率,抗拉强度和硫、磷含量的合格保证,在低温使用环境下尚应具有冲击韧性的合格保证;对焊接结构尚应具有碳或碳当量的合格保证。铸钢件和要求抗层状撕裂(Z 向)性能的钢材尚应具有断面收缩率的合格保证。焊接承重结构以及重要的非焊接承重结构所用的钢材,应具有弯曲试验的合格保证;对直接承受动力荷载或需进行疲劳验算的构件,其所用钢材尚应具有冲击韧性的合格保证。"

侵蚀(包括大气腐蚀)以及重复荷载等性能。

2. 钢结构对构配件、半成品的制造加工工艺、施工安装精度的要求比钢筋混凝土和砖混结构要求严苛。钢结构加工制作的全过程是由一系列烦琐复杂的工序组成的,各工序所需的加工工艺适用不当都可能引发钢结构问题,甚至酿成质量问题、安全事故。实践中,因钢结构的连接(焊接或螺栓连接)出现质量问题引发的事故不胜枚举且触目惊心。虽然钢结构属于土木建筑结构的一个专业分支,但钢结构对技术精度的要求要明显高于传统的土木工程,更接近机械制造行业。

3. 钢结构对防腐蚀及日常维护保养的要求比钢筋混凝土和砖混结构高。钢材的抗腐蚀能力较差,水雾与氧气的腐蚀会使钢结构构件净截面减损,降低钢结构的承载能力和可靠度。而且,受现行防腐工艺水平的制约,一般钢结构的防腐蚀设计使用年限都少于钢结构的整体使用年限,需要定期对防腐涂层进行检查、维修。

4. 钢结构在火灾事故中的损失严重。当温度高于400℃时,钢材的强度与弹性模量开始急剧下降;当温度达到500℃时,钢材屈服强度降到常温时的50%左右,钢结构就会发生塑性变形而被破坏;当温度达到650℃时,钢材已基本丧失大部分强度。无防火保护的钢结构,其耐火时间通常仅为15～20分钟。[①] 一般被点燃的香烟烟头的中心温度是700℃～800℃,而火灾现场温度通常比点燃的香烟温度高,远高于导致钢材强度破坏的温度限值。因此,钢结构易因高温炙烤而熔化、断裂,进而引发严重的火灾次生灾害,所造成的人身、财产损害甚至超过了事故直接引发的损害。例如,在"9·11"事件中,纽约世贸中心两栋110层的高层建筑——北塔楼与南塔楼,北塔楼被起飞重量达104吨的波音757客机撞击,南塔楼被起飞重量达1156吨的波音767客机撞击。巨大的撞击力及引发的爆炸,使大厦晃动了1米多,但并没有严重坍塌。航空燃油燃起的大火导致钢材失去了承载能力,最终导致大厦坍塌。世贸大厦的坍塌主要是由于次生灾害——火灾引发的钢结构熔断所引起的,而非由于客机的直接撞击和爆炸。[②]

(四)钢结构质量问题分类

对钢结构质量问题进行分类,是调查和处理钢结构质量问题的原因、对钢结

---

① 参见西安建筑科技大学编,陈绍蕃、顾强主编:《钢结构(上册)——钢结构基础》(第4版),中国建筑工业出版社2018年版,第320页。

② 参见王元清、江见鲸等编著:《建筑工程事故分析与处理》(第4版),中国建筑工业出版社2018年版,第417页。

构进行修复加固的必要前提,也是划分质量责任的事实基础。钢结构质量问题可从以下方面进行分类:

1. 从外在表现来看,钢结构质量问题主要有漏水、锈蚀、断裂、变形、倒塌等。

2. 从破坏形式来看,钢结构质量问题主要有钢结构承载力和刚度的失效、失稳破坏、疲劳破坏、脆性断裂和腐蚀破坏。

3. 从发生阶段来看,钢结构质量问题在施工、使用阶段都有可能发生,钢结构在施工吊装过程中的倒塌事故比较常见。

4. 从问题成因与责任主体的关联性来看,钢结构质量问题可分为设计问题、施工问题、使用维护不当等。

5. 从问题构件对应的结构系统来看,钢结构质量问题可分为承重体系构件问题和围护体系构件问题。其中,承重体系构件问题主要包括梁、柱、支撑、连接问题,此类质量问题严重时会引发钢结构倒塌,造成人身伤亡或财产损失的严重后果;而围护体系构件问题主要包括防水层、保温层问题等,此类质量问题主要影响钢结构的防水、保温等使用功能,不会直接导致结构承载力降低,但会引起承重结构体系的老化、腐蚀,降低结构的使用年限。

二、不同类型钢结构的常见质量问题

(一)门式刚架结构

门式刚架[1]结构,是以 H 钢或冷弯薄壁型钢等构成的刚架作为主要承重骨架的结构。此类结构的外形似汉字"门",故被称为门式刚架。完整的门式刚架结构体系,还包括与刚架梁柱连接的柱间支撑、檩条、墙梁、墙板、隅撑、屋面板等。根据《门式刚架轻型房屋钢结构技术规范》(GB 51022-2015)第 1.0.2 条第 1 款的规定,门式刚架结构适用于房屋高度不大于 18 米,房屋高跨比小于 1,承重结构为单跨或多跨实腹式门式刚架、具有轻型屋盖、无桥式吊车或有起重量不大于 20 吨 A1~A5 工作级别桥式吊车或 3 吨悬挂式起重机的单层钢结构房屋。

门式刚架结构的质量问题,主要表现为抵抗风、雪和屋顶积灰荷载的能力不足,结构体系的整体性差,构件局部变形,构件腐蚀等。

---

① 结构工程中,将梁柱节点固定连接的结构称为刚架,将梁柱节点铰接连的结构称为排架。二者的区别是,刚架节点可以传递弯矩,荷载作用下梁、柱构件不会绕节点形心发生转动;排架节点不能传递弯矩,荷载作用下梁、柱构件会绕节点形心发生转动。

1. 抵抗风、雪和屋顶积灰荷载的能力不足。门式刚架结构质量较轻，地基基础承载力不足的可能性较小，相同地震烈度下地基基础对地震的反应小，一般情况下，地震作用参与的内力组合对门式刚架结构构件的受力影响较大。风荷载产生的吸力可能会使屋面金属压型板、檩条的受力反向，当风荷载较大或房屋较高时，风荷载可能是刚架设计的控制荷载。① 屋顶设计另两类需要重视的荷载，分别是雪荷载和积灰荷载。

2. 结构体系的整体性差。与门式刚架结构相连的柱间支撑、檩条、墙梁、墙板、隅撑、屋面板等与刚架梁柱连接的结构构件偏细、柔，如果某些构件的强度、刚度不足或连接不牢固，则都会导致门式刚架结构体系整体性差。

3. 构件局部变形。在门式刚架结构中，组成构件的杆件较薄，对制作、涂装、运输、安装的要求高。板件的宽厚比大，使得构件在外力撞击下容易发生局部变形。

4. 构件腐蚀。门式刚架结构中，构件偏细、柔，则腐蚀、锈蚀对构件截面的削弱会显著降低结构承载力，严重时会引起结构倒塌。例如重庆市合川区金星玻璃制品有限公司4 号库房轻型门式刚架结构"7 · 21"较大坍塌事故。②。根据事故调查报告，事故发生时，4 号库房已完成全部 70 根 H750 型钢柱、16 根型钢横梁安装和部分系杆安装，但支撑和檩条未完成安装，柱脚的混凝土亦未完成二次浇筑。

事故调查组委托鉴定机构对事故所涉钢结构进行抗风能力分析，鉴定机构通过对设计图纸进行复核，对施工过程的结构进行受力分析，得出结论为：(1)原设计 4 号库房结构按照设计及施工规范要求组织施工，具有全部支撑且完成柱脚混凝土二次浇筑，在事发时段平均时距为 10 分钟的风压下，通过计算可知整体结构最大变形为 14mm，柱脚螺栓最大应力为 16MPa，小于钢材屈服强度 235MPa，结构处于安全状态，安装阶段现场风荷载作用下结构不会出现坍塌。(2)对未设支撑体系、未浇筑柱脚混凝土的实际结构进行计算分析，在相同风荷载作用下，整体结构最大变形为 1174mm，柱脚螺栓最大拉应力为 390MPa、最大压应力为 528MPa，均大于钢材屈服强度 235MPa，结构处于不安全状态。(3)未按技术规范

① 西安建筑科技大学编，陈绍蕃、郭成喜主编：《钢结构（下册）——房屋建筑钢结构设计》（第 4 版），中国建筑工业出版社 2018 年版，第 3 页。

② 参见重庆市合川区金星玻璃制品有限公司 4 号库房"7 · 21"较大坍塌事故调查组：《重庆市合川区金星玻璃制品有限公司 4 号库房"7 · 21"较大坍塌事故调查报告》，载重庆市应急管理局官网，http://yjj. cq. gov. cn/zwXX_230/bmdt/sjdt/202112/t202//229_10252/59. html，2022 年 3 月 29 日访问。

组织施工。经查,在钢结构主体钢柱、钢梁安装完毕的情况下,施工人未安装檩条、支撑、隅撑(尤其是未设置竖向支撑和水平支撑)。特别是前两榀刚架未设置支撑、隅撑等支撑杆件,导致钢结构未形成整体受力体系,稳定性不足。施工人也未浇筑柱脚二次混凝土。上述行为违反《门式刚架轻型房屋钢结构技术规范》(GB 51022 - 2015)第 14.2.6 条规定。

(二)空间网格钢结构

网架、网壳与立体桁架统称空间网格结构①。空间网格结构常用于体育场馆、展览馆、航站楼、候车厅等大跨度建筑。其中按弦杆不同,网架可分为双层网架和三层网架。双层网架是由上弦、下弦和腹杆组成的空间结构,是最常用的网架形式。三层网架是由上弦、中弦、下弦、上腹杆和下腹杆组成的空间结构。一般来说,三层网架上弦杆主要承受压力,下弦杆主要承受拉力,腹杆主要传递弦杆力使网架空间工作,中层弦杆内力相对来说比较小②。

网架结构的质量问题问题,大多集中在腹杆、弦杆的强度、刚度不足,节点连接破坏或支座承载力不足等。这些问题严重时可能引发网架结构整体倒塌。有学者对部分网架结构事故统计③如表 12 - 2 所示:

表 12 - 2 部分网架结构事故统计

名称	尺寸(m)	网架受损情况	事故主要原因
某车间折板型网架	25 × 54	铺设屋面板过程中,60% 多腹杆弯曲	网架为几何可变体系
某候车厅正放四角锥网架	21 × 66	铺设屋面板过程中,部分杆件弯曲	电算操作失误,支座构造为二向约束,计算取三向
某仓库正放四角锥螺栓球节点网架	48 × 72	网架整体倒塌	计算方法与实际结构不符,腹杆失稳,螺栓假拧紧

---

① 参见《空间网格结构技术规程》(JGJ 7 - 2010)第 1.0.2 条。

② 参见马峥嵘:《三层网架结构设计及抗震性能研究》,载《建筑结构》2009 年第 9 期。

③ 参见王元清、江见鲸等编著:《建筑工程事故分析与处理》(第 4 版),中国建筑工业出版社 2018 年版,第 176 - 177 页。

续表

名称	尺寸(m)	网架受损情况	事故主要原因
某展厅四角锥螺栓球节点网架	21.9×27.7	网架整体倒塌	屋面排水不畅,大雨时严重积水超载
某厂房两向正交正放网架	48×72	网架在滑移过程中,一些杆件掉落,焊缝断裂	在20号钢管中混入了一些40Mn2钢管
某大厦大厅两向正交正放网架	29.7×33.88	铺设屋面板过程中,大量腹杆弯曲,一端柱拉裂	屋面板超重,计算假定与实际不符,压杆长细比过大
某厂房正放抽空四角锥网架	柱网18×18,约10000m^2	网架整体倒塌	部分支座处漏焊,造成受力不对称
某展厅正放四角锥螺栓球节点网架	45×45	施工时网架下沉6cm,严重损坏	焊接质量太差,三根下弦杆钢管与锥头连接处焊缝断裂
某体育馆两向正交斜放网架	46×52	部分杆件弯曲	支座中心偏移较大,采用强迫就位方法
某车间正放四角锥网架	24×42	部分杆件弯曲	部分杆件尺寸不准,安装顺序不当,积累误差较大
某车间正放四角锥网架	20×36	暴雨后网架突然塌落	屋面超载,误用几根40Mn钢管,部分焊缝质量差,未与设计商讨,在网架上设置重物
某厂房正放抽空四角锥网架	柱网18×18,约10000m^2	有5个支座钢立柱的焊缝开裂,局部失稳	支座立柱构造复杂,加工及焊缝有严重缺陷,温度应力影响
某筒仓正放四角锥网架	直径30	网架整体倒塌,楼板被砸开数个洞	土法吊装,未做施工验算,钢丝绳断裂
某车间正放四角锥网架	48×72	整体提升时,网架坠落	绞盘主轴扭断,刹车失灵
某体育馆斜放四角锥网架	50×50	网架挠度过大	高空散装施工,脚手架刚度不够

（三）多层钢结构

多层钢结构，其结构体系形式主要有框架结构、框架—支撑结构等，其承重结构体系的质量问题主要集中在结构中的梁、柱、支撑和节点连接构件等部位。这些构件或连接处存在的质量问题，严重时会引起结构破坏甚至结构倒塌。福建省泉州市欣佳酒店“3・7”坍塌事故，就属于钢结构建筑物投入使用后的坍塌事故。根据事故调查组公布的调查报告①，该结构坍塌事故的直接原因，是增加夹层导致的建筑物荷载超限和焊接加固作业实施不当。原本该建筑物原四层钢结构的竖向极限承载力，达到结构极限承载能力的60%，正常使用情况下是不会发生坍塌事故的。但实际上，一方面，增加夹层改建为七层后，该建筑物结构的实际竖向荷载增加，已超过其极限承载能力，这导致了虽然建筑物通过结构自身的内力重分布仍维持平衡，但是结构中部分关键柱仍出现了局部屈曲和屈服损伤。另一方面，在焊接加固作业过程中，因为没有移走钢柱槽内的原有排水管，造成贴焊的位置不对称、不统一，焊缝长度和焊接量大，且未采取卸载等保护措施，热胀冷缩等因素造成高应力状态下钢柱内力变化扰动，导致屈曲损伤扩大，钢柱加大弯曲、水平变形增大，荷载重分布引起钢柱失稳破坏，最终打破建筑结构处于临界的平衡状态，引发连续坍塌。

（四）钢结构附属连廊

钢结构附属连廊，是指附着于主楼的连接通道。连廊结构与主楼通常分别是不同的结构形式，其连接处受力复杂，存在薄弱环节，容易引发崩裂、垮塌。例如在贵州省高级人民法院（2017）黔民初174号案中，屋面钢结构连廊整体坍塌事故。案涉2#地块1#屋面钢结构连廊整体坍塌，导致消防管断裂，漫灌的大水浸泡地下室商户仓库，致使商户存放的700余万元货物损毁。该连廊采用焊接型钢梁，钢梁通过钢牛褪用锚栓锚固在主楼钢筋混凝土柱上。关于钢结构连廊整体坍塌事故原因，属于设计问题还是施工质量问题所致，尽管施工总承包方和分包人对此有争议，但都指向了坍塌事故是钢结构与主楼的连接构造问题所致。

---

① 《福建省泉州市欣佳酒店“3・7”坍塌事故调查报告》，载应急管理部官网，https://www./nem.gov.cn/XW/bndt/202007/w020200714624868952617.pdf，2022年3月29日访问。

三、钢结构质量问题因果关系的查明

现代钢结构都是在专业化的金属结构制造厂中用热轧钢材或冷弯型钢材作为原材料加工成构件或构体(构件的集合体),然后运到工地安装而组成的构造。钢结构的建造过程包括工厂制造和工地安装两个阶段。由于钢结构设计、制造、施工过程中可能产生的各种问题,加上超载、重复荷载、高温、低温、潮湿、腐蚀介质和不善使用管理等外界因素的作用,钢结构也有可能遭受各种破坏,从而导致质量事故。[①] 钢结构工程质量纠纷涉及的相关方,除了一般建筑工程案通常涉及的发包人、施工总承包人和设计人外,还会涉及钢结构的专业深化设计、专业施工分包、工厂制造加工等环节的相关方;工程使用阶段的质量纠纷还会涉及钢结构的产权人、物业管理机构和使用维护人等相关方。关于钢结构质量问题的判断,对于已经倒塌或明显属于危房的、构配件已经断裂或明显损坏的钢结构工程质量现状的判断,因肉眼可见,所以往往比较容易。而对于已经使用了一定年限的建筑是否存在质量问题、质量问题的性质、严重程度等难以判断,是否需要修复、如果需要修复应采用何种方式修复,各方争议较大。

因现阶段市场信用体系不健全,勘察、设计、施工和检测人资质挂靠的现象比较普遍,经营管理也不太规范,各种验收或证明文件与工程实际质量不符的情况也经常存在。即便是通过竣工验收并经主管部门备案的钢结构工程,仍然可能存在不符合设计要求、不符合施工规范要求等方面的质量问题;即便是通过施工图审查或专家评审的设计图纸,可能仍然存在设计问题、设计错误等严重问题;即便是主管部门存档的工程档案,其中的原材料出厂合格证、施工验收记录等信息也不一定与工程实际相符。因此,各种验收或证明文件并不具有绝对的准确性和科学性,不能以施工图审查合格而排除设计问题,也不能以竣工验收而完全排除施工问题。

对于判断钢结构质量问题是否基于设计原因而引发,需要对原设计图纸、深化详图以及对设计变更图进行专业技术复核。钢结构的设计方通常有两个,项目整体结构设计人和钢结构专业深化设计人,在设计发包的过程中,有些项目是由钢结构专业设计人对整体结构设计人的结构图进行深化,然后以钢结构单位名义

---

① 参见王元清、江见鲸等编著:《建筑工程事故分析与处理》(第 4 版),中国建筑工业出版社 2018 年版,第 149 页。

出具深化图,或仍以原项目整体结构设计人的名义出图。

对于判断钢结构质量问题是否由于施工原因引发,主要从两方面进行排查:首先,对施工过程原材料、构配件和施工工艺等工程档案资料进行溯源分析;其次,检测现场工程实体质量是否与设计图纸和施工规范相符。现场检测的重点是检测梁、柱、支撑、屋架、屋面板、墙板等构件使用的材料规格、尺寸等参数是否与设计图纸和施工规范允许偏差相符。现场检测一般包括现场作业和取样送试验室检测两部分。

对工程有无质量问题、有何种质量问题以及质量问题的严重程度等有争议的,需要根据设计文件和相关的钢结构专业标准对工程实体进行检测、鉴定。钢结构鉴定的主要标准有《钢结构通用规范》(GB 55006－2021)、《高耸与复杂钢结构检测与鉴定标准》(GB 51008－2016)、《钢结构设计标准》(GB 50017－2017)、《冷弯薄壁型钢结构技术规范》(GB 50018－2002)、《钢结构工程施工质量验收标准》(GB 50205－2020)、《钢结构焊接规范》(GB 50661－2011)、《空间网格结构技术规程》(JGJ 7－2010)、《门式刚架轻型房屋钢结构技术规范》(GB 51022－2015)、《钢结构加固设计标准》(GB 51367－2019)、《建筑钢结构防腐蚀技术规程》(JGJ/T 251－2011)等。

(一)设计原因

设计问题导致钢结构质量事故的情形通常有:(1)结构设计方案不合理;(2)计算简图不当;(3)结构计算错误;(4)对结构荷载和受力情况估计不足;(5)材料选择不宜(性能要求不满足);(6)结构节点不完整;(7)未考虑施工和使用阶段工艺特点;(8)防腐蚀、高温和冷脆措施不足;(9)没有按结构设计规程执行;(10)没有相应的结构规程规定等。① 在金华经济技术开发区湖畔里项目"11·23"较大坍塌事故中,根据事故调查报告②,其事故直接原因是屋面钢结构设计存在重大错误,一方面,结构设计计算荷载取值与建筑构造做法不一致,钢梁按排架设计,未与混凝土结构进行整体计算分析等;另一方面,施工单位未按经施

---

① 参见王元清、江见鲸等编著:《建筑工程事故分析与处理》(第4版),中国建筑工业出版社2018年版,第163页。

② 参见《金华经济技术开发区湖畔里项目"11·23"较大坍塌事故调查报告》,载浙江省金华市应争管理局官网,http://yjglj.jinhua.gov.cn/art/2022/1/26/art_/229682538_58896488.html,2022年1月26日访问。

工图审查的设计图纸施工，将钢结构屋面构造中 20mm 厚水泥砂浆找平层改为 50mm 厚细石混凝土，且浇筑细石混凝土超厚，进一步增加了屋面荷载。因上述问题造成钢梁跨中拼接点高强螺栓滑丝、钢梁铰接支座锚栓剪切和拉弯破坏，最终导致屋面钢梁坍塌。

（二）施工原因

施工问题导致钢结构质量事故的情形通常有：（1）没有按图纸要求制作；（2）制作尺寸偏差，质量低劣；（3）制作用材和防腐措施不适当；（4）安装施工程序不正确，操作错误；（5）支撑和结构刚度不足；（6）安装偏差引起变形；（7）安装连接不正确，质量差；（8）吊装、定位和矫正方法不正确；（9）制作和安装设备工具不完善；（10）制作和安装检验制度不严格；（11）缺乏熟练技术人员和工人等。[①] 重庆市合川区金星玻璃制品有限公司 4 号库房轻型门式刚架结构“7·21”较大坍塌事故[②]，根据事故调查认定，钢结构自身稳定性不足，受突发大风诱发，是本次坍塌事故的直接原因。具体为：（1）钢结构自身稳定性不足。根据技术组《事故直接原因分析专家意见》，4 号库房在安装过程中，未安装檩条、支撑、隅撑，仅安装部分纵向系杆，未形成首跨刚架稳定体系，未浇筑柱脚二次混凝土。现场钢结构存在一定的稳定性风险，处于不安全状态。（2）突发大风诱发。根据重庆市气象台《气象情况调查报告》和重庆重大建设工程质量检测有限公司《4 号库房计算分析报告》，由于 4 号库房实际结构缺乏支撑体系，在风荷载和自重作用下稳定性较差。在事发时段 0.04KN/m 至 0.05KN/m 的风压下，结构发生过大变形，柱脚螺栓拉压均超应力导致柱脚螺栓失稳断裂，最终致使钢结构整体坍塌。再如鑫聚源札萨克镇煤炭物流配送中心建设项目储煤棚网架结构坍塌事故。在最高人民法院（2016）最高法民终 267 号案中，储煤棚网架结构工程在提升过程中发生坍塌。当地政府组织的事故调查组调查认定，事故直接原因为：储煤棚网壳提升施工方案存在漏洞，即提升过程中对网壳内力变化过程分析不足，相应的措施不能满足安全提升要求，导致网壳提升到一定高度时，部分杆件内力超过其极限承载力，引起

① 参见王元清、江见鲸等编著：《建筑工程事故分析与处理》（第 4 版），中国建筑工业出版社 2018 年版，第 163 页。

② 参见《重庆市合川区金星玻璃制品有限公司 4 号库房“7·21”较大坍塌事故调查报告》，载重庆市应急管理局官网，http://yjj.cq.gov.cn/zwXX_230/bmdt/sjdt/202112/t202//229_10252/59.html，2022 年 3 月 29 日访问。

网壳结构整体垮塌。

(三)使用与维护不当原因

关于钢结构的使用与维护,《工程结构通用规范》(GB 55001 - 2021)第2.1.7条规定,结构应按设计规定的用途使用,并应定期检查结构状况,进行必要的维护和维修。严禁下列影响结构使用安全的行为:(1)未经技术鉴定或设计许可,擅自改变结构用途和使用环境;(2)损坏或者擅自变动结构体系及抗震设施;(3)擅自增加结构使用荷载;(4)损坏地基基础;(5)违规存放爆炸性、毒害性、放射性、腐蚀性等危险物品;(6)影响毗邻结构使用安全的结构改造与施工。《钢结构通用规范》(GB 55006 - 2021)第2.0.4条、第8.1.1~8.1.4条对钢结构的维护进行了详细的规定。

根据《装配式钢结构建筑技术标准》(GB/T 51232 - 2016)第9.2.1条、第9.2.2条的规定,《建筑物使用说明书》中应包含主体结构使用要求和检查维护等内容;物业服务企业应根据《建筑使用说明书》,在《检查与维护更新计划》中建立对主体结构的检查与维护制度,检查与维护的重点应包括主体结构损伤、建筑渗水、钢结构锈蚀、钢结构防火保护损坏等可能影响主体结构安全性和耐久性的内容。

此外,由于钢结构防腐蚀设计使用年限通常低于建筑物设计使用年限,建筑物寿命期内通常需要对钢结构防腐蚀措施进行维修。如使用维护不当,可能导致钢结构质量问题或加剧。根据《建筑钢结构防腐蚀技术规程》(JGJ/T 251 - 2011)第7.0.1条的规定,建筑钢结构的防腐蚀维护管理应包括下列内容:(1)应根据定期检查和特殊检查情况,判断钢结构和防腐蚀保护层的状态;(2)应根据检查的结果对钢结构的防腐蚀效果作出判断,确定更新或修复的范围。一般钢结构防腐蚀设计使用年限不宜低于5年;重要钢结构防腐蚀设计使用年限不宜低于15年。

(四)因果关系区分的难点

确保钢结构工程质量符合安全标准,需要设计与施工紧密配合,但这会导致在判断质量问题的成因时难以区分是设计原因还是施工原因。在设计方与施工方的配合过程中,设计方要顾及施工条件,注意避免复杂性高的结构形式和施工难度大的构件和连接;相应地,施工方要做到所完成的结构符合设计意图,所形成的工程质量合格,不存在安全隐患。设计便于施工体现在多个方面:材料和连接方式选用适当,减少杆件类别和零件数量,少用精度要求高的加工方式,保证施工操作的必要空间,合理划分运送单元,为容易安装就位提供条件等。为实现上述目的的具体措施包括:(1)减少施工难度;(2)避免附加应力;(3)简化细部构造;(4)合理划分施工单元。①

以上文钢结构附属连廊质量问题部分提到的贵州省高级人民法院(2017)黔民初174号案的某连廊事故为例。该案系施工总承包方与钢结构分包方之间的纠纷。施工总承包方主张该事故原因是钢结构分包方的施工质量问题,并以事故发生后发包人委托检测机构出具的检测报告为事实依据。该检测结果显示,钢结构连廊构件尺寸满足设计及规范要求,钢牛腿锚板厚度、与混凝土柱连接处的化学锚栓规格满足设计要求。存在的质量问题包乱钢牛腿锚板与混凝土柱均未贴紧且未灌注环氧树脂,钢构件涂层厚度部分不合格,钢结构节点处高强螺栓均未拧紧,钢构件焊缝部分不合格。钢结构分包方则主张,连廊坍塌并非其施工质量问题所致,而是设计方面存在问题。理由在于发包方将非由其施工的其他同类钢结构连廊也进行了加固,这佐证了设计存在问题。为进一步证明自己的主张,钢结构分包方援引其委托鉴定机构出具的设计复核结论。(1)对原设计复核结论:①焊接H型钢梁强度、稳定性满足要求;②钢牛腿强度满足要求,拉剪复合受力下锚栓承载力满足要求;③拉剪复合受力下锚栓钢材承载力满足要求;④原设计的锚栓基材混凝土承载力不满足要求;⑤原设计选用的化学锚栓适用范围不满足《混凝土结构后锚固技术规程》(JGJ 145－2013)的要求,也未纳入《混凝土结构加固设计规范》(GB 50367－2013)的适用范围。(2)对加固设计复核结论为:……④对原设计不满足要求的部位增加钢牛腿后锚固加固后进行计算可知,加固后的锚栓基材混凝土满足要求。但如果考虑侧面锚栓和正面锚栓受力不均匀的实际情况,承载能力会有所降低;如果考虑加固后新增钢板围套不能全部承担拉力,承载能力亦会进一步降低……⑥加固图纸要求牛腿锚板现场焊接操作,若先进行锚栓施工,再进行焊接操作,现场焊接时高温对已固定的化学锚栓的结构胶有一定程度的损伤,这会加剧锚栓的破坏,这种焊接对锚栓破坏的定量分析应根据现场模拟试验进行最终判定。

将发包方委托检测机构作出的现场工程质量检测结论与钢结构专业分包方

① 参见西安建筑科技大学编,陈绍蕃、郭成喜主编:《钢结构(下册)——房屋建筑钢结构设计》(第4版),中国建筑工业出版社2018年版,第223－228页。

委托鉴定机构作出的对原设计的复核结论进行对比,可以发现二者之间内容不尽一致但并不矛盾。施工质量确实存在问题,而对附着于钢筋混凝土主体的钢结构连廊,原设计采用化学锚栓这一技术风险较高的构造①也是质量问题的成因之一。因此,结合两份报告结论,可以认定该连廊坍塌为设计问题和施工质量问题共同导致的,属于多因一果。

此外,事故发生前,案涉工程于2013年12月经验收合格,该项目于2015年2月19日发生事故,工程验收距事故发生仅一年多。可见,钢结构的质量问题并不能以工程已通过验收而完全排除。在福建省泉州市欣佳酒店"3·7"坍塌事故中,事故发生时间为2020年3月,而此前某鉴定机构在2018年改建完成后曾出具了一份质量鉴定报告,报告载明该建筑后续使用年限为20年。但鉴定日距事故发生日才两年左右。可见,鉴定报告中的后续使用年限20年的结论与工程实际使用年限有时相差较大。

通过以上案例中对事故原因的查明途径可知,出现钢结构质量事故时,如果各方对质量原因主张不一致,必须对原设计进行复核,对施工质量进行检测鉴定。即便已经验收的工程,已经过质量鉴定的工程,必要时还要进行重新检测、重新鉴定,如此才能查明钢结构工程出现质量问题的原因。

四、钢结构工程质量问题的责任认定

在钢结构工程质量问题相关的纠纷中,涉及的当事人有发包人、设计人、施工人、使用人、维护方等。其中设计人包括钢结构的专业深化设计人和项目整体设计人;施工人包括钢结构的专业分包人和施工总承包人。在钢结构施工产业链中,钢结构加工制作方一般不会成为建设工程施工合同纠纷的当事人,但其可能作为加工承揽合同或买卖合同的当事人。无论是侵权责任还是违约责任,都要在查明质量问题因果关系的基础上,对当事人的责任承担进行划分和调节。需要注意的是,设计问题不一定完全是设计人的责任,施工问题也不一定完全是施工人的责任。

---

① 化学锚栓是在已成型的钢筋混凝土基材上钻孔,植入锚栓,用化学结构胶固定,主要用于加固改造工程,类似于牙科手术的植牙,存在手术风险;而新建工程则采用构件预埋法,即在浇筑混凝土基材前先预埋构件,类似于自然生长的牙齿,比较结实。

（一）设计责任

根据《民法典》第 577 条、第 583 与第 800 条的规定，勘察、设计出现质量问题给发包人、施工人、设计人等其他当事人造成损失的，勘察人、设计人应当承担赔偿责任。根据《建筑法》第 73 条的规定，建筑设计单位不按照建筑工程质量、安全标准进行设计的，应对所造成的损失承担赔偿责任。

钢结构的专业深化设计人，本质上也属于设计方，故其也应承担设计质量责任。

（二）施工责任

《民法典》第 801 条以及第 1252 条第 1 款规定了施工人对建设工程质量问题的违约责任，第 802 条规定了承包人对建设工程在合理使用期限内造成人身损害和财产损失的赔偿责任（“质量责任终身制”）。发包人与施工人对建筑物、构筑物或者其他设施倒塌、塌陷造成他人损害的，承担连带责任。

根据《建筑法》第 74 条、第 75 条的规定，建筑施工企业在施工中偷工减料，使用不合格的建筑材料、建筑构配件和设备，或者有其他不按照工程设计图纸或者施工技术标准施工的行为，造成建筑工程质量不符合规定的质量标准的，其应负责返工、修理，并赔偿因此造成的损失；建筑施工企业不履行保修义务或者拖延履行保修义务的，对在保修期内因屋顶、墙面渗漏、开裂等质量问题造成的损失承担赔偿责任。

根据《建设工程勘察设计管理条例》第 28 条第 2 款的规定，施工单位和监理单位发现建设工程勘察、设计文件质量问题时，有向建设单位报告的义务。

根据《施工合同司法解释（一）》第 12 条的规定，因承包人的原因造成建设工程质量不符合约定，承包人拒绝修理、返工或者改建，发包人请求减少支付工程价款的，应予支持。

（三）质量保修与维护责任的区分

钢结构特别是主体钢结构的保修与维护责任区分容易引起争议。因物业管理、维护方不当造成质量问题的，物业管理、维护方应承担损害赔偿责任。《民法典》第 1252 条第 2 款、第 1253 条中的侵权责任就包括物业管理人的维护责任。根据《施工合同司法解释（一）》第 18 条的规定，因保修人未及时履行保修义务，导致建筑物毁损或者造成人身损害、财产损失的，保修人应当承担赔偿责任。保修人与建筑物所有人或者发包人对建筑物毁损均有过错的，各自承担相应的责任。在对钢结构进行日常维护时，维护主体应检查结构损伤、荷载变化情况、重大设备荷载及位置以及消防车通行时的主要受力构件等。[①] 对钢结构表面的防腐涂层进行修复是一项重要的维护内容，而保修是对工程质量瑕疵进行修复。实践中，是维护问题还是本身质量问题需要通过专业方式明确。

五、钢结构问题的质量鉴定要点

钢结构问题的鉴定专业性很强，在启动鉴定之初，应就鉴定目的、鉴定范围、鉴定方法、适用标准充分征求各方当事人意见。

（一）检测与鉴定资质

钢结构工程质量检测，是检测现场工程实体与设计图纸、施工规范对照是否相符，不包括对设计图纸是否存在质量问题进行判断。钢结构检测机构的资质是根据《建设工程质量检测管理办法》的规定，由省、自治区、直辖市人民政府建设主管部门颁发的钢结构工程检测专项资质。而对原设计进行复核，需要由具有相应的设计资质或施工图审查资质的机构进行。钢结构工程的专业性很强，参与主体较多，其质量问题可能存在多因一果，各方原因相互渗透，甚至互为因果的情况，因此，需尽可能选取同时具备钢结构专项检测资质和工程设计资质或施工图审查资质的鉴定机构。例如，根据《公路水运工程试验检测管理办法》的规定，公路钢结构桥梁的检测机构需具备交通运输行政主管部门所属质量监督机构颁发的公路工程综合类或桥梁隧道工程专项类试验检测机构等级证书，且应当在证书范围内开展检测业务。

（二）现场勘验注意事项

在进行钢结构质量现场勘验时，应重点查看梁、柱、支撑、屋架、屋面板、墙板等构件和连接的质量现状是否与设计图纸相符，有无断裂、变形、脱落、松动、腐蚀等明显可见的问题，针对勘验情况要制作笔录、拍照取证。对于无法用肉眼判断的质量问题，如钢材的力学性能和化学成分，则需要取样后送有资质的试验室进

---

① 参见《钢结构通用规范》（GB 55006－2021）第8.1.3条。

行检测。

（三）鉴定意见审查要点

钢结构质量鉴定意见的客观性、专业性和科学性，可从以下方面进行审查：

1. 鉴定意见载明依据的钢结构实物现状，如梁、柱、支撑、屋架、屋面板、墙板等构件使用的材料、规格、尺寸是否与现场勘验相符。如不符，则相关的鉴定意见不客观、不真实。

2. 鉴定意见应附结构复核计算书及电算模型光盘，且计算书应注明结构形式、构件几何尺寸、钢材强度设计值、地震设防参数、风荷载、雪荷载取值等录入参数以及电算分析输出结果。此外，还应注明所使用的电算软件名称、版本号、软件授权许可使用号等，以便当事人可以聘请专家证人在质证阶段运行验证。

3. 鉴定意见对质量问题分析判断的依据，是否与钢结构的相关技术标准、行业通用的判断方法相符；分析判断的逻辑是否清晰，论证说理是否充分等。这些是鉴定意见具备科学性、合理性的基础。

第十三章

钢筋混凝土

钢筋混凝土结构是建设工程领域应用最广泛的一种结构形式。钢筋、混凝土材料缺陷或施工质量缺陷会影响结构安全性和耐久性,严重的甚至会导致结构破坏,造成重大工程事故。由此而引发的诉讼争议也屡见不鲜。

一、钢筋混凝土概述

(一)钢筋混凝土

混凝土是由水泥、骨料和水等按一定配合比,经搅拌、成型、养护等工艺硬化而成的工程材料。[①] 在建设工程领域,混凝土是使用频率极高的词,但该词笔画太多,因此用石、人、工组合成"砼"字替换,被工程界广泛采用。

以混凝土为主制成的结构即为混凝土结构,包括素混凝土结构、钢筋混凝土结构和预应力混凝土结构,按施工方法可分为现浇混凝土结构和装配式混凝土结构。[②] 混凝土结构约有150年的历史,由于其抗压强度高、取材容易、耐久性及耐火性好,因而被广泛应用于工业与民用建筑、桥梁、隧道、矿井以及水利、海港等工程中。[③]

混凝土凝固后的抗压能力较强,但抗拉能力较弱,容易因受拉而断裂,为了解决这个矛盾,充分发挥混凝土的抗压强度,常在混凝土受拉区域内或相应部位配置一定数量的钢筋,使两种材料粘结合成一个整体,共同承受外力。这种配有钢筋的混凝土,被称为钢筋混凝土。

---

① 参见《混凝土强度检验评定标准》(GB/T 50107－2010)第2.1.1条。

② 参见《混凝土结构工程施工质量验收规范》(GB 50204－2015)第2.0.1条。

③ 参见程文瀼、颜德姮等主编:《混凝土结构(中册)——混凝土结构与砌体结构设计》(第4版),中国建筑工业出版社2008年版,第2－3页。

（二）商品混凝土

商品混凝土（商砼）也叫预拌混凝土，指由商品混凝土供货方预先拌好并以商品形式出售给施工人，使用专用运输车辆（俗称混凝土罐车），运到施工现场进行泵送、浇筑的混凝土拌合物。[①] 商品混凝土是一种特殊的建筑材料，其交货时是塑性、流态状的半成品。商品混凝土从搅拌站运至施工现场，一般应在2小时内进行浇筑，否则超过初凝时间，会影响混凝土强度。

商品混凝土在所有权转移以后，还需要使用方继续履行一定的质量义务，比如混凝土浇筑、养护，才能达到最终的质量要求。商品混凝土质量控制主要包括原材料、配合比、生产制备、运输、交货验收、施工现场控制等方面。商品混凝土质量标准主要有《混凝土质量控制标准》（GB 50164－2011）和《预拌混凝土》（GB/T 14902－2012）等。

混凝土强度是混凝土的力学性能，表征其抵抗外力作用的能力，混凝土强度等级共分为C15、C20、C25、C30、C35、C40、C45、C50、C55、C60、C65、C70、C75、C80十四个等级。[②] 影响混凝土强度的因素主要有水泥标号、施工工艺、环境和龄期等几个方面，其中龄期指的是自加水搅拌开始，混凝土所经历的时间。[③]

二、钢筋混凝土施工质量验收要求

（一）钢筋分项工程

钢筋分项工程是混凝土结构工程施工质量验收流程中非常重要的环节。在浇筑混凝土之前，应进行钢筋隐蔽工程验收。隐蔽工程验收应包括下列主要内容：（1）纵向受力钢筋的牌号、规格、数量、位置；（2）钢筋的连接方式、接头位置、接头质量、接头面积百分率、搭接长度、锚固方式及锚固长度；（3）箍筋、横向钢筋的牌号、规格、数量、间距、位置，箍筋弯钩的弯折角度及平直段长度；（4）预埋件的规格、数量和位置。[④]

钢筋进场时，应按国家现行相关标准的规定抽取试件作屈服强度、抗拉强度、伸长率、弯曲性能和重量偏差检验，检验结果应符合相应标准的规定。检验方法

---

① 参见《预拌混凝土》（GB/T 14902－2012）第3.1条。

② 参见《混凝土结构设计规范》（GB 50010－2010）第4.1.3条。

③ 参见《混凝土强度检验评定标准》（GB/T 50107－2010）第2.1.2条。

④ 参见《混凝土结构工程施工质量验收规范》（GB 50204－2015）第5.1.1条。

包括检查质量证明文件和抽样检验报告。其中,质量证明文件包括产品合格证、出厂检验报告,有时产品合格证、出厂检验报告可以合并;进场抽样检验的结果是钢筋材料能否在工程中应用的判断依据。

成型钢筋①(箍筋、纵筋、焊接网、钢筋笼等)进场时,应抽取试件送第三方实验室进行屈服强度、抗拉强度、伸长率和重量偏差检验,检验结果应符合国家现行有关标准的规定。对由热轧钢筋制成的成型钢筋,当有施工人或监理人的代表驻厂监督生产过程,并提供原材钢筋力学性能第三方检验报告时,可仅进行重量偏差检验。此时成型钢筋进场的质量证明文件主要为产品合格证、产品标准要求的出厂检验报告和成型钢筋所用原材钢筋的第三方检验报告。对不满足上述条件的由热轧钢筋制成的成型钢筋及由冷加工钢筋组成的成型钢筋,进场时应作屈服强度、抗拉强度、伸长率和重量偏差等物理性能检验。此时成型钢筋的质量证明文件主要为产品合格证、产品标准要求的出厂检验报告;对成型钢筋所用原材钢筋,生产企业可参照相关专业规范的规定自行检验,其检验报告在成型钢筋进场时可不提供,但应在生产企业存档保留,以便需要时查阅。对于钢筋焊接网,材料进场时还需按现行行业标准《钢筋焊接网混凝土结构技术规程》(JGJ 114－2014)的有关规定检验弯曲、抗剪等项目。

(二)混凝土分项工程

混凝土是钢筋混凝土结构中重要的组成部分,混凝土结构质量验收也是施工质量验收中的重要环节。一般来说,混凝土结构质量验收的基本条件是:现浇结构质量验收应在拆模后、混凝土表面未作修整和装饰前进行,并应作出记录;已经隐蔽的不可直接观察和量测的内容,可检查隐蔽工程验收记录;修整或返工的结构构件或部位应有实施前后的文字及图像记录。②

现浇混凝土结构的外观质量不应有严重缺陷,对已经出现的严重缺陷,应由施工人提出技术处理方案,并经监理人认可后进行处理;对裂缝或连接部位的严重问题及其他影响结构安全的严重问题,技术处理方案尚应经设计人认可。现浇结构的外观质量也不应有一般缺陷,对已经出现的一般缺陷,应由施工人按技术处理方案进行处理。

---

① 参见《混凝土结构用成型钢筋》(JG/T 226－2008)第3.1条。

② 参见《混凝土结构工程施工质量验收规范》(GB 50204－2015)第8.1.1条。

现浇混疑土质量缺陷应由监理人、施工人等各方根据其对结构性能和使用功能影响的严重程度共同确定。对于外观质量要求较高的清水混凝土(直接利用混凝土成型后的自然质感作为饰面效果的混凝土)①,考虑到其装饰效果属于主要使用功能,可将其外形问题、外表问题定为严重缺陷。

现浇混凝土结构不应有影响结构性能或使用功能的尺寸偏差;混凝土设备基础不应有影响结构性能和设备安装的尺寸偏差。对超过尺寸允许偏差且影响结构性能和安装、使用功能的部位,应由施工人提出技术处理方案,经监理、设计人认可后进行处理。

(三)结构实体检验

在混凝土结构施工质量验收时,对涉及混凝土结构安全的有代表性的部位应进行结构实体检验。结构实体检验应包括混凝土强度、钢筋保护层厚度、结构位置与尺寸偏差以及合同约定的项目,必要时可检验其他项目。结构实体检验应由监理人组织承包人实施,并见证实施过程。承包人应制订结构实体检验专项方案,并经监理人审核批准后实施。除结构位置与尺寸偏差外的结构实体检验项目,应由具有相应资质的检测机构完成。结构实体混凝土强度应按不同强度等级分别检验,检验方法宜采用同条件养护试件方法;当未取得同条件养护试件强度或同条件养护试件强度不符合要求时,可采用回弹—取芯法进行检验。

结构实体检验中,当混凝土强度或钢筋保护层厚度检验结果不满足要求时,应委托具有资质的检测机构按国家现行有关标准的规定进行检测。检测的结果将作为进一步验收的依据。对于经返修或加固处理仍不能满足安全或重要使用要求的分部工程及单位工程,严禁验收。

三、钢筋混凝土常见质量问题

(一)材料因素

1. 商品混凝土材料缺陷。当水泥、砂子、外加剂等原材料不符合相关技术标准时,会导致商品混凝土强度等级不符合设计要求。比如,商品混凝土中使用安定性差的水泥,会导致水泥中的游离氧化钙吸收空气中的水分生成氢氧化钙,从而体积膨胀,产生内应力,使混凝土构件产生裂缝,严重时会降低混凝土的强度。

---

① 参见《水电水利工程清水混凝土施工规范》(DL/T 5306 – 2013)第 2.0.1 条。

2. 钢筋材料缺陷。主要表现为钢筋力学性能、化学成分等指标不符合设计要求或技术规范、标准。比如,在工程施工领域常见的“瘦身”钢筋,就是违法使用违规张拉或冷拔调直加工后的钢筋,钢筋被“瘦身”拉长之后原本的伸长率、抗拉强度、屈服强度等力学性能遭到破坏,必然会严重影响工程质量。

(二)施工工艺

1. 混凝土施工质量缺陷。例如混凝土外观质量缺陷,混凝土浇筑、养护不当导致的混凝土抗压强度不符合设计要求,混凝土裂缝等。

2. 钢筋施工质量缺陷。例如钢筋间距、钢筋直径、钢筋保护层厚度不符合设计要求,钢筋连接及锚固不符合相关技术标准等。

上述施工质量缺陷中,混凝土外观质量缺陷一般指露筋、蜂窝、孔洞、夹渣、疏松、裂缝、连接部位缺陷、外形缺陷及外表缺陷等,此类缺陷一般不会对结构承载力产生影响;但混凝土强度不足、钢筋配置不符合设计要求等缺陷,严重时可能会导致结构承载力不足甚至坍塌。

四、钢筋混凝土质量问题的责任认定

(一)商品混凝土质量争议问题

商品混凝土是建筑行业应用最广的一类建筑材料,商品混凝土的质量直接影响到建设工程的质量,甚至影响到主体结构是否安全。由于商品混凝土的自身特性,在浇筑成型后其原材料(水泥、砂、石、水、外加剂和掺合料等)的物理性质和化学成分指标不能通过现有检测技术手段准确重现,混凝土配合比、和易性、安定性、塌落度等指标也不能通过现有检测技术手段予以事后识别,因此实践中对于商品混凝土的质量鉴定存在较大难度。

常见的商品混凝土质量争议案由多为买卖合同纠纷,当事人一方为发包人(甲供材料情况下)或承包人,另一方为材料供货方。此类质量争议类型主要有以下几点。

1. 原材料问题

商品混凝土原材料问题,往往是由于水泥、砂石料、添加剂等原料不合格造成的。如前所述,当混凝土浇筑完成后,原材料质量问题的成因难以通过事后的检测技术手段查明确认,相关责任承担的问题主要根据当事人的举证情况作出判断,在必要且可行的情况下往往会借助司法鉴定。由原材料问题引起的民事二审甚至再审案件较为典型,如辽宁省高级人民法院(2014)辽审一民申字第 289 号、重庆市高级人民法院(2016)渝民终 460 号、辽宁省高级人民法院(2018)辽民终 396 号、辽宁省高级人民法院(2018)辽民申 4294 号、新疆维吾尔自治区高级人民法院(2021)新民申 3051 号、江苏省高级人民法院(2021)苏民申 434 号等案。

例如,在辽宁省高级人民法院(2018)辽民申 4294 号买卖合同纠纷案中,出卖人为商品混凝土供货方,买受人为混凝土施工方,案件争议焦点为出卖人提供的商品混凝土是否存在质量问题。法院认为,根据原审查明的事实,承包人承建的案涉工程所使用的全部混凝土由出卖人提供,施工过程中,工程质量行政监督管理部门以混凝土强度不符合设计要求为由,通知承包人停工,案件审理过程中法院委托相关机构进行了司法鉴定,鉴定意见为: -1 层至 8 层的墙、柱及柱节点处现龄期混凝土强度推定值均低于 C60,不满足设计强度要求,且并无证据证明混凝土搅拌、成型、养护工程中曾经发生过加水、混打、养护不到位的现象,故可认定商品混凝土存在质量问题,出卖人应承担相应的法律责任。

2. 配合比问题

对于不同标号的混凝土应根据其所用原材料的物理性质和化学成分进行有针对性的配合比计算,经试验、调整后最终确定。由于各地原材料的基本物理性质和化学成分存在差异,如果不经试验、调整,直接按照理论计算的配合比进行生产制备,常常会出现质量问题。比如商品混凝土中砂率增大,石子间的空隙率和总表面积都会增大,在水泥浆用量不变的情况下,相对的水泥浆少了,在一定范围内混凝土拌合物的流动性就会增加。但砂率过大,会产生几种不同的结果,比如,导致混凝土拌合物的流动性降低,使得混凝土拌合物的黏聚性增加。但是,当水泥浆不足以包裹骨料表面时,混凝土拌合物黏聚性反而会下降。

配合比问题导致的商品混凝土缺陷,通常可以通过事后的技术检测手段发现成因,法院可以根据司法鉴定意见来确定各方主体的责任。例如,四川省高级人民法院(2017)川民终 335 号买卖合同纠纷案中,出卖人为商品混凝土供货方,买受人为混凝土施工方,案件主要争议焦点为出卖人提供的商品混凝土是否存在质量问题。法院查明,出卖人未提供出厂检验的相关证据,其提供的十份《混凝土抗折强度检测报告》,取送样的是买受人的工作人员,该检测报告显示相关的送检产品达到了国家标准;但买受人提出当时对混凝土试样的送检并未按规范流程操作,故该检测报告的结论不能全面反映客观实际。为此法院委托进行了司法鉴定,而鉴定机构所作鉴定报告显示混凝土抗压强度推定值未达到 C30。对于检测报告与鉴定报告反映的事实,法院认为,虽然预拌混凝土经浇筑施工形成路面后物理性状发生改变,但鉴定报告显示强度不达标的主要原因为混凝土中粗集料粒径过大,而粗集料粒径的大小不会因混凝土物理性状的改变而发生变化,因此对道路现状进行的鉴定能够在一定程度上反映当时的混凝土质量状况。该案裁判的一个亮点在于,各方当事人就混凝土供应阶段的送检过程作出了截然不同的陈述,且除当事人陈述以外,没有其他证据证明取样及送检均是严格按照规范程序操作,故法院认为检测报告的证明力相较于鉴定报告而言更弱。因此,综合认定出卖人提供的混凝土抗压强度未达到 C30 国家标准、质量不合格,出卖人应承担相应责任。

3. 外加剂问题

商品混凝土的外加剂是指在混凝土中除胶凝材料、骨料、水和纤维组分以外,在混凝土拌制之前或拌制过程中加入的,用以改善新拌混凝土和(或)硬化混凝土性能,对人、生物及环境安全无有害影响的材料。①

常见的混凝土外加剂有:改善混凝土拌合物流变性能的外加剂,如各种减水剂和泵送剂等;调节混凝土凝结时间、硬化过程的外加剂,如缓凝剂、早强剂、促凝剂和速凝剂等;改善混凝土耐久性的外加剂,如引气剂、防水剂和阻锈剂等;改善混凝土其他性能的外加剂,如膨胀剂、防冻剂和着色剂等。

混凝土外加剂的掺量一般不大于水泥质量的 5%,外加剂产品的质量必须符合国家标准的规定。外加剂能有效地改善混凝土的性能,不仅可以提高混凝土的强度,改善和易性,还可以提高混凝土的耐久性。尤其是高效能减水剂的使用,能使水泥粒子得到充分的分散,用水量大大减少,水泥潜能得到充分发挥。但质量不合格的外加剂的使用,会直接导致混凝土的强度不合格。

外加剂问题导致的商品混凝土问题,一般应由负责提供外加剂的商品混凝土公司承担相应责任。例如江苏省淮安市中级人民法院(2016)苏 08 民终 905 号买卖合同纠纷案中,出卖人为商品混凝土供货方,买受人为混凝土施工人,案件主要争议焦点为出卖人提供的商品混凝土是否存在质量问题。法院认为,一审庭审中,买受人出具了某试验室作出的关于减水剂的试配情况说明,试配结论:9: 34 坍落度 170mm,10: 04 坍落度 40mm,凝结时间 20h9m。该混凝土流动性没办法达到施工性能,同时凝结时间偏长,因此该减水剂无法满足工程需求。案涉合同质量保证条款约定,出卖人应保证所提供的材料符合国家相关质量标准的规定,在交

① 参见《混凝土外加剂术语》(GB/T 8075 - 2017)第 2 条。

付时没有材质或工艺上的缺陷且符合买受人提出的技术标准及规范;出卖人应保证其出售的材料可供正常使用,并且在材料的寿命期内转运良好。根据上述约定,出卖人应保证其产品符合买受人用于工地的正常使用需求,而混凝土的相容性是案涉合同所约定的质量标准之一,现买受人一审提供的工作联系单以及试配情况说明均可以证明出卖人所提供的减水剂存在相容性问题,无法满足现场混凝土施工的技术要求,故买受人以此主张出卖人产品质量不符合合同约定,依据合同第9.2条主张解除合同,返还货款,具有事实及法律依据,法院予以支持。

4. 浇筑、养护问题

混凝土浇筑指的是将混凝土浇筑入模直至塑化的过程。混凝土浇筑成型后应及时进行养护,常见的混凝土养护措施有洒水自然养护、喷涂薄膜养护及塑料薄膜包裹养护等。混凝土浇筑、养护是混凝土质量控制中重要的环节。实践中,经常出现浇筑、养护不规范导致的混凝土质量问题,例如未按规范进行混凝土振捣或振捣不充分、不密实,未按规范进行养护,冬季施工、雨季施工未按规范采取必要措施等导致的混凝土质量问题。

浇筑、养护不当导致的混凝土质量问题,一般应由施工人承担相应责任。例如,福建省高级人民法院(2015)闽民终字第1730号买卖合同纠纷案中,出卖人为商品混凝土供货方,买受人为混凝土施工人,担保人为发包人,案件争议焦点为出卖人提供的商品混凝土是否存在质量问题。法院认为,从事故原因看,监理通知单记载的事故原因是现场浇筑错误。根据当事人双方之间的商品混凝土销售合同约定,买受人对混凝土有验收的义务,且工地运输的手推车、翻斗车、井架手提车、塔吊及吊罐均由买受人负责;若采用泵送方式浇筑,其使用场地等也由买受人负责。可见,出卖人将水泥运到现场后,由买受人负责验收,并进行现场管理和浇筑。现浇筑导致事故的,依合同约定,应由买受人即施工单位承担相应法律责任。

再如,北京市第一中级人民法院(2016)京01民终1059号建设工程施工合同纠纷案中,案件争议焦点为承包人施工的混凝土结构是否存在质量问题。一审法院在审理过程中委托司法鉴定,鉴定意见为:案涉二期会所地下二层混凝土墙体裂缝为非受力裂缝,判断属于因混凝土养护不当,在混凝土硬化过程中产生的自收缩变形裂缝。法院认为,虽然工程已交付发包人使用,但不应免除承包人对工程本身质量问题的维修责任,承包人关于本案的质量问题并非主体工程质量问题进而无义务予以维修的主张,法院不予采信,承包人应当支付发包人因工程质量问题而产生的修复费用。

5. 现场加水问题

混凝土拌合物在运输和浇筑成型过程中严禁加水。但实践中，有时为了加快现场混凝土浇筑速度，施工人在泵送浇筑时往混凝土中加水，对混凝土进行稀释。这样操作虽然提高了浇筑速度，但破坏了混凝土出厂时的配合比，导致水灰比变大，混凝土强度降低；同时，加水后会造成混凝土形成薄弱点，强度不均匀，最终影响混凝土的整体强度。

施工人现场加水导致的混凝土质量问题，一般应由施工人承担相应责任。例如，在安徽省合肥市中级人民法院(2019)皖01民终155号买卖合同纠纷案中，出卖人为商品混凝土供货方，买受人为混凝土施工人，案件争议焦点为出卖人提供的商品混凝土是否存在质量问题。法院认为：首先，案涉《预拌混凝土购销合同》明确约定质量标准按《预拌混凝土》(GB/T 14902－2003)(已失效)、《混凝土强度检验评定标准》(GB/T 50107－2010)执行。根据上述标准的规定，预拌混凝土质量验收应以交货检验结果作为依据。买受人系成立二十余年的专业建筑施工企业，其辩称对上述混凝土国家标准的相关内容不知情，明显不符合常理。其次，买受人在收货后即委托鉴定机构对出卖人提供的混凝土进行检测，检测结果均达到设计强度。再次，买受人对混凝土的浇筑、振捣、养护负责，而其提供的检测报告并未就混凝土抗压强度低于设计要求的原因进行分析，即该报告不能反映出卖人提供的混凝土存在质量问题。最后，双方当事人均认可案涉混凝土在供货期间存在加水情况，那么，在买受人未举证证明加水行为系经过出卖人同意的情况下，根据合同约定，买受人单方掺入外加剂、掺和物而引发的混凝土质量问题，应由买受人负责。

(二)钢筋质量争议问题

钢筋分项工程属于混凝土结构施工过程中典型的隐蔽工程，在混凝土浇筑成型后，对于钢筋不能通过目测的方式评价其工程质量是否存在问题，只能通过“无损”和“有损”两类检测技术实现。所谓“无损”检测，一般是通过钢筋扫描仪探测钢筋直径、钢筋根数、钢筋间距、保护层厚度等指标，不需要对混凝土表面进行剔凿的一种检测技术；而“有损”检测，一般是对混凝土表面进行剔凿，将钢筋局部外露，通过游标卡尺、钢直尺等检测仪器，直接测量钢筋直径、钢筋根数、钢筋间距、保护层厚度等指标的一种检测技术。如果涉及钢筋材料的力学性能和化学成分的质量争议，现有技术必须有赖于“有损”检测，即将混凝土表面剔凿使钢筋外露，截取钢筋后将其移送实验室进行检测。取样时，应按照《混凝土结构现场检测技术标准》(GB/T 50784－2013)规定的抽样量进行抽样,截取钢筋试件应采取必要措施,确保受检构件和结构的安全,钢筋截取位置宜选在应力较小的部位,钢筋试件的长度应满足钢筋力学性能试验方法的要求。钢筋截取工作完成后应及时进行修复,以免造成结构损伤。

常见的钢筋质量争议案由多为买卖合同纠纷或施工合同纠纷,此类质量争议类型主要有:

1. 钢筋原材料缺陷问题

根据不同工程设计要求,钢筋材料的规格和型号会有差异,工程中常见的两类钢筋,热轧光圆钢筋以 HPB 为代号①,也称“圆钢”,热轧带肋钢筋以 HRB 为代号②,也称“螺纹钢”。梁、柱受力钢筋宜采用热轧带肋钢筋,箍筋可采用热轧带肋钢筋或热轧光圆钢筋。常见的钢筋产品标准有:《钢筋混凝土用钢第 1 部分:热轧光圆钢筋》(GB/T 1499.1－2017)、《钢筋混凝土用钢第 2 部分:热轧带肋钢筋》(GB/T 1499.2－2018)、《钢筋混凝土用余热处理钢筋》(GB/T 13014－2013)、《钢筋混凝土用钢第 3 部分:钢筋焊接网》(GB/T 1499.3－2010)、《冷轧带肋钢筋》(GB/T 13788－2017)等。

由于钢筋的力学性能和化学成分通常不会受到环境变化或时间改变的影响,因此,如果出现钢筋材料质量不符合产品标准或合同约定的情形,在查明事实的基础上一般应由钢筋材料供货方承担相应责任。

例如,在江苏省高级人民法院(2016)苏民终 734 号买卖合同纠纷案中,出卖人为钢材供货方,买受人为施工方,双方对钢材质量存在争议。法院认为,2011 年 10 月 13 日,买受人向出卖人发出钢材退货通知,该通知载明钢筋抽检不合格,现买受人决定,要求出卖人将不合格钢材立即拉回并补送。由于买受人提供的 21 份钢材退货通知均由出卖人签收,在签收该通知时对买受人主张的品牌不符合要求及补货的要求均未提出异议,且通知载明供货方需在 48 小时内将不合格钢材全部运回,因此出卖人当时已经确认了该 21 份通知单所涉 711 余万元钢材退货的事实,其不能主张该部分货款,出卖人应承担相应责任。

2. 钢筋连接及锚固缺陷问题

钢筋连接是指通过绑扎搭接、机械连接、焊接等方法实现钢筋之间内力传递

① 参见《钢筋混凝土用钢第 1 部分:热轧光圆钢筋》(GB/T 1499.1－2017)第 4.2 条。

② 参见《钢筋混凝土用钢第 2 部分:热轧带肋钢筋》(GB/T 1499.2－2018)第 4.2 条。

的构造形式。钢筋混凝土结构中受力钢筋的连接接头宜设置在受力较小处,在同一根受力钢筋上宜少设接头,在钢筋混凝土结构的重要构件和关键传力部位,即纵向受力钢筋上不宜设置连接接头。绑扎搭接在任何环境条件下均可操作,无须额外加工、安装和检测设备,施工速度较快,缺点是在搭接区域内钢筋接头较多,不利用混凝土浇筑和振捣;机械连接施工速度快,传力性能好,质量稳定,缺点是成本较高;焊接连接施工便利,缺点是需要专业焊接人员、设备,能源消耗大。

钢筋混凝土结构中钢筋能够受力,主要是依靠钢筋和混凝土之间的粘结锚固作用,因此钢筋的锚固是钢筋混凝土结构受力的基础。钢筋锚固长度,是指受力钢筋依靠其表面与混凝土的粘结作用或端部构造的挤压作用而达到设计承受应力所需的长度。如锚固失效,则钢筋混凝土结构将丧失承载能力并由此导致结构破坏。钢筋连接及锚固对于钢筋混凝土结构受力有重要影响,如果出现钢筋连接及锚固缺陷的情形,一般应由施工单位承担相应责任。

例如,在青海省高级人民法院(2020)青民终 106 号案中,发包人与承包人对案涉工程质量问题产生争议。发包人委托检测机构对案涉工程质量问题进行检测,检测报告结论为:所测部分混凝土柱内钢筋直径不符合设计要求、混凝土强度不符合设计要求、剪力墙墙内钢筋锚固长度小于规定允许值,故检测机构建议对不符合设计要求的混凝土构件及钢筋采取处理措施。法院认为,该案是因工程质量问题而产生的赔偿纠纷,关于案涉工程是否存在质量问题,在诉讼前针对工程质量问题各方已进行了检测并形成了会议纪要分析,经检测分析,工程质量问题确实存在,承包人未提交其在退场前就已存在的质量问题全部修复达到标准的相关证据,故因工程质量问题而产生的维修费用及工期延误损失应该由承包人承担。

再如,在安徽省安庆市中级人民法院(2018)皖 08 民终 918 号案中,争议焦点为:发包人、承包人和设计人对于案涉工程好氧池 2 号池和 3 号池之间的隔墙倒塌的责任如何认定。法院认为,关于钢筋锚固长度等不满足设计要求,显然是施工方的过错,且鉴定意见载明“工程隔墙两端水平钢筋锚固长度不满足设计要求,对隔墙抗倒塌能力的减弱起到一定作用”,故承包人对案涉工程隔墙倒塌应承担相应责任。因隔墙倒塌发生于设计人“包运行”期间,且该公司在污水工程运行前及运行过程中均未对案涉工程与设计蓝图不符提出异议,也无证据证明隔墙倒塌时的水位控制情况是否符合设计要求,故由此造成的责任由设计人承担。综上,法院酌定发包人应对案涉工程隔墙倒塌自行承担 40% 的责任,承包人、设计人因履行合同义务不符合约定分别承担 20% 、40% 的赔偿责任。

3. 钢筋施工缺陷问题

钢筋施工缺陷主要指在混凝土浇筑过程中,钢筋间距或根数不符合规范规定、保护层厚度不符合规范规定、钢筋连接和锚固不当等工程质量缺陷。钢筋根数、钢筋间距、保护层厚度以及钢筋连接和锚固的鉴定,可采用非破损或局部破损的方法,也可采用非破损与局部破损并用的方法进行验证。

《混凝土结构工程施工质量验收规范》(GB 50204 - 2015)对钢筋保护层厚度的检验有以下规定①:"梁类、板类构件纵向受力钢筋的保护层厚度应分别进行验收,并应符合下列规定:

1. 当全部钢筋保护层厚度检验的合格率为90%及以上时,可判为合格;

2. 当全部钢筋保护层厚度检验的合格率小于90%但不小于80%时,可再抽取相同数量的构件进行检验;当按两次抽样总和计算的合格率为90%及以上时,仍可判为合格;

3. 每次抽样检验结果中不合格点的最大偏差均不应大于本规范附录E.0.4条规定允许偏差的1.5倍。"

如果出现上述钢筋施工缺陷的情形,一般应由施工人承担相应责任。例如,在云南省高级人民法院(2020)云民终115号案中,发包人和承包人对工程质量问题存在争议。法院认为,根据《建筑法》《建设工程质量管理条例》等法律、行政法规的相关规定,施工人应对建设工程的施工质量负责,确保工程质量符合法定及约定质量标准。经鉴定,案涉工程在混凝土强度、板面钢筋保护层厚度、楼板厚度、楼层净高、轴线尺寸及垂直度等方面均存在质量问题。承包人作为工程施工单位,依法应对该质量问题进行修复。在双方均无继续履行合同可能的情况下,承包人应支付相应的修复费用。

(三)混凝土施工质量争议问题

常见的混凝土施工质量争议案由多为施工合同纠纷,此类质量争议类型主要有以下几种。

1. 混凝土外观质量问题

混凝土结构工程施工质量问题通常可分为内部缺陷和外观质量问题两类。内部缺陷主要表现为混凝土浇筑不密实、存在空洞等,一般在混凝土浇筑后不能

---

① 参见《混凝土结构工程施工质量验收规范》(GB 50204 - 2015)附录E。

肉眼识别，需通过超声检测、钻芯或者开凿等方式加以判断；而外观质量问题，在实践中常见的类型有：露筋、蜂窝、孔洞、夹渣、疏松、裂缝、连接部位缺陷等。混凝土外观质量问题成因较为复杂，个案中应根据工程具体情况加以分析，一般来说，常见的混凝土外观质量问题常见成因参见表 13－1。

表 13－1　混凝土外观质量问题常见成因

混凝土外观质量问题类型	常见原因分析
露筋	钢筋垫块固定不牢固、垫块数量较少 施工过程中踩踏等外力导致钢筋变形
蜂窝	混凝土配合比不合理 混凝土搅拌不均匀 未充分振捣
孔洞	混凝土搅拌不均匀 未充分振捣、漏振 钢筋密集处混凝土填塞不充分
疏松	模板吸水量大 未有效养护
夹渣	浇筑混凝土前未清理模板 使用垫块不规范 施工中混入建筑垃圾
裂缝	混凝土中沙石含量较高 模板支撑不牢固产生局部变形 未有效养护 拆模过早 箍筋保护层厚度不足 混凝土水化热导致内外温差过大 施工堆载
外形问题 （如缺棱掉角、棱角不直、翘曲不平、飞边凸肋）	浇筑混凝土时模板发生移动 模板安装偏差较大 模板强度不足变形
外表问题 （如麻面、掉皮、起砂、沾污）	模板未清理干净脱模剂涂刷不均匀

由于混凝土外观质量问题成因复杂,因此对该类问题的责任认定也相对复杂。如果出现上述混凝土外观质量问题的情形,应具体问题具体分析。一般来讲,施工人施工不规范导致的混凝土外观质量问题,应当由施工人承担相应责任;材料缺陷、环境因素或其他外力导致的混凝土外观质量问题,应当根据过错程度由相关责任主体承担相应责任。

例如,在海南省高级人民法院(2020)琼民终 275 号案中,发包人与承包人对工程质量问题存在争议。法院认为,根据司法鉴定意见,案涉工程房屋主体结构工程柱有蜂窝麻面、偏模、龟裂现象,梁有蜂窝麻面、开裂现象,剪力墙有开裂现象,现浇板有蜂窝麻面、开裂现象,混凝土构件钢筋有露筋、锈蚀现象,不符合要求。承包人施工建成的案涉工程需要部分加固、修复,承包人应承担相应责任。

再如,在北京市高级人民法院(2020)京民终 80 号案中,发包人与承包人对工程质量问题的责任认定及修复费用承担存在争议。法院认为,案涉工程经过工程质量鉴定,被认定部分施工内容存在质量问题,根据鉴定人回复的意见,案涉工程的质量问题成因分为两类:(1)确定属于承包人在施工过程中存在的施工质量问题,主要为个别构件钢筋配置数量不符合设计图纸要求、部分构件截面尺寸不符合验收规范要求;(2)无法判断属于承包人在施工过程中存在的施工质量问题,还是停工后发包人养护不当造成的质量问题。故法院认定,对于工程质量问题中确定属于施工过程中造成的质量问题,应当由承包人承担全部修复费用;对于鉴定人无法明确确定质量问题成因的部分,酌情确定双方的过错比例。

2. 混凝土实体检验问题

近年来,混凝土实体强度不符合设计要求导致的重大事故偶有发生。2017 年 3 月,天津市某商品住宅小区工程混凝土实体强度未达到设计要求,根据设计复核及专家组论证意见,从技术角度认为需拆除的楼号为 1 号楼、2 号楼、5 号楼、10 号楼、19 号楼、19A 号楼地面以上建筑①;2019 年,湖南省长沙市某工程主体结构已建至 27 层,经检测,混凝土实体强度设计要求达到 C35,实际只达到 C15,经多次鉴定已无法修复、加固,需将 12 层以上全部拆除②;2021 年 4 月,山东省青岛某工

---

① 参见住房和城乡建设部:《建督罚字〔2021〕40 号》,载住房和城乡建设部官网 2021 年 6 月 25 日,https://www.mohurd.gov.cn/gongkai/fdzdgknr/tzgg/202107/20210702_250660.html。

② 参见王文:《权威通报丨长沙市住建局通报湖南拓宇混凝土有限公司混凝土质量问题有关情况望城 2 楼盘相关楼栋停工》,载华声在线,https://hunan.voc.com.cn/article/201911/201911092231571689.html。

程因混凝土实体强度不达标,18 栋住宅楼全部拆除重建[①]。

例如,上述这类混凝土实体检验强度问题导致的各类诉讼、仲裁争议案件,通常需要通过鉴定,才能确认各方的责任分担。但实践中比较难确定的是,混凝土实体强度不符合设计要求,是商品混凝土材料本身的问题,还是混凝土浇筑养护的问题?从技术角度分析,可能存在多因一果的情况。一般来讲,施工人施工不规范导致的混凝土实体强度不符合设计要求的,应当由施工人承担相应责任;材料缺陷、环境因素或其他原因导致的混凝土实体强度不符合设计要求的,应当根据举证证明责任、鉴定结果等因素综合确定各方主体的过错程度,再由相关责任主体承担相应责任。

例如,在最高人民法院(2019)最高法民终 203 号买卖合同纠纷案中,出卖人为商品混凝土供货方,买受人为施工方,双方对商品混凝土质量存在争议。法院认为,鉴定机构出具的报告载明,取样采取钻芯法,所取芯样完整密实、无缺陷。虽然施工人的养护操作存在不严格、不规范的情形,但是从所取芯样情况看,芯样完整密实,不存在挟带杂物或受冻的情形,一审法院基于上述事实并结合施工期间气象温度记录,排除施工单位养护操作不当系导致大体积混凝土强度不达标的原因,并无不当。混凝土供货方主张施工单位的养护操作不规范导致混凝土抗压强度不符合要求,依据不足,不予支持。另外,混凝土供货方二审期间提供了《混凝土抗压强度测试检验报告》《预拌混凝土出厂(交货)合格证》,用以证明其混凝土质量合格,其提供的试验报告和合格证均系混凝土出厂时自行检测制作的报告及合格证,在案涉混凝土抗压强度不符合要求且排除养护责任的情况下,不能以此作为认定混凝土质量合格的依据。据此,混凝土强度不符合设计要求所导致的责任,应由混凝土供货方自行承担。

3. 混凝土裂缝问题

混凝土结构中常常存在裂缝,并且一定限度内的裂缝是被允许的。[②] 但如果不对混凝土裂缝加以控制,会影响混凝土结构承载能力、耐久性及防水性。混凝土裂缝按照受力机理可分为受力裂缝和非受力裂缝两类。受力裂缝主要有受拉裂缝、弯曲裂缝、弯剪裂缝、剪切裂缝和受压裂缝。非受力裂缝主要有温度裂缝、收缩裂缝。也有学者将混凝土裂缝分为荷载引起的裂缝、温度变化引起的裂缝、

---

① 参见《混凝土不达标,青岛绿地国科 19 栋住宅楼全部炸毁重建!》,载腾讯网,https://new.qq.com/rain/a/20210425A04Y0V00。

② 参见《混凝土结构设计规范》(GB 50010 - 2010)第 7.1.1 条。

收缩引起的裂缝、基础变形引起的裂缝、钢筋锈蚀引起的裂缝、冻胀引起的裂缝、原材料质量引起的裂缝、施工工艺引起的裂缝等八类。①

在混凝土裂缝导致的争议案件中，一般来讲，承包人施工不规范导致的混凝土裂缝，应当由承包人承担相应责任；沉降、温度或收缩等原因导致的混凝土裂缝，应当根据举证证明责任、司法鉴定结果等因素综合确定各方主体的过错程度，再由相关责任主体承担相应责任。

例如，在新疆维吾尔自治区高级人民法院(2019)新民终208号案中，案件争议焦点为：地下室外挡土墙裂缝引起的工程质量责任应由谁承担。法院认为，经司法鉴定，承包人施工的地下室外挡土墙裂缝产生的主要原因是地下室建筑物长度较长，挡土墙施工时未设置后浇带和混凝土材料收缩及温度应力。工程所在地质量监督站出具的建设工程质量安全整改通知书亦证实该事实，承包人施工的二标段主体工程确实存在工程质量问题，承包人收到通知后并未实施工程的整改修复，因此，工程质量的主要责任应当由承包人承担。

① 参见孟表柱：《钢筋混凝土桥梁裂缝类型及分析》，载《公路》2002年第9期。

第十四章

混凝土预制构件

建筑构件是组成建筑物或构筑物的基本部件。以传统方式建造建筑物的，包括混凝土构件在内的建筑构件主要在建筑施工现场制作，特别是混凝土构件，基本上都在施工现场浇筑。而随着建筑物建造技术的发展，特别是装配式建筑的出现，预制生产建筑构件开始被广泛运用，因预制构件而引发的质量问题也愈加广泛。

一、混凝土预制构件概述

装配式建筑的原理类似搭积木，是将预制的构件通过集成的方法在工地施工安装进而形成的建筑物。根据预制构件的用途不同，常见的预制构件包括：(1)预制柱，以承受轴向力为主的直线形竖向预制构件。(2)预制梁，将楼板荷载传递到柱、墙上的预制构件。(3)预制墙，承受轴向力和侧向力的平面或曲面形的竖向预制构件。(4)预制楼板，直接承受楼面荷载的预制构件。(5)预制楼梯，包括踏步板、栏杆的梯段和平台组成的沟通上下不同楼面的斜向预制构件。(6)预制阳台、预制空调板等。

根据预制构件所用材料的不同，预制构件可分为：(1)混凝土构件，采用以钢筋混凝土为主制作的构件。(2)钢构件，采用以钢材为主制作的构件。(3)木构件，采用以木材为主制作的构件。(4)其他材质或混合材质构件。根据所使用的预制构件，装配式建筑可相应区分为装配式混凝土建筑、装配式钢结构建筑、装配式木结构建筑及装配式混合结构建筑等。

钢结构相关问题可参考本书下篇第十二章，木构件在现代建筑中使用较为有限，故本章主要介绍建筑物常用的混凝土预制构件常见的质量问题。

与施工现场浇筑制作混凝土构件相比，混凝土预制构件的主要特点体现在其生产过程标准化程度较高。传统的现场浇筑方式是先在施工现场搭建模板，配置钢筋，再进行混凝土浇筑和养护后完成。混凝土构件的质量主要依赖于制作人员的专业技术、责任心及现场条件，有时浇筑的质量难以得到保证。而混凝土预制构件则系标准化制作，制作构件的模具能够重复使用，特别是常用构件能够通过流水线生产。通过标准化生产流程，可以对混凝土的配比、钢筋的配置等进行标准化处理，养护时间和养护条件能够控制，预制构件的质量相对更为稳定。

二、混凝土预制构件常见质量问题及成因

（一）外观缺陷

外观缺陷是混凝土预制构件质量问题最为直观的体现，常见的情形包括混凝土表面出现蜂窝、麻面、孔洞等，虽为外观缺陷，但当构件主要受力部位出现问题时，亦可构成严重缺陷。具体的类型及成因如下。

1. 混凝土表面出现蜂窝、麻面、气泡、孔洞、“烂边”与“烂根”、露筋

此类外观缺陷的成因包括：一是在预制构件设计阶段，对于钢筋、预埋件设计过密，使得混凝土浇筑困难；二是在生产阶段，因混凝土砂浆配合比不准造成混凝土和易性不良，或浇筑不当、振捣不足、模板不洁净、接缝不严实造成漏浆等技术操作不规范导致出现外观缺陷。

2. 缺棱掉角

即预制构件的边角不规整，有破损。其成因包括：一是在设计阶段，配筋不合理，边角钢筋的保护层过大，或构件设计不合理，导致混凝土边角强度较低，易破损；二是生产过程中因操作不当，如拆模过早或过于用力，造成棱角被粘掉；三是在运输、安装等作业时，受外力撞击或操作有误，导致碰伤、掉块。

3. 表面裂缝

混凝土裂缝类型较多，根据深度不同分为表面裂纹、深层裂纹、贯穿裂纹。外观缺陷针对的是表面裂纹，常见为收缩裂缝，即随着水分蒸发湿度降低而导致体积减小，出现收缩。其成因包括：在生产阶段，水泥、碎石、外加剂等原材料不合格、配合比不当，或过度振捣造成离析，以及养护不力导致表面水分损失过快；而在运输安装阶段，受到较大外力碰撞挤压亦会引起裂缝。

4. 错台、跑模

错台，是指混凝土结构中，其模板定位不准、拼接不齐或紧固不牢等原因，导致拆模后的梁、板、柱、剪刀墙等构件错位，外观像个台阶，被形象地称为“错台”。

跑模，又称胀模，主要是混凝土结构的模板安装不牢固，在混凝土浇筑过程中因振动等施工荷载导致模板发生鼓胀、移位甚至坍塌，类似模板发生跑动而称为“跑模”。错台和跑模主要出现于预制构件接缝处，其成因系生产阶段操作不当，或加工精度不够，导致拼装质量水平较低，模板加固不牢固。

5. 色泽不一

即混凝土的表面颜色不明显，出现“黑白斑点”。其成因在于生产阶段的操作不当，包括砂浆配合比不当，模板表面污染、脱模剂涂抹不均匀，造成拆模后留下斑点，以及养护干湿不均。

6. 砂斑、砂线、起皮

混凝土表面的砂斑、砂线、起皮属于外表缺陷。其产生原因在于生产阶段操作不当，造成混凝土和易性较差泌水严重，或混凝土二次抹面不到位、养护不当引起表面起皮。

（二）结构质量缺陷

结构质量问题关系到结构安全，属于重大的质量缺陷。具体种类及成因如下。

1. 混凝土强度不足

即同批预制构件试块的抗压强度平均值低于设计要求强度，具体成因在于生产阶段，原材料品质不佳、使用不当导致活性降低，混凝土配合比不当、计量不准，或养护管理不善、措施不到位，致使混凝土强度不足，进而造成安全隐患。

2. 钢筋保护层厚度不够

钢筋保护层厚度事关预制构件的耐久性和对受力钢筋有效锚固的要求。厚度不够的原因在于生产阶段模板尺寸不符合要求、钢筋半成品或骨架成型质量差、保护层厚度垫块不合格，或浇筑过程中钢筋骨架被踩踏等技术不规范、不标准。

3. 贯穿性裂缝与深层裂缝

贯穿性裂缝与深层裂缝能够影响预制构件的强度、耐久性、防水性，会对整体结构造成不良影响，产生裂缝的本质是混凝土抗拉强度不足以抵抗拉应力。具体的形成原因在于生产过程中操作不当导致局部受力过大，或养护不当，温度湿度条件不达标等。

(三)尺寸偏差

当混凝土结构尺寸偏差超过规定范围,有可能对结构功能与使用性能产生不利影响。具体的情形及成因如下。

1. 钢筋或结构预埋件尺寸偏差

预制构件钢筋或结构预埋件如灌浆套筒、连接螺栓等,可能出现尺寸偏差过大。如在钢筋套筒灌浆连接、约束浆锚钢筋搭接连接中,因预留钢筋和孔洞位置不准确,不仅影响外观,造成装配、使用困难,还将影响结构受力。其成因在于一是设计阶段未进行碰撞检查;二是生产过程中,操作精度不高,对钢筋及预埋件定位不牢固,导致钢筋骨架变形、预埋件跑位的情况出现;三是运输安装过程中,如吊运、临时存放过程中没有做防变形支架等。

2. 预制构件外形、一般预埋件尺寸偏差

预制构件外形尺寸偏差会造成安装后拼缝误差大,这往往源自设计阶段设计人员经验不足,或者生产阶段生产精度不够、养护时间短,造成预制构件尺寸与设计尺寸不一致等。

一般预埋件尺寸偏差体现为线盒、管道、吊点、预留孔洞等中心点位移、轴线位置偏差过大,影响外观以及后期装饰装修工程。产生原因往往一是设计阶段考虑不充分;二是生产阶段防护不到位,定位措施不完善,固定不够牢固;三是安装阶段未按照规定操作。

三、混凝土预制构件采购供应法律关系

预制构件生产完成后,由发包人或施工人采购并用于工程施工,发包人或承包人与预制构件生产企业的法律关系因此而产生。由于行政管理部门对预制构件生产企业资质管理要求发生变化,前述主体之间的法律关系也随之发生了变化。

(一)预制构件生产企业的资质要求变迁

建设部于1993年10月12日印发《混凝土预制构件和商品混凝土生产企业资质管理规定(试行)》(已失效)(建施〔1993〕770号),该规定将生产预制构件的企业的等级标准划分为一级、二级、三级和四级四个等级标准,并规定预制构件企业必须申领《资质等级证书》,并在资质等级范围内从事生产经营,没有取得《资质

等级证书》的，不准生产和销售预制构件。建设部于 2001 年 7 月 1 日起施行的《建筑业企业资质等级标准》（已失效）（建建〔2001〕82 号）将预制构件生产企业作为建筑施工专业承包人，生产预制构件的企业要求具有相应的建筑业从业资质，将生产预制构件的企业与发包人或施工承包人之间定义为建设工程施工分包法律关系。在预制构件生产企业需要具备相应资质时期，若预制构件企业不具有相应的资质，预制构件生产企业与发包人或承包人签订的预制构件采购合同将面临被认定无效的法律后果。

而在《建筑业企业资质标准》（建市〔2014〕159 号）实施后，生产预制构件的企业不再作为施工专业承包人，不再要求预制构件生产企业具有建筑业从业的相应资质，只具备一般的企业主体资格即可，采购供应预制构件的合同，不会再因生产预制构件的企业不具有建筑业从业资格而导致合同无效，预制构件生产企业与发承包人之间也不再被认定为建设工程分包合同关系。如广东省中山市中级人民法院（2019）粤 20 民终 5240 号民事判决书中载明，某自然人与某建筑公司签订预制构件生产合同后发生纠纷，建筑公司以案涉合同系建设工程合同而该自然人缺乏资质为由主张合同无效。法院判决认为，虽然案涉合同名为工程分包合同，但建筑公司并不是将其承建的建设工程分包给该自然人施工建设，而是由其根据建筑公司提供的图纸在工厂内利用模具生产预制构件，自然人将生产完毕的预制构件交付给建筑公司，因此建筑公司与自然人之间实为承揽合同关系，并非建设工程施工合同关系。该工程分包合同应认定为有效合同。

（二）预制构件采购供应法律关系的认定

预制构件生产企业不再需要建筑业从业资质后，预制构件生产企业与发包人或承包人之间的代购供应预制构件的法律关系也因此不再属于建设工程专业承包关系，实务中将预制构件的采购供应关系常按照以下两种法律关系处理：

一是买卖法律关系，即将预制构件生产企业与发包人或承包人之间签订的采购供应预制构件的合同，视为企业生产的产品买卖，双方建立的是买卖法律关系。买卖合同关系涉及的预制构件一般为标准型号的预制构件，按照标准图集生产即可。

二是承揽法律关系，即预制构件生产企业与承包人或施工人之间签订的采购供应预制构件合同，视为按照施工人的要求定做而生产，双方属于承揽法律关系。承揽合同关系涉及的预制构件一般为异型构件，需要按照采购人提供的技术参数等制作生产预制构件。

四、预制构件参与主体的法定义务及责任

(一)设计人的法定义务及责任

根据《建设工程勘察设计管理条例》第27条第1款的规定,在建筑物的设计阶段,设计人选用预制构件时,必须注明构件的规格、型号、性能等技术指标,以便发包人或施工人采购符合设计要求的预制构件;若设计人没有标明预制构件的相应技术指标,发包人或施工人采购时出现采购错误的,设计人要负设计文件不完善的责任;对于因更换预制构件、停工窝工等给发包人或施工人造成的损失,属于因设计人在设计过程中的过错造成的,设计人应当承担损失赔偿责任。为避免预制构件选用、设计方面出现问题,在设计阶段设计人就应与发包人、施工人加强沟通,特别是在施工图和预制构件深化设计阶段,设计人要与预制构件生产企业、施工人加强沟通,完善和优化预制构件的选用、设计。

根据《建设工程勘察设计管理条例》第28条第2款的规定,在建筑物施工阶段,施工人或监理人发现设计人选用的预制构件不符合强制性标准、合同约定的质量标准时,应及时向发包人报告,发包人有权要求设计人修改、完善相应构件的设计。若因设计人选用的构件不符合国家强制性标准或不符合合同约定,属于发包人在履行设计合同时违约,因该违约行为给发包人造成损失的,设计人应当承担违约责任。

(二)预制构件生产企业的法定义务及责任

预制构件生产企业生产的预制构件,属于经加工、制作,用于销售的产品,建筑预制构件应当属于《产品质量法》的调整范围,预制构件生产企业生产预制构件应当符合《产品质量法》的相关规定。预制构件生产企业销售的预制构件出现质量问题时,应当按照《产品质量法》的规定或合同的约定承担相应责任。

因预制构件发生质量纠纷时,预制构件生产企业有义务证明其提供的产品质量合格。其中需要特别说明的是,预制构件生产企业在交付预制构件时,需提供预制构件质量证明材料。根据山西省长治市中级人民法院(2020)晋04民终1188号民事判决,建筑公司与预制构件公司签订的项目承包合同约定,预制构件公司承包建筑公司承包的危桥改造工程中预制箱梁、张拉、运输吊装等项目。在合同履行过程中,监理人认为预制构件公司生产的箱梁出现质量问题,委托工程质量

检测中心对箱梁进行检测。检测报告结论为:(1)部分梁体腹板存在修补,部分梁体翼板存在纵向裂缝伴白化现象,多数箱梁顶板预埋钢筋缺失、过短。(2)箱梁回弹强度满足设计要求的C50砼强度等级。静载试验检测结论为:(1)腹板存在修补痕迹的箱梁在加载过程中未发现异常变化。(2)检测结果表明现有的受力性能满足设计要求。鉴定建议:(1)对箱梁翼板局部存在的纵向裂缝及横向裂缝进行表面封闭处理;(2)对顶板过短及缺失的预埋钢筋进行适当处置;(3)对锈蚀的钢筋进行除锈处理。法院认为,案涉工程的箱梁经工程质量检测中心检测,检测报告表明箱梁的质量合格。关于箱梁检测费,参照《预制混凝土构件质量检验标准》(T/CECS 631 - 2019)第10.4.6条规定,预制构件的质量证明材料应包括:出厂合格证、混凝土强度评定报告、钢筋套筒等钢筋连接材料的工艺检验报告、构件性能检验报告、合同要求的其他质量证明材料。证明箱梁质量合格应由制作方承担证明责任。本案中,法院认定预制构件生产企业交付预制构件时,提供预制构件质量证明材料是预制构件生产企业的法定义务。因预制构件公司交付箱梁时未提供构件质量证明材料,虽然争议的箱梁质量经过检测合格,但预制构件公司在交付箱梁时,未按照相关标准提供构件质量证明材料,导致构件需要经过检测确定箱梁是否合格,而通过检测确定是否合格的责任在预制构件公司,故检测箱梁而发生的费用,应由预制构件公司承担。

(三)预制构件施工企业的法定义务及责任

施工人对用于安装的预制构件进行检验、验收是法定责任,以确保安装的预制构件符合相关标准和约定;若施工人未对预制构件进行检验、验收,即使用不合格的预制构件,影响建筑物质量安全的,施工人应承担修理、返工、改建及赔偿损失等责任。施工人承担责任后,属于预制构件质量问题的,可向预制构件生产企业追偿。

山东省济南市中级人民法院(2013)济商终字第281号案件中,法院认定,预制构件公司与建筑公司签订加工定作合同,双方约定由预制构件公司给建筑公司加工标准预制板、异形预制板等构件产品。合同明确约定质量要求、技术标准等,并约定“构件送到现场后,应立即验收”。合同履行中,双方产生争议,预制构件公司将建筑公司诉到法院。

诉讼中,预制构件公司为证明其生产的预制构件质量合格,向法院提交了由某县工程质量检验站出具的检测报告,报告明确显示预制构件公司提供的标准板、异形板等构件产品质量合格。建筑公司提交了单方委托的鉴定报告，以证明预制构件存在质量问题。

法院认为，合同对验收标准约定为“构件送到现场后，应立即验收”，现预制构件均已安装，可证明建筑公司已进行了验收。建筑公司认为预制构件存在质量问题，虽提交了鉴定报告，但属于建筑公司单方委托，预制构件公司提出异议，且鉴定人员未出庭接受质询，仅凭建筑公司提交的鉴定意见无法认定预制构件存在质量问题。法院最终未认定预制构件存在质量问题。

此外，本案中，法院认为建筑公司接收预制构件时，除对预制构件的数量进行验收外，还应当对构件质量进行检验、验收；但建筑公司未对预制构件质量进行验收，即进行了安装施工，故法院推定建筑公司认可预制构件合格，之后虽然建筑公司对预制构件质量提出异议，但因其提供的证据不足以证明预制构件存在质量问题，所以法院未采信建筑公司主张预制构件存在质量问题的意见。该案也说明施工人在接收预制构件时，对预制构件进行相应的检验、验收的必要性。

第十五章

装饰装修工程

装饰装修工程虽然在建设工程行业中占比不高,但数量最多,涉及的范围最广,引发的问题也最多,法律适用也较复杂。本章通过对装饰装修合同进行分类,深入分析了装饰装修合同性质和法律适用,阐述了装饰装修工程常见质量问题与技术成因,并对实践中的装饰装修合同纠纷裁判观点进行了评析。

一、装饰装修工程概述

(一)装饰装修工程基本概述

1. 装饰装修工程的基本概念

装饰装修在日常生活中也存在如建筑装饰①、建筑装修②、建筑装潢等不同说法。从三个名词的含义来看,"装饰"更接近于对建筑面层进行处理,"装修"倾向于基层处理、吊顶、内部空间改造等工程内容,"装潢"一词的本义是裱画,现在更多出现于窗帘、壁画等室内软装项目中。本书将"建筑装饰""建筑装修"和"建筑装潢"统称为装饰装修。按照《建筑装饰装修工程质量验收标准》(GB 50210－2018)中的定义,装饰装修指为保护建筑物的主体结构、完善建筑物的使用功能和美化建筑物,采用装饰装修材料或饰物,对建筑物的内外表面及空间进行的各种处理过程。常见的装饰装修主要针对建筑物进行处理,但实践中,部分构筑物也存在装饰装修的需要。装饰装修可以使建筑空间不足之处得以改进和弥补,使建筑空间满足使用要求,使建筑满足人们的视觉、触觉享受,进一步提高建筑物的空

① 《建筑装饰工程施工及验收规范》(JGJ 73－91)和《建筑工程质量检验评定标准》(GBJ 301－88)中使用了"建筑装饰"一词。

② 《建设工程质量管理条例》和《建筑内部装修设计防火规范》(GB 50222－2017)使用了"装修"一词。

间质量，满足使用者的个性化需求。①

2. 装饰装修工程的特征

装饰装修工程作为一种特殊的工程种类，除具有适用性、耐久性、安全性、可靠性、经济性、节能性与环境适应性等一般建设工程共有的质量特性外，还具有以下几个方面独有的突出特征：

（1）美观性。装饰装修工程具有美化建筑物的特殊功能，美观性通常表现在墙地面装饰材料以及铺贴工艺的选择，结构造型以及灯光的布局等方面。因建筑物使用者的审美及喜好不同，装饰装修工程合同，尤其是家庭装饰装修工程合同对于标的物最终的外观呈现会进行特别约定，这是装饰装修工程美观性更为个性化的体现。

（2）个性化。建筑物的使用者基于其日常使用的需要，对建筑物的内外表面及空间进行各种处理，进一步完善建筑物的使用功能，使之更符合使用便利的需要。通常表现在内部空间的规划调整、水电线路的重新布局等方面。因建筑物使用者的个性化需求不同，装饰装修工程合同在设计阶段对于涉及建筑物使用功能的方面往往会进行特别约定。

（3）依赖性。装饰装修工程是在已有的结构主体上进行施工的，所以装饰装修工程施工质量对主体结构工程质量有一定的依赖性。因此，在装饰装修工程施工之前，施工人需要对主体结构的工程质量进行检查，若主体结构工程存在质量问题，往往会导致装饰装修工程的工程质量亦存在问题。所以，主体结构工程质量合格才可以进行装饰装修工程的施工。

（4）复杂性。装饰装修工程包括了多个环节，又因为施工过程多在室内进行，工艺具有多元化类型，存在多重专业交叉的可能性，同时受制于材料采购的主体、材料到场先后，施工中往往会出现平行施工、交叉施工的现象。在施工过程中，相应的人员需要关注自己的施工要点，不合理的管理方案将会造成施工人员顾此失彼，影响工程质量。

（二）装饰装修工程分类

装饰装修工程按用途可分为保护装饰、功能装饰、饰面装饰。按具体装饰装

---

① 参见最高人民法院民事审判第一庭编著：《最高人民法院新建设工程施工合同司法解释（一）理解与适用》，人民法院出版社2021年版，第382页。

修的部位可以分为室外装饰装修和室内装饰装修两大部分。根据施工工艺和建筑部位的不同,《建筑装饰装修工程质量验收标准》(GB 50210－2018)将建筑装饰装修工程细分为以下分项工程:抹灰工程、外墙防水工程、门窗工程、吊顶工程、轻质隔墙工程(如用于分割室内空间的隔断或者隔墙)、饰面板工程、饰面砖工程、幕墙工程、涂饰工程(如墙面刷乳胶漆、质感涂料)、裱糊与软包工程(如墙面安装护墙板、墙纸、墙布)、细部工程。此外,家庭装饰装修工程还可能包含室内(厨房、卫生间、屋顶、阳台等具有防水需要的场所)防水工程,室内灯光、照明、强弱电安装工程等。

根据施工工程量大小的不同,装饰装修工程可分为大型公共建筑装饰装修工程(俗称工装、公装)和家庭装饰装修工程(俗称家装)两种类型。前者主要针对工商业经营场所及公共场所,如酒店、商场、办公楼、机场、影剧院等各类公共场合的装饰装修,工程项目繁多、工程量较大,其工程内容可能会涉及建筑主体以及建筑承重结构的部分变动,存在强制性资质性要求①,承包人不符合资质要求的,对合同效力会产生不利影响。后者主要针对家庭居室,如普通的家庭住宅装饰装修、商品房精装修,常是室内外空间布置的改进、使用功能的优化,规模通常远远小于前者,工程内容一般是对成型空间的再加工、再创造,工程量小,一般不涉及建筑主体和承重结构的改变。虽然《住宅室内装饰装修管理办法》第22条规定"承接住宅室内装饰装修工程的装饰装修企业,必须经建设行政主管部门资质审查,取得相应的建筑业企业资质证书,并在其资质等级许可的范围内承揽工程",但该办法属于部门规章,该条规定并非法律、行政法规的禁止性规定,仅违反该条规定并不直接影响家庭装饰装修合同的效力。

(三)装饰装修合同性质及法律适用

1. 装饰装修合同性质系"承揽合同"还是"建设工程施工合同"

之所以需要对装饰装修合同的性质在法律层面进行认定,是因为不同的合同性质在优先适用法律规定方面存在区别,对合同效力的认定、双方当事人权利义务的确定、解除权的行使以及责任的承担等将会产生较大的影响。目前实务界对大型公共建筑装饰装修工程合同归属建设工程施工合同范畴,并由《民法典》的

---

① 参见《建筑法》第49条规定:"涉及建筑主体和承重结构变动的装修工程,建设单位应当在施工前委托原设计单位或者具有相应资质条件的设计单位提出设计方案;没有设计方案的,不得施工。"

“建设工程合同章”、《建筑法》以及《施工合同司法解释(一)》予以规制并无异议。但对于家庭装饰装修工程,虽然实务界均认可其在广义上属于建设工程活动的范畴,但因其与大型公共建筑装饰装修工程在立项审批、规划建设许可、资质要求、施工规模、工程造价等方面存在巨大差异,实务界对其合同性质究竟属于“承揽合同”还是“建设工程施工合同”存在一定分歧。

一种观点认为,家庭装饰装修工程合同属于普通承揽合同。其理由主要为:大型公共建筑装饰装修工程合同,往往涉及房屋主体、房屋承重结构的变动或明显加大房屋荷载,其质量安全不仅关系到合同当事人合同目的能否实现,还与合同之外不特定第三人的生命、财产安全密切相关,发包人负担着更高程度的注意义务和社会性义务,须经建设行政主管部门审核并批准,国家管制性强,故符合作为特殊承揽合同的建设工程合同的特点。而家庭装饰装修工程合同约定的施工内容通常并不涉及主体结构的变动,不属于《建筑法》的调整范围,合同的履行情况主要关系到当事人合同目的能否实现,不涉及合同之外不特定第三人的生命、财产安全,在家庭装修完毕后到物业单位或房屋产权单位备案即可,对社会公共安全影响不大,受政府管制明显宽松,更符合一般承揽合同的特点。[①]

另一种观点认为,家庭装饰装修工程依然属于建设工程,其只是相较于一般建设工程而言具有一定的特殊性。因为家庭装饰装修工程是对房屋整体进行功能性、系统性改造的工程;而对已有建设工程或者房屋进行的局部修理、更换、改动,如仅涉及地板铺设、更换洁具等则系承揽合同或者买卖合同关系。认定家庭装饰装修工程合同属于建设工程施工合同的原因在于:第一,从合同功能和目的来看,家庭装饰装修工程系对不动产的改造、添附、美化,使之更加满足使用功能和审美观感,因而家庭装饰装修工程合同与建设工程施工合同的功能与目的并无

---

① 部分省级法院出台的规范性文件较多。例如,《山东省高级人民法院全省民事审判工作会议纪要》(2008 年)中规定,家庭居室装饰装修不属于《建筑法》的调整范围,应当依据《合同法》(现为《民法典》合同编)有关承揽合同的规定,并参照建设部(已改为住房和城乡建设部)2002 年 3 月 5 日发布的《住宅室内装饰装修管理办法》予以处理。《江苏省高级人民法院关于审理建设工程施工合同纠纷案件若干问题的意见》(2008 年)(已失效)第 1 条第 2 款规定,劳务承包合同纠纷案件和家庭住宅装饰装修合同纠纷案件不适用本意见。另有北京、广东、天津等地高院出台的规范性文件,对家庭装修合同的性质未有明确表态,但在处理纠纷时不支持适用建设工程领域的某些规则,如《北京市高级人民法院关于审理建设工程施工合同纠纷案件若干疑难问题的解答》(2012 年)和《广东省高级人民法院关于审理建设工程合同纠纷案件疑难问题的解答》(2017 年)(已失效)均不支持家庭装修合同适用建设工程合同无效规则,《天津市高级人民法院关于审理建设工程施工合同纠纷案件相关问题的审判委员会纪要》(2020 年)不支持家庭居室装饰装修工程款的优先受偿请求权。

本质区别。第二，从合同当事人权利义务来看，家庭装饰装修工程合同中，施工人的主要权利为获得相应的工程价款，发包人的主要控制目标为工程造价、质量、工期，因而双方权利义务的界分与建设工程施工合同并无区别，双方主要发生争议的事项亦均为造价、质量和工期。况且，随着社会经济的发展，实践中不排除有家庭装饰装修合同的标的金额、施工复杂程度超过一般建设工程施工合同的可能，因此将合同标的金额、施工安全性与复杂性等作为区别二者的主要因素并不准确。

家庭装饰装修合同相较一般建设工程施工合同确实存在一定的特殊性，如承包人主体多样且零散（装修公司、设计师、包工头、个人工商户、材料商、工匠个人等）、验收手续简易、行政规范对合同关系及义务的介入程度较弱。将资质要求作为认定家庭装饰装修工程合同不属于一般建设工程合同，而属于一般承揽合同的理由亦不准确。一方面，虽然家庭装饰装修合同不以资质缺陷认定合同无效，但此等认定系基于实践中大多装饰装修公司不具有建筑业企业资质的无奈之举，并不意味着家庭装饰装修工程当然不应要求施工人具有建筑业企业资质。另一方面，并非所有的建设工程均需要资质，如《建筑业企业资质管理规定和资质标准实施意见》（建市〔2015〕20 号）（已被修改）第 33 条第 1 款规定，对于原《建筑业企业资质等级标准》（建建〔2001〕82 号）中被取消的土石方、混凝土预制构件、电梯安装、金属门窗、预应力、无损检测、体育场地设施工程等 7 个专业承包资质，在相应专业工程承发包过程中，不再作资质要求。施工总承包企业在进行专业工程分包时，应将上述专业工程分包给具有一定技术实力和管理能力且取得公司法人营业执照的企业。因此，是否需要资质不应成为界定法律性质以及适用法律的判断标准①。

2. 家庭装饰装修合同与大型公共建筑装饰装修合同在法律适用中的区别

鉴于家庭装饰装修合同在技术层面与其他建设工程存在一定区别，法律层面对其合同性质存在不同认识，在法律适用上也存在明显差异。

一种观点认为，家庭装饰装修合同属于普通承揽合同，原则上应优先适用《民

---

① 审判实践中存在大量判决认为家庭装修合同属于建设工程合同，如四川省高级人民法院（2014）川民申字第 474 号民事裁定认为，家庭装修装饰工程属于建设工程，适用《最高人民法院关于审理建设工程施工合同纠纷案件适用法律问题的解释》（已失效）的相关规定；浙江省杭州市中级人民法院（2017）浙 01 民终 3646 号民事判决认为，家庭装饰装修合同纠纷类属于建设工程合同纠纷，发包方不享有承揽合同中定作人的任意解除权。

法典》合同编有关承揽合同的规定，承揽合同未作明确规定的，可适用《民法典》“建设工程合同章”以及《施工合同司法解释（一）》的相关条款，并依据具体合同约定参照建设部《住宅室内装饰装修管理办法》处理。具体而言，在实体法的合同效力方面，家庭装饰装修合同不适用《建筑法》和《建设工程质量管理条例》的规定，不因承包人不具备相应资质而无效。在任意解除权方面，在家庭装饰装修合同关系中，对于装修质量问题、中途停工或严重超期、施工人将工程主要工作交由他人完成等情况，发包人享有任意解除权，但是该权利不能滥用。因滥用任意解除权给承包人造成损失的，需要赔偿损失。对于承揽合同未作明确规定的，可适用《民法典》“建设工程合同章”以及《施工合同司法解释（一）》关于工程价款、维修责任等条款的规定，但关于上述法律法规中合同效力、实际施工人穿透合同相对性追讨工程款以及建设工程价款优先权的相关规定均不能适用。在程序法方面，基于事实查明和纠纷解决的便利性考量，家庭装饰装修合同广义上属于建设工程活动的范畴，参照建设工程施工合同纠纷将家庭装饰装修合同纠纷按照不动产纠纷确定为专属管辖更为妥当。

另一种观点认为，由于家庭装饰装修工程合同本质上仍然属于建设工程合同，因此《民法典》“建设工程合同章”第 795 条和《施工合同司法解释（一）》中的多数条款，如造价、质量、工期条款在相应纠纷中可以直接适用。就管辖而言，家庭装饰装修合同纠纷仍应适用建设工程专属管辖，这也是其不属于一般承揽合同纠纷的另一印证。不过，基于家庭装饰装修工程的特殊性，在家庭装饰装修合同纠纷中，建设工程合同效力、实际施工人穿透合同相对性追讨工程款以及建设工程价款优先权的规定不应直接适用。此等观点亦为司法实践所认定，但尚不足以构成家庭装饰装修合同属于一般承揽合同而非建设工程合同的充分理由。

二、装饰装修工程常见质量问题和技术成因

（一）装修加层和结构改动工程

在别墅或者层高较高的公寓装修设计中，有些违规的装修设计会通过新增现浇混凝土楼板或者钢结构楼板的方式，将原来一层的使用空间增加至两层。私自增加楼板对既有建筑的结构安全造成了不利影响，容易导致建筑主体结构出现质量风险。具体体现在两个方面：一是新增楼板会增加建筑物已有的恒载与活载，新增的荷载从理论上来说需要更大的基础才可以保持稳定，但实际很多私自增加楼板的设计并没有对已有建筑物的基础做加强设计，这将导致建筑物的沉降，严

重的不均匀沉降将导致建筑物的倾斜甚至倒塌。二是新增加的楼板会造成建筑物地震力的重新分配，重新分配后的地震力与原始建筑物的结构抗震设计不符，从而造成不良后果。在家庭装修设计中，有些发包人为了增加净高和使用空间，会将建筑物中原有的梁、柱、承重墙拆除。私自拆除梁、柱或者承重墙的行为，将改变原有建筑物结构的整体性，虽然在正常使用的情况下建筑物可以保持原有的状态，没有发生较大的变形或者坍塌，但是在地震或风荷载等不利条件的组合作用下，建筑物结构可能发生大变形甚至坍塌等现象。①

上述问题的技术成因主要是装饰装修工程的设计缺陷。装饰装修工程在施工前，应选择具备相关设计资质的设计人设计出完整的装饰装修施工设计图，由施工人与发包人、监理人共同对设计图进行审查，审查施工设计图是否符合环保、消防等规定，同时对主体结构发生变化或者集中荷载作用的部位进行结构安全性计算，从而保障建筑结构的安全性。

（二）水电、地暖等隐蔽工程

隐蔽工程指因将被下一道工序施工所遮盖或者封闭，无法或者很难再进行检查的工程。埋藏于墙面或地面中的水电工程、地暖工程均属于隐蔽工程的范畴。隐蔽工程的验收是对属于隐蔽工程中已完成的分项、分部工程质量的最后一道检查。由于检查对象要被其他工程所遮盖或者封闭，这会为以后的检查整改造成困难，隐蔽工程的验收显得尤为重要。因检验不及时或验收不仔细发生质量安全问题，不但会造成返工、耽误工期、工程资金损失等问题，严重的可能还会直接对人身及财产造成威胁。

水电、地暖工程的常见质量问题：水电走线布局错误、接口渗漏，支架固定不牢、间距过大，卫生器具安装不平、水管连接处漏水、地漏集水效果不好、地暖管道安装后变形、在水电施工之前基层处理不当、未检查管道的清洁与整洁性、电气配管管口不齐、插入箱盒长短不一、穿线缺陷等。

水电、地暖工程常见质量问题的技术成因主要是：(1)在设计阶段，未根据客户需求、工程实际以及现有技术条件合理设计装修方案，或者未绘制配套施工图纸；(2)在施工阶段，未严格按照相应的技术标准与流程，进行图纸审核及按图施

---

① 参见任杨茹：《建筑装饰装修工程中常见质量问题的分析与质量控制策略》，载《居舍》2021 年第 5 期。

工,未加强隐蔽工程施工技术与施工工艺的控制力度;(3)在分部验收阶段,隐蔽工程完工后,被下一工序遮盖或者封闭前,未及时组织专业监理工程师和发包人一起对隐蔽工程进行质量验收。

(三)轻钢龙骨吊顶

现阶段,大型公共建筑装饰装修工程中常用的吊顶是轻钢龙骨吊顶,容易出现吊顶不平、轻钢龙骨骨架吊固不牢、轻钢龙骨骨架构造不合理、压边不严密等质量问题,轻则导致建筑物渗漏、锈蚀,重则导致吊顶倾斜、坍塌。

轻钢龙骨吊顶常见质量问题的技术成因主要是:(1)施工工序混乱,未按流程完成分部、分项验收即进入下一施工流程。轻钢龙骨吊顶施工前,未对前期工序进行交接验收,如结构强度、消防管道、电力系统等并未全部安装就位并完成调试工作进行轻钢龙骨吊顶施工。(2)施工材料不合规,对吊顶所用的吊杆、膨胀螺栓未按要求全部做防锈处理。(3)施工工艺不标准,钢筋混凝土楼板应在主体结构工程施工时预埋吊筋,在没有预埋吊筋的情况下,未采用膨胀螺栓固定,导致连接的强度不足;重型灯具直接吊装在吊顶上,导致负荷过载;纸面石膏板的膨胀系数受空气湿度的影响较大,在空气湿度大的情况下进行嵌缝工作,干燥后可能产生较大的裂缝。

(四)内墙抹灰

内墙抹灰施工是装饰装修活动中的关键一环,其质量问题主要体现在:抹灰层出现裂缝、不平整现象;抹灰层局部出现空鼓或者抹灰层脱落;抹灰层墙面不均匀或阴阳角不垂直等。

内墙抹灰常见质量问题的技术成因主要是:(1)原墙面保温基层裂缝;(2)水泥、沙子等材料的质量问题或者配比不当;(3)针对基体材料伸缩量差异未采取应对措施,引起抹灰层开裂。

(五)室内装修污染

室内装修污染指室内空气中混入有害人体健康的氡、甲醛、苯、氨和挥发性有机物(TVOC)等气体的现象,主要体现在:因装修材质、涂料不具有环保性,有害气体长时间存留在室内,气体含量超过国家法定标准,直接影响居住人的身体健康。

室内装修污染问题的技术成因主要是未选择符合国家环保标准的建筑装饰

材料或施工工艺。

总体而言，装饰装修工程中，存在的共性质量问题及技术成因主要有以下几类：(1)原有建筑存在质量缺陷，如梁、柱等无法达到横平竖直，墙面砌筑不规范导致墙面不平整，原有建筑未按设计图纸进行施工而导致质量问题等；(2)装修材料、施工工艺选择不当或选择的装饰装修材料存在质量问题；(3)施工方未按照设计图纸、施工标准及技术要求进行施工；(4)施工管理混乱，隐蔽工程验收程序缺失，前一道工序结束后未进行自检及监理分项验收，或者前后工序间衔接不畅，给整个装修工程留下质量隐患。

三、装饰装修质量问题的审查思路和重点

(一)装饰装修质量问题的认定标准

明确装饰装修工程的质量标准，是解决装饰装修工程质量问题的关键。装饰装修工程质量应当符合法律、法规关于建筑装饰装修工程质量、安全标准和相应技术规范，以及当事人之间关于装饰装修质量的合同约定。当事人之间关于质量标准的约定高于法定强制性标准的，从其约定；约定标准低于法定强制性标准的，应当适用强制性标准。商品房所在地建设行政主管部门关于商品房装修质量约定和履行要求的管理性规范，可参照适用有利于合同目的实现以及合同全面适当履行的原则。

1. 法定标准

当前我国对建筑装饰装修监管方面的规定主要有《建筑法》《建设工程质量管理条例》《住宅室内装饰装修管理办法》等法律、行政法规、部门规章，以及《建筑装饰装修工程质量验收标准》(GB 50210－2018)、《住宅装饰装修工程施工规范》(GB 50327－2001)、《住宅设计规范》(GB 50096－2011)、《室内空气质量标准》(GB/T18883－2002)、《民用建筑工程室内环境污染控制标准》(GB 50325－2020)等技术规范。

依据上述法律法规和技术规范，对于家庭装饰装修工程而言，其质量合格的法定标准主要包括：

(1)住宅室内装饰装修活动，禁止未经原设计人或者具有相应资质等级的设计人提出设计方案，变动建筑主体和承重结构；禁止将没有防水要求的房间或者阳台改为卫生间、厨房；禁止扩大承重墙上原有的门窗尺寸，拆除连接阳台的砖、混凝土墙体；禁止损坏房屋原有节能设施，降低节能效果；禁止其他影响建筑结构

和使用安全的行为。

(2)承包人从事住宅室内装饰装修活动,未经城市规划行政主管部门批准,不得搭建临时建筑物、构筑物;不得改变住宅外立面,在非承重外墙上开门、窗;未经供暖管理单位批准,不得拆改供暖管道和设施;未经燃气管理单位批准,不得拆改燃气管道和设施。

(3)住宅室内装饰装修超过设计标准或者规范增加楼面荷载的,应当经原设计人或者具有相应资质等级的设计人提出设计方案。

(4)改动卫生间、厨房防水层的,应当按照防水标准制订施工方案,并进行蓄水试验。

(5)施工人经原设计人或者具有相应资质等级的设计人提出设计方案变动建筑主体和承重结构的,必须委托具有相应资质的装饰装修企业承担。

(6)住宅室内装饰装修工程使用的材料和设备必须符合国家标准,有质量检验合格证明和有中文标识的产品名称、规格、型号、生产厂厂名、厂址等。禁止使用国家明令淘汰的建筑装饰装修材料和设备。

(7)承包人委托其他企业对住宅室内进行装饰装修的,装饰装修工程竣工后,空气质量应当符合国家有关标准。承包人可以委托有资格的检测单位对空气质量进行检测。检测不合格的,应当返工,并由责任人承担相应损失。

(8)在正常使用条件下,住宅室内装饰装修工程的最低保修期限为两年,有防水要求的厨房、卫生间和外墙面的防渗漏保修期限为五年。保修期自住宅室内装饰装修工程竣工验收合格之日起计算。

对于大型公共建筑装饰装修工程而言,其质量合格的法定标准主要包括:

(1)建筑装饰装修工程必须进行设计,并出具完整的施工图设计文件。

(2)建筑装饰装修工程设计必须保证建筑物的结构安全和主要使用功能。当涉及主体和承重结构改动或增加荷载时,必须由原结构的设计人或具备相应资质的设计人核查有关原始资料,对既有建筑结构的安全性进行核验、确认。

(3)建筑装饰装修工程所使用的材料应按设计要求进行防火、防腐和防虫处理。

(4)建筑装饰装修工程施工中,严禁违反设计文件擅自改变建筑主体、承重结构或主要使用功能;严禁未经设计确认和有关部门批准擅自拆改水、暖、电、燃气、通讯等配套设计。

(5)施工人应遵守有关环境保护的法律法规,并采取有效措施控制施工现场的各种粉尘、废气、废弃物、噪声、振动等对周围环境造成的污染和危害。

(6)外墙和顶棚的抹灰层与基层之间及各抹灰层之间必须粘贴牢固。

(7)建筑外门窗的安装必须牢固。在砌体上安装门窗严禁用射钉固定。

(8)重型灯具、电扇及其他重型设备严禁安装在吊顶工程的龙骨上。

(9)饰面安装工程的预埋件(或后置埋件),连接件的数量、规格、位置、连接方法和防腐处理必须符合设计要求。后置埋件的现场拉拔强度必须符合设计要求。饰面板、饰面砖安装必须牢固。护栏高度、栏杆间距、安装位置必须符合设计要求,护栏安装必须牢固。

此外,对于精装修交付的商品房,依据《民用建筑工程室内环境污染控制标准》(GB 50325－2020)的规定,开发企业对住宅工程初步验收时,当室内环境污染物浓度检测结果不符合相关规定,应查找原因并采取处理措施,同时对不合格项再次检测。第二次检测时,抽检量增加一倍,抽检房间包含同类型房间及原不合格房间。再次检测结果全部符合要求时,才判定为室内环境质量合格。

2. 约定标准

装饰装修工程纠纷中,对当事人约定装修质量要求的认定,一般应依据装饰装修合同、装饰装修标准确认书、补充协议、施工图纸等书面文件资料确定。不能确定的,结合房屋装修施工资料,如装修材料清单、装修材料价格等载明的内容综合认定。施工过程中,双方的微信、短信、邮件等有关装修工程质量的沟通记录亦可作为购房人对于商品房的装修质量存在异议的认定标准,如局部做法的变化,代购材料的规格、颜色、大小、类型、颜色等。

购房人对于精装修商品房的装修质量存在异议的,一般应依据商品房买卖合同、装修合同、装饰装修标准确认书、补充协议等书面合同的内容予以确定。不能确定的,结合商品房销售资料,如广告宣传情况、样板房设置情况以及房屋装修施工资料等综合认定。不能确定样板房装修实际用材的,样板房装修施工资料,如装修合同、施工图纸、材料采购合同等,可以作为认定装修质量约定要求的依据。①

(二)装饰装修质量问题的事实查明

1. 证明责任的负担与转移

大型公共建筑装饰装修合同中的发包人或者家庭装饰装修合同中的业主,主

① 参见《江苏省高级人民法院全装修商品房买卖合同装修质量纠纷案件审理指南》(2022 年)。

张装修质量不符合约定或者装修质量不符合法定标准的，适用“谁主张，谁举证”的一般规则，对“工程质量存在问题”这一法律事实承担相应举证证明责任，应就装修质量的约定以及存在的质量问题等基本事实提供证据加以证明。发包人或者业主已初步证明装修质量问题存在的，施工方应对装修质量符合约定或法定标准的事实承担举证证明责任。

需要注意的是，在家庭装饰装修合同纠纷中，施工人与发包人往往口头约定，或者较少签订合同，以致发生纠纷后双方举证都相对困难。因此，家庭装饰装修合同纠纷案件的审理过程中，裁判者应当加强对当事人举证的释明和指引，除了双方当事人一般能够提供的装修合同、报价单等基本证据外，还可进一步询问双方能否提供简易手写结算单、短信记录、微信记录、现场照片、进货来源等证据进行佐证。

2. 现场勘验

根据《民诉法解释》第 124 条第 1 款的规定，人民法院认为有必要的，可以根据当事人的申请或者依职权对物证或者现场进行勘验。因装饰装修工程的特殊性，除隐蔽工程之外，大部分质量问题往往属于肉眼可见的显性问题，如装修品牌、装修材质是否符合合同约定，墙面空鼓、开裂、墙纸破损、地板开翘、房间漏水等显性质量问题，人民法院在现场勘验时可以通过直观目测，根据日常生活经验作出是否符合装修标准的认定。

3. 鉴定

如果在双方当事人对是否符合装修质量标准争执不下且通过现场勘验难以认定的情况下，往往通过司法鉴定进行鉴别和判断。实务中，根据装修质量问题争议的类别确定鉴定范围和鉴定方法，相关鉴定类型主要包括工程是否符合质量标准的鉴定、质量问题修复方案的鉴定以及修复方案造价的鉴定三种。关于鉴定的具体问题本书第五章已有详细论述，此处主要针对装饰装修工程的特殊性进行展开。

首先，鉴定并非审理的必经程序，裁判者和当事人均需谨慎判断启动鉴定的必要性。家庭装饰装修以及精装修商品房买卖合同纠纷中，双方的争议金额往往较小，且问题常集中于显性质量问题。在审理中启动鉴定程序，周期较长、费用不菲，有时甚至会超过当事人的诉请金额，造成当事人诉讼成本大幅增加，不利于案件处理和矛盾化解。例如广东省佛山市中级人民法院（2021）粤 06 民终 14398 号案中，装修公司承接了房屋的室内装饰工程项目，因部分项目存在质量问题，发包人要求装修公司修复或返工,但装修公司未予处理。后发包人诉至法院要求确认装修合同解除并要求装修公司赔偿因装修质量给发包人造成的损失等;装修公司反诉要求发包人支付装修款和单方解约违约金等。诉讼过程中,经当事人申请,法院委托鉴定机构进行了质量鉴定、修复方案鉴定和修复费用鉴定,但法院最终酌定的修复费用远远低于鉴定费用,当事人对于鉴定费用的负担提出异议。该案中,案涉工程质量问题主要是墙体饰面砖与地砖之间的接缝不平直、空鼓等现象,修复工作并不复杂,司法鉴定费远高于修复费用,远超当事人的预期,径行委托鉴定实际上并不利于纠纷的处理。因此,对于当事人诉请金额较低、双方当事人争议不大的案件,为了减少诉讼成本、加快审理周期,可以在征得双方当事人书面同意的情况下,由法官进行现场勘验,如果无法通过合同约定、预算报价、清单报价等内容确定维修整改造价,裁判者可通过咨询行业协会、业内专家以及市场询价等简易化方式对维修造价等进行酌情处理。

司法实践中,部分法院建立了简易对外委托机制,如委托"81890 热线""快修帮帮忙"等具有一定公益性、社会认同度较高的组织,参与家庭装饰装修纠纷案件的勘验工作,在现场针对质量问题的成因、解决方案、修复费用、损失负担等提出第三方中立的建议和意见,当事人在此基础上达成调解的可能性较大。

其次,精装修商品房的购房人对商品房装修价值申请司法鉴定的,应慎重处理。精装修商品房购房人对开发商交付房屋的装修部分造价提出鉴定申请,其目的往往是希望用鉴定报告结论与商品房买卖合同价格的价差请求开发商返还房款。精装修商品房存在质量问题但并未严重影响正常居住使用的,开发商应当承担逾期交房违约责任和装修质量修复责任,对于购房者以装修质量瑕疵为由提起诉讼(包括主张逾期交房、解除合同)的,裁判者应当尽量引导买受人选择修理、更换等维权方式。

是否启动精装修商品房的鉴定程序,裁判者需考虑以下因素:(1)通过现场勘验,装修质量与约定标准基本吻合,可认定装修符合约定,无须鉴定。(2)装修造价不等于装修销售价,销售价由人工造价、材料成本、税费、利润等多种因素构成,这方面的鉴定需要更加慎重。例如,在江苏省南京市中级人民法院(2021)苏01民终2593号案中,精装修商品房购房人要求开发商赔偿因装修存在质量问题给其造成的损失(实际装修评估价格与备案装修价格的差价,具体金额以装修造价评估鉴定结果为准)。法院认为,房屋销售价是由人工造价、材料成本、税费、利润等多种因素构成,并不等同于装修造价,在双方已对装饰装修项目标准有明确约定的情况下，购房人主张以备案装修资料作为确定装修质量要求的直接依据，缺乏事实和法律依据，认为并无进行室内精装修造价鉴定的必要。(3)购房人对案涉房屋装修质量没有异议，但以交付房屋的装修价值不符合开发商宣传的装修价格为由，要求对案涉房屋装修价值进行评估的，不予鉴定。① 例如，在江苏省南京市中级人民法院(2021)苏01民终2678号案中，精装修商品房购房人要求开发商赔偿房屋装修差价款(具体金额以装修造价评估结果为准)，法院认为，价格与价值并非相同概念，装修价格与装修标准亦存在区别，双方约定了购房单价及总房价款，并未将房屋套内的装饰装修单独计价，开发商对房屋装修材料的品牌和档次进行了公示，购房人对此也已知晓，购房人并未提供证据证明开发商交付的案涉房屋装修标准不符合双方的约定，其要求对案涉房屋装饰装修价值进行评估，不予准许。(4)大批量同一小区的类案均未进行鉴定，本着同类案件同等处理同等判决的司法精神，除非存在特殊情况，否则不宜启动鉴定。

此外，裁判者应当对装饰装修工程质量问题的多因性有一定认识。装饰装修工程是在已有的结构主体上进行施工的，装饰装修的质量对主体结构质量存在一定的依赖性，发包人的二次改造或者不当使用对于装饰装修工程质量也会产生影响，因此鉴定中应注意区分装饰装修工程质量与原工程质量的关系。

4. 减价责任与装修差价损失

首先，应当区分情形。在买受人能否因“质量不符合约定”主张赔偿装修差价的认定上不能一概地肯定或否定，应当区分以下两种情形：②

(1)装修方案约定具体明确的，不能以“质价不符”主张赔偿装修差价。装修部分的销售定价是出卖人的市场行为，出卖人与买受人签订合同是双方真实的意思表示，出卖人有自主定价权，买受人有自主选择权，未违反法律、行政法规的强制性规定。交付内容与合同约定不符的，买受人可以主张违约责任。

(2)装修方案不具体、不明确，销售时设立了合同约定装修单价的样板房，实际交付价值与样板房差距较大的，应予支持。但是，如果样板房已经拆除，样板房装修标准与合同约定不一致，样板房中过多的“非交付标准”等不规范因素导致样板房无法鉴定或不具有鉴定意义。在这种情形下合同装修差价的损失应如何计

---

① 出卖人的销售广告、宣传资料对装修质量所作的说明和允诺，是否作为商品房买卖合同的内容，实践中存在分歧，其关键在于判断该说明和允诺对合同订立和价格确定是否有重大影响。

② 参见任宁、孙嘉遥：《全装修商品房买卖中常见的法律问题》，载公众微信号“浙江天平”2021年8月16日。

算，学术界和司法界仍在探索之中，尚未形成统一的认识。

其次，应当明确评价标准。[①] 主观价值论认为价值只能通过人们在自由市场中的实际行为和选择得到体现，对价只要当事人主观上认为具有等值性即可，客观上价值是否相当在所不问。客观价值论则认为商品的价值是客观存在的，是凝结于其中的人类无差别劳动。采用客观价值论抑或主观价值论，应依据合同的程序正义和实质正义。程序正义审查的是当事人在合同缔结、履行的过程中地位是否平等、意思是否自由。实质正义审查的是合同所反映的当事人之间的权利义务关系本身是否妥当、是否等值。因此，如果商品房买卖合同中当事人对装修所用主要材料的品牌、型号、数量进行明确约定的，应采主观价值论，司法不干涉当事人的意思自治；如果商品房买卖合同中当事人仅约定装修标准，而未约定具体品牌、型号、数量，且开发商未提供样板房的情形的，则应采取客观价值论，即通过司法鉴定等方式确定差价。

最后，应当区分计价模式。减少装修价款，实务中应区分固定总价、工程量清单计价、固定单价、按定额标准据实结算等不同的计价方式。除按定额标准据实结算之外，固定总价、工程量清单计价、固定单价均需要以维持合同约定交易条件均衡性为原则，按"同比降低"规则核算具体数额。具体方法为，以装饰装修工程满足交付条件且发包人应当受领的时间为评估时点，以项目所在地装饰装修的定额计价或者市场价格为基准，对实际装修内容的价格和约定装修内容进行评估，实际装修估价与约定装修估价比例的差额与约定装修价格的乘积，即为减少装修价款的数额，计算公式为减少装修价款的数额 =（1 - 实际装修估价/约定装修估价）× 约定装修价格。[②] 约定装修价格组成不能确定且无法评估的，减少装修价款的数额，参照约定装修价格与实际装修评估价格的差额，适用公平原则予以酌定。

对此，《江苏省高级人民法院全装修商品房买卖合同装修质量纠纷案件审理指南》第 15 条第 1 款规定："装修质量不符合约定或法定要求，或者出卖人欺诈、装修实际价值过分低于约定装修价格，当事人对此未约定违约责任或者违约责任约定不明确，买受人请求出卖人减少房屋装修部分价款的，应予支持；当事人对此有明确约定，买受人要求出卖人在约定违约责任承担方式之外减少装修价款的，不予支持，出卖人同意的除外。"

---

① 参见李骏、睢晓鹏：《全装修商品房预售合同纠纷中的三个难点问题》，载《人民法院报》2020 年 3 月 5 日，第 007 版。

② 参见《江苏省高级人民法院全装修商品房买卖合同装修质量纠纷案件审理指南》（2022 年）。

四、装饰装修质量问题的部分裁判观点

（一）擅自使用后的工程存在质量问题

1. 装饰装修工程竣工后，发包人未经验收即投入使用的，自其实际使用之日起即应视为工程已经验收合格，施工人不再负有施工中或经验收不合格的质量返修责任，但对工程在保修期内及保修范围内负有保修义务，承担保修责任。

例如，最高人民法院（2016）最高法民再23号案中，施工人再审主张发包人未经验收擅自使用案涉工程，其不应当对工程质量不合格承担责任，因而不应承担修复费用。最高人民法院再审认为，施工方对建设工程应承担的质量责任，包括对工程施工中出现的质量问题及经验收不合格工程应承担的质量返修责任，以及对经验收合格的工程在使用过程中出现的质量问题应承担的保修责任。前者系基于建设工程施工合同约定及相关法律法规等规定对工程质量应承担的责任。后者系基于双方签订的保修合同或建设工程施工合同中约定的保修条款及相关法律法规等规定对工程质量应承担的责任。发包人在案涉工程竣工后未经验收即开业使用，自其实际使用之日起即应认定工程已经验收合格，施工人不再负有施工中或经验收不合格的质量返修责任，仅对案涉工程质量在保修期内及保修范围内负有保修义务，承担保修责任。这种观点实践中存在一定分歧，具体参见擅自使用章节的内容阐述。

2. 发包人在使用未进行竣工验收的装饰装修工程之前，已就工程质量问题向施工人提出异议，施工人并无整改或验收的意思表示，若该质量问题与司法鉴定认定的质量问题一致，可以确定该质量问题系施工人原因导致，不能以发包人擅自使用推定其对工程质量予以认可。

例如，上海市第二中级人民法院（2021）沪02民终8231号案中，发包人委托施工人进行室内装修，在未进行竣工验收的情况下，施工人将案涉工程所在的房屋钥匙交给发包人，施工人退出施工现场。后发包人发函表示施工人未按约竣工，且存在诸多质量问题，后发包人诉至法院要求施工人进行修复并赔偿损失等；施工人要求发包人支付工程款和利息等。法院认为，在未进行竣工验收的情况下，施工人虽将案涉工程所在的房屋钥匙交给发包人，但施工人在交付钥匙并退出施工现场时，案涉工程并未全部完工，已完工部分亦存在因施工原因而产生的质量问题。此外在交付钥匙后，发包人已发函就案涉工程的诸多质量问题向施工方提出异议，其中包括此后被鉴定单位认定存在质量问题需整改的部分，但施工

方在回函中并无作出整改或要求双方到现场进行验收的意思表示。故施工方不能以发包人擅自使用推定其对工程质量予以认可。

3. 家庭装饰装修工程中，墙体饰面砖表面平整度的问题属于显性质量瑕疵或质量通病，发包人对工程施工质量是否符合要求具有监督责任。发包人没有及时提出质量问题，并且对存在质量通病的部分进行了使用，属于未经竣工验收擅自使用的情形，将丧失主张质量异议的权利。

例如，河北省石家庄市中级人民法院（2020）冀01民终648号案中，施工人为发包人进行卫生间施工，施工完成后发包人拒绝支付工程款且诉至法院，要求施工人赔偿施工质量问题给发包人造成的损失。法院认为，经现场勘察发现，案涉工程卫生间的建筑主体工程墙体多处下陷，发包人也认可主体工程未经验收合格，故案涉装修工程的主体下陷等问题系为部分装修工程不合格的原因。在案涉厕所装修工程竣工后发包人与施工人进行了交接，未经验收发包人即进行了实际使用，依据原《施工合同司法解释》第13条"建设工程未经竣工验收，发包人擅自使用后，又以使用部分质量不符合约定为由主张权利的，不予支持"的规定，发包人依法丧失了主张工程质量异议的权利。

4. 结算协议并未免除承包人在保修期内应承担的质量保修义务，工程已交付使用，不应免除承包人对工程本身质量问题的维修责任。

例如，北京市第一中级人民法院（2015）一中民终字第02852号案中，发包人与承包人在还款协议中约定除欠付工程款外双方对工程无任何其他争议，法院认为，该还款协议主要是对工程款进行的结算，并未对工程质量问题在结算过程中一并解决，发包人并未放弃对承包人主张工程质量问题维修责任的权利。

（二）区分装饰装修工程质量问题原因

装饰装修工程施工质量问题既有装修过程不符合建筑装饰装修工程质量验收规范的原因，也有建筑主体结构质量自身不合格的原因，还存在发包人指令不合规的原因。裁判者应按照发包人和承包人对装修质量问题的过错程度确定各自应承担的责任。

例如，山东省威海市中级人民法院（2020）鲁10民终160号案中，承包人为发包人家庭房屋进行装修，后承包人诉至法院要求发包人支付欠付的装修费和利息，发包人反诉要求承包人支付地砖、墙面、地板、吊、地板等项目质量问题的修复费用。法院认为，关于吊顶木龙骨未涂刷防火涂料问题，承包人作为专业从事装饰装修工程设计施工的单位，应当明确知晓各装修项目的质量合格标准，提供符合行业规范的质量合格的装饰装修工程，其并未预先向发包人告知厨房木吊顶龙骨应涂刷防火涂料或征求发包人具体意见，而发包人在该项目施工过程中亦未能明确提出具体意见，最终导致产生该部分质量问题并出现修复费用，双方对此费用的产生均负有过错，结合双方过错程度酌定由双方各自负担50%的修复费用。

再如，山东省青岛市中级人民法院(2021)鲁02民终15318号案中，发包人委托装修公司作为承包人继续对上一承包人实施过的项目进行施工，双方共同签署了22份增加项确认单，后施工尚未完成，双方即发生争议。承包人诉至法院要求发包人支付欠付工程款、赔偿窝工损失、支付违约金等；发包人反诉要求承包人赔偿施工质量问题造成的损失。法院认为，因审美差别各有不同，实践中屡次修改装修方案的事例屡见不鲜。在装修过程中逐渐发现问题并增加装修内容，这种问题的出现双方都有责任。一方面，发包人应提供专业的符合实际的图纸，尽可能减少修改方案；另一方面，承包人应对发包人提供的施工图纸仔细审查，尽可能在施工前就发现问题，优化施工方案。此外，承包人在进场之前案涉工程已由其他人装修，前后施工队伍对作业面未进行适当交接，工程存在质量不达标，需要整改、维修等问题。因装修方案变更以及案外人装修部分的工程修复费用，承包人不应承担责任，对承包人施工范围内施工问题导致的质量问题的修复费用，结合双方当事人签署的造价表及工程增项确认单，酌定承包人承担全部修复费用的70%，发包人对质量问题未及时通知对方进行整改等，对质量问题及修复费用的产生存在一定过错，承担全部修复费用的30%。

第十六章

建筑防水工程

建筑防水是建筑安全的重要组成部分。建筑物可能会因防水失败致使结构安全受到威胁,并造成人身、财产的损失,甚至将直接威胁到结构安全。因为水的长期入侵,会腐烂木结构,危害钢结构,锈蚀钢筋,使混凝土裂缝发展,损害结构主体,缩短安全使用寿命。①

一、建筑防水工程概述

建筑防水工程的质量直接影响到房屋建筑物的使用功能和寿命,关系到人们在建筑物中的生活和生产能否正常进行。建筑防水工程是保证建筑物的结构不受水的侵袭、内部空间不受水的危害的一项系统工程,是为防止水对建筑物某些部位的渗透而在建筑材料和构造上所采取的措施。

防水多使用在屋面、墙面、地下建筑、建筑物的地下部分和需防水的内室和储水构筑物等部位。按采取的措施和手段的不同来区分,防水可以分为材料防水和构造防水两大类。材料防水是靠建筑材料阻断水的通路,以达到防水的目的或增强抗渗漏的能力,如卷材防水、涂膜防水、混凝土及水泥砂浆刚性防水以及黏土、灰土类防水等。构造防水则是采取合适的构造形式,阻断水的通路,以达到防水的目的,如止水带和空腔构造等。在建筑防水工程中,有关建筑防水功能达成共识:“材料是基础,设计是龙头,施工是关键,管理是保证。”换言之,提高建筑防水工程的质量必须综合各方面因素,进行全方位管控。选择符合要求的高性能防水材料,进行可靠、耐久、合理和经济的防水工程设计,认真组织、精心施工,完善维修、保养管理制度,有效地保障建筑防水工程的质量和可靠性,根治防水工程质量

---

① 参见程建伟、周园主编:《建筑防水设计与施工》,中国建筑工业出版社 2021 年版,第 2 页。

差、过早失效等问题，从而真正满足建筑物和构筑物的防水耐用年限。①

二、建筑防水工程的主要内容

建筑防水工程是建筑工程的重要组成部分，是一系列防水工程的统称而并非指代单独的分部工程或分项工程。在《2013 版质量验收统一标准》附录 B“建筑工程的分部工程、分项工程划分”中，建筑防水工程包括：(1)地下防水工程：属于地基与基础分部工程中的子分部工程，分项工程包括主体结构防水，细部构造防水，特殊施工法结构防水，排水，注浆；(2)建筑外墙防水工程：属于建筑装饰装修分部工程中的子分部工程，分项工程包括外墙砂浆防水，涂膜防水，透气膜防水；(3)屋面工程防水与密封：属于屋面分部工程的子分部工程，分项工程包括卷材防水层，涂膜防水层，复合防水层，接缝密封防水。针对不同分部防水工程的设计与施工，国家制定了多项规范或规程，如《地下工程防水技术规范》(GB 50108－2008)、《建筑外墙防水工程技术规程》(JGJ/T 235－2011)、《屋面工程技术规范》(GB 50345－2012)、《住宅室内防水工程技术规范》(JGJ 298－2013)等。

(一)地下防水工程

工业与民用全地下室或半地下室的建筑工程、防护工程、隧道工程、人防地铁工程、水库和水池等一切有可能受到地下水影响的建筑物和构筑物都属于地下工程防水的范围。② 针对地下防水工程，国家制定了多项规范，包括《地下工程防水技术规范》(GB 50108－2008)、《地下防水工程质量验收规范》(GB 50208－2011)、《人民防空地下室设计规范》(GB 50038－2005)等。地下工程防水的设计和施工应遵循“防、排、截、堵相结合，刚柔相济，因地制宜，综合治理”的原则。③

1. 地下防水工程属于地基基础工程

根据《2013 版质量验收统一标准》附录 B“建筑工程的分部工程、分项工程划分”的规定，地下防水工程属于地基与基础分部工程中的子分部工程，是地基与基础工程的重要组成部分。因而地下防水工程出现渗漏等质量问题时，裁判者应当

---

① 参见中国土木工程学会教育工作委员会江苏分会组织编写，刘训良主编：《建设工程质量验评与事故处理》，中国水利水电出版社、知识产权出版社 2006 年版，第 277 页。

② 参见中国土木工程学会教育工作委员会江苏分会组织编写，刘训良主编：《建设工程质量验评与事故处理》，中国水利水电出版社、知识产权出版社 2006 年版，第 286 页。

③ 参见《地下工程防水技术规范》(GB 50108－2008)第 1.0.3 条。

准确适用相应的法律及司法解释,包括发包人“擅自使用”的范围、地基与基础工程的保修年限等。在内蒙古自治区高级人民法院(2020)内民终270号案中,发包人将某广场工程发包给承包人。施工过程中,双方因故产生纠纷,承包人予以退场,双方就工程款支付、工程结算等事宜达成了会议纪要、协议书等约定。后双方就已施工完成工程造价及项目地下室基础防水、抗渗钢筋混凝土工程的工程质量产生争议。经委托工程质量司法鉴定,鉴定意见载明:(1)地下室及基础防水。根据设计图纸要求,该工程地下室防水等级为一级。现场检查该工程地下室地面及外墙有大量渗水、漏水点,多处外墙内侧表面有湿渍(潮湿),地下室工程整体渗漏严重。该工程地下室外墙回填土与防水层之间的保护层的质量不符合《地下防水工程质量验收规范》(GB 50208－2011)第4.3.19条规定和设计图纸要求。保护层的部分缺失会造成防水层局部破损,引起局部渗漏。(2)抗渗混凝土。地下某外墙内侧部竖向、水平钢筋外露;混凝土表面多处存在蜂窝、麻面、孔洞(孔洞最大孔深为36.1mm);部分壁板导墙与外墙有错台(错台最大20mm);局部墙面有竖向裂缝等外观质量严重缺陷,不符合《混凝土结构工程施工质量验收规范》(GB 50204－2015)相关条文及《地下防水工程质量验收规范》(GB 50208－2011)的相关规定。本工程地下三层外墙抗渗钢筋混凝土外观质量及尺寸偏差为不合格,地下地面混凝土存在较多不规则裂缝,并出现大量渗水、漏水点,渗漏严重,地面局部正在往上涌水。地下三层基础底板存在渗漏情况,影响使用功能。依据《地下防水工程质量验收规范》(GB 50208－2011)第9.0.2条、第9.0.3条、第9.0.4条的相关规定,判定本工程地下三层基础底板抗渗混凝土为不合格;地下基础底板及外墙用混凝土抗压强度、抗渗性能符合设计要求;所抽检墙类构件纵向受力钢筋间距符合设计要求,所抽检底板构件双向受力钢筋间距均符合设计要求。(3)地下室基础防水工程质量不符合《地下防水工程质量验收规范》(GB 50208－2011)中第3.0.1条地下工程一级防水等级的防水标准要求。渗漏水会对该工程的使用功能造成较大影响,若长期处于渗漏情况下,该质量问题会对建筑物整体结构安全、使用寿命造成一定的影响。在审理过程中,针对法院提出的案涉工程地下室的基础防水及抗渗混凝土是否属于地基与基础或主体结构的问题,鉴定机构回函答复该院:依据《2013版质量验收统一标准》附录B建筑工程的分部工程、分项工程划分,案涉工程地下室的基础防水及抗渗混凝土属于地基与基础分部工程中地下防水子分部工程。法院认为,案涉工程未经竣工验收,发包人擅自使用的,视为放弃主张工程质量抗辩,其不得以工程存在质量问题为由拒不支付工程款,但地基基础工程和主体结构存在质量问题的除外。本案中,承包人负责施工的地下室基础防水及抗渗混凝土属于地基基础工程,其确实存在质量问题而尚未修复,该质量问题能否修复以及所需的修复费用均不能确定,故承包人主张支付工程款缺乏法律依据。

2. 地下防水工程渗漏的主要原因

地下室防水工程渗漏的主要情形包括地下室的底板渗漏、地下室剪力墙渗漏、地下室顶板种植土面层渗漏以及地下室施工缝渗漏。① 根据行业规范,宜采用红外热像仪和微波湿度测试系统检查的方法判断地下工程渗漏的途径(地下室外墙内外的水力联系),可采用染色剂法和同位素示踪法及水质分析(雨水、污水等);对于主要渗漏点必要时采取局部破损方法抽取检测点,按图纸资料核对防水及构造做法,结合初步调查情况判断渗漏的技术原因。

实践中,引发地下室防水工程渗漏的主要原因包括以下方面。②

(1)设计原因,主要包括:①防水设防不足,防水方案选择不当,细部构造缺乏针对性;②结构设计不合理,在易产生变形位置未设置变形缝,造成结构开裂,导致渗漏。

(2)材料原因,主要包括:①柔性附加防水层选材不当,使用的防水卷材厚度不足,不耐穿刺易损坏;涂膜防水层采用水乳型涂料,由于长期浸泡在地下水中,涂膜发生再乳化现象进而变质,失去防水能力;选用合成高分子卷材时,未使用配套胶粘剂等。②配套材料不过关,不能保证片材之间或片材与基层间的良好黏结,引起封口不严而产生渗漏。

(3)施工原因,主要包括:①防水混凝土施工治理欠佳;②施工缝、变形缝、后浇带、穿墙管等细部构造留设处理不当;③柔性附加防水层施工治理差;④回填土不密实;⑤地基处理不佳;⑥管理维护不善等。

(二)屋面防水工程

屋面工程是一个完整的系统,是建筑工程中单独的分部工程,指的是屋面结构层以上的屋面各构造层次的设计和施工内容,包括屋面的基层和保护层,保温与隔热、防水与密封、瓦面与板面以及屋面的细部构造等组成的房屋顶部的设计

---

① 参见李凯文:《地下室结构渗漏原因分析及防治措施》,载《建筑结构》2012 年第 1 期。

② 参见梁国辉:《地下水工程渗漏水的原因分析及预防措施》,载《山西建筑》2006 年第 18 期。

与施工。①

1. 屋面防水工程的设计和施工要求

屋面是建筑物中直接接受雨水冲刷、侵袭的部分,因而屋面渗漏也是最为常见的质量缺陷,将直接影响建筑物使用。国家制定了《屋面工程技术规范》(GB 50345 - 2012)、《坡屋面工程技术规范》(GB 50693 - 2011)、《屋面工程质量验收规范》(GB 50207 - 2012)等规范,对屋面工程(包括防水)的设计与施工进行规范。前述规范对于屋面工程的设计与施工强调了以下四项要求:(1)保证屋面工程防水层和密封部位不渗漏,保温隔热功能满足设计要求;(2)根据不同的建筑类型、重要程度、使用功能要求、屋面形式以及地区特点等,在确保屋面工程质量的基础上做到经济合理;(3)在屋面工程的设计和施工中,应对屋面工程的防水、保温、隔热做到安全适用;(4)根据环境保护和建筑节能政策,在设计选材、施工作业以及使用过程中均应符合环境保护和建筑节能的要求,防止对周围环境造成污染。

2. 屋面防水工程的常见做法及主要渗漏原因

屋面防水工程的常见做法有卷材屋面防水和刚性屋面防水。卷材防水屋面是目前我国钢筋混凝土屋面结构的主要做法,适合于各种防水等级的屋面防水,一般由结构层、找平层、隔汽层、保温找坡层、防水层和保护层组成。卷材防水屋面渗漏包括:(1)卷材防水屋面开裂,主要是由于温差变形使屋面结构层产生胀缩引起板端角变、地基不均匀沉降、水泥砂浆找平层未设置分格缝或分格缝位置不当引起找平层不规则开裂。(2)节点处理不规范,如天沟纵向找坡太小或堵塞导致排水不畅;雨水口、管道四周防水涂层及嵌缝材料施工不良、粘贴不密实,密封不严或附加防水层标准太低等。刚性防水屋面是依靠结构构件自身的密实性,或采用刚性材料作防水层以达到对建筑物的防水目的。刚性防水屋面渗漏主要是屋面开裂、构造节点处理不当所引起。屋面开裂包括结构裂缝、温度裂缝和施工裂缝。构造节点处理不当主要是指女儿墙、天沟雨水口及各种凸出屋面的裂缝,因接缝混凝土(或砂浆)嵌填不严形成缝隙而渗漏。

(三)建筑外墙防水工程

建筑外墙防水工程是指阻止水渗入建筑外墙,满足墙体使用功能的构造及措

---

① 参见程建伟、周园主编:《建筑防水设计与施工》,中国建筑工业出版社 2021 年版,第 15 页。

施。建筑外墙防水应具有阻止雨水、雪水侵入墙体的基本功能，并应具有抗冻融、耐高低温、承受风荷载等性能。雨水、雪水侵入墙体会对墙体产生侵蚀作用，侵入至室内则将会影响使用；当有保温层时，还会降低热工性能，建筑物将达不到原设计保温隔热的节能指标，由此产生的损害应引起高度的认识和重视。针对建筑外墙防水工程，住建部制定《建筑外墙防水工程技术规程》（JGJ/T 235－2011），以指导用砌体或混凝土作为围护结构①的建筑外墙防水工程的设计、施工和验收。

1. 建筑外墙防水工程的设防方式

目前外墙防水工程实践中主要采用两类方式进行设防：一类是墙面整体防水，主要应用于南方地区、沿海地区以及降雨量大、风压强的地区；另一类是对节点构造部位采取防水措施，主要应用于降雨量较小、风压较弱的地区和多层建筑以及未采用外保温墙体的建筑。各地采用外墙外保温的建筑均采取了墙面整体防水设防。墙面整体防水包括所有外墙面的防水和节点构造部位的防水。根据《建筑外墙防水工程技术规程》（JGJ/T 235－2011）第3.0.2条的条文说明，节点构造的防水指门窗洞口、雨篷、阳台、变形缝、伸出外墙管道、女儿墙压顶、外墙预埋件、预制构件等交接部位的防水。

2. 建筑外墙渗漏的主要原因

建筑外墙渗漏问题是许多建筑物存在的质量通病，出现该问题的原因主要包括：②

（1）设计原因，部分建筑工程的设计单位在进行外墙防水设计时，过于注重整体防水效果及美观程度，对于外墙特殊部位防水设计缺乏重视，致使墙体接缝、幕墙等关键位置防水设计不合理，为建筑物外墙渗水留下隐患。

（2）材料原因，在建筑物外墙装饰过程中所选用的材料不同，其防渗效果也存在差异，不合格的材料将直接影响建筑物外墙的防水质量。

（3）施工原因，建筑外墙的施工质量直接决定其防水效果，如施工人员操作不规范，在剪力墙与砌体间、梁底连接处的拉结筋安装不到位，加之室内外温差效应作用，极易出现裂缝现象；在建筑物外墙特殊部位（如窗台坡度、鹰嘴区域）施工时，如外墙抹灰质量不达标，容易造成建筑物外墙出现雨水渗漏现象。规范的节点构造要求：在门窗上楣的外口应做滴水线，外窗台应设置不小于5%的外排水坡

---

① 砌体围护结构是指采用多孔砖、空心砌块、加气混凝土砌块等作为围护结构材料的墙体；混凝土围护结构是指采用现浇混凝土或预制混凝土作为围护结构材料的墙体。

② 参见牛常亮：《建筑外墙渗漏成因与防治措施分析》，载《住宅与房地产》2020年第12期。

度。如不做滴水线,容易造成建筑物外墙门窗洞口出现雨水渗漏现象。又如建筑物伸出外墙管道或预留孔洞等交接部位的防水,应有针对细部构造的防水设计,若防水措施不到位,交接及延边部位易形成雨水渗漏。

(四)住宅室内防水工程

除了前述地下防水工程、建筑外墙防水工程和屋面防水工程外,住宅的室内防水工程也非常重要。为规范住宅室内防水工程的设计与施工,国家制定了《住宅室内防水工程技术规范》(JGJ 298－2013)。建筑室内防水工程包括住宅厨房、卫生间及浴室,公共建筑厨房、公共浴室、卫生间、开水房等,住宅中的室外楼梯间、半室外楼梯间、阳台、大平台、水池也可以包括在室内防水工程中。①

1. 住宅室内防水工程的设计和施工要求

住宅室内防水工程应遵循防排结合、刚柔相济、因地制宜、经济合理、安全环保、综合治理的原则。住宅室内防水工程宜根据不同的设防部位,按柔性防水涂料、防水卷材、刚性防水材料的顺序,选用适宜的防水材料,且相邻材料之间应具有相容性。密封材料宜采用与主体防水层相匹配的材料。住宅室内防水工程完成后,楼、地面和独立水容器的防水性能应通过蓄水试验进行检验,蓄水时间不少于24小时。住宅室内防水工程应积极采用通过技术评估或鉴定,并经工程实践证明质量可靠的新材料、新技术、新工艺。

2. 住宅室内防水工程渗漏的主要原因

室内防水工程的渗漏主要发生在卫生间和厨房,以卫生间渗漏为例,其渗漏原因主要包括:

(1)设计原因。如由于卫生间整体结构楼板在永久荷载作用下产生的徐变量过大造成防水层开裂,卫生间楼板应按“对裂缝开展有较高要求的结构”进行设计。同时应注意隔断墙的布置,隔断墙的布置不当也会导致裂缝的产生,进而引起渗漏。

(2)材料原因。由于各类建筑材料的膨胀系数不同,可能造成材料断裂导致渗漏。材料选择要切合实际,卫生间多数需要粘贴瓷砖,所以应选用对砂浆贴合能力较强、自重较轻的防水材料,防止墙面剥落。

(3)施工原因。主要包括:由于追赶项目进度未对楼板进行可靠性振捣,施工

① 参见程建伟、周园主编:《建筑防水设计与施工》,中国建筑工业出版社2021年版,第80页。

中水灰比过大、养护不良，楼板负筋变形，未达到强度即进行下步施工等；面层空鼓，未对基层阴阳角进行圆弧处理，影响防水材料的铺设，未进行抹平、压光，表面有疏松、起砂、裂缝；管道安装完毕后的堵洞未遵循土建施工工艺的相关要求，操作方法不当，管道周围混凝土密实度差等。

三、常见渗漏水问题的查明与归责

渗漏水是建筑防水工程质量不达标的主要表现形式之一，也是建设工程质量纠纷中最为常见的质量问题之一。如发生在发包人与承包人之间的因工程渗漏水引起的建设工程施工合同纠纷、装饰装修合同纠纷；发生在购房人与开发商之间的因交付的商品房存在渗漏水问题引起的商品房买卖合同纠纷；发生在相邻住户之间（如楼下住户与楼上住户）的因防水渗漏水造成楼下房屋及财产受损的侵权纠纷等。

建筑物渗漏水是最为常见的质量通病，同时也危害极大，不但影响建筑物的使用，还可能影响建筑物的结构质量安全，对所有权人、使用权人的财产权利、居住权利等造成影响。如地下工程渗漏水，则地下室可能无法作停车使用，甚至会将停放的车辆淹没，造成巨大的经济损失；地下结构在水的长期侵蚀下受到严重破坏，危及整个建筑物的质量安全。实践中，开发商交付的商品房出现渗漏水问题，往往不是单一、偶发现象，此关系业主们的切实利益，若处理不当将可能会引发群体性事件。

因此，在审理渗漏水质量纠纷案件时，在查明案件事实的基础上，应当充分把握建筑防水工程的特点，充分考虑质量问题可能造成的影响，审慎、合理作出裁判。

（一）渗漏水质量问题的事实查明

对于认定建筑物是否存在渗漏水的质量问题，以发、承包双方之间的建设工程施工合同纠纷为例，裁判者可以结合发包人提交的现场照片、视频，与承包人之间的沟通记录以及其他证据进行认定。

1. 如发包人提交的证据能够反映承包人对渗漏事实的认可，则可以直接认定建筑物存在渗漏水质量问题。

例如，在新疆维吾尔自治区高级人民法院（2020）新民终 357 号案中，双方其中一项争议焦点为案涉工程是否存在质量问题，以及发包人针对工程质量问题所提出的各项赔偿请求能否成立的问题。法院认为,承包人在案涉工程结算过程中,多次通过双方之间的来往文件及会议纪要内容对工程存在质量问题的事实予以认可,发包人据此主张对进风立井存在的质量问题及相关修复设计及修复预算费用进行鉴定,其已经完成了针对工程质量问题的初步举证责任,一审法院据此对其鉴定申请予以准许并无不当。

2. 如在发包人仅提交现场照片,而承包人不认可,且没有其他足以反映真实情况的证据时,裁判者可组织当事人进行现场勘验,确定建筑物是否真实存在渗漏水质量问题,必要时可以启动司法鉴定。需要指出的是,渗漏水现象存在一定的偶发性和滞后性,如楼上住户卫生间使用需达到一定时长、屋面需经历中等雨量2小时以上等,故现场勘验需根据实际情况具体安排。同时,受制于工程专业技术和建设工程行业壁垒,裁判者对于渗漏水现象的直观判断会存在较大的失真可能,故可以引导双方工程技术人员参加、申请技术调查官或者富有行业经验的人民陪审员、仲裁员等参与现场勘验。在涉及多点位的渗漏水案件中,将发包人主张的渗漏水范围中明显不成立、不属于承包人责任范围、已经修复等部分在现场勘验的环节予以澄清、协调、确认,能够大大减少争议、缩减鉴定范围,同时使裁判者对案件形成整体判断具有较强的实践意义。所以,裁判者应尽可能地积极、主动参与现场勘验。但如发包人没有提交任何初步证据能够证明建筑物存在渗漏水质量问题的,对于发包人的质量鉴定申请,不应予以准许。

3. 在涉及渗漏水工程质量争议案件中,防水工程可能存在发包人支解发包、指定分包的承包人,或者发包人甲供防水材料。施工总承包人可能会提出抗辩,防水问题系由防水工程承包人施工、门窗工程承包人在施工过程中破坏了原施工的防水层或者甲供材料不合格等原因造成。在前两者情形下,可以追加相关主体为案件第三人后启动工程质量鉴定,通过鉴定程序查明渗漏水的技术成因并进行归责。追加第三人的出发点,一方面与相关当事人存在利害关系,另一方面也能够减少争议、防止承包人或者发包人在承担责任后就第三人是否应当承担责任及责任比例等另起纠纷。此外,还特别需要注意在总包合同中是否约定施工总承包人承担总承包管理的范畴,是否仍然对防水工程承包人、门窗工程承包人收取管理费、履行总承包质量控制的职责。如总包合同中存在此等约定,施工总承包人一般也难以回避工程质量问题的责任。在最后一种情形下,如果经过鉴定发包人甲供料确实存在质量问题,则发包人应当承担责任。而承包人是否尽到足够的履约管理,对甲供料进行检查、检验、检测等义务,是否应当能够发现甲供料的质量问题而未发现,或者发现后有无及时向监理单位或者发包人提出并拒绝使用等,是判断承包人是否存在履约过错、是否应当承担相应的工程质量责任所应当重点考量的内容。

(二)保修期内的发包人通知义务

若渗漏水问题发生在保修期内,发包人应当先履行通知义务,通知承包人进行维修。如果承包人同意进行修复,且其不存在不适合修复的各种情形的(如承包人不具有相应资质、多次通知拒不履行修复义务、多次修复仍不能彻底解决质量问题、提出额外不合理要求等),裁判者应当允许承包人进行维修。待修复完成后,如发、承包双方尚有争议的,发包人可另行提起诉讼主张权利。

如在河北省高级人民法院(2020)冀民终613号案中,发包人主张案涉工程交付后,地下车库存在渗漏水问题。经工程质量鉴定,鉴定机构出具鉴定意见对案涉工程地下车库防水工程存在渗漏水予以确认。法院认为,鉴于涉案地下车库防水工程尚在保修期限内,依据法律、法规及双方的合同约定,保修工程在保修期限内发生质量问题的,施工单位首先应当履行保修义务。在施工单位拒不履行保修义务的情况下,发包人可自行维修,主张该维修费用或申请对维修费用进行鉴定后再行主张。另外,在河南省高级人民法院(2019)豫民终1675号案中,二审审理阶段的其中一项争议焦点为地下车库工程存在的漏水问题如何处理。承包人自认涉案地下车库工程存在漏水等表观缺陷,承诺积极履行法定及合同约定的维修义务并自行承担全部维修费用。法院认为,鉴于承包人认可涉案工程地下车库存在渗漏水问题,因涉案工程仍在质保期内,其已承诺在法定及合同约定的范围内履行维修义务、承担全部维修费用,并确保维修后达到合同约定的质量标准。鉴于此,本案没有鉴定的必要性,对于发包人的该项申请,不予准许。承包人修复工程完毕后,应提交验收报告,发包人亦应及时牵头组织验收。发包人主张承包人赔偿维修费用,但未提供证据证明其向承包人送达维修通知,亦未举证证实其自行维修支付的实际费用数额,故对于发包人的该项请求,不予支持。如发包人通知承包人履行维修义务而承包人未履行,发包人有证据证明其自行维修并支付了相关费用时,可另行主张权利。

(三)渗漏水质量问题的成因、修复方案及修复费用鉴定

即便确定建筑物存在渗漏水质量问题,当事人对于质量问题的技术成因和归

责也可能无法达成一致。裁判者应当根据案件具体情况释明举证证明责任，并向负有证明责任的当事人释明是否申请司法鉴定。通常情况下，工程质量问题的鉴定申请方为主张存在工程质量问题的一方即发包人。而在存在初步较强证据证明工程质量问题系承包人原因造成的情况下，承包人提出工程质量问题系工程原设计文件存在错误、发包人支解发包等其他承包人等原因造成的，对此其负有举证义务，应当申请鉴定。当事人申请鉴定的，通常由鉴定机构对渗漏水成因进行查明。如在最高人民法院（2020）最高法民终 1113 号案中，案涉工程存在地下三层冒水问题，发、承包双方就技术成因和责任主体均产生争议，后委托司法鉴定。针对地下室工程渗漏水的成因，鉴定机构出具鉴定意见认为：地下车库底板、墙体、顶板漏水原因与施工有关，地下水位上涨水压增大会对地下室漏水产生影响。又如，在山东省高级人民法院（2020）鲁民终 2138 号案中，发、承包双方就工程质量产生争议。一审法院就涉案工程是否存在裂缝、渗透等质量问题，委托工程质量鉴定，鉴定机构出具的鉴定意见认为存在质量问题，并指出质量问题形成的原因是多因一果。针对地下车库渗漏水的成因，鉴定机构出具鉴定意见认为：防水卷材上翻高度低于覆土高度，泛水做法不符合设计要求泛水收口损坏（有的部位如采光井没有防水卷材），雨水进入卷材下部与渗漏存在因果关系。据此鉴定，无法认定形成质量问题的具体因素和责任方以及责任方参与度大小。一审法院采取了迂回的办法，以发包人未提交有效证据证实修复的款项为由，不予处理，另告知其可持有效证据另行主张权利。二审认为，发包人虽以涉案工程存在质量问题为由，主张承包人应向其支付修复费用，但在涉案工程质量鉴定报告未对工程质量问题的责任主体作出明确界定，发包人亦未提交证据证实实际产生修复费用的情况下，一审判决对发包人的该项主张未予支持，并无不当；发包人可待证据充分后，另行主张权利。

除成因鉴定外，裁判者可以根据发包人的诉讼请求内容以及申请，决定是否启动修复方案及修复费用的鉴定。如发包人诉讼请求为要求承包人进行修复，则没有必要启动修复方案及修复费用的鉴定，人民法院可以根据案件情况判断是否由承包人修复；如承包人明确拒绝履行维修，或发包人与承包人之间的关系明显破裂的，可以根据发包人的申请，对修复方案及修复费用进行鉴定，由发包人自行安排修复，裁判者根据鉴定意见认定各方承担的责任及具体费用。如在最高人民法院（2019）最高法民终 1134 号案中，发包人申请对地下室渗漏水成因及修复费用进行司法鉴定，鉴定报告显示，地下室出现渗水问题的主要是承包人施工所致，修复费用为189万余元，由此该判决最终判定由承包人承担全部修复费用。

（四）司法鉴定意见的采信与责任认定

司法鉴定意见是鉴定机构就专门性问题作出的判断。在质量鉴定机构针对质量问题成因所出具的司法鉴定意见中，应当明确造成该质量问题的因素有哪些，以及这些因素的原因力大小，应当限于主次程度的认定，而不应进行具体百分比的确定。此不仅是针对渗漏问题质量责任，而且在对所有工程质量责任进行归责的时候应当注意的问题。

裁判者在认定渗漏问题质量责任时，除考虑鉴定机构出具的成因鉴定意见中所明确的技术因素外，还应当考虑当事人的过错因素，包括违法违规情况，以及是否尽到合理注意义务等来综合认定责任承担的比例。

在贵州省高级人民法院（2019）黔民终76号案中，针对案涉某商业广场项目的渗漏水问题，发包人申请成因鉴定，鉴定机构出具意见认为"鉴定房屋裙楼屋面板伸缩缝未按设计图纸施工，致使雨水沉积在伸缩缝内导致渗水，室内漏水"。故法院认为，经鉴定，工程广场裙楼屋面部分未按设计施工，存在质量问题。承包人在质量保修期内未能按照保修责任承担保修义务具有过错，应当承担赔偿损失。而发包人在明知存在渗水的情况下，应当告知承包人履行保修责任，即使其未履行保修责任，发包人亦应当另行聘请具有相关资质的施工单位进行维修，其亦存在一定过错。考虑商铺行情属于综合性经营风险，影响经营者决策的因素包括商铺价格、方位地段、出租政策等商业条件，不单取决于屋面渗漏水问题，并结合当地的经济发展水平及该区域商铺租金价格，考虑承包人未按图施工及发包人提前擅自使用工程的过错程度，酌定承包人应向发包人支付相应的赔偿金额。

第十七章

建筑幕墙工程

建筑幕墙是公共建筑及高档住宅的重要组成部分，建筑幕墙不仅具有装饰性和功能性，还具有结构可靠性。因此建筑幕墙不仅影响建筑工程的美观、使用功能，也涉及公众生命财产安全。本章介绍了建筑幕墙的概况，并阐述了建筑幕墙工程的常见质量问题和技术成因。

一、建筑幕墙概述

建筑幕墙是指由面板与支承结构体系（支承装置与支承结构）组成的可相对主体结构有一定位移能力或自身有一定变形能力、不承担主体结构所受作用的建筑外围护墙。① 建筑幕墙以其较好的建筑装饰艺术效果、完善的功能（风压变形性能、空气渗透性能、雨水渗漏性能、保温隔声性能）和质轻、安装的高效而得到广泛应用。在现代建筑中，建筑幕墙是应用比较广泛的围护结构形式之一，其有效地融合了建筑的功能性与装饰性，满足了建筑工程在实用性和美观性两方面的要求。

表 17－1　常见建筑幕墙分类②

序号	分类方法	幕墙名称
1	按面板材料分类	玻璃幕墙、金属板幕墙、石材幕墙、人造板材幕墙、组合面板幕墙
2	按主要支承结构形式分类	构件式幕墙、单元式幕墙、点支承幕墙、全玻幕墙、双层幕墙 其中构件式玻璃幕墙按面板支承形式，又分为明框幕墙、隐框幕墙、半隐框幕墙

① 参见《民用建筑设计统一标准》（GB 50352－2019）第 2.0.26 条。

② 参见《建筑幕墙》（GB/T 21086－2007）第 4.1.3－4.1.5 条。

幕墙工程的专业属性。《2013版质量验收统一标准》附录B涉及幕墙专业划分的有两个子分部，分别是"主体结构"分部中"铝合金结构"子分部所属的"铝合金面板、铝合金幕墙结构安装、防腐处理"，以及"建筑装饰装修"分部中"幕墙"子分部所属的"玻璃幕墙安装、金属幕墙安装、石材幕墙安装、陶板幕墙安装"分项工程。前者将铝合金幕墙列入铝合金结构整体划分，后者将玻璃、金属石材、陶板类幕墙列入建筑装饰装修范围。建筑幕墙尽管不承担主体结构所属作用，但因幕墙作为重要的围护结构，其主要支承结构材料是钢材或铝合金，因此，其设计、施工安装维护具有钢结构或金属结构基本属性。

根据《建筑幕墙》（GB/T 21086－2007）的要求，建筑幕墙的质量性能要求分为通用要求和专项要求。其中通用要求共9项，包括抗风压性能、水密性能、气密性能、热工性能、空气声隔声性能、平面内变形性能和抗震要求、耐撞击性能、光学性能、承重力性能。建筑幕墙质量的专项要求，则根据幕墙的种类不同，从性能、材料、组装件以及外观质量等方面提出了不同的要求。

目前建筑幕墙在性能试验、工程设计、工程检测验收等方面的相关标准日益完善，为建筑幕墙的设计、安装及验收、检测等工作的标准化提供了依据，如《建筑幕墙》（GB/T 21086－2007）、《玻璃幕墙工程技术规范》（JGJ 102－2003）、《金属与石材幕墙工程技术规范》（JGJ 133－2001）、《人造板材幕墙工程技术规范》（JGJ 336－2016）等。建筑幕墙的可靠性鉴定及维修加固类相关的国家标准仍待完善，主要以地方标准及协会标准为主，如《既有建筑幕墙改造技术规程》（T/CBDA 30－2019）、《宁波既有建筑幕墙维修加固技术导则》（甬DX/JS 004－2020）等。

二、建筑幕墙主要质量问题与技术成因

建筑幕墙常见的质量问题，主要可以划分为三大类，即材料失效、结构失效和功能失效。①

第一类，材料失效，即材料性能的问题，主要是指幕墙所用的建筑材料，其物理性能或化学性能不符合设计或相关技术标准要求，或使用后性能发生变化，导致建筑幕墙外观质量、支承结构和使用功能降低。此类问题包括：(1)玻璃面板破碎、玻璃自爆、玻璃影像畸变；(2)石材面板腐蚀、石材断裂；(3)结构胶、密封胶、密

① 参见刘正权、王文欢编著：《既有建筑幕墙检测与维护技术》，中国建筑工业出版社2018年版，第150－151页。

封胶条失效或老化等。

第二类,结构失效,即幕墙的支承结构缺陷,包括立柱、横梁、预埋件、连接件等支承结构出现断裂、松动、变形、老化、锈蚀。

第三类,功能失效,包括抗风压性能、水密性能、气密性能、热工性能、空气声隔声性能等未满足设计和相关标准要求。漏水、漏气、外开启扇脱落或无法灵活启闭,都属于典型的功能缺陷。

建筑幕墙的各类质量问题的界限有时并不清晰,存在混同、多因一果甚至互为因果的关系。材料问题是幕墙结构问题和功能失效的重要原因之一;支承结构问题直接影响幕墙的结构安全性和耐久性,也必然会引发幕墙的功能失效。

下面,以玻璃面板破裂、脱落,石材面板破裂、脱落,幕墙渗漏这几类典型的质量问题为例,进行技术成因分析。

(一)玻璃面板破裂

幕墙玻璃面板破裂的技术成因,可能包括玻璃材料质量缺陷和设计、施工不当等。

1. 玻璃材料质量问题

建筑幕墙玻璃通常要求使用安全玻璃,安全玻璃包括钢化玻璃及半钢化玻璃,其中钢化玻璃应用最广。钢化玻璃是将普通玻璃进行加热并急冷处理后得到的,这种玻璃机械强度成倍增加,钢化玻璃破碎后呈类似蜂窝状的碎小钝角颗粒,对人体不会造成重大伤害。钢化玻璃自爆是较为常见的现象。

根据《建筑门窗幕墙用钢化玻璃》(JG/T 455 - 2014)引言第 1 款、第 2 款所述:"严格意义上说,钢化玻璃只有在无荷载作用下发生的自发性炸裂才称为钢化玻璃的自爆。实际工程中,对于没有外力冲击、正常使用条件下、具有典型自爆裂纹的钢化玻璃破裂也归结为钢化玻璃自爆。钢化玻璃自爆的原因很多,玻璃中硫化镍粒子的相变膨胀、气泡和结石造成的应力集中、钢化过度、钢化玻璃应力不均匀、玻璃边部加工质量低下和钢化玻璃尺寸过大都可能造成钢化玻璃自爆。"由此可见,钢化玻璃质量问题可造成幕墙面板自爆破裂。

2. 设计和施工不当

设计和施工不当导致的玻璃幕墙面板破裂主要表现在以下几个方面:

(1)玻璃与金属固定件之间的间距及接触处理不当。根据相关规范的要求,玻璃面板在温度变化和其他因素影响下应具有自由伸缩的空间、避免硬性接触,玻璃的槽口两侧和底部不能用硬性的材料填塞，如玻璃下端须设置两个托条，玻璃与托条接触面须用橡胶垫块隔开，避免硬性接触。

（2）玻璃二次加工制作工艺问题。在二次加工、运输、储存和施工过程中，玻璃表面和边部不可避免地会产生微裂纹、划痕、裂口、毛刺等瑕疵，这些问题均会形成应力集中，导致钢化玻璃存在发生自爆破裂的风险。在外部荷载的作用下，应力集中达到或者接近玻璃损伤应力临界值时，裂纹快速扩张最终导致玻璃破裂。

（3）玻璃面板尺寸精度不足。幕墙立柱或横梁安装尺寸控制不当、玻璃加工误差等原因造成玻璃与型材贴合不平整，玻璃在平面外力作用下产生翘曲，当固定件阻碍玻璃的翘曲变化时造成局部应力过大使玻璃发生破裂。

（4）热应力过大。热应力是指受热或冷却时，材料不同部位出现温差，导致热胀或冷缩不均所产生的应力。幕墙玻璃中常见应力有暂时应力和永久应力两种。暂时应力是由于玻璃导热性较差而产生的，玻璃在应变点温度以下加热或冷却时，各部位将形成温度梯度，从而产生热应力。暂时应力与温差相关，温差越大，暂时应力也越大。当暂时应力值超过玻璃的破裂极限强度时，玻璃就会自爆破裂。永久应力即钢化应力，是由于玻璃局部温差产生的应力，它的大小取决于成品在应变点温度以上时的冷却速率、玻璃的黏度及玻璃的厚度等因素。建筑幕墙玻璃因热应力自爆主要是暂时应力造成的。具体来说，玻璃幕墙的层间处通常后衬铝单板，若后衬板和玻璃的距离太近且两者中间的空气层没有留通气孔，在阳光直射下中间空气层温度急剧升高，由此造成的玻璃温度过高和气体的膨胀使玻璃破裂。

（5）玻璃无法承受荷载作用。当玻璃面板的厚度、类型和平面尺寸等不合理时，玻璃无法承受荷载作用出现破裂。

（6）建筑主体变形缝处幕墙结构不合理。根据《玻璃幕墙工程技术规范》（JGJ 102－2003）第4.3.13条的规定："玻璃幕墙的单元板块不应跨越主体建筑的变形缝，其与主体建筑变形缝相对应的构造缝的设计，应能够适应主体建筑变形的要求。"幕墙在建筑主体变形缝处的设计施工不合理，也会导致玻璃破裂。

对玻璃面板破裂缺陷成因的识别，通常可以按照以下常识判断和技术判断两步骤进行。

第一步，常识判断。通常采用的技术判断方法如下：

（1）检查破坏点是否有外力撞击痕迹，破坏部位是否属于变形缝等特殊部位，破坏状态是否呈钢化玻璃破坏的碎渣状。钢化玻璃破裂后有明显的起爆点，其中自爆钢化玻璃的起爆点通常呈“蝴蝶斑”状、爆点内有肉眼可见的杂质。

(2)根据各地的相关规定要求,幕墙应使用安全玻璃(钢化或半钢化),如破坏状态为非安全玻璃状,则一般可认定属于玻璃面板的材料问题。

(3)当幕墙使用均质玻璃时,其理论自爆率为万分之一。如玻璃自爆率明显偏大,基本可判断该幕墙玻璃为非均质玻璃。但目前无法通过检测检验的方式来判断玻璃是否进行过均质处理。

例如大连某港资地产公司建设的超高层大厦陆续出现一百余块幕墙玻璃的破裂,且多次发生破裂后的坠落事故,造成人员受伤及财产损失,对大厦的正常使用产生影响。根据施工合同的约定,该项目明确要求使用均质玻璃,且承包人对玻璃爆裂保修十年。承包人同意对爆裂玻璃进行更换,但拒绝赔偿由此产生的其他损失。发包人主张幕墙所用玻璃破裂率远超均质玻璃万分之一的理论自爆率,因此玻璃爆裂属于施工原材料的质量缺陷,要求承包人赔偿因玻璃爆裂产生的其他损失。经鉴定,引起玻璃爆裂的原因为玻璃内部的杂质,所取样品“蝴蝶斑”中心区域均存在微小颗粒(见图17-1),颗粒粒径最小值约110.8μm、最大值约255.3μm。微小颗粒主要由S(硫)和Ni(镍)元素组成,为硫化镍(NiS)杂质,属于玻璃材料的固有缺陷。但经对比《建筑用安全玻璃第4部分:均质钢化玻璃》(GB/T 15763.4-2009)等国内标准,相关标准未对玻璃杂质的颗粒粒径以及均质玻璃的理论自爆率作出规定,也无检验玻璃是否进行过均质处理的相关方法,因此发包人的主张很难得到支持。

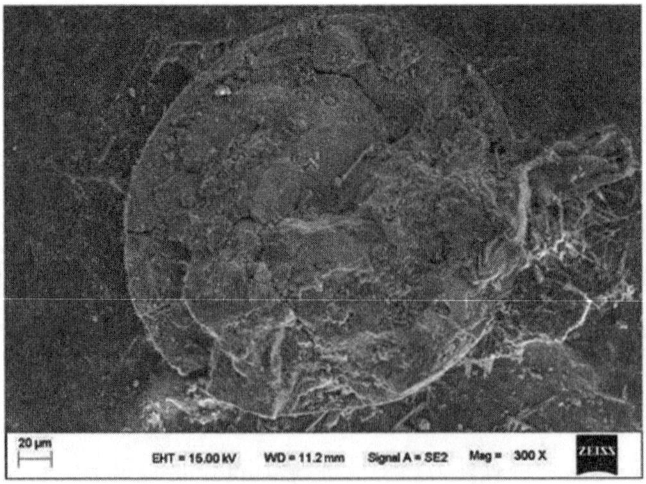

图17-1 “蝴蝶斑”中心区域电镜检查结果

(4)对钢化玻璃的破坏状态,可根据《建筑用安全玻璃第2部分:钢化玻璃》(GB 15763.2－2005)第5.6条的相关要求检查碎片状态来评价钢化玻璃的质量。

(5)当玻璃的破坏点位于固定件连接处时,需对设计及施工质量开展检查鉴定,必要时对玻璃的相关性能进行检测。

(6)当破裂的玻璃主要集中在建筑变形缝处时,说明建筑主体结构可能存在大的变形或建筑幕墙未做好适应变形的构造处理,需要对设计及施工质量进行检查鉴定,必要时对玻璃的相关性能进行检测。

第二步,技术判断。通常采用的技术判断方法如下:

(1)对玻璃质量的检验,可现场取样,依据《建筑用安全玻璃第4部分:均质钢化玻璃》(GB 15763.4－2009)、《建筑用安全玻璃第2部分:钢化玻璃》(GB 15763.2－2005)等产品标准的要求,对玻璃的外观质量、厚度及表面应力等相关性能指标进行检测检验。需要注意的是,对既有建筑幕墙实施取样检测时,宜根据现场情况决定所实施的检测项目及检测数量,尽量减少检测成本。

(2)对设计质量的检查鉴定,可依据《玻璃幕墙工程技术规范》(JGJ 102－2003)、《玻璃幕墙工程质量检验标准》(JGJ/T 139－2020)等标准规范的规定,对玻璃幕墙的相关设计质量进行检查鉴定。当破裂的玻璃未集中在高层或出现在强风天气时,一般可排除破裂为荷载作用所致,不需进行承载力验算。

(3)对施工质量的检查鉴定,可依据设计图纸、《玻璃幕墙工程技术规范》(JGJ 102－2003)、《玻璃幕墙工程质量检验标准》(JGJ/T 139－2020)等标准规范的规定。

(二)玻璃面板脱落

玻璃面板的脱落屡见不鲜。玻璃面板与支承结构的连接主要有结构胶粘结以及机械固定两种连接方式,出现脱落的主要原因是连接失效。

1.结构胶粘结失效

(1)建筑幕墙中所使用的硅酮类结构胶和密封胶,均属于有机高分子材料,在使用时受到周围环境中的高温、高湿、盐雾、酸雾等综合因素的影响而发生老化的情况,导致其粘结强度降低。

(2)使用劣质结构胶会导致粘结强度差、过早老化。部分商家采用非常规手段制造硅酮结构密封胶,通过降低胶体质量,得到价格低廉的产品。较为常见的做法是在硅酮结构密封胶内添加白油以及裂解硅油等劣质增塑剂。这些劣质增塑剂自身挥发较慢,能维持一段时间,但是白油和裂解硅油挥发殆尽,密封胶就会出现开裂、脆化甚至粉化等问题,导致密封胶过早失效。①

(3)现场打注结构胶难以保证粘结质量。《玻璃幕墙工程技术规范》(JGJ 102－2003)第9.1.3条、第9.1.4条明确规定:"采用硅酮结构密封胶粘结固定隐框玻璃幕墙构件时,应在洁净、通风的室内进行注胶,且环境温度、湿度条件应符合结构胶产品的规定;注胶宽度和厚度应符合设计要求。""除全玻幕墙外,不应在现场打注硅酮结构密封胶。"

(4)结构胶粘结的玻璃下端未按要求设置托条,导致玻璃长期使用后出现脱落,此类现象主要表现为开启扇玻璃脱落。《玻璃幕墙工程技术规范》(JGJ 102－2003)第5.6.6条明确规定:"隐框或横向半隐框玻璃幕墙,每块玻璃的下端宜设置两个铝合金或不锈钢托条,托条应能承受该分格玻璃的重力荷载作用,且其长度不应小于100mm、厚度不应小于2mm、高度不应超出玻璃外表面。托条上应设置衬垫。"

(5)玻璃幕墙所采用的中空玻璃未采用二道密封胶或生产管理控制不严造成中空失效,中空玻璃的中空层气体泄漏会造成其使用寿命大大缩短,易造成外片整体脱落。

2. 机械固定连接失效

玻璃面板机械固定不牢固的原因主要包括连接点数量偏少、螺栓质量差以及安装缺陷等。

3. 玻璃面板脱落原因分析

连接失效可能与材料性能及使用环境相关,分析成因时应检查其破坏状态、使用环境,并进行相关性能检验等。例如对于结构胶可检测其粘结强度,但由于其易受环境影响而老化的特性,不宜直接以强度检测结果推定交付时的施工质量,需结合其他情况综合判断。可开展的常识判断包括:

(1)粘结固定的开启扇玻璃脱落时,检查其是否按要求设置托件,未设置时可认定存在安装缺陷。

(2)机械连接失效时检查是否使用自攻螺钉及连接点数量。《玻璃幕墙工程质量检验标准》(JGJ/T 139－2020)第6.2.6条、第6.2.10条规定,明框玻璃幕墙

---

① 参见段红莉、冯功斌:《建筑幕墙用硅酮结构密封胶质量控制策略》,载《中国住宅设施》2020年第4期。

不得采用自攻螺钉固定承受水平荷载的玻璃压条，隐框玻璃幕墙不得采用自攻螺钉固定玻璃板块。故玻璃幕墙一般不宜使用自攻螺钉。考虑到该标准不属于强制性标准，判断时应先查阅设计图纸的要求。

(3)玻璃结构胶的破坏状态为粘结界面破坏时，根据《建筑用硅酮结构密封胶》(GB 16776 – 2005)附录 D 的相关规定，即当结构胶使用时间在 10 年以内时，一般可认定为属于注胶质量缺陷，如存在基材不清洁、使用不合适的底涂、底涂用法不当、不正确的接缝装配、胶结缝设计不合理以及其他影响粘结性的问题。

(4)当结构密封胶检验报告上使用的判定依据为《建筑幕墙用硅酮结构密封胶》(JG/T 475 – 2015)时，根据第 4.1 条的规定："硅酮结构胶的设计使用年限不应低于 25 年……"如结构密封胶在正常使用及维修条件下的 25 年内粘结失效，可认定为产品质量问题。

(三)石材面板破裂、脱落

石材幕墙石材面板在使用过程中可能出现破裂、脱落的情况，严重时会导致人员伤亡及财产损失。天然石材有着强度不均匀、易裂等特点，早期石材幕墙采用斜托板、蝴蝶件等连接方式锚固效果不佳，甚至用胶取代挂件承重，易出现石材连接部位破裂或石材幕墙面板脱落的情况。

石材幕墙经常存在用石材干挂 AB 胶或云石胶粘结石材面板的现象。AB 胶是一种双组分环氧树脂干挂结构胶，其可适用于石材类粘贴及木材、钢、铁、铜、铝、不锈钢、混凝土、水泥预制件、粘土砖、玻璃钢、人造石等不同材质的相互粘接，但考虑石材面板所需的粘结强度、可靠性及环境的复杂性，AB 胶并不适用于直接承载面板。云石胶的固化成型要比 AB 胶快，施工比较简便，价格较低，通常所用的云石胶是不饱和树脂胶，适用于建筑石材的快速定位及拼花、修补、粘结，主要适用于石材与石材间的相互粘结，其粘结强度要低于 AB 胶，固化后的弹性比 AB 胶差，不利于抵抗疲劳荷载和温度作用，因此更不适用于直接承载石材面板。

根据《金属与石材幕墙工程技术规范》(JGJ 133 – 2001)(已被废止)第 6.1.3 条"用硅酮结构密封胶黏结固定构件时，注胶应在温度 15℃以上 30℃以下、相对湿度 50% 以上、且洁净、通风的室内进行，胶的宽度、厚度应符合设计要求"，第 6.1.4条"用硅酮结构密封胶黏结石材时，结构胶不应长期处于受力状态"的规定，鉴于石材幕墙通常为现场作业，石材幕墙不应仅用胶黏固定的连接方式。

下列如北京某办公楼为 5 层建筑、外墙为石材幕墙，大风天气中有 2 块石材脱落，造成人员伤亡。经鉴定，脱落处的石材面板未采用挂件勾接安装，仅采用胶粘固定（见图 17 - 2），是造成石材面板脱落的主要原因。

图 17 - 2　石材面板未采用挂件勾接安装，仅采用胶粘固定

分析石材面板破裂、脱落的成因，通常可以按照以下步骤实施。

第一步，常识判断。主要通过外观检查及简单测量实施：

1. 检查脱落、破裂石材的固定方式，如仅采用胶黏固定，则可认定为安装做法不符合规范要求。

2. 检查石材的厚度，低于 25mm 时可认定为不符合规范要求。

3. 当石材破坏的部位为连接点破坏时，通常按照《金属与石材幕墙工程技术规范》（JGJ 133 - 2001）及设计图纸的要求检查连接点的加工质量即可，必要时取样检验石材的相关性能指标并校核设计。

第二步，技术判断。从以下几个方面进行技术层面分析：

1. 当对石材质量产生怀疑时，可现场取样，依据《天然花岗石建筑板材》（GB/T 18601 - 2009）等标准要求，检测石材的外观质量、厚度及弯曲强度等。

2. 当对设计质量存在怀疑时，可依据《金属与石材幕墙工程技术规范》（JGJ 133 - 2001）等标准规范的规定进行校核。

3. 当对施工质量进行检查鉴定时，鉴定依据有设计图纸、《金属与石材幕墙工程技术规范》(JGJ 133 – 2001)等标准规范,检查项目主要为连接点加工质量、固定连接质量等。

(四)支承结构问题

建筑幕墙支承结构产生过大的变形会引起密封胶开裂或鼓起,严重时开启扇部位关闭不严、面板开裂、脱落。幕墙承受的所有荷载作用由型钢、铝合金骨架来承受,如立柱或横梁的设计强度或刚度不足,可能会使支承结构受力后产生变形。

(五)幕墙渗漏

建筑幕墙在实际使用过程中,渗漏问题是相对常见的质量问题。建筑幕墙渗漏的原因复杂,可能涉及设计、材料、施工和管理等各个方面因素。

1. 幕墙渗漏的主要原因

(1)密封缺陷

幕墙接缝处是渗漏发生的主要部位。建筑密封胶是幕墙接缝处的第一道防水,当密封胶存在打注界面处理不当,或密封胶的厚度、宽度不合理等缺陷时,会导致密封胶容易出现缝隙、开裂或发生粘结破坏,从而造成幕墙渗漏。此外,型材的耐久性不足也可能导致密封胶粘结力不足。

(2)幕墙收口处设计施工不当

幕墙收口处的防水易存在设计及施工的缺陷,当幕墙立面型式复杂以及幕墙仅为建筑外墙的一部分时更加容易出现防水问题,如建筑墙侧面垂直度偏差大导致幕墙侧边型材与结构连接处打胶宽窄不一、填缝不实,幕墙顶部与女儿墙交接处缺乏防水措施或施工质量缺陷等。

再如北京某小区建筑外墙型式复杂(见图 17 – 3),由外保温饰面砖及幕墙组成,幕墙形式包括玻璃幕墙及金属石材幕墙,幕墙由专业幕墙单位负责深化设计及施工。因施工完成后玻璃幕墙存在大面积的严重渗漏,发包人诉至法院。

经鉴定,玻璃幕墙、金属幕墙及石材幕墙以及外保温饰面砖的交接处存在设计及施工问题,是导致渗漏的主要原因。幕墙承包人提出,幕墙与外保温饰面砖的交接处不应属于幕墙施工范围,应由总承包人负责。但其签订的合同中关于工作内容的约定包括:“外立面玻璃幕墙、石材幕墙及其他外墙(包括面砖、涂料面及其他)采取有效的收口措施,并作为防渗漏第一责任人。”

图 17－3 北京某小区建筑外墙型式复杂

(3)石材、金属板幕墙缺少排水措施

相比于玻璃幕墙,石材、金属板幕墙的防水体系更薄弱,且施工精度也通常偏低。尤其采用无硅酮耐候密封胶设计时,必须要有可靠的防水及排水措施。

2. 幕墙渗漏原因分析

幕墙渗漏问题通过常识即可判断的有:

(1)点支幕墙、全玻璃幕墙及石材幕墙等仅有一道密封胶设防,渗漏时重点检查密封胶的完好情况即可。

(2)分析密封胶开裂原因时需考虑幕墙的抗风压变形性能及支承体系的变形情况。

(3)开裂的密封胶厚窄不一、未设置泡沫条的,属于施工质量缺陷。

(4)空缝安装的石材及金属幕墙发生渗漏的,幕墙通常未设置可靠的防水措施或排水出口,不符合规范要求。

(六)其他施工质量问题

建筑幕墙其他施工质量问题主要有建筑幕墙色差明显,立面垂直度、表面平整度、直线度偏差大等施工质量不符合合同约定、设计要求及验收规范，主要原因有材料质量问题及施工质量控制不严。

三、建筑幕墙质量问题的责任认定

与建筑幕墙工程质量缺陷相关的民事纠纷，比较典型的有两类：一类是因外墙幕墙玻璃或石材面板坠落引发的人身、财产损害侵权纠纷；另一类是幕墙工程发包人、设计人、承包人、专业分包人以及管理维护人之间的合同纠纷。鉴于第一类纠纷在请求权基础一章已经详细分析，故在此仅着重分析第二类纠纷处理问题。

在浙江省高级人民法院（2019）浙民再235号案中，该案涉及的幕墙有陶土板幕墙和玻璃幕墙（隐框、明框）工程。其中，该工程陶土板幕墙分项、玻璃幕墙（隐框）分项、幕墙分部工程，均由监理单位签署相应验收记录，验收结论为合格，仅发包人认为幕墙分部工程质量不合格，不符合设计要求，存在严重安全隐患，主张施工单位予以整改维修直至竣工验收合格。

一审浙江省宁波市镇海区人民法院（2015）甬镇民初字第1386号民事判决认为，监理人的监督意见代表了发包人的监督意见，建筑幕墙分部工程已由监理人验收合格，应视为合格，之后如有质量问题，可按照保修条款另行处理。最终认定涉案工程已通过了竣工验收。

二审浙江省宁波市中级人民法院（2017）浙02民终1433号民事判决认为，二审法院委托鉴定机构对幕墙工程的施工质量是否符合设计及相关规范要求，以及如不符合是否需要返修、重作或加固处理后才能进行竣工验收问题进行鉴定。鉴定机构意见为：案涉工程中陶土板幕墙工程施工质量不符合设计要求；玻璃幕墙（隐框、明框）工程施工质量基本符合设计要求。同时，鉴定机构建议：对不符合（未满足）设计要求的部位，应按设计要求进行修复处理。检测破损部位的修复为临时性修复，在后续修复处理时，对其应重新按设计要求进行修复。

后，鉴定机构在说明回复函中明确：

1. 陶土板幕墙施工质量与设计不符相对较为严重，施工与设计相比较存在结构形式改变、工艺改变、平面布置改变等重大改变，故认为陶土板幕墙工程施工质量不符合设计要求。

2. 玻璃幕墙施工与设计不符相对较为轻微，施工与设计相比较存在缺陷，但不存在结构形式改变、工艺改变、平面布置改变等重大改变，故认为玻璃幕墙（隐框、明框）工程施工质量基本符合设计要求。

3. 根据《2013 版质量验收统一标准》第 5.0.6 条第 3 项的规定：“经有资质的检测机构检测鉴定达不到设计要求、但经原设计单位核算认为可能够满足安全和使用功能的检验批，可予以验收。”换言之，不符合设计要求的缺陷经设计复核认为可以满足安全和使用要求的，仍可以给予验收。

二审判决认为，幕墙分部工程虽经监理验收合格，但分部工程验收合格仅系单位工程竣工验收的前提，分部工程验收记录不是最终验收。建设单位作为单位工程竣工验收的主体，仍有权在单位工程竣工验收过程中对检验批、分项、分部、单位工程及其隐蔽工程的质量进行抽样检验，提出异议，在建设单位确认单位工程验收合格前，不能仅凭勘察单位、设计单位、监理单位、施工单位签署的质量合格文件推定工程已竣工验收合格。一审认为幕墙工程即使有质量问题属保修范围，与相关法律规定不符。结合二审委托司法鉴定确认幕墙分部工程存在质量问题的事实，二审改判施工单位对不符合（未满足）设计要求的部位，按设计要求进行修复处理。

再审法院浙江省高级人民法院委托鉴定机构作出的鉴定意见为：

1. 案涉工程中陶土板幕墙工程（检测报告中明确存在安装形式与设计不符部分）未按图施工，不符合设计要求。

2. 应对不符合图纸设计要求的陶土板幕墙工程进行返修处理。

3. 对于涉案陶土板幕墙施工存在的质量问题，作为第三方鉴定机构，只能从设计的角度判断应对不符合设计的部分进行返修处理，对返修部分应进行复验收；对于该质量问题是否影响工程整体竣工验收，应由政府职能部门根据《房屋建筑和市政基础设施竣工验收规定》确定；由于案情需要，鉴定方组织建筑工程行业专家对此案进行了专家论证，并形成专家意见，由人民法院综合考量后裁定。专家论证意见书载明：“从项目设计验收的角度判断，不应同意验收；应要求相关方进行整改，并进行复验。”

鉴定机构还出具了回复，明确：《建筑幕墙》（GB/T 21086－2007）第 3.1 条规定，建筑幕墙是由面板与支承结构体系（支承装置与支撑结构）组成的、可相对主体结构有一定位移能力或自身有一定变形能力、不承担主体结构所受作用的建筑外围护墙。由此，建筑幕墙由框架、挂件、面板三部分组成，安装后面板相对于主体结构必须有一定的位移或变形能力。而涉案工程是将陶土板直接胶粘在框架上（未通过挂件连接），显然达不到位移或变形的安全和使用功能。再审法院认为,根据鉴定结论,可以认定案涉幕墙工程目前尚不能通过竣工验收,施工单位理应继续予以返工或返修,并由双方当事人自行重新组织验收。因案涉工程尚未竣工验收,故承包人基于竣工验收要求发包人支付工程款及相应利息的诉讼请求均不能成立,法院予以驳回;对发包人要求施工人整改维修直至验收合格的诉请无支持必要,也予以驳回。

第十八章

外墙饰面砖工程

从20世纪80年代后期开始，我国城乡各地开始流行采用饰面砖装修房屋外墙。随着使用年限增加，外墙饰面砖大面积起鼓、脱落等情况时有发生，一方面，原装修的建筑外墙面目全非，影响美观，重新装修也耗资巨大；另一方面，外墙饰面砖从高空脱落可能导致人员伤亡、财物受损，直接威胁到人身及财物安全，由此引发的诉讼争议也不断增多。

一、外墙饰面砖工程概述

根据《2013版质量验收统一标准》(GB 50300－2013)附录B"建筑工程的分部工程、分项工程划分"的规定，饰面砖工程属于建筑装饰装修分部工程项下的子分部工程，其分项工程包括外墙饰面砖粘贴工程和内墙饰面砖粘贴工程。针对外墙饰面砖工程的材料、设计、施工及验收，住建部专门制定了《外墙饰面砖工程施工及验收规程》(JGJ 126－2015)，该标准可作为对外墙饰面砖工程质量问题进行类型化分析的依据。

(一)材料

《外墙饰面砖工程施工及验收规程》(JGJ 126－2015)第3.1.1条规定，外墙饰面砖产品应符合国家现行标准《陶瓷砖》(GB/T 4100－2015)《陶瓷马赛克》(JC/T 456－2015)和《薄型陶瓷砖》(JC/T 2195－2013)的规定；第3.1.2条规定，外墙饰面砖宜采用背面有燕尾槽的产品①，燕尾槽深度不宜小于0.5mm；第3.1.3

① 外墙饰面砖背面带有燕尾槽的产品，其特征是背槽为梯形，底部宽度大于上口宽度，粘结材料填充至燕尾槽内可形成咬合结构，提高粘结质量。

条规定,用于二层(或高度8m)以上外保温粘贴的外墙饰面砖单块面积不应大于 $15000mm^2$,厚度不应大于7mm。同时,我国幅员辽阔,各地气候差异很大,不同地区所使用的外墙饰面砖经受的冻害程度有很大差别,因此应结合各地气候环境制定出不同的抗冻指标。外墙饰面砖系多孔材料,其抗冻性与材料内部孔结构有关,而不同的孔结构又反映出不同的吸水率,因此可以通过控制吸水率来满足抗冻性要求。

(二)设计

《外墙饰面砖工程施工及验收规程》(JGJ 126－2015)第4.0.1条规定,外墙饰面砖工程应进行专项设计,包括下列内容:(1)外墙饰面砖的品种、规格、颜色、图案和主要技术性能;(2)找平层、粘结层、填缝等所用材料的品质和技术性能;(3)基体处理①;(4)外墙饰面砖的排列方式、分格和图案;(5)外墙饰面砖粘贴的伸缩缝位置,接缝和凹凸处的墙面构造;(6)墙面凹凸部位的防水、排水构造。该规程第4.0.3条规定,外墙饰面砖粘贴应设置伸缩缝,伸缩缝间距不宜大于6m,伸缩缝宽度宜为20mm;第4.0.4条规定,外墙饰面砖伸缩缝应采用耐候密封胶嵌缝;第4.0.6条规定,饰面砖接缝的宽度不应小于5mm,缝深不宜大于3mm,也可为平缝。可见,外墙饰面砖的设计要求相对详细,实践中应当据此开展设计工作,防止极易产生质量问题。

(三)施工

《外墙饰面砖工程施工及验收规程》(JGJ 126－2015)第5.1.1条规定,外墙饰面砖工程施工前,应检查所用的各种材料检验报告及产品合格证,应检查进场材料的品种、规格和外观质量,并按规定进行复验。第5.1.2条规定,外墙饰面砖工程施工前,应对粘贴外墙饰面砖的基层和基体进行验收,并应对基层表面平整度和立面垂直度进行检验,基层表面平整度偏差不应大于3mm,立面垂直度偏差不应大于4mm。第5.1.5条规定,外墙饰面砖的粘贴施工尚应具备下列条件:(1)基体应按设计要求处理完毕;(2)日最低气温应在5℃以上,当低于5℃时,必

---

① 基体处理是保证外墙饰面砖工程质量的重要工序,应针对不同的基体采取相应的处理措施:(1)基体强度低易造成找平层和基体界面破坏;(2)加气混凝土、轻质墙板、外墙外保温系统等基体自身强度较低,需要采取挂金属网等加强措施。粘贴的外墙饰面砖采用柔韧性填缝材料并设置足够的伸缩缝,在缓冲使用过程中因温度变化而引起的收缩变形。

须有可靠的防冻措施,当气温高于35℃时,应有遮阳设施;(3)施工现场所需的水、电、机具和安全设施应齐备;(4)门窗洞、脚手眼、阳台和落水管预埋件等应处理完毕。由此可见,外墙饰面砖工程的施工是相对关键的步骤,如果施工不规范就容易产生质量问题。

二、外墙饰面砖工程的质量责任认定

《建筑装饰装修工程质量验收标准》(GB 50210－2018)第10.3节规定了外墙饰面砖粘贴工程的验收标准,要求外墙饰面砖粘贴应牢固,无空鼓、裂缝,表面应平整、色泽一致,应无裂痕和缺损。因而外墙饰面砖工程的主要质量问题,表现为外墙饰面砖的脱落、空鼓、裂缝缺损以及色泽不一致。

在涉及外墙饰面砖质量问题的纠纷中,通常质量问题的表象是明确的,即外墙饰面砖的脱落、空鼓、破碎等。但对于质量问题的成因,则往往需要经过工程质量检测或工程质量鉴定拉力查明,法院和仲裁机构可以根据鉴定机构出具的有关质量问题的成因及原因力大小等意见,对当事人的责任进行认定。

(一)未按规范进行设计

《外墙饰面砖工程施工及验收规程》(JGJ 126－2015)第4章规定了外墙饰面砖工程的设计要求,如设计人未按照该规范要求进行设计,导致外墙饰面砖空鼓、脱落的,设计人应当承担责任。在部分侵权纠纷中,如受害人仅向建设单位提出诉求,设计单位并非案件当事人的,则由建设单位承担相应的责任,建设单位在承担责任后,可依法向设计单位追偿。

如在广东省江门市中级人民法院(2016)粤07民终1832号案中,司法鉴定认为造成涉案房屋东、西向立面外墙饰面砖局部空鼓、开裂缺陷的原因是:外墙饰面砖伸缩缝不是采用柔性材料填充的,而是用水泥质材料填充的,令外墙饰面砖无法抵受温度延伸变形而往外突起,形成空鼓、开裂现象;另外根据饰面砖粘结强度检测报告反应,局部粘结层、找平层的强度不足也是引起空鼓及脱落的原因之一,局部粘结层、找平层的强度不足主要是温度变化影响所致。据此,法院认为,外墙饰面砖伸缩缝采用水泥浆扫缝而未按规范采用柔性材料填充,是施工人根据发包人的指示施工的,该做法亦经设计人同意,建设单位提供指示有缺陷而造成案涉工程外墙质量缺陷,应自行承担责任。施工人按照发包人及设计人的指示进行施工,无证据证明其有过错,不应对案涉工程外墙质量缺陷承担赔偿责任。

（二）未按规范进行施工

《外墙饰面砖工程施工及验收规程》（JGJ 126－2015）第5章规定了外墙饰面砖工程的施工要求，如果施工人未能按照规范进行施工，导致外墙饰面砖空鼓脱落等质量问题的，施工人应承担相应的质量责任。

如河南省信阳市中级人民法院（2020）豫15民终4435号案中，司法鉴定意见显示：案涉工程外墙面砖脱落的主要原因是面砖拉伸粘接强度不符合标准要求，面砖黏结剂不饱满，外墙多处面砖空鼓、勾缝不饱满、勾缝开裂。据此，法院认为，案涉工程外墙面砖脱落系由施工人施工质量缺陷所致，且质量问题发生在质保期内，施工人应承担相应的保修责任。又如，在四川省宜宾市中级人民法院（2018）川15民终1335号案中，司法鉴定意见显示：建筑外墙饰面砖工程质量现状存在问题，无保温的外墙饰面砖工程找平层存在粘结缺陷，找平砂浆粘结度偏低；有保温的外墙饰面砖工程保温抹面层内存在粘结缺陷，饰面砖与粘结层界面间粘结强度偏低，不符合规范要求。据此，法院认为，鉴定意见认定施工人在外墙面砖工程施工过程中存在质量问题，发包人因此对外墙进行整改所产生的损失应由施工人承担。

三、外墙饰面砖工程的修复方式与责任承担

如外墙饰面砖大面积脱落，会严重危及周围不特定人的生命财产安全，因而发包人会主张承包人将外墙饰面砖工程全部铲除并重新施工，但由此会产生巨额的费用，甚至可能会超过承包人收取的全部工程款。对此，法院或仲裁机构可以结合外墙饰面砖脱落的具体情况，参考鉴定机构的意见进行判断。如外墙饰面砖大面积空鼓脱落，严重威胁不特定群体的生命财产安全的，应当认定将外墙饰面砖全部铲除并重修的修复方式，是合理且必要的，相应的损失由责任方承担。

如四川省宜宾市中级人民法院（2018）川15民终1335号案中，鉴定机构建议：对建筑外墙饰面砖工程进行彻底清除，严格按照相关标准规程，重新选用安全性和耐久性好的外墙饰面材料进行设计施工，确保建筑物的安全使用。据此，法院认为，案涉工程系学校教学楼、学生宿舍，均为未成年人集中的公共场所，该工程外墙存在质量问题，潜在极大的安全隐患，学校为消除公共安全隐患，避免由此对学生造成更大的损失和伤害，对案涉工程的外墙进行全面整改并无不当。故承包人主张对外墙进行全面整改扩大了损失的理由不能成立。

又如，在浙江省宁波市宁海县人民法院(2021)浙 0226 民初 2356 号案中，鉴定机构建议：由于宁海县属于受台风气候影响较大的区域，在高层建筑外墙采用面砖饰面，一旦脱落，将存在较大安全风险，建议在重新铺设外墙饰面时选择涂料(包括真石漆)饰面的做法。法院认为，从案件实际情况出发，涉案外墙面砖不断发生空鼓、脱落，结合鉴定机构要求设置伸缩缝及在重新铺设饰面时选择涂料饰面做法的修复建议，认定"全铲全修"系必要的修复方式。

四、外墙饰面砖脱落致人损害侵权责任分析

《民法典》第 1253 条规定："建筑物、构筑物或者其他设施及其搁置物、悬挂物发生脱落、坠落造成他人损害，所有人、管理人或者使用人不能证明自己没有过错的，应当承担侵权责任。所有人、管理人或者使用人赔偿后，有其他责任人的，有权向其他责任人追偿。"据此可见，外墙面砖脱落致人损害的，可能会引发多方主体的责任认定问题。

(一)归责原则

当事人依据该条规定起诉的，所对应的案由是"物件脱落、坠落损害责任纠纷"。物件脱落、坠落损害责任采用过错推定归责原则，被侵权人只需证明自己遭受的损害系因建筑物、构筑物或者其他设施或者其搁置物、悬挂物发生脱落、坠落所造成的，即已完成初步举证责任，由所有人、管理人或者使用人对自己没有过错承担举证责任，如其不能证明自己没有过错，则其应承担相应的侵权责任。

(二)责任主体

根据《民法典》第 1253 条的规定，外墙面砖脱落的侵权责任主体包括：

1. 所有人。所有人，是指建筑物、构筑物或者其他设施的所有权人，此处不仅指不动产登记的物权人，还包括未经登记的农村宅基地自建房和尚未办理登记手续的城市新建房屋等。一般而言，脱落的外墙面砖可能位于建筑物某一层的房间外墙，但由于外墙面属于全体业主共有，因而不能认为仅由该专有面积部分的所有人负全部责任，而应由该幢楼的全部所有人共同承担侵权责任。对于各房屋所有人的责任分担，可以根据产权证所载房屋面积按比例进行分摊。

如在安徽省合肥市中级人民法院(2020)皖 01 民终 9843 号案中，被侵权人将整幢楼的房屋所有人全部列为被告起诉，有被告答辩认为脱落的外墙面砖位于 1

单元501室外墙，应由该房屋的所有人承担责任。法院认为，外墙属于全体业主共有，全体业主享有共有和共同管理的权利，承担相应的法律义务。由于该楼是一个整体，各被告的房屋面积不同，对公共部分享有的权利份额也不同，且各业主缴纳的公共维修基金也是根据房屋面积单价进行缴纳，故根据各业主的房屋面积来确定赔偿数额，比以户数进行平均计算每户的赔偿数额更为合理。

2. 管理人。管理人，是指对建筑物等设施及其搁置物、悬挂物负有管理、维护义务的人。我国国有资产一般由特定的机关或者单位进行管理，如公立学校里国家所有的建筑物、构筑物等由学校管理，学校是其管理人。[①] 此外，根据委托关系为所有人管理物件的人，也是管理人。[②] 如在福建省厦门市中级人民法院(2020)闽02民终5905号案中，被侵权人被小学教学楼外墙掉落的面砖砸伤，将该小学作为被告提起诉讼。法院认为，学校作为案涉教学楼的管理人和使用人，未尽管理、修缮职责，未能及时发现案涉教学楼外立面存在的安全隐患致使外墙瓷砖脱落，依法应就外墙瓷砖脱落造成的被侵权人的损失承担赔偿责任。

3. 使用人。使用人，是指因租赁、借用或者其他情形使用建筑物等设施的人。这是基于当事人合意产生的物之所有权与物之占有使用相分离的情况。[③]

被侵权人也可以将所有人、管理人或使用人一并作为被告起诉，法院可以根据案件的具体情况进行责任分配。如在浙江省杭州市中级人民法院(2016)浙01民终2584号案中，被侵权人的车辆停放在写字楼楼下，后被脱落的外立面瓷砖砸坏，被侵权人将该幢写字楼的所有人和物业服务人作为被告提起诉讼。法院认为，该大厦所有权人未能及时有效地采取根本性措施，消除自身物业所具有的危险因素，使得停放楼下的车辆受损，应承担主要的赔偿责任；物业服务人明知场地存有危险因素，而依然允许抑或默认车辆停放于此，表明其对于承担避险减损的作为义务在主观上不够积极，在一定程度上为案涉险情的发生提供了相应客观条件，对案涉车辆所受的损失亦应负有一定的赔偿责任。因此判令所有人承担80%，物业服务人承担20%的责任。

(三)物业公司的责任承担

在物件脱落、坠落损害责任纠纷中，受害人通常会将物业公司作为被告进行

---

① 参见王利明主编：《中华人民共和国侵权责任法释义》，法律出版社2010年版，第416页。

② 参见杨立新：《侵权责任法：条文背后的故事与难题》，法律出版社2011年版，第569页。

③ 参见韩世远：《建筑物责任的解释论——以〈侵权责任法〉第85条为中心》，载《清华法学》2011年第1期。

起诉，但对于物业公司是否属于《民法典》第 1253 条所规定的侵权责任主体，存在不同观点。

第一种观点认为，物业公司不能被认定为该条规定的承担侵权责任的管理人，理由是维护义务人的维护义务系依据其与所有人、管理人之间的合同确定，该合同对于维护义务的范围、责任承担的约定，不能对抗第三人，而侵权责任的承担以违反法定义务为前提，如果以该合同为由要求其承担侵权责任，与法理不符。[①]

在浙江省杭州市中级人民法院（2016）浙 01 民终 2584 号案中，法院认为，该条款中的"管理人"主要是指依据法律法规或行政命令被授权经营管理国有财产的国有企业、事业单位或社会团体，他们行使的是与经营管理国有财产有关的所有权的各项权能，实际上处于"准所有权人"地位，与现行物业公司履行民事合同义务式的"管理"显然不可同日而语。从法律目的解释角度来看，《侵权责任法》（已失效）第 85 条[②]第一句规定了此类物件损害的过错推定责任原则，理由应是物件所有人、使用人享受所有、使用物所带来的利益和便利，又实际管理、控制着特定物，令其承担过错推定责任不仅权益、责任统一，举证义务分配合理，也能够达到更好地管控风险、减少损害、保护受害人的目的。但是，物业公司既非物的所有人，亦非物的使用人，对于建筑物也谈不上权属意义上的实际管理、控制，承担的是物业服务合同约定的有限物业服务义务，在风险防控方面无疑受制于合同约定和合同相对方意愿，享有的权利也是与其服务相对应的收费权，故物业公司承担责任一般以违约为前提。如果强行将物业公司解释包含在上述法条"管理人"范畴从而令其承担过错推定的侵权责任，则既有违合同相对性原则，也可能导致物业公司承担的侵权责任与其在物业服务合同中享有的权利不对等，违反民事活动应遵守的公平原则，实非立法目的之所在。

第二种观点认为，物业公司属于管理人的范畴，理由包括：一是由物业公司提供管理服务已成为市民生活的常态，物业公司是应运而生的专业主体；二是我国司法裁判已开此先河；三是有比较法的支持，比如《德国民法典》第 838 条规定了建筑物或工作物维护义务承担人的责任，其以合同为前提条件，该合同内容为相关"权限"提供基础。再如，其规定的是房屋管理人或者住宅所有人联合体的管理

① 参见王利明主编：《中华人民共和国侵权责任法释义》，中国法制出版社 2010 年版，第 436 页。

② 现为《民法典》第 1253 条。

人。《德国民法典》第 838 条的典型规范对象当然是通过合同任命的房屋管理人。[①]

第三种观点认为，物业公司虽非“管理人”，但基于“方便诉讼”可由物业公司承担管理人的侵权责任。个案中，如果认定致害的建筑物及其搁置物或悬挂物始于物业公司的管理范围（往往属于建筑物区分所有权中的共有权部分），则由受害人直接起诉物业管理公司显然具有诉讼的极大便利。否则，受害人必须按照共有人连带责任的规定起诉个别业主或全部业主，如此一来，不仅诉讼程序复杂，而且个别业主的清偿能力也难以保证受害人顺利获得救济。因此，从方便诉讼、强化救济的角度上，在物业管理的范围内，允许受害人请求物业公司承担管理人的侵权责任，确实有其政策考量上的正当性。当然，这一诉讼上的便利是以物业管理公司承担过错推定责任，并且突破债的相对性原理为代价的，其政策上的取舍衡量仍应以稳妥为宜。[②]

在目前司法实践中，多数案例允许受害人向物业公司主张物件脱落、坠落损害的侵权责任，裁判者以物业公司是否尽到管理责任为由，将物业公司作为“管理人”认定其是否应当承担物件脱落、坠落损害的侵权责任。如浙江省宁波市中级人民法院（2018）浙 02 民终 3970 号案中，法院认为，脱落墙砖位于房屋外墙，应属业主共有部分。因此该部分致人损害物件的责任人为全体业主，以及作为管理人的物业公司。但是，由于日常生活中业主不会时常观察建筑外墙的情况，业主作为不具备专业建筑知识的普通人，也不应被科以高于物业公司的注意义务。因此，在物业公司未发现外墙安全隐患也未提醒业主排查隐患、业主亦未对外墙实施不当行为的情况下，法院认为业主对损害的发生没有过错，物业公司作为管理人应承担侵权责任。

---

① 参见韩世远：《建筑物责任的解释论——以〈侵权责任法〉第 85 条为中心》，载《清华法学》2011 年第 1 期。

② 参见韩强：《物件保有人责任研究——以〈侵权责任法〉第 85 条为解释对象》，载《中外法学》2013 年第 2 期。

第十九章

道路桥梁工程

道路桥梁工程质量问题进入诉讼、仲裁领域相对较少，故对其系统性分析论证也相对较少。本章通过对道路工程、桥梁工程主要质量问题的阐述，分析了道路桥梁工程质量问题在责任认定方面的特点和多种形态。同时，以美国得州布法罗湾新大桥质量事故为研究对象，就该事故的技术成因进行分析，以期读者对道路桥梁工程质量问题有更加理性的认识。

一、道路工程概述

（一）道路工程分类及构造

1. 道路工程分类

道路是供各种车辆和行人等通行的工程设施。道路工程则是以道路为对象而进行的规划、设计、施工、养护与管理等工作的全过程及其工程实体的总称。①道路主要有公路、城市道路和专用道路。

公路，根据服务范围及其在国家道路网中所处的地位和作用，可以分为国道、省道及县乡道。根据技术等级不同，公路分为高速公路、一级公路、二级公路、三级公路及四级公路五个技术等级，不同技术等级的路面结构设计使用年限不同。各等级路面结构设计的具体使用年限，参见交通运输部行业标准《公路工程技术标准》（JTG B01－2014）。

城市道路，应按道路在道路网中的地位、交通功能以及对沿线的服务功能等，分为快速路、主干路、次干路和支路四个等级。②

---

① 参见凌天清主编：《道路工程》（第4版），人民交通出版社股份有限公司2019年版，第1页。

② 参见《城市道路工程设计规范》（CJJ 37－2012）（2016年版）第3.1.1条。

专用道路，主要有厂矿道路和林区道路。

公路、城市道路和专用道路这三类道路的路基、路面结构以及工程技术原理基本相同，主要区别是规划设计指标、管养维护和政府行政监管的部门分工不同。

2. 道路工程构造

道路主要由路基和路面组成，其中路基是路面的根底，是路面的支撑构造物。为了适应高低起伏的地质环境，路基的高度不一定与原地面的高度持平。根据路基所撑持形成的路面水平与原地面水平的高低不同，路基形式又可分为路堤与路堑——高于原地面修筑路基的行为称为填路基，该种路基形式又称为“路堤”；低于原地面开挖路基的行为称为挖路基，该种路基形式又称为“路堑”。而路面底面以下 80cm 范围的路基局部称为“路床”。

路面结构一般由面层、基层、底基层和垫层组成。其中面层是直接承受行车荷载作用、大气降水和温度变化影响的路面构造层，而基层设置在面层之下，与面层一起将车轮荷载的反复作用传递到底基层、垫层和路基等起主要承重作用的层次。垫层设置在基层之下，路基之上。

（二）道路工程主要质量问题①

道路工程的质量问题，按质量问题对应的专业工程范围可分为路基质量问题、路面质量问题和交通安全设施质量问题，其中对道路通行影响最大的，也是修复最困难的是路基和路面质量问题。路基如果出现沉陷、滑坡等质量问题，则必然会导致路面受到破坏。例如目前在城市道路中频发的路面塌陷，究其原因，主要是地下水或市政管网中雨污水长期渗漏，造成路面下水土流失潜蚀，严重时形成地下空洞，从而导致路面塌陷，见图 19－1、图 19－2。

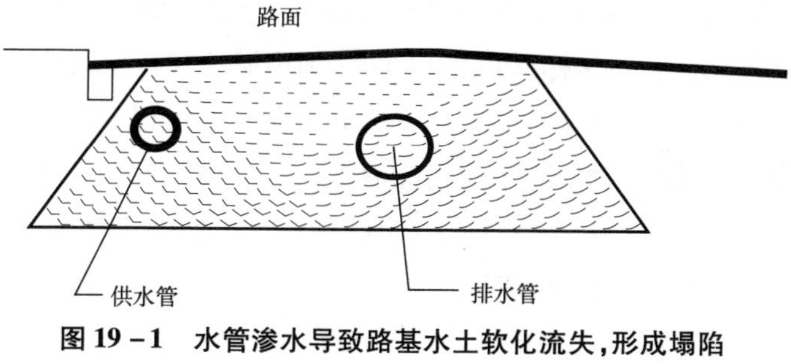

图 19－1　水管渗水导致路基水土软化流失，形成塌陷

① 参见安关峰主编：《市政道路和桥梁工程质量通病防治指南》，中国建筑工业出版社 2019 年版，第 1 页。

图 19 -2 路基水土流失导致路面塌陷①

1. 路基

路基是主要承受交通作用力(动荷载)与路面作用力(静荷载)的线路下部结构,与建筑物的地基基础类似,都需要研究岩体与土体对建设工程的作用与影响,故都属于岩土工程的专业范围。根据道路工程的使用实践,路基缺陷主要有路基沉陷、滑移、开裂及失稳变形等表现形式,而造成路基缺陷的主要原因有以下三点:

其一,不重视对路基软弱层的处理。路基下方本身就存在软弱层,若施工单位在填筑路基时没有埋下坚实的基底,未能提升路基的稳固性、耐力性与防水性,则会导致路基在遭遇水蚀或承受荷载后转为沉陷状态。

其二,不重视对施工活动的管理。施工单位未能合理采纳或妥善实施相应的施工技术,如路基填料的质量不合格或填充数量不充分、施工单位的施工行为不恰当导致垫层各项指数不达标,以至于无法达到预期的软基处理效果。

其三,不重视对水蚀问题的解决。施工单位在施工过程中或对道路工程成果的保护过程中怠于采取排水、防水的相应措施,或完成的排水、防水工程未能发挥预期效果,导致路基无法抵御或排除来自水的侵蚀,长期处于潮湿浸泡状态,经年累月后自身土质结构发生负面质变、强度降低,最终造成地基沉陷的后果。

① 图片来源:http://www.chinadaily.com.cn/dfpd/2013-10/28/content_17063288.htm。

2. 路面

路面基层的主要缺陷，对于刚性基层，有水泥稳定土基层的开裂；对于半刚性基层，如水泥稳定土有松散离析、柔性基层松散等。根据其成分类型，缺陷原因分析参照路基或路面。

根据所采用的材料不同，路面面层可分为砼（混凝土）路面面层与沥青路面面层。材料自身的物理特性不同，所引发的路面面层质量问题也有所不同。

（1）砼路面面层

砼路面主要由混凝土浇筑而成，缺陷类型主要有裂缝类、变形类、接缝类和表面类四大类。①

第一，裂缝类。在日常生活中，裂缝类缺陷主要表现为砼路面自身出现的横向和纵向断裂裂缝，或者砼路面角隅处出现的折断裂缝。其直接原因是路面板承受反复的动荷载，导致其内应力超过混凝土自身强度，进而在路面内部产生疲劳破坏，向上传递到路面板的直观表现就是开裂；其间接原因还可以包括因地基过度塑性变形使路面板脱空失去底部支撑，或施工质量不佳使混凝土未能达到设计要求等，以上事项都会引发路面板断裂。

第二，变形类。主要表现为错台，错台指接缝两侧的两块完整浇筑的路面板边缘出现相对竖向位移所形成的现象。当车流交通作用的动荷载或地基承载力在横向各块板上分布不均匀，或各路面板板块沉陷不一致时，也会在纵缝处产生错台现象。

第三，接缝类。砼路面板接缝两侧斜的剪切挤碎现象称为接缝碎裂。接缝碎裂产生的主要原因可能是水沿面板接缝空隙渗入，损坏基层和垫层，进而造成路面接缝处发生变形或破损；也可能是接缝因自然天气的极端变化承受若干次冻胀，或路面面层的填料因环境要素（如热、氧气、光照、微生物等）的综合作用进入发硬、发粘、变脆、丧失强度等老化状态，所引发的内部破坏传递到接缝层面，导致产生碎裂现象。

第四，表面类。例如板面起皮、坑槽孔洞、麻面及露骨、松散，这些是混凝土结构的通病。

① 参见刘训良主编：《建设工程质量验评与事故处理》，中国水利水电出版社、知识产权出版社2006年版，第308－317页。

(2)沥青路面面层

沥青路面的缺陷类型主要有裂缝类、松散类、变形类、其他类等四大类。首先,裂缝类缺陷的成因主要为填充材料因长期环境影响丧失预期的物理性能、防水层功效缺失等内部因素以及交通荷载、自然因素等外部因素交互作用,导致沥青混合料老化,显见后果即为强度下降、脆性增加而导致路面开裂。其次,变形类缺陷主要是路基沉降所引起的,或者是局部开挖后回填土压实不足而造成的。最后,松散类缺陷及其他类缺陷主要是混合料中沥青偏少、沥青与集料间黏结差,导致沥青难以压实,影响沥青路面的高温稳定性与抗车辙能力。

3. 交通安全设施及交通标志

交通安全设施属于道路的基础设施,包括:安全护栏、防眩设施、隔离封闭设施、视线诱导标等。它对减轻事故的严重程度,排除各种纵、横向干扰,提供路侧保护和视线诱导,防止眩光对驾驶人视觉性能的伤害,改善道路景观等起重要作用。公路交通标志和标线的作用,是满足公路使用者的交通信息需求,规范车辆行驶轨迹,促进公路交通的安全与畅通。交通安全设施及交通标志和标线缺陷,主要有设置不合理,施工安装与设计和技术规范要求不符,管养不及时,破损、掉落,标志标线模糊不清等。

例如,《陕西安康京昆高速"8 · 10"特别重大道路交通事故调查报告》①认定,事故直接原因是车辆驾驶人经过事故地点时超速行驶、疲劳驾驶,致使车辆向道路右侧偏离,正面冲撞秦岭 1 号隧道洞口端墙;事故间接原因有五个方面,其中之一与道路通行条件相关,即事故现场路面视认效果不良。具体包括照明路灯未打开,加速车道与货车道之间的路面车道分隔标线有约 40cm 磨损,且宽度不满足标准要求。

二、桥梁工程概述

(一)桥涵分类及设计使用年限

桥梁,一般指架设在江河湖海之上,使车辆行人能顺利通行的构筑物。桥梁一般由上部构造、下部结构、支座和附属构造物组成。②。一座桥就像一条板凳,板

---

① 参见《陕西安康京昆高速"8 · 10"特别重大道路交通事故调查报告》,载应急管理部官网,https://www.new.gov.cn/gk/sgcc/tbzdsgdcbg/2018/20180/P020190415522216470646.pdf,2022 年 5 月 31 日访问。

② 参见彭大文、李国芬等主编:《桥梁工程》(上册),人民交通出版社 2007 年版,第 4 - 5 页。

凳的横板就是桥的“梁”，即上部结构，又称桥跨结构，用来承载上面的荷载；板凳的四条腿就是桥的“墩”，即下部结构，包括桥台、桥墩和基础。下部结构将桥梁的负荷传到地基；支座为桥跨结构与桥墩或桥台的支承处所设置的传力装置；附属构造物则指桥头搭板、锥形护坡、护岸、导流工程等。

桥梁的规模分类，根据交通运输部《公路工程技术标准》（JTG B01 –2014）第6.0.2条规定如表19 –1所示。

表19 –1　桥涵分类①

桥涵分类	多孔跨径最长 L(m)	单孔跨径 L_K(m)
特大桥	L > 1000	$L_K > 150$
大桥	100 ≤ L ≤ 1000	$40 \leq L_K \leq 150$
中桥	30 < L < 100	$20 \leq L_K < 40$
小桥	8 ≤ L ≤ 30	$5 \leq L_K < 20$
涵洞	—	$L_K < 5$

桥涵主体结构和可更换部件的设计使用年限，《公路工程技术标准》（JTG B01 –2014）第6.0.11条规定如表19 –2所示。

表19 –2　桥涵设计使用年限（年）

公路等级	主体结构			可更换部件	
	特大桥、大桥	中桥	小桥、涵洞	斜拉索、吊索、系杆等	栏杆、伸缩缝、支座等
高速公路 一级公路	100	100	50	20	15
二级公路 三级公路	100	50	30		
四级公路	100	50	30		

① 参见《公路工程技术标准》（JTG B01 –2014）表19 –1桥涵分类附注：“1. 单孔跨径系指标准跨径。2. 梁式桥、板式桥的多孔跨径总长为多孔标准跨径的总长；拱式桥为两端桥台内起拱线间的距离；其他形式桥梁为桥面系车道长度。3. 管涵及箱涵不论管径或跨径大小、孔数多少，均称为涵洞。4. 标准跨径：梁式桥、板式桥以两桥墩中线间距离或桥墩中线与台背前缘间距为准；拱式桥和涵洞以净跨径为准。”

（二）桥梁工程主要质量问题

1. 桥基

桥基的主要类型有扩展基础、桩基础、沉井等。桥基的质量问题可分为两类，即基础自身质量问题和地基质量问题。基础质量问题主要有强度、刚度不足，耐久性差等；地基质量问题主要有场地不稳定，岩土持力层承载力低等。

2. 墩台

墩台的质量问题主要有：抗倾覆稳定性不足，强度、刚度不足，耐久性差等。其中独柱墩的倾覆稳定性不足是最严重的质量问题。独柱墩又称单柱墩，是指桥梁的某一横断面处只有一个桥墩。与此相区别的是双柱墩、三柱墩或多柱墩。如果桥梁的某一横断面处有两个桥墩的叫双柱墩，有三个桥墩的叫三柱墩，以此类推。

近年来全国各地独柱墩桥梁事故频发，例如湖北花湖互通高架桥侧翻事件[①]：2021 年 12 月 18 日下午 3 时，湖北省鄂州花湖互通 D 匝道一节高架桥侧翻，与桥体一同坠落的还有 3 辆重载大货车，事故共造成 3 人死亡 4 人受伤。

根据下述施工资料及事发时的视频和现场照片来分析，D 匝道高架桥在不同区域采用了截然不同的结构形式。高架桥未倒塌部分的结构截面为混凝土箱梁，桥体下方采用带盖梁双柱式桥墩支承。倒塌部分采用的结构为钢箱梁 + 无盖梁独柱式桥墩支承，桥体从桥墩节点处断开。（以下图片来自公众号：岩土沿途 Geotech，已经获得授权）

图 19－3　高架桥未倒塌部分的结构截面

---

① 参见《推理分析 · 湖北花湖互通高架桥侧翻事件》，载微信公众号“岩土沿途 Geotech”2021 年 12 月 19 日，https://mp. weixin. qq. com/s/eMNO_qsge6SP9t5LQNRFEA。

图 19－4　高架桥倒塌部分的结构截面

独柱墩高架桥梁侧翻是一个简单的物理学问题,它的原理与跷跷板类似。如果不想被坐在对面的伙伴跷起,只有两个办法:要么自身的体重足够大(重力足够大),要么对面的板特别短(力矩足够小)。对比本次事故中倒塌的高架桥,在重量和力矩这两方面都没有占到优势。

图 19－5　杠杆原理

本事故独柱墩高架桥梁侧翻的原因如下(以下内容来自公众号:岩土沿途 Geotech,已经获得授权):

(1)采用重量较轻的钢箱梁结构形式

钢箱梁虽然施工安装便捷,但在重量上要明显轻于混凝土梁。在相同情况下,它的抗侧翻抵抗力不够大,抗侧翻能力不如混凝土梁。

(2)采用独柱式桥墩的结构形式

独柱式桥墩一般设置在桥体的中间轴线位置。在桥面宽度一定的情况下,与双柱式桥墩相比,桥体最外侧与支点的距离要大于后者,即侧翻力臂偏大造成侧翻力矩大,而抗侧翻的抵抗力矩则偏小。(独柱式桥墩和上部桥梁的力学关系可以通俗比喻为一根细长的杆子上顶着一篮鸡蛋。)

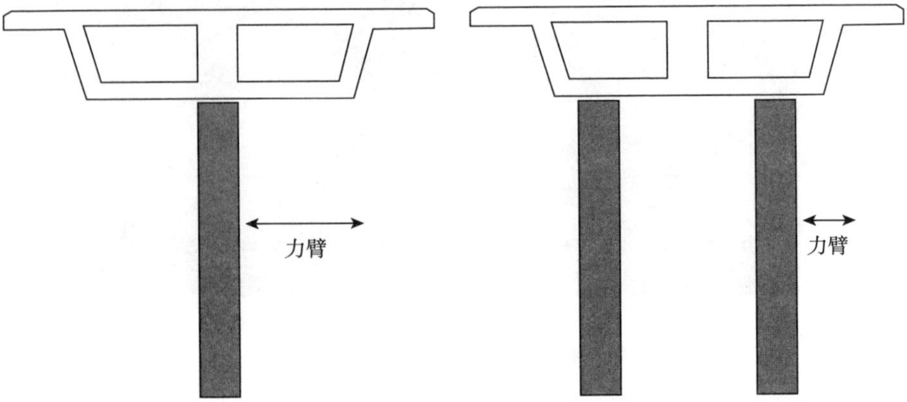

图 19－6　独柱式桥墩与双桥墩的力臂区别

(3)没有设置盖梁

独柱式桥墩结构抗侧翻能力较弱,通过在桥墩上设置盖梁一定程度上会改善此缺陷。设置盖梁后,可在盖梁与桥体底部设置多个支承点,增加抗侧翻能力。目前,全国各地独柱墩桥梁加固工程(如图 19－7 所示)多采用此方法,即增加抗侧翻的抵抗力矩来实现其抗侧翻能力。事发高架桥的两个独柱式桥墩均没有设置盖梁。事故照片(如图 19－8 所示)中桥梁底部有一突出的钢板,系单支点盆式橡胶支座。

图 19－7　带盖梁的独柱式桥墩

图 19－8　事故中无盖梁的独柱式桥墩（右下小图为盆式橡胶支座）

（4）桥体具有弧度

桥梁发生侧翻时，桥体会沿着某条轴线发生旋转，最终坠落。一般这条轴线是桥梁两个支座的连线。对于具有弧度的桥体而言，当重量加在最外侧车道时，重量与转动轴线的距离要比没有弧度的桥体更大。这意味着，相对较轻的重量就可以引起具有弧度的桥体的侧翻，弧度增加了侧翻的力臂长度，也增大了侧翻的力矩（如图 19－9 所示）。

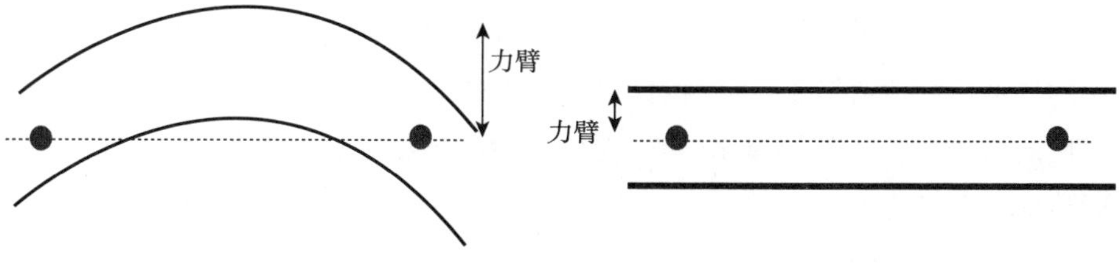

图 19－9　弧线桥体与直线桥体的力臂差异

（5）货车超载

引发湖北花湖互通高架桥侧翻事件的直接原因是大货车严重超载。据报道，本次侧翻的高架桥设计荷载是 55 吨，而其中一辆跟随桥体倒塌的大货车载重高达 198 吨，超重 400%，超载的货物重量远大于侧翻的高架桥设计荷载承受重量，导致造成侧翻的力瞬间增大，弧线桥体增加了侧翻的力臂，桥体单侧不堪重负直接倾覆。次要原因是高架桥本身采用独柱墩和钢箱梁结构，其内在缺陷表现为抗侧翻能力不强，同时又未设计盖梁弥补这一弱势。上述因素共同造成高架桥侧翻事故的发生。

3. 桥身(梁)

桥身(梁)缺陷特性涉及桥梁专业知识，如共振引发的缺陷，材料疲劳破坏，也有施工过程中混凝土浇筑不当引发的缺陷，如重庆市南川区金山镇欧家坝景观人行便桥施工过程中发生的坍塌事故。

4. 桥梁事故

桥梁工程是承受外力较大的结构工程，设计和施工中受外界影响和限制因素多，如荷载大、水文地质情况复杂及气候多变等，在投入使用后又常为车辆超载现象所困，同时任何产品均有一定的使用有效期，鉴于桥梁产品的以上特殊性，更是需要在使用期内定期检验和维修。

有学者撰文对1813年至2018年的584起桥梁事故进行了分析，将桥梁倒塌原因分为5类，各类原因在倒塌事故中所占比例分别为：施工42.1%、自然灾害30.0%、设计11.6%、意外荷载12.7%、耐久性3.6%。从该文献的统计数据来看，施工原因占比最大，其次是自然灾害。施工与自然灾害两类原因合计占各类事故原因的比重为72.1%。[①] 结合现行桥梁日常管理角度分析，意外荷载主要源自货运超载；而耐久性主要与桥梁的管养维护不及时、不到位有关。

5. 其他问题

其他缺陷有桥跨与桥墩等桥台联结处支座缺陷及附属护岸护坡等构造物缺陷等。在耐久性设计及施工中应包括保证构件质量的预防性处理措施、减小侵蚀作用的局部环境改善措施、延缓构件出现损伤的表面防护措施和延缓材料性能劣化速度的保护措施。长期以来，重安全性、轻耐久性一直是建设工程的现实情况，进而造成耐久性方面的工程质量事故时有发生。

三、道路桥梁工程质量问题的责任认定

(一)道路桥梁工程质量问题特点

1. 发承包主体的特殊性

道路桥梁建设工程项目的发承包主体多为各级政府及国企等。基于道路桥

---

① 参见彭卫兵、沈佳栋等：《近期典型桥梁事故回顾、分析与启示》，载《中国公路学报》2019年第12期。

梁建设工程质量问题引发的损害赔偿纠纷，实践中主要通过行政处罚和双方协调来解决，通过民事诉讼或仲裁途径解决的比较少。

但随着投资主体的多元化，通过民事诉讼或仲裁途径解决城市支路、乡村、小区道路以及中小型桥梁的质量纠纷的案件日益增多。另外，对于大中型道路桥梁项目质量纠纷，出于高效定分止争的考虑，各当事人之间即使已在行政争议解决方式的主导下通过双方协商解决，在协商中也应借鉴既有的司法裁判规则作为谈判协商的筹码与基础。

2. 外部公共属性较强

道路桥梁建设工程项目具有极强的外部公共性，尤其是桥梁工程，要么未暴露出质量问题，要么发生的质量安全事故往往造成严重的人身损害与财产损失后果，需要总揽全局的综合处理，而非简单的个案民事赔偿所能解决。

例如“重庆綦江彩虹桥事故”造成 36 人死亡 13 人受伤，直接经济损失 631 余万元。事故调查报告认定“虹桥”整体垮塌是一起人为责任事故。其中违法设计、无证施工、管理混乱、未经验收等问题，是导致事故发生的重要原因。为预防此类质量事故再发生，国务院对施工图质量的审核问题加以重视，于 2000 年 9 月 25 日专门颁布了《建设工程勘察设计管理条例》（国务院令第 293 号），明确规定进行施工图审查，该条例分别于 2015 年 6 月 12 日、2017 年 10 月 7 日被再次修订，修订后一直实施至今。

（二）多种责任形态

道路桥梁建设工程质量问题纠纷处理中，往往存在发包人、承包人、勘察设计人、监理人等多方责任主体过错交织，行政责任、民事责任、刑事责任等多种责任并存的特点，下文主要就民事责任的承担予以说明。

例如，重庆市第三中级人民法院（2020）渝 03 民终 603 号建设工程合同纠纷案中，涉及重庆市南川区金山镇欧家坝景观人行便桥施工过程坍塌引发的纠纷。2017 年 6 月 20 日，施工人开始在该钢结构桥面上进行混凝土浇筑，该主跨钢结构部分在浇筑施工过程中于中午 12 时左右发生突然垮塌，墩柱倾斜、引发桥面板塌落。事故发生后，当地镇政府组织发包人、设计人、施工人、监理人召开专题会议，安排由发包人委托鉴定。重庆市建设工程质量检验测试中心受发包人委托于 2017 年 7 月 19 日出具了检测报告，其检测鉴定结论及建议为：（1）景观人行便桥垮塌主要原因为，桥梁主跨自振频率较小，不满足规范要求；主跨浇筑桥面混凝土阶段为稳定性最不利阶段,浇筑桥面板 30m 状态下结构稳定系数低、稳定性差、腹杆变形、主跨钢结构件变形失稳,墩柱开裂、倾斜,主跨钢结构垮塌、引桥梁体落梁,桥梁垮塌破坏。(2)该桥钢结构件变形严重,混凝土墩柱从根部开裂、倾斜,考虑到该桥结构适修性差,维修加固费用较高,建议对该桥拆除重建。

后来,因各方争议仍未解决,发包人将施工人和设计人均作为被告诉至法院。在审理中,各方就工程质量问题的技术成因和责任归属产生争议。法院认为,重庆市建设工程质量检验测试中心出具的本案检测报告和关于南川区金山镇小河坝社区居民委员会对欧家坝人行便桥坍塌事故检测报告作解答的函虽然没有明确确认施工人擅自改变设计施工图进行施工,对设计上的不足没有及时采取有效的措施进行防范和支撑等是造成本次便桥垮塌的原因之一,但均确认了该桥的设计施工图存在结构体系选型不合理、结构稳定系数低、稳定性差等缺陷;该工况下也存在施工人未按图施工的事实,即把原设计图中"桥面板由原立模现浇钢筋混凝土板"擅自变更为"压型板上浇钢筋混凝土板"。法院认定,设计缺陷是主要原因,施工不当是次要原因。关于该人行便桥垮塌损失的民事赔偿责任,判决施工人自行承担 30%,设计人承担 70%。

再如,海南省第一中级人民法院(2018)琼 96 民再 16 号建设工程合同纠纷案[①]中,该案涉及软土路基搅拌桩桩身质量缺陷导致路基沉降、开裂的质量事故。在施工前期,针对地下土质硬度不达道路工程预期受力的硬度要求,勘察人、施工人提出了如下应对建议:(1)在勘察方面,勘察人作出工程地质勘察报告,认为道路工程地下的高液限粘土层为软弱土,震陷性较强,不宜直接作为路基持力层或下卧层,可采用水泥土搅拌桩进行加固处理。对该勘察报告审查后,当地工程勘察质量审查服务中心作出了《勘察成果文件审查合格书》。(2)在设计方面,一方面,设计人在施工图设计文件中制订了软土层处理方案,也是同意勘察人提出的采用水泥土搅拌桩进行加固处理的方式;另一方面,设计人提出需采用水泥土搅拌桩施工工艺,即在每个作业点施工前必须先打不少于 5 根的工艺试验桩,以检验机具及施工工艺中的各项技术参数。然而在实际施工过程中,施工人在未进行试桩工作的情况下,径直完成了水泥土搅拌桩施工。后因该道路工程出现质量问

① 参见海南省文昌市人民法院(2016)琼 9005 民初 1812 号、海南省第一中级人民法院(2017)琼 96 民终 1217 号、海南省第一中级人民法院(2018)琼 96 民再 16 号民事判决书。

题,遂将水泥土搅拌桩样本送检。检测单位出具检测结果时(未达到设计要求),水泥土搅拌桩已施工了22万米(总工程量28万米,余6万米未施工)。后路基产生了纵向裂缝,对此承包人不得已采用加筋土工格栅等措施加固处理,产生额外费用高达531万余元,承包人据以向发包人提出索赔。

法院参照案涉工程质量缺陷司法鉴定报告,作出认定:

关于该质量缺陷的原因,判决援引各方当事人无异议的诉前专家论证意见认定:(1)根据岩土条件,水泥土搅拌桩成桩难度较大,在本场地的适用性难以确定;(2)搅拌桩为“悬桩”,是路基沉降的主要原因。

关于该案各方当事人的质量缺陷责任。法院认为:(1)在勘察设计方面,勘察人、设计人提出的水泥土搅拌法在本场地的适用性难以确定,以致施工人按照此方案施工,造成路基沉降,勘察人、设计人应当承担违约及次要的过错责任。(2)在施工方面,施工人未在施工前按施工要求进行试桩,未能及时发现水泥土搅拌桩的适用性,违规施工,造成工程损失扩大,负有违约及主要的过错责任。(3)在监理方面,虽然监理人在工地例会中提出试桩的建议,但是对于施工人未进行试桩即施工的不当行为,监理人没有按照监理合同的约定,通知施工人停工,也没有证据证明其向发包方进行了书面报告。监理人履行监督职责不力,造成工程损失,负有违约及次要的过错责任。(4)在业主监管方面,对于施工人没有按照设计方案的要求进行试桩、监理人在工地例会时要求试桩的事实,发包人应当知悉,但未予制止;在搅拌桩工程未能达到设计要求的检测结果出具后,发包人召开第一次专家会议,对于已经处理的半幅路及未处理的路段,仍作出按水泥土搅拌桩方案进行处理的施工方案,致使损失继续扩大。故发包人没有严格把关,确定的补救施工方案有误,造成工程损失,应当自负部分次要的过错责任。

鉴于此,该案中判决各方当事人的责任比例如表19-3所示。

表19-3 案涉各方当事人的责任比例

一审	勘察人2%	设计方10%	施工方60%	监理方15%	发包人13%
二审	勘察人不承担	设计人12%	施工人60%	监理人15%	发包人13%
再审	勘察人不承担	设计人12%	施工人65%	监理人8%	发包人15%

四、美国得州布法罗湾新大桥质量事故分析①(以下内容来自公众号:岩土沿途 Geotech,已经获得授权)

(一)桥梁工程基本情况

2019 年 8 月,美国得州休斯敦本德堡跨越布法罗湾的新大桥因质量缺陷原因停工。此桥系 2017 年启动建造的分离式双向八车道的全新大桥(以下均简称新大桥),新大桥由美国的菲格桥梁工程集团(以下简称 FIGG)负责设计,采用的是斜拉桥形式,跨越航道的主跨由设置在南北两岸的两个桥塔通过拉索吊起。新大桥主跨长达 402m,为了承受如此长的跨度,两岸的桥塔高度也相应到达了 157m。

每个桥台均由 48 根(6 × 8)直径 2.4m 的桩进行支撑。这些桩深入地层达 70m。

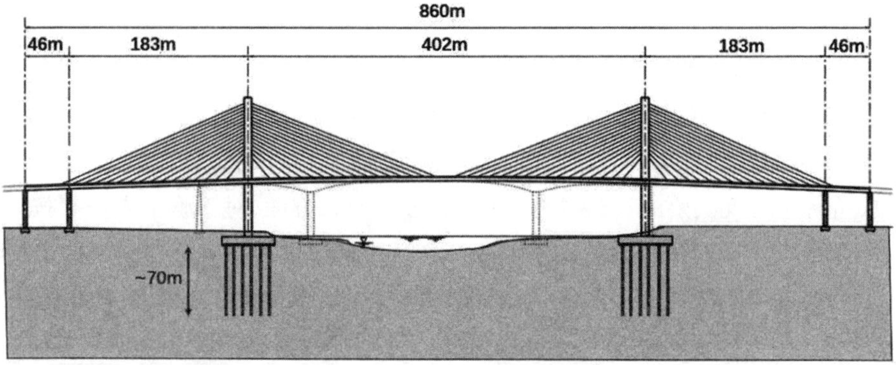

图 19-10 桥塔桥台及桥桩

自 2018 年工程正式开工以来,新大桥处在连续施工的过程中,两边的引桥也已完工,两个高桥塔的完成高度也继续往设计高度爬升。2019 年 8 月,整项工程却被紧急叫停。

(二)桥梁工程设计全面审查情况

审查工作的启动是因为 2018 年 3 月发生在迈阿密的人行天桥倒塌事故。当

① 参见《21 个设计失误 · 10 亿美元新大桥面临拆除重建》,载微信公众号“岩土沿途 Geotech”2022 年 4 月 16 日,https://mp.weixin.qq.com/s/c_0Ojh1wUZEF81r7ZX_hTQ。

时，施工中的天桥整体塌下，最终造成6人死亡，而迈阿密人行天桥的设计方正是FIGG。美国国家运输安全委员会（NTSB）对事故进行深入调查后，认为FIGG在设计中的计算错误是导致人行天桥倒塌的主要原因之一。

此结论对FIGG产生了重大影响，直接导致得克萨斯州和印第安纳州的政府和开发商对州内所有FIGG涉及的项目进行了更仔细的审查。

其中，新大桥也成为被重点审查的项目之一。政府聘用了丹麦科威公司（以下简称COWI）担任审查顾问，负责全面审查新大桥的设计资料和施工方案。COWI是一家著名的国际工程顾问集团，参与了世界范围内多项重大桥梁工程。值得一提的是，COWI当年也是港珠澳大桥的设计顾问之一。

2020年3月，新大桥工程被紧急叫停约半年后，COWI向大桥管理局提交了一份独立审查报告。

（三）桥梁工程设计质量原因分析

桥梁工程设计审查报告报告中包含大量的分析与计算，最后得出21点结论，这21点结论分别涉及设计计算参数、荷载（主要是说明施工阶段设计的风荷载不可靠）、桥基础（主要是说明桩基的岩土承载力不符合项目要求）、桥塔结构（主要包括上部及下部结构）以及与施工相关的一些问题。虽说根据结论，设计单位与承建商均存在工作失误，但最关键的失误为施工时风荷载与桩基设计失误，这两点都与FIGG的设计分析息息相关。下面针对美国新大桥设计方面的两个关键失误，对比我国桥梁工程相关技术标准，作对比分析。

1. 关键失误一：未考虑最不利工况（风荷载）

在斜拉桥的施工中，典型的施工顺序大致如下：（1）施工桥塔结构；（2）桥塔完成后开始拼装桥梁节段；（3）节段往前延伸，拉索吊起桥梁；（4）在中部合龙。

显而易见，在承受侧向风荷载时，对于斜拉桥而言，最不利的工况应该发生在梁体在中部合龙前的阶段。此时，由两边桥塔往前延伸的桥梁可以看作一根巨型的悬臂梁，侧向无任何有效支撑。

然而，FIGG在对施工阶段进行风荷载分析时，并没有考虑这些临时工况下桥体不同的动力特性差异，而是仅仅认为桥梁在施工阶段拥有固定不变的动力特性。

与一般房屋建筑不同，桥梁结构的最不利工况极有可能出现在施工阶段，而不是竣工后的使用阶段。因此，桥梁设计方要针对各阶段的工况进行验算，包括施工吊装、合龙阶段等。对施工阶段的工况设计验算失误而导致的工程事故国内也出现过，如上文提及的重庆市第三中级人民法院(2020)渝03民终603号案涉的景观人行便桥坍塌事故。

图19－11　桥塔拉索吊起桥梁合龙前示意图

图19－12　桥塔拉索吊起桥梁合龙后示意图

2. 关键失误二：桩基未考虑群桩效应

在桩基础设计中，根据桩受力特性的差异，主要可分为两种类型：端承桩与摩擦桩。(详见本书下篇第九章桩基工程章节)

新大桥桥塔处的桩基深达70m，正是属于摩擦桩类型。

在对摩擦桩进行设计时，应当考虑摩擦桩的以下特点：当一群桩聚在一起受力时，每根桩的受力并不是均等的，而是根据桩位置的不同有所差异，这个特点被称为群桩效应。在群桩中，如果两根桩之间的间距过小，或者上部传来的荷载很大，桩间土层的承载力是受限的——也许单根桩时能承受500吨的压力，但4根桩加一起时，承载力却达不到4倍的2000吨(俗称1＋1＜2)。假设桩群中每根桩的长度和直径一样，一般是角桩的承载力 > 边桩 > 中间桩。图 19 - 13 可以很直观地说明这个问题。

图 19 - 13　桩群中的受力特性差异

在 FIGG 设计的桩基础中，每根桩的受力都被认为是均等的，并没有考虑群桩效应的影响。根据 COWI 的重新验算，桩基础中角桩和边桩的受力会比中间桩更高，这与群桩效应理论是一致的。如果按照 FIGG 原来的分析结果设计，部分基础桩甚至会出现承载力不足的现象，这将导致一个十分严重的后果：基础承载力不足，整体结构无法满足设计使用要求。

我国现行《建筑桩基技术规范》（JGJ 94 - 2008）第五章“桩基计算”中第 5.2.3 条规定，对于端承型桩基、桩数少于 4 根的摩擦型柱下独立桩基、或由于地层土性、使用条件等因素不宜考虑承台效应（群桩效应）时，基桩竖向承载力特征值应取单桩竖向承载力特征值。

而在 FIGG 设计的桩基础，首先不是端承型桩基，而是摩擦型桩基，其次是一个桥台下布置 48 根桩基，不符合桩数少于 4 根的摩擦型柱下独立桩基条件，故必须要考虑群桩效应对每根桩的桩基承载力的折减。

另外，在群桩设计中，我国《建筑桩基技术规范》（JGJ 94 - 2008）采用考虑承台、桩、土相互作用的分项群桩效应系数法。通过试验手段，根据大量测试结果，经统计分析，以不同的群桩效应系数值来共同反映群桩效率，用于计算群桩极限承载力。为了防止因两根桩之间的间距过小产生群桩效应，《建筑桩基技术规范》

第3.3.3条对桩基的布置有基桩的最小中心距规定,有兴趣和有条件的读者,若可以得到FIGG设计的桥台下桩基的中心距数据,可以将其与桩基规范的中心距规定作进一步的对比。

(四)桥梁工程设计质量争议

由于原桥梁设计方FIGG考虑不周、设计不当,发包人与原桥梁设计方FIGG解除设计合同,桥梁方案审查方COWI将接手新大桥项目进行变更设计。新方案将增加约4亿美元的造价,其中包括部分已建桥梁的拆除费用。最终总费用比原来上涨了40%。

原桥梁设计方FIGG受迈阿密人行天桥和此事的影响,在2020年7月被联邦公路管理局处罚,在9年内禁止承接任何联邦政府的项目。美国政府对于失信行为有严格的管理制度,对于存在失信行为的企业,可能会受到暂停(suspension)交易或禁止(debarment)交易的处罚。很明显,“禁止”已基本对企业的失信性质作出了官方定性。来自乔治·华盛顿法学院的Tillipman评论道:“(Debarment)It's called the corporate death penalty for a reason.”(译为:“禁止”的处罚令,可以说就是公司的死刑)

千里之堤,溃于蚁穴,新桥梁设计方主要因两个设计参数选用不当(风荷载系数和群桩效应系数),最终造成了巨大经济损失。

附录一

与建设工程质量有关的常见工程术语[①]

一、综合类

1. 建设工程

为人类生活、生产提供物质技术基础的各类建(构)筑物和工程设施。【《建设工程分类标准》(GB/T 50841 - 2013)第2.0.1条】

建设工程按自然属性可分为建筑工程、土木工程和机电工程三大类,按使用功能可分为房屋建筑工程、铁路工程、公路工程、水利工程、市政工程、煤炭矿山工程、水运工程、海洋工程、民航工程、商业与物资工程、农业工程、林业工程、粮食工程、石油天然气工程、海洋石油工程、火电工程、水电工程、核工业工程、建材工程、冶金工程、有色金属工程、石化工程、化工工程、医药工程、机械工程、航天与航空工程、兵器与船舶工程、轻工工程、纺织工程、电子与通信工程和广播电影电视工程等;各行业建设工程可按自然属性进行分类和组合。【《建设工程分类标准》(GB/T 50841 - 2013)第1.0.3条】

2. 建筑工程

指通过对各类房屋建筑及其附属设施的建造和与其配套线路、管道、设备等的安装所形成的工程实体(《2013版质量验收统一标准》第2.0.1条),也指供人们进行生产、生活或其他活动的房屋或场所。【《建设工程分类标准》(GB/T 50841 - 2013)第2.0.2条】

建筑工程按照组成结构可分为地基与基础工程、主体结构工程、建筑屋面工程、建筑装饰装修工程和室外建筑工程。【《建设工程分类标准》(GB/T 50841 -

① 就本附录一中工程术语的选择,有参考曹文衔博士关于建设工程质量纠纷案件的学习讲义,特此说明并表示感谢。

2013)第 3.1.2 条】

3. 土木工程

建造在地上或地下、陆上或水中,直接或间接为人类生活、生产、科研等服务的各类工程。【《建设工程分类标准》(GB/T 50841 -2013)第 2.0.3 条】

土木工程可分为道路工程、轨道交通工程、桥涵工程、隧道工程、水工工程、矿山工程、架线与管沟工程、其他土木工程。【《建设工程分类标准》(GB/T 50841 -2013)第 4.1.1 条】

4. 机电工程

按照一定的工艺和方法,将不同规格、型号、性能、材质的设备、管路、线路等有机组合起来,满足使用功能要求的工程。【《建设工程分类标准》(GB/T 50841 -2013)第 2.0.4 条】

设备包括机械设备、静设备、电气设备、自动化控制仪表和智能化设备等。

管路是指按等级使用要求,将各类不同压力、温度、材质、介质、型号、规格的管道与管件、附件组合形成的系统。

线路是指按等级使用要求,将各类不同型号、规格、材质的电线电缆与组件、附件组合形成的系统。【《建设工程分类标准》(GB/T 50841 -2013)第 2.0.4 条条文说明】

机电工程可分为机械设备工程、静设备与工艺金属结构工程、电气工程、自动化控制仪表工程、建筑智能化工程、管道工程、消防工程、净化工程、通风与空调工程、设备及管道防腐蚀与绝热工程、工业炉工程、电子与通信及广电工程等。【《建设工程分类标准》(GB/T 50841 -2013)第 5.1.1 条】

5. 单项工程

具有独立设计文件,能够独立发挥生产能力、使用效益的工程,是建设项目的组成部分,由多个单位工程构成。【《建设工程分类标准》(GB/T 50841 -2013)第 2.0.5 条】

6. 单位工程

具备独立施工条件并能形成独立使用功能的建筑物及构筑物,是单项工程的组成部分,可分为多个分部工程。【《建设工程分类标准》(GB/T 50841 -2013)第 2.0.6 条】

7. 分部工程

按工程的部位、结构形式的不同等划分的工程,是单位工程的组成部分,可分

为多个分项工程。【《建设工程分类标准》(GB/T 50841 –2013)第2.0.7条】

8. 分项工程

根据工种、构件类别、设备类别、使用材料不同划分的工程项目,是分部工程的组成部分。【《建设工程分类标准》(GB/T 50841 –2013)第2.0.8条】

9. 构筑物

为某种使用目的而建造的、人们一般不直接在其内部进行生产和生活活动的工程实体或附属建筑设施。【《构筑物工程工程量计算规范》(GB 50860 –2013)第2.0.2条】

构筑物工程可分为工业构筑物、民用构筑物和水工构筑物等,包括冷却塔、观测塔、烟囱、烟道、井架、井塔、筒仓、栈桥、架空索道、装卸平台、槽仓、地道等工业构筑物工程,电视塔(信号发射塔)、纪念塔(碑)、广告牌(塔)等民用构筑物工程,沟、池、沉井、水塔等水工构筑物工程。【《建设工程分类标准》(GB/T 50841 –2013)第3.4节】

10. 结构

能承受作用并具有适当刚度的由各连接部件有机组合而成的系统。【《工程结构可靠性设计统一标准》(GB 50153 –2008)第2.1.1条】

11. 结构可靠性

结构在规定的时间内,在规定的条件下,完成预定功能的能力。【《建筑结构可靠性设计统一标准》(GB 50068 –2018)第2.1.23条】

12. 结构安全性

结构在正常施工和正常使用条件下,承受可能出现的各种作用的能力,以及在偶然事件发生时和发生后,仍保持必要的整体稳定性的能力。【《工程结构设计基本术语标准》(GB/T 50083 –2014)第2.5.2条】

13. 结构耐久性

在环境作用和正常维护、使用条件下,结构或构件在设计使用年限内保持其适用性和安全性的能力。【《混凝土结构耐久性设计标准》(GB/T 50476 –2019)第2.1.4条】

14. 强度

材料抵抗破坏的能力。其值为在一定的受力状态或工作条件下,材料所能承受的最大应力。【《工程结构设计基本术语标准》(GB/T 50083 –2014)第2.7.24条】

15. 刚度

结构或构件抵抗单位变形的能力。【《工程结构设计基本术语标准》(GB/T 50083 - 2014)第2.7.31条】

16. 挠度

在弯矩作用平面内,结构构件轴线或中面上某点由挠曲引起垂直于轴线或中面方向的线位移。【《工程结构设计基本术语标准》(GB/T 50083 - 2014)第2.6.77条】

17. 钢结构

以钢材为主要材料制成的结构。【《工程结构设计基本术语标准》(GB/T 50083 - 2014)第2.1.21条】

18. 砖混结构

由砖、石、砌块砌体制成竖向承重构件,并与钢筋混凝土或预应力混凝土楼盖、屋盖所组成的房屋建筑结构。【《工程结构设计基本术语标准》(GB/T 50083 - 2014)第3.1.3条】

19. 木结构

以木材为主要材料制成的结构。【《工程结构设计基本术语标准》(GB/T 50083 - 2014)第2.1.12条】

20. 混凝土结构

以混凝土为主制成的结构,包括素混凝土结构、钢筋混凝土结构和预应力混凝土结构,按施工方法可分为现浇混凝土结构和装配式混凝土结构。【《混凝土结构工程施工质量验收规范》(GB 50204 - 2015)第2.0.1条】

21. 现浇混凝土结构

在现场原位支模并整体浇筑而成的混凝土结构,简称现浇结构。【《混凝土结构工程施工质量验收规范》(GB 50204 - 2015)第2.0.2条】

22. 装配式混凝土结构

由预制混凝土构件或部件装配、连接而成的混凝土结构,简称装配式结构。【《混凝土结构工程施工质量验收规范》(GB 50204 - 2015)第2.0.3条】

23. 钢筋混凝土结构

配置受力普通钢筋的混凝土结构。【《工程结构设计基本术语标准》(GB/T 50083 - 2014)第2.1.26条】

24. 地基与基础工程

地基,指支承基础的土体或岩体。基础,指将建筑物承受的各种作用传递到

地基上的结构部件。【《工程结构设计基本术语标准》(GB/T 50083－2014)第2.1.36条、第2.1.35条】

地基与基础工程,是建筑工程的一个分部工程。该分部工程包括地基、基础、基坑支护、地下水控制、土方、边坡、地下防水七个子分部工程。【《2013版质量验收统一标准》附录B】

25.桩基础

由设置于岩土中的桩和与桩顶连接的承台共同组成的基础,或由柱与桩直接连接形成的基础。【《工程结构设计基本术语标准》(GB/T 50083－2014)第2.3.12条】

26.基坑工程

为保证地面向下开挖形成的地下空间在地下结构施工期间的安全稳定所需的挡土结构及地下水控制、环境保护等措施的总称。【《建筑地基基础设计规范》(GB 50007－2011)第2.1.15条】

27.主体结构工程

主体结构,是接受、承担和传递建设工程所有上部荷载,维持上部结构整体性、稳定性和安全性的有机联系的构造。【《建筑工程建筑面积计算规范》(GB/T 50353－2013)第2.0.23条】

主体结构工程,是建筑工程的一个分部工程。该分部工程包括混凝土结构、砌体结构、钢结构、钢管混凝土结构、型钢混凝土结构、铝合金结构、木结构七个子分部工程。【《2013版质量验收统一标准》附录B】

28.地下防水工程

对房屋建筑、防护工程、市政隧道、地下铁道等地下工程进行防水设计、防水施工和维护管理等各项技术工作的工程实体。【《地下防水工程质量验收规范》(GB 50208－2011)第2.0.1条】

29.屋面工程

建筑工程的一个分部工程。该分部工程包括基层与保护、保温与隔热、防水与密封、瓦面与板面、细部构造五个子分部工程。【《2013版质量验收统一标准》附录B】

30.给排水

给水系统是指通过管道及辅助设备,按照建筑物和用户的生产、生活和消防的需要,有组织的输送到用水地点的网络。【《建筑给水排水及采暖工程施工质量

验收规范》(GB 50242 -2002)第2.0.1条】

排水系统,指通过管道及辅助设备,把屋面雨水及生活和生产过程所产生的污水、废水及时排放出去的网络。【《建筑给水排水及采暖工程施工质量验收规范》(GB 50242 -2002)第2.0.2条】

31.暖通空调系统

采用供暖、通风和空气调节技术控制室内空气环境状态的所有设备、管道及附件的总和。【《暖通空调系统清洁设备术语》(GB/T 29909 -2013)第2.1条】

32.通风与空调工程

通风工程,是送风、排风、防排烟、除尘和气力输送系统工程的总称。【《通风与空调工程施工质量验收规范》(GB 50243 -2016)第2.0.1条】

空调工程,是舒适性空调、恒温恒湿空调和洁净室空气净化及空气调节系统工程的总称。【《通风与空调工程施工质量验收规范》(GB 50243 -2016)第2.0.2条】

通风与空调工程,可分为通风与空调设备及部件制作安装工程;通风与空调风管系统工程;通风与空调水系统工程;通风与空调系统检测、调试工程。【《建设工程分类标准》(GB/T 50841 -2013)第5.10.1条】

33.建筑智能化工程

建筑智能化工程,可分为智能化集成系统工程、信息设施系统工程、信息化应用系统工程、设备管理系统工程、公共安全系统工程、机房工程、环境工程。【《建设工程分类标准》(GB/T 50841 -2013)第5.6.1条】

34.智能建筑

以建筑物为平台,基于对各类智能化信息的综合应用,集架构、系统、应用、管理及优化组合为一体,具有感知、传输、记忆、推理、判断和决策的综合智慧能力,形成以人、建筑、环境互为协调的整合体,为人们提供安全、高效、便利及可持续发展功能环境的建筑。【《智能建筑设计标准》(GB 50314 -2015)第2.0.1条】

35.消防工程

消防工程,可分为火灾自动报警系统工程,消防给水系统工程,消火栓系统工程,自动喷水灭火系统工程,水喷雾灭火系统工程,细水雾灭火系统工程,气体灭火系统工程,泡沫灭火系统工程,干粉灭火系统工程,防排烟系统工程,防火门窗、防火卷帘工程,钢结构防火保护工程,防火封堵工程,消防系统调试工程,其他建筑消防设施工程。【《建设工程分类标准》(GB/T 50841 -2013)第5.8.1条】

36. 电梯工程

服务于建筑物内若干特定的楼层，其轿厢运行在至少两列垂直于水平面或与铅垂线倾斜角小于15°的刚性导轨运动的永久运输设备。【《电梯、自动扶梯、自动人行道术语》(GB/T7024－2008)第2.1条】

37. 人防工程

人民防空工程包括为保障战时人员与物资掩蔽、人民防空指挥、医疗救护等而单独修建的地下防护建筑，以及结合地面建筑修建的战时可用于防空的地下室。【《人民防空法》第18条】

二、证照类

38. 建设用地规划许可证

建设单位在向土地管理部门申请征用、划拨土地前，经规划行政主管部门确认建设项目位置和范围符合城市规划的法定凭证，是建设单位用地的法律凭证。建设用地规划许可证核发的目的是确保土地利用符合城乡规划，维护建设单位按照城市规划使用土地的合法权益。①

39. 建设工程规划许可证

经城乡规划主管部门审核，建设工程符合城乡规划要求的法律凭证。②

40. 建筑工程施工许可证

从事各类房屋建筑及其附属设施的建造、装修装饰和与其配套的线路、管道、设备的安装，以及城镇市政基础设施工程的施工，建设单位在开工前应当向住房城乡建设主管部门申请领取施工许可证。应当申请领取施工许可证的建筑工程未取得施工许可证的，一律不得开工。【《建筑工程施工许可管理办法》第2条、第3条】

41. 建设工程勘察资质证书

勘察企业为从事建设工程勘察活动，而按照其拥有的注册资本、专业技术人员、技术装备和勘察业绩等条件申请的，经主管部门审查合格后颁发的资质证书。【《建设工程勘察设计资质管理规定》第3条】

42. 建设工程设计资质证书

设计企业为从事建设工程设计活动，而按照其拥有的注册资本、专业技术人

① 参见周佑勇主编:《工程法学》(第2版)，高等教育出版社2017年版，第49页。

② 参见周佑勇主编:《工程法学》(第2版)，高等教育出版社2017年版，第51页。

员、技术装备和设计业绩等条件申请的,经主管部门审查合格后颁发的资质证书。【《建设工程勘察设计资质管理规定》第3条】

43. 建筑业企业资质证书

建筑业企业为从事建筑施工活动,而按照其拥有的资产、主要人员、已完成的工程业绩和技术装备等条件申请的,经住房城乡建设主管部门审查合格后颁发的资质证书。【《建筑业企业资质管理规定》第3条、第4条】

三、勘察设计类

44. 建设工程勘察

根据建设工程的要求,查明、分析、评价建设场地的地质地理环境特征和岩土工程条件,编制建设工程勘察文件的活动。【《建设工程勘察设计管理条例》第2条第2款】

45. 初步勘察

为初步查明和分析评价场地条件,并为工程的初步设计提供依据而进行的勘察。【《岩土工程勘察术语标准》(JGJ/T 84－2015)第2.0.10条】

46. 详细勘察

为详细查明和分析评价场地条件,并为工程的施工图设计提供依据而进行的勘察。【《岩土工程勘察术语标准》(JGJ/T 84－2015)第2.0.11条】

47. 建设工程设计

根据建设工程的要求,对建设工程所需的技术、经济、资源、环境等条件进行综合分析、论证,编制建设工程设计文件的活动。【《建设工程勘察设计管理条例》第2条第3款】

48. 概念设计

对设计对象的总体布局、功能、形式等进行可能性的构想和分析,并提出设计概念及创意。【《民用建筑设计术语标准》(GB/T 50504－2009)第2.3.5条】

49. 方案设计

对拟建的项目按设计依据的规定进行建筑设计创作的过程,对拟建项目的总体布局、功能安排、建筑造型等提出可能且可行的技术文件,是建筑工程设计全过程的最初阶段。【《民用建筑设计术语标准》(GB/T 50504－2009)第2.3.13条】

50. 初步设计

在方案设计文件的基础上进行的深化设计,解决总体、使用功能、建筑用材、工艺、系统、设备选型等工程技术方面的问题，符合环保、节能、防火、人防等技术要求，并提交工程概算，以满足编制施工图设计文件的需要。【《民用建筑设计术语标准》(GB/T 50504 - 2009)第2.3.14条】

51. 施工图设计

在已批准的初步设计文件基础上进行的深化设计，提出各有关专业详细的设计图纸，以满足设备材料采购、非标准设备制作和施工的需要。【《民用建筑设计术语标准》(GB/T 50504 - 2009)第2.3.15条】

四、施工类

52. 临时用地

因工程项目建设施工、地质勘查、抢险救灾以及政府组织实施的急需公共服务设施等需要，按临时用地合同约定使用的国有土地。【深圳市《临时用地管理办法》(深规划资源规〔2019〕6号)第3条】

53. 施工现场临时建筑物

施工现场使用的暂设性的办公用房、生活用房、围挡等建(构)筑物，简称临时建筑。【《施工现场临时建筑物技术规范》(JGJ/T 188 - 2009)第2.0.2条】

54. 甲供材

发包人供应的材料和工程设备。【《建设工程工程量清单计价规范》(GB 50500 - 2013)第3.2节】

55. 工料机

工程计价所指的人工、材料、设备、施工机械的统称。【《建设工程人工材料设备机械数据标准》(GB/T 50851 - 2013)第1.0.2条条文说明】

56. 施工组织设计

以施工项目为对象编制的，用以指导施工的技术、经济和管理的综合性文件。施工组织设计在投标阶段通常被称为技术标，但它不是仅包含技术方面的内容，同时也涵盖了施工管理和造价控制方面的内容，是一个综合性的文件。【《建筑施工组织设计规范》(GB/T 50502 - 2009)第2.0.1条及条文说明】

57. 施工方案

以分部(分项)工程或专项工程为主要对象编制的施工技术与组织方案，用以具体指导其施工过程。施工方案在某些时候也被称为分部(分项)工程或专项工程施工组织设计。【《建筑施工组织设计规范》(GB/T 50502 - 2009)第2.0.4条

及条文说明】

58. 施工进度计划

为实现项目设定的工期目标，对各项施工过程的施工顺序、起止时间和相互衔接关系所作的统筹策划和安排。【《建筑施工组织设计规范》(GB/T 50502－2009)第2.0.8条】

59. 关键线路

指在工期网络计划中从起点节点开始，沿箭线方向通过一系列箭线与节点，最后到达终点节点为止所形成的通路上所有工作持续时间总和最大的线路。关键工作指关键线路上的工作，关键工作上各项工作持续时间总和即为网络计划的工期。关键工作的进度将直接影响到网络计划的工期。【《建设工程造价鉴定规范》(GB/T 51262－2017)第5.7.5条条文说明】

60. 标高

以某一水平面作为基准面，并作零点(水准原点)起算地面(楼面)至基准面的垂直高度。

标高分为相对标高和绝对标高。

相对标高是假定建筑物某一楼(地)面的完成表面为起始点，称为相对标高的零点，高于它的楼(地)面标高为"正"值，低于它的楼(地)面标高为"负"值。相对标高一般表示建筑物各楼层地面及主要构件等与首层室内地面的高度关系。

绝对标高是相对于某海平均海平面的高差，我国以黄海平均海平面(青岛验潮站)作为全国地面高程起始点(绝对标高的零点)。绝对标高一般用在地形图与总图设计中。

【《民用建筑设计术语标准》(GB/T 50504－2009)第2.4.31条及条文说明】

61. 隐蔽工程

在施工过程中，某一道工序所完成的工程实物，被后一工序形成的工程实物所隐蔽，而且不可以逆向作业，前者就称为隐蔽工程。①

62. 地下连续墙

分槽段用专用机械成槽、浇筑钢筋混凝土所形成的连续地下墙体。亦可称为现浇地下连续墙。【《建筑基坑支护技术规程》(JGJ 120－2012)第2.1.13条】

---

① 参见郜凤涛、赵晨主编，国务院法制办等编著：《建设工程质量管理条例释义》，中国城市出版社2000年版，第86页。

63. 开间

建筑物纵向两个相邻的墙或柱中心线之间的距离。【《民用建筑设计术语标准》(GB/T 50504－2009)第2.4.25条】

64. 进深

建筑物横向两个相邻的墙或柱中心线之间的距离。【《民用建筑设计术语标准》(GB/T 50504－2009)第2.4.26条】

65. 层高

建筑物各层之间以楼、地面面层(完成面)计算的垂直距离,屋顶层由该层楼面面层(完成面)至平屋面的结构面层或至坡顶的结构面层与外墙外皮延长线的交点计算的垂直距离。【《民用建筑设计通则》(GB 50352－2005)(已被废止)第2.0.14条】

66. 室内外高差

自室外地面至设计标高±0.00之间的垂直距离。【《民用建筑设计术语标准》(GB/T 50504－2009)第2.4.32条】

67. 耐火极限

在标准耐火试验条件下,建筑构件、配件或结构从受到火的作用时起,至失去承载能力、完整性或隔热性时止所用时间,用小时表示。【《建筑设计防火规范》(GB 50016－2014)(已被废止)第2.1.10条】

68. 隔声系数

墙或间壁一面的入射声能与另一面的透射声能相差的分贝数,称为隔声量。入射声能与透射声能之比,叫隔声系数。【《建筑隔声测量规范》(GBJ 75－84)附录一名词解释】

69. 刚性防水

由混凝土结构自防水或刚性防水层形成的刚性防水屏障。【《刚性防水工程技术规程》(T/CECS 1004－2022)第2.0.1条】

70. 止水带

用于建筑物接缝止水的定型止水材料。【《水工建筑物止水带技术规范》(DL/T 5215－2005)第3.0.1条】

71. 防火门

在一定时间内,连同框架能满足耐火完整性、隔热性等要求的门。【《防火卷帘、防火门、防火窗施工及验收规范》(GB 50877－2014)第2.0.4条】

72. 密闭门

能阻挡毒剂通过但不能阻挡冲击波通过的门。【《人民防空工程施工及验收规范》(GB 50134－2004)第2.0.10条】

73. 围护结构

围合建筑空间的墙体、门、窗。【《建筑工程建筑面积计算规范》(GB/T 50353－2013)第2.0.4条】

74. 建筑防雷

各类防雷建筑物应设防直击雷的防雷装置,并应采取防闪电电涌侵入的措施。建筑物应根据建筑物的重要性、使用性质、发生雷电事故的可能性和后果,按防雷要求分为三类。【《建筑物防雷设计规范》(GB 50057－2010)第4.1.1条、第3.0.1条】

75. 应急照明

应急照明,过去常称为事故照明,应急照明是在正常照明系统失效时,为保证人员疏散继续工作和人身安全而设置的照明,因此,应急照明又细分为疏散照明、备用照明和安全照明。【《建筑照明术语标准》(JGJ/T 119－2008)第3.3.7条】

76. 管井

为抽取地下水或把符合要求的水灌(压)入含水层中的地下竖向构筑物,有井管护壁,井径为200mm～800mm,是供水管井、降水管井、热源管井、回灌管井的统称。【《管井技术规范》(GB 50296－2014)第2.1.1条】

77. 机械通风

利用通风机械实现换气的通风方式。【《民用建筑设计术语标准》(GB/T 50504－2009)第3.12.11条】

78. 自然通风

在室内外空气温差、密度差和风压作用下实现室内换气的通风方式。【《民用建筑设计术语标准》(GB/T 50504－2009)第3.12.11条】

通过合理适度地改变建筑形式,利用热压和风压作用形成有组织气流,满足室内要求、减少通风能耗。在设计时应充分考虑自然通风的利用。在夏季,应尽量采用自然通风;在冬季,当室外空气直接进入室内不致形成雾气和在围护结构内表面不致产生凝结水时,也应考虑采用自然通风。采用自然通风时,应考虑当地室外气象参数的限制条件。【《民用建筑供暖通风与空气调节设计规范》(GB 50736－2012)第6.1.3条条文说明第1项】

79. 施工缝

按设计要求或施工需要分段浇筑,先浇筑混凝土达到一定强度后继续浇筑混凝土所形成的接缝。【《混凝土结构工程施工规范》(GB 50666 - 2011)第 2.0.9 条】

80. 伸缩缝

混凝土结构的伸(膨胀)缝、缩(收缩)缝合称伸缩缝。伸缩缝是结构缝的一种,目的是为减小由于温差(早期水化热或使用期季节温差)和体积变化(施工期或使用早期的混凝土收缩)等间接作用效应积累的影响,将混凝土结构分割为较小的单元,避免引起较大的约束应力和开裂。【《混凝土结构设计规范》(GB 50010 - 2010)(已废止)第 8.1.1 条条文说明第 1 项】

81. 沉降缝

同一建筑物高低相差悬殊,上部荷载分布不均匀,或建在不同地基土壤上时,为避免不均匀沉降使墙体或其它结构部位开裂而设置的建筑构造缝。伸缩缝、沉降缝和防震缝总称建筑变形缝,是为适应建筑物由于气温的升降、地基的沉降、地震等外界因素作用下产生变形而预留的构造缝。【《建筑变形缝装置》(JG/T 372 - 2012)第 3.1 条】

82. 验收

建筑工程质量在施工单位自行检查合格的基础上,由工程质量验收责任方组织,工程建设相关单位参加,对检验批、分项、分部、单位工程及其隐蔽工程的质量进行抽样检验,对技术文件进行审核,并根据设计文件和相关标准以书面形式对工程质量是否达到合格作出确认。【《2013 版质量验收统一标准》第 2.0.7 条】

83. 进场检验

对进入施工现场的建筑材料、构配件、设备及器具,按相关标准的要求进行检验,并对其质量、规格及型号等是否符合要求作出确认的活动。【《2013 版施工质量验收统一标准》第 2.0.3 条】

84. 见证检验

施工单位在工程监理单位或建设单位的见证下,按照有关规定从施工现场随机抽取试样,送至具备相应资质的检测机构进行检验的活动。【《2013 版质量验收统一标准》第 2.0.4 条】

85. 检验批

按相同的生产条件或按规定的方式汇总起来供抽样检验用的,由一定数量样

本组成的检验体。【《2013 版质量验收统一标准》第 2.0.6 条】

86. 主控项目

建筑工程中对安全、节能、环境保护和主要使用功能起决定性作用的检验项目。【《2013 版质量验收统一标准》第 2.0.8 条】

87. 一般项目

除主控项目以外的检验项目。【《2013 版质量验收统一标准》第 2.0.9 条】

88. 抽样方案

根据检验项目的特性所确定的抽样数量和方法。【《2013 版质量验收统一标准》第 2.0.10 条】

89. 计数检验

通过确定抽样样本中不合格的个体数量,对样本总体质量做出判定的检验方法。【《2013 版质量验收统一标准》第 2.0.11 条】

90. 计量检验

以抽样样本的检测数据计算总体均值、特征值或推定值,并以此判断或评估总体质量的检验方法。【《2013 版质量验收统一标准》第 2.0.12 条】

91. 观感质量

通过观察和必要的测试所反映的工程外在质量和功能状态。【《2013 版质量验收统一标准》第 2.0.15 条】

92. 返修

对施工质量不符合标准规定的部位采取的整修等措施。【《2013 版质量验收统一标准》第 2.0.16 条】

93. 返工

对施工质量不符合标准规定的部位采取的更换、重新制作、重新施工等措施。【《2013 版质量验收统一标准》第 2.0.17 条】

94. 竣工验收自检

单位工程完成后,施工单位首先要依据质量标准、设计图纸等组织有关人员进行自检。【《2013 版质量验收统一标准》第 6.0.5 条条文说明】

95. 竣工图

根据竣工测量资料编绘的反映建筑物主体及其附属设施的实际平面位置和高程的图。【《建筑施工测量标准》(JGJ/T 408 – 2017)第 2.1.9 条】

96. 单位工程竣工验收

依据国家有关法律、法规及规范、标准的规定，全面考核建设工程工作成果，检查工程质量是否符合设计文件和合同约定的各项要求。【《2013 版质量验收统一标准》第 6.0.6 条条文说明】

97. 竣工验收备案

建设单位应当自建设工程竣工验收合格之日起 15 日内，将建设工程竣工验收报告和规划、公安消防、环保等部门出具的认可文件或者准许使用文件报建设行政主管部门或者其他有关部门备案。【《建设工程质量管理条例》第 49 条第 1 款】

98. 联合验收

工程建设单位申请，住房城乡建设、规划自然资源、人防、市场监管、水务、档案、交通、城市管理、通信等主管部门精简优化并协同推进工程竣工验收相关行政事项，督促协调市政服务企业主动提供供水、排水、供电、燃气、热力、通信等市政公用服务，规范、高效、便捷完成工程验收，推动工程项目及时投入使用的工作模式。【《北京市房屋建筑和市政基础设施工程竣工联合验收管理暂行办法》(京建法〔2020〕10 号)第 3 条】

99. 分户验收

住宅工程质量分户验收，是指建设单位组织施工、监理等单位，在住宅工程各检验批、分项、分部工程验收合格的基础上，在住宅工程竣工验收前，依据国家有关工程质量验收标准，对每户住宅及相关公共部位的观感质量和使用功能等进行检查验收，并出具验收合格证明的活动。【《关于做好住宅工程质量分户验收工作的通知》(建质〔2009〕291 号)第 1 条】

100. 甩项验收

某个单位工程，为了急于交付使用，把按照施工图要求还没有完成的某些工程细目甩下，而对整个已完工程先行验收。其甩下的工程细目，称甩项工程。①

101. 机械竣工

项目的全部或某一单项按设计文件所规定的范围完成，并经管道系统和设备的内部处理、电气和仪表调试及单机试车合格。它标志着项目的全部或某一单项

① 参见本书编委会编著:《建设工程施工合同(示范文本)GF－2017－0201 使用指南(2017 版)》，中国建筑工业出版社 2018 年版，第 228 页。

施工安装结束,具备了实施冷试车的条件。【《化学工业建设项目试车规范》(HG 20231 -2014)第2.0.7条】

102.试车

建设项目在机械竣工后,对装置所进行的一系列系统运行调试、整定及检验等活动。按照试车性质的不同,可分为冷试车、热试车。按照试车范围的不同,可分为单机试车、联动试车。

冷试车,是指对规定范围内的设备、管道、电气和自动控制系统,在完成预试车后,用水、空气或其他安全介质所进行的模拟试运行及对系统进行的测试、整定等活动,以检验其除受工艺介质影响外的全部性能、制造和安装质量。冷试车结束时,装置具备了实施热试车的条件。

热试车,是指对建成的项目装置按设计文件规定引入真实工艺物料,进行各装置之间首尾衔接的实验操作,打通生产流程,并生产出产品。

单机试车,是指空载或用安全介质对现场安装的单台动设备、机组实施规定的运转测试,以检验除受工艺介质影响外的机械性能、制造和安装质量。

联动试车,是指装置、系统或单元的机电仪设备整合到一起,联合运转,测试其整体性能的试验,有可能是空载试验,也有可能是有负荷的模拟试验。

【《化学工业建设项目试车规范》(HG 20231 -2014)第2.0.5条、第2.0.9条、第2.0.10条、第2.0.13条】

103.试运行

在热试车完成后,对项目各装置进行的一系列运行操作调整,使其运行逐步达到稳定、正常工况,并进行性能考核的阶段。【《化学工业建设项目试车规范》(HG 20231 -2014)第2.0.14条】

104.性能考核

试运行期间,在项目各装置达到稳定运行的条件下,为考核合同和设计文件规定的装置(生产)能力、产品质量、原材料、动力消耗等内容而进行有一定时限的满负荷(或合同规定负荷)运行和测定。【《化学工业建设项目试车规范》(HG 20231 -2014)第2.0.15条】

五、监理类

105.旁站

项目监理机构对工程的关键部位或关键工序的施工质量进行的监督活动。

【《建设工程监理规范》(GB/T 50319－2013)第2.0.13条】

106. 巡视

项目监理机构对施工现场进行的定期或不定期的检查活动。【《建设工程监理规范》(GB/T 50319－2013)第2.0.14条】

107. 平行检验

项目监理机构在施工单位自检的同时,按有关规定、建设工程监理合同约定对同一检验项目进行的检测试验活动。【《建设工程监理规范》(GB/T 50319－2013)第2.0.15条】

108. 见证取样

项目监理机构对施工单位进行的涉及结构安全的试块、试件及工程材料现场取样、封样、送检工作的监督活动。【《建设工程监理规范》(GB/T 50319－2013)第2.0.16条】

附录二

常见建设工程质量标准汇总表

一、关于纳入本附录的126本标准简介

建设工程领域的工程质量标准及规范，对于妥善处理建设工程质量纠纷案件有着非常重要的作用。但这些标准与规范，通常散见于各类网站、行业书籍中，查询起来颇为费力。考虑到当前已出版的建工法律实务书籍中，尚未见到针对建设工程质量标准和规范的系统性梳理。对此，进行系统性汇总，遴选126本标准收入本附录。其中包括：

40本正在陆续发布的全文强制性国家标准，包括通用规范和项目规范两大类。截止到本书发行之日，其中29本已在2021—2022年度相继发布，11本尚未正式发布。详见附表2－3全文强制性国家标准（共40本）。

86本与建设工程质量纠纷处理紧密相关且较为常用的高频标准，也纳入本附录。其中69本为国家强制性标准，17本为行业标准及标准图集。详见附表2－4常用建设工程质量国家标准及行业标准（共86本）。

二、关于国内建设工程标准代号的说明①

GB：中国国家标准代号（1990年以前曾使用代号GB J），分为强制性国家标准（代号GB）和推荐性国家标准（代号GB/T），例如《混凝土结构设计规范》（GB 50010－2002）、《岩土试验方法标准》（GB/T 50266－1997）等。

JGJ：建筑工程行业标准代号，例如《玻璃幕墙工程技术规范》（JGJ 102－1996）等。行业标准细分见附表2－1。

---

① 参见傅温编：《建筑工程常用术语详解》，中国电力出版社2014年版。

附表 2－1　建筑工程行业标准细分

标准代号	所属行业	标准代号	所属行业
HJ	环境保护工程行业	SL	水利工程行业
JB	机械行业	JC	建筑材料产品类行业
DL	电力行业	JG	建筑工业行业
SH	石油化工行业	CJJ	城建建设工程行业
HG	化工行业	JT	公路工程行业

DB：地方标准代号，如北京市标准《北京市住宅区及住宅安全防范设计标准》（DBJ 01608－2002）等。

Q：企业标准代号，例如，《弯钢化玻璃》（Q/SNB 101－2001）为中国南玻集团股份有限公司的企业标准等。

CECS：中国工程建设标准代号（China Engineering Construction Standard），是从事工程建设活动所应遵循的协会标准，工程建设协会标准的范围涵盖房屋建筑、市政工程、电力、石化等各类建筑工程，在不同领域的各类建设工程的勘察、规划、设计、施工、安装、验收、维护加固、拆除以及使用管理、服务等各个环节和各类相关产品中使用。

CCES：中国土木工程标准代号（China Civil Engineering Standard）。

YJGF：国家级工法的代号。国家级工法即企业经过工程实践形成的工法（综合配套的施工方法），其关键技术达到国内领先水平或国际先进水平、有显著经济效益或社会效益的为国家级工法。

SI：国际单位制（法语：Système International d'Unités）的简称，1960 年第 11 届国际计量大会通过，由 SI 单位（SI 基本单位、SI 辅助单位、SI 导出单位）、SI 词头和 SI 单位的十进倍数与分数单位 3 部分组成。

CGS 制：指以 cm、g、s 为基本单位形成的计量单位制。

MKS 制：指以 m、kg、s 为基本单位形成的工程单位制，也称重力单位制，公制。

三、关于工程质量技术标准及规范登记样表（空白）的推荐

如前所述，考虑到各类标准及规范正在更替过程中，在此提示关注常见工程质量技术标准和规范的时效性，即实施日期（生效日期）。以下登记样表（空白），

可作为新旧标准更替记录使用。

附表 2－2　工程质量技术标准及规范登记表(空白)

序号	标准名称(含标准书号)	发布日期	实施日期/生效日期	现行有效/已废止	主编部门
一、国家强制性标准——通用规范					
二、国家强制性标准——项目规范					
三、常用建设工程质量国家标准					
四、常用建设工程质量行业标准					
注:本样表,可在标准新旧更替时记录使用。					

附表2－3 全文强制性国家标准（共40本，截至2022年8月1日）

附表2－3－1 已发布国家标准32本（按标准代号大小排序）

序号	类别	标准名称及代号	发布日期	实施日期	主编部门
1	通用规范	工程结构通用规范（GB 55001－2021）	2021－04－09	2022－01－01	住建部
2	通用规范	建筑与市政工程抗震通用规范（GB 55002－2021）	2021－04－09	2022－01－01	住建部
3	通用规范	建筑与市政地基基础通用规范（GB 55003－2021）	2021－04－09	2022－01－01	住建部
4	通用规范	组合结构通用规范（GB 55004－2021）	2021－04－09	2022－01－01	住建部
5	通用规范	木结构通用规范（GB 55005－2021）	2021－04－12	2022－01－01	住建部
6	通用规范	钢结构通用规范（GB 55006－2021）	2021－04－09	2022－01－01	住建部
7	通用规范	砌体结构通用规范（GB 55007－2021）	2021－04－09	2022－01－01	住建部
8	通用规范	混凝土结构通用规范（GB 55008－2021）	2021－09－08	2022－04－01	住建部
9	项目规范	燃气工程项目规范（GB 55009－2021）	2021－04－09	2022－01－01	住建部
10	项目规范	供热工程项目规范（GB 55010－2021）	2021－04－09	2022－01－01	住建部
11	项目规范	城市道路交通工程项目规范（GB 55011－2021）	2021－04－09	2022－01－01	住建部
12	项目规范	生活垃圾处理处置工程项目规范（GB 55012－2021）	2021－04－09	2022－01－01	住建部
13	项目规范	市容环卫工程项目规范（GB 55013－2021）	2021－04－09	2022－01－01	住建部

续表

序号	类别	标准名称及代号	发布日期	实施日期	主编部门
14	项目规范	园林绿化工程项目规范(GB 55014－2021)	2021－04－09	2022－01－01	住建部
15	通用规范	建筑节能与可再生能源利用通用规范(GB 55015－2021)	2021－09－08	2022－04－01	住建部
16	通用规范	建筑环境通用规范(GB 55016－2021)	2021－09－08	2022－04－01	住建部
17	通用规范	工程勘察通用规范(GB 55017－2021)	2021－09－08	2022－04－01	住建部
18	通用规范	工程测量通用规范(GB 55018－2021)	2021－09－08	2022－04－01	住建部
19	通用规范	建筑与市政工程无障碍通用规范(GB 55019－2021)	2021－09－08	2022－04－01	住建部
20	通用规范	建筑给水排水与节水通用规范(GB 55020－2021)	2021－09－08	2022－04－01	住建部
21	通用规范	既有建筑鉴定与加固通用规范(GB 55021－2021)	2021－09－08	2022－04－01	住建部
22	通用规范	既有建筑维护与改造通用规范(GB 55022－2021)	2021－09－08	2022－04－01	住建部
23	通用规范	施工脚手架通用规范(GB 55023－2022)	2022－03－10	2022－10－01	住建部
24	通用规范	建筑电气与智能化通用规范(GB 55024－2022)	2022－03－10	2022－10－01	住建部
25	项目规范	宿舍、旅馆建筑项目规范(GB 55025－2022)	2022－03－10	2022－10－01	住建部
26	项目规范	城市给水工程项目规范(GB 55026－2022)	2022－03－10	2022－10－01	住建部

续表

序号	类别	标准名称及代号	发布日期	实施日期	主编部门
27	项目规范	城乡排水工程项目规范（GB 55027－2022）	2022－03－10	2022－10－01	住建部
28	项目规范	特殊设施工程项目规范（GB 55028－2022）	2022－03－10	2022－10－01	住建部
29	通用规范	安全防范工程通用规范（GB 55029－2022）	2022－03－10	2022－10－01	住建部
30	通用规范	建筑与市政工程施工质量控制通用规范（GB 55032－2022）	2022－07－15	2023－03－01	住建部
31	项目规范	城市轨道交通工程项目规范（GB 55033－2022）	2022－07－15	2023－03－01	住建部
32	通用规范	消防设施通用规范（GB 55036－2022）	2022－07－15	2023－03－01	住建部

附表 2－3－2　待发布国家标准 8 本

序号	类别	标准名称	发布日期	实施日期	主编部门
1	通用规范	建筑与市政施工现场安全卫生与职业健康通用规范	—	—	—
2	通用规范	建筑防火通用规范	—	—	—
3	通用规范	建筑和市政工程防水通用规范	—	—	—
4	通用规范	市政管道通用规范	—	—	—
5	项目规范	城乡燃气工程项目规范	—	—	—
6	项目规范	道路交通工程项目规范	—	—	—
7	项目规范	住宅项目规范	—	—	—
8	项目规范	历史文化保护地保护利用项目规范	—	—	—

附表 2－4 常用建设工程质量国家标准及行业标准（共 86 本，截至 2022 年 8 月 1 日）①

① 本附表的专业分类主要参考"中国工程建设标准知识服务网"，https://www.kscecs.com/homePage/firstPage.action，2022 年 7 月 1 日访问。

表 2-4-1　常用建设工程质量国家标准 69 本

序号	专业分类		标准名称	发布日期	实施日期	主编部门
1	勘察设计	通用标准	工程建设设计企业质量管理规范（GB/T 50380-2006）	2006-09-26	2007-04-01	原建设部
2		检测鉴定与维修加固/材料及应用/检测技术	工程建设勘察企业质量管理标准（GB/T 50379-2018）	2018-07-10	2018-12-01	住建部
3			混凝土质量控制标准（GB 50164-2011）	2011-04-02	2012-05-01	中国建筑科学研究院
4			房屋建筑和市政基础设施工程质量检测技术管理规范（GB 50618-2011）	2011-04-02	2012-10-01	住建部
5	建筑施工	通用标准	建筑工程施工质量验收统一标准（GB 50300-2013）	2013-11-01	2014-06-01	住建部
6		地基与基础	建筑地基基础工程施工质量验收标准（GB 50202-2018）	2018-03-16	2018-10-01	住建部
7			建筑边坡工程施工质量验收标准（GB/T 51351-2019）	2019-01-24	2019-09-01	住建部
8		主体结构	砌体结构工程施工质量验收规范（GB 50203-2011）	2011-02-18	2012-05-01	陕西省住建厅
9			钢结构工程施工规范（GB 50755-2012）	2012-01-21	2012-08-01	住建部

续表

序号	专业分类		标准名称	发布日期	实施日期	主编部门
10	建筑施工		砌体结构工程施工规范(GB 50924－2014)	2014－01－29	2014－10－01	陕西省 住建厅
11			木结构工程施工质量验收规范 (GB 50206－2012)	2012－03－30	2012－08－01	住建部
12			混凝土结构工程施工质量验收规范 (GB 50204－2015)	2014－12－31	2015－09－01	住建部
13		装饰装修	建筑装饰装修工程质量验收标准 (GB 50210－2018)	2018－02－08	2018－09－01	住建部
14		建筑设备	建筑给水排水及采暖工程施工质量验收规范 (GB 50242－2002)	2002－03－15	2002－04－01	辽宁省建设厅
15			电梯工程施工质量验收规范 (GB 50310－2002)	2002－04－01	2002－06－01	原建设部
16			建筑电气工程施工质量验收规范 (GB 50303－2015)	2015－12－03	2016－08－01	浙江省住建厅
17			城镇污水处理厂工程质量验收规范 (GB 50334－2017)	2017－01－21	2017－07－01	住建部
18			建筑结构检测技术标准 (GB/T 50344－2019)	2019－11－22	2020－06－01	住建部

续表

序号	专业分类		标准名称	发布日期	实施日期	主编部门
19	建筑施工	施工与质量验收	屋面工程质量验收规范（GB 50207－2012）	2012－05－28	2012－10－01	山西省住建厅
20			地下防水工程质量验收规范（GB 50208－2011）	2011－04－02	2012－10－01	山西省住建厅
21			智能建筑工程质量验收规范（GB 50339－2013）	2013－06－26	2014－02－01	同方股份有限公司
22			建筑地面工程施工质量验收规范（GB 50209－2010）	2010－05－31	2010－12－01	江苏省住建厅
23			建筑结构加固工程施工质量验收规范（GB 50550－2010）	2010－07－15	2011－02－01	住建部
24			铝合金结构工程施工质量验收规范（GB 50576－2010）	2010－05－31	2010－12－01	上海市城乡建设和交通委员会
25			工业炉砌筑工程质量验收标准（GB 50309－2017）	2017－09－27	2018－05－01	中国冶金建设协会
26			建筑节能工程施工质量验收标准（GB 50411－2019）	2019－05－24	2019－12－01	住建部
27			双曲线冷却塔施工与质量验收规范（GB 50573－2010）	2010－05－31	2010－12－01	中国电力企业联合会

续表

序号	专业分类		标准名称	发布日期	实施日期	主编部门
28	建筑施工	施工与质量验收	钢筋混凝土筒仓施工与质量验收规范（GB 50669－2011）	2011－02－18	2011－05－01	住建部
29			高耸结构工程施工质量验收规范（GB 51203－2016）	2016－10－25	2017－07－01	住建部
30			工业金属管道工程施工质量验收规范（GB 50184－2011）	2010－12－24	2011－12－01	中国工程建设标准化协会化工分会
31			现场设备、工业管道焊接工程施工质量验收规范（GB 50683－2011）	2011－02－18	2012－05－01	中国工程建设标准化协会化工分会
32			±800kV 及以下直流换流站土建工程施工质量验收规范（GB 50729－2012）	2012－05－28	2012－10－01	中国电力企业联合会
33			自动化仪表工程施工及质量验收规范（GB 50093－2013）	2013－01－28	2013－09－01	中国工程建设标准化协会化工分会
34			建筑物防雷工程施工与质量验收规范（GB 50601－2010）	2010－07－15	2011－02－01	江苏省住建厅
35			空分制氧设备安装工程施工与质量验收规范（GB 50677－2011）	2011－02－18	2012－05－01	中国冶金建设协会
36			涤纶、锦纶、丙纶设备工程安装与质量验收规范（GB 50695－2011）	2011－07－26	2012－06－01	中国纺织工业协会

续表

序号	专业分类		标准名称	发布日期	实施日期	主编部门
37	建筑施工	施工与质量验收	洁净厂房施工及质量验收规范（GB 51110 – 2015）	2015 – 05 – 11	2016 – 02 – 01	工业和信息化部
38			钢管混凝土工程施工质量验收规范（GB 50628 – 2010）	2010 – 11 – 03	2011 – 10 – 01	住建部
39			通风与空调工程施工质量验收规范（GB 50243 – 2016）	2016 – 10 – 25	2017 – 07 – 01	住建部
40			电子工程节能施工质量验收标准（GB/T 51342 – 2018）	2018 – 12 – 26	2019 – 08 – 01	工业和信息化部
41			建筑防腐蚀工程施工质量验收标准（GB/T 50224 – 2018）	2018 – 11 – 08	2019 – 04 – 01	中国工程建设标准化协会化工分会
42			地下铁道工程施工质量验收标准（GB/T 50299 – 2018）	2018 – 07 – 10	2018 – 12 – 01	住建部、北京城建集团有限责任公司
43			工业安装工程施工质量验收统一标准（GB/T 50252 – 2018）	2018 – 09 – 11	2019 – 03 – 01	中国工程建设标准化协会化工分会
44			石油天然气工程施工质量验收统一标准（GB/T 51317 – 2019）	2019 – 05 – 24	2019 – 10 – 01	中国石油天然气集团公司
45			电子工程节能施工质量验收标准（GB/T 51342 – 2018）	2018 – 12 – 26	2019 – 08 – 01	工业和信息化部
46			工业设备及管道绝热工程施工质量验收标准（GB/T 50185 – 2019）	2019 – 11 – 22	2020 – 03 – 01	中国工程建设标准化协会化工分会

续表

序号	专业分类		标准名称	发布日期	实施日期	主编部门
47	建筑施工	施工管理	施工企业安全生产管理规范（GB 50656－2011）	2011－07－26	2012－04－01	住建部
48			建设工程监理规范（GB/T 50319－2013）	2013－05－13	2014－03－01	住建部
49			建设工程项目管理规范（GB/T 50326－2017）	2017－05－04	2018－01－01	住建部
50			工程建设施工企业质量管理规范（GB/T 50430－2017）	2017－05－04	2018－01－01	住建部
51			建筑施工组织设计规范（GB/T 50502－2009）	2009－05－13	2009－10－01	住建部
52			建设项目工程总承包管理规范（GB/T 50358－2017）	2017－05－04	2018－01－01	住建部
53			绿色建筑评价标准（GB/T 50378－2019）	2019－03－13	2019－08－01	住建部
54			绿色博览建筑评价标准（GB/T 51148－2016）	2016－06－20	2017－02－01	住建部
55			工程建设标准实施评价规范（GB/T 50844－2013）	2012－12－25	2013－05－01	住建部标准定额研究所

续表

序号	专业分类		标准名称	发布日期	实施日期	主编部门
56	建筑施工	施工管理	建筑工程施工质量评价标准（GB/T 50375－2016）	2016－08－18	2017－04－01	住建部
57			建筑工程绿色施工评价标准（GB/T 50640－2010）	2010－11－03	2011－10－01	住建部
58			露天煤矿施工组织设计规范（GB 51114－2015）	2015－06－26	2016－03－01	中国煤炭建设协会
59			装配式建筑评价标准（GB/T 51129－2017）	2017－12－12	2018－02－01	住建部
60			建筑工程绿色施工规范（GB/T 50905－2014）	2014－01－29	2014－10－01	住建部
61			既有建筑绿色改造评价标准（GB/T 51141－2015）	2015－12－03	2016－08－01	住建部
62			建筑工程绿色施工评价标准（GB/T 50640－2010）	2010－11－03	2011－10－01	住建部
63			露天金属矿施工组织设计规范（GB/T 51111－2015）	2015－05－11	2016－02－01	中国有色金属工业协会
64			市政工程施工组织设计规范（GB/T 50903－2013）	2013－06－26	2014－02－01	住建部

续表

序号	专业分类		标准名称	发布日期	实施日期	主编部门
65	建筑施工	施工管理	绿色商店建筑评价标准（GB/T 51100－2015）	2015－04－08	2015－12－01	住建部
66			绿色办公建筑评价标准（GB/T 50908－2013）	2013－09－06	2014－05－01	住建部
67			可再生能源建筑应用工程评价标准（GB/T 50801－2013）	2012－12－25	2013－05－01	住建部
68			绿色医院建筑评价标准（GB/T 51153－2015）	2015－12－03	2016－08－01	国家卫生和计划生育委员会
69			绿色饭店建筑评价标准（GB/T 51165－2016）	2016－04－15	2016－12－01	住建部

附表 2－4－2 常用建设工程质量行业标准及标准图集 17 本

序号	专业分类	标准名称	发布日期	实施日期	主编部门
1	建筑工程	《混凝土结构施工图平面整体表示方法制图规则和构造详图》ZZG 101－1 系列国家建筑标准设计图集	/	2022－05－01	中国建筑标准设计研究院有限公司
2		住宅室内装饰装修工程质量验收规范（JGJ/T 304－2013）	2013－06－09	2013－12－01	住建部住宅产业化促进中心、龙信建设集团有限公司

续表

序号	专业分类	标准名称	发布日期	实施日期	主编部门
3	建筑工程	普通混凝土用砂、石质量及检验方法标准（JGJ 52－2006）	2006－12－19	2007－06－01	中国建筑科学研究院
4		锚杆锚固质量无损检测技术规程（JGJ/T 182－2009）	2009－11－09	2010－07－01	长江大学
5		古建筑修建工程施工及验收规范（JG J159－2008）	2008－08－05	2009－01－01	苏州市房产管理局
6		擦窗机安装工程质量验收标准（JGJ/T 150－2018）	2018－02－14	2018－10－01	中国建筑科学研究院、海力控股集团有限公司
7		智能建筑工程质量检测标准（JGJ/T 454－2019）	2019－03－27	2019－06－01	中国建筑业协会智能建筑分会、大连理工现代工程检测有限公司
8		公共建筑室内空气质量控制设计标准（JGJ/ T 461－2019）	2019－05－17	2019－10－01	上海市建筑科学研究院（集团）有限公司
9		玻璃幕墙工程质量检验标准（JGJ/T 139－2020）	2020－04－16	2020－10－01	中国建筑科学研究院有限公司、中铁十一局集团建筑安装工程有限公司
10		红外热像法检测建筑外墙饰面粘结质量技术规程（JGJ/T 277－2012）	2012－01－06	2012－05－01	甘肃省建设投资（控股）集团总公司、中国建筑科学研究院

续表

序号	专业分类	标准名称	发布日期	实施日期	主编部门
11	城镇建设工程	城镇道路工程施工与质量验收规范（CJJ 1－2008）	2008－04－02	2008－09－01	北京市政建设集团有限责任公司、中国市政工程协会
12		城市桥梁工程施工与质量验收规范（CJJ 2－2008）	2008－11－04	2009－07－01	北京市政建设集团有限责任公司、北京市公路桥梁建设集团有限公司
13		磷矿尾矿砂道路基（垫）层施工及质量验收规范（CJJ/T 208－2014）	2014－06－05	2014－12－01	锦宸集团有限公司、江苏省盐阜建设集团有限公司
14		城镇污水处理厂运营质量评价标准（CJJ/T 228－2014）	2014－12－17	2015－08－01	北京城市排水集团有限责任公司、中国人民大学
15		盾构隧道管片质量检测技术标准（CJJ/T 164－2011）	2011－05－10	2012－03－01	广东省建筑科学研究院、中铁二十五局集团有限公司
16		城市轨道交通梯形轨枕轨道工程施工及质量验收规范（CJJ 266－2017）	2017－01－20	2017－07－01	北京市轨道交通建设管理有限公司、北京城建科技促进会
17		城镇燃气室内工程施工与质量验收规范（CJJ 94－2009）	2009－04－07	2009－10－01	北京市煤气热力工程设计院有限公司

附录三

建设工程质量纠纷数据统计与分析

建设工程领域专业性较强，技术性复杂，因此，处理建设工程质量纠纷案件，无论对于裁判者还是参与人，均是巨大的挑战。历经理论的发展和实践的探索，诸多争议得到充分讨论后，有的问题在业界已能形成统一认识，实现了巩固创新，丰富了法律内涵；有的问题仍有争论，尚需进一步研究探讨。

对既有建设工程质量纠纷裁判文书进行大数据统计、归纳、整理及分析，有助于总结实践中存在的主要争议焦点，了解裁判者就具体问题在各类案件中呈现的裁判观点、裁判方法和价值考量，也有助于更为精准地对具体问题进行研究和把握。本报告在收集大量资料、阅读大量案例的基础上形成，以期给读者带来启发和思考。

一、“建设工程质量纠纷”文书数量变化的统计与分析

（一）统计情况

1. 数据来源：“中国裁判文书网”
2. 统计期间：2013 年至 2020 年
3. 关键词：民事案件　工程质量　不合格
4. 文书数量：110862 篇
5. 统计日期：2022 年 3 月 27 日

（二）统计数据

附表3－1　2013—2020年涉“建设工程质量纠纷”裁判文书统计

年度	2013年	2014年	2015年	2016年	2017年	2018年	2019年	2020年
数量（件）	1646	8243	10987	13170	15843	17542	21386	22045

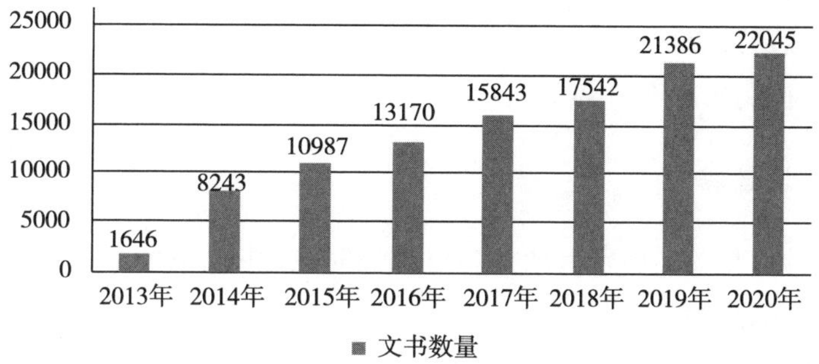

附图3－1　2013—2020年涉“建设工程质量纠纷”裁判文书变化趋势

（三）分析说明

从2013—2020年涉“建设工程质量纠纷”文书数量变化统计表可见，涉及“建设工程质量纠纷”的文书数量呈现逐年上升趋势。

根据“中国裁判文书网”现有公开数据显示，2000年至2021年涉及“建设工程质量纠纷”文书数量合计127175件。但是，公开文书数量与实际文书数量存在一定差异，如2000年至2013年文书公开量较少，2021年的文书尚未上传完成，以及部分案件系调解、撤诉结案，或者涉及保密、隐私等因素并未全部实现文书公开上网，故当前查询到的数量与实际数量存在一定差距。然而，截取2013年至2020年的数据作为样本，已经较为客观地反映出文书数量变化情况，相关数量变化趋势非常明显。

从2013年至2020年的统计数据可以看出，涉及“建设工程质量纠纷”的文书数量呈现逐年上升的趋势。这种上升趋势与国家经济社会发展总趋势有一定关联，也与建筑业蓬勃发展及工程质量控制的薄弱环节存在一定关联。

实践中，各主体法律关系盘根错节，工程质量问题错综复杂，给建设工程质量纠纷的裁判工作带来了考验。从多个层面进行统计分析，有助于更为完整、透彻地了解建设工程质量纠纷现状，有助于精准发现问题、深度解决问题。

二、"建设工程质量"相关案由统计与分析

(一)统计情况

1. 数据来源:"中国裁判文书网"
2. 统计期间:2000 年至 2021 年
3. 关键词:民事案件　工程质量不合格
4. 文书数量:37723 篇
5. 统计日期:2022 年 3 月 27 日

(二)统计数据

此处统计的相关案由及其数据均以统计时点"中国裁判文书网"公开显示的案由及其分布信息为准。

1. 涉"工程质量不合格"的一级案由统计数据

附表 3－2　2000—2021 年涉"工程质量不合格"的一级案由数量统计

序号	案由	数量(件)
1	合同、无因管理、不当得利纠纷	32504
2	劳动争议、人事争议纠纷	552
3	物权纠纷	375
4	侵权责任纠纷	229
5	人格权纠纷	92
6	适用特殊程序案件案由	92
7	与公司证券保险票据等相关的民事纠纷	81
8	海事商事纠纷	21
9	婚姻家庭、继承纠纷	5
10	知识产权与竞争纠纷	3

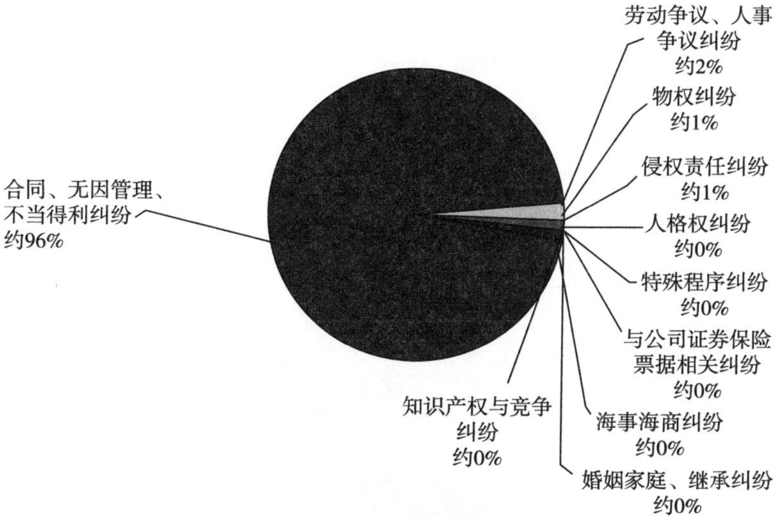

附图 3－2　2000—2021 年涉“工程质量不合格”的一级案由分布

2. 涉“工程质量不合格”的合同纠纷案由下级案由统计数据

涉“工程质量不合格”的合同、无因管理、不当得利纠纷案由的文书数量为 32504 篇，其中以合同纠纷为案由的文书 32458 篇，以无因管理纠纷为案由的文书 3 篇，以不当得利纠纷为案由的文书 43 篇。

涉“工程质量不合格”的合同纠纷案由的下级案由共计 32 个，统计表仅就数量前十的案由及文书数量予以呈现。

附表 3－3　2000—2021 年涉“工程质量不合格”的合同纠纷案由的下级案由统计

序号	案由	数量(件)
1	建设工程合同纠纷	24525
2	劳务合同纠纷	2546
3	承揽合同纠纷	2337
4	房屋买卖合同纠纷	534
5	买卖合同纠纷	466
6	租赁合同纠纷	207
7	追偿权纠纷	106
8	借款合同纠纷	103

续表

序号	案由	数量(件)
9	合伙协议纠纷	76
10	确认合同效力纠纷	65
注:涉“工程质量不合格”的合同纠纷案由的下级案由共计32个,统计表仅就数量前十的案由及文书数量予以体现。		

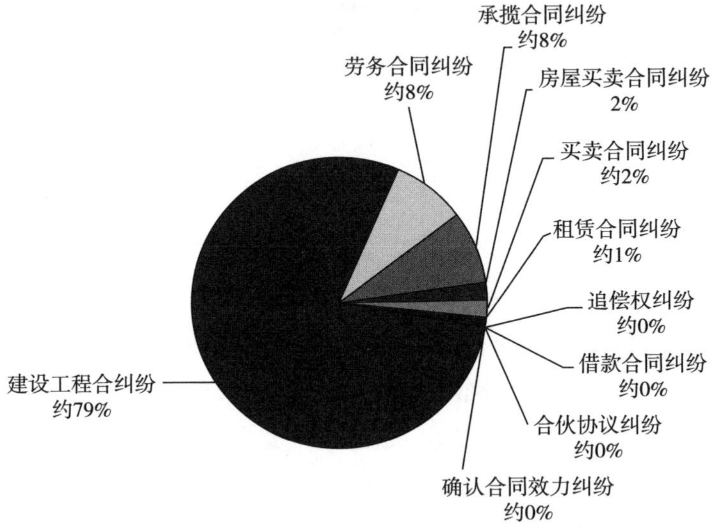

附图 3-3 2000—2021 年涉“工程质量不合格”的合同纠纷案由的下级案由分布

3. 涉“工程质量不合格”的建设工程合同纠纷案由的下级案由统计数据

附表 3-4 2000—2021 年涉“工程质量不合格”的建设工程合同纠纷案由的下级案由统计

序号	案由	数量(件)
1	建设工程施工合同纠纷	15537
2	装饰装修合同纠纷	3883
3	建设工程分包合同纠纷	1195
4	农村房屋施工合同纠纷	687
5	建设工程监理合同纠纷	29
6	建设工程优先受偿权纠纷	23

续表

序号	案由	数量(件)
7	建设工程设计合同纠纷	16
8	建设工程勘察合同纠纷	6
9	铁路修建合同纠纷	3

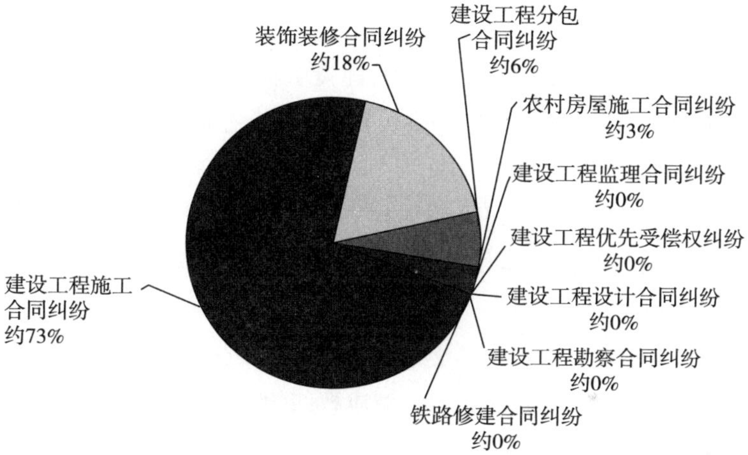

附图 3－4 2000—2021 年涉"工程质量不合格"的建设工程合同纠纷案由的下级案由分布

（三）分析说明

"建设工程出现质量问题"这一客观事实，必然会在相关主体之间引发纠纷，因请求权基础的不同，而归入不同的诉讼案由类型。

通过检索关键词"工程质量不合格"案由发现其涉及了合同纠纷、无因管理、不当得利纠纷、劳动争议、物权纠纷、侵权责任纠纷、人格权纠纷以及与公司证券保险票据等相关的民事纠纷，甚至还涉及海事商事纠纷、婚姻家庭、继承纠纷、知识产权与竞争纠纷等案由。前述检索结果受制于关键词覆盖范围和检索方法的局限性，并非上述案由文书均实质性地涉及建设工程质量纠纷。

1. 合同纠纷案由较多地实质性涉及建设工程质量纠纷，主要集中在建设工程施工合同纠纷案由

根据检索数据，涉及"工程质量不合格"的全部文书中以合同纠纷、无因管理纠纷、不当得利纠纷为案由的案件约占 90%，其中主要是合同纠纷案由，无因管理

纠纷案由及不当得利纠纷案由仅有极少部分。

在32458篇以合同纠纷为案由的文书中，排名前六的下级案由分别是：(1)建设工程合同纠纷案由，约占79%；(2)劳务合同纠纷案由，约占8%；(3)承揽合同纠纷案由，约占8%；(4)房屋买卖合同纠纷案由，约占2%；(5)买卖合同纠纷案由，约占2%；(6)租赁合同纠纷案由，约占1%。其中，以建设工程合同纠纷、承揽合同纠纷、房屋买卖合同纠纷为案由的案件实质性地涉及工程质量争议的较多。

案由为建设工程合同纠纷的文书中，建设工程施工合同纠纷约占73%、装饰装修合同纠纷约占18%、建设工程分包合同纠纷约占6%、农村房屋施工合同纠纷约占3%。涉及工程质量争议的文书中，建设工程监理合同纠纷、建设工程设计合同纠纷、建设工程勘察合同纠纷的文书相对较少。

2. 实质性涉及工程质量争议的其他案由

(1)人格权纠纷

经统计，案由为人格权纠纷的文书有92篇，其中生命权、健康权、身体权纠纷文书共计90篇，名誉权纠纷文书1篇，健康权纠纷文书1篇。这其中仅有极少部分案件实质性地涉及建设工程质量问题。

例如，江苏省南京市中级人民法院(2021)苏01民终1595号生命权纠纷案中，因施工人未按设计要求施工，致使女儿墙栏杆与墙的净间距超过设计的110mm，达到约180mm，法院认定施工人对受害人坠楼存在一定过错，应当承担赔偿责任；因发包人、监理人未完全履行管理义务及验收职责，承担相应责任。

(2)物权纠纷

经统计，案由为物权纠纷的文书375篇，其中，物权保护纠纷文书共计349篇，所有权纠纷文书共计23篇，占有保护纠纷文书3篇，其中也不乏实质性涉及工程质量问题的案件。

例如，北京市第三中级人民法院(2021)京03民终15084号财产损害赔偿纠纷案中，房地产开发公司开发的房屋存在质量问题导致买受人发生损失，故法院认定房地产开发公司需对该财产损失承担赔偿责任。

除上述案由以外，侵权责任纠纷、挂靠经营合同纠纷、企业承包经营合同纠纷、财产保险合同纠纷等偶有涉及建设工程质量问题。

三、建设工程质量问题在诉讼中相关要点的统计与分析

(一)统计情况

涉建设工程质量纠纷的案件,除质量问题本身技术成因相对复杂外,诉讼中的程序要求、事实查明等也相对繁杂,此处选取部分最高人民法院、高级人民法院的裁判文书进行说明。

1. 数据来源“中国裁判文书网”

2. 统计期间:2017 年至 2021 年

3. 法院层级:最高人民法院　高级人民法院

4. 关键词:民事案件　建设工程施工合同纠纷　质量鉴定

5. 文书数量:1130 篇

6. 统计日期:2022 年 1 月 4 日

(二)分析说明

1. 权利人向义务人主张“工程质量不合格”责任的方式

(1)起诉、抗辩、反诉

建设工程合同纠纷中,发包人作为工程质量的权利人,一般会在承包人提起的工程价款诉讼中提出反诉,要求追究承包人的质量责任。当然,也存在仅就质量问题提出抗辩未提出反诉的情形。

在工程质量责任可能由多方主体承担的情况下,发包人也可以基于合同关系直接向相关责任主体主张质量责任。例如,河南省高级人民法院(2017)豫民终733 号建设工程施工合同纠纷案中,发包人向法院提起诉讼,要求设计人、监理人、施工人共同履行工程质量责任。

(2)常见诉讼请求

在此类纠纷案件中,发包人通常为原告或反诉原告,其请求一般有以下两类:

①请求承包人修理、返工、改建;

②请求责任主体支付维修费用、退还已付工程款、赔偿经济损失等。

附表 3－5 2017—2021 年权利人主张工程质量权利的常见诉讼请求

序号	常见诉讼请求	典型案例
1	1. 无偿修复质量不合格部分；2. 支付因工程质量不合格，自行维修的费用 100.093 万元，无偿修复其他质量问题或支付相应的修复费用，赔偿因质量问题给发包人造成的经济损失	（2021）最高法民终 1075 号
2	判令承包人将案涉工程存在质量问题的部分返工至合格，如不能返工则赔偿发包人工程质量修复费用 100 万元（该费用为暂计，实际以司法鉴定为准变更）	（2020）最高法民终 1156 号
3	对承包人施工工程的质量是否合格进行鉴定，并依据鉴定结果判令承包人向发包人支付维修费用暂计 10 万元（最终以鉴定数额为准）	（2020）最高法民终 602 号
4	承包人支付工程质量整改费用 7000 万元，具体数额以司法鉴定意见为准	（2019）最高法民终 974 号
5	判令承包人就其已施工部分工程存在的质量瑕疵赔偿发包人 478.3975 万元（除取水头、引水箱涵质量瑕疵修复外的其他修复费用具体金额以鉴定机构的鉴定结论为准）	（2019）最高法民终 1219 号
6	判令承包人承担工程整改费（以鉴定为准）	（2018）最高法民终 915 号
7	判令承包人赔偿工程质量不合格造成的经济损失（暂按 50 万元计算，最终以质量鉴定结果为准）	（2018）最高法民终 407 号
8	判令承包人对项目（一期）商务办公大厦 A、B 座及广场地下车库防水工程、土方回填工程以及砼结构工程等存在的质量问题（质量问题范围以质量鉴定为准）进行整改、返工、改建直至工程质量合格	（2018）最高法民终 96 号
9	赔偿工程质量问题造成的拆除费、更换费、维修费及停工损失等合计赔偿费 31993.9061 万元	（2017）最高法民终 730 号

续表

序号	常见诉讼请求	典型案例
10	判令承包人赔偿质量维修损失 9212.004031 万元（修复费用加 15%）	（2021）京民终 339 号
11	六被告（勘察、设计、施工、监理、安全性检测等单位）共同返还发包人（实际投资人）工程重建费用和住户安置费用 549.7123 万元，赔偿利息损失 50.5758 万元，并由各被告互负连带责任	（2018）甘民终 559 号

鉴于工程质量问题的责任主体、修复方案、修复造价及损失金额的认定，均系相对专业的问题，往往需要通过鉴定程序进行查明，故通常诉请中均会强调“最终以鉴定意见为准”。

2. 申请工程质量鉴定主体及法院不予准许的情形

工程质量纠纷鉴定一般会涉及工程质量鉴定、质量原因鉴定、修复方案鉴定及修复费用鉴定。

（1）申请工程质量相关鉴定的主体

根据“谁主张，谁举证”的基本原则，绝大部分的工程质量鉴定由发包人申请。通常情况下是发包人对承包人施工完成的工程质量存有异议，认为不符合双方约定标准或国家规定标准，进而提出减少价款、承担修复责任等主张。

在特殊情况下，也会出现承包人向法院申请质量鉴定的情况。例如，在最高人民法院（2017）最高法民终 462 号案中，发包人提出工程质量抗辩后，承包人即向法院申请对案涉工程质量进行司法鉴定。

（2）法院不同意启动质量鉴定的情形

为查明案件事实，在有初步证据的情况下，诉讼参与人提出工程质量鉴定申请后，经审查，法院一般会同意其申请，启动鉴定程序，但有些情况下法院也会对申请人的申请不予准许。

实践中，法院不予准许启动工程质量鉴定申请的常见情形，其中部分观点亦存在不小的争议：

附表3－6 2017—2021年法院不同意工程质量、修复方案、维修费用鉴定申请的情形(部分)

序号	不同意启动鉴定程序的情形	典型案例
1	未完工工程,尚未竣工验收,但承包人提交了监理验收记录,且发包人未提交初步证据	(2021)新民终323号
2	启动工程质量鉴定时,法院多次询问申请人是否对修复费用一并申请鉴定,申请人明确表示不申请,鉴定人出具质量鉴定报告后申请人再申请对修复方案及费用进行鉴定,不予准许	(2020)最高法民终1285号
3	建设工程未经竣工验收,发包人违反法律规定占有使用,申请的鉴定事项不属于地基基础工程和主体结构质量问题	(2020)最高法民终483号
4	一审中申请人未参加诉讼,二审中仅提交数量较少的几份照片及工作联系单,不足以启动鉴定	(2020)最高法民终905号
5	质量验收报告已载明质量符合要求,且工程项目已取得商品房预售许可证,法院认为,发包人主张承包人完成的工程质量不合格没有事实依据,提出质量鉴定的申请不予准许	(2020)最高法民终1156号
6	因申请人未提交证据,也未就工程质量问题提出反诉,故对该两项鉴定申请不予准许	(2020)云民终51号
7	工程经竣工验收合格,已超出合同约定的保修期,发包人申请现场勘查和鉴定,不予支持	(2020)赣民终386号
8	涉案工程属违章建筑,发包人主张该工程质量问题维修费用不予支持,对涉案工程进行质量及修复费用的鉴定申请不予支持	(2020)鲁民终2313号
9	申请人鉴定申请与诉讼请求的基本事实不具有关联性,不予准许。案涉工程发包人已让他人继续施工,说明就承包人施工部分未经竣工验收发包人已经擅自使用	(2020)甘民终157号
10	工程由双方验收合格,并且已经投入使用,承包人退场后其施工的工程也被其他施工单位另行施工所覆盖,在此情况下发包人申请质量鉴定,不予准许	(2020)豫民终362号
11	本案中发包人就工程质量问题选择了另行起诉,工程质量问题不宜在本案中解决,不予支持	(2021)甘民终208号

续表

序号	不同意启动鉴定程序的情形	典型案例
12	发包人资金不足导致工程停工，承包人提交了已完工程的分部分项验收记录为合格，部分附属工程已经实际使用，工程已搁置近十年之久，对发包人提出的工程质量鉴定申请不予支持	(2021)冀民终498号
13	工程已由发包人进行改建并投入使用，现场照片等证据不足以证实案涉工程存在质量问题，对其提出的工程质量鉴定申请本院不予准许	(2019)新民初15号
14	工程尚处于保修期内，审理过程中承包人承诺对工程质量问题予以保修，发包人在庭审中对此也无异议，对其提出的质量鉴定申请暂不理涉	(2017)最高法民终428号
15	由于承包人在本案中主张的是工程进度款而非工程全部结算价款，工程未进行最终竣工验收，发包人提交的证据不足以证明案涉工程存在质量问题，其要求鉴定工程质量与修复方案、修复费用的条件亦不成就	(2018)最高法民终96号

①法院释明后当事人明确拒绝鉴定申请，其后又提出鉴定申请的。例如，最高人民法院(2020)最高法民终1285号案中，准备启动工程质量鉴定时，法院多次询问申请人是否对修复费用一并申请鉴定，申请人明确表示不申请，鉴定人出具质量鉴定意见后，申请人再申请对修复方案及费用进行鉴定，法院不予准许。

②存在质量问题的初步证据不足，不予启动鉴定的。例如最高人民法院(2020)最高法民终905号案中，一审中申请人未参加诉讼，二审中仅提交数量较少的几份照片及工作联系单，不足以启动鉴定。

③已完工程验收合格，没有初步证据证实工程存在质量问题的。例如，甘肃省高级人民法院(2019)甘民初4号案中，法院认为在承包人提交案涉工程分项验收记录的情况下，发包人没有初步证据证实工程存在质量问题，对其工程质量鉴定申请不予准许。

需要注意的是，多数判决虽然以“已完工程经验收合格”为由不准许质量鉴定，但其同时会强调根本原因在于发包人提交的证据不足以证明案涉工程存在质量问题。换言之，如果现有证据能够证明工程存在质量问题，即使工程已验收合格，法院仍有可能准许启动质量鉴定。

④未经竣工验收，发包人擅自使用工程的。例如，在最高人民法院(2020)最

高法民终 483 号案中,建设工程未经竣工验收,发包人违反法律规定占有使用,申请的鉴定事项不属于地基基础工程和主体结构质量问题。

⑤诉讼过程中承包人承诺维修的。例如,在最高人民法院(2017)最高法民终 428 号案中,工程尚处于保修期内,审理过程中承包人承诺对工程质量问题予以保修,发包人在庭审中对此也无异议,法院对其提出的质量鉴定申请暂不理涉。

⑥发包人就质量问题提起另诉的。例如,在甘肃省高级人民法院(2021)甘民终 208 号案中,发包人就工程质量问题选择了另行起诉,工程质量问题不宜在本案中解决,不予准许鉴定申请。

⑦诉讼中就不申请鉴定达成协议的。例如,在最高人民法院(2018)最高法民终 407 号案中,发包人与承包人达成协议明确约定"甲方认可乙方已完工程的质量,不再另行申请鉴定"。该约定系对自己权利的处分,并不具有无效之情形,当事人应受约束。故发包人在二审期间提出对案涉工程质量问题进行鉴定的申请,缺乏依据。

3. 承担质量责任的主体及承担责任的比例

(1)承担工程质量责任的主体

通常情况下,如工程项目存在质量问题,发包人、勘察人、设计人、监理人、施工人需根据其履约情况和过错承担相应的责任。

除上述责任主体以外,也可能因为一些特殊的事实而存在其他责任主体。例如在甘肃省高级人民法院(2018)甘民终 559 号案中,某研究院作为检测机构,对案涉住宅楼进行安全性检测时,对已经出现墙体抹灰层、地坪裂缝的住宅楼认为安全性符合国家规范要求,使发包人形成合理信赖故未及时对房屋进行维修,导致建筑物最终被拆除重建,扩大了损失,法院酌情认定某研究院承担 2% 的责任。

(2)多责任主体承担质量责任的比例确定

①参照鉴定意见确定的责任比例确定责任比例。例如,在云南省德宏傣族景颇族自治州中级人民法院(2019)云 31 民终 1 号案中,鉴定意见认为发包人应承担主要责任,建议责任比例 70%,承包人承担次要责任,建议责任比例 25%,相邻不动产侵权人承担次要责任,建议责任比 5%,法院认为鉴定机构对主次责任的建议比例并无不当,予以采信。当然,实践中,有观点认为,具体责任比例不应出现在鉴定意见书中,此为"以鉴代审",且根据《最高人民法院关于人民法院民事诉讼中委托鉴定审查工作若干问题的规定》第 1 条的规定,对当事人责任划分的认定,不属于鉴定机构职权范围。鉴定机构一般只能分析客观因果关系,对当事人责任

的认定属于法律评价范畴，为人民法院职权范围。

②参照鉴定意见、检测报告、调查报告的责任分析，法院酌情确定责任比例。例如，在甘肃省高级人民法院(2018)甘民终559号案中，案涉楼房出现裂缝，工程质量事故鉴定检测报告界定施工人为第一责任人，勘察人为第二责任人，发包人为第三责任人，监理人为第四责任人，设计人为第五责任人。法院根据该报告认定施工人承担45%的责任、勘察人承担30%的责任、发包人承担18%的责任、监理人承担3%的责任、设计人承担2%的责任。另因在住户入住后发包人委托对案涉住宅楼进行安全性检测的检测机构存在过错，法院酌情认定检测机构承担2%的责任。

③根据个案情况，由法院酌情确定责任比例。例如，在海南省第一中级人民法院(2018)琼96民再16号案中，法院根据相关事实酌情认定由发包人承担15%的责任、施工人承担65%的责任、监理人承担8%的责任、设计人承担12%的责任。实践中，结合个案情况，由裁判者酌情认定的情况较多，其缺陷是裁判者的自由裁量空间较大。

四、涉建设工程质量纠纷审级分布的统计与分析

(一)统计情况

根据数据统计分析，涉及工程质量纠纷的案件集中在建设工程施工合同纠纷案由项下，故将“建设工程施工合同纠纷”作为关键词进行检索，以此统计与分析审级分布情况。建设工程施工合同纠纷依法为工程所在地专属管辖，故仅对级别管辖分布加以统计分析。

1. 数据来源：“中国裁判文书网”
2. 统计期间：2000年至统计日
3. 关键词：民事案件　建设工程施工合同纠纷　不合格
4. 文书数量：49173篇
5. 统计日期：2022年3月27日

(二)统计数据

按照上述关键词检索后的结果，其呈现的全部文书并非均与工程质量纠纷紧密关联，但其呈现的相关文书及审级数据仍可以客观反映建设工程质量纠纷案件的审级分布情况。

1. 涉工程质量"不合格"纠纷的一审法院分布统计数据

选取文书 49173 篇，其中一审程序文书 27847 篇、二审程序文书 18509 篇、审判监督程序文书 2783 篇、其他程序文书 34 篇。此处对一审程序的受理法院分布情况进行统计。

附表 3－7 2000—2022 年 3 月 27 日涉工程质量"不合格"纠纷的一审法院分布数据统计

一审法院	数 量
高级人民法院	126
中级人民法院	1752
基层人民法院	25923

附图 3－5 2000—2022 年 3 月 27 日涉工程质量"不合格"纠纷的一审法院分布

2. 中级人民法院管辖的一审案件年度变化统计分析

（1）2013—2021 年中级人民法院管辖的一审案件年度变化数据统计表（涉"建设工程质量纠纷"）

附表 3－8 2013—2021 年中级人民法院管辖的一审案件年度变化数据统计（涉"建设工程质量争议"）

年度	2013 年	2014 年	2015 年	2016 年	2017 年	2018 年	2019 年	2020 年	2021 年
数量	19	95	148	135	269	309	353	276	134

（2）2013—2021 年中级人民法院管辖的一审案件数量变化趋势图（涉“建设工程质量纠纷”）

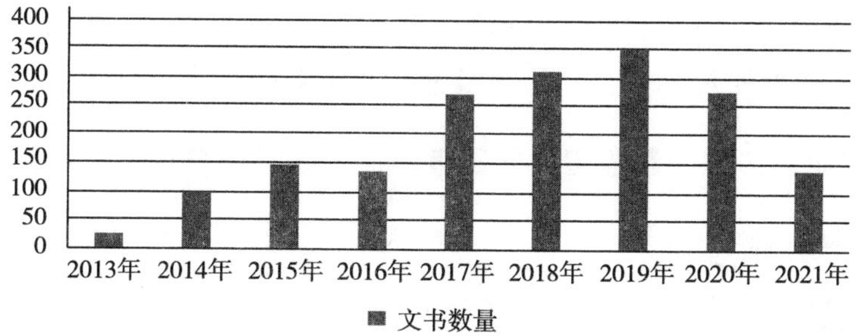

附图 3－6　2013—2021 年中级人民法院管辖的一审案件数量变化趋势（涉“建设工程质量纠纷”）

（三）分析说明

1. 涉工程质量“不合格”纠纷的一审案件大多数由基层人民法院管辖，中级人民法院管辖的案件占少部分，也有极少的案件由高级人民法院管辖

涉工程质量“不合格”纠纷的案件由中级人民法院、高级人民法院一审，绝大部分是因为工程价款纠纷的标的达到了相应的管辖标准。影响一审级别管辖的主要因素是诉讼标的额，一般情况下权利人因工程质量问题主张权利的纠纷会与相关的工程款纠纷合并审理，而工程价款纠纷的诉讼标的额通常要高于质量纠纷的诉讼标的额。

2. 由中级人民法院管辖的一审质量纠纷案件将大幅下降，绝大多数一审案件将由基层人民法院管辖

2019 年前由中级人民法院管辖的一审质量纠纷案件占有一定比例，一方面是因为工程价款纠纷标的额较高，另一方面是因为部分中级人民法院管辖一审案件的诉讼标的额的起点低。例如，根据《最高人民法院关于调整高级人民法院和中级人民法院管辖第一审民商事案件标准的通知》（法发〔2015〕7 号），在贵州、西藏、甘肃、青海、宁夏，诉讼标的额 500 万元以上的一审案件就要由中级人民法院管辖。

随着经济社会的发展进步，中级人民法院管辖一审案件诉讼标的额的起点逐步提高，并且在全国范围内得到了统一。根据《最高人民法院关于调整中级人民法院管辖第一审民事案件标准的通知》（法发〔2021〕27 号），自 2021 年 10 月 1 日，当事人住所地均在或者均不在受理法院所处省级行政辖区的，中级人民法院

管辖诉讼标的额5亿元以上的第一审民事案件。当事人一方住所地不在受理法院所处省级行政辖区的，中级人民法院管辖诉讼标的额1亿元以上的第一审民事案件。自此，涉及工程质量纠纷的案件一审绝大多数由基层人民法院管辖，这给基层人民法院处理质量纠纷的专业水平提出了更高的要求。

五、涉建设工程质量鉴定发回重审案件的统计与分析

（一）统计情况

1. 数据来源："中国裁判文书网"
2. 统计期间：2000年至统计日
3. 关键词：民事案件　建设工程合同纠纷　质量鉴定　发回重审　裁定书
4. 文书数量：188篇
5. 统计日期：2022年3月29日

（二）分析说明

工程质量鉴定有严格的程序要求和实体要求。实践中，一审质量鉴定的相关问题导致案件被二审法院发回重审的案件也不鲜见，常见发回的情形如下：

1. 因二审法院否定一审鉴定意见的效力而被二审法院发回重审

例如，在江苏省常州市中级人民法院（2021）苏04民终5077号案中，二审法院认定质量鉴定程序及内容均存在诸多问题，鉴定机构未能全面了解工程相关资料以及案件情况，不清楚鉴定范围局限于"保修范围"等。

2. 因一审法院未准许鉴定而二审法院认为有必要鉴定而发回重审

例如，在河南省周口市中级人民法院（2015）周民终字第03285号案中，二审法院认为上诉人向一审法院递交了房屋质量鉴定申请书，一审法院仅以已超过诉讼时效，不宜再启动鉴定程序为由作出不予鉴定的决定，侵犯了上诉人的诉讼权利，属于程序严重违法。

又如，在江苏省常州市中级人民法院（2020）苏04民终4977号案中，二审法院认为消防工程虽经验收合格，但是在发包人已对工程质量问题提供初步证据予以证明的情形下，其可就建设工程质量向法院申请鉴定。一审法院仅以案涉工程已通过消防验收为由，认定发包人关于案涉消防工程质量不合格的主张缺乏事实依据并驳回其鉴定申请，系认定基本事实不清。

从上述两个案件可以看出，不同法院对未准许鉴定的事实认定和法律适用并

不相同，有的以程序严重违法为由发回重审，有的以事实不清为由发回重审。根据《施工合同司法解释(一)》的相关规定，一审法院未准许鉴定而二审法院认为有必要的，可予准许，并非不可纠正。未准许鉴定导致案件事实无法查清的，可以事实未查清为由发回重审。

附表 3－9　二审因为质量鉴定问题发回重审的情形

序号	发回重审理由	典型案例
1	一审法院在重审中应当着重开展以下工作：对于主体结构工程质量问题，委托专业机构出具维修方案、评估维修费用；对于其他工程质量问题，在现有鉴定报告的基础上，结合专业机构意见，区分哪些没有时效作用、哪些有正的时效作用、哪些有负的时效作用，对于前两类问题以及后一类问题中有证据证明出于施工人原因的部分，委托专业机构出具维修方案、评估维修费用；最终在查明全案事实的基础上，对当事人的全部诉讼请求作出裁判	(2020)京民终405号
2	质量鉴定程序及内容存在诸多问题，如鉴定机构未能全面了解工程的情况以及相关的资料；鉴定机构不清楚鉴定的工程质量范围局限于“保修范围”；瓦片色差问题是否属于保修范围未审查；设计变更是经过发包人同意的，且不违反强制性标准的，不应认定为质量问题；竣工时下水管已经安装，故两年后下水管缺失不应归咎于施工方，不应认定为质量问题。因此，在重审时应根据客观案情确定是否重新启动质量鉴定。如需启动，则应根据举证规则由发包人重新申请。检测机构超出了鉴定资质范围，出具的修复方案不予采信。造价鉴定机构基于该修复方案出具的修复造价的鉴定结论亦无法采信	(2021)苏04民终5077号
3	虽然承包人提出了自己的修复方案，但发包人对此并不予认可，且提出要求按照签约时设计图纸的要求及现场情况鉴定修复方案，在双方不能达成一致意见的情况下，一审法院直接判决承包人按照存档的施工文件为标准对质量问题进行修复，存在无法正确履行的可能，并且会造成双方新的争议。因此，在发包人对修复方案提出鉴定申请的情况下，应当以鉴定后的维修方案为标准进行维修。在承包人自行维修难以达到合同目的的情况下，发包人有权要求鉴定修复造价并要求承包人赔偿	(2021)苏04民终388号

续表

序号	发回重审理由	典型案例
4	本案所涉消防工程虽经验收合格,但是在发包人已对工程质量问题提供初步证据予以证明的情形下,其可就建设工程质量向法院申请鉴定。一审法院仅以案涉工程已通过消防验收为由,认定发包人关于案涉消防工程质量不合格的主张缺乏事实并驳回其鉴定申请,系认定基本事实不清	(2020)苏04民终4977号
5	因案涉工程最终结论确定为质量不合格,故本案必须启动修复设计方案的鉴定程序。一审法院在审理过程中,应消除诉讼双方在鉴定机构选定上的异议,在公开中立的基础上,选定有鉴定资质的鉴定机构对诉争工程造价、工程质量存在的原因、维修设计方案及维修费用等(如双方没有异议的,无须鉴定)进行鉴定,作出鉴定结论	(2018)赣民终462号
6	双方争议的后补埋件与连接件焊接存在质量问题的范围,鉴定机构在意见回复中列明了范围,但对基于此检验范围的质量检验结果可否确定涉及此项施工的全部范围的工程质量均不符合设计要求,需要维修,鉴定机构未作出明确的鉴定意见,故鉴定程序需对质量问题鉴定进一步明确范围、结论并在此基础上确定是否需要对鉴定意见进行补充以及对维修造价鉴定进行调整	(2021)辽01民终20851号
7	一审委托鉴定人所作司法鉴定,仅有一份造价评估费用表,而没有明确的鉴定结论,且造价评估费用表上的各项数据完全是对被上诉人主张的各项赔偿数额的照抄,不具公正性,不能作为认定事实的依据,应当重新鉴定。考虑被上诉人主张的各项损失中部分如补桩所需的砼、钢筋用量等只能通过鉴定方式予以确定,故本案须发回重审	(2015)浙嘉民终字第59号
8	上诉人在原审中作为原告,向原审法院递交了房屋质量鉴定和评估申请书,原审法院仅以已超过诉讼时效,不宜再进入鉴定程序为由作出不予鉴定的决定,侵犯了上诉人的诉讼权利,属于程序严重违法	(2015)周民终字第03285号
9	法院向鉴定人函询,鉴定意见中已对立柱安装、吊车梁板安装、防腐涂料涂装不符合要求做了详细说明,均涉及钢结构主体结构的主要受力构件。由此可知,承包人施工的涉案工程存在主体结构质量问题。而主体结构质量涉及的修复设计、修复造价均属于专业问题,需要相关专业部门鉴定确定。因鉴定涉及当事人审级权益,本案应裁定发回一审法院重审	(2021)桂14民终218号

续表

序号	发回重审理由	典型案例
10	上诉人提供的公证书可以证明被上诉人施工的耐磨层出现不规则裂缝、裂纹，被上诉人辩称出现该情况的原因在于上诉人提供的商品混凝土强度不合格。上诉人一审中提供的关于混凝土强度的鉴定报告，系其单方委托鉴定结构作出的。现上诉人主张，该鉴定报告存在鉴定时取样距混凝土浇筑完成时间间隔过短的情况，可能影响鉴定结果。上诉人在二审期间，向本院申请对混凝土强度进行鉴定，为减轻诉累，化解争议，故将本案发回重审，对混凝土强度鉴定后依法裁判	(2021)辽06民终212号

案例检索受条件影响，具有一定的局限性，统计分析的结果不能做到与现实情况绝对一致，错漏之处欢迎批评指正。